Kompetenzzentrum Klimaschutz in energieintensiven Industrien (KEI)
Akzeptanzstrategien in den energieintensiven Industrien

Akzeptanzstrategien in den energieintensiven Industrien

Aus der Praxis für die Praxis

IMPRESSUM

Herausgegeben von
Kompetenzzentrum Klimaschutz in energieintensiven Industrien (KEI)
Karl-Liebknecht-Straße 33 | 03046 Cottbus
Tel. (+49) (0355) 47889-101
kei@z-u-g.org
www.klimaschutz-industrie.de

als Geschäftsbereich der Zukunft – Umwelt – Gesellschaft (ZUG) gGmbH
im Auftrag des Bundesministeriums für Wirtschaft und Klimaschutz (BMWK)

Projektleitung
Robert Dünnwald, KEI, Dr. Kai Winkelmann, KEI

Redaktionelle Mitarbeit
Christoph Bals, Germanwatch e. V., Kai Bergmann, Germanwatch e. V.,
Dr. Georg Kobiela, Germanwatch e. V., Bernhard Schulz, KEI

Danksagung
Allen Beitragenden für ihre Mitarbeit, Germanwatch e. V. für die redaktionelle Begleitung,
Agentur zweiband.media für die gestalterische Umsetzung, ARNOLD group für den Druck

Bildnachweis Cover/Editorial
Erik Krüger Photography, Xander Heinl Photothek, Svea Pietschmann Photography

Datum der Veröffentlichung
04/2023 | 1. Auflage, 1.500 Exemplare

Hinweis: Die jeweils genannten Autor*innen sind für die Inhalte der in diesem Praxishandbuch publizierten Beiträge verantwortlich.

Diese Publikation wird vom Kompetenzzentrum Klimaschutz in energieintensiven Industrien (KEI) herausgegeben. Sie wird kostenlos abgegeben und ist nicht zum Verkauf bestimmt. Die Druckschrift darf weder von Parteien noch von Wahlwerber*innen oder Wahlhelfer*innen während eines Wahlkampfes zum Zwecke der Wahlwerbung verwendet werden. Dies gilt für Bundestags-, Landtags- und Kommunalwahlen sowie für Wahlen zum Europäischen Parlament.

Bitte zitieren als: Kompetenzzentrum Klimaschutz in energieintensiven Industrien (Hg.) (2023), Akzeptanzstrategien in den energieintensiven Industrien – Aus der Praxis für die Praxis, 1. Aufl., Cottbus.

Alle Rechte sind vorbehalten. Die Nutzung steht unter dem Zustimmungsvorbehalt des KEI.

Das Handbuch ist ein klimaneutrales Druckprodukt

EDITORIAL

Die gesamtgesellschaftliche Aufgabe einer Industrietransformation hin zur Klimaneutralität inmitten einer Energiekrise könnte kaum größer sein. Zum einen garantiert die Industrie den Wohlstand in Deutschland und sichert Millionen Arbeitsplätze. Zum anderen verlangen die nationalen Klimaschutzziele den Unternehmen heute richtungsweisende Entscheidungen für kommende Dekaden ab. Und nicht zuletzt führt uns der russische Angriffskrieg gegen die Ukraine schmerzhaft vor Augen, wie problematisch einseitige Abhängigkeiten von fossilen Energieimporten sind. Dies lässt uns erkennen: Es ist noch mehr Tempo bei Klimaschutz und Energiewende notwendig.

Ein wesentlicher Schlüssel für eine gelingende Klimaneutralität bis 2045 in Deutschland liegt im Umbau der Produktionsweisen in den energieintensiven Industrien. Dafür bedarf es vor allem einer breiten Akzeptanz in sämtlichen Gesellschaftsbereichen. Denn um international wettbewerbsfähig zu bleiben und innovative Schlüsseltechnologien zur CO_2-freien Grundstoffproduktion praktisch zu realisieren, müssen sich alle betroffenen Akteur*innen aktiv in den Transformationsprozess einbringen.

Das vorliegende Handbuch *Akzeptanzstrategien in den energieintensiven Industrien – Aus der Praxis für die Praxis* hat es sich zum Ziel gesetzt, einen konkreten Beitrag zur Transformation der Industrie zu leisten. Politiker*innen, Behördenmitarbeitende und allen voran die energieintensiven Unternehmen selbst finden in diesem Sammelband Musterbeispiele und Erfolgsrezepte, um diese auf ihre anstehenden Projekte zu übertragen – und damit letztlich die notwendige gesellschaftliche Akzeptanz zu steigern. Die emissionsreichen Branchen, von Chemie über Stahl bis Zement, stehen vor der wohl größten Transformationsleistung ihrer Historie. Das Kompetenzzentrum Klimaschutz in energieintensiven Industrien (KEI) als Herausgeber will sie mit den hier gebündelten theoretischen Kenntnissen und praktischen Erfahrungen ermutigen, die zur Dekarbonisierung erforderlichen Investitionsentscheidungen auf einer möglichst breiten Faktenbasis in Sachen Akzeptanz zu treffen.

Alle Beiträge des Autor*innenkreises sind im gemeinsamen Bewusstsein formuliert, dass aufgrund der Klima- und Energiekrise ein erheblicher Handlungsdruck besteht. Vor diesem Hintergrund ist der Sammelband nicht als abschließendes Kompendium der verschiedenen Akzeptanzstrategien zu sehen, sondern als Einstieg und Impulsgeber für die weitere Förderung einer Akzeptanz der Industrietransformation. Der Fokus liegt darauf, die Vernetzung der Industrieunternehmen zu stärken, das vorhandene Wissen zum Thema Akzeptanz aus unterschiedlichen Branchen zu bündeln und es durch daraus abgeleitete Handlungsempfehlungen für viele übergreifend nutzbar zu machen. Zugleich hilft das Buch allen Leser*innen zu erkennen, dass sie als Bürger*innen vor Ort ein integraler Teil des Transformationsprozesses sind.

Wir bedanken uns an dieser Stelle sehr herzlich bei allen Mitwirkenden für ihre Expertise und die wertvollen Erfahrungen, die zu diesem Handbuch geführt haben. Wir wünschen eine spannende Lektüre und dabei viele neue Einsichten sowie großen Nutzen in der praktischen Anwendung.

Corinna Enders
*Geschäftsführerin
Zukunft – Umwelt –
Gesellschaft
(ZUG) gGmbH*

Dr. Bernd Wenzel
*Leiter Kompetenzzentrum
Klimaschutz in energie-
intensiven Industrien
(KEI)*

INHALTSVERZEICHNIS

Abkürzungen – Gremien und Organe	13
Abbildungsverzeichnis	14
Tabellenverzeichnis	17

1		**Einleitung**	**19**
2		**Akzeptanzstrategien in den energieintensiven Industrien Aus der Theorie**	**25**
2.1		**Gesellschaftliche und sozialpolitische Hintergründe**	**27**
2.1.1		Transformation in der Industrie	28
2.1.1.1		Wichtige Eckpfeiler einer klimaneutralen Industrie	28
2.1.1.2		Zentrale Veränderungen mit Akzeptanzrelevanz	30
2.1.1.3		Beteiligte Akteur*innen	31
2.1.2		Gesellschaftliche Wahrnehmung und Akzeptanz der Industrietransformation sowie einzelner Technologiepfade	34
2.1.2.1		Definition von Akzeptanz	34
2.1.2.2		Drei Ebenen von Akzeptanz für die Industrietransformation	38
2.1.2.3		Hypothesen zur Akzeptanz der Transformationstechnologien	39
2.1.3		Beschäftigtenakzeptanz in großen Gesellschaftstransformationen	47
2.1.3.1		Die demokratischen Strukturen am Arbeitsplatz leben und in der Transformation nutzen	47
2.1.3.2		Transformation der Industrie und Akzeptanz	48
2.1.3.3		Politische Kultur und kulturelle Einflussfaktoren	53
2.1.3.4		Beschäftigtenakzeptanz im Kontext gesellschaftlicher Akzeptanz	55
2.1.3.5		Maßnahmen für eine stärkere Beschäftigtenakzeptanz	55
2.1.4		Wissenstransfer durch kreative Kommunikations- und Partizipationsformate	59
2.1.4.1		Einleitung	59
2.1.4.2		Akzeptanz braucht Partizipation	60
2.1.4.3		Partizipation braucht Kommunikation	61
2.1.4.4		Kreative Kommunikations- und Partizipationsformate	62
2.1.4.5		Diskussion	72
2.2		**Planungs- und genehmigungsrechtliche Hintergründe**	**75**
2.2.1		Dekarbonisierung in der Industrie	76
2.2.1.1		Einführung	77
2.2.1.2		Völkerrechtliche Verpflichtungen	78
2.2.1.3		Dekarbonisierung in der Industrie	84
2.2.2		Dekarbonisierung und Planungsrecht	90
2.2.2.1		Einführung	90

2.2.2.2	H_2-Infrastruktur	92
2.2.2.3	Integrierte Infrastrukturplanung	97
2.2.3	**Verfahrensfragen bei Produktionsprozessumstellung**	**101**
2.2.3.1	Einführung	102
2.2.3.2	Betroffene energieintensive Industriezweige	102
2.2.3.3	(Neu-)Genehmigungsverfahren	104
2.2.3.4	Änderungsgenehmigung	112
2.2.3.5	Anlagen nach IE-Richtlinie	114
2.2.3.6	Umweltverträglichkeitsprüfung	115
2.2.3.7	Immissionsschutzrechtliche Voraussetzungen	116
2.3	**„Grüne" Finanzierungsinstrumente im Rahmen der Akzeptanz**	**119**
2.3.1	**Intelligentes Finanzieren mindert Risiken und schafft Akzeptanz**	**120**
2.3.1.1	Einführung	120
2.3.1.2	Die Rolle der IKB als Industriefinanziererin und Förderberaterin	121
2.3.1.3	Die Finanzierung von Dekarbonisierungsprojekten	123
2.3.1.4	Die Rolle der Zuschussförderung	125
2.3.1.5	Mögliche Finanzierungsansätze für Dekarbonisierungsprojekte	131
2.3.1.6	Fazit	134
2.3.2	**„Grüne" Finanzierungsinstrumente im Rahmen der Akzeptanz**	**135**
2.3.2.1	Politische Rahmenbedingungen	135
2.3.2.2	Förderprogramme zur Finanzierung der Energiewende	141
2.3.2.3	CO_2-Bilanzierung im Unternehmen	147
2.3.3	**Lokale Akzeptanz von EE-Anlagen**	**151**
2.3.3.1	Einleitung: EE-Ausbau und -Akzeptanz	151
2.3.3.2	Verantwortung und Rolle energieintensiver Unternehmen	153
2.3.3.3	Instrumente zur Förderung von Akzeptanz	155
2.3.3.4	Ausblick	159
3	**Akzeptanzstrategien in den energieintensiven Industrien Aus der Praxis**	**163**
3.1	**Infrastrukturprojekte**	**165**
3.1.1	**Bedarfsanalyse**	**167**
3.1.1.1	Grundvoraussetzung erneuerbarer Strom und die Rolle des grünen H_2	167
3.1.1.2	CO_2-Nutzung, -Abscheidung und -Speicherung	171
3.1.1.3	Finanzielle Investitionen	172
3.1.2	**Infrastrukturprojekte**	**174**
3.1.3	**Ganzheitliche Betrachtung: Infrastrukturprojekte und Erfolgsfaktoren für öffentliche Unterstützung**	**176**
3.1.3.1	Strom	177
3.1.3.2	Gas	179

3.1.4	Vision und regulatorische Anpassungen für grüne Infrastrukturen	181
3.1.5	Übertragungsnetzausbau: Stromnetze gestalten	184
3.1.6	Grünstrombeschaffung	188
3.1.7	Erfolgsfaktor Bürgerdialog und das Beispiel Netzausbau Uckermark	190
3.1.7.1	Beispiel Netzausbau Uckermark	192
3.1.7.2	Dialogprozess und Bürger*innenbeteiligung	192
3.1.7.3	Finanzierung und regulatorischer Rahmen	193
3.1.8	Ferngasleitungsbau und H_2, Projektvorbild Lausitz	195
3.1.8.1	Beteiligung über das Vorgeschriebene hinaus	195
3.1.8.2	Standardisierung von Akzeptanzkommunikation	195
3.1.8.3	Nutzen frühzeitiger Öffentlichkeitsbeteiligung	196
3.1.8.4	Das Projekt Neubau Ferngasleitungen Lausitz als Vorbild	196
3.1.8.5	Von der Gas- zur H_2-Infrastruktur	198
3.1.8.6	Akzeptanzkommunikation in Zeiten von H_2	200
3.1.9	Klimaneutrale Industrie- und Gewerbegebiete	202
3.1.9.1	Projektbeschreibung GRAL – die Vision eines zukunftsfähigen Industrie- und Gewerbegebiets in Brandenburg	203
3.1.10	Internationale Infrastrukturprojekte und Erfahrungswerte aus Norwegen, Großbritannien und den Niederlanden	206
3.1.10.1	CO_2-Infrastruktur in Norwegen	206
3.1.10.2	Dialogprozess und Bürger*innenbeteiligung	208
3.1.10.3	Finanzierung und regulatorischer Rahmen	208
3.1.10.4	Regionales CO_2-Speicher- und H_2-Projekt in Großbritannien	210
3.1.10.5	Überregionale CO_2-Infrastruktur zur Industriedekarbonisierung in den Niederlanden	214
3.2	**Chemische Industrie**	**219**
3.2.1	Gesellschaftliche Akzeptanz der Chemieindustrie	220
3.2.1.1	Energieintensive Prozesse in der Chemieproduktion	220
3.2.1.2	Skepsis in der Bevölkerung gegenüber chemischen Produktionsanlagen	220
3.2.1.3	Kunststoffprodukte zunehmend mit Akzeptanzproblemen	221
3.2.1.4	Treibhausgasneutrale Chemieproduktion ist möglich	221
3.2.2	Transformation als Deal	223
3.2.2.1	Auf dem Weg zur Klimaneutralität: Weshalb braucht es gesellschaftliche Akzeptanz?	223
3.2.2.2	Die Gemeinschaftsaufgabe mit Leben füllen: Was tun wir bei BASF dafür?	226
3.2.2.3	Schlussfolgerungen	231
3.2.3	Auf gute Nachbarschaft	233
3.2.3.1	Perspektivwechsel für eine breite Akzeptanz	233
3.2.3.2	Was wird von uns erwartet?	234
3.2.3.3	Was machen wir?	237
3.2.3.4	Werden wir den Erwartungen (damit) gerecht?	240
3.2.3.5	Ausblick: Gutes beibehalten, Neues wagen	242

3.3	**Glasindustrie**	**245**
3.3.1	Noch zwei Wannenreisen bis zur Klimaneutralität	246
3.3.1.1	Die Glasindustrie in Deutschland	246
3.3.1.2	Chancen und Herausforderungen durch die Energiewende	248
3.3.1.3	Akzeptanz für Dekarbonisierungsprojekte	250
3.4	**Kalkindustrie**	**257**
3.4.1	Kalkindustrie 2050 – über die klimaneutrale Produktion zur klimapositiven Industrie	259
3.4.1.1	Herausforderungen, Chancen und Ziele	259
3.4.1.2	Die drei Technologiepfade	262
3.4.2	Akzeptanz durch nachhaltige Verantwortung gegenüber Nachbarschaft und Umwelt	265
3.4.2.1	Einleitung	265
3.4.2.2	Lhoist-Nachbarschaftsbüro – Standort Hönnetal	266
3.4.2.3	Generationenübergreifende Verantwortung – Gestaltung besonderer Nachfolgelandschaften	267
3.4.3	„Dein Steinbruch" – Artenschutz und Eventlocation	270
3.4.3.1	Einleitung	270
3.4.3.2	Rohstoffnutzung und Artenschutz – das niederbergische Uhuprojekt	270
3.4.3.3	Nachbarschaft – der Steinbruch als Eventlocation	272
3.5	**Keramikindustrie**	**275**
3.5.1	Tradition trifft Zukunft	276
3.5.1.1	Die Keramikindustrie in Deutschland	276
3.5.1.2	Dekarbonisierung in der Keramikindustrie	279
3.5.1.3	Erfolgreiche Akzeptanzstrategien in der Keramikindustrie	282
3.6	**Nichteisenmetallindustrie**	**285**
3.6.1	Metalle schützen das Klima	286
3.6.1.1	Einleitung	286
3.6.2	Dekarbonisierung in der Kupferindustrie	289
3.6.2.1	Industrielle Abwärme zur Wohnraumbeheizung	289
3.6.2.2	H_2 in der Kupferproduktion	294
3.6.3	Technische Maßnahmen zur Reduktion von Treibhausgasemissionen	298
3.6.3.1	Einleitung	298
3.6.3.2	Istsituation: Treibhausgasemissionen der Wieland Gruppe	298
3.6.3.3	Energieeffizienz	301
3.6.3.4	Energieträgerwechsel beim Anwärmen von Material vor der Warmumformung	302
3.6.3.5	Erzeugung von Heizwärme und Warmwasser	304
3.6.3.6	Wärmerückgewinnung	304
3.6.3.7	Metallrecycling	306
3.6.3.8	Batteriespeicher	307

3.6.4	Praxisdatenbank EFA	310
3.6.4.1	Allgemein	310
3.6.4.2	Best-Practice-Datenbank EFA	313

3.7 Stahlindustrie — 319

3.7.1	Auf dem Weg zur klimaneutralen Stahlindustrie	320
3.7.1.1	Beitrag der Stahlindustrie zu Klimaschutz und Klimazielen	320
3.7.1.2	Ein politischer Rahmen für die Transformation	323
3.7.1.3	Schlussfolgerungen: Akzeptanz durch politischen Rahmen	327
3.7.2	Stahl – der Werkstoff von heute und Wertstoff von morgen	329
3.7.2.1	Hochofenroute auf Eisenerzbasis	329
3.7.2.2	Elektrostahlroute auf Schrottbasis	329
3.7.2.3	Vielfalt der Produkte und Anwendungen	332
3.7.2.4	Stahl und seine Wege bei „End of Life" des Produktes	334
3.7.2.5	Recycling und Upcycling von Stahl	336
3.7.2.6	„European New Green Deal" – von einer zirkulären Kreislaufwirtschaft (CE) hin zur Circular Metal Economy (CME) von morgen	338
3.7.2.7	Stahl und seine C2C-Fähigkeiten (C2C = Cradle to Cradle)	339
3.7.3	Best-Practice-Beispiele	341
3.7.4	Nachhaltige Beispiele – Langstahlproduktion	345
3.7.4.1	Akzeptanzentwicklungen in der Langstahlproduktion	345

3.8 Zementindustrie — 351

3.8.1	Einleitung	352
3.8.1.1	Zementindustrie in Deutschland	352
3.8.1.2	Auf dem Weg zur Klimaneutralität	353
3.8.1.3	Gesellschaftliche Akzeptanz der Zementindustrie	353
3.8.2	Frühe Öffentlichkeitsbeteiligung – Chancen und Herausforderungen	355
3.8.2.1	Einleitung	356
3.8.2.2	Frühe Öffentlichkeitsbeteiligung	356
3.8.3	Der Scoping-Termin als vorsorgliches Instrument zur Vermeidung von Projektstagnation	362
3.8.3.1	Einführung	363
3.8.3.2	Erfahrungen mit dem Scoping-Termin	364
3.8.3.3	Kommunikationsplan als wichtiger Erfolgsfaktor	366
3.8.3.4	Zusammenfassung	367

4 Resümee — 371

4.1	Zusammenfassung	372
4.1.1	Theorie	372
4.1.1.1	Transformation in der Industrie	372
4.1.1.2	Gesellschaftliche Wahrnehmung	373

4.1.1.3	Beschäftigtenakzeptanz in großen Gesellschaftstransformationen	373
4.1.1.4	Wissenstransfer durch kreative Partizipationsformate	374
4.1.1.5	Rechtsfragen der Dekarbonisierung	374
4.1.1.6	Finanzierungsmöglichkeiten der Transformation	376
4.1.2	**Praxis**	**377**
4.1.2.1	Lokale Akzeptanz von Erneuerbare-Energien-Anlagen	377
4.1.2.2	Neue Herausforderungen bei Infrastrukturprojekten	377
4.1.2.3	Einblick in die chemische Industrie	378
4.1.2.4	Einblick in die Glasindustrie	379
4.1.2.5	Einblick in die Kalkindustrie	380
4.1.2.6	Einblick in die keramische Industrie	380
4.1.2.7	Einblick in die Nichteisenmetallindustrie	381
4.1.2.8	Einblick in die Stahlindustrie	382
4.1.2.9	Einblick in die Zementindustrie	385
4.1.2.10	Branchenübergreifende Einschätzung von Unternehmen	386
4.1.3	**Exkurs: Zusammenfassung des „KEI Podiums"**	**386**
4.2	**Fazit und Schlussfolgerungen**	**388**
	Anhang	**391**
	Literaturverzeichnis	392
	Autorenverzeichnis	410

ABKÜRZUNGEN – GREMIEN UND ORGANE

BDEW	Bundesverband der Energie- und Wasserwirtschaft e. V.
BDI	Bundesverband der Deutschen Industrie e. V.
BKF	Bundesverband Keramische Fliesen e. V.
BMBF	Bundesministerium für Bildung und Forschung
BMEL	Bundesministerium für Ernährung und Landwirtschaft
BMU	Bundesministerium für Umwelt, Naturschutz, nukleare Sicherheit und Verbraucherschutz
BMWi (alter Begriff)	Bundesministerium für Wirtschaft und Klimaschutz
BMWK	Bundesministerium für Wirtschaft und Klimaschutz
BTU	Brandenburgische Technische Universität Cottbus-Senftenberg
BV Glas	Bundesverband Glasindustrie e. V.
BVK	Bundesverband der Deutschen Kalkindustrie e. V.
BVKI	Bundesverband Keramische Industrie e. V.
DFFI	Deutsche Feuerfest Industrie e. V.
DIHK	Deutsche Industrie- und Handelskammer
EFA NRW	Efizienz-Agentur Nordrhein Westfalen
EKF	Energie- und Klimafond
IG BCE	Industriegewerkschaft Bergbau, Chemie, Energie
IKB	Deutsche Industriebank AG
IKEM	Institut für Klimaschutz, Energie und Mobilität e. V.
IOB RWTH Aachen	Institut für Industrieofenbau und Wärmetechnik
iöw	Institut für ökologische Wirtschaftsförderung
KEI	Kompetenzzentrum Klimaschutz in energieintensiven Industrien
VCI	Verein der chemischen Industrie e. V.
VDI	Verein Deutscher Ingenieure e. V.
VDZ	Verein Deutscher Zementwerke e. V.
VIK	Verband der Industriellen Energie- & Kraftwirtschaft
VKI	Verband der Keramischen Industrie e. V.
WV Metalle	WirtschaftsVereinigung Metalle
WV Stahl	WirtschaftsVereinigung Stahl
ZIEGEL	Bundesverband der Deutschen Ziegelindustrie e. V.
ZUG	Zukunft – Umwelt – Gesellschaft (ZUG) gGmbH

ABBILDUNGSVERZEICHNIS

2.1	**Gesellschaftliche und sozialpolitische Hintergründe**	**27**
2.1.4	Wissenstransfer durch kreative Kommunikations- und Partizipationsformate	59
Abb. 1	Acht Stufen der Partizipation (eigene Darstellung, angelehnt an Arnstein/Sherry 1969)	61
Abb. 2	Zuordnung von Kommunikations- und Partizipationsformaten entsprechend ihrer Nutzung bei Bürger*innenbeteiligung (eigene Darstellung)	62
Abb. 3	Abgefahren! Die Infografische Novelle zur Verkehrswende (Ellery Studio 2021a)	65
Abb. 4	Klassische Infografiken: WBGU Factsheet #SustainableDigitalAge (links) (Ellery Studio 2021f); Strom, Netz, Fluss. Ein Atlas unserer Stromwelt und ihres Wandels (rechts) (Ellery Studio 2021e)	67
Abb. 5	Interaktive Infografiken: Infographic Energy Transition Coloring Book (links) (Ellery Studio 2021d); Website OECD Due Diligence Guidance for Responsible Supply Chains of Minerals (rechts) (Ellery Studio 2021c)	67
Abb. 6	Future Booth auf einer Fridays-for-Future-Demonstration in Berlin (Ellery Studio 2021b)	70
Abb. 7	Futures Wheel im Rahmen der bio:fictions-Workshops (eigene Darstellung)	72
2.2	**Planungs- und genehmigungsrechtliche Hintergründe**	**75**
2.2.3	Verfahrensfragen bei Produktionsprozessumstellung	101
Abb. 1	Konzentrationswirkung im Planungs- und Genehmigungsrecht (eigene Darstellung auf Basis von Portal Green 2020)	104
Abb. 2	Ablauf des immissionsschutzrechtlichen Genehmigungsverfahrens (Hessisches Ministerium für Umwelt, Klimaschutz, Landwirtschaft und Verbraucherschutz 2022: 13)	106
Abb. 3	Feststellung der UVP-Pflicht (UVP-Portal des Bundes 2021)	116
2.3	**„Grüne" Finanzierungsinstrumente im Rahmen der Akzeptanz**	**119**
2.3.1	Intelligentes Finanzieren mindert Risiken und schafft Akzeptanz	120
Abb. 1	Entwicklung Fördergeschäft in Deutschland: Zuschüsse (in Millionen Euro) (VÖB 2020)	122
Abb. 2	Entwicklung Fördergeschäft in Deutschland: Darlehen (in Millionen Euro) (VÖB 2020)	122
Abb. 3	Ergebnis IPCEI Wasserstoff, BMWK (BMWi 2021)	125
Abb. 4	Vergleich ausgewählter Industriestrompreise (Eurostat 2021)	130
Abb. 5	Klassische Unternehmensfinanzierung (eigene Darstellung 2022)	133
Abb. 6	Projektfinanzierung (eigene Darstellung 2022)	133
2.3.3	Lokale Akzeptanz von EE-Anlagen	151
Abb. 1	Anteile der energieintensiven Industrie und anderer Verbraucher*innen am deutschen Gesamtstromverbrauch im Jahr 2018 (Statistisches Bundesamt 2020)	153
3.1	**Infrastrukturprojekte**	**165**
3.1.3	Ganzheitliche Betrachtung: Infrastrukturprojekte und Erfolgsfaktoren für öffentliche Unterstützung	176
Abb. 1	Die grüne Eigenschaft des Stroms aus erneuerbaren Energien und die Weitergabe in der Sektorenkopplung (IKEM 2018)	179
3.1.5	Übertragungsnetzausbau: Stromnetze gestalten	184
Abb. 1	Argumentationslandkarte: der Ausbau der Hochspannungs-Gleichstrom-Übertragungsleitungen (Germanwatch 2022)	185
3.1.7	Erfolgsfaktor Bürgerdialog und das Beispiel Netzausbau Uckermark	190
Abb. 1	Idealtypische Öffentlichkeitsbeteiligung im Genehmigungsverfahren nach EnWG, NABEG, ROV bei 50 Hertz (Kneipp/Manthey 2019: 76ff.)	193
3.1.8	Ferngasleitungsbau und H_2, Projektvorbild Lausitz	195
Abb. 1	Trassenverlauf im Projekt Neubau Ferngasleitungen Lausitz (ONTRAS Gastransport GmbH 2015)	196
Abb. 2	Entwickelter European Hydrogen Backbone 2040 (Rossum et al. 2022: 13)	199
Abb. 3	Interessent*innen beim Informationsmarkt zum Energiepark Bad Lauchstädt 2021 (ONTRAS Gastransport GmbH 2021)	201

3.1.9	Klimaneutrale Industrie- und Gewerbegebiete	202
Abb. 1	Konzeptzeichnung des GRAL (Soltan 2020)	202
3.1.10	Internationale Infrastrukturprojekte und Erfahrungswerte aus Norwegen, Großbritannien und den Niederlanden	206
Abb. 1	Projektaufteilung „Longship" und „Northern Lights"	207
Abb. 2	HyNet-Vision eines Netto-null-Systems für die Industrieregion Merseyside (HyNet 2022)	213
3.2	**Chemische Industrie**	219
3.2.2	Transformation als Deal	223
Abb. 1	Strombedarf im Szenario Klimaneutralität nach Produkten bzw. Prozessen der Chemie (VCI 2019a)	225
Abb. 2	Rolle der Grundstoffchemikalien (BASF 2021d)	227
Abb. 3	Übersicht über die Hebel zur Emissionsreduktion (BASF 2022a)	227
Abb. 4	Online verfügbare Debatte des Futuriums (Futurium 2021)	229
Abb. 5	Methanpyrolyse-Testanlage am BASF-Verbundstandort Ludwigshafen (BASF 2022b)	230
3.3	**Glasindustrie**	245
3.3.1	Noch zwei Wannenreisen bis zur Klimaneutralität	246
Abb. 1	Umsatzanteile der Glasindustrie im Jahr 2020 (BV Glas 2021a: 7)	247
Abb. 2	Der Glasherstellungsprozess (BV Glas 2021b: 14)	248
Abb. 3	Wichtiger Beitrag zur Bekämpfung der Coronapandemie: Glas-Vials zur Abfüllung der Impfstoffe (SCHOTT AG 2021)	252
3.4	**Kalkindustrie**	257
3.4.1	Kalkindustrie 2050 – über die klimaneutrale Produktion zur klimapositiven Industrie	259
Abb. 1	Die drei Technologiepfade der Roadmap Kalkindustrie 2050: über die klimaneutrale Produktion zur klimapositiven Industrie (BV Kalk 2020: 10)	262
3.4.2	Akzeptanz durch nachhaltige Verantwortung gegenüber Nachbarschaft und Umwelt	265
Abb. 1	Nachbarschaftsbüro von Lhoist in Menden (Lhoist Germany | Rheinkalk GmbH 2022a)	266
Abb. 2	Blick aus Richtung des Aussichtspunktes auf das Rekultivierungsgebiet (Lhoist Germany | Rheinkalk GmbH 2022b)	267
Abb. 3	Der Wanderweg lädt auf eine weitläufige Entdeckungstour ein (Lhoist Germany | Rheinkalk GmbH 2022c)	268
3.4.3	„Dein Steinbruch" – Artenschutz und Eventlocation	270
Abb. 1	Uhus im Steinbruch der Kalkwerke Oetelshofen (Klaus Tamm)	271
Abb. 2	Naturkundliche Exkursion und Kontrolle der Uhupopulation bei den Kalkwerken Oetelshofen	272
Abb. 3	Nachbarschaftsfest und Tag des offenen Steinbruchs	273
Abb. 4	Impressionen des Hindernislaufes XLETIX Challenge und des Red-Bull-Radical-Events (XLETIX und Red Bull)	273
3.5	**Keramikindustrie**	275
3.5.1	Tradition trifft Zukunft	276
Abb. 1	Vereinfachte Darstellung der Herstellungsschritte in der Keramikindustrie (Cerame-Unie 2021)	278
Abb. 2	Inbetriebnahme Tunnelofen: Einfahren von leeren Ofenwagen, Zündung der Brenner (Industriefotografie Jennifer-Christin Wolf 2020)	282
Abb. 3	Bauprojekt Tunnelofen (Steuler 2019)	283
3.6	**Nichteisenmetallindustrie**	285
3.6.2	Dekarbonisierung in der Kupferindustrie	289
Abb. 1	Verlauf der Wärmetrasse von Aurubis bis zur HafenCity (Aurubis 2021a)	290
Abb. 2	Darstellung des Reduktionsprozesses im Anodenofen (Aurubis 2021b)	295
3.6.3	Technische Maßnahmen zur Reduktion von Treibhausgasemissionen	298
Abb. 1	Herstellung von Halbfabrikaten (links: Stranggießen; rechts: Blech- und Bandfertigung)	300
Abb. 2	Beschickungsseite eines elektrisch beheizten Blockrollofens aus dem Jahr 1951 zum Anwärmen von Bolzen für das Strangpressen am Produktionsstandort Vöhringen	302

Abb. 3	Wärmerückgewinnungsanlage zur Warmwassererzeugung an einem Durchlaufofen im Walzwerk Vöhringen	305
Abb. 4	Brinellhärte von Bändern aus CuZ36 nach einer zweistündigen Wärmebehandlung bei 550 Grad Celsius in Abhängigkeit vom Gehalt an Verunreinigungen aus Eisen Fe bzw. aus Eisen kombiniert mit Phosphor P (Dürrschnabel/Schwennike 1968: 894ff.)	307
3.6.4	Praxisdatenbank EFA	310
Abb. 1	Wege zur Effizienz in der Produktion, Quellen für Innovationen	311
Abb. 2	Wege zur Effizienz in der Produktion, von der Idee zur Umsetzung	311
Abb. 3	Übersicht über den Verfahrensablauf, BMUV-Umweltinnovationsprogramm	312
Abb. 4	Arbeitsergebnisse EFA, BMUV-Umweltinnovationsprogramm	313
3.7	**Stahlindustrie**	**319**
3.7.1	Auf dem Weg zur klimaneutralen Stahlindustrie	320
Abb. 1	Treibhausgasemissionen in Deutschland (eigene Darstellung, Daten: Bundes-Klimaschutzgesetz, UBA, DEHSt, WV Stahl)	321
Abb. 2	H_2-Einsatz: CO_2-Reduktions-Potenzial im Branchenvergleich (eigene Darstellung, Daten: Berechnungen der WV Stahl unter Einholung einer Stellungnahme des Fraunhofer-Instituts für Umwelt-, Sicherheits- und Energietechnik UMSICHT)	321
3.7.2	Stahl – der Werkstoff von heute und Wertstoff von morgen	329
Abb. 1	Erzeugungsrouten zur Stahlherstellung 2020 (Quelle: WV Stahl)	330
Abb. 2	Stahl im verarbeitenden Gewerbe 2020 (Quelle: WV Stahl)	331
Abb. 3	Welterzeugung Werkstoffe 1970/2020 (Quelle: WV Stahl)	332
Abb. 4	Material-Loops von Stahl (Zinkstahl o. D.)	337
Abb. 5	„Cradle-to-Cradle-Konzept" (Nachhaltiges Bauen o. D.)	339
3.7.3	Best-Practice-Beispiele	341
Abb. 1	Übersicht über Stahlherstellungsverfahren zur Erzeugung von Flachstahlprodukten (Primetals Technologies)	342
3.7.4	Nachhaltige Beispiele – Langstahlproduktion	345
Abb. 1	Rund eine Million Tonnen Stahlknüppel pro Jahr produziert die ESF Elbe-Stahlwerke Feralpi GmbH am Standort Riesa	347
Abb. 2	Dank der neuartigen Verfahrenskombination kann die ESF Elbe-Stahlwerke Feralpi GmbH heute etwa 75 Prozent der aus dem Stahlwerk austretenden Knüppel direkt im Walzwerk verarbeiten	348
3.8	**Zementindustrie**	**351**
3.8.1	Einleitung	352
Abb. 1	Zementwerke in Deutschland (Quelle: VDZ). Als Zusammenschluss der deutschen Zementhersteller*innen vertritt der Verein Deutscher Zementwerke (VDZ) die Branche im Dialog mit Politik, Wirtschaft und Öffentlichkeit. Zu seinen Mitgliedern gehören nahezu alle deutschen Zementhersteller*innen. Der VDZ kooperiert mit führenden Zementorganisationen und Forschungseinrichtungen weltweit und zählt 25 nationale und internationale außerordentliche Mitglieder	352
3.8.2	Frühe Öffentlichkeitsbeteiligung – Chancen und Herausforderungen	355
Abb. 1	Zementwerk der HeidelbergCement AG in Lengfurt	355
Abb. 2	Vier-Phasen-Modell der VDI-Richtlinie 7000 zur Umsetzung einer „frühen Bürgerbeteiligung"	358
3.8.3	Der Scoping-Termin als vorsorgliches Instrument zur Vermeidung von Projektstagnation	362
Abb. 1	Zementwerk der CEMEX Zement GmbH in Rüdersdorf bei Berlin	362
4.1	**Zusammenfassung**	**372**
4.1.2	Praxis	377
Abb. 1	KEI Podium, Graphic Recording der Präsentationen (©Lorna Schütte)	383
Abb. 2	KEI Podium, Graphic Recording Podiumsdiskussion (©Lorna Schütte)	384
4.2	**Fazit und Schlussfolgerungen**	**388**
Abb. 1	Beteiligte (vereinfachte Darstellung) und deren wechselseitige Einflussmöglichkeiten zur Steigerung der Akzeptanz der Transformation hin zur klimaneutralen Grundstoffproduktion	388

TABELLENVERZEICHNIS

2.2	**Planungs- und genehmigungsrechtliche Hintergründe**	**75**
2.2.3	Verfahrensfragen bei Produktionsprozessumstellung	101
Tab. 1	Auszug Anhang 1 der 4. BImSchV (Verordnung über genehmigungsbedürftige Anlagen in der Fassung der Bekanntmachung vom 31. Mai 2017 [BGBl. I S. 1440], die durch Art. 1 der Verordnung vom 12. Januar 2021 [BGBl. I S. 69] geändert worden ist)	107
2.3	**„Grüne" Finanzierungsinstrumente im Rahmen der Akzeptanz**	**119**
2.3.1	Intelligentes Finanzieren mindert Risiken und schafft Akzeptanz	120
Tab. 1	Beihilfeobergrenzen für ausgewählte Verwendungszwecke (eigene Darstellung 2022)	127
2.3.2	„Grüne" Finanzierungsinstrumente im Rahmen der Akzeptanz	135
Tab. 1	In der 19. Wahlperiode gestartete Förderprogramme	141
Tab. 2	Förderprogramme der KfW-Bankengruppe	142
Tab. 3	Unternehmensdaten	143
Tab. 4	Projektdaten (Investition)	144
Tab. 5	Projektdaten (Forschung und Entwicklung)	144
Tab. 6	In der 19. Wahlperiode gestartete Förderprogramme	145
Tab. 7	Förderprogramme mit Ausweis der CO_2-Effektivität	146
3.1	**Infrastrukturprojekte**	**165**
3.1.1	Bedarfsanalyse	167
Tab. 1	Überblick über verschiedene Dekarbonisierungspfade der deutschen Chemie-, Zement- und Stahlindustrie	169
3.6	**Nichteisenmetallindustrie**	**285**
3.6.3	Technische Maßnahmen zur Reduktion von Treibhausgasemissionen	298
Tab. 1	Beispiele für technische Dekarbonisierungsmaßnahmen	301
3.6.4	Praxisdatenbank EFA	310
Tab. 1	Ressourceneffizienzeffekte „FLEXIBLE PROFILKÜHLUNG" im Überblick	314
Tab. 2	Ressourceneffizienzeffekte „INNOVATIVE WÄRMEBEHANDLUNG" im Überblick	315
Tab. 3	Ressourceneffizienzeffekte „INNOVATIVER BLANKGLÜHOFEN" im Überblick	317
3.7	**Stahlindustrie**	**319**
3.7.2	Stahl – der Werkstoff von heute und Wertstoff von morgen	329
Tab. 1	Grundeigenschaften des Stahls	332
Tab. 2	Gliederung der Walzstahlerzeugung	333
Tab. 3	„Stahlhochbau pro nachhaltigere und suffizientere Immobiliennutzung" (M. Blum 2015)	336
3.7.4	Nachhaltige Beispiele – Langstahlproduktion	345
Tab. 1	Ressourceneffekte im Überblick	349
3.8	**Zementindustrie**	**351**
3.8.2	Frühe Öffentlichkeitsbeteiligung – Chancen und Herausforderungen	355
Tab. 1	Ausweitung der Öffentlichkeitsbeteiligung: Vor- und Nachteile	357
4.2	**Fazit und Schlussfolgerungen**	**388**
Tab. 1	Maßnahmen und Handlungsempfehlungen zur Akzeptanzsteigerung bei Gesellschaft, Industrie und Gesetzgeber*in aus der Perspektive von Akteur*in und Empfänger*in	389

Einleitung

Einleitung

Die Transformation der energieintensiven Industrien hin zur Treibhausgasneutralität ist eine komplexe Herausforderung, die in viele Handlungsfelder hineinwirkt. Neben technischen und wirtschaftlichen Fragen stehen gerade die Unternehmen in Deutschland vor der Aufgabe, Akzeptanz von ganz konkreten Investitionen zu gewinnen. Dafür benötigen sie die Unterstützung verschiedenster Akteur*innen – aus ihren Unternehmen selbst, der Kommunal-, Landes- und Bundesebene, den Genehmigungsbehörden, Banken, der Rechtswissenschaft sowie der Bevölkerung am Standort.

Dieses Handbuch beleuchtet die zum Gelingen dieser tiefgreifenden Industrietransformation notwendige Akzeptanz aus verschiedenen Blickwinkeln und führt Wissen und Erfahrungen für die Anwendung in den Unternehmen zusammen. Das Kompendium vereint Fachwissen in Beiträgen von knapp 60 mitwirkenden Autor*innen aus Wirtschaft, Wissenschaft und von Verbänden. Vorgestellt werden Best Practices aus Firmen der relevanten Industriebranchen, innovative Ideen aus der Wissenschaft, aber auch Denkansätze unterschiedlicher gemeinnütziger Organisationen. Der Akzeptanzbegriff ist somit breit gefasst und nimmt die Bedürfnisse sowie das Agieren von Menschen in der Industrietransformation im Spannungsfeld von Politik, Wirtschaft und Gesellschaft in den Blick.

Der Startschuss für das Handbuch-Projekt ist Ende 2020 gefallen. Um möglichst viele unterschiedliche Perspektiven und Erfahrungen ins Handbuch zu integrieren, führte das herausgebende Kompetenzzentrum Klimaschutz in energieintensiven Industrien (KEI) im ersten Halbjahr 2021 eine breite Interessenabfrage zur aktiven Mitarbeit durch. Der Autor*innenkreis hat anschließend gemeinsam eine inhaltliche Struktur erarbeitet. Diese besteht aus zwei Hauptbereichen, die theoretische Informationen rund um die Akzeptanz mit den unterschiedlichen Praxiserfahrungen aus der Industrie vereinen.

Das Handbuch bildet ein großes Spektrum von mitunter konträren Ansichten und Ansätzen zur Akzeptanz der Industrietransformation für den Wirtschaftsstandort Deutschland ab. Die jeweils genannten Autor*innen sind für die Inhalte ihrer publizierten Beiträge verantwortlich und geben nicht die Meinung des KEI wieder. Der Sammelband ist insbesondere für Unternehmen und Akteur*innen im Bereich der energieintensiven Industrie konzipiert, die vor der Herausforderung stehen, ihre Produktionsprozesse klimaneutral zu gestalten.

Im Theorieteil des Handbuches werden die drei sehr eng miteinander verbundenen Akzeptanzarten – die sozialpolitische, die gesellschaftliche und die unternehmerische Akzeptanz – mit Blick auf regionale Gemeinsamkeiten und Unterschiede bei industriellen Projektvorhaben näher beleuchtet. Die vielfältigen Beispiele aus den betreffenden Industriebranchen im Praxisteil des Buches verdeutlichen die Erfolgsfaktoren für die Akzeptanz von Projekten. Daraus lassen sich eine Vielzahl von branchenübergreifenden Handlungsempfehlungen für künftige Dekarbonisierungsvorhaben der Industrie ableiten, die im abschließenden Fazit des Buches zusammengeführt werden.

Als Herausgeber hat das KEI im Auftrag des Bundesministeriums für Wirtschaft und Klimaschutz (BMWK) die besondere Aufgabe, energieintensive Industrien in Deutschland in diesem vielschichtigen Prozess zu unterstützen. Das Kompetenzzentrum ist ein Geschäftsbereich der Zukunft – Umwelt – Gesellschaft (ZUG) gGmbH, einer Bundesgesellschaft und spezialisierten Projektträgerin für Umwelt-, Natur- und Klimaschutz. Im Auftrag mehrerer Bundesministerien entwickelt und bearbeitet sie eine Vielzahl von Förderprogrammen und strategischen Projekten auf nationaler und internationaler Ebene. Dafür agieren mehr als 650 Mitarbeitende an den Standorten in Bonn, Berlin und Cottbus auf verschiedensten Themengebieten.

Das KEI betreut das Bundesförderprogramm „Dekarbonisierung in der Industrie" und koordiniert das Cluster Dekarbonisierung der Industrie (CDI). Im Fokus stehen insbesondere die Branchen der Grundstoffproduktion: Stahl-, Chemie-, Zement-, Kalk-, Nichteisenmetall-, Glas-, Keramik-, Papier- und Zellstoffbranche, Gießereien sowie weitere energieintensive Industriesektoren. Das übergeordnete Ziel, aktiv zum global wirksamen Klimaschutz beizutragen und die Entwicklung zu einer nachhaltigen Industriegesellschaft zu unterstützen, verfolgt das KEI als Projektträger des Förderprogramms sowie mit seiner Arbeit als Denkfabrik.

Fachlich begleitet wurde der Erstellungsprozess des Handbuches durch Germanwatch e. V. Als Mitglied im KEI-Fachbeirat und unabhängige Organisation analysierte Germanwatch die Sichtweisen in den Beiträgen für das Handbuch hinsichtlich ihrer Unterschiede und Gemeinsamkeiten, die im Schlussteil des Buches zusammengeführt werden.

Exkurs – aktuelle klimapolitische Lage

Die Energiekrise durch den russischen Angriffskrieg gegen die Ukraine als Katalysator der notwendigen Transformation in der Industrie

Der russische Angriff auf die Ukraine im Februar 2022 hat viele sicher geglaubte Koordinaten in der deutschen Energiepolitik verschoben. Die Verwerfungen infolge des russischen Überfalls auf die Ukraine haben auch dieses Handbuch in der Phase seiner Endfertigung inhaltlich überschattet. Jedoch sind die im Buch getätigten Aussagen zur Akzeptanz mit der Energiekrise nicht obsolet, sondern noch wichtiger geworden. Die Notwendigkeit und Relevanz der Industrietransformation haben eine enorme Aufwertung in der öffentlichen Wahrnehmung erfahren. Der schnellere Ausbau der erneuerbaren Energien ist nun umso dringlicher, um autark vom fossilen russischen Gas agieren zu können.

Die Ausgangslage hinsichtlich der Akzeptanz der Industrie von Investitionen in ihre notwendige Transformation hat sich durch die russische Gasblockade, die darauf reagierende Gasdiversifizierungsstrategie, den Ausfall von gut der Hälfte der französischen Atomkraftwerke und den deutschen Ölboykott gegen das Putin-Regime infolge des Angriffskriegs gegen die Ukraine verschärft: Für vier von fünf Industrieunternehmen sind die gestiegenen Energiepreise eine große Herausforderung. Hohe Energiekosten, fehlende Bauteile und Engpässe bei Gaslieferungen belasten die deutsche Wirtschaft zunehmend, wie aktuelle Umfragen zeigen. Hieraus lassen sich unterschiedliche Konsequenzen und Forderungen ableiten. Während einerseits Rufe nach einem Rollback und einem Zurück zu Kohle- und Kernenergie laut werden, werden andererseits die Versäumnisse der letzten

Jahrzehnte und der daraus resultierende Handlungsdruck für eine engagierte und konsequent in allen Sektoren beschleunigte Energie- und Mobilitätswende sowie Industrietransformation sichtbar.

Sowohl aus moralischer Notwendigkeit als auch Gründen der Energiesicherheit und um nicht wie bislang erpressbar zu sein, ist es für Deutschland erforderlich, von russischen Energieimporten unabhängig zu werden. Wichtig ist es auch, die Importströme dahingehend auszuweiten, dass keine systemrelevanten Einzelabhängigkeiten entstehen – schon gar nicht von autokratischen Regimen.

Für bestehende fossile Infrastrukturen in Deutschland birgt diese Zeitenwende einen nur schwer zu bewältigenden Schock, wie unter anderem für den BASF-Standort Ludwigshafen (Rheinland-Pfalz) oder die PCK-Raffinerie in Schwedt (Brandenburg). Tausende unmittelbar betroffene und viele weitere nachgelagerte Arbeitsplätze sowie mit der Produktion verknüpfte Wertschöpfungsketten und Versorgungswege drohen wegzubrechen. Gerade in Ostdeutschland stehen sich hier entgegengesetzte Narrative gegenüber und die Akzeptanz eines klaren Kurses gegenüber Russland mit der Konsequenz ausbleibender fossiler Lieferungen schwindet zum Teil. Hier zeigt sich, dass ein konstruktives politisches Klima ein wesentlicher Faktor für eine engagiert angegangene Transformation ist und Akzeptanz durch Werben erzeugt, aber auch durch Existenzängste und mangelndes Erläutern erodieren kann. Hierfür Lösungspfade zu finden, ist schwierig, aber machbar. Das erfordert aktive politische Gestaltung und auch ein umsichtiges Vorgehen, wobei neben den großen, schnell als „systemrelevant" kategorisierten Unternehmen und Standorten auch kleine und mittelständische Unternehmen nicht aus dem Blick geraten dürfen.

Die Energiekrise infolge des russischen Angriffskriegs hat vor Augen geführt, dass es für eine Akzeptanz der Energiewende und Klimaneutralität nicht mehr „nur" den Ersatz fossiler Brennstoffe im Bereich Wärme und Kälte wie auch der Treibstoffe für Mobilität durch klimaneutral erzeugten Strom braucht. Vielmehr verlangen eine sichere Wärmeversorgung im Winter und jederzeit verfügbare Energie für individuelle Mobilität eine staatliche Gewährleistung der krisenunabhängigen Versorgungssicherheit durch Grünstrom. Klimaneutralität und Versorgungssicherheit müssen kein Widerspruch sein, aber sie in Einklang zu bringen, ist eine enorme Herausforderung vor dem Hintergrund eines sehr kurzen Zeitraums. Zum einen drohen Akzeptanzverluste durch die Furcht vor verringerter Versorgungssicherheit, zum anderen wird durch die Drohkulisse des Ukraine-Krieges auch das Bewusstsein für die Notwendigkeit der Transformation geschärft. Der ein oder andere ist nun viel eher bereit, einen Hochstrommast oder eine Windkraftanlage in seiner direkten Nachbarschaft zu akzeptieren. Zudem ergeben sich Chancen für den schnelleren Hochlauf für grünen H_2 durch die kürzer und schmaler werdende Erdgasbrücke. Ebenso werden Investitionen in Wärmepumpen und andere effizienzverbessernde Anwendungen deutlich attraktiver und die Sanierung alten Gebäudebestandes wird dringlicher. All dies kann bei guter Flankierung dazu führen, dass manche Schritte sogar schneller erfolgen, als in bestehenden Szenarien angenommen.

In der Summe gilt es, den Kurs in Richtung Klimaneutralität 2045 zu halten und der energieintensiven Industrie zur beschleunigten Dekarbonisierung zu verhelfen. Neben den Möglichkeiten der Transformation und des Einsparpotenzials innerhalb der jeweiligen

Branche sollten hierbei auch die Potenziale treibhausgasneutraler oder gar negativer Ersatzstoffe Berücksichtigung finden, wie sie etwa durch Leichtbaumaterialien, Kaskadennutzung von Material, konsequentes Design für Recycling oder Kreislaufführung angegangen werden. Zum Kurshalten gehört aber auch, auf ein gemeinsames, einheitliches Ziel hinzuarbeiten. Nicht alle Akteur*innen haben ihre eigenen Strategien und Roadmaps schon auf das Ziel der Treibhausgasneutralität bis zum Jahr 2045 ausgerichtet. Je mehr Akzeptanz das Ziel und die notwendigen Zwischenschritte finden, desto mehr Energie kann in die gemeinsame Zielerreichung investiert werden.

Die Energiekrise infolge des Russland-Ukraine-Krieges beweist, dass die Entkopplung von Abhängigkeiten von fossilen Energieträgern wie dem russischen Gas schneller denn je erfolgen muss. Die Transformation bleibt das Gebot der Stunde. Dazu braucht es Akzeptanz in der Gesellschaft, zu der als integraler Bestandteil auch die Industrie und ihre Beschäftigten sowie Zulieferer zu zählen sind. Mitarbeitende, Gewerkschaften wie auch Entscheidungsträger*innen innerhalb von Unternehmen spielen eine bedeutende Rolle im Einfordern von Veränderung wie auch in ihrer Ausgestaltung. Die Transformation ist nichts Fremdes, von außen Verordnetes. Sie ist Grundlage eines zukunftsorientierten Geschäfts- und Gesellschaftsmodells.

Wie die Akzeptanz der Industrietransformation konkret erlangt oder verbessert werden kann, zeigen Praxisbeispiele von Industrieunternehmen unterschiedlicher Branchen, aus Wissenschaft und aus Nichtregierungsorganisationen in dem hier vorgelegten Handbuch.

Akzeptanzstrategien in den energieintensiven Industrien
Aus der Theorie

Aus der Theorie

2.1	**Gesellschaftliche und sozialpolitische Hintergründe**	**27**
2.1.1	Transformation in der Industrie	**28**
2.1.2	Gesellschaftliche Wahrnehmung und Akzeptanz der Industrietransformation sowie einzelner Technologiepfade	**34**
2.1.3	Beschäftigtenakzeptanz in großen Gesellschaftstransformationen	**47**
2.1.4	Wissenstransfer durch kreative Kommunikations- und Partizipationsformate	**59**
2.2	**Planungs- und genehmigungsrechtliche Hintergründe**	**75**
2.2.1	Dekarbonisierung in der Industrie	**76**
2.2.2	Dekarbonisierung und Planungsrecht	**90**
2.2.3	Verfahrensfragen bei Produktionsprozessumstellung	**101**
2.3	**„Grüne" Finanzierungsinstrumente im Rahmen der Akzeptanz**	**119**
2.3.1	Intelligentes Finanzieren mindert Risiken und schafft Akzeptanz	**120**
2.3.2	„Grüne" Finanzierungsinstrumente im Rahmen der Akzeptanz	**135**
2.3.3	Lokale Akzeptanz von EE-Anlagen	**151**

Gesellschaftliche und sozialpolitische Hintergründe

2.1

TRANSFORMATION IN DER INDUSTRIE

2.1.1

AUTOR*INNEN:
Christoph Zeiss, *Wuppertal Institut* • Dirk Franzen, *Verband der Industriellen Energie- und Kraftwirtschaft (VIK)* • Andreas Renz, *Verband der Industriellen Energie- und Kraftwirtschaft (VIK)* • Hartmut Kahl, *Stiftung Umweltenergierecht* • Dr. Erika Bellmann, *ehemals Bellona* • Dr. Christian Schwotzer, *IOB RWTH Aachen*

2.1.1.1 Wichtige Eckpfeiler einer klimaneutralen Industrie

Die Industrie hat nach einer aktuellen Schätzung des Umweltbundesamtes im Jahr 2020 178 Millionen Tonnen CO_2-Äquivalente emittiert (vgl. Umweltbundesamt 2021). Das sind 24,1 Prozent der Gesamtemissionen Deutschlands. Die Transformation der industriellen Produktion in Deutschland zu einer klimaneutralen Wertschöpfung stellt einen grundlegenden Strukturwandel dar. Dieser wurde politisch auf globaler Ebene durch das Pariser Klimaabkommen 2015, die neuen Ziele der EU von 2021 sowie das ebenfalls 2021 novellierte Klimaschutzgesetz der Bundesregierung breit verankert. Eine der großen Herausforderungen dieses Strukturwandels ist es, innerhalb von weniger als 24 Jahren eine klimaneutrale Industrie bei Beibehaltung der Wertschöpfung und der Arbeitsplätze in Deutschland zu erreichen. Um die Klimaneutralität in der Industrie bis 2045 zu erreichen, sind eine Reihe von Voraussetzungen zu erfüllen.

Verfügbarkeit von erneuerbaren Energien

Um die heute noch eingesetzten fossilen Energien und deren Emissionen zu ersetzen, benötigt die deutsche Industrie Zugriff auf große Mengen erneuerbare Energien, die nicht allein inländisch bereitgestellt werden können (2015 wurde rund 70 Prozent der Energie importiert, vgl. BDI 2018). In welcher Form ein Import von erneuerbaren Energien (Strom, H_2, Naphtha) sinnvollerweise erfolgen sollte, ist derzeit in der Debatte.

Ausbau von Infrastrukturen

Eine klimaneutrale Industrie benötigt neue oder umgewidmete Infrastrukturen zur Versorgung mit Energien auf Basis regenerativer Quellen oder auch zum Transport von prozessbedingt anfallendem CO_2.

Einsatz von Low-Carbon-Technologien

In der Grundstoffindustrie, aber auch in der weiterverarbeitenden Industrie müssen alternative Technologiepfade erprobt, eingesetzt und marktfähig gemacht werden, um prozessbedingte Emissionen zu vermeiden.

Umgang mit verbleibenden Restemissionen

Für anfallende CO_2-Mengen, die prozessbedingt unvermeidbar sind (insbesondere bei den Grundstoffindustrien wie Zement-, Stahl- und Chemieindustrie), muss ein Umgang gefunden werden. „Die Abscheidung und permanente geologische Speicherung von CO_2 (Carbon Capture and Storage, kurz CCS) ist dabei die am besten untersuchte Lösungsoption" (acatech 2018), wobei die Speicherung vermutlich überwiegend im Ausland in geeigneten geologischen Formationen unter der Nordsee erfolgen sollte. Auch die Nutzung des aus Abgasen von Industrieunternehmen abgeschiedenen CO_2 (Carbon Capture and Utilization, kurz CCU) kann einen Beitrag zur Klimaneutralität leisten. Voraussetzung dafür ist, dass das CO_2 am Ende des Lebenszyklus der Produkte nicht wieder in die Atmosphäre gelangt. Für kohlenstoffhaltige Produkte mit einer kurzen Lebensdauer könnten die Gewinnung des CO_2 aus der Luft (Direct Air Capture, DAC) oder die Nutzung nachhaltig erzeugter Biomasse zentrale Erfordernisse zur Sicherung einer klimaneutralen Rohstoffbasis darstellen. Ferner werden in Bereichen wie der Landwirtschaft weiter Treibhausgase emittiert werden, die über negative Emissionen kompensiert werden müssen. Negative Emissionen können durch Kombination von DAC und Biomassenutzung mit permanenter geologischer Speicherung von CO_2 erreicht werden (Bio-Energy Carbon Capture and Storage, kurz BECCS, und Direct Air Capture and Storage, kurz DACS). Mit der Zeit wird die Bedeutung von DACS und BECCS wachsen, weil in der zweiten Hälfte des Jahrhunderts eine Nettoentnahme des CO_2 aus der Atmosphäre notwendig werden wird, um das Klima noch stabilisieren zu können. Ferner würde die Bedeutung von CCS stark steigen, falls es nicht zeitnah gelingt, die Verfügbarkeit an erneuerbar erzeugten Energien in Deutschland deutlich zu erhöhen.

Schließung von Rohstoff- und Kohlenstoffkreisläufen

Eine klimaneutrale Industrie bedarf zwingend möglichst geschlossener stofflicher Kreisläufe und damit einer zirkulären Wertschöpfung.

Rahmenbedingungen für Wertschöpfung

Um für Investition in neue Technologien Investitionssicherheit zu haben, werden politische und finanzielle Instrumente zur Transformation der Industrie auf nationaler und europäischer Ebene benötigt (vgl. Agora Energiewende, Wuppertal Institut 2019). Das gilt insbesondere für die Grundstoffindustrien. Ein regulatorischer Rahmen und finanzielle Instrumente sind ebenfalls für den Ausbau der für Klimaneutralität in der Industrie notwendigen grenzüberschreitenden Strom-, H_2- und CO_2-Infrastruktur nötig.

Die Transformation zu einer klimaneutralen Industrie braucht dabei einen übergreifenden Ansatz, um die Klimaschutzziele, die wirtschaftliche Leistungsfähigkeit und die sozialen Aspekte im Blick zu behalten.

2.1.1.2 Zentrale Veränderungen mit Akzeptanzrelevanz

Ausbau der inländischen Stromerzeugung aus erneuerbaren Energien

Für die Erreichung der Klimaneutralität in Deutschland werden große Mengen an erneuerbar erzeugten Energieträgern benötigt. Diese werden aufgrund des weiterhin hohen Energiebedarfes nicht ausschließlich in Deutschland erzeugt werden können. Importe in Form von beispielsweise elektrischem Strom, grünem H_2 oder grünem Naphtha werden benötigt. Ein deutlicher Ausbau der inländischen Erzeugung von erneuerbaren Energien ist aber von der Bundesregierung dennoch geplant. Bis 2030 soll der Anteil der erneuerbaren Energien an der inländischen Bruttostromerzeugung auf 65 Prozent steigen. Ob diese Steigerung zur Erreichung der Klimaneutralität bis 2045 ausreicht, hängt von verschiedenen Faktoren ab. Im Rahmen des Fit-for-55-Paketes der Europäischen Kommission ist einer Erhöhung der Ziele denkbar. Neben dem inländischen Ausbau der Windenergie und der Fotovoltaik ergeben sich daraus auch neue Infrastrukturanforderungen, die unter dem Gesichtspunkt der Akzeptanz bewertet werden müssen. „Zusätzlich gibt es noch eine Vielzahl von Hemmnissen, die bei einem steigenden Ausbau der erneuerbaren Energien in Deutschland adressiert werden müssen, zum Beispiel bei der Vermarktung von Grünstromprodukten" (Hilpert 2018; Kahl 2020).

Ausbau der Strom- und Gasinfrastruktur

„In Europa wird in den kommenden Jahren und Jahrzenten die Nachfrage nach Strom und von aus Strom synthetisch erzeugtem Gas, wie beispielsweise H_2" (Bundesministerium für Wirtschaft und Energie 2020; Europäische Kommissio 2020) („Power-to-Gas") oder natürlich erzeugtes Biogas, steigen. Die Bereitstellung der Strommengen muss dabei, um die Klimaschutzziele zu erreichen, zunehmend beziehungsweise in absehbarer Zeit vollständig aus regenerativen Energiequellen erfolgen. Windenergieanlagen, Fotovoltaik und Biomasse werden dabei eine immer größer werdende Rolle für das Gelingen der Energiewende spielen müssen.

Die Bereitstellung von Strom oder synthetisch erzeugten Gasen aus regenerativen Quellen verbraucht enorme Ressourcen, beispielsweise Wasser und Boden/Fläche. Bereits heute zeichnet sich ein Akzeptanzproblem bei der Energiewende ab, dass über die Zeit noch erheblich zunehmen wird. Zwar wird der Ausstieg aus der Kernenergie und den fossilen Energieträgern als weitgehend positiv empfunden; mit dem damit notwendigen massiven Ausbau der erneuerbaren Energien und der benötigten Infrastruktur – massiver Ausbau von Stromnetzen (Hochspannungs- und Verteilnetzen) – gibt es jedoch auch immer wieder erheblichen Widerstand. Dieser Widerstand begründet sich bei der Bereitstellung von Biomasse in der Tank-und-Teller-Diskussion, beim Ausbau der Fotovoltaik in der Bereitstellung von Freiflächen auf öffentlichen und privaten Gebäuden sowie beim Ausbau von Windenergieanlagen in der Bereitstellung von Freiflächen und Eingriff in Natur und Landschaft.

Als Folge von mangelnder Akzeptanz kommt es schon heute zu Verzögerungen beim Ausbau der erneuerbaren Energien (Regelung: 1.000 Meter Abstand von Windkraftanlagen von der nächsten Bebauung) und beim Ausbau der erforderlichen Netz-infrastruktur. Dieses Problem wird sich weiter verschärfen. Der Zubau an erneuerbaren Energien, speziell mit Fokus auf Windenergie an Land, blieb in den letzten Jahren stark hinter den Werten zurück, die zwingend erforderlich wären, um die Ziele der Energiewende zu erreichen. Als Alternative zum Stromnetzausbau bietet sich die Nutzung der existierenden Gastransportinfrastruktur an. Dies senkt die Kosten der Dekarbonisierung und erhöht Akzeptanz und Versorgungssicherheit der Energiewende. „Stromnetzmodellierungen zeigen, dass eine Nutzung der Gasnetze einen Stromnetzausbau im Umfang von 17.800 Kilometern im Übertragungsnetz und über 500.000 Kilometern im Verteilnetz obsolet macht" (Frontier Economics 2017). Auch der für die Erreichung der Klimaziele benötigte H_2 kann teilweise durch die Umwidmung einer bereits verlegten Gasinfrastruktur transportiert werden. Dennoch ist davon auszugehen, dass zusätzlich neue H_2-Pipelines und H_2-Speicher benötigt werden, um die für Klimaneutralität notwendige Menge an emissionsarm oder emissionsfrei hergestelltem H_2 zur Verfügung stellen zu können. In den nächsten Jahren werden ebenfalls die CCU/CCS-Technologien an Bedeutung gewinnen. Das frühzeitige Erkennen dieser Entwicklungen und der darauf abgestimmte Auf- und Ausbau einer funktionierenden branchen-/sektorenübergreifenden H_2-CO_2-Infrastruktur hätte geholfen, Bauvorhaben zu minimieren. Gerade in Ballungsgebieten ist eine vorausschauende Planung neuer Infrastrukturen und Umwidmung bestehender Infrastrukturen essenziell. Allerdings müssen die nötigen Infrastrukturen vor 2045 bereitstehen, was eine lange Vorlaufphase zunehmend schwierig bis unmöglich macht. Neben der Akzeptanzfrage ermöglicht die Nutzung der existierenden Gasinfrastruktur einen zunehmenden Zugang zum internationalen Gastransportnetz und somit den Zugang zu internationalen Gasquellen und insbesondere Speichern, einschließlich des benötigten Imports von synthetisch erzeugtem Gas, wie beispielsweise klimaneutral oder treibhausgasarm erzeugtem H_2.

Einsatz von Biomasse
Biomasse spielt in einer zukünftigen klimaneutralen Industrie eine wichtige Rolle. Es gibt vielfältige Einsatzmöglichkeiten: in der Strom- und Wärmeerzeugung, als klimaneutrale Kohlenstoffquelle für kohlenstoffbasierte Produkte oder auch in Verbindung mit CCS als mögliche CO_2-Senke. Allerdings ist Biomasse auch in den anderen Sektoren wie Gebäude oder Mobilität sehr gut einsetzbar und aufgrund von Flächen- und Nachhaltigkeitsrestriktionen nur begrenzt verfügbar. Ein Einsatz von Biomasse in einer klimaneutralen Industrie muss daher im Gesamtsystem abgewogen und im Vorfeld intensiv diskutiert werden. Ob der Einsatz von Biomasse in der Industrie gegenüber anderen Sektoren als vorteilhaft gesehen wird und auch eine breite Akzeptanz stößt, ist heute noch nicht absehbar.

2.1.1.3 Beteiligte Akteur*innen
Die Transformation zu einer klimaneutralen Industrie ist eingebettet in eine Transformation der gesamten Gesellschaft und wird daher auch alle Bereiche und Akteur*innen unserer Gesellschaft betreffen. Es gibt aber einige Akteur*innengruppen, die bei der industriellen Transformation eine zentrale Rolle spielen werden:

Unternehmen und Wirtschaftsverbände

Die Umstellung der eigenen Wertschöpfungsketten und auch die Anpassung der eigenen Geschäftsmodelle auf klimaneutrales Wirtschaften sind eine große Herausforderung, die viel Unternehmer*innengeist, aber auch die richtigen Rahmenbedingungen benötigen. Hier finden sich Herausforderungen, aber auch Chancen für neue Märkte und Produkte. Unternehmen sind die zentralen Akteure, ohne die dieser Strukturwandel nicht gelingen wird.

Politik

Die aktive Begleitung und die Setzung der passenden Rahmenbedingungen auf allen politischen Ebenen ist eine wichtige Voraussetzung für eine erfolgreiche Transformation. Dabei müssen im Mehrebenensystem die einzelnen politischen Akteur*innen aus EU, Bund, Land und Kommune möglichst abgestimmt und mit gemeinsamer Zielsetzung aktiv den Wandel unterstützen und die passenden Rahmenbedingungen setzen und anwenden.

Organisierte Zivilgesellschaft

Eine aktive und kritische Begleitung der Transformation durch Umweltverbände sowie Tierschutzorganisationen, Gewerkschaften und Religionsgemeinschaften stärkt den Prozess und die Verankerung in der Gesellschaft. Ein vielschichtiges Thema wie die industrielle Transformation bedarf der Verankerung und der Kommunikation in der gesamten gesellschaftlichen Breite, damit dieser gesellschaftliche Wandel unter Beachtung aller relevanten Aspekte abgewogen umgesetzt werden kann. Der gesellschaftliche Diskurs gehört zu einer funktionierenden Demokratie und muss integraler Bestandteil eines solchen umfassenden Strukturwandels sein.

Beschäftigte

Die Beschäftigten der Industrie haben eine Schlüsselrolle in der Transformation zur Klimaneutralität. Einerseits sind sie Betroffene, wenn Unternehmen ihre Produkte und Produktionsprozesse anpassen müssen, um in einer klimaneutralen Welt wettbewerbsfähig sein zu können. Andererseits sind es ihre Fähigkeiten und ihr Einsatz, der den Unternehmen erfolgreiches Wirtschaften erst ermöglicht. Es ist daher notwendig, die Beschäftigten in der Industrie von der Notwendigkeit und den Chancen einer klimaneutralen Produktion zu überzeugen und sie durch Aus- und Weiterbildung für diesen Strukturwandel zu unterstützen.

Wissenschaft

Die Untersuchung möglicher Entwicklungspfade der Industrie, deren Systemzusammenhänge und sozialen und gesellschaftlichen Auswirkungen sind wichtige Forschungsfelder, die interdisziplinär begleitet werden müssen.

REDAKTION

Verantwortlich für die Inhalte:
Christoph Zeiss
Wuppertal Institut für Klima, Umwelt, Energie gGmbH
Döppersberg 19
42103 Wuppertal

Dr.-Ing. Christian Schwotzer
Institut für Industrieofenbau und Wärmetechnik
RWTH Aachen University
Kopernikusstraße 10
52074 Aachen
schwotzer@iob.rwth-aachen.de
www.iob.rwth-aachen.de

KURZBIOGRAPHIE

Dipl.-Biol. Christoph Zeiss arbeitet seit 20 Jahren zu den Themen Klimaschutz, erneuerbare Energien, Energiewirtschaft, Energieeffizienz und alternative Treibstoffe. Als wissenschaftlicher Mitarbeiter im Deutschen Bundestag war er an mehreren energiewirtschaftlichen Gesetzgebungen mit beteiligt. Er arbeitete als Projektleiter Mobilität in der Deutschen Energie-Agentur GmbH an der Kraftstoffstrategie der Bundesregierung sowie an Projekten zu H_2 und Energieeffizienz im Verkehr. Als wissenschaftlicher Referent für den Landtag von NRW beschäftigte er sich mit der Energieerzeugungsstruktur, Effizienzmaßnahmen zur Verringerung des Ölverbrauches und Potenzialen zum Ausbau erneuerbarer Energien. Aktuelle Tätigkeitsfelder als Senior Researcher im Wuppertal Institut sind die Transformation der Industrie zur Treibhausgasneutralität in NRW, Langfristszenarien zur Treibhausgasminderung bis 2045 und partizipative Klimaschutzkonzepte auf Landes- und Bundesebene.

Dr.-Ing. Christian Schwotzer studierte Wirtschaftsingenieurwesen an der RWTH Aachen University. Seit 2013 ist er dort wissenschaftlicher Mitarbeiter am Institut für Industrieofenbau und Wärmetechnik, an dem er promovierte und die Arbeitsgruppe Verbrennung und Brennertechnik leitete. Seit 2019 leitet er die Gruppe Erneuerbare Energien und CO_2-arme Prozesswärme des Instituts mit dem Forschungsschwerpunkt auf den technisch-ökonomischen Einsatzmöglichkeiten erneuerbarer Energien im Industrieofenbau mit dem Ziel einer CO_2-armen Prozesswärmeerzeugung in Thermoprozessen unter anderem der Eisen- und Stahl-, NE-Metall-, Keramik- und Glasindustrie. Außerdem leitet er das Forschungsnetzwerks „Hybrid-Heating" (www.hybrid-heating.de).

GESELLSCHAFTLICHE WAHRNEHMUNG UND AKZEPTANZ DER INDUSTRIETRANSFORMATION SOWIE EINZELNER TECHNOLOGIEPFADE

Grundverständnis, Annahmen und Formate

AUTOR*INNEN:
Dr. Michael Walther, *IN4climate.NRW* • Katja Witte, *Wuppertal Institut für Klima, Umwelt, Energie*

Zusammenfassung Der Beitrag definiert den Akzeptanzbegriff mit Bezug zur Industrietransformation und stellt Einflussfaktoren hinsichtlich Akzeptanz dar. Bei der Betrachtung der Industrietransformation müssen unterschiedliche Technologiepfade mit ihren jeweils spezifischen Aspekten betrachtet werden, und zwar sowohl mit Blick auf die lokale Akzeptanz als auch auf die grundsätzliche Technologiebefürwortung und die gesellschaftliche Dimension. ▪ Auf Grundlage von Erfahrungen aus anderen Kontexten, ersten Fallstudien, diversen Dialogprozessen mit der (organisierten) Zivilgesellschaft und Diskursbeobachtung lassen sich zu den zentralen Technologiepfaden Hypothesen zur gesellschaftlichen Akzeptanz und möglichen Widerständen der Industrietransformation formulieren. Diese müssen mit der beginnenden In-Praxis-Setzung von neuen Technologien und deren Infrastrukturen genau in den Blick genommen, weiter gezielt empirisch beforscht und in der Umsetzung kommunikativ unterstützt werden.

2.1.2.1 Definition von Akzeptanz

Stand der Forschung zur Akzeptanz der Industrietransformation

Aufgrund der Vielfältigkeit von Technologiepfaden der energieintensiven Industrie wird es die „eine Akzeptanz" dieses Industriesektors nicht geben (vgl. hierzu Abschnitt „Hypothesen zur Akzeptanz der Transformationstechnologien"). Es bedarf daher einer differenzierten Betrachtung unterschiedlicher Akzeptanzkonzepte entlang der jeweiligen Technologiepfade sowie einer konzeptionellen (Weiter-)Entwicklung der Akzeptanzforschung und ihrer methodischen Designs zur validen Erfassung möglicher Akzeptanzentwicklungen einzelner Technologiepfade. Forschungsseitig bedarf es darüber hinaus eines übergeordneten Ansatzes zur Synthese der einzelnen Forschungsstränge, der zum Beispiel Antworten auf die Frage liefert, ob es Akzeptanzfaktoren gibt, die über einzelne Technologiepfade hinweg für die energieintensive Industrie im Allgemeinen stehen können.

Dennoch: zur Betrachtung der Akzeptanz energieintensiver Industrien können bisherige Forschungsergebnisse zur Akzeptanz anderer einzelner Technologiepfade herangezogen werden und auf ihre Übertragbarkeit hin diskutiert werden, wie zum Beispiel aus der Forschung zu einzelnen Erneuerbare-Energien-Anwendungen wie Wind, Biomasse, Geothermie, aber auch zu H_2-Anwendungen (insbesondere aus dem Bereich der Hydrogen-Fuel-Cell[HFC]-Mobilität) und dem Bereich Carbon Capture and Storage (CCS) im Kraftwerksbereich. Hier liegt teils ein valides Faktorenset zur Bestimmung der gesellschaftlichen Akzeptanz vor. Darüber hinaus gibt es Ergebnisse aus der Akzeptanzforschung zum eher übergeordneten Thema der Energiewende/-transformation (vgl. Fraune et al. 2019; Renn 2015), in denen keine einzelnen, konkreten Technologiepfade erforscht wurden, die aber dennoch als konstituierende Elemente auch für die Akzeptanz der Industrietransformation herangezogen werden sollten.

Für eine valide und genaue Vorhersage möglicher Akzeptanzentwicklungen energieintensiver Industrien gibt es derzeit (noch) keine umfassende Datenbasis, hier besteht ein hoher Forschungsbedarf. Dies ist aufgrund der Dringlichkeit bezüglich der zeitlichen Umsetzung der Industrietransformation problematisch. Unternehmen aus dem Bereich der energieintensiven Industrie benötigen möglichst zeitnah, neben verbindlichen politischen Rahmenbedingungen, Ergebnisse aus der Wissenschaft, die sie bei der Einführung eines Managementkonzeptes für Nachhaltigkeitstransformationen leiten. Hierzu gehört auch die Notwendigkeit, in ein integratives Innovationsmanagement von Unternehmen den Aspekt der sozialen Effekte zu integrieren. Dies umfasst die gesellschaftliche Akzeptanz, insbesondere dann, wenn es sich um Großtechnologien mit Infrastrukturherausforderungen handelt.

Begriffsbestimmung Akzeptanz und Einteilung in Technologiebereiche

„Allgemein kann Akzeptanz als eine Beziehung zwischen einem Akzeptanzsubjekt und einem Akzeptanzobjekt (zum Beispiel einer Technologie) in einem bestimmten Kontext verstanden werden" (Lucke 1995: 395). „Akzeptanz ist ein soziales Werturteil des Akzeptanzsubjektes", welches laut Zoellner et al. (2012: 93) das Ergebnis eines spezifischen Bewertungsprozesses ist. Akzeptanz kann mit einer konkreten Handlung des Subjektes einhergehen, dies muss aber nicht zwingend der Fall sein.

„Die beiden Dimensionen ‚Befürwortung' und ‚Ablehnung' spiegeln dabei die Bewertungsebene wider und die beiden Dimensionen ‚aktives Engagement' und ‚Widerstand' die Handlungsebene" (Schweizer-Ries et al. 2010: 11 f.). Empirisch wird oftmals die Handlungsebene untersucht. Für das Thema der Akzeptanz energieintensiver Industrien ist jedoch auch die Bewertungsebene von hoher Bedeutung, da viele technologische Anwendungen erst noch errichtet werden, die gesellschaftliche Debatte aber aufgrund der Dringlichkeit der Transformation läuft beziehungsweise weiter an Fahrt gewinnen wird. Demnach sollte auch die passive Akzeptanz mit einbezogen werden. Diese umfasst Personen, die sich ein Werturteil gebildet haben, dies aber nicht zum Ausdruck bringen (zum Beispiel stillschweigende Hinnahme eines Technologiepfades). Aber auch die Abwesenheit von Widerstand kann darunter subsumiert werden. Hingegen ist kaum zu erwarten, dass die Handlungsdimension „aktives Engagement" für energieintensive

Industrien zu erwarten ist, wie die ersten Erläuterungen im vorliegenden Praxishandbuches verdeutlichen.

Eine Differenzierung von möglichen Akzeptanzentwicklungen ist entlang von drei unterschiedlichen Technologiebereichen möglich, die auch für das vorliegende Praxishandbuch sinnvoll erscheint. Hier ist die Einteilung von Renn (2005: 29ff.) in die folgenden drei Bereiche der Technik zu nennen. Er unterscheidet zwischen

- Produkt-, Alltags- und Sicherheitstechnik,
- Technik im Arbeitsleben und
- externer Groß- und Risikotechnik inklusive Infrastrukturherausforderungen.

Die drei Technologiebereiche unterscheiden sich hinsichtlich der Kriterien der Akzeptanzprüfung. Der Bereich der „externen Technik" umfasst großtechnische Anlagen und die damit einhergehenden Infrastrukturen. Spezifisch für diesen Technikbereich ist, dass die Menschen vor Ort in der Regel nicht in einen direkten Kontakt mit der Technik kommen, das heißt, sie selbst können diese Technik nicht betreiben, bedienen oder erwerben. Sie können diese aber wahrnehmen, zum Beispiel, wenn Anlagen in ihrem regionalen Umfeld errichtet werden. Bestenfalls nutzen sie das Endprodukt solcher Anlagen, etwa den erzeugten Strom aus einem Kraftwerk. Diese Eigenschaften treffen zum Beispiel auch auf CCS zu. Die Etablierung solcher Technologien basiert nicht allein auf wirtschaftlichem Interesse, sondern wird flankiert durch politische Entscheidungen, wenn es beispielshalber um den Aufbau einer Versorgungsinfrastruktur oder Fragen der öffentlichen Daseinsvorsorge geht.

Akzeptanztests sind hier zum einen konventionelle Verfahren, wie das sogenannte Planfeststellungsverfahren für neue Bauvorhaben. Zum anderen aber auch unkonventionelle Verfahren, wie größere gesellschaftliche Protestaktionen. Das heißt mögliche Konfliktthemen umfassen Interessenkonflikte auf ganz unterschiedlichen Akteur*innenebenen, zum Beispiel mit organisierten Verbänden bei Naturschutzbelangen oder bei Fragen von Haftungen für Risiken mit der Anwohnerschaft vor Ort. Protestaktionen entfachen sich besonders dann, wenn Grundwerte verletzt zu sein scheinen oder Gefahren für Mensch und Umwelt befürchtet werden. Diese Prüffragen können auch für mögliche Konflikte für unternehmensinterne Entscheidungsprozesse zur Integration von technischen Innovationen bei energieintensiven Industrien von Bedeutung sein.

Der Technikbereich „Arbeits- und Produktionstechnik" umfasst alle Technologien, die von Beschäftigten in ihren Unternehmen beziehungsweise Einrichtungen genutzt werden, von der Medizin über den Straßenbau bis hin zum Labor. Hier ist die jeweilige Einrichtung, zum Beispiel ein Betrieb, der die Innovation nutzen möchte, die treibende Kraft. Akzeptanz oder Ablehnung verdeutlichen sich hier an der aktiven Nutzung oder Ablehnung durch die Beschäftigten. Möglichen Konfliktthemen sind hier eine fehlende Mitbestimmung bei der Einführung neuer Techniken oder eine unangemessene Anpassungsgeschwindigkeit, die oftmals mit einer unzureichenden Qualifikation oder Weiterbildung und Umschulung der Beschäftigten einhergeht. Gemäß dieser Beschreibung können die Techniken der energieintensiven Branchen auch diesem Technikbereich zugeordnet werden. Dies sind vor allem Fragen, die den internen Innovationsprozess eines Unternehmens betreffen.

Unter der „Produkt- und Alltagstechnik" sind Technologien zu fassen, die jedes Individuum nutzen kann, sei es das Smartphone oder künftig sogenannte Augmented-Reality-Brillen (Augmented Reality = erweiterte Realität). Es wäre zu prüfen, inwieweit dieser Technikbereich und die damit einhergehenden Akzeptanzfragen auch auf die Produkte der energieintensiven Industrien anzuwenden sind.

> Möchten Unternehmen sich also im Rahmen der Entwicklung von technischen Innovationen Gedanken zu Akzeptanzentwicklungen machen, mögliche Konfliktthemen und damit mögliche Akteur*innengruppen identifizieren, ist es hilfreich, diese Einteilung als Ausgangsposition oder Strukturierungselement weiterer Überlegungen zu nutzen. Für die Akzeptanz von energieintensiven Industrien erscheinen zunächst alle drei Technikbereiche von Bedeutung, da sie unterschiedlichen Bewertungen und Lösungsansätzen unterliegen.

Etablierte Einflussfaktoren der gesellschaftlichen Akzeptanz

Die Sozialwissenschaft bietet mittlerweile ein etabliertes Set an Akzeptanzfaktoren für Technologien aus dem Energiebereich sowie im Speziellen auch aus einzelnen technologischen Anwendungen, wie etwa für CCS-Technologien aus dem Kraftwerksbereich. Die folgende Auflistung fasst wesentliche Faktoren zusammen (vgl. Geßner et al. 2019: 144 ff.):

- Wissen und Erfahrungen, Kosten- und Nutzenabwägungen, Wahrnehmung von Risiken und Zuverlässigkeit, Bedienfreundlichkeit
- Einstellungen, Haltungen, persönliche Normen und Wertvorstellungen, Emotionen
- Vertrauen
- geografische Eigenschaften und soziale Konstellationen
- Partizipation und Kommunikation
- Soziodemografie

Empirische Analysen haben verdeutlicht, dass insbesondere die Faktoren des gesellschaftlichen und persönlichen Nutzens sowie des gesellschaftlichen und persönlichen Risikos, die Menschen einer Technologie zuschreiben, für die Bewertung der Akzeptanz von entscheidender Bedeutung sind. Je höher der gesellschaftliche/persönliche Nutzen einer Technologie wie CCS eingeschätzt wird, desto geringer wird in der Regel auch die Risikobewertung der Technologie ausfallen. Ausführlichere Ergebnisse dazu lassen sich zum Beispiel in Huijts et al. (2011: 530) sowie Pietzner/Schumann (2012: 47) finden.

Die einzelnen Aspekte, die für die Entwicklung einer Technologie von Bedeutung sind, lassen sich im Folgenden auch den einzelnen Ebenen von Akzeptanz zuordnen und helfen somit, wichtige Kontextfaktoren in der Debatte und der Vorhersage der gesellschaftlichen Akzeptanz nicht zu verlieren.

2.1.2.2 Drei Ebenen von Akzeptanz für die Industrietransformation

In Bezug auf die gesellschaftliche Akzeptanz und mögliche Proteste existieren drei Ebenen, die für einzelne Technologiepfade durchgängig hohe Relevanz besitzen, aber jeweils unterschiedlich betrachtet werden müssen (vgl. Wüstenhagen et al. 2007).

Direkte, lokale Akzeptanz
Industrieanlagen und Infrastrukturen treffen immer auf direkte Anwohnerschaft und können dort zu Akzeptanzproblemen führen, die sich schnell in Gegnerschaft und Protesten ausdrücken. Das beste und vieldiskutierte Beispiel hierfür ist sicherlich der Ausbau der erneuerbaren Energien / die Energiewende, mit lokaler Gegnerschaft vor allem gegen Onshore-Windkraftanlagen. Dabei berichten Studien regelmäßig von einem Auseinanderfallen der bekundeten positiven Einstellungen zur Energiewende mit der Ablehnung von Anlagen im lokalen Umfeld (NIMBY – „not in my backyard").

Die für die Industrietransformation benötigten Industrieanlagen, zuvorderst die damit verbundene Infrastruktur, wird ebenfalls lokal sichtbar sein und diskutiert werden. Dabei muss mit Ablehnung gerechnet werden, die nicht zwingend grundsätzlicher Natur ist, sondern mit wahrgenommenen Problemen vor Ort (allem voran wahrgenommenen Gefahren) zusammenhängt.

Grundsätzliche gesellschaftliche Akzeptanz von Technologien
Im Rahmen der Industrietransformation werden Technologiepfade diskutiert, die auch in nahezu jedem Szenario zur Klimaneutralität 2045 eine Rolle spielen, gesellschaftlich aber umstritten sind. Selbst innerhalb derjenigen Gruppen, welche das Ziel der Klimaneutralität akzeptieren, wird intensiv über zu beschreitende Pfade, einzelne Technologien und mögliche Alternativen et cetera diskutiert. Unter den nicht zu vernachlässigenden Teilen der Gesellschaft, die einer Transformation generell oder im anvisierten Zeitfenster kritisch gegenüberstehen, ist die Ablehnung einzelner Technologiepfade noch stärker zu erwarten.

Aus fehlender grundsätzlicher Akzeptanz in ausreichend großen Teilen der Gesellschaft kann eine Protestdynamik entstehen, die gleichermaßen überregional sichtbar wird wie auch lokale Proteste verstärken kann (Atomkraft/Atommüllendlager, Braunkohletagebaue). Aber auch ohne größere Proteste kann fehlende Akzeptanz über einen gesellschaftlichen Diskurs wahrnehmbar und entscheidungsrelevant werden (zum Beispiel im Fall der deutschen CCS-Modellprojekte).

Die Industrietransformation (beziehungsweise das gesamte Klimaschutzziel) ist nicht nur über erneuerbare Energien und Effizienzmaßnahmen zu erreichen. Nahezu alle weiteren Technologiepfade sind mit aktuellen und potenziellen Akzeptanzproblemen verbunden: H_2-Wirtschaft (und hier die Diskussionen um grünen/blauen/… H_2, H_2-Importe), der Umgang mit prozessbedingten Emissionen und CO_2 aus Negativemissionen (→ CCS), die Rolle der Bioökonomie (Landnutzungskonkurrenzen, Biodiversität …), aber auch Themen wie die Circular Economy (inklusive CCU) werden nicht durchgängig unkritisch gesehen, insbesondere aufgrund des hohen Energiebedarfs.

Akzeptanz von Industrietransformation als gesellschaftliche Aufgabe

Die Industrie ist Teil der Gesellschaft und nicht von dieser entkoppelt. Entsprechend hat die Transformation an vielen Stellen auch gesellschaftliche Auswirkungen (ebenso wie sie auch aus der Gesellschaft heraus eingefordert wird).

Die Industrietransformation wird einen, im Umfang noch nicht benennbaren, Strukturwandel mit sich bringen, der aufseiten der Arbeitnehmerschaft auch Verlierer*innen haben wird. Auch ist Klimaneutralität nicht kostenneutral zu erreichen, was mindestens zum Teil an die Gesellschaft als Konsumentin über Preissteigerung übertragen werden wird. Aus diesem Grund ist eine parallele Debatte über die sozialen Aspekte des Klimaschutzes auch wichtig für die Akzeptanz dieses Jahrhundertprojekts.

Ein weiterer zentraler Handlungsbereich, für den gesellschaftliche Akzeptanz unabdingbar ist, liegt in der Unterstützung der Industrie durch die öffentliche Hand. Angesichts der langen Investitionszyklen in der Industrie ist für das Erreichen der Klimaschutzziele eine schnelle Umstellung der Produktionsprozesse nötig, wobei für Unternehmen im globalen Wettbewerb mit den neuen Technologien (noch) keine tragfähigen Geschäftsmodelle verbunden sind. Ohne eine staatliche Unterstützung der Industrie besteht die Gefahr der Standortverlagerungen ins Ausland und damit in Summe den globalen Klimaschutzzielen zuwiderlaufendem Carbon Leakage. Die gesellschaftliche Akzeptanz für die Unterstützung der Industrie aus Steuermitteln ist nicht sichergestellt und somit gleichermaßen kritisch für ihre Transformation.

Die gesellschaftliche Wahrnehmung der Industrie in Deutschland ist zu vielen Themen durchaus kritisch. Auch das Narrativ zur Industrie im Klimaschutz fokussiert bisher stärker auf die Rolle als Problemverursacherin/-ignoriererin als auf ihren Beitrag zur Lösung des Klimaproblems. Die bisherigen Klimaschutzleistungen der Industrie werden geringer eingeschätzt als die persönlichen Beiträge beziehungsweise die der Konsument*innen/Gesellschaft insgesamt.

Diese übergeordnete Wahrnehmung beeinflusst die Interpretation aller von der Industrie anvisierten Technologiepfade und kann die kritischen Einschätzungen auf dieser Ebene verstärken oder sogar auslösen. Darüber hinaus ist die Debatte auf dieser Ebene eingebettet in Diskurse zur globalen und/oder aus der Historie begründeten Verantwortung von Deutschland wie Europa, ebenso wie die Debatte zum globalen Klimaschutzeffekt eines (wahrgenommenen) alleinigen Vorangehens Deutschlands. Ein wichtiger Aspekt für ein Narrativ zu einem Vorreiterstatus wird es sein, welche mittel- und langfristigen Vorteile daraus resultieren und kommuniziert werden können.

2.1.2.3 Hypothesen zur Akzeptanz der Transformationstechnologien

Für die im Folgenden diskutierten Technologiepfade für eine Transformation der Industrie liegen noch keine breiten empirischen Studien vor. Aus theoretischen Überlegungen, ersten Fallstudien, Diskursbeobachtungen, Multi-Stakeholder-Dialogen, Gesprächen mit der organisierten Zivilgesellschaft und Bürger*innendialogen können hier allerdings Hypothesen zur gesellschaftlichen Akzeptanz formuliert werden.

Zudem ist die Diskussion auch noch stark im Fachdiskurs verankert. Unsicherheit in der Bewertung von Technologiepfaden seitens der Gesellschaft wird dabei auch verstärkt durch einen kontroversen Diskurs auf dieser Fachebene. Der gesamtgesellschaftliche Wissensstand zu den Fragen der Industrietransformation ist noch ausbaufähig. Es ist wenig Wissen vorhanden zu den vielen Technologiepfaden, dem Reifegrad von Technologien, Energiebedarfen und Energieformen, Transformationsszenarien und möglichen alternativen Pfaden, aber auch zu Kosten, Innovations- und Investitionszeiträumen für Unternehmen.

Das bedeutet jedoch nicht, dass die subjektive Wahrnehmung jeder/jedes Einzelnen zu vernachlässigen ist.

Erneuerbare Energien

Eine Akzeptanz der Gesamttransformation zur Klimaneutralität ist untrennbar mit Akzeptanz höherer EE-Erzeugung verbunden. Die Industrietransformation geht einher mit einem massiv erhöhten Bedarf an grünem Strom, der nicht nur über Import von Grünstrom/grünem H_2/LOHC gedeckt werden kann/sollte. Entsprechend hohe Ausbaupläne liegen auch mit dem Koalitionsvertrag von 2021 der neuen Bundesregierung vor.

Der Ausbau der erneuerbaren Energien ist im Gegensatz zu den neuen Produktionsprozessen für eine klimaneutrale Industrie und dem damit verbundenen Infrastrukturbedarf als Thema weit weniger neu und gut beforscht. Hier besteht weiterhin eine stabile und grundsätzliche gesellschaftliche Akzeptanz für die Energiewende, Akzeptanzprobleme beziehungsweise Proteste bleiben eher lokal und richten sich gegen einzelne Anlagen.

Auch der dafür benötigte Ausbau der Strominfrastruktur dürfte mit geringeren grundsätzlichen Akzeptanzproblemen verbunden sein als Infrastrukturen für H_2 oder CO_2, bei denen der gesamte Diskurs kontroverser geführt wird.

H_2-Wirtschaft: so viel wie möglich selber machen

H_2 wird als Lösungsweg zur Klimaneutralität positiver wahrgenommen als andere alternative und komplementäre Technologiepfade. Die grundlegende Erzählung ist eine positive Utopie sauberer Energie, die (1) potenziell unbegrenzt vorhanden und (2) sauber ist: „Abfallprodukt Wasser".

Letzteres gilt für grünen H_2 und da dieser auf absehbare Zeit nicht in großen Mengen vorhanden ist, hängt die Akzeptanz an den damit vorhandenen Konfliktlinien und Narrativen. Der benötigte erneuerbare Strom ist ein knappes Gut und zudem in Deutschland mit höheren Erzeugungskosten verbunden. Langfristig werden auch Wasserbedarfe und -verfügbarkeiten zu diskutieren sein, spielen aktuell in der gesellschaftlichen Wahrnehmung aber noch keine Rolle.

Wir gehen davon aus, dass die Notwendigkeit des H_2-Einsatzes beim Umbau der Industrie akzeptiert wird. Noch eher im Fachdiskurs verhaftet sind die Debatten um die sinnvollen Einsatzbereiche für H_2: Wo wäre eine Elektrifizierung möglich und effizienter? In welchen Anwendungen ist der H_2-Einsatz zentral für die Industrietransformation und angesichts der Investitionsbedarfe und -zyklen besonders zeitkritisch und zu priorisieren?

In der breiteren gesellschaftlichen Debatte wird grüner H_2 vor allem mit Blick auf den (als zu langsam wahrgenommenen) Ausbau der EE-Erzeugung thematisiert. Hier kann der Bedarf an grünem H_2 als stützendes Argument für einen stärkeren EE-Ausbau genutzt werden. Mit Blick auf den großen Bedarf an erneuerbaren Energien lässt sich aber auch gegen H_2 als mit Umwandlungsverlusten verbundener „Luxus" argumentieren. Verbunden mit der Frage nach den heimischen EE-Potenzialen ist die Debatte um H_2-Importe, in der auch Fragen von internationaler Verteilungsgerechtigkeit eine Rolle spielen. Sowohl die heimischen Potenziale als auch mögliche Importe führen zudem zum Thema der Kostendifferenzen bei der H_2-Erzeugung, was aber momentan noch vor allem im Fachdiskurs diskutiert wird.

Grundsätzlich deutet derzeit viel auf eine recht hohe Akzeptanz für eine heimische Erzeugung von grünem H_2 hin.

Anders sieht die gesellschaftliche Debatte zu anderen H_2-Erzeugungs-Formen beziehungsweise -Farben) aus. Insbesondere die erdgasbasierte Erzeugung von blauem/türkisem H_2 wird deutlich weniger positiv wahrgenommen. Es finden sich Hinweise, dass die grundsätzliche Akzeptanz einer H_2-Wirtschaft auch die Akzeptanz von nicht grünem H_2 und in diesem Zusammenhang sogar die Akzeptanz von Carbon Capture and Storage (CCS) als „notwendiges Übel" (bei blauem H_2) erhöhen kann, allerdings nur wenn die Betonung auf einem temporären Einsatz als Übergangstechnologie liegt und perspektivisch auf vollständig grünen H_2 verwiesen wird.

Allerdings sind zu diesem Szenario auch gleichermaßen starke Zweifel zu beobachten, ob es bei einem temporären Einsatz bleibt. Vielen gesellschaftlichen Akteur*innen in der Debatte fehlt das Vertrauen in Industrie und Politik, ernsthaft auf vollständig grünen H_2 hinsteuern zu wollen. Entsprechend wird auch blauer H_2 als Versuch zur Etablierung einer Dauerlösung, die auf Erdgas und CCS basiert, nicht akzeptiert.

Trotz auch gegenteiliger Stimmen fehlt in Deutschland die gesellschaftliche Akzeptanz von Kernkraft als Ganzes ebenso wie von H_2, der mit Strom aus Kernkraftwerken hergestellt wird.

H_2-Infrastruktur

Die H_2-Wirtschaft geht mit Infrastrukturbedarfen einher (Transport und Lagerung). Zwar lassen sich vorhandene Gasleitungen auf den H_2-Transport umrüsten, aber es werden auch neue Leitungen und Speicher benötigt. Auch bei einer breiten grundsätzlichen Akzeptanz zum Thema H_2 ist bei neuen Infrastrukturen immer mit (mindestens lokaler) Gegnerschaft zu rechnen. Diese ist nicht zuletzt deshalb ernst zu nehmen, weil Bedenken aus der lokalen Anwohnerschaft vor allem mit der Wahrnehmung von Gefahren durch den leicht entzündlichen H_2 verbunden sind.

Noch kaum eine Rolle in der öffentlichen Debatte spielen H_2-Speicher, die sich bereits in der Erprobungsphase befinden. Deutschland könnte auf diesem Feld auch ein Geschäftsmodell entwickeln und Speicherdienstleistungen international vermarkten (circa 70 Prozent der gut geeigneten europäischen Speicherstätten), was positiv an eine Erzählung zur Industrietransformation als wirtschaftliche Chance ankoppeln könnte. Es ist aber auch möglich, dass die Debatte um H_2-Speicher mit der Diskussion (und weitgehenden Ablehnung, siehe unten) von CO_2-Speicherung verbunden und damit negativ gewendet wird.

Ebenfalls noch wenig in der gesellschaftlichen Debatte sind die konkreten Veränderungen an Produktionsanlagen bei der Umstellung auf H_2. Diese spielen sich auf Werksgeländen ab und sind damit wenig im öffentlichen Blickfeld. Es werden aber auch Anlagen entstehen, die durchaus stärker öffentlich wahrnehmbar sind und damit auch Diskussionen auslösen können (so ist zum Beispiel eine Direktreduktionsanlage für die H_2-basierte Stahlproduktion höher als ein Hochofen). Wie und in welche Richtung dies die gesellschaftliche Akzeptanz beeinflussen wird, ist aktuell noch nicht abzusehen.

Carbon Capture, CCU, CCS, CO_2-Transport und -Zwischenlagerung: notwendig, aber so wenig wie möglich

Kaum ein Szenario zur Klimaneutralität kommt ohne die Notwendigkeit aus, auch CO_2 bei industriellen Prozessen abzuscheiden (Carbon Capture). Dabei wird die Akzeptanz sehr stark davon abhängen, bei welchen Prozessen dies passiert und ob Alternativen vorliegen. Gesellschaftliche Akzeptanz hierfür scheint umso eher herstellbar, wenn es sich um unvermeidbare CO_2-Entstehung handelt (zum Beispiel prozessbedingt in der Zement-/Kalk-/Glasindustrie). Parallel dazu ist mit einer zunehmenden Debatte um das Produktionsniveau in diesen Branchen und mögliche Alternativprodukte zu erwarten. Eine grundsätzliche Ablehnung von CO_2-Abscheidung wird bereits heute mit Verweis auf Alternativen oder unnötig hohe Produktionsmengen geführt.

Zusätzlich sind CO_2-Mengen in den Blick zu nehmen, die der Atmosphäre entstammen, zum Beispiel über Direct Air Capture (DAC) oder aus der Abscheidung von CO_2 bei der Nutzung von Biomasse (BECCS).

Beim Umgang mit diesen CO_2-Mengen wird die gesellschaftliche Debatte vom Thema der unterirdischen geologischen Speicherung von CO_2 (CCS) dominiert. Zunehmend erfolgt aber auch eine stärkere Auseinandersetzung hinsichtlich der möglichen Nutzungspfade von CO_2 beziehungsweise Kohlenstoff (Carbon Capture and Usage – CCU).

Das Thema CCS im Kraftwerksbereich war in Deutschland sehr konfliktbehaftet. Die deutschen Pilotprojekte zur unterirdischen Speicherung des CO_2 sahen sich von circa 2008 bis 2012 Akzeptanzproblemen ausgesetzt, die letztlich als gesellschaftlicher Willen von der Politik aufgegriffen und verinnerlicht wurden. CCS in Deutschland gilt, auf Basis dieser Protestentwicklungen aus dem Kraftwerksbereich, bis heute in weiten Teilen der Gesellschaft als erfolgreich abgewehrt und als politisch nicht (mehr) umsetzbar.

Der Rahmen der CCS-Diskussion hat sich seitdem durchaus geändert. CCS spielt in den Szenarien zur Klimaneutralität eine wichtige Rolle und mit dem stetig stärker werdenden Druck in Richtung Klimaschutz steigt offensichtlich auch die Akzeptanz von CCS. Auch die damalige Befürchtung, über CCS würde der Braunkohleausstieg ausgebremst, trägt heute nicht mehr. Für die vorhandenen CO_2-Mengen aus der Abscheidung prozessbedingter Entstehung oder DAC und BECCS ist die dauerhafte Speicherung in Fachkreisen die einzige Option, Klimaneutralität oder Negativemissionen sicherzustellen.

Dennoch gilt eine CO_2-Speicherung in Deutschland weiterhin als schwer oder nicht vermittelbar. Die Diskussion um CCS dreht sich entsprechend nahezu vollständig um

Importe von Speicherdienstleitungen, das heißt den Transport und dortige Speicherung vor allem in Nordseeanrainerländern wie Norwegen, Schottland, Niederlande. In der Zukunft ist nicht auszuschließen, dass die Debatte um CCS in Deutschland noch einmal intensiver geführt wird. Sollte die generelle Akzeptanz von CCS weiter zunehmen, kann eine solche Debatte an den Kosten der Importe von Lagerdienstleistungen andocken („Dann können wir auch heimische Wertschöpfung generieren"). Auf der anderen Seite erinnert die unterirdische Lagerung von CO_2 (in der Wahrnehmung nicht „nur" Abfall, sondern Gefahrstoff) an die Endlagerung von Atommüll, was die Akzeptanz nicht erhöhen dürfte. Es bleibt die Frage, ob CO_2 eher als wirtschaftliches „Gut" oder vielmehr weiterhin als Abfall bewertet wird.

Eine zunehmende Befürwortung von CCS ist jedoch keinesfalls sicher. Insbesondere sind Akzeptanzprobleme zu erwarten, wenn CO_2 aus Quellen stammt, die zwar für den Transformationspfad wichtig, aber letztlich nicht unvermeidbar sind (wie zum Beispiel blauer H_2). CCS wird dann wieder stärker kritisch als Weg zu „Aufrechterhaltung fossiler Geschäftsmodelle" diskutiert werden.

Eine CO_2-Speicherung im Ausland verschärft zudem noch die Transportherausforderungen (inklusive Zwischenlager). Die nötigen Infrastrukturen sind auch bei einer CO_2-Infrastruktur besonders kritisch hinsichtlich gesellschaftlicher Akzeptanz. Auch hier ist vor allem lokale Gegnerschaft zu erwarten. Auch ist eine CO_2-Infrastruktur – ähnlich wie beim H_2 – mit Gefahrenwahrnehmung verbunden.

Eine randständige Diskussionslinie beschreibt CO_2 als Rohstoff, der ohnehin nur temporär gespeichert wird, weil er auch wieder gebraucht werden wird. CO_2 könne jederzeit aus dem Lager heraus zurück in eine Nutzung überführt werden. Dies führt aktuell eher dazu, dass die Speicherung als weniger sicher wahrgenommen wird. Mit Blick auf die sehr wahrscheinlich langfristig nötigen Negativemissionen scheint auch der Kohlenstoffbedarf sicher bedient werden zu können, ohne an die geologischen Lagerstätten heranzugehen.

Noch sehr zurückhaltend ist die öffentliche Debatte zu unterschiedlichen Möglichkeiten von CCS. Es scheint aber, dass die Speicherung in Gesteinsformationen oder alten Erdgaslagerstätten im Vergleich eher akzeptiert wird als Verfahren zum Beispiel der Ozeandüngung, die einen deutlich direkteren und in der Wahrnehmung unsichereren Eingriff in Ökosysteme darstellen.

CCU, die Nutzung von Kohlenstoff und CO_2 in Industrieprozessen/-produkten, galt und gilt als eher gesellschaftlich akzeptiert. In der Tat hat die Industrie auch langfristig einen Bedarf an Kohlenstoff. Ebenso werden kontinuierlich Lösungen entwickelt, vorhandenes CO_2 in Produkten zu binden. Mögliche Bedenken bezüglich (wahrgenommener) Umwelt-, Gesundheits- und Qualitätsrisiken von CCU-Produkten sind bisher in der Diskussion nicht erkennbar, könnten aber mit einem wachsenden CCU-Anteil und einer stärkeren gesellschaftlichen Debatte zunehmen.

In der öffentlichen Debatte um CCU lassen sich tatsächlich zwei Kritiklinien zunehmend stärker wahrnehmen. Zum einen wird auf den hohen Energiebedarf verwiesen, der nötig ist, um CO_2 in Produkten einzusetzen/zu binden. Zum anderen ist die Speicherung in Produkten nur temporär und damit bestenfalls klimaneutral (bei vorherigem Entzug aus der Atmosphäre) oder doch, wenn auch verzögert, negativ (bei abgeschiedenem CO_2). Im Gegensatz dazu ist die dauerhafte Speicherung (CCS) positiv oder neutral. Das am häufigsten negativ herangezogene Beispiel sind synthetische Kraftstoffe auf CO_2-Basis, weil hier das CO_2 nur besonders kurz gebunden ist. Soll ein C/CO_2-Kreislauf entstehen, braucht es große Anstrengungen bei Negativemissionen (und viel Energie).

Negativemissionen: ja, aber wie?
Negativemissionen als höchstwahrscheinlich nötiges Element einer klimaneutralen Welt werden akzeptiert. Sie werden im Fall von Aufforstung/Moorrenaturierung, also der Wiederherstellung und Stärkung natürlicher Senken, sehr positiv wahrgenommen.

Technische Lösungen wie Direct Air Capture werden ebenso aktuell noch wohlwollend betrachtet. Insbesondere ist der Flächenbedarf im Vergleich zu natürlichen Lösungen für Negativemissionen deutlich geringer. Akzeptanzprobleme sind dort zu erwarten, wo lokal Anlagen errichtet werden. Dies könnte vor allem dort in Deutschland in geringerem Maß stattfinden, wo erneuerbare Energie günstig ist oder die Nähe zu CO_2-Lagerstätten gegeben ist.

Auch die energetische Nutzung von Biomasse (BECCS) profitiert noch von einer weitgehend positiven Wahrnehmung aller biobasierten Ansätze (siehe unten).

Sowohl DAC als auch BECCS sind auch mit dem kritischen Thema CCS verbunden, aber momentan mit diesem Aspekt noch kaum in der gesellschaftlichen Debatte. Gleiches gilt für die stark unterschiedlichen Flächenbedarfe (und auch Wasserbedarfe) für die unterschiedlichen Technologien für Negativemissionen.

Bioökonomie: gerne mehr
Insgesamt ist das weite Feld der Bioökonomie mit einer intuitiv positiven Wahrnehmung verbunden („bio"). Dies reicht von Bioenergie und Biokraftstoffen über Biomaterialen in Produkten (zum Beispiel der stärkere Einsatz von Biofasern) bis zum Gebäudebereich.

Noch kaum in einer breiteren gesellschaftlichen Diskussion zu beobachten sind allerdings die vielen Fragen und Konfliktfelder wie Landnutzungs- und Wasserkonkurrenzen oder auch die Frage nach den sinnvollsten Einsatzbereichen der begrenzten Bioressourcen.

Circular Economy: so viel wie möglich
Circular Economy ist grundsätzlich positiv belegt. Die gesellschaftliche Wahrnehmung ist stark geprägt von den lebensweltlich anschlussfähigen Themen und Kreisläufen nah an den Märkten der Endkund*innen: Mehrweg, erkennbare Recyclingkomponenten in Produkten, bekundete und gelabelte Recyclingfähigkeit von Produkten, Langlebigkeit, Reparaturfähigkeit, Upcycling und weitere.

Die Themen für eine industrielle Kreislaufwirtschaft sind dagegen kaum in der gesellschaftlichen Wahrnehmung und Diskussion angekommen. Hier geht es um (1) größere Kreisläufe, die Ressourcen möglichst weit an den Beginn von Wertschöpfungsketten zurückbringen (zum Beispiel chemisches Recycling), und (2) um noch vorhandene Abfallströme und deren Umwandlung in Ressourcenströme (im Sinn einer Industrial Ecology).

Eine solche Circular Economy hat den Vorteil, die Industrie als Lösungsanbieterin kommunizieren zu können. Insbesondere aus der Chemie und der Kreislaufwirtschaft werden Innovationen benötigt.

Mit der weitgehenden Schließung industrieller branchenübergreifender Stoffkreisläufe ist allerdings ein sehr hoher Energiebedarf verbunden. Dies läuft dem aktuellen Narrativ, basierend auf dem bereits funktionierenden Sekundärrohstoffeinsatz, als immer auch Nettoenergieeinsparung entgegen.

Kernkraft: erledigt

Trotz einer immer wieder punktuell aufkommenden Diskussion um Strom aus Kernkraftwerken als kostengünstige, grundlastfähige Option und die Laufzeitverlängerung oder sogar den Neubau neuer Kernkraftwerke wird der gesellschaftliche Konsens zum Atomausstieg als weiterhin stabil betrachtet.

Im Mittelpunkt der Debatte beziehungsweise als zentrales Argument für die Ablehnung stehen die Probleme um die Endlagerung und Ewigkeitskosten. Die Ablehnung von Kernenergie ist damit auch weitgehender Konsens trotz einer (durchaus diskussionswürdigen) Wahrnehmung als besonders kostengünstige Energie.

Völlig offen erscheint dagegen die Akzeptanz gegenüber Strom- oder H_2-Importen aus der Kernenergie für die Industrie.

REDAKTION

Dr. Michael Walther
IN4climate.NRW
Munscheidstraße 14, 45886 Gelsenkirchen
Tel. (+49) (0209) 408599-17
E-Mail: michael.walther@energy4climate.nrw
www.in4climate.nrw

Katja Witte
Wuppertal Institut für Klima, Umwelt,
Energie gGmbH
Döppersberg 19, 42103 Wuppertal
Tel. (+49) (0202) 2492-218
E-Mail: katja.witte@wupperinst.org
www.wupperinst.org

KURZBIOGRAPHIE

Dr. Michael Walther ist Teamleiter Projektmanagement bei IN4climate.NRW, der Arbeitsplattform für die energieintensive Grundstoffindustrie, Wissenschaft und Politik zur Industrietransformation in Nordrhein-Westfalen. Er ist hier hauptverantwortlich für ökonomische Fragen sowie politische und gesellschaftliche Rahmenbedingungen.
Nach dem Studium der Wirtschaftswissenschaften arbeitete er von 1999 bis 2013 am Fachgebiet Nachhaltige Unternehmensführung der Universität Kassel. Arbeitsschwerpunkte waren Umwelt- und Nachhaltigkeitsmanagement, CSR, Organisationstheorie und nachhaltiger Konsum. Ab 2014 war er als Projektmanager bei der KlimaExpo.NRW tätig und seit Beginn 2018 bei IN4climate.NRW.

Katja Witte ist stellvertretende Leiterin der Abteilung „Zukünftige Energie- und Industriestrukturen" und Co-Leiterin des dort verankerten Forschungsbereiches „Strukturwandel und Innovation" des Wuppertal Instituts für Klima, Umwelt, Energie. Ihre wissenschaftliche Expertise umfasst vorrangig die systemische Analyse von Wechselwirkungen zwischen technologischen und gesellschaftlichen Dynamiken einer nachhaltigen Transformation des Energie- und Industriesystems. Ein besonderer Fokus, auch ihrer wissenschaftlichen Publikationen, liegt dabei auf der Erforschung der Akzeptanz und den Verhaltensweisen unterschiedlicher Akteur*innengruppen. Die sich hieraus ergebenen Lösungsansätze und -strategien können in die Entwicklung von ganzheitlichen Innovationsstrategien für die Transformation des Energie- und Industriesystems fließen.

BESCHÄFTIGTENAKZEPTANZ IN GROSSEN GESELLSCHAFTSTRANSFORMATIONEN

2.1.3

AUTOR*INNEN:
Dr. Kajsa Borgnäs, ehemals *Stiftung Arbeit und Umwelt der IGBCE* •
Dr. Indira Dupuis, *Stiftung Arbeit und Umwelt der IGBCE* • Dr. Klaus West,
Stiftung Arbeit und Umwelt der IGBCE

Zusammenfassung Industrie und Großtechnologien sind eine wichtige Säule der deutschen Wirtschaft, ihre negativen Effekte werden heute jedoch nicht mehr unhinterfragt akzeptiert. Es wäre jedoch nichts gewonnen, wenn es statt einer Umstellung auf Nachhaltigkeit zu einem Abwandern der Industrie in weniger regulierte Wirtschaftsräume kommt. Wenn die vor dem Hintergrund der Klima- und Umweltkrise notwendige Transformation industrieller Produktion, des Verkehrssystems und der Verhaltens- und Konsumgewohnheiten der Bürger*innen politisch durchgesetzt werden sollen, muss breit und neu über gesellschaftliche Regeln und Strukturen verhandelt werden. ■ Entscheidungen müssen in der Demokratie als verhältnismäßig gerecht anerkannt und akzeptiert werden, damit das Vertrauen in Politik nicht verloren geht oder sogar die Folgebereitschaft aufgekündigt wird. Eine relevante, bisher zu wenig beachtete Größe ist hier Beschäftigtenakzeptanz, die in den vorhandenen Mitbestimmungsstrukturen entsteht. Denn in diesen Strukturen werden die unterschiedlichen Interessen in den industriellen Beziehungen im Betrieb und Unternehmen, das heißt dort, wo viele konkrete Transformationsentscheidungen getroffen werden, verhandelt.

2.1.3.1 Die demokratischen Strukturen am Arbeitsplatz leben und in der Transformation nutzen

Die sich verschärfende Klimakrise, die enorme soziale und ökonomische Risiken mit sich bringt, können Deutschland und Europa nur mit einem großen Anpassungs- und Modernisierungsschritt bewältigen. Eine der zentralen und drängenden Aufgaben dabei: In der Industrienation Deutschland muss der wirtschaftlich bedeutende Industriesektor zügig klimaneutral werden. Die ökologische Transformation beschäftigt sich auf der einen Seite mit technologischen Fragen. Dazu gehören die Verringerung der Umweltbelastungen der Industrie, die Ersetzung der konventionellen Energieerzeugung durch emissionsfreie Energie, der mit den erneuerbaren Energien verbundene Infrastrukturbedarf und, ganz allgemein, die beschleunigten Zyklen der Technologieentwicklung und -implementierung in den Unternehmen.

Andererseits geht es aber in all diesen Fällen auch um den möglichen Erhalt und sogar Zuwachs sowie die qualitative Entwicklung von Arbeitsplätzen, also darum, die soziale Nachhaltigkeit in der ökologischen Transformation zu erhalten und zu stärken. Um einen so umfassenden Innovationsschub zu klimaneutraler Industrieproduktion mit guten Arbeitsplätzen in Deutschland zu stemmen, müssen die Unternehmen der deutschen Industrie zeitnah Transformationsschritte gehen. Die Politik muss dafür einen eindeutigen und förderlichen Rahmen schaffen und den Wandel zur Klimaneutralität finanziell und koordinierend flankieren. Innovationsfähigkeit und -kompetenz sind vielfach vorhanden, doch nur durch Koordination und Kooperation kann die komplexe Transformation auch realisiert werden.

Ein großes gesellschaftliches Risiko dabei ist der Verlust von Vertrauen in die Politik. Die Unruhe ist öffentlich zu spüren, ganz verschiedene Akteur*innen stellen die Gemeinschaft infrage. Sei es, dass Wirtschaftsunternehmen abwandern, da sie die deutsche Wettbewerbssituation perspektivisch schlecht bewerten. Oder sei es, dass Menschen der Demokratie den Rücken zuwenden und Parteien unterstützen, die inhaltlich für nicht viel mehr stehen als für Protest. Gleichermaßen wichtig ist es daher, dass in der Transformation die demokratischen Aushandlungsprozesse nicht blockiert werden.

In diesen Aushandlungsprozessen wird die zentrale Grundlage dafür geschaffen, ob sich politische Entscheidungen durch- und umsetzen lassen. In den Mitbestimmungsstrukturen ist das Aushandeln von konkreten Themen im konkreten Fall vor Ort und im Betrieb aufgrund der Vorkenntnisse und Zugehörigkeit nicht nur prinzipiell effizienter, sondern kann auch zu mehr Zufriedenheit und Zustimmung durch Selbstwirksamkeit im Unternehmen führen und darüber hinaus auch politisches Vertrauen und Offenheit für Veränderung im Allgemeinen schaffen.

> Es ist ein Kernargument dieses Beitrages, dass Mitbestimmungsstrukturen stärker in den Fokus der Akzeptanzdebatte für den sozial-ökologischen Umbau gerückt werden müssen. Nur dadurch kann das Wissen über betriebliche Realitäten und Notwendigkeiten, über Möglichkeiten und Schritte von Transformation transportiert und die darauf basierende Beschäftigtenakzeptanz für Veränderungen in den betroffenen Belegschaften geschaffen werden.

Im Folgenden wird die Funktion von Beschäftigtenakzeptanz beschrieben. Aus dieser Beobachtung heraus werden Maßnahmen abgeleitet, die dabei helfen können, die Akzeptanz für die Transformation zu stärken und langfristig zu erhalten.

2.1.3.2 Transformation der Industrie und Akzeptanz

Akzeptanz ist allgemein die Grundlage des Umgangs miteinander in Demokratien, wo es nicht nur darum gehen kann, dass eine Seite ihre Interessen durchsetzt. Wenn die andere Seite der Entscheidung nicht auch Folge leistet, kommt es zum Konflikt. Akzeptanz ist mehr als bloße Regelkonformität. Schon Max Weber beobachtete, dass zwischen einer passiven und einer aktiven Folgebereitschaft unterschieden werden sollte, die zudem jeweils eine größere Distanz oder Nähe gegenüber der zu akzeptierenden Entscheidung zulässt. Es gibt die *Disziplin*, im Sinne eines schematischen, eingeübten Gehorsams – gegebenenfalls auch gegen die eigenen Vorbehalte – zu handeln, und die *Akzeptanz*, die zumindest zum Teil vom Individuum mitgetragen wird (vgl. Weber 1976: 28). Demnach ist Akzeptanz eine positive, konstruktive Form der Folgebereitschaft, die einen engen Bezug zu Mitgestaltung hat.

In Deutschland hat der industrielle Sektor eine bedeutende volkswirtschaftliche Rolle. Dadurch besteht die große Herausforderung, aber auch vor allem Chance, zur nachhaltigen Transformation der Industrie viel beitragen zu können. Das ist ein relevantes Argument, den Industriestandort Deutschland zu stärken. Eine Umrüstung auf Nachhaltigkeit geht mit Kosten einher, deren Verteilung gleichfalls im Zuge des technologischen Umbaus zu klären ist.

Bei der aktuellen Transformation – bei der es um grundlegende technologische Veränderungen vielfach in großen und komplexen Prozessen geht – ist Akzeptanz auch „die Eigenschaft einer Innovation, bei ihrer Einführung positive Reaktionen der davon Betroffenen zu erreichen" (Endruweit et al. 1989: 9). Akzeptanz bezieht sich also nicht nur auf eine technologische Veränderung, sondern auf alles, was sich daraus ableitet und vorhandene politische Interessenkonflikte aufleben lässt. Somit muss proaktiv darüber verhandelt werden, wie die positiven oder negativen Effekte so auf die verschiedenen Gesellschaftsgruppen verteilt werden, dass die Innovation breit akzeptiert und angenommen werden kann (vgl. Lucke 1995).

Hierfür ist es aus Akzeptanzgesichtspunkten von großer Bedeutung, die verschiedenen Interessen zu kanalisieren, damit die Interessengruppen ihre Argumente konstruktiv und zielführend in die Politik tragen können. So kann trotz aller Komplexität Vertrauen in Politik entstehen, dass sie akzeptable Lösungen für alle hervorzubringen vermag. Deshalb sollten die demokratischen Mitbestimmungsstrukturen in der Wirtschaft gewürdigt und gestärkt werden, insbesondere bei einem Aushandlungsprozess in der Dimension und mit den Risiken, wie sie die aktuelle Transformation mit sich bringt.

Akzeptanzdefizit von Industrie

Die Industrie ist nach wie vor der Motor der deutschen Wirtschaft, industrielle Produktion und Großtechnologien werden jedoch nicht mehr so selbstverständlich wie früher akzeptiert (vgl. Hauff 2012). Vor rund 70 Jahren waren sich beispielsweise alle Parteien in Deutschland einig darüber, dass die Kernenergie ausgebaut werden sollte. Außerparlamentarisch prägte sich dagegen eine Umweltbewegung aus, die bald zu spektakulären Protesten führte: gegen das Kernkraftwerk Wyhl am Oberrhein, die Wiederaufbereitungsanlage in Wackersdorf, das atomare Endlager in Gorleben und den Schnellen Brüter in Kalkar.

Neben dem langjährigen Diskurs um die „Risikogesellschaft" hat sich mittlerweile inner- und außerhalb der Parteien ein breites öffentliches Bewusstsein für die Rolle der Industrie bei der Transformation sowie den notwendigen Umbau hin zu Nachhaltigkeit ausgeprägt. Die meisten Umfragen zur Energiewende zeigen seit Jahren eine große

Unterstützung in der Bevölkerung. Bereits in den Eurobarometer-Studien aus dem Jahr 2010 wurde festgestellt (vgl. Eurobarometer Spezial 340), dass erneuerbare Energien wie die Solar- und Windenergie in allen Ländern ein breites Maß an Zustimmung erfuhren. Inzwischen sind die europäischen Bürger*innen laut einer Eurobarometer-Umfrage von 2019 „höchst besorgt" über den Klimawandel und unionsweite Klimaschutzmaßnahmen werden befürwortet (vgl. Eurobarometer Spezial 490). Der Nukleartechnologie gegenüber wurde in Deutschland eine kritischere Haltung eingenommen als im EU-Durchschnitt. Auf dieser Basis und zementiert durch die Bilder aus Fukushima, konnte im Jahr 2011 der Ausstieg aus der Kernenergie beschlossen werden.

Nach Fukushima wurde in Deutschland die Ethikkommission für eine sichere Energieversorgung eingesetzt, die den Vorschlag für ein Gemeinschaftswerk Energiewende erarbeitete. Er bestand aus einem Dreiklang:

- Der Ausstieg aus der Kernenergie soll innerhalb eines Jahrzehntes abgeschlossen sein. Er soll mit einem klaren Kurs gestaltet werden und Sicherheit für Investoren bieten.
- Der Prozess ist als Umstieg großen Ausmaßes zu verstehen, mit den politischen Handlungsfeldern Energieeffizienz, erneuerbare Energien, Infrastruktur und Netzstabilität.
- Ein professionelles Projektmanagement und neue Formen der Partizipation müssen für den hochkomplexen Prozess der Energiewende geschaffen werden.

Die essenzielle Bedeutung von Transparenz und Verständlichkeit von Innovationsprojekten für die politische Stabilität rückte ins Bewusstsein: Wenn vor dem Hintergrund der Klima- und Umweltkrise notwendige Umstellungen industrieller Produktion, des Verkehrssystems und der Verhaltens- und Konsumgewohnheiten der Bürger*innen politisch durchgesetzt werden sollen, muss viel breiter und neu über gesellschaftliche Regeln und Strukturen verhandelt werden.

Umbau der Industrie und Interessenkonflikte

Zu Entscheidungsfindung und Partizipation im Sinne einer politischen Durchsetzungsfähigkeit gesamtgesellschaftlicher Ziele wurde im Zuge der zivilgesellschaftlichen Bewegungen seit den 1970er-Jahren viel gelernt. Politische Entscheidungsprozesse wurden angepasst, sodass heute bei Großprojekten frühzeitig verschiedene Stakeholder*innen in die Planung einbezogen werden. Hier hat eindeutig eine Demokratisierung stattgefunden. Das bedeutet jedoch leider noch nicht, dass heute Projekte schnell umgesetzt werden. Vielmehr werden oft teilweise völlig unveränderte Pläne einfach nur über Jahre verzögert realisiert.

Dafür bietet sich schnell staatliche Bürokratie als Begründung an. Dabei muss bedacht werden: Technische Innovationen stellen Politik und Recht vor neue Aufgaben der Regulierung, mit der ein tragbarer Konsens erreicht werden soll. Politik und Recht gestalten den Prozess der Transformation der Gesellschaft einerseits aktiv mit, andererseits werden sie gleichzeitig ihrerseits durch die technische Innovation verändert. Hier müsste die Bürokratie möglichst zügig angepasst werden, ohne dass die Ziele der eingeführten Gesetze und Verordnungen wieder ausgehebelt werden: Statt „Bürokratieabbau" muss also eigentlich ein effizienterer Bürokratieumbau gefordert werden.

Ein weiterer Grund ist eine fehlende *Akzeptanzfähigkeit* im Sinne von Kompromissfähigkeit in der Gesellschaft. Sie ist zu unterscheiden von *Akzeptanz* und bedeutet Bereitschaft zum tatsächlich für alle tragbaren Kompromiss. Voraussetzung für die Kompromissfindung ist nicht nur Gehorsam, wie oben beschrieben. Es müssen prinzipiell allen Betroffenen ausreichend Informationen über die Technologien zur Verfügung stehen und die Möglichkeiten, sie zu durchdenken. Wenn die betroffenen Menschen erst im Nachhinein die Risiken merken, die mit den neuen Technologien einhergehen, oder sich notwendige Konsequenzen herausstellen, wie der Abbau von Arbeitsplätzen oder das Aufstellen von Windkraftanlagen vor Ort, die den Betroffenen erst langsam bewusst werden, ist das nicht nur ethisch problematisch. „Darüber formiert sich verständlicherweise Protest in diesen Gruppen oder ganzen Gesellschaftskreisen, die das konkrete Projekt oder vergleichbare Projekte an anderen Orten zum Teil radikal ablehnen" (Hillmann 2010: 17).

Die Risiken sind keine objektive Größe, vielmehr stellen sie sich für einzelne Menschen und Gruppen in ihren unterschiedlichen Regionen und Alltagszusammenhängen anders dar und sie lassen sich teilweise durch Ausgleich relativieren. Wenn in der Industrie vielerorts etablierte Technologien von transformativen Technologien relativ zügig vom Markt gedrängt werden, hat das ökonomisch und arbeitspolitisch disruptive Effekte. Ob und wie sehr die Beschäftigten die ökologische Nachhaltigkeitspolitik bei der Transformation der Industrie akzeptieren, hängt von ihrer generellen Akzeptanzfähigkeit ab, die wiederum konkret mit den wirtschaftlichen und sozialen Auswirkungen dieser Disruption auf ihre persönliche Situation zu tun hat. In Umfragen zeigt sich entsprechend und nachvollziehbar, trotz generellem Umdenken zu mehr Nachhaltigkeit, dass die Unterstützung für die Energiewende rapide sinkt, wenn sie konkret mit negativen Konsequenzen für die eigene Lebenswelt einhergeht, wie in drastischen Fällen die mögliche Schließung des eigenen Unternehmens und damit drohende Arbeitslosigkeit oder Statusverlust.

Um verhandeln zu können, müssen Menschen und Gesellschaftsgruppen nicht nur dazu bereit sein, eine Position aufzugeben und Kompromisse zu schließen, auch wenn es für sie substanzielle Auswirkungen haben könnte. Nötig ist hier ein gewisses Vertrauen in die Anerkennung dieser substanziellen Verluste durch die politisch herbeigeführte Entscheidung zu einem Ausgleich. Sollen Transformationen also akzeptiert werden, die mit den Veränderungen von Berufen, Tätigkeiten oder gar Betriebsverlagerungen oder -schließungen einhergehen, müssen daher neue Perspektiven für die Beschäftigten geschaffen werden.

Die politischen Entscheidungen müssen außerdem legitim sein im Sinne des Gemeinsinns oder der gesellschaftlichen *Akzeptabilität* (vgl. Hubig 2007: Kap. 6). Im Falle der ökologischen Transformation ist das die Fairness sowohl gegenüber betroffenen Bevölkerungs- beziehungsweise Beschäftigtengruppen als auch gegenüber kommenden Generationen. Zentral ist, dass allen Stakeholder*innen ein angemessener Entscheidungsspielraum gewährt wird – und auch Positionen der künftigen Generationen vertreten werden können – und keine sogenannte Alternativlosigkeit gesetzt ist. Diese besteht ja tatsächlich nur dann, wenn eine Entscheidung so weit im Prozess herausgezögert wird, dass irgendwann tatsächlich der einmal eingeschlagene Pfad nicht mehr abzuwenden ist, da sonst kaum noch tragbare Konsequenzen zu tragen wären.

Der politische Prozess, der mit der Kommission Wachstum, Strukturwandel und Beschäftigung (2019) etabliert wurde, kann hier in diesem Sinne für die Vermittlung eines Ausgleichs in der industriellen Transformation unter anderem mit akzeptablen Formen der Sozialintegration am und durch den Arbeitsmarkt als Vorbild gelten. Sie wurde im Juni 2018 von der deutschen Bundesregierung eingesetzt und erarbeitete in einer Zusammensetzung von Vertreter*innen der Koalitionsparteien, Expert*innen und den Stakeholder*innen Vorschläge für Maßnahmen zur sozialen und strukturpolitischen Entwicklung der Braunkohleregionen sowie zu ihrer finanziellen Absicherung angesichts des Kohleausstiegs. Es wurden also nicht nur für den Ausstieg aus der Technologie der Braunkohleförderung und -verbrennung Konzepte und Finanzierungsvorschläge verhandelt, sondern auch für neue Infrastrukturen, Technologieentwicklung und Möglichkeiten zur industriellen Wertschöpfung in den betroffenen Regionen, die dort Perspektiven für neue und vergleichbar gute Arbeitsplätze eröffnen.

Die Arbeit der Kommission war beispielhaft dafür, wie die verschiedenen Nachhaltigkeitsziele – ökologische, ökonomische und soziale – zusammen gedacht und zusammen gemacht werden müssen, um bei den Zielkonflikten zu nachhaltigen Lösungen im Gesamtkontext zu kommen. Auch wenn die beteiligten Umweltverbände ein Minderheitenvotum abgaben, worin sie große Enttäuschung über die von ihnen nicht erreichten, höher gesteckten politischen Ziele äußerten, wurde allseits anerkannt, dass die Kommission maßgebliche Rahmenbedingungen geschaffen hat, und der Kohleausstieg wurde damit auf den Weg gebracht. Für zukünftige Interessenkonflikte um technologische Ab- und Entwicklung im Zuge der Transformation sollte die Herangehensweise handlungsleitend sein und in der Umsetzung noch verbessert werden.

Innovation am Arbeitsplatz und Interessenkonflikte

Die Akzeptanzfähigkeit neuer Technologien, egal, ob ein großes Infrastrukturprojekt gebaut oder ein neues System für Personalwesen im Betrieb implementiert wird, hängt also einerseits von ihrer prinzipiellen Akzeptabilität, wie oben beschrieben, ab. Damit neue Technik ihren (legitimen) Zweck erfüllt (also beispielsweise Kommunikation erleichtert und nicht zum Beispiel genutzt wird, um Mitarbeiter*innen auszuspionieren), werden außerdem Prozesse der Auseinandersetzung im jeweiligen Projekt benötigt, in denen organisiert wird, dass die Umsetzung möglichst im Sinne aller Beteiligten stattfindet. In betrieblichen Zusammenhängen kann hier exemplarisch die Handlungskompetenz der Gewerkschaften und Mitbestimmungsakteur*innen sichtbar werden, wie sie im deutschen Korporatismus ausgeprägt wurde und gelebt wird. Für sie ist die *Akzeptanzfähigkeit* der Mitglieder beziehungsweise der Beschäftigten im Unternehmen handlungsleitend und der Unterschied zur Akzeptabilität im Bewusstsein.

Die Prozesse, die die Akzeptanz einer neuen Technologie im Betrieb stärken sollen, müssen deshalb über die inhärente Akzeptanzfähigkeit der Technologie hinausgehen. Unterschiedliche Perspektiven und Interessen müssen bei der Implementierung einbezogen werden. In Unternehmen kann es schnell zu einer „Akzeptanzkrise" kommen, wenn eine neue Technologie Top-down eingeführt und oft dann auch gleichzeitig eine alte Technologie abgeschafft wird, da es die Menschen herausfordert, die mit diesen Technologien gearbeitet haben, gegebenenfalls ihre Tätigkeit, in der sie kompetent und routiniert sind, verlieren beziehungsweise nun umlernen müssen. Starke Mitbestimmungsakteur*innen und starke Gewerkschaften können gerade deshalb und aufgrund ihres Hintergrundwissens in Bereichen der Industrie nicht nur die Beschäftigtenrechte unmittelbar schützen, sondern auch effektiv zu Innovationsfähigkeit und Implementierungen von Innovationen im Unternehmen beitragen. Damit sie das leisten können, müssen die Mitbestimmungsstrukturen und -prozesse beachtet, an die großen aktuellen politischen Herausforderungen angepasst und mit entsprechenden Ressourcen ausgestattet sein.

2.1.3.3 Politische Kultur und kulturelle Einflussfaktoren

Werte sind neben den konkreten Interessen handlungsleitend im politischen Verhalten. Sie bilden sich durch die Erfahrungen und Praxen im Alltag in den Umgebungen heraus, in denen man sich bewegt. Menschen, die Einblicke in die industrielle Herstellung von Produkten haben, stehen diesen Produkten weniger skeptisch gegenüber als andere, die keine Alltagserfahrung damit verbinden, wie Studien in der Chemiebranche belegten.

Bei der Akzeptanz von politischen Entscheidungen spielt die persönliche Freiheit als Wert beziehungsweise Grundrecht eine entscheidende Rolle. Solche Grundrechte sind jedoch nicht allgemein erfassbar, sie müssen immer untereinander abgewogen werden. Ein Beispiel dafür ist die Tatsache, dass es auf deutschen Autobahnen kein generelles Tempolimit gibt. Wie weit stört das die Rechte oder Werte anderer Menschen oder schränkt es sie ein? Oft wird ein solcher Konflikt erst sichtbar, wenn plötzlich die Handlungsfreiheit beschränkt wird. Sehr gut war dies zu sehen bei den Coronamaßnahmen, mit Masken- und Abstandspflicht, dem Lockdown und dem Nahelegen von Impfungen. Hier zeigte sich deutlich, dass weder Akzeptanzfähigkeit noch Akzeptanz unabhängig von der vorherrschenden politischen Kultur zu denken ist, auch wenn die Maßnahmen im Allgemeinen mehrheitlich akzeptiert werden.

Neben der realen Erfahrung, die Menschen in der komplexen, arbeitsteiligen Gesellschaft in Deutschland in ihren unterschiedlichen Bezügen sammeln, ist auch die mediale Vermittlung von großer Bedeutung, und zwar umso mehr, je weniger Alltagsbezug besteht. „Massenmedien versorgen die Öffentlichkeit mit Nachrichten, allerdings haben sie nicht nur diese politische Funktion, sondern sie vermitteln auch Werbung und Unterhaltung" (Luhmann 1996). Da heute nicht eindeutig beschrieben werden kann, wie in Zukunft die Transformation implementiert wird und welche Auswirkungen dies haben wird und zudem die Transformation der Industrie mit unbekannten, teilweise experimentellen Technologien und Infrastrukturen einhergeht, können durchaus Utopien oder Dystopien aus der Science-Fiction in die öffentliche Wahrnehmung einfließen. Diese modernen Erzählungen, die teilweise auf der Zukunftsforschung basieren und sehr realitätsnah gehalten sind, können in der Öffentlichkeit ähnlich wirken wie früher Mythen.

Der Philosoph Jean-François Lyotard unterscheidet zwischen zwei möglichen *Legitimationserzählungen:*
- „einer politisch-staatlichen, welche eine praktische Emanzipation anstrebt, und
- einer philosophisch-spekulativen Erzählung" (1994: 96 ff.).

Beiden großen Erzählungen gelänge es jedoch nicht mehr, eine allgemein verbindliche wissenschaftliche Rationalität der Moderne zu legitimieren (Lyotard 1994). Jean-Pierre Dupuy vertritt einen aufklärerischen Ansatz, indem er einen philosophischen Weg beschreibt, wie eine im Detail ungewisse Zukunft als ungefähr absehbares Ereignis akzeptiert und wie eben „der Katastrophe ins Auge" gesehen werden kann, statt sich einer unbestimmten Angst hinzugeben (vgl. Dupuy 2005).

Kann nachhaltige Entwicklung in die Form einer Erzählung fließen – in eine große „Story" der Transformation –, die auch die Arbeitnehmer*innen mobilisiert? Sie müsste in jedem Fall auf faktischem Wissen basieren. Das Erzählziel müsste auf die zu verhandelnden Interessen hinauslaufen, mit dem dahinterstehenden Willen, dass mit der Transformation bereits hier und heute, in diesem Gremium und durch diesen Akt, Geschichte gemacht, Veränderung bewirkt, Richtung gewiesen werden kann – und zwar zusammen mit den Industriebeschäftigten. Wenn dann noch gute Kompromisse erzielt werden, die als Erfolgserlebnisse bei den direkt betroffenen angebunden werden können, motiviert dies dazu, in der Transformation proaktiv und konstruktiv zu werden (vgl. Blumenberg 2020: 199 ff.). Für die politischen Aushandlungsprozesse müssten sich außerdem neue Regeln des öffentlichen Diskurses herausbilden, Sorgfaltspflichten im Umgang mit Menschen und bei der Beurteilung von Sachverhalten, die der heutigen Informationssituation angemessen sind, damit eine ehrliche politische Kultur ohne mythische Erzählungen (oder „Fake News") entsteht, die effektiv den Wandel gestaltet.

Eine integrative Erzählung zur Transformation kann somit eine wichtige Orientierungsfunktion in der Mobilisierung von Partizipation übernehmen, deren Informationsziel eine praktisch-emanzipatorische Transformation ist.

Wichtige Bestandteile einer Erzählung zur Transformation sind:
- Eine ökologische Lebensführung ist nicht nur den Mittel- und Oberschichten möglich.
- Im Sinne des Klimaschutzes bei einer gemeinsamen Verantwortung für eine nachhaltige Zukunft kann die Kooperation mit anderen, zum Teil systemfremden Staaten wie den USA und China gesucht werden.
- Die Industrie wird politisch flankiert angemessen in der Transformation unterstützt für das Erreichen und Erhalten nachhaltiger Produktion mit Wertschöpfung und guten Arbeitsplätzen vor Ort.

Während das erste und das zweite Ziel generell für alle Menschen als Prinzipien einer gerechten Entwicklung gelten, ist das dritte Ziel insbesondere für Beschäftigte in der Industrie von zentraler Bedeutung. Diese wollen nicht nur ihren Job behalten, sondern ihn in einer nachhaltigen Industrie ausüben, die zur Zukunftsfähigkeit beiträgt.

2.1.3.4 Beschäftigtenakzeptanz im Kontext gesellschaftlicher Akzeptanz

An die verschiedenen Rollen, die wir gesellschaftlich einnehmen, sind Erfahrungen geknüpft, die auch Verhaltensweisen bestimmen: wo jemand geboren und aufgewachsen ist, welche Position er oder sie im Machtgefüge der Gesellschaft einnimmt, welcher Tätigkeit er oder sie nachgeht und welche Vorstellungen von Zukunft damit verbunden sind. Menschen in ihrer Rolle als abhängig Beschäftigte sind, unabhängig von ihrer wirtschaftlichen Rolle, auch Bürger*innen und in dieser politischen Rolle können ihre Interessen denen als Beschäftigte durchaus widersprechen.

Akzeptanz ist im Kontext der europäischen Industriegeschichte eng mit sozialer Solidarität verbunden, die sich ins kollektive Gedächtnis sowie auch in die nationalökonomische Literatur beziehungsweise politische Philosophie eingeschrieben hat. Es existiert eine progressive Idee, die Verarbeitung der Umwälzung der Lebensverhältnisse nicht allein den betroffenen einzelnen Individuen, Familien oder Gruppen zu überlassen, sondern diese Bürde auf die Gemeinschaft zu verteilen. Die Umwälzung der Arbeitswelt soll nach dieser Idee solidarisch in den Institutionen der Arbeit aufgefangen werden. Solidarisches Verhalten bei Veränderungen der Arbeit durch die ökologische Transformation bedeutet dementsprechend, diese Institutionen so anzupassen, dass Beschäftigte ihre Rolle und Teilhabe in der Gesellschaft weiterhin ausüben können. Dies gilt als Leitplanke für die Entscheidungsfindung im Unternehmen und Betrieb. Es gilt aber auch für die Chancen, die Beschäftigten über ihren unmittelbaren betrieblichen Zusammenhang hinaus offenstehen, mit angemessener Bildung, Ausbildung und in qualifizierten (möglicherweise neuen) Berufen tätig zu bleiben und die Transformation für sich individuell mitzugestalten.

2.1.3.5 Maßnahmen für eine stärkere Beschäftigtenakzeptanz

Die Beschäftigtenakzeptanz ist eng mit Institutionen zum Interessenausgleich und Mitgestaltung verbunden. Dies gilt für die Teilhabe an Aushandlungs- und Implementierungsprozessen von neuen Technologien, aber auch für die politische Kultur, darunter die Idee von Solidarität. Es zeigt sich jedoch auch, dass sie sich an vielen Stellen von einem allgemeinen Akzeptanzbegriff unterscheidet, weil sie sich auf die gesellschaftliche Integration über den Arbeitsmarkt bezieht.

Was können wir bezüglich einer Beschäftigtenakzeptanz für die anstehende große klimapolitisch getriebene Transformation festhalten?

- Akzeptanz setzt mehr voraus als einen indifferenten Gehorsam oder eine prinzipielle Akzeptabilität der jeweiligen Technologie. Um Beschäftigtenakzeptanz der Transformation zu erreichen, müssen positive Mitgestaltungs- und Mitnahmemöglichkeiten für Arbeitnehmer*innen gesichert werden, sowohl in Bezug auf die Technologie selbst (Auswahl, Implementierung), als auch auf deren Folgen in der Gesellschaft und im Betrieb. Die Beschäftigten werden die Transformation nur dann akzeptieren, wenn sie nicht überproportional zu ihren Lasten umgesetzt wird. Es müssen ihre Interessen als Arbeitskräfte in der Transformation vertreten sein und zu akzeptablen Ergebnissen beitragen. Die Handlungsfähigkeit der Beschäftigten, sich und ihre Lebenswelt in und mit der Transformation wandeln zu können, muss dauerhaft unterstützt werden.
- Transformation heißt in vielen Industrieunternehmen, dass eine kontinuierliche Umstrukturierung stattfindet, die sich häufig direkt auf die Tätigkeiten auswirkt. Neue Technologien, die im Betrieb eingeführt werden, erfordern ganz zentral neue Ausbildungs- und Schulungssysteme. Das verlangt auch einen neuen, früheren und ganzheitlicheren Ansatz in der Personalplanung, beziehungsweise es müssen Ressourcen für die Weiterqualifikation der Beschäftigten verfügbar sein. Großbetriebe können dies einfacher gewährleisten als kleine und mittlere Unternehmen (KMU). In KMU fehlt häufig der Überblick darüber, welche Technologien sich in der Branche oder in der eigenen Wertschöpfungskette durchsetzen werden. Bei Beschäftigten in Großbetrieben ist also möglicherweise eine Akzeptanz für die Transformation einfacher zu erreichen als bei Beschäftigten in KMU oder in Regionen, die von KMU geprägt sind. Hier spielen aber auch Bildungsniveau, der Grad von Sicherheit im Beschäftigungsverhältnis sowie andere regionale Aspekte eine entscheidende Rolle, etwa die Konzentration bestimmter Wertschöpfung oder Branchen in einzelnen Regionen in den Industrieclustern. Gute, mitbestimmte Arbeitsverhältnisse und faire Löhne dürften in Transformationsprozessen direkt die Akzeptanz unter den Beschäftigten steigern.
- In Anlehnung an die Prinzipien für rationale und transparente Verfahren bei öffentlichen Infrastrukturprojekten, die der Verein Deutscher Ingenieure e. V. (VDI) entwickelte, um ihre Akzeptanzfähigkeit mit einem dialogorientierten Verfahren zu fördern (VDI-Norm 7001 2014), könnte auch die Beschäftigtenakzeptanz durch neue oder der Transformation angepasste Prozesse in den vorhandenen konsensorientierten Institutionen der Sozialpartnerschaft gestärkt werden. Sie können und sollten konstruktiv dafür genutzt werden, den betroffenen Beschäftigten eine Stimme zu geben. Informationsaustausch und Interessenausgleich müssen zu einem sehr frühen Zeitpunkt beginnen, bevor sich die Optionen und Meinungen verfestigt haben. Nur so kann fair verhandelt werden, wie sich Nutzen und Lasten der (technischen und sozialen) Transformation akzeptabel verteilen lassen. Dies

gilt sowohl gesamtgesellschaftlich als auch im Betrieb. Neue politische Prozesse, etwa Kommissionen oder vorgeschriebene Verfahren in einem bestimmten Sektor oder rund um eine bestimmte Technologie, können bei einer institutionalisierten Einbindung der Beschäftigten helfen, Transparenz und Akzeptanz der Transformationen zu erhöhen. Zusätzliche Kommissionen und Prozesse sollten jedoch keine neuen bürokratischen oder partizipatorischen Hürden darstellen, sondern effektiv in bestehende Strukturen und Interessenlagen eingebunden sein. Im Betrieb bedeutet das, dass bei Zukunftsentscheidungen Mitbestimmungsstrukturen und Rechte für Arbeitskräfte und Betriebsrat – sowohl technische und investitionsrelevante als auch bezüglich der Personalplanung – berücksichtigt und mit angemessener Unterstützung bedacht werden.

- Um solche Prozesse zu ermöglichen, braucht es zudem eine politische Kultur, die auf der Basis von Wissen und der Bereitschaft zu einer umsichtigen, vorausschauenden Planung die Verhandlungsinstitutionen stärkt. Das Thema nachhaltige Entwicklung rückt immer mehr in die Mitte der Gesellschaft und der Betriebe. Gerade in der Wirtschaft hat dieser Begriff in den vergangenen Jahren eine erstaunliche Karriere gemacht. Je mehr debattiert, diskutiert und erklärt wird, wohin die Reise gehen soll, warum sie notwendig ist und was sie für das Unternehmen und für Einzelne sowie für bestimmte Gruppen bedeutet, desto größer ist die Wahrscheinlichkeit, dass eine konstruktive Akzeptanz für große, unsichere Veränderungsprozesse erzeugt werden kann. Wer bei Großprojekten oder -prozessen wie der klimapolitisch bedingten Transformation öffentliche Zustimmung erreichen will, der muss den Sinn und die möglichen Konsequenzen des Vorhabens erklären können. Wer dazu nicht in der Lage ist, der kann keine Akzeptanz und erst recht keine Begeisterung erzeugen. Auch dies gilt sowohl gesamtgesellschaftlich als auch in Betrieben, die direkt von der Transformation betroffen sind.

Letztendlich gelten die gleichen Prinzipien auch für den Umgang mit anderen herausfordernden Transformationsprozessen im Arbeitszusammenhang:
- der Globalisierung, beispielsweise durch den zunehmenden Wettbewerbsdruck aus China,
- dem demografischen Wandel oder
- der Digitalisierung.

Dem Minimalprinzip der Akzeptanz als Gehorsam in einem individuell abhängigen Arbeitsverhältnis wird so als Orientierungsziel das Maximalprinzip der Beschäftigtenakzeptanz über kollektive Mitgestaltungsprozesse entgegengestellt. Statt eine konfuse Drohkulisse aufzuziehen, kann Transformation in der Industrie dadurch als konstruktiver, gestaltbarer Prozess vermittelt werden, der auch in andere Gesellschaftsbereiche ausstrahlt. So kann Beschäftigtenakzeptanz durch starke Mitgestaltungsmöglichkeiten langfristig und kontinuierlich gesichert werden.

REDAKTION

Dr. Kajsa Borgnäs, Dr. Indira Dupuis, Dr. Klaus West
Stiftung Arbeit und Umwelt
der Industriegewerkschaft IGBCE
Inselstraße 6
10179 Berlin
Tel. (+49) (030) 2787-1325
E-Mail: arbeit-umwelt@igbce.de
www.arbeit-umwelt.de

KURZBIOGRAPHIE

Dr. Kajsa Borgnäs, gebürtige Schwedin, war zwischen 2017 und 2022 Geschäftsführerin der Stiftung Arbeit und Umwelt der IGBCE. Davor promovierte sie an der Universität Potsdam. Seit April 2022 leitet sie die Abteilung Politik beim SPD-Parteivorstand.

Dr. Indira Dupuis ist Bereichsleiterin Transformation der Arbeit in der Stiftung Arbeit und Umwelt der IGBCE. Zuvor war sie wissenschaftlich tätig, unter anderem an der Freien Universität Berlin und der Ruhr-Universität Bochum mit einem Forschungsschwerpunkt auf systemischen Transformationen, Medien und Öffentlichkeit.

Dr. Klaus West arbeitet freiberuflich als wissenschaftlicher Berater, unter anderem bis 2020 in der Stiftung Arbeit und Umwelt der IGBCE. Zuvor war er tätig in der Wissenschaft (Universitäten Dortmund, Freiburg, Harvard) und in Gewerkschaften (DGB-Bundesvorstand, IGBCE).

WISSENSTRANSFER DURCH KREATIVE KOMMUNIKATIONS- UND PARTIZIPATIONSFORMATE

Verständnis schaffen, Akzeptanz erzeugen und Wirkung erzielen

AUTORINNEN:
Antonia Ricken, *Ellery Studio, Berlin* • Dodo Vögler, *Ellery Studio, Berlin*

2.1.4

Zusammenfassung Akzeptanz für systemische Veränderungen braucht die frühzeitige Einbeziehung von unmittelbar im Prozess Beteiligten und Betroffenen. Diese Art der Partizipation schafft Gestaltungsräume, vermittelt Selbstwirksamkeit und hilft Haltungen in Planungsprozessen positiv zu beeinflussen. Um entsprechende Themen verhandeln, bewerten und auf Augenhöhe diskutieren zu können, müssen allen voran Interesse zur persönlichen Einbringung geweckt und niederschwellige Zugänge zu Informationen geschaffen werden. Die Art der Kommunikation und der Informationsaufbereitung spielt in partizipativen Prozessen daher eine entscheidende Rolle. ▪ Formate können dabei jeweils je nach Zielsetzung und zur Verfügung stehenden Ressourcen variieren, häufig kommt es zu einem Methodenmix. Sachcomics sowie klassische und interaktive Infografiken werden beispielhaft als vielversprechende Kommunikationsformate vorgestellt. Die Projekte „Future Booth" und „bio:fictions" bieten darauf aufbauend als co-kreative Ansätze sozialwissenschaftlicher Reallabore weitere Inspiration für innovative Herangehensweisen.

2.1.4.1 Einleitung

Wissenstransfer erzielt nur dann Wirkung, wenn der Prozess der Vermittlung auf gesellschaftliche Akzeptanz trifft. Um diese Akzeptanz zu gewährleisten, muss durch geeignete Kommunikationsformate zuerst Verständnis bei Zielgruppen aufgebaut werden. Bei der Transformation der energieintensiven Industrie geht es vor allem darum, diverse kommunikative und partizipative Maßnahmen zu bündeln, um die gesellschaftliche Akzeptanz für Veränderungen zu fördern. Diese Formate können eine Art Hebelwirkung entfalten, die Zielgruppen nicht nur zu erreichen, sondern auch aktiv zu involvieren. Während dadurch zwar der Zugang zu und die Verbreitung von Informationen ermöglicht wird, ist eine präzise Prognose von Verhaltensänderungen kaum möglich. Allerdings kann durch eine systematische Bündelung verschiedener Kommunikations- und Partizipationsformate eine Unterstützung von transformativem Denken gewährleistet werden, um so die Akzeptanz für derartige Prozesse zu steigern.

Im Folgenden wird der Zusammenhang zwischen Akzeptanz, Kommunikation und Partizipation dargelegt. Im Anschluss daran werden Kommunikations- und Partizipationsformate vorgestellt, die eine zielgruppenspezifische, kreative Aufbereitung komplexer Herausforderungen zum Ziel haben. Das daraus folgende Verständnis ermöglicht eine tiefgreifende Auseinandersetzung mit dem Thema und kann so wiederum ein wichtiger Hebel für die Schaffung von Akzeptanz sein.

2.1.4.2 Akzeptanz braucht Partizipation

Die Erarbeitung von System-, Ziel- und Transformationswissen zu den komplexen Problemstellungen von Gegenwart und Zukunft – zu denen auch die Transformation der energieintensiven Industrien zählt – lässt sich nicht allein durch Wissenschaftler*innen einer oder mehrerer Disziplinen bewältigen, sondern benötigt die Zusammenarbeit mit Akteur*innen aus allen gesellschaftlichen Bereichen. So unterliegt die Beziehung zwischen Öffentlichkeit, Wirtschaft und Wissenschaft immer öfter dem Anspruch nach einem Wandel hin zu mehr Partizipation und Integration unter dem Modus der Transdisziplinarität (vgl. Lang et al. 2012).

> Transdisziplinarität ist ein Prinzip reflexiver, integrativer und methodengesteuerter wissenschaftlicher Forschung, das Akteur*innen und somit deren Wissen aus verschiedenen wissenschaftlichen und gesellschaftlichen Wissensbeständen vereint. Diese Art der Forschung möchte sozial robuste Ergebnisse hervorbringen, die sowohl für die Wissenschaft als auch für die Gesellschaft hilfreich sind.

Dieser Anspruch macht Partizipation zu einem zentralen Thema transdisziplinärer Forschung. Partizipation umfasst dabei „alle Formen der Einflussnahme auf die Ausgestaltung kollektiv verbindlicher Vereinbarungen durch Personen und Organisationen, die nicht routinemäßig mit diesen Aufgaben betraut sind" (Renn 2005: 227). Durch ihren Einsatz lassen sich unterschiedliche Ziele verfolgen: Emanzipation, Effektivität zur Selbstbestimmung nach einem Zustand der Abhängigkeit oder aber Legitimation für Transparenz und Verfahrensgerechtigkeit (vgl. Newig 2011: 489). Dabei beinhaltet Partizipation immer „Mitbestimmung" im öffentlichen Raum, kann sich allerdings in den Faktoren „Kooperation/Kommunikation", „Repräsentation" sowie „Machtabgabe" unterscheiden (vgl. ebd.: 487). Eine Kategorisierung der Machtabgabe verschiedener Formen von Partizipation gibt Arnstein.

▶ Abb. 1

Auch zur Förderung von Akzeptanz wird Partizipation immer häufiger eingesetzt (vgl. Hildebrand et al. 2018: 195; vgl. Newig 2011: 491). Die Einbeziehung von Betroffenen schafft Gestaltungsräume, vermittelt ihnen Selbstwirksamkeit und hilft dabei, deren Haltungen in Planungsprozessen positiv zu beeinflussen. Zudem kann sich Partizipation auch positiv auf weitere Faktoren auswirken, die ebenfalls die Einstellung gegenüber Energiewendeprojekten beeinflussen (vgl. Eichenauer et al. 2021: 21).

Bürgerkontrolle	
Delegierte Macht	**Partizipation**
Partnerschaft	
Beschwichtigung	
Anhörung	**Vorstufe der Partizipation**
Information	
Therapie	**Scheinpartizipation**
Manipulation	

1 *Acht Stufen der Partizipation (eigene Darstellung, angelehnt an Arnstein/Sherry 1969)*

Partizipative Prozesse stehen jedoch unter anderem vor der Herausforderung, möglichst frühzeitig Interesse an den zu verhandelnden Themen zu generieren, damit Gestaltungsmöglichkeiten noch ausreichend vorhanden sind und das Beteiligungsparadoxon möglichst umgangen werden kann: Häufig wird Interesse an Partizipation erst dann geweckt, wenn die konkreten Auswirkungen (auf den Alltag) bekannt werden (vgl. Fraune et al. 2019: 168). Denn je weniger über eine neue Technologie oder einen von Unsicherheit, Komplexität oder Ambivalenz geprägten Kontext bekannt ist, desto schwieriger ist auch die Einschätzung möglicher Auswirkungen. Dann ist es jedoch meist zu spät, um Entwicklungsrichtungen zu verändern. Diese Beobachtung ist auch als Collingridge-Dilemma bekannt (vgl. Collingridge 1982). Um das Interesse von Betroffenen an frühzeitiger Partizipation zu erhöhen, scheint es folglich sinnvoll, Formate zu nutzen, innerhalb derer ebensolche Auswirkungen auf den Alltag erarbeitet und im Anschluss auch bewertet und diskutiert werden können. Die Diskussion und Bewertung setzt jedoch ein tiefgreifendes Verständnis des zu verhandelnden Themas voraus.

2.1.4.3 Partizipation braucht Kommunikation

Insbesondere in der Zusammenarbeit mit der Bevölkerung und im Hinblick auf die als komplex geltenden Themen der Energiebranche besteht der Bedarf an verständlich kommunizierten Informationen. Auch wenn die Beziehung zwischen Kommunikation und Partizipation in der Literatur durchaus unterschiedlich ausgelegt wird, lässt sich feststellen, dass Information und Diskussion untrennbar von Beteiligungsverfahren sind, sogar als deren „Kernelemente" angesehen werden können (vgl. Jakobs 2019: 311). Die reine Vermittlung von Information stellt zwar noch keine direkte Form der Partizipation dar, ist jedoch eine wichtige Vorstufe dieser. Aufbauend auf ein durch Information geschaffenes Verständnis lässt sich Akzeptanz anschließend in partizipativen Formaten weiter fördern: „Akzeptanz setzt voraus, dass jemand etwas wahrnimmt, sich damit auseinandersetzt und eine Position dazu einnimmt" (Jakobs 2019: 312). Die unidirektionale Vermittlung von Informationen ist 1) ein wichtiger Teil der Begleitung einer Zielgruppe auf dem Weg zur Akzeptanz und 2) eine Vorstufe von effektiven Partizipations- und Informationsprozessen. Auch für Akzeptanz, verstanden als „Bewertungsurteil", sind

▸ Abb. 1

Informationen und daraus folgendes Wissen ein wichtiger Bestandteil. Das macht Kommunikation, als jegliche Darbietung von Informationen, nicht nur für Partizipationsprozesse zur Voraussetzung und ständiger Begleitung, sondern gemeinsam mit ihr auch unabdingbar für die Schaffung von Akzeptanz (vgl. ebd.: 311; Renn 2015: 62). Allerdings muss Wissen nicht zwingend in mehr Akzeptanz münden, ebenso kann eine erhöhte Skepsis oder auch Ablehnung erwachsen, wo vorher möglicherweise noch „kritiklose Akzeptanz" herrschte (vgl. Jakobs 2019: 312).

Die Förderung von Akzeptanz ist bei größeren Zielgruppen genauso wichtig wie in Spektren, wo weniger Menschen erreicht werden müssen. Bei größeren Gesellschaften werden Wahrnehmung, Auseinandersetzung und die Meinungsbildung als essenzielle Hebel für Akzeptanz jedoch anders initiiert. Um verschiedene Zielgruppen nicht nur anzusprechen, sondern auch zu erreichen, müssen adäquate Kommunikationsstrategien entwickelt werden, die wiederum die Selektion zielgruppengerechter Kommunikationskanäle erfordern. Dementsprechend spielt die Begleitung des Kommunikationsprozesses eine ebenso tragende Rolle wie die Akzeptanz der Zielgruppe für die jeweilige Kommunikationsstrategie.

2.1.4.4 Kreative Kommunikations- und Partizipationsformate

Akzeptanz braucht also Partizipation, welche wiederum auf Kommunikation nicht verzichten kann. Soll Akzeptanz gefördert werden, ist es deshalb ratsam, sich mit verschiedenen Einsatzmöglichkeiten entsprechender Formate auseinanderzusetzen. Je nach Zielsetzung und der zur Verfügung stehenden zeitlichen, personellen und finanziellen Ressourcen kann dabei die Methodenwahl variieren. So lassen sich diverse informative, dialogische und konsultative Formate unterscheiden, wobei nicht selten ein Methodenmix zur Anwendung kommt. Bei der Einteilung der Formate lassen sich auch wieder Rückbezüge zu dem Stufenmodell der Partizipation erkennen. Im Folgenden werden innovative Kommunikations- und Partizipationsformate vorgestellt, die sich als vielversprechend für die Einbindung und Mobilisation verschiedener Zielgruppen erweisen können. Da der Fokus des Beitrags explizit auf kreativen Formaten der Kommunikation und Partizipation liegt, werden Formate zur konkreten Mitentscheidung ausgeklammert.

▸ Abb. 2

2 Zuordnung von Kommunikations- und Partizipationsformaten entsprechend ihrer Nutzung bei Bürger*innenbeteiligung (eigene Darstellung)

Kommunikationsformate

Um zunächst die Grundlagen zu legen, die Akteur*innen zu bestärken und zu qualifizieren, braucht es eine zielgerichtete Kommunikation von Informationen. Basierend auf dem Wahrnehmen und Verstehen dieser Informationen kann im Anschluss aufgebaut und ein öffentlicher Diskurs über die Ausgestaltung der Veränderungen geführt werden (vgl. Hildebrand et al. 2018: 203; vgl. Konrad Adenauer Stiftung 2021: 14; vgl. XPLANE o. D.). Dazu müssen die Informationen für einen bestimmten Nutzer*innenkreis ausgewählt, aufbereitet und über ein geeignetes Kommunikationsmedium dargestellt werden (vgl. Domegan et al. 2019: 397). Ziel ist es, durch die Informationen ein optimales Verstehen und Orientieren zu ermöglichen. Erst so werden Informationen für die Menschen „brauchbar" und ermöglichen die Bildung einer fundierten Meinung und die Beteiligung an Diskussionen zum Sachverhalt. Dass der Zugang zu Informationen erschwert ist, liegt weniger an fehlenden Datensätzen oder Wissen, sondern vielmehr daran, dass diese Informationen sich oft hinter komplexer, wissenschaftlicher Sprache verstecken und eine Einarbeitung in diese Informationen somit – wenn überhaupt möglich – viel Zeit in Anspruch nehmen würde. Ein Ziel muss es daher sein, die Kommunikation attraktiv und motivierend zu gestalten, zum Beispiel durch die Verwendung kreativer Elemente (vgl. Domegan et al. 2019: 397)

„Vor allem im Energiesektor ist es wichtig gute Visualisierungen und einen kreativen Ansatz zu finden, um eine breitere Hörerschaft zu erreichen. Das versuchen wir zwar, oft gelingt es uns als Forschenden aber nicht" (Anika Nicolaas Ponder, nach Brandt-Bohne 2019).

Kommunikation, mit der eine Steigerung von Akzeptanz geschaffen werden soll, sollte außerdem solche Informationen enthalten, die Orientierung und Einsicht schaffen, dass eine bestimmte Maßnahme notwendig ist, Selbstwirksamkeit generieren, beispielsweise durch das Aufzeigen von Handlungsoptionen, positive Auswirkungen der Maßnahme darstellen und eine emotionale Verbindung zwischen Zielgruppe und Maßnahme schaffen (vgl. Domegan et al. 2019: 397; vgl. Renn 2015: 20). Dabei ist aber unbedingt zwischen „simplicity" und „simplification" zu unterscheiden: Es soll Einfachheit über komplexe Zusammenhänge geschaffen werden, die jedoch aus Klarheit, also einem umfassenden Verständnis, erwächst, nicht aus einer auf Reduzierung beruhenden Vereinfachung, die möglicherweise mehr Verwirrung als tatsächliches Verständnis verursacht.

Es lässt sich feststellen, dass das Visuelle anstelle rein textlich basierter Informationen in der Wissenschaftskommunikation eine immer stärkere Rolle einnimmt (vgl. Schrögel et al. 2018: 29). Bilder funktionieren dabei häufig als „Türöffner" (Oechslin 2013: 198):

Einerseits ermöglichen Bilder eine schnellere Informationsaufnahme und leichtere Verarbeitung der Botschaften (vgl. Koeppler 2000: 86; Petty/Wegener 1998). Andererseits wirkt visuell unterstützte Information lebendiger und anschaulicher als abstrakte textuelle Information und kann dadurch einen positiven Einfluss auf den Rezipienten und seine Verarbeitungsintensität ausüben" (Oechslin 2013: 197 f.).

Neben der Bedeutung, die das Visuelle einnimmt, sind auch die positiven Auswirkungen des Storytellings vielfach bewiesen: Das Beschreiben, Reflektieren und Erzeugen von Emotionen ist der Kern und die treibende Kraft einer guten Geschichte. Erzählte Handlungen, die Menschen emotional erleben, haben eine sichtbare Wirkung auf das neuronale Netzwerk ihres Gehirns (vgl. Adamczyk 2018). Folglich hilft Storytelling, komplexe Sachverhalte zu verstehen, erleichtert das Lernen und Erinnern und kann auch mit Überzeugungskraft punkten, insbesondere bei Menschen mit ablehnenden Einstellungen (vgl. Ameseder et al. 2017: 14).

Für die Kommunikation von Informationen können solch visuelle und sprachliche Komponenten in unterschiedlicher Intensität miteinander verwoben werden. Mögliche Strategien und Formate, die komplexe Sachverhalte, wie die Energiewende, durch visuelle und narrative Komponenten aufbrechen und in kreativer, innovativer und allen voran verständlicher Art und Weise zugänglich machen, werden im Folgenden vorgestellt sowie anhand von Anwendungsbeispielen erläutert.

Sachcomics

Eine Möglichkeit, wissenschaftliche Informationen zielgruppenspezifisch und kreativ zu kommunizieren, ist die Verwendung von Sachcomics. Mit dem Ziel, Wissen zu vermitteln, kombinieren sie das narrative Element des Storytellings mit visuellen Darstellungen (vgl. Keller et al. 2013: 243). Diese Form der Wissenschaftskommunikation wird zwar häufig dem schulischen Kontext zugeordnet, jedoch ebenfalls ganz bewusst darüber hinaus für die Kommunikation mit Erwachsenen, zum Beispiel auf Social-Media-Kanälen, verwendet (vgl. Krause 2021; vgl. Schrögel et al. 2018: 32). Die Stärke dieses Formates liegt in seiner Niedrigschwelligkeit und damit in dem „intuitiven Einstieg" (Schrögel et al. 2018: 31) aufgrund der „leicht nachvollziehbaren Kontextualisierung wissenschaftlicher Themen im persönlichen Umfeld" (Leinfelder 2014: 4) der Rezipient*innen. Sachcomics können insbesondere durch die Kombination visueller und verbaler Komponenten eine weitere Auseinandersetzung mit dem behandelten Thema über den Moment des Lesens hinaus anregen und „das Erlernen vielschichtiger Kompetenzen" (ebd.) fördern (vgl. Schrögel et al. 2018: 32; vgl. Sousanis 2014: 11). „Die visuell dargestellten Informationen oder Erklärungen ermöglichen oft einfacher, Wissen zu verstehen und zu integrieren, als rein textbasierte Botschaften" (Oechslin 2013: 198). Qualitätskriterien für die Erstellung von Sachcomics lassen sich beispielsweise bei Leinfelder (2014) finden.

Die Verwendung von Comics in der Kommunikation muss jedoch unbedingt unter höchster Sorgfalt erfolgen. Für „Mehrdeutigkeit und Anspielungsreichtum" (Keller et al. 2013: 243) darf es keinen Platz geben, ebenso wenig wie das narrative oder das visuelle Element das jeweils andere überlagern darf. Sie müssen in die richtige Balance zueinander gebracht werden (vgl. ebd.). Keller et al. stellen außerdem klar:

„Das Wissen kann ansprechend visualisiert sein, wenn aber die Leser sich von der Erzählung nicht angesprochen oder sogar abgestoßen fühlen, wird auch das Wissen nicht adäquat aufgenommen" (ebd.).

Umstritten scheint die Frage, wie zielgruppenspezifisch Sachcomics erarbeitet werden müssen. Einerseits stellen Keller et al. (2013) heraus, dass Sachcomics zielgruppensensibler sind als andere Formate. Es bestehe die Gefahr, dass die Bilder je nach Einstellung der Rezipient*innen unterschiedliche Wirkung entfalten (vgl. Hangartner et al. 2013: 7; vgl. Oechslin 2013: 212). Das spräche dafür, Zielgruppen möglichst detailliert zu kennen und diese möglicherweise sogar schon in den Entstehungsprozess von Sachcomics miteinzubeziehen (vgl. Keller et al. 2013: 244; vgl. Oechslin 2013: 212). Leinfelder hält andererseits fest:

„Zielgruppen für wissenschaftliche Sachcomics sind ‚liquid'. Eine offene, jedoch klar strukturierte Form eines entsprechenden Comics erscheint daher geeigneter als ein zu zielgruppenspezifisches Vorgehen" (Leinfelder 2014: 4).

Es bedarf also auch hier der richtigen Balance. So oder so: „Der Aufwand zur Erstellung und Bekanntmachung eines derartigen Comics ist hoch und nicht zu unterschätzen" (Leinfelder 2014: 4), wodurch erhöhte Zeit- und Produktionskosten entstehen. Zudem sollte bedacht werden, dass diese Form der Wissenschaftskommunikation noch immer wenig erforscht ist (vgl. ebd.).

Da sich diese Form der Informationskommunikation jedoch immer größerer Begeisterung erfreut, gibt es bereits einige Beispiele, die der Inspiration dienen können. Beispielhaft lassen sich hier eine Aufbereitung eines Gutachtens des Wissenschaftlichen Beirats der Bundesregierung Globale Umweltveränderungen (WBGU) zur großen Transformation im Comic-Stil (vgl. Hamann et al. 2019), die Graphic Novel „Sapiens" (Harari et al. 2020) sowie der Comic „Die Anthropozän-Küche" (Leinfelder et al. 2016) anführen.

▸ Abb. 3 Neben diesen reiht sich auch „Abgefahren! Die Infografische Novelle zur Verkehrswende" (Agora Verkehrswende et al. 2019) ein. Hier wurden unter Berücksichtigung von Zahlen und Daten zur Verkehrswende nachvollziehbare Geschichten in Form eines Comics kreiert, um das Thema auch für Nichtexpert*innen spannend und verständlich aufzubereiten.

3 *Abgefahren! Die Infografische Novelle zur Verkehrswende (Ellery Studio 2021a)*

Infografiken – klassisch und interaktiv

Neben dem sehr aufwendigen Kommunikationsformat der Sachcomics können auch klassische Infografiken als Kommunikationstreiber und Transformationswerkzeug dienen, indem sie umfangreiche Inhalte auf leicht verständliche und zugängliche Art vermitteln. Dabei vereinen sie nicht nur Inhalt und Ästhetik: sie erlauben es, komplexe Inhalte auf engstem Raum darzubieten, ermöglichen nonlineares Lesen und Lernen und erleichtern den Einstieg in umfangreiche Themen. So beschleunigen sie den Wissenstransfer zwischen heterogenen Stakeholder*innen. Zusätzlich können auch sie mit Storytelling-Ansätzen verwoben werden. Dass die Mischung von Infografik und Energiewende großen Anklang findet, zeigen auch die Erfolge der Publikationen von Ellery Studio. Neben dem Inhalt, den die Infografiken weitertragen sollen, sind jedoch auch bei ihrer Gestaltung verschiedene Aspekte zu beachten: je nach Botschaft, Zielgruppe und -medium können sich auch die Informationsdichte, Tonalität und die Darstellungsform unterscheiden.

▶ Abb. 4 Wie unterschiedlich klassische Infografiken aufbereitet sein können, zeigt Abbildung 4: zum einen das illustrierte Factsheet „#SustainableDigitalAge" begleitend zum WBGU-Hauptgutachten „Unsere gemeinsame digitale Zukunft" (2019) über das Wechselspiel zwischen digitalem Wandel und Nachhaltigkeitstransformation. Das in leuchtenden Farbtönen verspielt anmutende Poster zeigt die 17 Sustainable Development Goals (SDGs) und die Einschätzungen des Beirats zum derzeitigen Stand der Digitalisierung für die Erreichung der SDGs. In dem Poster trifft digitale Nüchternheit auf handgezeichnete Illustrationen, um bewusst den Bezug zur Alltagswelt herzustellen und auch bei einer nicht digitalaffinen Zielgruppe Interesse zu wecken. Ein weiteres Beispiel ist das Energiewende-Lehrbuch „Strom, Netz, Fluss. Ein Atlas unserer Stromwelt und ihres Wandels" (Graebig et al. 2021), das auf 164 Seiten mit seinen zahlreichen Infografiken die komplexen Zusammenhänge und Abhängigkeiten der deutschen Energiewirtschaft verständlich macht. Der infografische Stil ist vergleichsweise neutral und einfach gehalten und erklärt aufgeschlüsselt in mehreren Detailgrafiken die einzelnen Teilbereiche der Energiewirtschaft.

Infografiken können um ein interaktives Moment erweitert werden, das bei den Nutzer*innen zusätzlich Aufmerksamkeit weckt und beim Erlernen von Inhalten unterstützt. Dadurch kann eine Brücke hin zum Erkennen persönlicher Relevanz geschaffen werden (vgl. Domegan et al. 2019: 407). Ein Beispiel hierfür ist die digitale Plattform „Due Diligence Guidance for Responsible Supply Chains of Minerals" der Organisation für wirtschaftliche Zusammenarbeit und Entwicklung (OECD) (o. D.) mit ihren interaktiven Info-
▶ Abb. 5 grafiken, die einen effektiven Wissenstransfer über die Rahmenbedingungen, Risiken und Richtlinien der Minerallieferkette ermöglicht. Im „Infographic Energy Transition Coloring Book" hingegen werden Infografiken mit dem interaktiven Moment des Malens kombiniert (IKEM et al. 2019).

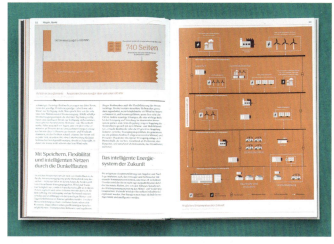

4 *Klassische Infografiken: WBGU Factsheet #SustainableDigitalAge (links) (Ellery Studio 2021f); Strom, Netz, Fluss. Ein Atlas unserer Stromwelt und ihres Wandels (rechts) (Ellery Studio 2021e)*

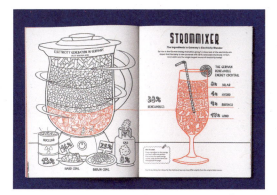

5 *Interaktive Infografiken: Infographic Energy Transition Coloring Book (links) (Ellery Studio 2021d); Website OECD Due Diligence Guidance for Responsible Supply Chains of Minerals (rechts) (Ellery Studio 2021c)*

Die Bedeutung der visuellen Kommunikation und des Storytellings wird in Formaten wie Sachcomics und Infografiken nicht nur durch die Möglichkeiten der niedrigschwelligen und zielgruppenspezifischen Kommunikation, sondern auch durch die vielfältige Anwendbarkeit im analogen wie digitalen Kontext besonders deutlich. Um Inhalte möglichst zielgruppengerecht zu strukturieren, ist meist eine gewisse Form der Akzeptanz seitens der Zielgruppe notwendig. Im Folgenden wird anhand von Format- und Projektbeispielen dargestellt, wie Partizipation besonders inmitten zahlenmäßig kleinerer Räume angestoßen werden kann.

Partizipationsformate

▶ Abb. 1 Da Partizipationsformate auf mehreren Ebenen wirken können, sind Formate meist zielgruppenspezifisch gestaltet. Die Transformation von beispielsweise industrieller Produktion und Gewohnheiten in energieintensiven Industrien, welche im vorhergegangenen Kapitel thematisiert wird, ist meist auf größere Zielgruppen bezogen. Bei der Einbindung von größeren Zielgruppen stoßen die folgenden Formatbeispiele meist an ihre Grenzen. Während sich Sachcomics und Infografiken hervorragend auch inmitten von größeren Zielgruppen adäquat platzieren lassen, sind Partizipationsformate eher auf kleinere Zielgruppen zugeschnitten. Um jedoch Partizipation zuerst zu ermöglichen, ist es bei großen wie kleinen Zielgruppen notwendig, betriebliche Realitäten und Notwendigkeiten genau zu kennen, sodass letztendlich Akzeptanz erzeugt werden kann, welche auf einer spezifischen Kommunikationsstrategie beruht und zur Partizipation anregt.

Co-kreative Formate
Sind hochkomplexe Themen bereits durch zielgruppensensitive Kommunikation breitentauglich geworden oder aber ist die Zielgruppe aus anderen Gründen fähig, am öffentlichen Diskurs über die Ausgestaltung transformativer Veränderungen teilzunehmen, eignen sich auch co-kreative und damit bidirektionale Formate für deren Einbindung. Dem Ecologic Institut zufolge ist Co-Kreation „ein Mittel zur Verbesserung und Förderung der Beteiligung von Endnutzer*innen durch aktive Beteiligung an (Innovations-)Prozessen" (Ecologic Institut o. D.). Der Begriff steht für kreative Kollaboration und meint ursprünglich die aktive Teilhabe von Kund*innen an der Entwicklung neuer Produkte und Services. Somit basiert Co-Kreation auf interdisziplinärer Zusammenarbeit unterschiedlicher Fachdisziplinen im Verlauf eines Innovationsprozesses, welcher nicht nur Kund*innen, sondern ebenso weitere Akteur*innen mit einschließt.

Die Einbindung der Öffentlichkeit fördert Akzeptanz, sodass die gemeinsame Erarbeitung einer Herausforderung und/oder der Zukunft einen Demokratisierungseffekt nach sich ziehen kann. Zudem ermöglicht Co-Kreation Synergieeffekte: durch sie kann Vertrauen in die gemeinsame Kraft gewonnen und ein differenzierter Diskurs geführt werden. Das wiederum ermöglicht projektorientierte Lernerfahrungen sowie einen verbesserten Umgang mit Nichtwissen und führt möglicherweise auch zu einer geringeren Manipulierbarkeit. Wenn erkannt wird, dass sich Probleme auf neue, kreative Art und Weise lösen lassen und Gestaltungsoptionen bestehen, ergibt sich die Möglichkeit eines Motivationseffektes, der ebenso zum Reflektieren und Handeln bewegt (vgl. Hirschnitz-Garbers 2018: 2; vgl. Kuhnt/Müller 2004: 14 f.).

Gleichzeitig sind co-kreative Formate keine Allheilmittel. Ihren Chancen stehen ebenso Hindernisse gegenüber: Neben dem bereits erwähnten mangelnden Interesse an Partizipation stellen co-kreative Formate einen hohen Kommunikations- und Koordinationsaufwand dar (vgl. Hildebrand et al. 2018: 205; vgl. Nanz et al. 2012: 12) und es besteht die Gefahr, dass der Prozess von Einzelinteressen – persönlicher, unternehmerischer, gesellschaftlicher Art oder aufgrund von umweltbezogenen Aspekten – gelenkt wird. Daran schließt auch die Frage an, was mit den Ergebnissen passiert. Beteiligungsverfahren werden oft als „Quasselbuden" diskreditiert und so finden die erarbeiteten Vorschläge in Entscheidungsprozessen aktuell nur selten Berücksichtigung (vgl. Vögler 2021: 30). Zwar müssen die Ergebnisse co-kreativer Verfahren nicht automatisch eins zu eins in einen Beschluss überführt werden, die Verfahren dürfen aber andererseits auch nicht für den Versuch genutzt werden, gefällten Entscheidungen im Nachhinein noch Akzeptanz zu verschaffen (vgl. Eichenauer et al. 2021: 21 f.; vgl. Nanz et al. 2012: 12).

Gestaltungsspielräume müssen also zwingend vorhanden sein, ihre Grenzen jedoch klar kommuniziert werden. Abgesehen davon, dass eine tatsächliche Diversität nur schwer zu erreichen ist, kann es je nach Gruppe auch zu Gruppenträgheit kommen.

Sozialwissenschaftliche Reallabore
Ein mögliches co-kreatives Format sind Reallabore. In Reallaboren wird unter gemeinsamer Zusammenarbeit von Wissenschaftler*innen und Akteur*innen Ziel- und Transformationswissen zu aktuellen Fragestellungen erarbeitet. Häufig im urbanen Kontext verwendet, werden hier partizipativ konkrete Interventionen getestet. Diese können sowohl neue Produktionsverfahren oder Produkte als auch Handlungs- und Konsummuster in den Fokus stellen (vgl. Schneidewind 2018: 447f.). So machen sie es möglich, bereits frühzeitig über mögliche Implikationen von Technologien oder neuartigen Zuständen nachzudenken und diese auszutesten. Die angewandten Methoden in Reallaborprojekten übersteigen dabei die traditionellen Ansätze disziplinärer Forschung. Methoden zur Wissensgenerierung müssen teils neu kombiniert, teils neu entwickelt werden (vgl. Defila et al. 2018: 22; vgl. Wittmayer et al. 2017: 69). Die Methoden zielen darauf ab, verschiedene Wissensbestände sichtbar zu machen und aufeinander zu beziehen, Wissen durch die Integration vielfältiger Wissensbestände zu erzeugen und Kommunikation in heterogenen Gruppen zu ermöglichen (vgl. Defila et al. 2018: 22). So sollen gemeinsame Lernprozesse zwischen Wissenschaft und Gesellschaft geschaffen werden (vgl. Lang et al. 2012: 27). Sie stellen also nicht nur „gesellschaftliche Lernräume" (Schneidewind 2018: 475) dar, sondern können bei wissenschaftlicher Begleitung auch dabei helfen, ein größeres Verständnis für Transformationsprozesse zu erlangen (vgl. ebd.: 250). Diese Art der Wissenserzeugung wirft jedoch in den konventionellen Wissenschaften teils Fragen nach ihrer Zuverlässigkeit und Gültigkeit auf (vgl. Lang et al. 2012: 26).

Solche innovativen, dialogischen Partizipationsformate, die Reallaboransätze aufweisen und eine Meinungs- und Willensbildung sowie auch die Stellungnahme der Öffentlichkeit zum Ziel haben, werden im Folgenden anhand konkreter Projekte von Ellery Studio vorgestellt.

Projekt „Future Booth"
Die Future Booth ist eine Intervention zur Erforschung von Zukunftsvorstellungen klimagerechter Zukünfte, die 2019 zum ersten Mal während der Fridays-for-Future(FfF)-Demonstrationen in Berlin durchgeführt wurde. Bei der Future Booth wird – im Gegensatz zur Photo Booth – kein Abbild der Gegenwart festgehalten, sondern ein Bild der Zukunft kreiert. Um die aktuellen Visionen der jungen Zielgruppe zu wünschenswerten Zukünften bei erfolgreicher Energiewende und die darin vorhandenen Konsense und Dissense herauszuarbeiten, wurden während der FfF-Demonstrationen Schüler*innen interviewt. Gleichzeitig zu den qualitativen Interviews wurden diese Zukunftsvorstellungen
▸ Abb. 6   mithilfe von Graphic Recording festgehalten und somit sichtbar gemacht.

6 *Future Booth auf einer Fridays-for-Future-Demonstration in Berlin (Ellery Studio 2021b)*

Das Graphic Recording ist eine besondere Form des Protokollierens: Der/Die Protokollant*in beobachtet die Diskussionen der verschiedenen Einzelpersonen und Gruppen und fertigt währenddessen Zeichnungen an. Diese umfassen sowohl Inhalte, Dynamiken als auch Konfliktlinien der Diskussion. Die Zeichnungen haben dabei keinen Anspruch auf Vollständigkeit. Neben dem Graphic Recording haben die Befragten selbst die Möglichkeit, ihre Visionen und Ideen zu zeichnen. Dies bot Raum für alternative Interpretationen, gemeinsames Lernen, Debatten und kritische Reflexionen. Zudem konnte zusätzliche Aufmerksamkeit auf den mobilen Begegnungsort gezogen und es konnten weitere Diskussionen innerhalb der sehr breiten Akteur*innengruppe initiiert werden. Im konkreten Projekt hat sich herausgestellt, dass das Hineinversetzen in konkrete Zukunftssituationen differenziertere Ideen zu liefern scheint als offene Fragestellungen, die übergreifend eine erhöhte Nennung naheliegender Ideen zur Folge hatten. Dies sollte bei zukünftigen Projekten dieser Art bedacht werden. Die Aktion wurde nicht nur in Deutschland, sondern auch in Italien durchgeführt, um auch die interkulturellen Unterschiede und Gemeinsamkeiten herauszuarbeiten. Dieses niedrigschwellige Format eignet sich jedoch nicht nur für die mobile Nutzung auf Großveranstaltungen, sondern lässt sich auch bei (wissenschaftlichen) Konferenzen – digital oder in Präsenz – durchführen. Durch den einheitlichen Stil der Graphic Recording wird die Autor*innenschaft aufgehoben und die Zukunftsbilder stehen auf gleicher Stufe – egal ob von Schüler*innen oder Wissenschaftler*innen.

Projekt „bio:fictions"
Ein weiteres Projekt ist bio:fictions, das im Wissenschaftsjahr 2020/2021 vom Bundesministerium für Bildung und Forschung (BMBF) gefördert wurde. In diesem Projekt werden mögliche Zukünfte der Bioökonomie partizipativ erarbeitet. Die unterschiedlichen Prozessschritte binden dabei immer wieder verschiedene Akteur*innen ein, wobei fortwährend eine stetige Rückkopplung zwischen Wissenschaft und Gesellschaft stattfindet: Zunächst wurden Interviews mit Innovateur*innen aus verschiedenen Bereichen geführt. Darauf aufbauend, wurden anschließend Zukunftsszenarien der Bioökonomie entwickelt. Hierfür wurden interdisziplinäre Workshops mit jeweils zehn bis 25 Teilnehmenden durchgeführt und die Methode des Futures Wheel wurde angewandt. Dabei handelt es sich um eine strukturierte Form des Brainstormings: Ausgehend von einer bestimmten Situation werden deren direkten und indirekten Auswirkungen herausgearbeitet. Anschließend wurden die ermittelten Konsequenzen in sogenannten „Narrative Probes" – kurzen Textformaten zur näheren Beschreibung einer Zukunftsidee – weiterentwickelt und in Form von Blogeinträgen kontextualisiert. Ein detaillierterer Einblick in den Ablauf der Workshops findet sich bei Vögler et al. (2022).

▸ Abb. 7

Ein Novum an diesem Vorgehen ist insbesondere die Einbindung von Influencer*innen. Sie teilen Ausschnitte der Zukunftsvisionen, übersetzt in sehr konkrete Ideen über ihre Social-Media-Kanäle. So erweitern sie den Kreis der Adressat*innen und werden damit zu Multiplikator*innen der Wissenschaftskommunikation. Das soll möglichst vielen Menschen die Chance geben, ihren Standpunkt (Hoffnungen, Sorgen, Ängste) zu den entworfenen Szenarien mitzuteilen. Diese Sammlung von Impressionen kann anschließend an die Politik gespiegelt werden.

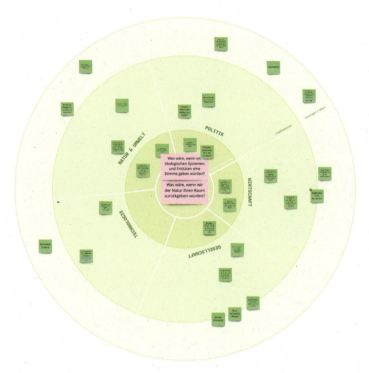

7 *Futures Wheel im Rahmen der bio:fictions-Workshops (eigene Darstellung)*

▸ Abb. 1   Zurückführend auf Abbildung 1, sind diese Partizipationsformate zwar als kollektive Hebel zu verstehen, müssen aber jeweils zielgruppenspezifisch angepasst und individuell beleuchtet werden. Alle Formate zielen auf das Erzeugen einer Hebelwirkung hin zu einer Form von Akzeptanz und individuellen Meinungsbildung ab und sind daher für größere Strukturen oft ungeeignet. Allerdings gibt es aufgrund der niedrigschwelligen Anwendbarkeit der Formate auch ein hohes Potenzial an Anpassungsmöglichkeiten, um Partizipation auch für größere Zielgruppen zu ermöglichen.

2.1.4.5 Diskussion

Für das Gelingen von Transformationsprozessen bedarf es einer Akzeptanz in Unternehmen und der Öffentlichkeit. Kommunikation und Partizipation sind dabei grundlegende Voraussetzungen. Es zeigt sich, dass bei der zielgruppenspezifisch aufbereiteten Kommunikation komplexer Themen visuelle Hilfsmittel eine zunehmend größere Rolle spielen – insbesondere bei fachfremdem Publikum oder dann, wenn einer breiteren Öffentlichkeit Zugänge zu vielschichtigen Inhalten geboten werden sollen. Bei der Anwendung verschiedenster Formate zeigen sich besonders bei der Erreichbarkeit von größeren Zielgruppen und Belegschaften Grenzen auf. Kommunikationsformate wie Sachcomics und Infografiken, welche auf diversen Kommunikationskanälen verwendbar sind, können hingegen auch größere Zielgruppen erreichen, diese informieren und Akzeptanz für Partizipation hervorrufen. Visualisierungen wie Infografiken oder wissenschaftliche Comics schaffen niedrigschwellige Zugänge, indem sie durch visuelle

Attraktivität Interesse bei Betrachtenden wecken. Damit sorgen sie für einen intuitiven, emotionalen und spielerischen Zugang zu Inhalten, deren Abhängigkeiten und Wechselwirkungen und befähigen zum Bilden informierter Meinungen. Sobald eine Wissensgrundlage geschaffen ist, können partizipative Formate für einen Wissensaustausch etabliert werden. Diese ermöglichen einen tiefgreifenderen Austausch zwischen verschiedenen Stakeholder*innen sowie die Möglichkeit zur Mitgestaltung. Sie schaffen Selbstwirksamkeit bei den Stakeholder*innen und können bestenfalls eine erwünschte Verhaltensänderung ermöglichen. Damit erhält der Einsatz solcher Formate eine immer höhere Wichtigkeit zur Erreichung von Akzeptanz.

Da verschiedene Zielgruppen aber auch unterschiedliche Wissensgrundlagen, mediale Routinen und Vorlieben und damit unterschiedliche Voraussetzungen haben, sich gesellschaftlichen und wissenschaftlichen Themen zu nähern, ist die Bandbreite an möglichen Formaten sowie an deren Durchführung groß. Eine Blaupause gibt es daher nicht. Formate müssen immer in Abhängigkeit des Gegenstandsbereichs, der Zielstellung, der Akteur*innen und der generellen Rahmenbedingung gewählt werden. Die vorgestellten kreativen Formate zur Wissensweitergabe und co-kreativen Wissenserarbeitung sind deshalb als Inspiration für künftige Vorhaben in den energieinvasiven Industrien zu verstehen.

Damit die Ergebnisse kreativer und partizipativer Formate jedoch auch Berücksichtigung in Entscheidungsprozessen finden, braucht es qualitätsgesicherte Verfahren, die Legitimität erhalten und die Ergebnisse wirksam machen (vgl. Vögler 2021: 47). Zudem wird eine realistische Einschätzung der Wirkung kreativer und innovativer Kommunikations- sowie Partizipationsformate benötigt: Auch wenn sie durchaus die Chance bieten, Akzeptanz zu schaffen, so bedeutet das nicht, dass der Einsatz solcher Methoden automatisch zu mehr Akzeptanz führt. Darüber hinaus ist es eine Illusion zu glauben, allein der Einsatz solcher Formate reiche aus, um lang etablierte und geförderte Normen und Werte (schnell) zu verändern. Die dargestellten Methoden ermöglichen den Zugang zu und die Verbreitung von Informationen und haben die Schaffung von Akzeptanz zum Ziel, weshalb sie als „Deep Leverage Points" (tiefgreifende Hebelpunkte) verstanden werden können. Diese bieten zwar die Chance, deutlich mehr Druck auf ein System auszuüben und dadurch seinen Wandel herbeizuführen, sind aber in ihrer Wirkung als solche noch nicht genug untersucht und außerdem nur schwer zu erreichen (vgl. Fischer et al. 2019; vgl. Meadows 1999). Ihre Umsetzung und die daraus resultierenden Verhaltensänderungen benötigen Zeit. Es bedarf demnach ebenfalls eines Zusammenspiels mit „Shallow Leverage Points" (oberflächlichen Hebelpunkten), um hochkomplexe Systeme zu transformieren. Bei einer systematischen Bündelung verschiedener Instrumente können die hier vorgestellten Formate aufgrund ihrer vergleichsweise geringen Kosten die „Gesamtinterventionen" gut unterstützen. Das macht sie zu einem wichtigen Hebel für Veränderungen. Ein Ziel muss es daher sein, die Wirkung von Partizipationsformaten zu gewährleisten, indem diverse Formate miteinander gebündelt werden. So können gezielt verschiedene Zielgruppen und Hintergründe angesprochen werden, wobei gleichzeitig die Qualität der Vermittlung von Information intensiviert wird. Die Kreativität der Formate hilft dabei, Transformation zu verstehen, als gestaltbar wahrzunehmen und letztendlich zu akzeptieren.

REDAKTION

Antonia Ricken und Dodo Vögler
Ellery Studio
Glogauer Straße 19
10999 Berlin
Tel. (+49) (030) 814562340
E-Mail: antonia@ellerystudio.com
dodo@ellerystudio.com
ellerystudio.com

KURZBIOGRAPHIE

Antonia Ricken – B. Sc. Umweltwissenschaften mit dem Fokus auf Nachhaltigkeitsmanagement, visueller und journalistischer Nachhaltigkeitskommunikation sowie den psychologischen Dimensionen einer nachhaltigen Entwicklung. Bei Ellery Studio an der Schnittstelle von Zukunftsforschung, Design und Wissenschaftskommunikation tätig.

Dodo Vögler – Gründerin des Ellery Studio und Leiterin des Bereichs Foresight und Partizipation sowie Mitinitiatorin der Plattform „zukunftsforscherin.de" und des „Speculative Futures: Berlin"-Forums. Als Vertretungsprofessorin an der HfG Schwäbisch Gmünd arbeitet sie an der Schnittstelle von Zukunftsforschung und Zukunftsgestaltung. Für ihre Arbeiten und Initiativen wurde sie bereits mehrfach national und international ausgezeichnet, unter anderem mit dem Nachwuchspreis der Zukunftsforschung, dem Malofiej International Infographics Award, dem dpa-infografik award, dem European Design Award und dem ADC Award.

Planungs- und genehmigungsrechtliche Hintergründe

2.2

DEKARBONISIERUNG IN DER INDUSTRIE

AUTOR: Prof. Dr. iur. Eike Albrecht, *Brandenburgische Technische Universität Cottbus-Senftenberg (BTU)*

Zusammenfassung Um die Dekarbonisierung einzuleiten, hat Deutschland den Ausstieg aus der Kohle beschlossen und mit dem Klimaschutzprogramm 2030, der Nationalen Wasserstoffstrategie sowie dem Zukunftspaket zur Bewältigung der Coronakrise gute Rahmenbedingungen gesetzt, um die Transformation zu einer treibhausgasneutralen Industrie voranzubringen. Allerdings hat das Bundesverfassungsgericht im März 2021 in einer durchaus spektakulären Entscheidung bestimmt, dass der Gesetzgeber durch das verfassungsrechtlich festgelegte Staatsziel Umweltschutz (Art. 20a GG) verpflichtet ist, wirksamen Klimaschutz nicht nur kurzfristig bis 2030, sondern auch mittelfristig für die Zeiträume danach legislativ umzusetzen. Dies erfordert das Prinzip der intertemporalen Gerechtigkeit, wonach Lasten nicht in einer Art und Weise in die Zukunft verschoben werden dürfen, dass nachfolgenden Generationen keine Spielräume für eigene Entscheidungen mehr verbleiben. Der Staat ist also zum Klimaschutz im „Hier und Jetzt" verpflichtet. Damit dient die Dekarbonisierung energieintensiver Industriebranchen nicht nur völkerrechtlich verbindlichen Klimaschutzzielen, sondern auch der Erfüllung des Staatsziels nach Art. 20a GG. ▪ Im Einzelnen ist dann zu klären, nach welchen Rechtsvorschriften im konkreten Fall die Prozessumstellung im Unternehmen zur Dekarbonisierung der eigenen Produktionsprozesse abzulaufen hat. Im derzeitigen Anlagenzulassungsrecht ist die Dekarbonisierung nach dem aktuellen Rechtsstand nur mittelbar geregelt: Anlagen, die unter den Emissionsrechtehandel fallen, müssen (lediglich) eine ausreichende Anzahl an Emissionsrechten vorweisen. Handelt es sich bei der Anlage aber um eine sogenannte IED-Anlage (nach der englischen Bezeichnung der Richtlinie 2010/75/EU: Industrial Emissions Directive), gilt für diese Anlage der in den jeweiligen BVT-Schlussfolgerungen, also den europäischen Festlegungen der „besten verfügbaren Techniken", festgehaltene Technikstandard, der aber (derzeit noch) keine Aussagen zur Dekarbonisierung trifft. Für diese Anlagen gilt zudem, was für alle anderen immissionsschutzrechtlich zu genehmigenden Anlagen gilt nämlich, dass der Betreibende – neben den BVT-Schlussfolgerungen – auch den Stand der Technik einzuhalten hat, also den Einsatz fortschrittlicher, aber praktisch erprobter Verfahren. Damit gelten also je nach Größe und Umweltbeeinträchtigung der Anlage verschiedene rechtliche und technische Voraussetzungen, die im Hinblick auf die umfangreichen Umgestaltungsprozesse im Zusammenhang mit der Dekarbonisierung harmonisiert werden sollten. Im Ergebnis sollte eine Angleichung der bislang noch nicht recht verzahnten und nebeneinanderstehenden Systeme aus Emissionsrechten, BVT-Schlussfolgerungen und dem Stand der Technik erfolgen.

2.2.1.1 Einführung

Im Jahr 2015 hat die internationale Staatengemeinschaft auf der Grundlage der Klimarahmenkonvention der Vereinten Nationen auf dem Pariser Klimagipfel das gleichnamige Übereinkommen von Paris beschlossen. Zentraler Inhalt ist, den Anstieg der globalen Durchschnittstemperatur auf deutlich unter 2 Grad Celsius und möglichst auf 1,5 Grad Celsius gegenüber dem vorindustriellen Niveau zu begrenzen, um die Auswirkungen des weltweiten Klimawandels so gering wie möglich zu halten (Art. 2 Abs. 1 lit. a) Pariser Klimaabkommen). In Bezug auf dieses Ziel wird diskutiert, es als völkerrechtliches Normativ anzuerkennen; dann wären auch die nicht ratifizierenden Staaten daran gebunden (vgl. Albrecht 2019: 703). Aber unabhängig davon ist dieses für Deutschland durch Ratifizierung des Pariser Abkommens völkerrechtlich verbindliche Ziel in §1 Klimaschutzgesetz (KSG) niedergelegt. Das Pariser Klimaabkommen ist von fast allen Staaten der Welt ratifiziert, auch von der EU (Beschluss [EU] 2016/1841 des Rates vom 5. Oktober 2016 über den Abschluss des im Rahmen des Rahmenübereinkommens der Vereinten Nationen über Klimaänderungen geschlossenen Übereinkommens von Paris im Namen der Europäischen Union, ABl. EU, L 282, S. 1) und der Bundesrepublik Deutschland (BGBl. 2016 II, S. 1082, 1083). Nur von vier Staaten, allesamt Staaten mit erheblichen Beeinträchtigungen interner Strukturen, z. T. auch als „failed states" bezeichnet, fehlt die Ratifikation; dies sind Libyen, Eritrea, der Iran und der Jemen (vgl. Albrecht 2022: 142). Zu der Erreichung dieses Ziels wirken alle Parteien des Pariser Abkommens mit und übermitteln ihre Klimaschutzziele als sogenannte Nationale Klimaschutzbeiträge (engl.: Nationally Determined Contributions – NDC) gemäß Art. 3 des Pariser Abkommens an das Klimasekretariat der Vereinten Nationen in Bonn (Art. 4 Abs. 12 Pariser Abkommen; vgl. Pastushenko/Albrecht 2021: 103ff.). Dabei sind die Industriestaaten wegen ihrer historischen Verantwortung für die seit der Industrialisierung freigesetzten Treibhausgase besonders gefordert (siehe Präambel zum Klimarahmenübereinkommen, 3. Abs.; vgl. Albrecht 2022: 119). Deutschland hat sich das Ziel gesetzt, die Treibhausgasemissionen bis zum Jahr 2030 um mindestens 65 Prozent gegenüber dem Niveau von 1990 zu vermindern (§3 Abs. 1 Nr. 1 KSG). Zehn Jahre später soll der Ausstoß an Treibhausgasen um mindestens 88 Prozent vermindert sein und bis 2045 die Klimaneutralität erreicht sein. Diese ambitionierten Ziele sind keinesfalls nur politische Wunschvorstellungen, sondern sind, nachdem das Bundesverfassungsgericht die früheren Regelungen im Klimaschutzgesetz mit Beschluss vom 24. März 2021 (BVerfG – 1 BvR 2656/18 – Rn. 1–270; s. hierzu unten unter 1.3) als verfassungswidrig eingestuft hatte, im novellierten Klimaschutzgesetz des Bundes als gesetzliches Ziel festgelegt. Auch die EU strebt mit dem European Green Deal an, bis 2050 der erste klimaneutrale Kontinent zu werden. Das bedeutet, dass neben den in §4 Abs. 1 Nr. 1–6 KSG genannten Sektoren Energiewirtschaft (Nr. 1), Verkehr (Nr. 3), Gebäude (Nr. 4), Landwirtschaft (Nr. 5) sowie Abfallwirtschaft und Sonstiges (Nr. 6) auch der Sektor Industrie (Nr. 2) in Deutschland und Europa grundsätzlich klimaneutral werden muss. Dies stellt vor allem die energieintensive Industrie vor besondere Herausforderungen. Dort prozessbedingte Emissionen zu vermeiden, erfordert häufig den Umbau ganzer Prozessketten und Industriestandorte. Das ist nicht nur ein im Einzelfall komplexes technisches, ökonomisches und auch rechtliches

Vorhaben, sondern für die Unternehmen auch mit hohen Kosten verbunden. Um die Dekarbonisierung einzuleiten, hat Deutschland den Ausstieg aus der Kohle – derzeit noch mit dem Ziel Ende 2038 (vgl. §4 Abs.1 Satz 1 Gesetz zur Reduzierung und zur Beendigung der Kohleverstromung – KVBG) – beschlossen und mit dem Klimaschutzprogramm 2030, der Nationalen Wasserstoffstrategie sowie dem Zukunftspaket zur Bewältigung der Coronakrise gute Rahmenbedingungen gesetzt, um die Transformation zu einer treibhausgasneutralen Industrie voranzubringen. Dabei ist auch eine Reihe rechtlicher Fragen zu klären, auf die im vorliegenden Beitrag eingegangen wird.

2.2.1.2 Völkerrechtliche Verpflichtungen

Klimarahmenabkommen

Mit der Erkenntnis, dass das menschliche Handeln die Treibhausgaskonzentration in der Atmosphäre erhöht, sich folglich der natürliche Treibhausgaseffekt verstärkt und die Temperaturen der Atmosphäre und der Erdoberfläche steigen, wurde bereits im Jahr 1992 die völkerrechtliche Basis für den globalen Klimaschutz mit Abschluss des Klimarahmenabkommens durch die internationale Staatengemeinschaft geschaffen. Ziel des Abkommens ist es, die Treibhausgaskonzentration auf einem Level zu stabilisieren, mit dem gefährliche Auswirkungen auf das Klimasystem vermieden werden können (Art. 2 des Klimarahmenübereinkommens). Mit der Ratifikation dieses Abkommens verpflichten sich nach Art. 3 Abs. 1 alle Staaten, Klimaschutzmaßnahmen zu ergreifen. Dabei galt von Anfang an das umweltvölkerrechtliche Prinzip der „gemeinsamen, aber unterschiedlichen Verantwortlichkeit" (Prinzip 7 der Rio-Erklärung vom 13. Juni 1992) mit der Folge, dass die westlichen Industrieländer und die sogenannten Transformationsökonomien stärker in der Pflicht stehen als Entwicklungsländer, weil sie die Hauptproduzenten der Treibhausgase sind und eher die Möglichkeit haben, diese zu reduzieren. Es sollen vor allem Technologien und die Forschung an Technologien gefördert werden, wodurch die Emissionen in den Bereichen Industrie, Energie und Verkehr sowie in der Land-, Forst- und Abfallwirtschaft reduziert werden. Ein wichtiger Gesichtspunkt dieses Prinzips der gemeinsamen, aber unterschiedlichen Verantwortlichkeit als Leitentscheidung des modernen Umweltvölkerrechts ist die finanzielle Unterstützung von Entwicklungsländern für die Anpassung an den Klimawandel und das Bemühen um Treibhausgasreduktion sowie Technologietransfer. Neben der Reduktion der Treibhausgasemissionen kommt dem Erhalt natürlicher Kohlenstoffsenken und -speicher sowohl in Meeres- als auch in Landökosystemen besondere Bedeutung zu (Art. 4 Abs. 1 lit. d) des Klimarahmenübereinkommens), ohne dass dies vorliegend vertieft werden soll. Eine weitere Festlegung im Klimarahmenübereinkommen ist die Verpflichtung der Vertragsstaaten zur Anpassung an die Folgen des Klimawandels (Art. 4 Abs. 1 lit. b); vgl. Albrecht 2020: 370f.). Zur Festlegung konkreter Reduktionsverpflichtungen der oben genannten Industriestaaten und Übergangsökonomien wurde 1997 das Kyotoprotokoll verabschiedet, das allerdings erst im Februar 2005 in Kraft trat. Dennoch erzeugte erst das Kyotoprotokoll den Druck auf die verpflichteten Staaten, die Erzeugung erneuerbarer Energien und die Erhöhung der Effizienz massiv zu fördern und somit den Ausstieg aus der fossilen Ressourcennutzung vorzubereiten. Ohne die durch die Verpflichtungen aus dem Kyotoprotokoll entstandene Technologieförderung, insbesondere der erneuerbaren Energien, wäre eine Dekarbonisierung ganzer Länder und Kontinente heute gar nicht denkbar.

Pariser Abkommen

Das Pariser Abkommen wurde 2015 beschlossen und ist bereits ein Jahr später in Kraft getreten. Hauptregelung im Pariser Abkommen ist die Verpflichtung der internationalen Staatengemeinschaft, den Anstieg der globalen Durchschnittstemperatur auf deutlich unter 2 Grad Celsius und möglichst auf 1,5 Grad Celsius gegenüber dem vorindustriellen Niveau zu begrenzen, um die Auswirkungen des weltweiten Klimawandels so gering wie möglich zu halten (Art. 2 Abs. 1 lit. a) Pariser Abkommen). Mit der Ratifizierung werden die Staaten völkerrechtlich allerdings lediglich dazu verpflichtet, nationale Konzepte zu entwickeln, um die Treibhausgasemissionen zu reduzieren und in einem fünfjährigen Turnus zu übermitteln (Art. 4 Abs. 2 und Abs. 9 Pariser Abkommen). Weitere Verpflichtungen sind die Förderung der Entwicklung von neuen Technologien, diese Technologien mit anderen Ländern auszutauschen (Art. 10 und 11 Pariser Abkommen), die Widerstandsfähigkeit gegenüber dem Klimawandel auszubauen (Art. 10 Abs. 1 Pariser Abkommen) und natürliche Kohlenstoffsenken zu schützen und zu fördern (Art. 5 Abs. 1 Pariser Abkommen). Die festgelegten Maßnahmen werden als sogenannte Nationale Klimaschutzbeiträge übermittelt und sollen regelmäßig weiterentwickelt und damit auch gesteigert werden (Art. 4 Abs. 9 und Abs. 11 Pariser Abkommen). Dem Prinzip der gemeinsamen, aber unterschiedlichen Verantwortlichkeit folgend, treffen auch hier die Industrieländer größere Lasten, etwa durch die Verpflichtung, Entwicklungsländer technologisch und finanziell sowohl beim Umsetzen von Maßnahmen als auch bei der Bewältigung von Klimaschäden zu unterstützen. Nach der Systematik des Pariser Abkommens kommen nun also den durch die Vertragsparteien festgelegten Klimaschutzbeiträgen als selbst formulierte, aber mit Übermittlung auch verbindliche Verpflichtung besondere Bedeutung zu (Pastushenko/Albrecht 2021: 103f.). Insofern sind die durch die Vertragspartei EU und den Vertragsstaat Deutschland zugesagten Klimaschutzbeiträge verbindliche Richtschnur für die Umsetzung in der EU und in der Bundesrepublik.

Umsetzung in europäisches Recht

Zuständigkeit und Überblick über die Regelungen

Die Umsetzung der internationalen Klimaschutzverpflichtungen in europäisches Recht erfolgt durch EU-weite Maßnahmen und durch nationale verbindliche Ziele. Ein in den Jahren 2014 und 2016 wiederholt bestätigtes Ziel ist die Reduktion der Treibhausgasemissionen um 40 Prozent gegenüber dem Jahr 1990 bis zum Jahr 2030, das auch als europäischer Klimaschutzbeitrag zum Pariser Abkommen festgelegt wurde (ABl. EU 2018, L 156, S. 26).

Dieses Ziel wurde 2020 aufgrund einer Folgenabschätzung unter Einbeziehung ökologischer, aber auch sozialer und wirtschaftlicher Auswirkungen verschärft und als entsprechend neugefasster Klimaschutzbeitrag der Vertragspartei EU an das Klimasekretariat übermittelt. Danach wird zugesagt, die Treibhausgasemissionen nun europaweit um 55 Prozent abzusenken (vgl. Vereinte Nationen 2021; Bundesministerium für Umwelt, Naturschutz, nukleare Sicherheit und Verbraucherschutz 2021). Diese Reduktion ist ein Zwischenziel auf dem Weg zur angestrebten Klimaneutralität bis 2050 (Europäische Kommission 2020).

Zum Erreichen der Ziele werden in der Europäischen Union zwei Instrumente angewendet: zum einen der EU-Emissionsrechtehandel (vgl. Knopp/Hoffmann 2004: 201 ff.) und zum anderen die in der EU-Klimaschutzverordnung (ABl. EU L 156, S. 26) festgelegten Maßnahmen. Der Emissionsrechtehandel ist in der EU seit Anfang 2005 etabliert (ABl. EU 2003, L 275, S. 32) und regelt den Handel mit Treibhausgasemissionszertifikaten in den im Anhang I bestimmten Bereichen. Damit sollen die Treibhausgasemissionen ökonomisch und effizient gesenkt werden. Die in Anhang I genannten Bereiche sind die Energieumwandlung und -umformung, die Eisenmetallerzeugung und -verarbeitung, die mineralverarbeitende Industrie und bestimmte weitere Industriezweige wie Anlagen zur Herstellung von Zellstoff, Holz, Papier und Pappe. Hinzu kommt seit 2012 der innereuropäische Flugverkehr (ABl. EU L 8, S. 3; vgl. Spyra/Abrecht 2013: 225 ff.), der aber für diesen Beitrag nicht betrachtet werden soll.

Die Klimaschutzverordnung (Verordnung [EU] 2018/842) berücksichtigt die verbleibenden Bereiche, welche nicht in den EU-Emissionsrechtehandel einbezogen sind. Hier ist es notwendig, dass alle Staaten der Europäischen Union und alle in der Klimaschutzverordnung berücksichtigten Wirtschaftssektoren dazu beitragen, Treibhausgasemissionen langfristig zu reduzieren. Die Verteilung der Lasten erfolgt nach einem System, das für Ausgewogenheit und Fairness sorgt und Solidaritätsaspekte einbeziehen soll. Die Maßnahmen der Verordnung gelten in den Bereichen Verkehr, Land- und Abfallwirtschaft und Energieeffizienz von Gebäuden. Zusätzlich sind erneuerbare Energien und eine effiziente Energienutzung einbezogen. In diesem Zusammenhang werden die Bedeutung von Innovationen und die Effizienzerhöhung wichtig. Insgesamt sind vor allem Investitionen in der Forschung notwendig, wodurch neue Technologien entwickelt werden können.

Eine weitere in der Klimaschutzverordnung genannte Maßnahme ist die für jeden Staat festgelegte Emissionsmenge. Diese sinkt linear mit jedem Jahr von 2021 bis 2029 und darf innerhalb des Jahres nicht überschritten werden, kann aber beim Unterschreiten teilweise in Folgejahre übernommen oder auf andere Staaten der Europäischen Union übertragen werden. Dadurch wird eine gewisse Flexibilität geschaffen. Eine weitere Möglichkeit ist der Ausgleich der Emissionen durch den Schutz und die Vergrößerung natürlicher Senken. Die Verfahrensweisen zur Verbuchung der Emissionen durch Landnutzung und Forstwirtschaft wurde in der Verordnung (EU) 2018/841 (ABl. EU L 156, S. 1) des Europäischen Parlaments und Rates festgelegt. Die Umsetzung der genannten Maßnahmen wird für alle Staaten der Europäischen Union kontrolliert.

Neben dem Emissionshandel und den Vorgaben der Klimaschutzverordnung können weiterhin die übrigen Kyoto-Mechanismen Joint Implementation und Clean Development Mechanism (CDM) genutzt werden. Dabei werden Klimaschutzprojekte im Ausland unterstützt, um Emissionen zu mindern (vgl. Bundesministerium für Umwelt, Naturschutz und nukleare Sicherheit 2014; Albrecht 2022: 128 f.).

European Green Deal
Der European Green Deal (KOM/2019/640 endg.) ist der politisch festgelegte Fahrplan der Europäischen Union, in dem das Wachstum einer wettbewerbsfähigen und starken Wirtschaft und der Schutz des Klimas miteinander vereint werden sollen. Ziel ist die Verbesserung der Lebensqualität der heutigen und der folgenden Generationen. Hierfür ist die Umstrukturierung der Wirtschaft erforderlich, um die Klimaneutralität bis 2050 beziehungsweise die Treibhausgasminderung um 55 Prozent bis 2030 erreichen zu können. Die im European Green Deal genannten Bereiche und Maßnahmen umfassen die Produktion sauberer Energie sowie effiziente Energienutzung, die Umstrukturierung der Industrie und der Produktion, den Wandel zu einer nachhaltigeren Mobilität, den Ausbau der Infrastruktur und des digitalen Wandels, den schonenden Umgang mit Ressourcen und eine Ernährung und Lebensmittelproduktion, die gesund und nachhaltig sind (KOM/2021/350 endg.). Besonderes Augenmerk im Hinblick auf Klimaneutralität legt der European Green Deal auf die Dekarbonisierung der Energiewirtschaft und der Industrie. In diesem Zusammenhang wird neben dem Ausbau erneuerbarer Energien auf die Verwendung anderer Energieträger in der Industrie wie von Brennstoffzellen, grünem H_2 oder anderen Kraftstoffen hingewiesen. Die Speicherung von Energie sowie die Abscheidung und Sequestrierung von CO_2 sind weitere Mechanismen, um die Emissionen zu minimieren. Die Dekarbonisierung ist für die in der EU unverzichtbaren Industriebereiche wie Stahl-, Zement- und chemische Industrie von besonderer Bedeutung. Hinzu kommt ferner das im European Green Deal genannte Instrument der Bepreisung von CO_2, wodurch das Verhalten von Verbrauchern und Unternehmen im Sinne des Klimaschutzes durch ökonomische Anreize gelenkt werden soll (vgl. Knopp et al. 2019: 55 ff.).

Für die Umstrukturierung der einzelnen Komponenten sind erhebliche finanzielle Mittel für die Förderung von Forschung, Innovationen und nachhaltigen Lösungen notwendig. Für die Finanzierung und die Investitionen sind vor allem der EU-Haushalt und privates Kapital vorgesehen, aber auch die Förderprogramme der Mitgliedstaaten stellen eine relevante Finanzierungsquelle für die Dekarbonisierung dar, wie zum Beispiel in der Bundesrepublik Deutschland das in der Förderrichtlinie zur Dekarbonisierung in der Industrie (BAnz AT 15. Januar 2021 B5) genannte Förderprogramm. Neben diesen eher technischen Maßnahmen verfolgt der European Green Deal aber auch Ökosystemschutz, insbesondere die Verbesserung und flächenmäßige Vergrößerung von Waldökosystemen zur Schaffung natürlicher Kohlenstoffsenken.

Hervorzuheben ist, dass in dieser Transformation ein gerechter Übergang stattfinden soll, durch den niemand zurückgelassen im wird Sinne des Prinzips 2 der 2030 Agenda for Sustainable Development and its Sustainable Development Goals (SDGs) „leaving no one behind" (Vereinte Nationen 2015). Daher ist das Einbeziehen der Öffentlichkeit wichtig, wodurch zusätzlich Vertrauen aufgebaut und Akzeptanz für die Maßnahmen geschaffen werden soll. Dazu gehört es gegebenenfalls auch, den Energiepreis für die Verbraucher, etwa durch Subventionen oder anderen finanziellen Ausgleich, in einem bezahlbaren preislichen Rahmen zu halten und sie im optimalen Fall von der Umstrukturierung des Energiesektors profitieren zu lassen.

Umsetzung in nationales Recht

Klimaschutzgesetz

Mit dem Inkrafttreten des Pariser Klimaabkommens wurden die internationalen Rechtsgrundlagen für den Klimaschutz neu ausgerichtet. Zur Umsetzung des Pariser Abkommens wurde 2016 zunächst der Klimaschutzplan 2050 verabschiedet (vgl. Saurer 2020: 433). Dieser beinhaltet das langfristige Ziel, bis 2050 weitgehend treibhausneutral zu werden (vgl. Bundesministerium für Umwelt, Naturschutz und nukleare Sicherheit 2016). Im Jahr 2019 wurde das Maßnahmenpaket „Eckpunkte für das Klimaschutzprogramm 2030" vorgeschlagen, welches die Umsetzung der Klimaschutzziele weiter präzisiert. Im selben Jahr wurde vom Bundesumweltministerium ein Referentenentwurf für ein Klimaschutzgesetz vorgelegt, das am 12. Dezember 2019 beschlossen wurde und am 18. Dezember 2019 in Kraft getreten ist (vgl. Saurer 2020: 433 ff.).

Damit wurde in Deutschland erstmals ein Klimaschutzgesetz mit festen Klimaschutzzielen eingeführt (vgl. Albrecht 2020: 370 f.). Es enthält nationale Klimaschutzziele mit zulässigen Jahresemissionsmengen und das langfristige Ziel der Klimaneutralität bis 2050. Weiterhin werden im Gesetz Bußgeldvorschriften für die Missachtung des Gesetzes sowie auch Maßnahmen festgelegt, welche ergriffen werden müssen, falls die Jahresemissionsmengen überschritten werden.

Zudem beinhaltet das Gesetz die Pflicht zur Einberufung eines Expertenrates für Klimafragen. Dieser überprüft die Emissionsdaten und muss ein Gutachten zu den Entwicklungen der Treibhausgasemissionen vorlegen. Dieses Gutachten wurde erstmals 2022 dem Bundestag vorgelegt und danach alle zwei Jahre. Insgesamt gibt das Klimaschutzgesetz dem Bund einen rechtlich verbindlichen Handlungsrahmen vor beziehungsweise ein festes Regelwerk, welches greift, wenn die bisherigen Maßnahmen nicht ausreichen. Wenn also die zulässige Jahresemissionsmenge von einem Emissionssektor, wie Verkehr, Industrie oder Landwirtschaft, überschritten wird, steht das zuständige Ministerium in der Pflicht, Maßnahmen zur Nachsteuerung darzulegen, etwa durch Erarbeitung eines Sofortprogramms, um den jeweiligen Sektor wieder auf die richtige Spur zu bringen. Somit ist deutlich benannt, wer die Verantwortung für ein Gegensteuern bei der Abweichung vom Zielkorridor hat.

Positiv an diesem Gesetz ist die Tatsache, dass konkrete Sektorenziele vorgegeben werden. Diese werden von einem Expertenrat geprüft und an die europäischen Ziele angepasst. Weiterhin ist positiv zu nennen, dass der Ausbau erneuerbarer Energien schneller vorangehen soll. Laut Kemfert et al. (2019: 672) gibt es jedoch auch Punkte, die weniger positiv sind, um es vorsichtig zu formulieren. So lassen sich die Emissionsminderungsziele bis 2030 mit den im Gesetz beschlossenen Maßnahmen nicht erreichen. Vor allem im Verkehrssektor wird es dahingehend Probleme geben und auch der gewählte CO_2-Preis wird daran kaum etwas ändern können. Insgesamt wurde das Klimaschutzgesetz 2019 zwar als richtiger Schritt in Richtung Emissionsneutralität angesehen (Kemfert et al. 2019: 672); dass dieses aber nicht weitreichend genug war, wurde durch den Beschluss des Bundesverfassungsgerichtes vom März 2021 klargestellt.

Verfassungsrechtliche Vorgaben nach BVerfG vom März 2021
Am 24. März 2021 beschloss der erste Senat des Bundesverfassungsgerichts, dass das Klimaschutzgesetz 2019 in Teilen nicht mit der Verfassung vereinbar ist (BVerfG, Beschl. v. 24. März 2021 – 1 BvR 2656/18, 1 BvR 78/20, 1 BvR 96/20, 1 BvR 288/20). Diese Entscheidung bezieht sich besonders auf die verpflichtende Minderung der Treibhausgasemissionen bis 2030 um 55 Prozent gegenüber 1990. Grund für die Verfassungswidrigkeit war, dass hinreichende Maßnahmen mit genau festgelegten Zahlenwerten für die Emissionsreduktion ab 2031 im Klimaschutzgesetz (2019) fehlen, sondern dies lediglich über Verordnungen geregelt werden solle. Damit drohe aber eine Situation einzutreten, wonach die nächsten Generationen wegen fehlender Regelungen für den Zeitraum ab 2030 dem Risiko ausgesetzt sein könnten, dass das CO_2-Budget bis dahin schon umfangreich verbraucht sei. Dies könnte zu schwerwiegenden Freiheitseinbußen führen (ohne dass aber vom Bundesverfassungsgericht konkrete Freiheitsrechte benannt wurden), denn von den Emissionsminderungspflichten in der Zukunft sei praktisch jegliche Freiheit potenziell betroffen, weil nahezu sämtliche Bereiche des Lebens mit der Emission von Treibhausgasen verbunden seien. Der Gebrauch der Freiheit heute könne also nicht ohne Rücksicht auf die Freiheit der nächsten Generation organisiert werden, so das Bundesverfassungsgericht.

Das Bundesverfassungsgericht stützt sich zentral auf Art. 20a GG, das verfassungsrechtliche Umweltpflegeprinzip, dem auch Maßnahmen zum Klimaschutz zuzurechnen sind. Art. 20a GG ist kein Grundrecht, sondern (lediglich) eine Staatszielbestimmung (vgl. Albrecht/Küchenhoff 2015, Rn. 194d). Diese beinhaltet im konkreten Fall aber (selbstverständlich), die international verbindlichen Klimaschutzziele aus dem Pariser Abkommen auch innerstaatlich umzusetzen. Das Bundesverfassungsgericht setzte für die Änderung des Klimaschutzgesetzes eine Frist bis zum 31. Dezember 2022, in welcher der Gesetzgeber die Minderungsziele für Treibhausgasemissionen nach 2030 näher regeln muss.

Diese Entscheidung des Bundesverfassungsgerichts wurde als „historisch" (Faßbender 2021: 2085; Kahl 2021: 273), „revolutionär" (Callies 2021: 355), „epochal" (Muckel 2021: 611), „spektakulär" (Wefing. 2021. o.S.; Wagner 2021: 2256), „als Meilenstein" (Hofmann 2021: 1587) oder „weltweit vermutlich weitestgehend" (Ekardt/Heß, ZUR 2021: 579; Ekardt/Heß, NVwZ 2021: 1421) bezeichnet. Dieser Einordnung ist nichts hinzuzufügen.

Abgesehen davon, dass die Entscheidung des Bundesverfassungsgerichts binnen weniger Wochen schon zu deutlich ambitionierteren Zielen des Gesetzgebers geführt hat, besteht die eigentliche Bedeutung in der Klarstellung, dass die Einhaltung international vereinbarter Ziele als verfassungsrechtliches Gebot zu verstehen sind; anders als dies gelegentlich den Anschein hat, sind daher die Klimaschutzziele auch innerstaatlich als verbindlich anzusehen. Insofern ist dem Gesetzgeber hier ein erheblicher Anteil seiner grundsätzlich gegebenen Gestaltungsmacht genommen, und somit hat sich auch der Spielraum für Einflussnahme im politischen Handeln verkleinert. Das Bundesverfassungsgericht hat somit den „Kampfplatz befriedet" und klargestellt, dass Klimaschutz Staatsziel ist, „nicht irgendwann, sondern jetzt" (Kahl 2021: 274).

Daher kommt der Dekarbonisierung als Umstellungsprozess der (Energie-)Wirtschaft mit dem Ziel des deutlich verringerten und im besten Fall neutralen Treibhausgasausstoßes in industriellen Produktionsprozessen besondere Bedeutung zu. Das mag mit Schwierigkeiten behaftet sein (vgl. Frenz 2021: 203), ist aber wegen der eindeutigen völkerrechtlichen und verfassungsrechtlichen Rechtslage vom Gesetzgeber umzusetzen. Die Dekarbonisierung betrifft dabei grundsätzlich alle Sektoren und im Sektor der Industrieproduktion im Prinzip auch alle Industriezweige. Besonders betroffen sind aber natürlich jene Branchen, die besonders viel CO_2 prozessbedingt ausstoßen.

Maßnahmen, um diese Ziele zu erreichen, können beispielsweise der Umstieg von fossilen Energieträgern auf erneuerbare Energie sein. Diese Umstellung lässt sich für einige Bereiche einfach umsetzen, zum Beispiel für Heiz- und Kältetechnik sowie für Kraftfahrzeuge, jedoch ist dies für den Großteil der Industrien in Deutschland deutlich schwieriger, etwa für den Flugverkehr, den Ferntransport, die Schifffahrt, die Stahl- und Zementproduktion und andere energieintensive industrielle Produktionsbereiche.

2.2.1.3 Dekarbonisierung in der Industrie

Vorüberlegungen

Nach der oben genannten Entscheidung des Bundesverfassungsgerichts ist geklärt, dass der Gesetzgeber durch das Staatsziel Umweltschutz nach Art. 20a GG verpflichtet ist, wirksamen Klimaschutz legislativ umzusetzen. Die Dekarbonisierung energieintensiver Industriebranchen kann aus unterschiedlichen Perspektiven betrachtet werden. Zum einen ist zu klären, mit welchen Aktivitäten und Ansätzen der Staat die Dekarbonisierung herbeiführt, zum anderen, nach welchen Rechtsvorschriften im konkreten Fall die Prozessumstellung im Unternehmen zur Dekarbonisierung der eigenen Produktionsprozesse abzulaufen hat.

Umsetzung von dekarbonisierter Prozesstechnologie

Für die erste Perspektive gibt es zwei Ansatzpunkte: Zum einen kann der Staat durch Anreize, also indirekt wirkende Mittel der (Umwelt-)Politik (vgl. Knopp et al. 2019: 55ff.; Kloepfer 2016: 789ff.) den Technologiewandel herbeiführen. Hierfür sind Förderprogramme und der Emissionsrechtehandel wohl die beiden zentralen Ansätze. In den Emissionsrechtehandel ist der größte Teil der energieintensiven Industrien ohnehin schon einbezogen.

Möglicherweise lassen sich Technologien, die ohne den Ausstoß von Treibhausgasen funktionieren, grundsätzlich auch über das Anlagenzulassungsrecht nach dem Bundes-Immissionsschutzgesetz einfordern beziehungsweise für Bestandsanlagen über nachträgliche Anordnungen nach §17 BImSchG durchsetzen. Ausgangspunkt könnte hier die Verpflichtung des Betreibenden sein, die Anlage nach dem Stand der Technik zu betreiben (§5 Abs. 1 Nr. 2 BImSchG).

Anlagen nach Anhang 1, Teil 2 TEHG

Das Treibhausgas-Emissionshandelsgesetz (TEHG) (vgl. Deutsche Emissionshandelsstelle 2019) ist die Rechtsgrundlage für das EU-weit (sowie in der Schweiz und in den EFTA-Vertragsstaaten Liechtenstein, Norwegen und Island) geltende bewirtschaftungsrechtliche Regelungskonzept nach dem Prinzip von „cap and trade" (dt.: „Verknappung und Handel", vgl. Weinreich 2021, Vorb. zum TEHG, Rn. 5 ff.), das es dem Betreibenden einer dem Anwendungsbereich des Gesetzes unterfallenden Anlage überlässt, nach Kostengesichtspunkten über den Einsatz von Brennstoffen zu entscheiden. Der Kreis der Anlagen ist abschließend im Anhang 1, Teil 2 TEHG geregelt und umfasst diverse energieintensive Anlagen, wie

- Anlagen zur Eisen- und Stahlverhüttung,
- Kokereien, Raffinerien und Cracker,
- Anlagen zur Zement- und Kalkherstellung, der Glas-, Keramik- und Ziegelindustrie sowie zur Papier- und Zelluloseproduktion

sowie seit 2013 auch die chemische Industrie,
  - Anlagen zur Herstellung von Nichteisenmetallen,
  - Anlagen sonstiger Verbrennung

sowie weitere mineralverarbeitende Industrien, wie
- Anlagen zur Gips- und Mineralfaserherstellung und
- Anlagen zur Zement-, Kalk-, Glas- und Keramikherstellung.

Festzuhalten ist, dass bei Anlagen, die am Emissionsrechtehandel teilnehmen, die Emission von Treibhausgasen nicht unter die Vorsorgepflicht nach § 5 Abs. 1 Nr. 2 BImSchG fällt, wie sich im Umkehrschluss aus § 5 Abs. 2 BImSchG ergibt, der die in § 5 Abs. 1 Nr. 2 BImSchG genannte Vorsorgepflicht explizit ausschließt (Jarass 2020, § 5 Rn. 5a). Für die Betreiber*innen ist für den Treibhausgasausstoß alleine maßgeblich, in ausreichender Zahl Emissionsrechte zu haben, die sie über den Emissionsrechtehandel ggf. beziehen. Deshalb dürfen auch darüber hinaus gem. § 5 Abs. 2 S. 2 BImSchG aufgrund der Energieverwendungspflicht des § 5 Abs. 1 Nr. 4 BImSchG keine weitergehenden Anforderungen gestellt werden (vgl. Jarass 2020, § 5 Rn. 5a). Insofern kommt dem Emissionsrechtehandel hier als spezielleres Regelungsregime Vorrang vor immissionsschutzrechtlichen Anordnungen zu.

Das Gleiche gilt, wenn der Betreibende einer solchen Anlage beschließt, etwa um ansteigenden Kosten für Emissionszertifikate zu entgehen oder, weil er für die Umstellung seiner Produktionstechnologie im Rahmen eines Dekarbonisierungsförderprogramms Fördermittel erhalten kann, seine Anlage umzurüsten oder eine neue Anlage zu errichten. Auch dann greift der Vorrang des Emissionsrechtehandels nach § 5 Abs. 2 BImSchG und verdrängt die Verpflichtung des Anlagenbetreibenden nach § 5 Abs. 1 Nr. 2 BImSchG, die Anlage nach dem Stand der Technik zu betreiben.

Andere Anlagen, die nach dem Bundesimmissionsschutzrecht genehmigungspflichtig sind

Anlagen, die nicht unter das Treibhausgas-Emissionshandelsgesetz fallen, sind – auch im Hinblick auf den Treibhausgasausstoß – durch den Betreibenden grundsätzlich nach dem Stand der Technik zu betreiben (§ 5 Abs. 1 Nr. 2 BImSchG).

Stand der Technik, definiert in § 3 Abs. 6 BImSchG, zeichnet sich auf der einen Seite durch Fortschrittlichkeit bei – auf der anderen Seite – praktischer Eignung aus. Es handelt sich um eine dynamische Pflicht des Betreibenden, der damit seine Anlage regelmäßig modernisieren muss, wenn sich der Stand der Technik ändert. Das trifft ihn nicht nur bei der Neugenehmigung einer Anlage, sondern auch in Bezug auf den Betrieb von Bestandsanlagen. Im letzteren Fall kann die zuständige Immissionsschutzbehörde die Einführung von fortschrittlicherer Technologie im Wege einer nachträglichen Anordnung nach § 17 BImSchG durchsetzen. Eine solche Anordnung unterliegt allerdings dem Verhältnismäßigkeitsgrundsatz (vgl. Sellner et al. 2006: 243). Insbesondere ist hier das Interesse des Anlagenbetreibenden an seiner Investition gegen die Interessen der Öffentlichkeit nach Schutz vor Umweltverschmutzung und Gesundheitsgefährdung sowie nach der Entscheidung des Bundesverfassungsgerichts zum Klimaschutzgesetz wohl auch am Klimaschutz gegeneinander abzuwägen. Gegebenenfalls kann hier staatliche Unterstützung in die Abwägung einbezogen werden.

Hat sich treibhausgasarme oder gar -neutrale Technologie in der praktischen Anwendung bewährt, ist zu diskutieren, ob nicht die Einführung als fortschrittliches Verfahren für den Anlagenbetreibenden zur Erfüllung seiner Betreiber*innenpflicht nach § 5 Abs. 1 Nr. 2 BImSchG verpflichtend ist. Dagegen scheint zu sprechen, dass besonders große Anlagen, die dem Emissionsrechtehandel unterfallen, hier bevorzugt werden, da sie sich „sozusagen" durch den Erwerb von Emissionsrechten freikaufen können. Auf der anderen Seite ist der Fahrplan zur Klimaneutralität auch für solche großen energieintensiven Industrien anspruchsvoll.

Das bedeutet, dass der Betreibende von Anlagen, die nicht dem Emissionsrechtehandel unterfallen, aber immissionsschutzrechtlich zu genehmigen sind, nach § 5 Abs. 1 Nr. 2 BImSchG grundsätzlich auch verpflichtet werden kann, bei Marktreife treibhausgasarme oder sogar -neutrale Technologien auch einzusetzen.

Dekarbonisierung als „beste verfügbare Techniken" (BVT)

Denkbar wäre, Prozesstechnologien, die treibhausgasneutral oder zumindest treibhausgasarm in der energieintensiven Industrie eingesetzt werden könnten, europaweit über die Festlegung als sogenannte „beste verfügbare Techniken" (BVT) zu verankern. Beste verfügbare Techniken sollen Ungleichgewichte bei der Emission aus bestimmter industrieller Tätigkeit innerhalb der europäischen Union beseitigen. Insbesondere geht es auch um die Bekämpfung von „Öko-Dumping", wenn in manchen Mitgliedstaaten für bestimmte Industriezweige wenig ambitionierte Vorgaben gemacht werden (euphemistisch als „Ungleichgewichte in der Union beim Umfang der Emissionen aus Industrietätigkeiten" bezeichnet, vgl. Erwägungsgrund 13 der Richtlinie 2010/75/EU).

Verfahrensmäßig werden Referenzdokumente zu den besten verfügbaren Techniken erstellt sowie überprüft und aktualisiert. Diese Referenzdokumente sind nach Art. 3 Nr. 11 der Richtlinie 2010/75/EU vom 24. November 2010 als „BVT-Merkblätter" definiert. Die BVT-Merkblätter (vgl. Umweltbundsamt 2021) beschreiben die entsprechende Technik und bewerten die Anwendbarkeit für bestimmte Anlagen, nämlich solcher, die der Industrieemissionen-RL unterfallen, auch IED-Anlagen genannt. Für solche Anlagen treten anstelle der (beziehungsweise eigentlich neben die) Anforderungen an den Stand der Technik die sogenannten „BVT-Schlussfolgerungen" (Art. 3 Nr. 12 der Richtlinie 2010/75/EU).

Diese BVT-Schlussfolgerungen sind ein weiteres Dokument, in dem die mit den besten verfügbaren Techniken verbundenen Emissionswerte und mögliche Überwachungsmaßnahmen festgehalten sind. Diese sind hinsichtlich der BVT-Emissionswerte verbindlich beziehungsweise werden durch nationale untergesetzliche Regelungen beziehungsweise durch Einzelfallentscheidungen umgesetzt (Art. 15 Abs. 3 RL 2010/75/EU; vgl. Jarass 2020, §3 Rn. 135). Der gesamte Prozess wird „Sevilla-Prozess" genannt, nach dem Sitz der EU-Koordinierungsstelle für die Verfahren zur Erstellung, Überarbeitung und Aktualisierung der BVT-Merkblätter und BVT-Schlussfolgerungen, die ihren Sitz in Sevilla hat (vgl. Diehl 2011: 60). Die BVT-Schlussfolgerungen sind in den nach dem jeweiligen nationalen Recht durchzuführenden, aber den europarechtlichen Vorgaben folgenden Genehmigungsverfahren von bestimmten Anlagen zu berücksichtigen, etwa durch die Aufnahme entsprechender Auflagen und Nebenbestimmungen. Auch bestehende Genehmigungen können bei entsprechenden BVT-Schlussfolgerungen über nachträgliche Anordnungen nach §17 Abs. 2a und 2b BImSchG geändert werden (vgl. Jarass 2020, §17 Rn. 87f.).

Tatsächlich enthalten die BVT-Schlussfolgerungen, soweit ersichtlich, im Hinblick auf Dekarbonisierung derzeit noch keine Vorgaben. Das ist im Grunde auch folgerichtig, überlappt sich doch der Kreis der Anlagen, die unter das BVT-System fallen, zum nicht unerheblichen Teil mit denen, die unter den Emissionsrechtehandel fallen. Zusammenfassend ist also festzustellen, dass derzeit keine der BVT-Schlussfolgerungen Emissionsgrenzwerte für Treibhausgase beinhaltet. Auch spielen aktuelle Technologien zur Einsparung von Treibhausgasen in den Herstellungsprozessen in den BVT-Schlussfolgerungen keine besondere Rolle, auch wenn Techniken zur Minderung des Energieverbrauchs und Techniken zur effizienteren Energienutzung betrachtet werden. Diese führen jedoch nicht zur vollständigen Dekarbonisierung der Herstellungsprozesse im jeweiligen Bereich.

Abschließend ist noch festzuhalten, dass für genehmigungsbedürftige Anlagen, die nicht IED-Ablagen sind, die BVT-Schlussfolgerungen nicht verpflichtend, sondern lediglich zu berücksichtigen sind nach §3 Abs. 6 BImSchG i. V. mit Nr. 13 der Anlage (zu §3 Abs. 6).

Zwischenergebnis

Der Gesichtspunkt der Dekarbonisierung ist im derzeitigen Anlagenzulassungsrecht lediglich für die Anlagen in einer systematischen Weise geregelt, die unter den Emissionsrechtehandel fallen. Davon betroffen sind sicherlich die meisten der energieintensiven Industrien, aber nicht alle Industriezweige. Handelt es sich bei der Anlage um eine sogenannte IED-Anlage, also eine, die im Anhang zur 4. BImSchV in der Spalte d) aufgelistet ist, gilt für diese Anlage der in den jeweiligen BVT-Schlussfolgerungen festgehaltene Techniksstandard. Dieser ist allerdings das Ergebnis von Aushandlungen zwischen Vertretern der Mitgliedstaaten, der Kommission und der betroffenen Industrieverbände sowie von Nichtregierungsorganisationen und somit möglicherweise nicht ausreichend zur Erreichung der völkerrechtlich verbindlichen Klimaziele.

Anders als der „Stand der Technik" nach §3 Abs. 6 BImSchG, dessen Einhaltung Pflicht des Betreibenden von Anlagen ist, die nicht IED-Anlage sind, ändert sich der Inhalt einer BVT-Schlussfolgerung nur, wenn sie überarbeitet wird. Inzwischen ist zumindest anerkannt, dass neben den BVT-Schlussfolgerungen auch der Stand der Technik einzuhalten ist. Umgekehrt können die Standards der BVT-Merkblätter auch eine wesentliche Grundlage der Einzelbeurteilung zum Stand der Technik sein (vgl. Sellner et al. 2006: 63). Deshalb werden allzu große Abweichungen bei den Betreiber*innenpflichten zwischen beiden Anlagentypen nicht bestehen. Dennoch ist festzuhalten, dass der „Stand der Technik" als dynamischer Standard der ständig fortschreitenden technischen Entwicklung folgt, mag dies auch nicht automatisch ein höheres Schutzniveau bedeuten.

Die BVT-Schlussfolgerungen beziehen zudem Kostengesichtspunkte ausdrücklich mit ein (vgl. Feldhaus 2001: 1ff.), die beim „Stand der Technik" lediglich im Rahmen der Verhältnismäßigkeit zu berücksichtigen sind (vgl. Koch/Hofmann 2018, §4 Rn. 158; Feldhaus 2001: 7). Schließlich soll noch darauf hingewiesen werden, dass von den BVT-Schlussfolgerungen unter bestimmten Voraussetzungen abgewichen werden kann, etwa, wenn Zukunftstechniken zum Einsatz kommen. Darunter werden neue Techniken, die bei gewerblicher Nutzung entweder ein höheres allgemeines Umweltschutzniveau oder das gleiche Umweltschutzniveau bei geringeren Kosten bieten, verstanden (vgl. Diehl 2011: 64f.; vgl. Jarass 2020, §3 Rn. 139). Das ist bei Technologien zur Dekarbonisierung vor dem Hintergrund der verbindlichen Klimaschutzziele sicher besonders gut begründbar.

Schlussfolgerung und Ausblick

Die Klimaschutzverpflichtungen aus internationalen Abkommen, insbesondere dem Pariser Klimaabkommen und der eindeutigen und in dieser Stringenz nicht erwarteten Entscheidung des Bundesverfassungsgerichts zum Klimaschutz erfordern ein schnelles Umsteuern und eine deutliche Beschleunigung von Dekarbonisierungsprozessen in allen Sektoren. Soweit Industrieprozesse in energieintensiven Branchen betroffen sind, stellt sich die derzeitige Rechtslage allerdings als verzwickt dar. Angesichts der Dimension des Umgestaltungsprozesses im Zusammenhang mit der Dekarbonisierung sollte eine Harmonisierung der bislang noch nicht recht verzahnten und nebeneinanderstehenden Systeme aus Emissionsrechtehandel, BVT-Schlussfolgerungen und dem „Stand der Technik" erfolgen. Zudem sind die Auswirkungen von Förderprogrammen zur Einführung kohlenstoffarmer oder -freier Prozesstechnologie oder die Einführung von Instrumenten wie „Carbon Contracts for Difference" (Kohlenstoffdifferenzverträge) zur Abfederung von Investitions- und Marktrisiken auf die bestehenden Instrumente, insbesondere den Emissionsrechtehandel zu prüfen und zu berücksichtigen.

REDAKTION

Prof. Dr. iur. Eike Albrecht
BTU Cottbus-Senftenberg
Platz der Deutschen Einheit 1
03046 Cottbus
Tel. (+49) (0355) 692749
E-Mail: albrecht@b-tu.de
www.b-tu.de

KURZBIOGRAPHIE

Prof. Dr. iur. Eike Albrecht ist Hochschullehrer und Leiter des Lehrstuhls für Öffentliches Recht, insbesondere Umwelt- und Planungsrecht (mit FG Zivilrecht) an der Brandenburgischen Technischen Universität Cottbus-Senftenberg (BTU). Er hat eine Vielzahl von Funktionen in der Hochschulselbstverwaltung, unter anderem war er zwischen 2016 und 2022 Dekan der Fakultät 5 – Wirtschaft, Recht und Gesellschaft und ist Leiter der postgradualen Studiengänge „Wirtschaftsrecht für Technologieunternehmen (MBL)" (seit 2007) und „Forensic Sciences and Engineering (M. Sc.)" (seit 2011). Zudem gehört er seit vielen Jahren dem Zentrum für Rechts- und Verwaltungswissenschaften (ZfRV) der BTU an und ist seit 2022 Mitdirektor des ZfRV. Die Forschungsinteressen von Prof. Dr. iur. Eike Albrecht liegen im nationalen und im internationalen Umwelt- und Planungsrecht. So ist er unter anderem Mitglied der Deutschen Gesellschaft für Umweltrecht (GfU) und veröffentlicht regelmäßig zu umwelt- und planungsrechtlichen Themen. Mittelpunkt seiner internationalen Aktivitäten ist die Verantwortlichkeit für die Hochschulkooperation mit den Universitäten Buea (Kamerun), Parma (Italien) und Damaskus (Syrien) sowie die Durchführung einer Vielzahl internationaler Projekte, jeweils mit umwelt-, hauptsächlich klimaschutzbezogenen Themen, unter anderem mit Universitäten in Russland (derzeit ausgesetzt), im Libanon, im Irak, in Mazedonien, in Syrien sowie im Oman.

DEKARBONISIERUNG UND PLANUNGSRECHT

AUTORINNEN:
Judith Schäfer, *Institut für Klimaschutz, Energie und Mobilität e. V. (IKEM)* •
Leony Ohle, *Institut für Klimaschutz, Energie und Mobilität e. V. (IKEM)*

Zusammenfassung Der anvisierte Markthochlauf für H_2 zur Dekarbonisierung energieintensiver Industrien erfordert zwingend den Aufbau einer nationalen und europäischen H_2-Infrastruktur. Dabei stellt sich auch die Frage, inwieweit eine neue H_2-Infrastruktur geschaffen werden muss oder schon bestehende Gasnetzinfrastruktur genutzt werden kann. Dieser Aufbau respektive die Umwidmung der Infrastruktur muss planungsrechtlich verankert und marktwirtschaftliche Strukturen müssen regulatorisch begleitet werden. Zentral sind dabei die Planfeststellungs- und Genehmigungsverfahren für größere Infrastrukturvorhaben sowie die Regulierung der Energiewirtschaft. Die Entwicklung wird maßgeblich auf europäischer Ebene durch das im Dezember 2021 im Rahmen des Fit-for-55-Pakets der EU veröffentliche Gaspaket vorangetrieben, das umfassende planungsrechtliche und regulatorische Vorgaben zum Aufbau einer H_2-Infrastruktur enthält. ■ Der nationale Gesetzgeber zeigt sich mit einer liberalen Strategie noch zurückhaltend und begleitet den Markthochlauf für H_2 regulierungsrechtlich nur vorsichtig. Das im August 2021 novellierte Energiewirtschaftsgesetz (EnWG) sieht beispielsweise noch eine regulatorische Trennung zwischen der bestehenden Gasnetz- und H_2-Infrastruktur vor. Für H_2-Netz-Betreiber*innen besteht die Möglichkeit einer freiwilligen Regulierungsunterwerfung. Aktuell ist damit regulierungsrechtlich eine Umwidmung bestehender Gasnetzinfrastruktur nicht vorgesehen und der Ausbau von H_2-Netzen unterliegt nicht zwingend den Vorgaben des EnWG. Hier sind aber erhebliche Änderungen in Anlehnung an die europäische Entwicklung noch im Jahr 2022 zu erwarten: Der nationale Rahmen wird sich an die europäischen Vorgaben anpassen müssen. Auch sind Beschleunigungsmaßnahmen im Bereich des Planungsrechts, wie beispielsweise der Netzentwicklungsplanung, zu erwarten, wo ebenfalls auf nationaler Ebene Anpassungen an den europäischen Rechtsrahmen vorgenommen werden müssen.

2.2.2.1 Einführung

Die Bundesregierung verfolgt mit ihrem Klimaschutzplan das Ziel der weitgehenden Treibhausgasneutralität bis zum Jahr 2045. Die Dekarbonisierung von energieintensiven Industriezweigen kann jedoch nur gelingen, wenn ein umfassender Strukturwandel stattfindet. Hierzu gehört insbesondere der Aufbau einer bundesweiten Infrastruktur für erneuerbare Energien. Erneuerbarer H_2 kann und soll nach derzeitigen politischen Strategien dabei eine zentrale Rolle einnehmen. In diesem Kontext müssen Kapazitäten zur Erzeugung erneuerbarer Energien, das Stromnetz und H_2-Erzeugungsanlagen erheblich ausgebaut werden – bei gleichzeitiger Nutzung der bestehenden Gasnetzinfrastruktur und einer infrastrukturellen Kopplung aller Energieverbrauchssektoren (vgl. FNB Gas/BDI/BDEW/VIK/DIHK 2020: 2). Das Raumplanungs- und Ordnungsrecht im Rahmen der Infrastrukturplanung kann dabei planerischen Einfluss im Sinne des Klima- und Umweltschutzes nehmen (vgl. Deutscher Bundestag 2020: 4), denn Infrastrukturvorhaben fallen wegen ihrer räumlichen Reichweite und den Auswirkungen auf die Umwelt in den Bereich des Planungsrechts. Hiermit beschäftigt sich insbesondere auch das Kapitel 2.2.1 zu Infrastrukturprojekten.

Für solche raumbedeutsamen Vorhaben bedarf es in der Regel eines Planfeststellungsverfahrens. Hierbei handelt es sich um ein besonderes Verwaltungsverfahren über die Zulässigkeit raumbedeutsamer Vorhaben und Infrastrukturmaßnahmen (vgl. Deutscher Bundestag 2020: 5). Zum Planfeststellungsverfahren finden sich allgemeine Regelungen in den §§ 75 ff. Verwaltungsverfahrensgesetz des Bundes (VwVfG). Im Energiebereich sieht § 43 Abs. 1 Energiewirtschaftsgesetz (EnWG) für Hochspannungsleitungen (Nr. 1–4), Gasversorgungsleitungen mit einem Durchmesser von mehr als 300 Millimetern (Nr. 5) und Anbindungsleitungen für LNG-Anlagen an Fernleitungen (Nr. 6) ein solches Planfeststellungsverfahren vor. Während Planungs- und Genehmigungsverfahren für den Aufbau einer H_2-Infrastruktur entlang der gesamten Wertschöpfungskette der zentrale Faktor für ein Gelingen sind, ist insbesondere im Bereich der Investitionsentscheidungen auch die Frage nach der Regulierung essenziell. Beide Rechtsgebiete greifen für die rechts- und investitionssichere Implementierung ineinander.

Dementsprechend ist bei Infrastrukturvorhaben im Energiebereich auch die Zweckbestimmung des Energiewirtschaftsgesetzes (EnWG) zu beachten: Gemäß § 1 EnWG ist Zweck des Gesetzes eine möglichst sichere, preisgünstige, verbraucherfreundliche, effiziente und umweltverträgliche leitungsgebundene Versorgung der Allgemeinheit mit Elektrizität, Gas und H_2, die zunehmend auf erneuerbaren Energien beruht. H_2 wurde durch die die EnWG-Novelle (Gesetz vom 16. Juli 2021 – BGBl. I 2021, Nr. 47 26. Juli 2021, S. 3026) neu eingefügt. Zwar stehen all diese Zielbestimmungen gleichrangig nebeneinander, gleichwohl kann hier bei der Abwägung im Planfeststellungsverfahren der enorme Beitrag zum Klimaschutz, den die Dekarbonisierung der Industrie mit sich bringt, und zu den Klimaschutzzielbestimmungen der Bundesregierung berücksichtigt werden.

Gleichermaßen soll mit der Novellierung des Erneuerbare-Energien-Gesetzes (EEG 2023) im Planungsrecht beim Ausbau der erneuerbaren Energien dessen Vorrang und besondere Bedeutung gesetzlich verankert werden: Die Errichtung und der Betrieb von entsprechenden Anlagen sollen dann im überragenden öffentlichen Interesse liegen und der öffentlichen Sicherheit dienen. Damit wird der behördliche Abwägungsspielraum eingeschränkt und ipso jure der Ausbau der erneuerbaren Energien mit besonderem Gewicht in die Abwägung eingestellt, die dann nur noch in begründeten Ausnahmefällen zugunsten (ähnlich gewichteter) widerstreitender Rechtsgüter ausfallen kann. Es sind weiterhin weitere Maßnahmen im Bereich des Planungsrechts zu erwarten, die den Ausbau der erneuerbaren Energien erheblich erleichtern und beschleunigen sollen, wie die Flächenausweisung für Windkraft. Das wiederum wird Auswirkungen auf die Elektrolysekapazität in Deutschland haben.

2.2.2.2 H_2-Infrastruktur

Bestehende H_2-Infrastruktur

Der Umfang der notwendigen Infrastruktur für H_2 hängt maßgeblich von der Art und dem Ort der H_2-Erzeugung sowie dem konkreten Einsatzgebiet ab (vgl. SRU 2021: 36). Bislang wird H_2 weltweit zu 95 Prozent direkt am Erzeugungsort verbraucht, nur fünf Prozent werden transportiert (vgl. FfE 2019: 23). In Deutschland wird grauer H_2 über private Netze zu etwa 90 Tankstellen befördert und daneben gibt es drei größere H_2-Cluster in Deutschland, die unter anderem Chemieparks und Raffinerien versorgen (vgl. SRU 2021: 36). Damit steht der Aufbau einer H_2-Infrastruktur in jeder Hinsicht noch am Anfang und es müssen sowohl die europäische Ebene als auch die internationale, insbesondere mit Blick auf den H_2-Import, mit der nationalen Ebene zusammengedacht werden, damit der Markthochlauf gelingen kann.

H_2-Transport-Möglichkeiten

H_2-Transporte über weite Distanzen ohne vorhandene Pipelineinfrastruktur sollen zukünftig per Schiff erfolgen (vgl. zu den rechtlichen Rahmenbedingungen IKEM 2022). Diese Transportmöglichkeit befindet sich aufgrund der technischen Herausforderungen (geringe Energiedichte von H_2, H_2-Verlust durch abwechselnde Komprimierungs- und Abkühlungsprozesse) noch im Entwicklungsstadium (vgl. SRU 2021: 39). Ein erstes Schiff zum Transport von flüssigem H_2 (LH_2), die Suiso Frontier, wurde unter japanischer Flagge im Frühjahr 2022 fertiggestellt und soll LH_2 von Australien nach Japan transportieren. Es besteht auch die Möglichkeit, H_2 über Trägermedien zu transportieren, sogenannte flüssige organische H_2-Träger (liquid organic hydrogen carriers – LOHC). LOHC sind flüssige organische Verbindungen, die über katalytische Hydrierungsreaktionen in H_2-reiche Verbindungen überführt werden (vgl. SRU 2021: 40). Diese Verbindungen können anschließend am Zielort dehydriert und in den Ausgangszustand zurückgeführt werden, sodass am Zielort der H_2 wieder zur Nutzung frei wird. Auch Ammoniak und Methanol kommen als Transportmedien in Betracht. Hier besteht der besondere Aspekt, dass durch den Einsatz von Ammoniak als Rohstoff in der Industrie bereits eine Transportinfrastruktur besteht (vgl. SRU 2021: 40). Auch für Methanol besteht bereits eine nutzbare Transportinfrastruktur. Alle Trägermedien können auch über Tanklastwagen und Kesselwagen über die Straße und den Schienenweg oder auf Binnenschiffen transportiert werden (vgl. zu der rechtlichen Machbarkeit auch dieser Transportlösungen IKEM 2022). Allerdings bedarf es dann Umwandlungsanlagen zur Rückgewinnung des H_2 am Zielort (vgl. SRU 2021: 40). Sofern möglich, ist jedoch zur Distanzüberbrückung in langfristiger Perspektive der leitungsgebundene Transport das Mittel der Wahl. Das entsprechende Planungsrecht und der regulatorische Rahmen ist somit ein entscheidender Hebel und die Nutzung der bestehenden Gasnetzinfrastruktur eine vielversprechende Option.

Nutzung des Erdgasnetzes

In technischer Hinsicht kann das bestehende Erdgasnetz unverändert nur begrenzt genutzt werden und H_2 nur in geringen Mengen beigemischt werden, da beide Gase unterschiedliche chemische Eigenschaften haben (vgl. SRU 2021: 36). Bei H_2, der mittels Elektrolyse erzeugt wurde, liegen die Grenzen der Beimischung derzeit bei ein bis zehn Volumenprozent (vgl. Deutscher Bundestag 2019: 4). Eine Ausweitung der Grenzen wird jedoch diskutiert. Die Erdgasnetzinfrastruktur müsste entsprechend aus technischer Sicht zur intensiveren Nutzung aufwendig angepasst und Verbrauchsstellen und Endanwendungen müssten umgestellt werden (vgl. SRU 2021: 36). Dennoch sieht die Bundesnetzagentur hier ein großes Potenzial und hält es für wahrscheinlich, dass die derzeitige Erdgasnetzinfrastruktur eine große Rolle bei dem Ausbau der notwendigen H_2-Infrastruktur spielen wird (vgl. Bundesnetzagentur 2020: 6). Die Ansicht wird auch durch Akteur*innen der Wirtschaft gestützt, von denen einige in den Gasverteilernetzen das elementare Rückgrat für die bundesweite H_2-Versorgung sehen (vgl. DVGW 2020: 1). Es besteht die Idee, über 90 Prozent der Erdgasnetzinfrastruktur für ein H_2-Netz zu nutzen (vgl. FNB Gas 2021: 182). Diese Idee basiert auch auf einer Kostenschätzung, wonach die Umwidmung von Erdgaspipelines trotz des Aufwands günstiger sein kann als der Neubau reiner H_2-Pipelines (Wachsmuth et. al. 2019: 171; FNB Gas 2021a: 2). Gleichwohl wurden von der Bundesnetzagentur am 19. März 2021 alle Maßnahmen des Netzentwicklungsplans (NEP) Gas 2020–2030 (vgl. FNB Gas 2021) mit dem Grund abgelehnt, dass weiterhin der entsprechende rechtlich-regulatorische Rahmen für den Aufbau einer H_2-Infrastruktur fehle (vgl. FNB Gas 2021a: 2).

In rechtlicher Hinsicht wird auf nationaler Ebene die Nutzung des Erdgasnetzes durch das Energiewirtschaftsgesetz (EnWG) reguliert. Derzeit ist H_2 dann Gas im Sinne des EnWG, wenn er in ein Gasversorgungsnetz eingespeist wird und durch Wasserelektrolyse erzeugt worden ist (§3 Nr.19a EnWG). Einspeisung bedeutet dabei die zusätzliche Einleitung von H_2 zum in der Leitung vorhandenen Erdgas – es muss mindestens ein überwiegender Anteil Erdgas in dem Gasversorgungsnetz vorhanden sein (vgl. Bundesnetzagentur 2020a: 25). Unter einem Gasversorgungsnetz versteht man alle Fernleitungsnetze, Gasverteilernetze, LNG-Anlagen oder Gasspeicheranlagen, die für den Zugang zur Fernleitung, zur Verteilung und zu LNG-Anlagen erforderlich sind […] (§3 Nr.20 EnWG). Gemäß §3 Nr.19 EnWG ist eine Fernleitung im Sinne des Gesetzes der reine Transport von Erdgas. Der Begriff des Gasverteilernetzes wird nicht im EnWG definiert. §3 Nr.37 EnWG definiert lediglich den Begriff der Verteilung als Transport von Gas über örtliche oder regionale Leitungsnetze, um die Versorgung von Kunden zu ermöglichen […]. Mithin kann H_2 definitorisch nicht über Fernleitungen transportiert werden und auch über Gasverteilernetze nur in Form von zusätzlicher Beimischung, da es nur dann als Gas im Sinne des EnWG gilt. Es ergibt sich somit aus dieser Systematik, dass reiner H_2-Transport in rechtlicher Hinsicht (noch) nicht der Regulierung von Gasversorgungsnetzen unterfällt, sondern lediglich im Rahmen einer Beimischung. Dieses rechtliche Verständnis wurde durch die EnWG-Novelle 2021 bestätigt.

Schrittweiser Aufbau einer nationalen H_2-Netz-Infrastruktur
Die Novellierung des EnWG im Jahr 2021 diente der Umsetzung von Teilen des EU-Legislativpakets „Saubere Energie für alle Europäer" (vgl. Deutscher Bundestag 2021). Die abschließenden Regelungen sollen schnell und rechtssicher den Einstieg in den schrittweisen Aufbau einer nationalen H_2-Netz-Infrastruktur ermöglichen und diesen durch eine zurückhaltende Regulierung nur in notwendigem Maße begleiten (vgl. ebd.: S. 118). Entsprechend ist der Abschnitt 3b zur Regulierung von H_2-Netzen eingefügt worden. Die Einspeisung von H_2 in das Erdgasnetz bleibt von den neu eingefügten Regelungen unberührt (vgl. ebd.: 118).

Das Gesetz enthält damit nur erste Grundlagen für den Einstieg in eine H_2-Netz-Infrastruktur, insbesondere für die Umrüstung bestehender Erdgasleitungen (vgl. ebd.: 2). Die Regelungen dienen als Übergangsregelungen bis zu einer integrierten Regulierung von H_2-Netzen (vgl. ebd.: 118). Eine solcher Regulierungsprozess soll maßgeblich auf europäischer Ebene stattfinden: Gemäß § 112b Abs. 1 EnWG veröffentlicht das Bundesministerium für Wirtschaft und Klimaschutz bis zum 31. Dezember 2022 ein Konzept zum weiteren Aufbau des deutschen H_2-Netzes, das die unionsrechtlichen Grundlagen im Gaspaket (Kapitel 2.4) mit einbezieht und entsprechende Überlegungen zu einer Transformation von Gasnetzen zu H_2-Netzen einschließlich einer schrittweise integrierten Systemplanung beinhaltet. Anschließend soll nach § 112b Abs. 2 S. 1 EnWG die Bundesnetzagentur der Bundesregierung bis 2025 einen Bericht über die Erfahrungen und Ergebnisse mit der Regulierung von H_2-Netzen sowie Vorschläge zu deren weiterer Ausgestaltung vorlegen.

Neue Begriffsbestimmungen
Gemäß § 1 Abs. 1 EnWG ist H_2 als Energieträger zur Versorgung in die Zielbestimmungen aufgenommen. Die Begriffsbestimmungen des § 3 EnWG wurden angepasst, sodass H_2 eine eigenständige Bedeutung als Energieträger erlangt. So werden H_2-Netze nach § 3 Nr. 39a EnWG wie folgt definiert:

„Ein Netz zur Versorgung von Kunden ausschließlich mit H_2, das von der Dimensionierung nicht von vornherein nur auf die Versorgung bestimmter, schon bei der Netzerrichtung feststehender oder bestimmbarer Kunden ausgelegt ist, sondern grundsätzlich für die Versorgung jedes Kunden offensteht, dabei umfasst es unabhängig vom Durchmesser Wasserstoffleitungen zum Transport von Wasserstoff nebst allen dem Leitungsbetrieb dienenden Einrichtungen, insbesondere Entspannungs-, Regel- und Messanlagen sowie Leitungen oder Leitungssysteme zur Optimierung des Wasserstoffbezugs und der Wasserstoffdarbietung."

Diese reinen H_2-Netze sind von Gasversorgungsnetzen zu unterscheiden, denen H_2 beigemischt wird (vgl. ebd.: 117). Aus dieser Systematik folgt eine Trennung von Gas- und H_2-Infrastruktur in Definition, Finanzierung und Planung. Der neu in Teil 3 des Gesetzes eingefügte Abschnitt enthält Bestimmungen zur Regulierung von reinen H_2-Netzen, die auf eine Markthochlaufphase ausgerichtet sind.

Wahlrecht der Betreiber*innen

Nach aktueller Gesetzeslage wird davon abgesehen, alle bestehenden oder künftigen H_2-Leitungen zwingend einer Regulierung zu unterwerfen. Es soll der Einschätzung der Betreiber*innen dieser Leitungen überlassen bleiben, ob ihr Geschäftsmodell für den Aufbau einer entsprechenden Infrastruktur durch einen Rechtsrahmen, der insbesondere einen diskriminierungsfreien Zugang potenzieller Nutzer absichert, unterstützt werden kann (vgl. ebd.: 118). Gemäß § 28j Abs. 2 S. 1 EnWG können dementsprechend Betreiber*innen von H_2-Netzen gegenüber der Bundesnetzagentur als zuständige Regulierungsbehörde schriftlich erklären, dass sie der Regulierung der Vorschriften in Abschnitt 3b des EnWG unterfallen wollen. Sollte sich der Betreibende dafür entschieden haben, unterfällt er gemäß § 28j Abs. 2 S. 3 EnWG mit Wirkung für die Zukunft komplett und ohne zeitliche Beschränkung der Regulierung. Geben sie diese Erklärung nicht ab, gelten für reine H_2-Netze lediglich die Vorschriften zur Planfeststellung, zur Zuständigkeit, zum Verfahren und zum Rechtsschutz (§ 28j Abs. 1 S. 1 EnWG). Generell ist damit für den Aufbau einer leitungsgebundenen H_2-Infrastruktur das Planfeststellungsverfahren nach § 43 EnWG einschlägig. Hier gibt es bereits eine Privilegierung für die Umwidmung von Erdgasnetzen zu reinen H_2-Netzen (die dann ebenfalls aus der Regulierung der Erdgasnetze rausfallen): § 43l Abs. 4 EnWG sieht vor, dass behördliche Zulassungen für die Errichtung, die Änderung und den Betrieb einer Gasversorgungsleitung für Erdgas einschließlich der für den Betrieb notwendigen Anlagen, soweit sie in ein Planfeststellungsverfahren integriert wurden und keine nach dem Bundes-Immissionsschutzgesetz genehmigungsbedürftigen Anlagen sind, auch als Zulassung für den Transport von H_2 gelten.

Rezeption

Die Novelle enthält folglich noch keine weitgehende Privilegierung von H_2 gegenüber anderen Energieträgern (vgl. Frohberg/Brahms 2020: 234). Das stößt bei den Netzbetreiber*innen auf Widerspruch: Der Gesetzesentwurf greife zu kurz. Außerdem sei der Ansatz einer strikten Trennung der Erdgasnetzinfrastruktur und der H_2-Infrastruktur nicht nur vor dem Hintergrund der finanziellen und regulatorischen Aspekte, sondern auch der netzplanerischen Herausforderungen problematisch (vgl. FNB Gas 2021a: 4). Gerade auch, weil die Option der Umwidmung der Erdgasnetzinfrastruktur besteht, müssten beide Netze netzplanerisch als Einheit betrachtet werden und die Netzplanung integriert erfolgen – ein getrennter Netzentwicklungsplan für H_2 sei daher nicht zielführend (vgl. FNB Gas 2021a: 4). Die entsprechenden Forderungen der Betreiber*innen und beteiligten Unternehmen wurden damit durch die Novelle noch nicht erfüllt (vgl. FNB Gas et al. 2020: 3). Die europäische Kommission hat diese Bedenken aufgegriffen und sieht in dem Entwurf zum Gaspaket nun eine integrierte Netzplanung vor (siehe hierzu Kapitel 2.4). Es bleibt abzuwarten, inwieweit die nationalen Regelungen angepasst werden müssen, um Unionsrechtskonformität mit den Gesetzesvorhaben auf EU-Ebene zu gewährleisten.

Neuer europäischer Rahmen

Im Dezember 2021 hat die EU-Kommission im Rahmen ihres Fit-for-55-Programms das sogenannte Gaspaket auf den Weg gebracht, bestehend aus dem Vorschlag für eine Richtlinie des Europäischen Parlaments und des Rates über gemeinsame Vorschriften für die Binnenmärkte für erneuerbare Gase und Erdgas sowie H_2 (EU-GasRL) und dem Vorschlag für eine Verordnung des europäischen Parlaments und des Rates über die Binnenmärkte für erneuerbare Gase und Erdgas sowie für H_2 (EU-GasVO). Die unterschiedliche Regelungsform liegt darin begründet, dass eine EU-Richtlinie von den Mitgliedstaaten in nationales Recht umgesetzt werden muss, während eine EU-Verordnung direkt anwendbar ist. Verordnungen regeln daher zumeist Sachverhalte mit konkret grenzüberschreitendem Bezug, während Richtlinien Vorgaben machen, die maßgeblich auf nationaler Ebene relevant werden, für die aber eine Harmonisierung für einen funktionierenden und diskriminierungsfreien europäischen Binnenmarkt dennoch essenziell ist.

Das Gaspaket soll eine Lücke auf EU-Ebene schließen, wo bislang weder Vorschriften über spezielle H_2-Netze oder H_2-Märkte noch über CO_2-armen H_2 bestehen. Es regelt hierfür die Marktgestaltung für Gase, einschließlich H_2, und hat das ehrgeizige Ziel, fossile Gase schrittweise durch CO_2-arme oder -neutrale Gase zu ersetzen, auch durch die Einführung eines unionsweiten H_2-Verbundnetzes (Art. 1 Abs. 4 EU-GasRL). Laut der Begründung der Kommission zu der Richtlinie, die sich auf die EU-H_2-Strategie bezieht, soll ab 2030 erneuerbarer H_2 großskalig eingesetzt werden. Hierfür soll die Erzeugung insbesondere von erneuerbarem H_2 in der EU bis 2024 auf eine Million Tonnen und bis 2030 auf bis zu zehn Millionen Tonnen ansteigen.

H_2-Infrastruktur wird hierfür als neue Infrastrukturkategorie in der europäischen Netzentwicklung eingeführt. Dabei ergänzt das Gaspaket die ebenfalls von der Kommission vorgeschlagene TEN-E-Verordnung mit einem Schwerpunkt auf der Angleichung der nationalen Pläne an die Anforderungen des europaweiten Zehnjahresnetzentwicklungsplans. Eine spezielle H_2-Infrastruktur, abgestimmt auf bestimmte Endanwendungen, ist dabei insbesondere erforderlich für nicht elektrifizierbare Sektoren.

Mit der EU-GasRL werden gemeinsame Vorschriften für den Transport, die Lieferung und die Speicherung von H_2 mithilfe des H_2-Systems festgelegt (Art. 1 Abs. 3 EU-GasRL). Wesentliche weitere Eckpunkte sind die Definition von CO_2-armen Gasen (auch H_2) und deren Marktzugang sowie ein europäisches Zertifizierungssystem über Massenbilanzierung und Vorgaben zur Infrastrukturplanung. Schwerpunkte liegen auch auf Entflechtungsvorgaben (Abschnitt 4 der EU-GasRL) und der Gründung eines europäischen Verbunds für Gasfernleitungsnetzbetreiber*innen (ENTSOG). Art. 7 EU-GasRL enthält im Bereich des Planungs- und Genehmigungsrechts beispielsweise konkrete Vorgaben zu Genehmigungen und Genehmigungsverfahren für den Bau und Betrieb von H_2-Erzeugungs-Anlagen und H_2-System-Infrastruktur. Danach dürfen solche Verfahren nicht länger als zwei Jahre dauern (Art. 7 Abs. 3 EU-GasRL) und die potenzielle Bedeutung für den Binnenmarkt muss berücksichtigt werden (Art. 7 Abs. 2 EU-GasRL). Insgesamt sollen die Mitgliedstaaten prüfen, inwieweit Verfahren gestrafft werden können (Art. 7 Abs. 4 EU-GasRL). Kriterien für die technische Betriebssicherheit und technische Vorschriften mit Mindestanforderungen an die Auslegung und den Betrieb von H_2-Netzen sollen von Regulierungsbehörden ausgearbeitet und veröffentlicht werden (Art. 9 EU-GasRL). Weiterhin gewährleisten die Mitgliedstaaten die Einführung eines Systems für den regulierten Zugang Dritter zu den H_2-Netzen (Art. 31 Abs. 1 EU-GasRL), H_2-Terminals (Art. 32 Abs. 1 EU-GasRL) und H_2-Speicheranlagen (Art. 33 EU-GasRL). Art. 46 EU-GasRL legt spezielle Betreiber*innenpflichten, insbesondere für den Aufbau einer H_2-Versorgungs-Sicherheit auf. Art. 47 EU-GasRL sieht die Möglichkeit eines First-Mover-Privilegs für im Zeitpunkt des Inkrafttretens der Richtlinie bereits bestehende H_2-Netze vor, für die bestimmte Anforderungen sowohl der EU-GasRL als auch der EU-GasVO für einen zeitlich begrenzten Zeitraum, längstens bis 2030, nicht gelten.

Die EU-GasVO enthält darüber hinaus ein Kapitel mit Vorschriften für die speziellen H_2-Netze. Art. 39 EU-Gas-VO sieht beispielsweise die grenzüberschreitende Koordinierung in Bezug auf die H_2-Qualität vor. Gemäß Art. 40 EU-Gas-VO soll weiterhin ein europäisches Netzwerk für H_2-Netz-Betreiber*innen (ENNOH) gegründet werden, dessen Aufgabe unter anderem die Entwicklung eines biennalen unionsweiten nicht bindenden zehnjährigen Netzentwicklungsplans und einer jährlichen H_2-Prognose ist (Art. 42 EU-Gas-VO).

Mit dem Gaspaket wird deutlich, dass auch ein nationaler Markthochlauf von H_2 nur mit einem parallelen europäischen Hochlauf des H_2-Binnenmarktes gelingen kann. Das muss bei entsprechenden Infrastrukturvorhaben berücksichtigt werden. Nationale Regelungen sind damit geprägt durch das europäische Harmonisierungssystem, das einen ersten klaren Rechtsrahmen für einen H_2-Markt schafft. H_2-Netz-Betreiber*innen und H_2-Terminals unterfallen je nach Inhalt der Regelung spätestens ab 2031 einer Regulierung, die sich im Wesentlichen an der Erdgasnetzregulierung orientiert und auf einen diskriminierungsfreien europäischen Binnenmarkt abzielt. Es ist zu erwarten, dass diese europäischen Vorgaben Eingang in das nationale Recht, dessen derzeitiger Rahmen unten skizziert wird, finden wird. Insbesondere mit den Vorgaben zur Beschleunigung der Verfahren ist zu erwarten, dass hier auf nationaler Ebene im Bereich des Planungsrechts einige Stellschrauben gedreht werden.

2.2.2.3 Integrierte Infrastrukturplanung

Die bisherige Infrastrukturplanung im Rahmen der Energiewende legt ihren Fokus auf die alleinige Beschleunigung und Förderung im Rahmen des Stromnetzausbaus, beispielsweise durch das Netzausbaubeschleunigungsgesetz Übertragungsnetz (NABEG). Die Infrastrukturplanung erfolgt damit bisher weitestgehend sektorengetrennt (vgl. dena 2020: 6). Das wird den Herausforderungen einer umfassenden Dekarbonisierung von intensiven Industriezweigen nicht gerecht. Die Deutsche Energie-Agentur (dena) hat hierzu einen Bericht vorgelegt, in dem sie einen sogenannten Systementwicklungsplan (SEP) vorschlägt, der eine gemeinsame und konsistente Grundlage für alle Planungsprozesse im Bereich Infrastrukturausbau bilden soll (vgl. ebd.: 4). Das geht im Ergebnis in die Richtung des in der EU-GasRL vorgesehenen einheitlichen Netzentwicklungsplans.

Getrennte Netzentwicklungsplanung für Strom und Gas

Nach aktueller Gesetzeslage werden in regelmäßigen Abständen sowohl ein Netzentwicklungsplan Strom (NEP Strom) nach den §§ 12a–e EnWG erstellt als auch ein Netzentwicklungsplan Gas (NEP Gas) nach § 15a EnWG. Gemäß § 12b Abs. 1 S. 2 EnWG enthält der gemeinsame nationale Netzentwicklungsplan Strom alle wirksamen Maßnahmen zur bedarfsgerechten Optimierung, Verstärkung und zum Ausbau des Netzes, die spätestens zum Ende des Betrachtungszeitraumes von zehn bis 15 Jahren nach § 12a Abs. 1 S. 2 EnWG für einen sicheren und zuverlässigen Netzbetrieb erforderlich sind. Ebenso soll der Netzentwicklungsplan Gas gemäß § 15 Abs. 1 S. 2 EnWG alle wirksamen Maßnahmen zur bedarfsgerechten Optimierung, Verstärkung und zum bedarfsgerechten Ausbau des Netzes und zur Gewährleistung der Versorgungssicherheit enthalten, die in den nächsten zehn Jahren netztechnisch für einen sicheren und zuverlässigen Netzbetrieb erforderlich sind. Die Anforderungen an beide Netzentwicklungspläne sind somit identisch, wenngleich der NEP Strom auf einem Szenariorahmen gemäß § 12a Abs. 1 EnWG basiert, der die energie- und klimapolitischen Ziele berücksichtigt. Dieser vorgelagerte Schritt wird beim NEP Gas nicht abgebildet. Mit beiden Netzentwicklungsplänen wird gleichermaßen sichergestellt, dass die Transportnetze ausreichend dimensioniert sind und die Versorgung gewährleisten können (vgl. dena 2020: 6).

Mit dem Fortschreiten der Energiewende wird eine integrierte Infrastrukturplanung wichtiger, weil die gemeinsame Betrachtung der Infrastrukturen systemisches Potenzial nutzbar macht, die Konsistenz erhöht und den Ausgangspunkt für eine gesellschaftliche Diskussion und grundlegende politische Weichenstellungen liefern kann – dabei liegen Potenziale in der besseren Abstimmung zwischen der Strom- und Gasnetzplanung (vgl. dena 2020: 9). In diesem Zuge sollte die gesamte Planung ganzheitlich betrachtet, mithin also auch die Netz- und Erzeugungsplanung integriert werden (vgl. ebd.: 9 ff.).

Integrationspotenzial NABEG

Das NABEG dient gemäß § 1 der Beschleunigung des Ausbaus der länderübergreifenden und grenzüberschreitenden Höchstspannungsleitungen. Das Gesetz soll die Grundlage für einen rechtssicheren, transparenten, effizienten und umweltverträglichen Ausbau des Übertragungsnetzes sowie dessen Ertüchtigung schaffen (§ 1 S. 2 NABEG). Es gilt bislang grundsätzlich nur für die Errichtung oder Änderung von länderübergreifenden oder grenzüberschreitenden Höchstspannungsleitungen und Anbindungsleitungen von den Offshore-Windpark-Umspannwerken zu den Netzverknüpfungspunkten an Land, die in einem Gesetz über den Bundesbedarfsplan nach § 12e Abs. 4 S. 1 EnWG als solche gekennzeichnet sind (§ 2 Abs. 1 NABEG). Gemäß § 1 Abs. 1 Bundesbedarfsplangesetz (BBPlG) hat dieser Bundesbedarfsplan Gesetzeskraft und für die genannten Vorhaben ist dann deren energiewirtschaftliche Notwendigkeit und deren vordringlicher Bedarf festgestellt (§ 12e Abs. 4 S. 1 EnWG). Damit soll das Planfeststellungsverfahren entlastet und beschleunigt werden, indem bereits positiv eine Rechtfertigung für die Planung festgestellt wird (vgl. Kment 2019, § 43 Rn. 9 EnWG).

Wichtigstes Instrument des NABEG ist dann die Bundesfachplanung. Durch dieses in den §§ 4–17 NABEG angeordnete Planungsinstrument wird die Bundesnetzagentur ermächtigt, Trassenkorridore für Vorhaben zu bestimmen, die länderübergreifend oder grenzüberschreitend sind. Damit wird der Bund, in Form der Bundesnetzagentur, ermächtigt, nicht mehr nur verbindliche Bedarfsfestlegungen zu treffen, sondern auch die Planung zur Sicherung bestimmter Trassen für Höchstspannungsleitungen (Übertragungsnetze) zu übernehmen (vgl. Kment 2019, § 43 Rn. 6 EnWG). Zu beachten ist dabei, dass dann die Bundesfachplanung in ihrem Anwendungsbereich die Raumordnungsplanung nach dem Raumordnungsgesetz, die in die Zuständigkeit der Länder fällt, verdrängt (§ 28 NABEG). Ebenfalls verdrängt wird das energierechtliche Planfeststellungsverfahren von dem spezialgesetzlichen Planfeststellungsverfahren des NABEG nach den §§ 18 ff. NABEG.

Das NABEG eignet sich somit als effizientes Instrumentarium, um Planfeststellungen größerer Infrastrukturvorhaben zu erleichtern. Eine Ausweitung des Anwendungsbereiches auf die Gasnetzinfrastruktur und damit H_2-Infrastruktur könnte den Markthochlauf für H_2 erheblich erleichtern. Im Ergebnis könnte dann der NEP Gas – oder ein SEP, wie die dena ihn vorschlägt – ein Instrument für den Ausbau der H_2-Infrastruktur sein. Hier bleibt abzuwarten, inwieweit die europäischen Entwicklungen sich auf den nationalen Rechtsrahmen auswirken. In den ersten Planungsbeschleunigungspaketen der Bundesregierung (Planungsbeschleunigungspaket I – Ostern und Planungsbeschleunigungspaket II – Sommer) sind zwar Änderungen des NABEG im Hinblick auf die Verfahrensbeschleunigung angedacht, der Anwendungsbereich wird jedoch nicht ausgedehnt.

Für Aufregung sorgte eine Novelle des NABEG im Jahr 2019, die die Netzentgeltbefreiung für H_2-Elektrolyse-Anlagen abschaffte. Nach viel Kritik aus den entsprechenden Verbänden wurde diese Änderung zurückgenommen. Hier zeigte sich deutlich die regulierungsrechtliche Unsicherheit im Rahmen der Energiewende.

REDAKTION

Dr. Simon Schäfer-Stradowsky
Institut für Klimaschutz, Energie und Mobilität e. V. (IKEM)
Magazinstraße 15–16
10179 Berlin
Tel. (+49) (030) 4081870-10
E-Mail: judith.schaefer@ikem.de
www.ikem.de

KURZBIOGRAPHIE

Judith Schäfer ist Leiterin des Bereichs Energierecht. Sie studierte Rechtswissenschaften an der Universität Konstanz und der Universidad de Valencia in Spanien und spezialisierte sich im Umwelt-, Planungs- sowie im öffentlichen Wirtschaftsrecht. Ihr Referendariat absolvierte sie am Landgericht Konstanz mit Stationen bei der Kanzlei Heuking Kühn Lüer Wojtek in Stuttgart, am Verwaltungsgericht Sigmaringen und am kanadischen Standort der Kanzlei Lette et Associés in Montréal. Nach Abschluss des Referendariates sammelte sie praktische Erfahrungen als wissenschaftliche Mitarbeiterin bei der Kanzlei GSK Stockmann. Nebenberuflich war sie im Wintersemester 2019/2020 als Lehrbeauftrage an der Hochschule für Wirtschaft und Recht Berlin (HWR) im Studiengang Wirtschaftsrecht tätig.

Leony Ohle ist wissenschaftliche Mitarbeiterin am IKEM mit Tätigkeitsschwerpunkt im Energierecht. Sie studierte Rechtswissenschaften an der Bucerius Law School in Hamburg und an der Humboldt-Universität zu Berlin. Sie war unter anderem als studentische Hilfskraft am Lehrstuhl von Prof. Dr. Stefan Grundmann für Bürgerliches Recht tätig. Das Referendariat absolvierte sie am Kammergericht Berlin mit Stationen am Verwaltungsgericht, der Senatsverwaltung für Justiz, Verbraucherschutz und Antidiskriminierung und in der Anwaltskanzlei White & Case LLP. Dort sammelte sie auch als wissenschaftliche Mitarbeiterin berufliche Erfahrungen im öffentlichen Recht.

VERFAHRENSFRAGEN BEI PRODUKTIONSPROZESSUMSTELLUNG

2.2.3

AUTORINNEN:
Judith Schäfer, *Institut für Klimaschutz, Energie und Mobilität e. V. (IKEM)* •
Leony Ohle, *Institut für Klimaschutz, Energie und Mobilität e. V. (IKEM)*

Zusammenfassung H_2 spielt eine zentrale Rolle bei der großen Herausforderung, emissionsintensive, Produktionsprozesse in der Industrie umzustellen. Um dort die CO_2-Emissionen nachhaltig und langfristig zu reduzieren, muss der verwendete H_2 grün, also zu 100 Prozent aus erneuerbaren Energien hergestellt sein. Dies geschieht mittels H_2-Elektrolyseuren, die mit Strom aus erneuerbaren Energiequellen betrieben werden. Diese Elektrolyseure sind nach aktueller Gesetzeslage genehmigungsbedürftige Anlagen nach dem Bundes-Immissionsschutzgesetz. Gleichwohl ist die konkrete gesetzliche Einordnung nicht eindeutig und es bestehen Unsicherheiten bezüglich des genehmigungsrechtlichen Verfahrens. Derzeit ist die breite Behördenpraxis, dass H_2-Elektrolyseure im förmlichen Genehmigungsverfahren nach dem Bundes-Immissionsschutzgesetz geprüft werden und gleichzeitig auch als Anlagen nach der Richtlinie 2010/75/EU über Industrieemissionen (IE-RL) gekennzeichnet werden. Das bedeutet, dass hohe genehmigungsrechtliche Standards gelten und weitreichende Verpflichtungen für die Anlagenbetreiber*innen bestehen. Das ist jedoch nicht unumstritten und stößt in der Praxis weitgehend auf Unverständnis, da H_2-Elektrolyseure nicht das Gefahren- und Immissionspotenzial bergen, das sich in den Anforderungen widerspiegelt. Bislang hat sich der Gesetzgeber des Problems nicht angenommen. Auch im Rahmen der Änderungsvorschläge zur IE-RL wird hierzu geschwiegen. Um eine zügige Entwicklung im Bereich der nationalen H_2-Elektrolyse zu ermöglichen, ist eine Anpassung der gesetzlichen Einordnung solcher Anlagen notwendig. ■ Aus der Genehmigungsbedürftigkeit nach dem Bundes-Immissionsschutzgesetz folgen immissionsschutzrechtliche Pflichten für die Betreiber*innen, die sich aus einem Zusammenspiel zwischen Grundpflichten nach dem Bundes-Immissionsschutzgesetz und untergesetzlichen Vorschriften sowie nach dem Bundes-Immissionsschutzgesetz erlassenen Rechtsverordnungen ergeben. Die Pflichten sind umfangreich und insbesondere auf emissionsintensive Anlagen ausgerichtet. Die Gesetzeslage ist insoweit dem Sachverhalt nicht angemessen und innovationshindernd.

2.2.3.1 Einführung

Um die nationalen und europäischen Klimaziele zu erreichen und die Erderwärmung unter zwei Grad Celsius zu halten, müssen die Treibhausgasemissionen drastisch reduziert werden. Das betrifft insbesondere energieintensive Industriezweige, die dementsprechend ihre Produktionsprozesse umstellen müssen. Diese Umstellung kann je nach Industriezweig auf verschiedenen Wegen gelingen. Grüner H_2 als Energieträger spielt dabei eine zentrale Rolle, insbesondere für Produktionsprozesse in der Industrie, für die nach derzeitigem Stand der Technik keine anderen Dekarbonisierungstechnologien zur Verfügung stehen (vgl. Bundesregierung 2020: 2).

Die Bundesregierung strebt eine inländische grüne H_2-Produktion von bis zu 14 Terawattstunden an (vgl. Bundesregierung 2020: 5). Grüner H_2 wird durch Elektrolyse von Wasser mit Strom aus erneuerbaren Quellen erzeugt und verfügt damit als CO_2-neutraler Energieträger auch im Vergleich zu H_2 aus anderen Produktionsprozessen über das größte Dekarbonisierungspotenzial (vgl. Falke 2021: 58). Grüner H_2 hat Schätzungen zufolge das Potenzial, CO_2-Emissionen in der Industrie europaweit um mindestens neun Millionen Tonnen pro Jahr bis 2024 und um mindestens 90 Millionen Tonnen pro Jahr bis 2030 zu verringern (vgl. Falke 2021: 59). Im Fokus der Umstellung stehen damit H_2-Elektrolyseure, die mithilfe erneuerbarer Energien grünen H_2 herstellen.

2.2.3.2 Betroffene energieintensive Industriezweige

Die Klimaziele und die damit verbundenen strukturellen und tiefgreifenden Veränderungen treffen bestimmte Industriezweige besonders stark. Hierbei handelt es sich um solche mit hoher Energieintensität bei der Produktion und damit hohen Prozessemissionen. Im Einzelnen betrifft das maßgeblich die folgenden Industrien:

- chemische Industrie
- Glasindustrie
- Keramikindustrie
- Nichteisenmetallindustrie
- Stahlindustrie
- Kalk- und Zementindustrie

Mit den damit einhergehenden Herausforderungen setzen sich im Detail die entsprechenden Kapitel des Handbuchs auseinander.

In der chemischen Industrie müssen Herstellungsverfahren elektrifiziert, Kohlenstoffkreisläufe geschlossen und fossile durch erneuerbare Rohstoffe ersetzt werden. Dieser Herausforderung können nur sektorenübergreifende Lösungen mit vielschichtigem Ansatz über die Branche hinaus beggnen. Die Versorgung mit grünem Strom und nachhaltigen Roh- und Grundstoffen muss gewährleistet werden, auch der Netzausbau und Akzeptanzfragen müssen adressiert werden. Akzeptanzfragen spielen insbesondere bei der Erzeugung und dem Einsatz von grünem H_2 oder der Elektrifizierung von chemischen Produktionsprozessen eine große Rolle (vgl. BMU 2021).

In der Glasindustrie wird Energie vor allem in Form von Prozesswärme benötigt, welche größtenteils durch den Einsatz von Erdgas (13,51 Terawattstunden, 72,9 Prozent) bereitgestellt wird (vgl. Leisin 2020: 2). Je nach Glasart und Produktionsverfahren entfallen beim Herstellungsvorgang bis zu 85 Prozent des Energiebedarfs auf den Schmelzprozess. Hierbei muss das eingetragene Gemenge aus Rohstoffen und Altglasscherben auf eine Temperatur von 1.450 bis 1.650 Grad Celsius erhitzt werden (vgl. ebd.). Bis zu 80 Prozent der Gesamtemissionen sind energiebedingt. Mit grünem H_2 ließe sich der Anteil der hieraus entstehenden Emissionen vermeiden. Die Nutzung von H_2 als Brennstoff in der Industrie ist längst noch kein technischer Standard, sodass die Auswirkungen auf den sehr sensiblen Schmelzprozess der Glasherstellung, die Produktqualität und Schadstoffemissionen noch zu untersuchen sind (vgl. BV Glas 2021).

Im Bereich der Keramikindustrie werden die jährlichen energiebezogenen Kosten bis 2050 kontinuierlich ansteigen. Das liegt auch an deutlich höheren Investitionen in Maßnahmen im Bereich des Klimaschutzes (vgl. BVBZ 2021: 5). Dabei verfügt die Ziegelindustrie als Sektor der Keramikindustrie über verschiedene Handlungsoptionen, um Emissionen zu reduzieren. Hierzu gehören insbesondere auch H_2-befeuerte Öfen, elektrische Öfen oder der Einsatz von Hochtemperaturwärmepumpen sowie die Entkopplung des Ofen-Trockner-Verbunds (vgl. ebd.). Dabei spielt H_2 eine zentrale Rolle: Die Verfügbarkeit von bezahlbarem und CO_2-emissionsfrei erzeugtem H_2 ist entscheidend, um die Emissionen aus der Befeuerung der Öfen zu reduzieren (vgl. ebd.: 8).

Auch in der Kupferproduktion, einem Sektor der Nichteisenmetallindustrie, wird an mehreren Technologien zur Erreichung der Klimaziele geforscht. Es laufen groß angelegte Projekte zur Abwärmenutzung und zum Einsatz von H_2 in der Produktion. Auch hier sind die Technologien noch kein technischer Standard und insbesondere der Einsatz von H_2 trifft auf Hürden: hohe Kosten, fehlende Regularien und technische Lücken.

Die Stahlindustrie ist eine Schlüsselindustrie für Deutschland. Sie hat als Grundstoffindustrie in der Wertschöpfungskette eine erhebliche Bedeutung für die deutsche Volkswirtschaft. Zugleich trifft sie als die Branche mit dem größten Anteil an Treibhausgasemissionen in der Industrie eine besondere Verantwortung beim Klimaschutz. Die deutsche Stahlindustrie hat im Jahr 2018 bei einer Rohstahlproduktion von 39,7 Millionen Tonnen insgesamt 58,6 Millionen Tonnen CO_2 emittiert (vgl. BMWi 2021). Dabei ist die Stahlindustrie zwingend auf die Verfügbarkeit von H_2 angewiesen, um sich dekarbonisieren zu können. Der Einsatz von Kokskohle zur Stahlerzeugung soll schrittweise auf H_2 umgestellt werden (vgl. Bundesregierung 2020a: 5f.).

Auch in der Kalkindustrie sind die Emissionen größtenteils prozessbedingt. Eine deutliche Reduzierung der durch die Kalkproduktion verursachten brennstoffbedingten CO_2-Emissionen ist durch Umstellung auf regenerative Energieträger grundsätzlich möglich. Dies ist von der Verfügbarkeit regenerativer Energieträger abhängig und bedarf gleichzeitig geeigneter wirtschaftlicher Rahmenbedingungen (vgl. UBA 2020: 2).

Die Dekarbonisierung von Zement und Beton führt zu einem Transformationsprozess von bislang nicht vorstellbarem Ausmaß (vgl. VDZ 2020: 9). Die Herstellung von Zement setzt nach den aktuellen Produktionsstandards große Mengen an CO_2 frei, wovon zwei Drittel auf rohstoffbedingte Prozessemissionen aus der Entsäuerung des Kalksteins und ein Drittel auf energiebedingte CO_2-Emissionen aus dem Einsatz der Brennstoffe entfällt. Diese prozessbedingten CO_2-Emissionen der Klinkerherstellung sind mit konventionellen Maßnahmen nicht zu mindern. Es bedarf daher sowohl neuer CO_2-effizienter Rohstoffe als auch CCUS-Technologien. Hierfür muss die entsprechende Infrastruktur aufgebaut werden (vgl. VDZ 2020: 5).

So ist ersichtlich, dass in den betroffenen Industriebereichen H_2 eine Schlüsseltechnologie sein kann. Im Folgenden wird der Schwerpunkt der Betrachtung aufgrund dieser großen Relevanz für die Dekarbonisierung auf den rechtlichen Rahmenbedingungen für die H_2-Produktion liegen.

2.2.3.3 (Neu-)Genehmigungsverfahren

Aus der rechtlichen Perspektive ergeben sich für den Einsatz von H_2-Technologien, insbesondere H_2-Elektrolyseuren, verschiedene Verfahrensfragen. Im Folgenden sollen Genehmigungsfragen nach dem Bundes-Immissionsschutzgesetz (BImSchG) beleuchtet werden.

Von besonderer Bedeutung ist in diesem Zusammenhang, dass eine Genehmigung nach dem BImSchG eine formelle Konzentrationswirkung entfaltet (§ 13 BImSchG). Die formelle Konzentrationswirkung einer Genehmigung bedeutet, dass die Genehmigung andere potenziell erforderliche Genehmigungen oder Zulassungen, wie zum Beispiel eine bauplanungsrechtliche Genehmigung, miteinschließt. Diese Genehmigungen werden in dem immissionsschutzrechtlichen Verfahren mitgeprüft. Dadurch wird das immissionsschutzrechtliche Genehmigungsverfahren zum zentralen Verfahren bei Produktionsprozessumstellungen auf H_2 und soll im Folgenden dargestellt werden.

▶ Abb. 1

1 *Konzentrationswirkung im Planungs- und Genehmigungsrecht (eigene Darstellung auf Basis von Portal Green 2020)*

Keine Anwendung findet das Verfahren nach dem BImSchG, wenn für das Vorhaben ein Planfeststellungsverfahren nach Fachplanungsrecht durchgeführt wird, da Planfeststellungsverfahren ihrerseits Konzentrationswirkung entfalten (§ 75 Abs. 1 VwVfG). Bei Anlagen zur Herstellung von H_2 kommt insbesondere ein fakultatives Planfeststellungsverfahren nach § 43 Abs. 2 Nr. 7 EnWG für Energiekopplungsanlagen in Betracht. Hiervon werden Power-to-X-Anlagen und insbesondere Elektrolyseure erfasst. Darüber hinaus kann das Vorhaben einer Anlage zur Herstellung von H_2 in ein obligatorisches Planfeststellungsverfahren zur Errichtung von Versorgungsleitungen, mit denen die Anlage verbunden ist, integriert werden (vgl. Schäfer/Wilms 2021: 131, m. w. N.).

Das Bundes-Immissionsschutzgesetz zielt darauf ab, vor schädlichen Umwelteinwirkungen zu schützen und hiervon vorzubeugen (§ 1 BImSchG). Schädliche Umwelteinwirkungen sind im Sinne des Gesetzes Immissionen, die nach Art, Ausmaß oder Dauer geeignet sind, Gefahren, erhebliche Nachteile oder erhebliche Belästigungen für die Allgemeinheit oder die Nachbarschaft herbeizuführen (§ 3 Abs. 1 BImSchG). Entsprechend sind solche Anlagen nach dem BImSchG genehmigungsbedürftig, deren Errichtung und Betrieb aufgrund ihrer Beschaffenheit oder ihres Betriebs in besonderem Maße geeignet sind, schädliche Umwelteinwirkungen hervorzurufen (§ 4 Abs. 1 BImSchG). Anlagen im Sinne des Gesetzes sind insbesondere Betriebsstätten und sonstige ortsfeste Einrichtungen, aber auch Maschinen, Geräte und sonstige ortsveränderliche technische Einrichtungen und Fahrzeuge. Mitumfasst sind auch Grundstücke, auf denen Stoffe gelagert oder abgelagert oder Arbeiten durchgeführt werden, die Emissionen verursachen können (§ 5 Abs. 1 BImSchG). H_2-Elektrolyseure sind Anlagen im Sinne der Vorschrift.

Die Genehmigungsbedürftigkeit nach § 4 Abs. 1 BImSchG wird konkretisiert und typisiert durch die Verordnung über genehmigungsbedürftige Anlagen (4. BImSchV), die in Anhang 1 enumerativ und konstituierend festlegt, welche Anlagen den Tatbestand des § 4 Abs. 1 BImSchG typischerweise erfüllen und damit genehmigungsbedürftig sind. Dabei ist zu differenzieren zwischen der Erstgenehmigung einer Anlage (unter 2) und einer Änderungsgenehmigung (unter 3). Letztere kommt dann in Betracht, wenn eine bereits genehmigte Anlage so wesentlich geändert wird, dass diese Änderungen nachteilige Auswirkungen im Sinne des BImSchG haben können (§ 16 Abs. 1 BImSchG).

Das BImSchG kennt zwei Verfahrensarten: Das förmliche Genehmigungsverfahren (3.1) und das vereinfachte Verfahren (3.2). Welches Verfahren Anwendung findet, ergibt sich aus der 4. BImSchV, die in Anhang 1 solche Anlagen aufführt, die einer Genehmigung nach dem BImSchG bedürfen und sie jeweils einer der beiden Verfahrensarten zuordnet (vgl. § 1 Abs. 1 und § 2 Abs. 1 Nr. 1 der 4. BImSchV). Maßgebliches zugrundeliegendes Kriterium ist, ob Art, Ausmaß und Dauer der von der Anlage hervorgerufenen schädlichen Umwelteinwirkungen eine gewisse Intensitätsschwelle nicht überschreiten (vgl. § 19 BImSchG). Fällt eine Anlage vollständig unter mehrere Ziffern des Anhangs 1 zur 4. BImSchV, dann geht die speziellere Ziffer vor (vgl. Jarass 2020, § 4 Rn. 22). In der 9. BImSchV sind detaillierte Vorschriften zum Genehmigungsverfahren enthalten.

▸ Abb. 2 Für H_2-Elektrolyseure sind unterschiedliche Einordnungen nach der 4. BImSchV denkbar. Folgende im Anhang 1 der 4. BImSchV aufgeführte Anlagen könnten einschlägig sein:

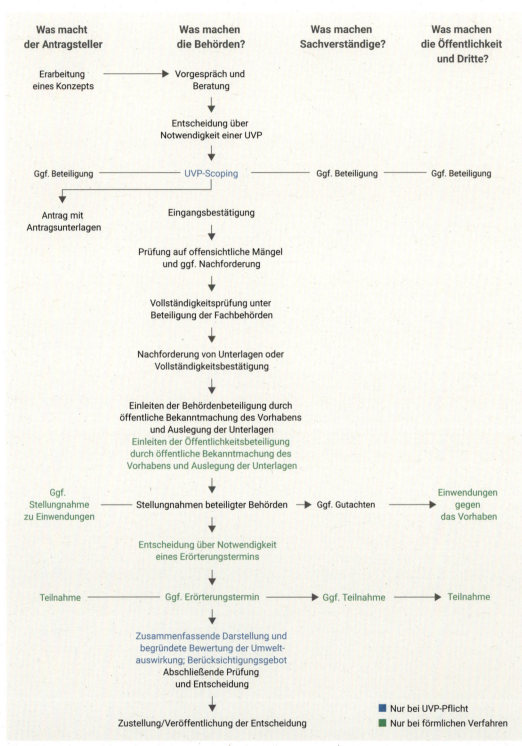

2 *Ablauf des immissionsschutzrechtlichen Genehmigungsverfahrens (Hessisches Ministerium für Umwelt, Klimaschutz, Landwirtschaft und Verbraucherschutz 2022: 13)*

1 Auszug Anhang 1 der 4. BImSchV (Verordnung über genehmigungsbedürftige Anlagen in der Fassung der Bekanntmachung vom 31. Mai 2017 [BGBl. I S. 1440], die durch Art. 1 der Verordnung vom 12. Januar 2021 [BGBl. I S. 69] geändert worden ist)

Nr.	Anlagenbeschreibung	Verfahren	Emissions-RL
1.15	Anlagen zur Erzeugung von Biogas, soweit nicht von Nr. 8.6 erfasst, mit einer Produktionskapazität von 1,2 Millionen Normkubikmetern je Jahr Rohgas oder mehr	Vereinfacht (V)	Nein
4.1	Anlagen zur Herstellung von Stoffen oder Stoffgruppen durch chemische, biochemische oder biologische Umwandlung in industriellem Umfang, ausgenommen Anlagen zur Erzeugung oder Spaltung von Kernbrennstoffen oder zur Aufarbeitung bestrahlter Kernbrennstoffe, zur Herstellung von -		Nein
4.1.12	Gasen wie Ammoniak, Chlor und Chlorwasserstoff, Fluor und Fluorwasserstoff, Kohlenstoffoxiden, Schwefelverbindungen, Stickstoffoxiden, H_2, Schwefeldioxid, Phosgen	Förmlich (G)	Ja
9.3.1	Anlagen, die der Lagerung von in der Stoffliste zu Nr. 9.3 (Anhang 2) genannten Stoffen [Nr. 17 – H_2] dienen, mit einer Lagerkapazität von den in Spalte 4 der Stoffliste (Anhang 2) ausgewiesenen Mengen oder mehr [30 Tonnen]	Förmlich (G)	Nein
9.3.2	Anlagen, die der Lagerung von in der Stoffliste zu Nr. 9.3 (Anhang 2) genannten Stoffen [Nr. 17 – H_2] dienen, mit einer Lagerkapazität von den in Spalte 3 der Stoffliste (Anhang 2) [3 Tonnen] bis weniger als den in Spalte 4 der Anlage ausgewiesenen Mengen oder mehr [30 Tonnen]	Vereinfacht (V)	Nein

Förmliches Genehmigungsverfahren

Anlagen, die mit einer entsprechenden Kennzeichnung (G) im Anhang 1 der 4. BImSchV versehen sind, sind im förmlichen Genehmigungsverfahren nach §10 BImSchG zu prüfen.

Das wesentliche Element des förmlichen Genehmigungsverfahrens in Abgrenzung zu dem vereinfachten Verfahren ist die Öffentlichkeitsbeteiligung. Darunter fallen die Bekanntmachung und die Auslegung der Unterlagen, woraufhin Dritte Einwendungen erheben können. Diese Beteiligung dient der Information der Behörde gleichermaßen wie den Interessen möglicherweise betroffener Personen (vgl. Jarass 2020, §10 Rn. 69; BImSchG). Die einzelnen Verfahrensschritte ergeben sich aus der 9. BImSchV. Im Zentrum steht der Erörterungstermin nach den §§14 ff. der 9. BImSchV. Dieser dient dazu, die rechtzeitig erhobenen Einwendungen zu erörtern, soweit dies für die Prüfung der Genehmigungsvoraussetzungen von Bedeutung sein kann (§14 Abs. 1 der 9. BImSchV). Dabei ist zu beachten, dass gemäß §10 Abs. 2 BImSchG Geschäfts- und Betriebsgeheimnisse in den Antragsunterlagen kenntlich zu machen und getrennt vorzulegen sind, da diese öffentlich ausgelegt werden.

Entsprechend ist zu prüfen, ob ein H_2-Elektrolyseur unter eine der im Anhang 1 der 4. BImSchV aufgeführten Anlagen fällt und mit welcher Kennzeichnung sie versehen ist.

Anlage zur Herstellung von H_2 durch chemische Umwandlung
Im Wesentlichen kommt Ziff. 4.1.12 des Anhangs 1 der 4. BImSchV in Betracht, die für „Anlagen zur Herstellung von Stoffen oder Stoffgruppen durch chemische, biochemische oder biologische Umwandlung in industriellem Umfang zur Herstellung von Gasen wie Ammoniak, […], H_2 […]" das förmliche Genehmigungsverfahren anordnet und die Anlagen gleichzeitig dem Anwendungsbereich der IE-RL zuordnet. Die bisherige Behördenpraxis tendiert in Bezug auf Elektrolyseure zu einer Subsumtion unter diesen Tatbestand (vgl. Portal Green 2020: 122). Der Tatbestand beinhaltet jedoch zwei definitorische Probleme, die in der Praxis zu Zuordnungsproblemen führen können: zum einen der klare Wortlaut, der nur von einer chemischen, biochemischen oder biologischen Umwandlung spricht und dabei – dem Wortlaut nach – eine elektrolytische Herstellung ausklammert (a), und zum anderen die Bestimmung des industriellen Umfangs, der nicht in den bundesimmissionsschutzrechtlichen Regelungen definiert wird (b).

Elektrolyse als chemische Umwandlung nach der 4. BImSchV?
Vor dem Hintergrund des klaren Wortlauts der Ziff. 4.1.12. Anhang 1 der 4. BImSchV erscheint es fraglich, ob Elektrolyseure unter den Tatbestand subsumiert werden können, da der Verordnungsgeber grundsätzlich zwischen den Begriffen differenziert (vgl. Ziff. 3.3 Anlage I der 4. BImSchV: chemische *oder* elektrolytische Verfahren). Die Aufzählung der Anlagen ist als abschließend zu begreifen, eine Zuordnung kann nicht durch eine extensive Auslegung erfolgen (Dietlein in: Landmann/Rohmer 2021: § 4 Rn. 17 m. w. N.). Entsprechend kann die Einordnung eines Elektrolyseurs unter die Ziff. 4.1.12 Anlage I der 4. BImSchV bereits als zu extensive Auslegung des Tatbestandes vertreten werden (so Bringewat 2017, diese Auffassung revidierend in Bringewat 2022). Gleichwohl dürfen die Begriffe auch nicht zu eng verstanden werden (vgl. Jarass 2021, § 4 Rn. 20). Vor diesem Hintergrund lässt sich die H_2-Elektrolyse unter dieses Tatbestandsmerkmal fassen.

Vom Wortlaut ausgehend sind chemische Reaktionen Vorgänge, bei denen aus den Ausgangsstoffen neue Stoffe, Reaktionsprodukte, mit neuen Eigenschaften entstehen. Es erfolgt eine Stoffumwandlung, die immer mit einer Energieumwandlung verbunden ist. Mit dieser Begründung arbeitet auch die Behördenpraxis: Für die Einordnung als chemische Reaktion käme es nicht darauf an, wie diese ausgelöst wird. Die elektrochemische Reaktion sei als Unterfall der chemischen Reaktion zu behandeln, wie zum Beispiel auch die Chlorelektrolyse (vgl. Portal Green 2020: 122). Nach dieser reinen Wortlauslegung ist die H_2-Elektrolyse eine chemische Reaktion, weil eine Stoffumwandlung mit neuen Reaktionsprodukten stattfindet. Diese Auslegung wird auch durch eine systematische Betrachtung gestützt. Denn die Ziffern des Anhangs 1 der 4. BImSchV fassen die Anlagen unter verschiedenen Gesichtspunkten zusammen. So erfolgt in der Ziff. 4 Anhang 1 der 4. BImSchV eine stoffgruppenspezifische Einordnung und keine verfahrensspezifische Einordnung wie in der Nr. 3.3 Anlage I der 4. BImSchV (vgl. Schäfer/Wilms 2021: 32).

Darüber hinaus ist es hilfreich, auf die europäische Begriffsbestimmung zu schauen: Der Begriff findet auch Verwendung in der Industrieemissionen-Richtlinie (IE-RL). Hierzu hat sich die Kommission in den Frequently Asked Questions (FAQ) dahingehend geäußert, dass chemical processing eine oder mehrere chemische Reaktionen während des Produktionsprozesses impliziert, die zu einer stofflichen Transformation führen. Sie grenzt dabei die chemische Reaktion von einer physikalischen Reaktion ab. Die Kommission erkennt in diesem Zuge auch an, dass eine Abgrenzung im Einzelfall schwierig sein kann, und sieht hier die Einschätzungsprärogative bei der zuständigen Behörde, die aufgrund der bestehenden Leitfäden eine eigene Einstufung vornehmen soll.

Industrieller Umfang

Zum Begriff „industrieller Umfang" existieren weder Legaldefinitionen noch hinreichend Rechtsprechung, um diesem Merkmal definitorische Kontur zu geben. Lediglich das OVG Lüneburg hat sich in einem Beschluss aus dem Jahr 2018 (OVG Lüneburg 2018) mit der Begriffsbestimmung auseinandergesetzt und kommt zu dem Schluss, dass es für den industriellen Umfang „weniger auf einen bestimmten Umfang der Produktion als vielmehr auf die auf Dauer angelegte, standarisierte gewerbliche Produktion und die Abgrenzung zu Laboranlagen ankommt". Auch wenn nach dem OVG Lüneburg im Ergebnis nicht auf die europäische Auslegung zurückgegriffen werden kann, besteht hier auch eine Parallele zu dem Begriff „industrial scale" aus der IE-RL (vgl. Portal Green 2020: 116). Für diesen Begriff soll gemäß Anhang I lit. b) der IE-RL die Kommission Leitlinien aufstellen. Diese Leitlinien sind bisher noch nicht verfasst worden, gleichwohl hat die Kommission sich zu dem Begriff in den FAQ geäußert (EU-Kommission, Stand 2022). Danach soll eine Auslegung anhand von verschiedenen Kriterien erfolgen und sich an dem in Art. 1 der IE-RL festgelegten Ziel orientieren, Umweltverschmutzung infolge industrieller Tätigkeiten zu vermeiden und zu vermindern. Die Begriffsbestimmung sei folglich nicht abhängig von konkreten Mengenschwellen, da hier eine erhebliche Varianz bei verschiedenen Stoffen besteht. Insoweit besteht eine übereinstimmende Interpretation, dass es nicht auf die Quantität der Produktion, sondern die Art und Weise der Produktion ankommt.

Als starker Indikator für einen industriellen Umfang gilt nach Aussage der Kommission die gewerbliche Nutzung. Gewerbliche Nutzung heißt dabei, dass die Produktion im Rahmen einer vergüteten Tätigkeit erfolgt. Gleichzeitig sollen die Auswirkungen auf die Umwelt eine erhebliche Rolle spielen. Laut Kommission sei es unverhältnismäßig, einen industriellen Umfang anzunehmen, wenn die Produktion auf demselben Gelände wie der Gebrauch ohne nennenswerten Einfluss auf die Umwelt stattfindet. Hierbei käme es dann auf Produktionsumfang und Produktionsgüter an. Weitere Kriterien zur Einstufung sind demnach: Produktcharakter, Produktionsmenge und Fertigungsparameter.

Darüber hinaus kann auf Kriterien zurückgegriffen werden, die von der Bund/Länder-Arbeitsgemeinschaft Immissionsschutz (LAI 1989) zu dem inhaltsidentischen Vorgängerbegriff der fabrikmäßigen Herstellung erarbeitet wurden:
- keine persönliche Mitarbeit des Anlagenbetreibenden im technischen Bereich,
- eine den Industriebetrieb prägende strenge Arbeitsteilung,

- Einsatz von Maschinen nicht lediglich zur Erleichterung und Unterstützung von Handarbeit,
- Serienfertigung auf Vorrat für einen unbestimmten Abnehmerkreis und
- weitgehendes Fehlen einer Einzelfertigung aufgrund industrieller Herstellung

Es ist auch hier festzuhalten, dass die Einstufung einer Anlage als Betrieb im industriellen Umfang aufgrund einer wertenden Betrachtung vor dem Hintergrund der genannten Aspekte erfolgt und nicht klar abgrenzbar ist. Die bisherige Behördenpraxis orientiert sich an den Auslegungshilfen und nimmt im Zweifel einen industriellen Umfang an (vgl. Portal Green 2020: 12).

Auswirkung und Behördenpraxis
Wird die Anlage unter die Ziff. 4.1.12 Anhang 1 der 4. BImSchV eingeordnet, so wird sie auch als Anlage nach der IE-RL gekennzeichnet. Das zieht zusätzliche Pflichten nach dem BImSchG nach sich, die eigentlich auf Anlagen zugeschnitten sind, die besonders emittierend und damit umweltverschmutzend sind (siehe hierzu unter 4). Das trifft auf Elektrolyseure nicht zu. Die Einordnung hat damit widersprüchliche Ergebnisse zur Folge (vgl. auch Langstädtler 2021: 206). Ein Widerspruch besteht auch zu der Einschätzung der Kommission: H_2-Elektrolyseure haben bis zu einer bestimmten Mengenproduktion gerade keinen nennenswerten Einfluss auf die Umwelt. Das Gefährdungspotenzial ergibt sich erst aus einer hohen Produktionsmenge mit entsprechender Lagerung. Dieses Gefährdungspotenzial wird bereits von der Ziff. 9.3 Anhang 1 der 4. BImSchV erfasst (siehe unten).

Es bleibt festzuhalten, dass hier noch rechtliche Unsicherheiten bestehen, da Elektrolyseure nicht eindeutig der Ziff. 4.1.12 Anhang 1 der 4. BImSchV zugeordnet werden können und es maßgeblich auf die Behördenpraxis ankommt. Die Einordnung von Elektrolyseuren unter Ziff. 4.1.12 Anhang 1 der 4. BImSchV kann dabei kritisch gesehen werden (vgl. LEE SH 2019: 3; DWV 2022).

Anlagen zur Herstellung und Lagerung von mehr als drei Tonnen H_2
Eine immissionsschutzrechtliche Genehmigungspflicht von Anlagen zur Herstellung von H_2 kann sich ggf. auch aus Nr. 9.3 Anhang 1 i. V. m. Nr. 17 Anhang 2 der 4. BImSchV ergeben. Voraussetzung ist, dass neben der Herstellung auch die Lagerung von mehr als drei Tonnen H_2 vorgesehen ist. Bei einer Lagerung von drei bis 30 Tonnen kann nach Nr. 9.3.2 Anhang 1 i. V. m. Nr. 17 Anhang 2 der 4 BImSchV ein vereinfachtes Genehmigungsverfahren gemäß § 19 BImSchG ohne Öffentlichkeitsbeteiligung durchgeführt werden. Bei 30 oder mehr Tonnen bedarf es nach Nr. 9.3.1 Anhang 1 i. V. m. Nr. 17 Anhang 2 der 4 BImSchV eines förmlichen Genehmigungsverfahrens mit Öffentlichkeitsbeteiligung gemäß § 10 BImSchG.

Vereinfachtes Verfahren

Zentrale Vorschrift für das vereinfachte Verfahren ist § 19 BImSchG. Gemäß § 19 Abs. 1 BImSchG kann die Genehmigung von Anlagen bestimmter Art oder bestimmten Umfangs in einem vereinfachten Verfahren erteilt werden, sofern dies nach Art, Ausmaß und Dauer der von diesen Anlagen hervorgerufenen schädlichen Umwelteinwirkungen mit dem Schutz der Allgemeinheit und der Nachbarschaft vereinbar ist.

In einem vereinfachten Verfahren sind einige der Vorschriften des § 10 BImSchG sowie die §§ 11 und 14 BImSchG nicht erforderlich (§ 19 Abs. 2 BImSchG). Hierbei ist besonders relevant die Öffentlichkeitsbeteiligung, was zu einer erheblichen Verkürzung und Verschlankung des Verfahrens führen kann.

Vor dem Hintergrund, dass H_2-Elektrolyseure gerade zu einer Emissionsreduktion beitragen und sich deutlich von anderen Anlagen nach der 4. BImSchV unterscheiden, die zu einer erheblichen Umweltverschmutzung beitragen, erscheint es als langfristiges Ziel sinnvoll – sofern eine Genehmigungspflicht bestehen bleibt –, sie dem vereinfachten Verfahren zuzuordnen. Nach der aktuellen Gesetzeslage wäre dies dann möglich, wenn H_2 immissionsschutzrechtlich wie Biogas behandelt würde:

Nach Ziff. 1.15 Anhang 1 der 4. BImSchV ist auch für Anlagen zur Erzeugung von Biogas mit einer Produktionskapazität von 1,2 Millionen Normkubikmeter je Jahr Rohgas oder mehr ein immissionsschutzrechtliches Genehmigungsverfahren durchzuführen. Für diese Anlagen ist ein vereinfachtes Verfahren ohne Öffentlichkeitsbeteiligung vorgesehen. Ausgenommen sind Anlagen, die von Ziff. 8.6 Anhang 1 der 4. BImSchV erfasst sind. Das betrifft Anlagen zur biologischen Behandlung von Abfällen.

Auch insoweit ergibt sich hingegen ein definitorisches Problem: Der Begriff „Biogas" wird nicht immissionsschutzrechtlich definiert. Es bliebe lediglich der Rückgriff auf die Begriffsbestimmung aus § 3 Nr. 10c Energiewirtschaftsgesetz (EnWG). Danach ist H_2 Biogas, wenn er durch Wasserelektrolyse erzeugt worden ist und der zur Elektrolyse eingesetzte Strom jeweils nachweislich weit überwiegend aus erneuerbaren Energiequellen im Sinne der Richtlinie 2009/28/EG (ABl. L 140 vom 05. Juni 2009, S. 16) stammt. Weit überwiegend bedeutet in diesem Zusammenhang einen Anteil von 80 Prozent oder mehr (BT-Drs. 17/6072, S. 50). Damit gilt: Wird H_2 elektrolytisch mit einem Anteil von mehr als 80 Prozent erneuerbarer Energien hergestellt, so fällt er unter die Biogas-Definition des § 3 Nr. 10c EnWG.

Es ist allerdings umstritten, diese Definition auch für das Bundesimmissionsschutzrecht zu übernehmen (vgl. Langstädtler 2021: 206). H_2 wird in Anhang 1 der 4. BImSchV ausdrücklich genannt, es erscheint damit naheliegend, dass der Verordnungsgeber H_2 auch in Ziff. 1.15 Anhang 1 der 4. BImSchV aufgeführt hätte, wenn dieser hierunter fallen sollte (vgl. LEE SH 2019: 4).

Entsprechend bestehen auch hier Zuordnungsprobleme und es ist nicht abschließend geklärt, ob H_2-Elektrolyseure der Ziff. 1.15 Anhang 1 der 4. BImSchV zugeordnet werden können. Im Ergebnis sprechen rechtssystematische Argumente dagegen.

2.2.3.4 Änderungsgenehmigung

Im Rahmen einer Produktionsprozessumstellung kommt die Änderungsgenehmigung nach dem BImSchG in Betracht, wenn ein Elektrolyseur nicht isoliert, sondern als Erweiterung einer bereits immissionsschutzrechtlich genehmigten Anlage geplant ist (vgl. Langstädtler 2021: 206). Erheblich im Sinne des BImSchG ist dabei die Änderung der Lage, der Beschaffenheit oder des Betriebs einer genehmigungsbedürftigen Anlage (vgl. §§ 15 Abs. 1, 16 Abs. 1 BImSchG), sofern es sich bei dem Elektrolyseur und der bestehenden Anlage um eine zusammengehörige Anlage nach § 1 Abs. 2 der 4. BImSchV handelt. Danach sind alle Anlagenteile maßgeblich, die zum Betrieb notwendig sind (Anlagenkern) sowie die Nebeneinrichtungen, die in einem räumlichen und betriebstechnischen Zusammenhang stehen mit möglicher Bedeutung für den Immissions- oder Gefahrenschutz (§ 1 Abs. 2 Nr. 2 4. BImSchV; vgl. Langstädtler 2021: 206).

Gemäß § 15 BImSchG muss die Änderung einer genehmigungsbedürftigen Anlage dann der zuständigen Behörde angezeigt werden, wenn sich die Änderung auf die in § 1 BImSchG genannten Schutzgüter auswirken kann. Wenn diese Auswirkungen nachteilig und für eine Prüfung nach § 6 Abs. 1 Nr. 1 BImSchG erheblich sein können, dann ist die Änderung wesentlich im Sinne des § 16 BImSchG und bedarf einer Änderungsgenehmigung nach dieser Vorschrift. Nachteilig sind solche Auswirkungen, die wenigstens in einer Hinsicht die Schutzgüter des § 1 BImSchG stärker belasten, als dies bei Normalbetrieb oder bei Störfällen der genehmigten Anlage der Fall ist (vgl. Ohms/Weiss in Johlen/Oerder 2017, § 10 Rn. 62). Die Erheblichkeit nach § 6 Abs. 1 Nr. 1 BImSchG bezieht sich auf Pflichten der Betreibende nach § 5 BImSchG sowie auf die Schwellen der nach § 7 BImSchG erlassenen Rechtsverordnungen. Es kommt allein auf die in § 1 BImSchG genannten Schutzgüter an (vgl. Ohms/Weiss in Johlen/Oerder 2017, § 10 Rn. 62). Die Grenze zwischen Genehmigungspflicht nach § 16 BImSchG und Anzeigepflicht nach § 15 BImSchG wird demgemäß durch den Begriff der Nachteiligkeit der Auswirkungen sowie einer Erheblichkeitsschwelle bestimmt. Eine Ausnahme besteht nach § 16 Abs. 1 S. 2 BImSchG dann, wenn die durch die Änderung hervorgerufenen nachteiligen Auswirkungen offensichtlich gering sind und die Erfüllung der sich aus § 6 Abs. 1 Nr. 1 BImSchG ergebenden Anforderungen sichergestellt ist (Bagatellklausel).

Aus § 15 Abs. 2 S. 2 BImSchG ergibt sich außerdem eine sogenannte fiktive Freistellungsklausel. Denn die Behörde muss nach Eingang der Anzeige (gemäß § 15 Abs. 2 S. 1 BImSchG) und der erforderlichen Unterlagen (gemäß § 15 Abs. 1 S. 2 BImSchG) spätestens innerhalb eines Monats prüfen, ob die Änderung einer Genehmigung bedarf. Erklärt sie sich nicht innerhalb dieser Frist, so darf der Vorhabenträger die Änderungen vornehmen. Er wird damit von Gesetzes wegen so behandelt, als ob die Behörde eine entsprechende Freistellung nach § 15 Abs. 1 S. 2 BImSchG erteilt hätte.

Um eine Änderung der Anlage festzustellen, wird die bestehende Anlage in ihrer dokumentierten genehmigten Form mit der beabsichtigten geänderten Anlage verglichen (vgl. Ohms/Weiss in Johlen/Oerder 2017, § 10 Rn. 59). Grundsätzlich besteht der legalisierte Bestand nur insoweit, als er durch die Genehmigung ausdrücklich oder durch Bezugnahme auf Unterlagen gestattet ist (BVerwG NVwZ, 1990, 963, 964).

Werden nicht alle einschlägigen Immissionswerte eingehalten, darf gemäß § 6 Abs. 3 BImSchG eine beantragte Änderungsgenehmigung dann nicht versagt werden, wenn kumulativ folgende Voraussetzungen erfüllt werden:
- der Immissionsbeitrag der Anlage unter Beachtung des § 17 Abs. 3a Satz 3 BImSchG durch das Vorhaben deutlich und über das durch nachträgliche Anordnungen nach § 17 Abs. 1 BImSchG durchsetzbare Maß reduziert wird,
- weitere Maßnahmen zur Luftreinhaltung, insbesondere Maßnahmen, die über den Stand der Technik bei neu zu errichtenden Anlagen hinausgehen, durchgeführt werden,
- der Antragstellende darüber hinaus einen Immissionsmanagementplan zur Verringerung seines Verursacheranteils vorlegt, um eine spätere Einhaltung der Anforderungen nach § 5 Abs. 1 Nr. 1 BImSchG zu erreichen, und
- die konkreten Umstände einen Widerruf der Genehmigung nicht erfordern.

Ist im Einzelfall ein förmliches Änderungsgenehmigungsverfahren durchzuführen, so kann der Vorhabenträger nach Maßgabe des § 16 Abs. 2 S. 1 BImSchG beantragen, dass die zuständige Behörde von der öffentlichen Bekanntmachung des Vorhabens sowie der Auslegung des Antrags und der Unterlagen absieht. Die Behörde soll dem Antrag entsprechen, wenn erhebliche nachteilige Auswirkungen auf § 1 BImSchG genannte Schutzgüter nicht zu besorgen sind. Dies ist nach § 16 Abs. 2 S. 2 BImSchG insbesondere dann der Fall, wenn erkennbar ist, dass die Auswirkungen durch die getroffenen oder vom Träger des Vorhabens vorgesehenen Maßnahmen ausgeschlossen werden oder Nachteile im Verhältnis zu den jeweils vergleichbaren Vorteilen gering sind.

Dieser Begriff „ausgeschlossen" ist nicht im absoluten Sinne zu verstehen. Für die Beurteilung, dass nachteilige Auswirkungen ausgeschlossen sind, reicht es aus, wenn erkennbar ist, dass solche nach dem Maßstab praktischer Vernunft aufgrund der getroffenen oder vorgesehenen Maßnahmen nicht eintreten werden (vgl. Reidt/Schiller in Landmann/Rohmer 2021, BImSchG § 16 Rn. 135).

Das Verhältnis zwischen Vor- und vergleichbaren Nachteilen muss aufgrund einer Gesamtbetrachtung ermittelt werden. Die Voraussetzung ist beispielsweise erfüllt, wenn der Einbau einer Entstaubung bei einem Stahlwerk einerseits wegen neuer Ventilatoren zu einer Erhöhung der Schallimmissionen in einem Gebiet führt, diese Erhöhung aber noch nicht den zulässigen Immissionsrichtwert der TA Lärm überschreitet, andererseits die Schwebstaubbelastung durch diese Entstaubung in demselben Gebiet um 90 Prozent reduziert wird (vgl. Reidt/Schiller in Landmann/Rohmer 2021, BImSchG § 16 Rn. 137).

Vor dem Hintergrund, dass die Produktionsprozessumstellung mittels H_2-Elektrolyseuren gerade zu einer (mitunter vollständigen) Emissionsreduktion führen kann, ist die Möglichkeit, über § 16 Abs. 2 BImSchG das Verfahren zu beschleunigen, eine denkbare und praktikable Maßnahme, weil auch hier in der Regel eine Gesamtbetrachtung ergeben wird, dass die Nachteile im Verhältnis zu den vergleichbaren Vorteilen gering sein werden.

2.2.3.5 Anlagen nach IE-Richtlinie

Die Richtlinie 2010/75/EU über Industrieemissionen (IE-RL) sollte das europäische Anlagengenehmigungsrecht novellieren und Vollzugsdefizite beheben. Dabei lag der Fokus unter anderem auf der Festlegung von europäischen Emissionsgrenzwerten und konkreteren Vorgaben im Rahmen der Überwachung (vgl. Betensted et al. 2013: 395).

Im Zuge der Umsetzung der Richtlinie musste das Bundesimmissionsschutzrecht geringfügig angepasst werden. So schreibt § 4 Abs. 1 S. 4 BImSchG nun eine zwingende Kennzeichnung solcher Anlagen, die nach der IE-RL kennzeichnungspflichtig sind, vor. Die Kennzeichnung wirkt sich nicht auf die Zuordnung zu einer Verfahrensart aus. Allerdings sind alle Anlagen, die nach der IE-RL gekennzeichnet sind, auch mit einem G markiert, das die Kennzeichnung für das förmliche Verfahren ist. Dadurch werden Anlagen im Anwendungsbereich der IE-RL immer in einem Verfahren mit Öffentlichkeitsbeteiligung zugelassen (vgl. Hansmann/Röckinghausen in Landmann/Rohmer 2021; 4. BImSchV § 3 Rn. 1).

Anlagen nach der IE-RL im Sinne des BImSchG ist eine feststehende Begriffsbestimmung gemäß § 3 Abs. 8 BImSchG. Darunter fallen demnach alle nach § 4 Abs. 1 S. 4 BImSchG im Anhang 1 der 4. BImSchV gekennzeichneten Anlagen (E). Dabei kommt es auf die tatsächliche Kennzeichnung an, nicht auf die Kennzeichnungspflicht nach der IE-RL (vgl. Hansmann/Röckinghausen in Landmann/Rohmer 2021, BImSchG § 3 Rn. 121). Die Kennzeichnung ist relevant im Zusammenhang mit den Vorschriften des BImSchG, die ausschließlich für solche gekennzeichneten Anlagen gelten (vgl. Hansmann/Röckinghausen in Landmann/Rohmer 2021, 4. BImSchV § 3 Rn. 2). So sieht § 10 Abs. 1a BImSchG besondere Pflichten für den Antragstellenden vor, der beabsichtigt, eine Anlage nach der IE-RL zu betreiben, in der relevante gefährliche Stoffe verwendet, erzeugt oder freigesetzt werden. Dazu gehört auch ein Ausgangszustandsbericht (AZB) nach § 10 Abs. 1a BImSchG. Dieser dient der Dokumentation des Ausgangszustands des Bodens und des Grundwassers auf dem Anlagengrundstück und entsprechend als Vergleichsmaßstab für die Rückführungspflicht für das Anlagengrundstück gemäß § 5 Abs. 4 BImSchG in den Ausgangszustand dienen (Portal Green 2020: 68). Gemäß § 10 Abs. 8a BImSchG müssen für Anlagen nach der IE-RL der Genehmigungsbescheid und die Bezeichnung des für die Anlage maßgeblichen BVT-Merkblattes im Internet veröffentlicht werden. Weiter hat der Betreibende einer Anlage nach der IE-RL besondere Auskunftspflichten nach § 31 BImSchG. Besonders weitgehend sind die Überwachungsprogramme gemäß § 52a BImSchG.

H_2-Elektrolyseure sind nach derzeitiger Behördenpraxis Anlagen im Sinne der IE-RL (siehe unter 2.1) und Anlagenbetreibende müssen dementsprechend die vorstehend genannten Pflichten erfüllen.

2.2.3.6 Umweltverträglichkeitsprüfung

Für die Anlage kann auch eine Umweltverträglichkeitsprüfung anfallen. Das richtet sich nach dem Gesetz über die Umweltverträglichkeitsprüfung (UVPG), das für solche Vorhaben gilt, die in der Anlage 1 und 5 zum UVPG aufgeführt sind. Gemäß § 4 UVPG wird die UVP-Pflicht im Rahmen eines laufenden Genehmigungsverfahrens, wie beispielsweise nach dem BImSchG, in einem unselbstständigen Verwaltungsverfahren mitgeprüft. Die Behörde stellt dann aufgrund der vom Vorhabenträger gemachten Angaben die UVP-Pflicht unverzüglich fest (§ 5 UVPG). Die hierfür erforderlichen Angaben sind in einem UVP-Bericht gemäß § 16 UVPG einzureichen. Maßgeblich sind wesentliche Angaben zum Vorhaben in Bezug auf die Auswirkungen auf die Umwelt (Anlage 2 UVPG). Die zuständige Behörde unterrichtet und berät den oder die Vorhabenträger*in hierbei (§ 15 UVPG). Diese Umweltauswirkungen sind anschließend vor dem Hintergrund der maßgeblichen Genehmigungsentscheidung zu bewerten (§ 20 Abs. 1b S. 1 und 2 der 9. BImSchV) und die Bewertung ist von der zuständigen Behörde zu begründen. Nach § 20 Abs. 1b S. 3 der 9. BImSchV hat die Behörde diese Bewertung dann bei der Genehmigungsentscheidung zu berücksichtigen. Gleichwohl ist die Genehmigungserteilung nach § 6 Abs. 1 BImSchG eine gebundene Entscheidung (vgl. Koch, Hofmann 2018, § 4 Rn. 205).

Auch im Rahmen der UVP erfolgt eine Öffentlichkeitsbeteiligung zu den Umweltauswirkungen des Vorhabens (§ 18 UVPG). Dabei wird der Öffentlichkeit Gelegenheit zur Äußerung gegeben und den nach dem Umwelt-Rechtsbehelfsgesetz anerkannten Vereinigungen mitzuwirken.

▶ Abb. 3   Anhang 1 des UVPG sieht in Ziff. 4.1 eine UVP-Pflicht für „Errichtung und Betrieb einer integrierten chemischen Anlage (Verbund zur Herstellung von Stoffen oder Stoffgruppen durch chemische Umwandlung im industriellen Umfang, bei dem sich mehrere Einheiten nebeneinander befinden und in funktioneller Hinsicht miteinander verbunden sind [...])" vor, während in Ziff. 4.2 für „Errichtung und Betrieb einer Anlage zur Herstellung von Stoffen oder Stoffgruppen durch chemische Umwandlung im industriellen Umfang, ausgenommen integrierte chemische Anlagen nach Nr. 4.1 lediglich eine allgemeine Vorprüfung des Einzelfalls vorgesehen ist. Eine solche allgemeine Vorprüfung bedeutet gemäß § 7 Abs. 1 UVPG, dass die zuständige Behörde eine überschlägige Prüfung bei Neuvorhaben durchführt, unter Berücksichtigung von Kriterien, die das Gesetz in Anlage 3 aufführt. Eine UVP-Pflicht kann auf Grundlage dieser Prüfung dann bestehen, wenn das Neuvorhaben nach Einschätzung der zuständigen Behörde erhebliche nachteilige Umweltauswirkungen haben kann. Für diese Fälle besteht zum einen das definitorische Problem des industriellen Umfangs – hierzu kann nach oben verwiesen werden – und zum anderen die Erheblichkeitsschwelle, für die auch auf allgemeine Grundsätze des Bundesimmissionsschutzrechts zurückgegriffen werden kann. H_2-Elektrolyseure sind vor diesem Hintergrund in der Regel nicht UVP-pflichtig.

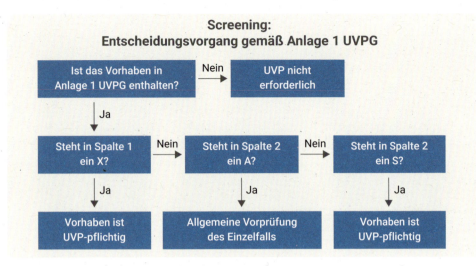

3 *Feststellung der UVP-Pflicht (UVP-Portal des Bundes 2021)*

2.2.3.7 Immissionsschutzrechtliche Voraussetzungen

Betreiber*innenpflichten nach §5 Abs.1 BImschG

§ 5 Abs. 1 BImSchG enthält die sogenannten Grundpflichten für Betreiber*innen genehmigungsbedürftiger Anlagen (vgl. Schmidt-Kötters in Giesberts/Reinhardt 2019, BImSchG § 5 Rn. 2). Solange H_2-Elektrolyseure nach dem BImSchG genehmigungsbedürftig sind, sind demnach die Betreiber*innenpflichten des § 5 Abs. 1 BImSchG anwendbar. Danach sind genehmigungsbedürftige Anlagen so zu errichten und zu betreiben, dass

- zur Gewährleistung eines hohen Schutzniveaus für die Umwelt insgesamt schädliche Umwelteinwirkungen und sonstige Gefahren, erhebliche Nachteile und erhebliche Belästigungen für die Allgemeinheit und die Nachbarschaft nicht hervorgerufen werden können (Schutzpflicht);
- Vorsorge gegen schädliche Umwelteinwirkungen und sonstige Gefahren, erhebliche Nachteile und erhebliche Belästigungen getroffen wird, insbesondere durch die dem Stand der Technik entsprechenden Maßnahmen (Vorsorgepflicht);
- Abfälle vermieden, nicht zu vermeidende Abfälle verwertet und nicht zu verwertende Abfälle ohne Beeinträchtigung des Wohls der Allgemeinheit beseitigt werden [...] (Abfallvermeidungs- und Verwertungsgebot);
- Energie sparsam und effizient verwendet wird (Energieeffizienzgebot).

Durch die Festlegung dieser Grundpflichten soll der abstrakte Schutzgrundsatz des § 1 BImSchG für Anlagenbetreiber*innen A umsetzbarer werden (vgl. Dietlein in Landmann/Rohmer 2021, BImSchG § 5 Rn. 4). Ob diese Vorschriften unmittelbare Geltung beanspruchen, ist rechtlich nicht abschließend geklärt. Für eine unmittelbare Geltung spricht sich jedoch die Mehrheit aus (vgl. Dietlein in Landmann/Rohmer 2021, BImSchG § 5 Rn. 8 m.w.N; für eine unmittelbare Geltung vgl. Jarass 2020, BImSchG § 5 Rn. 1 m.w.N.; a. A.

Schmidt-Kötters in Giesberts/Reihhardt 2019, BImSchG § 5 Rn. 2). Die Pflichten sind grundsätzlich anlagenbezogen, davon umfasst sind Anforderungen an die Beschaffenheit und den unmittelbaren Anlagenbetrieb, aber auch stoff- beziehungsweise produktbezogene Anforderungen (vgl. Jarass 2020, BImSchG § 5 Rn. 4).

Die Betreiber*innenpflichten sind größtenteils durch untergesetzliche Rechtsnormen konkretisiert und haben dynamischen Charakter: Der konkrete Inhalt hängt von den aktuellen Umständen und den neuesten Erkenntnissen zum Stand der Technik ab (vgl. Jarass 2020, BImSchG § 5 Rn. 2 m. w. N.). Insbesondere bei längeren Betriebszeiten genehmigungspflichtiger Anlagen macht sich die Entwicklung des Erkenntnisstandes bemerkbar (vgl. Dietlein in Landmann/Rohmer 2021, BImSchG § 5 Rn. 6). Daher müssen Betreiber*innen den Anlagenbetrieb konstant den Entwicklungen anpassen (vgl. Dietlein in Landmann/Rohmer 2021, BImSchG § 5 Rn. 8).

Es gilt als Grundsatz: Die Entscheidung über die zur Erfüllung der Grundpflichten zu treffenden Maßnahmen obliegt den Anlagenbetreiber*innen (vgl. Dietlein in Landmann/Rohmer 2021, BImSchG § 5 Rn. 100). Dies wird eingeschränkt durch die konkretisierenden Vorschriften. Zunächst konkretisiert die Genehmigung einschließlich ihrer Nebenbestimmungen diese Grundpflichten (Dietlein in Landmann/Rohmer 2021, BImSchG § 5 Rn. 12) und weiterhin die gemäß den §§ 7, 47 Abs. 7 und 49 Abs. 1 BImSchG erlassenen Rechtsverordnungen (vgl. Dietlein in Landmann/Rohmer 2021, BImSchG § 5 Rn. 13). So sind zum Beispiel die Grenzwerte der 39. BImSchV einzuhalten und der Anwendungsbereich der Störfall-Verordnung (12. BImSchV) mit weitergehenden Pflichten zur Störfallvermeidung zu beachten. Anschließend sind insbesondere die Verwaltungsvorschriften TA Luft und TA Lärm mit entsprechenden Grenzwerten zu nennen. Weiterhin gibt die Geruchsimmissions-Richtlinie (GIRL) vom 20. Februar 2008 Anhaltspunkte. Diese wurde von der LAI entwickelt, die auch Hinweise zu Erschütterungsimmissionen und zu Lichtimmissionen herausgegeben hat. Hilfsweise kann auch auf DIN-Normen und ISO-Normen zurückgegriffen werden (vgl. Jarass 2020, BImSchG § 5 Rn. 41). Diese technischen Regelwerke sind rechtlich nicht verbindlich, sondern sind in ihrer Funktion Orientierungshilfen und Erkenntnisquellen für den Rechtsanwendenden (vgl. Dietlein in Landmann/Rohmer 2021, BImSchG § 5 Rn. 20). Bezüglich Bodenverunreinigungen ist auf die Pflichtenregelungen des Bundesbodenschutzgesetzes (BBodSchG) hinzuweisen, das nach § 3 Abs. 1 BBodSchG die Pflichten des § 5 Abs. 1 BImSchG im Anwendungsbereich des BBodSchG verdrängt (vgl. Jarass 2020, BImSchG § 5 Rn. 44).

Pflichten nach anderen Gesetzen

Pflichten nach dem Treibhausgas-Emissionshandelsgesetz (THEG)

Das TEHG gilt gemäß § 2 TEHG für die Emission der in Anhang 1 Teil 2 genannten Treibhausgase durch die dort genannten Tätigkeiten. Anhang 1 Teil 2 TEHG führt unter der laufenden Nr. 28 „Anlagen zur Herstellung von Wasserstoff oder Synthesegas durch Reformieren, partielle Oxidation, Wassergas-Shiftreaktion oder ähnliche Verfahren mit einer Produktionsleistung von mehr als 25 Tonnen je Tag" auf, und hierzu das emittierte Treibhausgas CO_2.

Anlagen, in denen H_2 oder Synthesegas in anderen als in Nr. 28 Anhang 1 Teil 2 TEHG beschriebenen Verfahren hergestellt werden, unterfallen nicht dem Anwendungsbereich. H_2-Elektrolyseure unterfallen demnach nicht dem Anwendungsbereich des TEHG (vgl. UBA 2019: 20).

Pflichten nach dem Kreislaufwirtschaftsgesetz (KrWG)
Gemäß § 13 KrWG richten sich die Pflichten der Betreiber*innen von genehmigungsbedürftigen und nicht genehmigungsbedürftigen Anlagen nach dem Bundes-Immissionsschutzgesetz, diese so zu errichten und zu betreiben, dass Abfälle vermieden, verwertet oder beseitigt werden, nach den Vorschriften des Bundes-Immissionsschutzgesetzes. Im Anwendungsbereich des § 13 KrWG besteht damit hinsichtlich der Pflichten der Anlagenbetreiber*innen grundsätzlich ein Vorrang des Immissionsschutzrechts (vgl. Huschens in Giesberts/Reinhardt 2021, § 13 KrWG, Rn. 1).

REDAKTION

Dr. Simon Schäfer-Stradowsky
Institut für Klimaschutz, Energie
und Mobilität e. V. (IKEM)
Magazinstraße 15–16
10179 Berlin
Tel. (+49) (030) 4081870-10
E-Mail: judith.schaefer@ikem.de
www.ikem.de

KURZBIOGRAPHIE

Judith Schäfer ist Leiterin des Bereichs Energierecht am IKEM. Sie studierte Rechtswissenschaften an der Universität Konstanz und der Universidad de Valencia in Spanien und spezialisierte sich im Umwelt-, Planungs- sowie im öffentlichen Wirtschaftsrecht. Ihr Referendariat absolvierte sie am Landgericht Konstanz mit Stationen bei der Kanzlei Heuking Kühn Lüer Wojtek in Stuttgart, am Verwaltungsgericht Sigmaringen und am kanadischen Standort der Kanzlei Lette et Associés in Montréal. Nach Abschluss des Referendariates sammelte sie praktische Erfahrungen als wissenschaftliche Mitarbeiterin bei der Kanzlei GSK Stockmann. Nebenberuflich war sie im Wintersemester 2019/2020 als Lehrbeauftrage an der Hochschule für Wirtschaft und Recht Berlin (HWR) im Studiengang Wirtschaftsrecht tätig.

Leony Ohle ist wissenschaftliche Mitarbeiterin am IKEM im Fachbereich Energierecht. Dort beschäftigt sie sich maßgeblich mit den regulatorischen Fragen zum Aufbau einer H_2-Infrastruktur. Sie studierte Rechtswissenschaften an der Bucerius Law School in Hamburg und an der Humboldt-Universität zu Berlin. Sie war unter anderem als studentische Hilfskraft am Lehrstuhl von Prof. Dr. Stefan Grundmann für Bürgerliches Recht tätig. Das Referendariat absolvierte sie am Kammergericht Berlin mit Stationen am Verwaltungsgericht, der Senatsverwaltung für Justiz, Verbraucherschutz und Antidiskriminierung und in der Anwaltskanzlei White & Case LLP. Dort sammelte sie auch als wissenschaftliche Mitarbeiterin berufliche Erfahrungen im öffentlichen Recht.

„Grüne" Finanzierungsinstrumente im Rahmen der Akzeptanz

2.3

INTELLIGENTES FINANZIEREN MINDERT RISIKEN UND SCHAFFT AKZEPTANZ

2.3.1

AUTOREN:
Jens Fröhlich, *IKB Deutsche Industriebank AG* •
Lennart Seeger, *IKB Deutsche Industriebank AG*

Zusammenfassung In diesem Beitrag wird aufgezeigt, welche besonderen Problemstellungen bei der Finanzierung von Dekarbonisierungsprojekten bestehen, wie diese gelöst werden können und wie wichtig für den Umsetzungserfolg eine durchdachte Abstimmung und praxistaugliche Handhabe von Zuschussprogrammen, Förderkreditprogrammen und Finanzierungsinstrumenten sind.

2.3.1.1 Einführung

Der Klimawandel hat in den letzten Jahren die Schlagzeilen erobert, mehr und mehr Menschen in Europa fühlen sich auch ohne Hitze- oder Flutwellen davon bedroht. Auch wenn das Thema Klimawandel für befristete Zeit durch Corona und den Krieg in der Ukraine etwas zurückgedrängt wurde – und das traf nicht nur auf die öffentliche Diskussion zu, sondern auch auf die Investitionsentscheidungen der Industrie –, so ist doch festzuhalten, dass spätestens seit dem Jahr 2021 die vorübergehend in den Schubladen verstauten Pläne entstaubt und weiterverfolgt werden. Es ist beeindruckend, in welch kurzer Zeit bei Unternehmen aller Branchen und Größenklassen das Thema Nachhaltigkeit zur Chefsache geworden ist.

Zu Beginn der nachfolgenden Ausführungen soll eine knappe Differenzierung der sogenannten „Dekarbonisierung" im engeren Sinne gegenüber „Energieeffizienz- und Umweltprojekten" im herkömmlichen Sinne erfolgen. Das ist nicht nur für die nachfolgenden Ausführungen wesentlich, sondern daraus ergeben sich auch aus fördertechnischer Sicht relevante Konsequenzen.

Die Förderkategorie der Energieeffizienz- und Umweltprojekte ist vergleichsweise alt: So besteht das Umweltinnovationsprogramm des Bundesministeriums für Umwelt, Naturschutz, nukleare Sicherheit und Verbraucherschutz (BMUV) schon seit mehr als 40 Jahren; und auch das bekannte Kreditanstalt-für-Wiederaufbau(KfW)-Effizienzhaus wurde bereits vor mehr als zehn Jahren erfunden –, also lange bevor das Thema Klimawandel in der breiten Öffentlichkeit angekommen ist (vgl. Umweltinnovationsprogramm 2021: o. S.). Diesen Förderprogrammen ist gemein, dass sie im Kern auf eine Verbesserung des vorherrschenden Standards abzielen, aber in der Regel auf derselben technischen Grundlage aufsetzen. Eine energieeffizientere Produktionsmaschine basiert in der Regel auf ähnlicher Technik wie ihre Vorgänger, spart aber Energie. Sie ist am Ende wirtschaftlich zu betreiben.

Der mögliche Zuschuss soll neben der Energieeinsparung dabei helfen, etwaige höhere Anschaffungskosten auszugleichen und die Wirtschaftlichkeit zu verbessern.

Nun ist allerdings festzustellen, dass zumindest in vielen industriellen Anwendungsbereichen das Potenzial der iterativen Energieeffizienz- oder Umweltverbesserungen zunehmend ausgeschöpft zu sein scheint. So kommen zunehmend mehr Expert*innen zu der Einschätzung, die stetig weitere Verbesserung der Energieeffizienz etablierter technischer Prozesse und Methoden allein dürfte nicht zur Erreichung der Klimaneutralität bis 2050 ausreichen, geschweige denn bis 2045 (vgl. FutureCamp Climate GmbH 2019: 8ff.).

Es genügt folglich nicht, etablierte Technologien weiter zu optimieren. Vielmehr ist eine Umstellung von Herstellungsprozessen und Technologien erforderlich, in denen für die Energiegewinnung, aber noch vielmehr in der Produktion auf treibhausgasbelastende Elemente weitestmöglich verzichtet wird. Natürlich soll am Ende trotzdem ein gleichwertiges Produkt mit mindestens vergleichbarem Nutzen herauskommen. Die Stahlindustrie liefert dafür leicht nachvollziehbare Beispiele: Hier geht es nicht nur darum, die Prozesswärme künftig nicht mehr aus Kohle oder Erdgas zu gewinnen, sondern die Kohle auch im Verhüttungsprozess selber so weit wie möglich zu ersetzen. Wenn es gut läuft, ist der so gewonnene Stahl nicht schlechter als der auf konventionellem Weg erzeugte (vgl. ArcelorMittal Deutschland 2021: o. S.). Der beschriebene disruptive Prozess ist das, was im Folgenden als Dekarbonisierungsprojekt beschrieben wird.

Gemein ist den in diesem Sinne definierten Dekarbonsierungsprojekten durchweg, dass sie meist aus rein ökonomischer Sicht auf absehbare Zeit wirtschaftlich nicht zu rechtfertigen sind. Schließlich zeichnet sich in den meisten Branchen noch nicht ab, dass Abnehmer*innen der auf diese Weise treibhausgasfreundlich gefertigten Produkte bereit sind, ohne einen weiteren unmittelbaren Zusatznutzen die mit der Produktion verbundenen Mehrkosten auszugleichen. Die CO_2-Bepreisung will dies ausgleichen. Allerdings steht sie erst am Anfang und Deutschland würde angesichts seiner Verflechtung in internationale Märkte ein Alleingang teuer zu stehen kommen.

Es stellt sich also die Frage, wie die zum Teil erheblichen Investitionen in derartige Projekte durch den Einsatz von Fördermitteln und geeigneten Finanzierungsinstrumenten realisiert werden können und ob über diesen Weg die Akzeptanz der Maßnahmen erreicht werden kann.

2.3.1.2 Die Rolle der IKB als Industriefinanziererin und Förderberaterin

Die IKB Deutsche Industriebank AG ist das einzige Kreditinstitut in Deutschland, das seit seiner Gründung im Jahr 1924 seinen Fokus ausschließlich auf die langfristige Unternehmensfinanzierung großer deutscher Mittelstands- und Industriekund*innen richtet. Neben klassischen Krediten, Exportfinanzierungen und Kapitalmarktinstrumenten ist die IKB insbesondere auf größere Förderkreditfinanzierungen fokussiert. So kann sie über Jahrzehnte auf einen Durchleitungsanteil der für den größeren Mittelstand (nicht kleine und mittlere Unternehmen [KMU]) relevanten Förderprogramme der KfW von durchschnittlich zehn Prozent und mehr zurückblicken und sich in diesem Segment als langjährige Marktführerin behaupten. Hierbei stehen insbesondere die anspruchsvolleren Programme für Umwelt- und Energieeffizienzvorhaben im Vordergrund.

▸ Abb. 1
▸ Abb. 2

Davon ausgehend hat sich die IKB bereits seit 2015 als Förderberaterin ein zweites Standbein in der kreditunabhängigen Förder- und Zuschussberatung aufgebaut. Die Einführung von Förderprogrammen, die Darlehen und Zuschuss kombinieren, hat diese Entwicklung beschleunigt. Für das Marktsegment der Zuschussberatung gibt es kaum öffentlich zugängliche Statistiken. Eine der wenigen Orientierungsgrößen ist das sogenannte EU-Transparenz-Register, in dem gewährte Einzelbeihilfen ab 500.000 Euro seit 2017 von den Mitgliedstaaten zu hinterlegen sind (vgl. Europäische Kommission 2021: o. S.). Wertet man die dort für Deutschland hinterlegten Daten aus, so ergibt sich daraus nicht nur, dass die KfW den Großteil der Zuschüsse für die Umwelt- und Energieeffizienzförderung gewährt hat, sondern auch, dass davon im betreffenden Zeitraum etwa 40 Prozent durch die IKB als Bank oder Fördermittelberaterin vermittelt wurden.

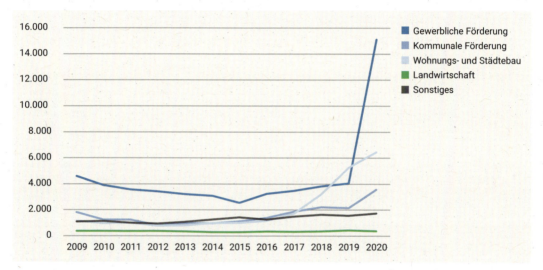

1 *Entwicklung Fördergeschäft in Deutschland: Zuschüsse (in Millionen Euro) (VÖB 2020)*

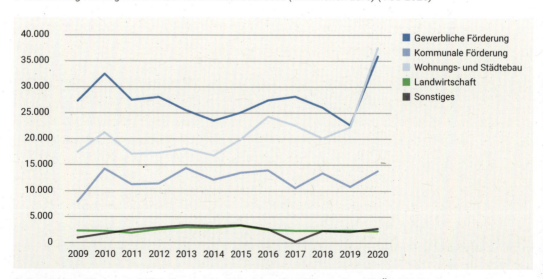

2 *Entwicklung Fördergeschäft in Deutschland: Darlehen (in Millionen Euro) (VÖB 2020)*

Die IKB ist also in der Lage, sowohl Fördermittelberatung als auch Finanzierung aus einer Hand zu bieten. In dieser Doppelrolle wird die IKB auch gerne von Ministerien und Projektträger*innen gehört, wenn es um die Entwicklung neuer Förderansätze geht. Entsprechend unterhält die IKB zu den relevanten Ministerien und Projektträger*innen enge und vertrauensvolle Beziehungen.

Die IKB ist somit eine der wenigen Banken, die nicht nur alle im vorliegenden Zusammenhang relevanten Spielarten der Investitionsfinanzierung anbietet – vom klassischen bilateralen Kredit bis hin zur Konsortialfinanzierung und von Kapitalmarktinstrumenten über Eigenmittel- bis hin zu Förderkrediten aus einer Hand –, sondern auch die entsprechende Zuschussberatung.

2.3.1.3 Die Finanzierung von Dekarbonisierungsprojekten

Energieeffizienz und Umwelt sind – wie in der Einführung bereits dargestellt – keine wirklich neuen Themen. Lange waren sie sowohl im produzierenden Gewerbe als auch in der Finanzindustrie von untergeordneter Bedeutung und wurden als „netter Nebeneffekt" betrachtet.

Das Pariser Klimaschutzabkommen von 2016 leitete den Richtungswechsel ein und zeichnete bereits den Weg vor, wie aus der „Nettigkeit" ein zentraler Aspekt zur Steuerung der Industrie- und Finanzpolitik werden sollte. Denn nicht nur der Industrie werden mit den in Paris beschlossenen Maßnahmen klare Emissionsgrenzen aufgezeigt, auch die Finanzindustrie wird regulatorisch motiviert, durch entsprechende Lenkung der Liquiditätsflüsse „grüne" (also klimafreundliche) Investitionen zu begünstigen und „braune" (also herkömmliche, weniger klimafreundliche) Investitionen sukzessive zu erschweren. Damit legte das Klimaschutzabkommen den Grundstein für das sogenannte „Green Financing" in seinen unterschiedlichsten Facetten, das an dieser Stelle zwar nicht weiter thematisiert werden soll, welches aber mit Sicherheit nicht nur die Vermarktung von Finanzprodukten prägen, sondern auch die Risikoentscheidungspraxis der Banken beeinflussen wird (vgl. Bafin 2019: 26).

Es dauerte aber noch etwas, bis die Auswirkungen des seinerzeit auch nicht übermäßig in den Medien beachteten Klimaschutzabkommens Eingang in den bundesdeutschen Alltag fanden. Dies passierte vor allem mit der Veröffentlichung des „Klimaschutzprogramms 2030" der Bundesregierung (vgl. BMU 2019: o. S.). Dieses dokumentiert, wie Deutschland den Weg zur Klimaneutralität – damals noch bis 2050 – vor allem mithilfe der CO_2-Bepreisung beschreiten will und welche Konsequenzen das für die wesentlichen Sektoren Energiewirtschaft, Verkehr, Bauen und Wohnen sowie für die Industrie insgesamt und am Ende für die Bürger*innen hat.

Voraussetzungen für die Finanzierung von Dekarbonisierungsprojekten

Damit stellte sich auch unabhängig von regulatorischen Vorgaben für einen Industriefinanzierenden die bis dahin ungewohnte Frage, ob emissionsintensive Industrien und deren Zuliefererbetriebe, die zum gegenwärtigen Zeitpunkt gut dastehen und volle Auftragsbücher vorweisen, in zehn Jahren noch ein tragfähiges Geschäftsmodell haben und entsprechend langfristig finanziert werden können. Bei der Automobilzulieferindustrie wurde das sehr schnell greifbar: Geschäftsmodelle, die sich komplett vom Verbrennungsmotor abhängig machen, haben es heute bei Banken sehr schwer. Einzelne Kreditinstitute gehen noch weiter und schließen die Finanzierung ausgewählter Branchen per Satzung aus. So vergibt etwa die Europäische Investitionsbank EIB mit ihrer aktuellen Lending Policy keine Kredite an Projekte zur Energiegewinnung aus Stein- und Braunkohle (vgl. EIB 2019: 38).

Zusammenfassend lässt sich festhalten: Die Finanzwirtschaft wird regulatorisch incentiviert, nachhaltige Investitionsvorhaben bevorzugt zu finanzieren. Sie muss sich daher die Frage stellen, ob es anhand vorliegender Risikoaspekte eine gute Idee ist, Kredite für hoffnungslos „braune" Projekte auf das eigene Buch zu nehmen.

Im Übrigen gelten für die Finanzierung von Dekarbonisierungsprojekten in dem eingangs definierten Sinne natürlich die gleichen Fragen wie für jeden anderen Kredit auch – nämlich passen Laufzeit und Volumen zum Projekt beziehungsweise kann der Kreditnehmende die für diese Finanzierung erforderlichen Tilgungen und Zinsen aufbringen? Hieraus ergibt sich implizit eine Weichenstellung – zwischen der Unternehmensfinanzierung einerseits und der Projektfinanzierung andererseits.

Die Kalkulierbarkeit der Geschäftsmodelle dürfte bei vielen größeren Dekarbonisierungsprojekten auf absehbare Zeit schwierig sein. Gleichwohl begünstigt die Politik aktuell Kooperationsprojekte respektive die sogenannte Sektorenkopplung, bei der sich mehrere Unternehmen unterschiedlicher Sektoren für die konsortiale Umsetzung eines gemeinsamen Dekarbonisierungsprojektes als Verbund zusammenschließen. Klassisch ist zum Beispiel ein Konsortium aus Energieversorger*in, Anlagenbauer*in und Abnehmer*in von grünem H_2. Für den Förderwettbewerb „Important Project of Common European Interest" (IPCEI) Wasserstoff ist ein derartiger länderübergreifender Zusammenschluss sogar Antragsvoraussetzung. Der Finanzierungsbedarf solcher Projekte oder Projektgesellschaften ist somit absehbar. Allerdings werden sich die genannten Verbundpartner*innen schwertun, entsprechende Projekte über ihre Bilanz in Form einer Unternehmensfinanzierung über das eigene Unternehmen darzustellen: Ihr Interesse wird vielmehr sein, die Finanzierung möglichst auf das Projekt abzustellen und das eigene Unternehmen von Belastungen freizuhalten, die sie selbst nur teilweise – nämlich entsprechend ihrem Anteil – steuern können.

▸ Abb. 3

Vor diesem Hintergrund stellt sich die Frage, wie man zum einen die Wirtschaftlichkeit von Dekarbonisierungsprojekten verbessern und zum anderen die Projekte durch individuelle Ausgestaltung der Risikobelastung finanzierbar machen kann.

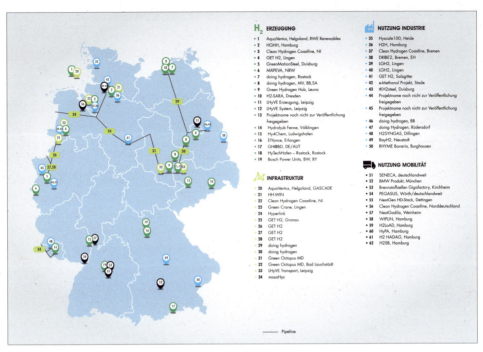

3 *Ergebnis IPCEI Wasserstoff, BMWK (BMWi 2021)*

2.3.1.4 Die Rolle der Zuschussförderung

Zuschüsse als Voraussetzung für die Finanzierbarkeit

Es gibt einen schönen Spruch, dessen Schöpfer zumindest dem Autor unbekannt ist, nämlich „Du kannst mir einen Elektrolyseur schenken, ich würde ihn nicht nehmen …". Gemeint ist in dem zuvor genannten Sinne, dass weder die Anschaffung eines Elektrolyseurs noch dessen Betrieb wirtschaftlich darstellbar ist, sondern aus rein ökonomischer Sicht eher ein Kostengrab darstellt. Hierbei sind die Anschaffungskosten im Vergleich zu den laufenden Betriebskosten wahrscheinlich in vielen Fällen das kleinere Problem. Vergleichsweise optimistische Studien gehen davon aus, schnell ansteigende Produktionskapazitäten, weiterhin günstige Energiekosten und verbesserte Auslastungsgrade könnten weltweit einen Rückgang von bis zu zwei Dritteln der Kosten und bei gleichzeitig ansteigenden CO_2-Preisen eine Wettbewerbsfähigkeit bis zum Jahr 2030 ermöglichen (vgl. Hydrogen Council 2021: 12). Andere Expert*innen halten selbst dieses Preisniveau für unverändert nicht wettbewerbsfähig (vgl. Agora Energiewende 2021: o. S.). Ein Vorhaben, das teuer ist und zumindest in absehbarer Zeit keine Erträge zeitigt, lässt sich allerdings schwer finanzieren. Die Idee, durch Fremdkapitalaufnahme den sogenannten Leverage-Effekt (engl. für Hebeleffekt) zu erzielen, kehrt sich ins Absurde. Somit ist entweder nur eine Finanzierung aus dem Eigenkapital des Unternehmens denkbar oder eine auf das gesamte Unternehmen abgestellte Finanzierung. Sofern das Unternehmen planbar so viele Erträge aus der regulären Tätigkeit erwirtschaftet, dass das Verlustprojekt „Dekarbonisierung" überkompensiert wird. Leicht nachvollziehbar wird das Problem umso drückender, je größer das Investitionsvolumen im Verhältnis zum operativen Cashflow des Unternehmens ist.

Es wird schnell klar, auch für die Finanzierung von Dekarbonisierungsprojekten durch Fremdkapital sind nicht rückzahlbare Zuschüsse und Zulagen ein wesentliches Element, die Last zu reduzieren und sowohl Rentabilität als auch Risiko aus dem Projekt zu nehmen.

Die alltäglichen Herausforderungen des Beihilferechts

Die Konsultation der EU-Kommission, die europaweit gültigen Beihilferegelungen an die neuen Anforderungen der Dekarbonisierung anzupassen, haben Anfang 2021 in Form neuer „Guidelines on State aid for climate, environmental protection and energy 2022" zu einigen Veränderungen geführt, schon in der Überschrift wurde der Begriff „Klima" gegenüber der Vorgängerversion ergänzt. Die Überführung dieser Regelungen in die nationale AGVO (Allgemeine Gruppenfreistellungsverordnung) wird wahrscheinlich noch einige Zeit in Anspruch nehmen. Bis heute werden zumindest nationale Fördermittel noch nach den bisherigen rechtlichen Rahmenbedingungen vergeben.

Ein zentrales Element zur Ermittlung von Beihilfehöchstgrenzen, deren Umfang über die Geringfügigkeit (de minimis) hinausgeht, ist die sogenannte kontrafaktische Analyse. Hiermit gemeint ist ein Denkmodell, in dem die geplante Investition für die Förderung beantragt und mit einem Szenario verglichen wird, das der Investierende zur Erreichung vergleichbarer Produktionsziele (zum Beispiel Kapazität oder Qualität) auch ohne Förderung umsetzen würde. Verglichen wird etwa eine besonders energieeffiziente und deshalb in der Anschaffung auch teurere Anlage mit einer weniger energieeffizienten Standardanlage, die aber ungeachtet ihrer Betriebskosten einen vergleichbaren Output leistet. Auf diese Weise ergibt sich der grundsätzlich intelligente Ansatz, die Mehrkosten für die zusätzliche Energieeffizienz durch Gegenrechnen der Kapazitätskosten zu ermitteln. Entsprechend werden diese Kostendifferenzen auch als Investitionsmehrkosten bezeichnet, die dann die sogenannten förderfähigen Kosten darstellen. So sieht das aktuell geltende Beihilferecht vor, je Förderschwerpunkt zwischen 30 bis 45 Prozent der Investitionsmehrkosten als Beihilfe zu gewähren (für KMU gelten höhere Fördersätze). Tabelle 1 gibt einen Überblick über die unterschiedlichen Beihilfeobergrenzen in Abhängigkeit von der Unternehmensgröße für ausgewählte Förderzwecke.

▶ Tab. 1

Aus Sicht des Steuerzahlenden ist dies sicher ein vertretbarer und nachvollziehbarer Ansatz, denn es kann nicht darum gehen, den Unternehmen Produktionsanlagen zu bezuschussen, sondern vielmehr die erhöhten Anschaffungskosten für energieeffiziente oder besonders nachhaltige Technologie durch Beihilfen zu mindern. Lediglich Investitionen, die ausschließlich umweltrelevante Effekte zeigen und über die behördlich vorgeschriebenen Grenzwerte (beispielshalber Bundes-Immissionsschutzgesetz) hinausgehen, können in vollem Umfang als Investitionsmehrkosten angesetzt werden.

1 Beihilfeobergrenzen für ausgewählte Verwendungszwecke (eigene Darstellung 2022)

Artikel	Förderzweck	KfW-Komponente	Max. Beihilfeintensität: Unternehmensgröße			Anmeldeschwelle ab Beihilfebetrag von
			Groß (GU)	Mittel (MU)	Klein (KU)	
36	Übererfüllung von Unionsnormen	3	40 %	50 %	60 %	15 Mio. Euro
37	Anpassung an künftige Unionsnormen – Mehr als drei Jahre vor Inkrafttreten der Norm – Ein bis drei Jahre vor Inkrafttreten der Norm	8	10 % 5 %	15 % 10 %	20 % 15 %	15 Mio. Euro 15 Mio. Euro
38	Energieeffizienzmaßnahmen	4	30 %	40 %	50 %	15 Mio. Euro
40	Hocheffiziente Kraft-Wärme-Kopplung	7	45 %	55 %	65 %	15 Mio. Euro
41	Erneuerbare Energien	5	Siehe Details Art. 41			15 Mio. Euro
45	Sanierung schadstoffbelasteter Standorte	9	100 %			20 Mio. Euro
46	– Energieeffiziente Fernwärme- und -kälte – Verteilnetze	11	45 %	55 %	65 %	15 Mio. Euro 20 Mio. Euro
47	Wiederverwendung von Abfall/Recycling	10	35 %	45 %	55 %	15 Mio. Euro

Auch wenn dieses Denkmodell in den letzten Jahrzehnten grundsätzlich gut funktioniert hat, zeigt es bei Dekarbonisierungsprojekten seine Schwächen, denn hier steht häufig nicht der Aufbau zusätzlicher Produktionskapazität im Fokus. Vielmehr geht es darum, wirtschaftlich sinnvolle und erprobte, jedoch leider treibhausgasintensive Technik gegen im Zweifel unrentable und unerprobte, jedoch zumindest perspektivisch treibhausgasneutrale Produktionstechnik auszutauschen. Damit einher geht die Hoffnung, dass die so hergestellten Produkte auch eine unveränderte Qualität zeigen, was aber nicht in jedem Fall garantiert ist, sondern häufig erst erprobt werden muss. Das hinter der Investitionsentscheidung liegende Motiv ist also weder ökonomisch noch technisch begründbar, sondern entspringt vielmehr dem Wunsch – oder dem Druck –, künftige Treibhausgasemissionen und damit einhergehende CO_2-Abgaben zu vermeiden.

Dabei führt das kontrafaktische Denkmodell jedoch in die Irre. Denn die Referenzinvestition ist häufig nicht etwa eine andere, weniger treibhausgasintensive Technik, sondern regelmäßig der Verzicht auf das Investitionsvorhaben überhaupt. Daraus ergibt sich eigentlich, dass die durch die nachhaltige Technik verursachten Investitionskosten im vollen Umfang Investitionsmehrkosten im Sinne der Allgemeinen Gruppenfreistellungsverordnung (AGVO) darstellen müssten. Das jedoch in jedem Einzelfall herzuleiten und gegenüber deutschen Fördergebenden und – bei großen, notifizierungspflichtigen Projekten – gegenüber der EU-Kommission zu begründen, ist so schwierig wie langwierig und kann die Umsetzung der aus Klimaschutzsicht besser heute als morgen gewünschten Projekte erheblich verzögern.

Das gegenwärtige Beihilferecht kennt für das beschriebene Dilemma dem Grunde nach nur einen Ausweg, nämlich die Ausschreibung der Förderung im Sinne eines Förderwettbewerbs, gerne in Verbindung mit hohen Ansprüchen an den Innovationsgrad der vorgestellten Vorhaben. Soll die Förderung ein Volumen einnehmen dürfen, das über die absoluten Fördersätze hinausgeht, die im Ermessen der Mitgliedstaaten stehen (in der Regel 15 Millionen Euro), muss die Förderung europäischen Maßstäben entsprechen. Vor diesem Hintergrund versteht sich auch die Initiative Deutschlands, Förderung im Zuge der IPCEI zu vergeben. Die Kehrseite der Medaille ist allerdings, dass hier weitere Mitgliedstaaten mitziehen müssen und der Anspruch an solche Projekte bezüglich Internationalität und Innovationsgrad umso ehrgeiziger ausfällt. Nicht minder sinnvolle nationale oder weniger innovative Projekte können da meist nicht mithalten. Für KMU, deren Druck in Richtung Dekarbonisierung nicht geringer ausfällt, stellt die IPCEI-Ausschreibung eine nahezu unüberwindbare Hürde dar, da eine internationale Kooperation ihre Ressourcen regelmäßig überfordern dürfte.

Sowohl CapEx als auch OpEx

In den vorausgegangenen Ausführungen wurde die Notwendigkeit von Investitionszuschüssen bereits dargestellt, auch als Voraussetzung für die Finanzierbarkeit von Dekarbonisierungsprojekten. Zu lösen ist aber nicht nur das Problem der Finanzierbarkeit der Investitionskosten, sondern auch das der Finanzierbarkeit der laufenden Betriebskosten unter Einsatz öffentlicher Förderung.

Das europäische Beihilferecht kennt vor allem Beihilfen für Investitionsvorhaben. In der Regel sehen die entsprechenden Programme als Differenzierungskriterium vor, dass die Investition nach Umsetzung auch als Anlagevermögen aktiviert wird. Dies ist eine Anforderung, die für die zuvor geschilderten Förderprogramme unproblematisch ist.

Die Bezuschussung von Aufwand – also nicht aktivierungsfähigen Soft Costs – ist beihilferechtlich bislang nur unter der Rubrik Innovationsförderung vorgesehen. Hier wird der tatsächlich anfallende F&E-Aufwand Grundlage für die Ermittlung der förderfähigen Kosten. Die Bezuschussung aufwands- beziehungsweise nicht aktivierungsfähiger Positionen ist zumindest außerhalb der De-minimis-Regelung für Dekarbonisierungs-, Umwelt- oder Energieeffizienzprojekte im gegenwärtigen Beihilferecht nicht vorgesehen.

Bei Dekarbonisierungsprojekten, und insbesondere bei grünem H_2, ergibt sich hieraus ein Problem. Denn die Bereitstellung einer Energieinfrastruktur und entsprechender Produktionsanlagen (in unserem Sinne CapEx, capital expenditures beziehungsweise Investitionskosten) ist das eine, der dauerhafte Betrieb dieser Anlagen das andere. So ist nicht nur bis auf Weiteres die Herstellung von grünem H_2 deutlich energieintensiver, sondern auch die hierfür erforderlichen Energiequellen sind um einiges teurer. Die Herausforderung betrifft also auch bei einer Unterstützung durch Fördermittel die Beschaffungskosten (OpEx, operational expenditures). Grauer H_2 wird in der Regel mit Erdgas hergestellt, für grünen müssen es aber Grünstrom oder andere regenerative Energiequellen sein, die deutlich kostenintensiver sind. Wenngleich Industriekunden (vgl. BMWi 2021) durch regulatorisch vergünstigte Strompreise im Vergleich zu Privathaushalten (vgl. Eurostat 2021) deutlich begünstigt werden, bewegen sich die deutschen Stromkosten europaweit an der Spitze: Großabnehmer*innen zahlten vor etwaigen Turbulenzen am Energiemarkt im Jahr 2020 in Deutschland für die Kilowattstunde immer noch das 3,5-Fache des Preises in Norwegen. Dabei stammten nur rund vier Prozent des deutschen Industriestroms aus erneuerbaren Quellen, wohingegen der norwegische Strom zu 98 Prozent aus erneuerbaren Energien stammt (vgl. AHK Norwegen 2020). Die nachfolgende Abbildung veranschaulicht den fragwürdigen deutschen Spitzenreiterplatz beim

▶ **Abb. 4** Vergleich ausgewählter europäischer Industriestrompreise.

Um den Rahmen an dieser Stelle nicht zu sprengen, sei nur angemerkt, dass auch nach der Entscheidung der EU-Kommission, Atomkraft und Gas mit in die EU-Taxonomie aufzunehmen und damit als grün zu klassifizieren, noch keine Einigkeit darüber besteht, ob Atomstrom als grüne Energiequelle zu verstehen ist. Dem deutschen Verständnis nach basiert grüne Energie zumindest auf Wind- und Sonnenenergie, während einzelne Mitgliedsländer wie Frankreich der Meinung sind, dass auch Atomstrom als grüne Energiequelle zu verstehen ist (vgl. Musler 2020).

Zumindest hat Deutschland erkannt, dass die hohen Energiekosten – und damit die ebenfalls hohen Bezugskosten für (im deutschen Sinne) grünen H_2 ein großes Hemmnis für die Umstellung der Industrie von fossilen Energieträgern oder grauem H_2 auf grünen H_2 darstellen. Schon lange wurden verschiedene Modelle einer zumindest vorübergehenden Bezuschussung dieser Bezugskosten diskutiert. Hierbei hat sich insbesondere das Modell der sogenannten Carbon Contracts for Difference (CCfD) durchgesetzt. Die Idee dabei ist, dass zumindest, solange grüner H_2 deutlich teurer ist als durchschnittliche, herkömmliche Energieträger, ein Teil der daraus resultierenden Kostendifferenz staatlich bezuschusst wird und die Industrie Rückzahlungen an den Bund vornimmt, wenn im Laufe der Zeit die Kosten sinken oder zyklisch unterhalb des so definierten Referenzpreises fallen. So gut diese Idee ist, so schwer ist sie aktuell mit dem eingangs genannten Beihilferecht vereinbar.

Mittlerweile hat das Bundesministerium für Wirtschaft und Klimaschutz im Dezember 2022 eine Förderrichtlinie für die Klimaschutzverträge vorgelegt. Erste Verträge sollen bereits im Jahr 2023 geschlossen werden.

Eine zentrale Rolle, um neue Produktionsverfahren im Rahmen von Dekarbonisierungsprojekten konkurrenzfähig zu machen, spielen die Betriebskosten (OpEx), die bei nachhaltigen Energieträgern wie H_2 aufgrund von verfahrensbedingten Gründen höher als bei konventionellen Verfahren ausfallen (vgl. dena 2021). Deutschland steht vor der Herausforderung, die Bezugskosten für grünen H_2 auf ein Niveau herunterzubringen, das der energieintensiven Industrie die internationale Wettbewerbsfähigkeit gewährleistet. Denn davon hängen nicht nur die Positionierung Deutschlands als Exportweltmeister und viele Arbeitsplätze ab, sondern auch die Finanzierbarkeit entsprechender Vorhaben.

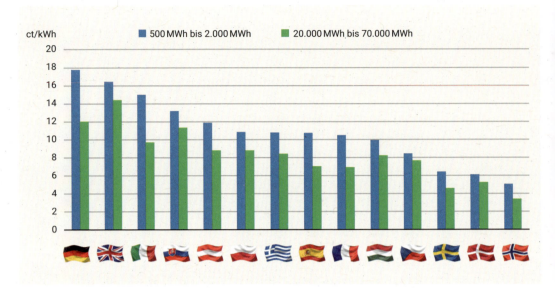

4 Vergleich ausgewählter Industriestrompreise (Eurostat 2021)

Durchfinanzierung als Voraussetzung für Zuschüsse

Bei größeren Fördersummen und/oder mehrjährigen Investitionsvorhaben macht der Fördergebende für die Inanspruchnahme eines Zuschusses gerne die Auflage, die Durchfinanzierung des Vorhabens nachzuweisen. Je nach Programm ist dies entweder durch die Hausbank zu erledigen oder indem das Unternehmen seine wirtschaftlichen Verhältnisse offenlegt und der Fördergebende selbst eine Bonitätsprüfung macht.

Diese vermehrt zu beobachtende Praxis versteht sich vor dem Hintergrund der Sorgfaltspflicht des Fördergebenden, der die häufig recht hohen Summen nur dann auszahlt, wenn er sich vergewissern konnte, dass das Projekt nach Auszahlung der Zuschüsse nicht aufgrund sonst mangelnder Liquidität ins Stocken gerät oder gar abgebrochen werden muss. Hier sei nur nebenbei angemerkt, dass dies im Falle der Bestätigung durch eine Hausbank häufig einen so verbindlichen Charakter hat, dass die Hausbank diese Bestätigung eigenkapitalbelastend einzubuchen hat.

Im Einzelfall – etwa bei IPCEI-Projekten – sehen sich Unternehmen vor der Herausforderung, auch den durch Zuschüsse finanzierten Teil mit anderweitiger Liquidität vorfinanzieren zu müssen. Wohl dem, der hierfür schon frühzeitig eine Bank eingebunden hat.

Im Umkehrschluss können Unternehmen mit eher schwacher Bonität im Einzelfall nicht in der Lage sein, ihre Projekte durch Zuschüsse zu retten. „Unternehmen in Schwierigkeiten" im Sinne der EU-Definition sind regelmäßig ganz von der Förderung ausgeschlossen. Bei diesen Unternehmen handelt es sich nicht nur um solche, die auf den ersten Blick von der Zahlungsunfähigkeit bedroht sind, sondern gegebenenfalls auch um solche, deren Eigenkapital in hohem Umfang durch Gesellschafter*innendarlehen oder vergleichbare nachrangige Schuldtitel gestellt wird. Hier weicht die europäische Regelung von der deutschen Bewertungspraxis deutlich ab. Es empfiehlt sich, diesen Sachverhalt sorgfältig zu prüfen.

Gleichzeitig ergibt sich hieraus aber auch eine andere problematische Facette. Handelt es sich bei dem Antragstellenden um ein Unternehmen ohne Historie, wie ein Start-up oder ein neu gegründetes Joint Venture, kann der Durchfinanzierungsnachweis schnell problematisch werden.

2.3.1.5 Mögliche Finanzierungsansätze für Dekarbonisierungsprojekte

Wie können Dekarbonisierungsvorhaben finanziert werden? Diese Frage unterteilt sich in zwei Aspekte. Nämlich, wo kommt das Geld her und welche Besonderheiten sind zu berücksichtigen, um eine ausreichende Risikotragfähigkeit herzustellen?

Bezüglich der Mittelherkunft kommen zunächst grundsätzlich alle denkbaren Kapitalquellen in Betracht: Seien es kapitalmarktorientierte Produkte, wie Anleihen oder Schuldscheindarlehen, bankrefinanzierte Darlehen oder eben Förderkredite. Diese Refinanzierungskategorie und ihre Vorzüge wollen wir im Folgenden näher betrachten. Offen soll hierbei bleiben, ob im Fall von Bankfinanzierungen die Finanzierung durch eine Bank oder durch ein Konsortium von Banken getragen wird und der Kredit gegebenenfalls als syndizierte Struktur aufgesetzt wird.

Die Rolle von Förderkrediten

In kaum einem anderen Land – selbst im europäischen Vergleich – spielt der Förderkredit für die Finanzierung von Unternehmen eine so große Rolle wie in Deutschland. Nicht umsonst ist die führende Förderbank Deutschlands, die KfW, mittlerweile nach Bilanzsumme die drittgrößte Bank im Ranking der Top-100-Kreditinstitute in Deutschland (Die-Bank 2020). Auf den ersten 15 Plätzen finden sich auch noch die NRW.Bank (die Förderbank für das Land Nordrhein-Westfalen) und die Rentenbank (mit Fokus auf Agrarwirtschaft und Nahrungsmittelsektor). Jedes Bundesland kann zudem eine eigene Förderbank vorweisen, KfW und Rentenbank hingegen agieren bundesweit.

Wie lässt sich die Beliebtheit von Fördermitteln erklären? Grundsätzlich zeichnet sich der Förderkredit durch folgende Merkmale aus:

- die Konditionierung, die sich zwar grundsätzlich am Kapitalmarkt orientiert, aber für anspruchsvolle Vorhaben auch Konditionen vorsieht, die deutlich unterhalb des Kapitalmarkts liegen.
- die Laufzeit, die in der Regel langfristig ist, das heißt mindestens fünf, im Einzelfall aber auch deutlich mehr als zehn Jahre beträgt, damit auch längerfristige Umsetzungsphasen durchfinanziert und das Risiko einer Anschlussfinanzierung zum möglicherweise unpassenden Moment ausschließt. Dies ist insbesondere relevant im Zusammenhang mit dem festen Zinssatz, der zusätzliche Finanzierungssicherheit bietet und Zinsschwankungen jeder Art ausschließt, unabhängig davon, ob diese durch Entwicklungen am Kapitalmarkt oder durch eine veränderte Risikotragfähigkeit des Darlehensnehmers verursacht worden sind.
- Optionale Zusatzkomponenten wie Tilgungszuschuss oder Risikoübernahme runden schließlich das Bild ab und können die Attraktivität der Förderkredite weiter erhöhen. So ist es in ausgewählten Konstellationen möglich, die Finanzierung direkt mit einem Zuschuss zu koppeln, dann Tilgungszuschuss genannt, der

bewirkt, dass nach Umsetzung des Projekts ein Teil der dann noch offenen Restschuld erlassen und entsprechend nicht zurückgezahlt werden muss. Sowohl steuer- als auch beihilferechtlich ist dieser Tilgungszuschuss einem direkten Zuschuss gleichgestellt. In anderen Konstellationen, wenn das Risiko der Finanzierung nicht ganz den Anforderungen der Banken entspricht, kann die Förderbank das Förderdarlehen mit einer Haftungsfreistellung oder einer Nachrangtranche kombinieren, was in beiden Fällen dazu führt, dass die Bank am Ende von einem Teil des Kreditnehmerrisikos entlastet wird. Letzteres gibt es aber in der Regel nicht kostenfrei, sondern ist der Förderbank zu vergüten und führt dazu, dass die Förderbank ihrerseits und unabhängig von der finanzierenden Hausbank eine eigene Risikoentscheidung fällt, die nicht zwangsläufig gleichlautend mit der der Hausbank ist.

Diese Einführung hat wahrscheinlich bereits gezeigt, wo die Stärken des Förderkredits auch im Zusammenhang mit der Finanzierung eines Dekarbonisierungsprojektes ausgespielt werden können. Nicht von ungefähr wurde daher auch der KfW im bereits von der letzten Bundesregierung veröffentlichten „Klimaschutzprogramm 2030" eine besondere Rolle in der Finanzierung der Klimawende zugesagt und auch die aktuelle Koalition misst der KfW eine besondere Rolle zu.

In der Tat kann festgehalten werden, dass es schon vorher eine Reihe von KfW-Förderprogrammen gab, die grundsätzlich geeignet sind, Dekarbonisierungsprojekte zu refinanzieren. Hier bieten sich insbesondere die Programme KfW-Umweltprogramm, KfW-Klimaschutzoffensive oder die KfW-Programme Erneuerbare Energien an, die im Laufe der Jahre in Nuancen angepasst wurden. Dennoch besteht hier auch noch Optimierungspotenzial.

Besondere Handlungserfordernisse liegen dabei wahrscheinlich weniger in der Erweiterung der Förderzwecke und der Ausweitung von Zuschüssen, als vielmehr in der Bereitschaft, das etablierte Instrument der Risikoentlastung auch verstärkt als optionalen Baustein für Dekarbonisierungsprojekte zugänglich zu machen, was im Moment nicht der Fall ist. Denn nicht wenige Projekte dürften genau hieran kranken. Entweder, weil der Investor zwar vor hohen Investitionsherausforderungen steht, seine Bonität aber die beliebige Hereinnahme weiteren Fremdkapitals nicht zulässt. Oder aber, weil die der Sektorenkopplung geschuldeten Joint-Venture-Konstruktionen keine ausreichende Risikotragfähigkeit vorweisen können.

Die Herausforderung besteht allerdings nicht nur darin, die Programme entsprechend zu erweitern, sondern auch, dies mit geltenden Beihilferegularien in Einklang zu bringen.

Unternehmens- versus Projektfinanzierung

Investiert ein bonitätsstarkes Unternehmen in ein Dekarbonisierungsprojekt, so interessiert die Wirtschaftlichkeit des Investitionsvorhabens weniger, wenn der Kreditgebende den gesamten Unternehmensertrag zugrunde legen kann und so davon ausgehen darf, dass die Schuldendienstfähigkeit des Kreditnehmenden auch unbeachtet der Wirtschaftlichkeit des zu finanzierenden Projekts gegeben ist. Allerdings dürfte genau dieser Umstand auf eine Vielzahl der anstehenden Projekte nicht zutreffen: Einzelne Branchen, wie die Stahlindustrie, sind sehr volatil und mussten in der jüngeren Vergangenheit mehrere ertragsschwache Jahre in Kauf nehmen, was sich auch in ihrer Bonität spiegelt.

▸ Abb. 5
▸ Abb. 6
Anders stellt sich der Sachverhalt dar, wenn auf eine Projektbonität abzustellen ist, das heißt der Schuldendienst nicht durch das Unternehmen insgesamt zu erbringen ist, sondern wie unten dargestellt nur auf die nach einer Anlaufphase resultierenden Erträge des zu finanzierenden Projektes. Die finanzierende Bank wird in diesem Fall intensiv prüfen und modellieren, wann und unter welchen Bedingungen der Cashflow des Projektes für den Schuldendienst ausreicht, und diverse Risikoszenarien durchspielen. Voraussetzung hierfür sind also in gewisser Weise auch vorhersagbare Geschäftsverläufe, wie das mittlerweile bei der Kraftwerksfinanzierung oder der Windparkfinanzierung (dank staatlich garantierter Abnahmepreise) möglich ist.

In diesem Zusammenhang sind auch die im vorausgegangenen Kapitel Fördermittel gemachten Ausführungen zum Thema Risikoentlastung zu verstehen. Entsprechende Instrumente müssen so ausgestaltet sein, dass sie sowohl für die klassische Unternehmens als auch für eine Projektfinanzierung einsetzbar sind.

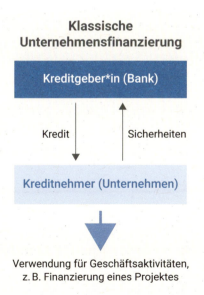
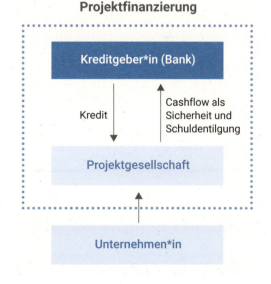

5 *Klassische Unternehmensfinanzierung (eigene Darstellung 2022)*

6 *Projektfinanzierung (eigene Darstellung 2022)*

2.3.1.6 Fazit

Die gemachten Ausführungen legen anschaulich dar, dass die Transformation der energieintensiven Industrie auch von einer Vielzahl finanzwirtschaftlicher Nebenbedingungen abhängt. Der offensichtlich effizienteste Weg ist die Vergabe von Zuschüssen, die den Kapitalbedarf reduzieren und Risiken mindern. Allerdings ist diesbezüglich die ein oder andere Förderlücke durchaus noch nicht geschlossen.

Die Erwartung, die genannten Anforderungen allein durch Zuschüsse zu regeln, scheitern bislang nicht nur am geltenden Beihilferecht, sondern vor allem auch an der Endlichkeit der Fördertöpfe. Ohne zusätzlich eingesetztes Privatkapital kann die Transformation nicht gelingen.

Für Förder- und Geschäftsbanken besteht die Herausforderung darin, ein intelligentes Zusammenspiel aus Förderprogrammen mit Risikoübernahme durch die öffentliche Hand und etablierten Finanzinstrumenten zu kreieren.

„Grüne" Finanzprodukte geben für sich keine Antwort auf die aufgeworfenen Fragen, sondern sind eher eine Variante der dargestellten Ansätze.

REDAKTION

Jens Fröhlich
IKB Deutsche Industriebank AG
Wilhelm-Bötzkes-Straße 1
40474 Düsseldorf
Tel. (+49) (0211) 8221-4090
E-Mail: Jens.Froehlich@ikb.de
www.ikb.de
www.ikb-blog.de

KURZBIOGRAPHIEN

Jens Fröhlich ist Leiter Fördermittel & Exportfinanzierung bei der IKB Deutsche Industriebank AG und zusammen mit seinem Team verantwortlich für die Akquisition und Umsetzung von Kund*innenprojekten in den entsprechenden Bereichen und hält den Kontakt zu allen hierfür relevanten öffentlichen Stellen. Er studierte Volkswirtschaft in Duisburg und Soka (Japan) sowie Rechtswissenschaften in Münster. Seine ersten Berufsjahre absolvierte er in auf den Mittelstand ausgerichteten Beratungsunternehmen, bevor er 2000 zur IKB stieß.

Lennart Seeger ist Analyst in der Industriegruppe Energy & Utilities der IKB Deutsche Industriebank AG. Er ist involviert in Projekt- und Unternehmensfinanzierungs- sowie Corporate-Finance-Transaktionen der Bank. Nach seinem Business-Administration-Studium in Düsseldorf stieß er 2021 zur IKB, nachdem er während und nach seinem Studium Erfahrungen in verschiedenen Großbanken sammelte.

„GRÜNE" FINANZIERUNGSINSTRUMENTE IM RAHMEN DER AKZEPTANZ

AUTOREN:
Marcus Lodde, *Effizienz-Agentur NRW* • Andreas Bauer-Niermann, *Effizienz-Agentur NRW*

Zusammenfassung Welche „grünen" Finanzierungsinstrumente gibt es und welchen Impuls können sie auf unternehmerische Entscheidungen hinsichtlich eines Umbaus hin zu einer klimaneutralen Produktion auslösen? In diesem Beitrag sollen die politischen Rahmenbedingungen für „grüne" Finanzierungsinstrumente auf EU- und Bundesebene vorgestellt und es soll betrachtet werden, welchen Anforderungen sich ein Unternehmen stellen muss. Wie kann die Vielzahl der angebotenen Förderprogramme zur Energiewende von den Unternehmen genutzt werden und welcher Aufwand auf Unternehmensseite ist dafür zu erbringen? Mit der Vorstellung einer standardisierten Treibhausgasbilanzierung für Unternehmen am Ende des Beitrages soll aufgezeigt werden, wie Unternehmen interne CO_2-Treiber identifizieren und Handlungsschritte zur Vermeidung und Verringerung der Emissionen ableiten können. Gleichzeitig kann dieses Instrument dazu beitragen, bei der Nutzung von „grünen" Finanzierungsinstrumenten ein messbares Ergebnis von betrieblichem Handeln aufzuzeigen.

2.3.2.1 Politische Rahmenbedingungen

Das Europäische Parlament und die EU-Kommission

Das Europäische Parlament hat am 20. April 2021 eine informelle Einigung mit den Mitgliedstaaten über das EU-Klimagesetz erzielt: Die EU soll bis 2050 klimaneutral werden. Das neue Gesetz verwandelt dieses politische Versprechen in eine Verpflichtung. Es gibt den Bürger*innen sowie Unternehmen jene Rechtssicherheit und Planbarkeit, die sie brauchen, um den Übergang zur Klimaneutralität zu gestalten. Nach 2050 strebt die EU negative Emissionen an (vgl. Europäisches Parlament, Pressemitteilung, 22. April 2021).

Um dieses ambitionierte Ziel zu erreichen, sind massive Investitionen in die grüne Transformation der Wirtschaft nötig. Mit entsprechenden Regulierungsmaßnahmen können die EU-Kommission, die Bundesregierung und die jeweiligen Länderregierungen Rahmenbedingungen schaffen, mit denen die Wirtschaft und die Konsument*innen in die Lage versetzt werden können, dieses Ziel zu erreichen. Hierzu gehören unter anderem Umweltauflagen, Ökosteuern und CO_2-Zertifikate, Kapitalanlagevorschriften, aber im Gleichklang auch Unterstützungsangebote beispielsweise zur Beratung und eben zur Förderung durch Umweltförderprogramme.

Auf die Kapitalanlegevorschriften möchten wir an dieser Stelle zuerst eingehen, bevor wir die rechtlichen und politischen Rahmenbedingungen beschreiben, die eine Steuerung über Umweltförderprogramme ermöglichen. Ziel ist es aufzuzeigen, welchen Regulierungsmaßnahmen die energieintensive Industrie aktuell gegenübersteht.

In jüngster Zeit weitet sich die Verfolgung gesellschaftlicher Ziele, etwa der Klimaneutralität, auch auf die Finanzierungsseite aus. Private Investor*innen sollen einen großen Beitrag zur Zielerreichung leisten. Somit geraten Finanzprodukte ins Blickfeld der Betrachtung, wobei sich die Frage stellt, ob Anlagen in „grünen" Finanzinstrumenten – oder generell ESG-konforme (ESG = Environment, Social, Governance) Anlagen – dazu beitragen können, dass die realwirtschaftliche Investitionstätigkeit im Sinne einer umweltschonenden Produktion steigt. Der Wissenschaftliche Beirat beim Bundesministerium der Finanzen (BMF) hat in seiner jüngsten Stellungnahme „Grüne Finanzierung und Grüne Staatsanleihen – Geeignete Instrumente für eine wirksame Umweltpolitik?" Antworten gegeben (vgl. Wissenschaftlicher Beirat beim Bundesministerium der Finanzen 2021).

In seinen Schlussfolgerungen kommt er zu folgendem Ergebnis: „Die Beförderung realwirtschaftlicher Ziele durch entsprechende Vorgaben bei der Ausgabenfinanzierung (ESG Finance) ist nur unter bestimmten, sehr restriktiven Bedingungen überhaupt denkbar. So sollte das Mittel der ESG-orientierten Staatsfinanzierung nicht missbraucht werden, um reine Symbolpolitik zu betreiben oder das Gebot des Haushaltsausgleichs aufzuweichen" (Wissenschaftlicher Beirat beim Bundesministerium der Finanzen, 2021, S. 12). „Die Schwierigkeit, gerade bei größeren Unternehmen oder öffentlichen Haushalten zwischen Mittelherkunft und Mittelverwendung eindeutige Bezüge herzustellen, stellt die Sinnhaftigkeit einer ESG-orientierten Finanzierung infrage" (Wissenschaftlicher Beirat beim Bundesministerium der Finanzen 2021: 12).

„Eine realwirtschaftliche Wirkung ist bei passiver Kapitalanlage nur dann vorstellbar, wenn die Zahl der passiven Kapitalanlegerinnen und -anleger groß ist und die Märkte durch besondere Friktionen gekennzeichnet sind. Denn unter vollkommenen Kapitalmarktbedingungen werden die Anlageentscheidungen ESG-orientierter Sparerinnen durch gegenläufige Entscheidungen anderer Kapitalanlegerinnen und -anleger der Tendenz nach neutralisiert. Realwirtschaftliche Änderungen im gewünschten Sinn sind am ehesten dann zu erwarten, wenn private Kapitalanlegerinnen und -anleger aktiv gestaltenden Einfluss nehmen – nicht zuletzt unter Inkaufnahme einer persönlichen Ertragsschmälerung. Eine vergleichbare Möglichkeit der Einflussnahme durch Anlegerinnen gibt es beim Staat nicht" (Wissenschaftlicher Beirat beim Bundesministerium der Finanzen 2021: 12).

Nachhaltige Kapitalanlage

Für private Kapitalanlegende gibt es inzwischen ausreichend nachhaltige Möglichkeiten. Dass bei ESG-Anlagen im Markt nicht unbedingt eine Inkaufnahme von persönlichen Ertragsschmälerungen eintreten muss, zeigt zum Beispiel der Fonds „ERSTE WWF STOCK ENVIRONMENT Retailtranche: EUR R01, AT0000705660". Es handelt sich um einen globalen Aktienfonds der Umwelttechnologiebranche, der die Titelauswahl auf

Unternehmen fokussiert, die vor allem in den Bereichen Wasseraufbereitung und -versorgung, Recycling und Abfallwirtschaft, erneuerbare Energie, Energieeffizienz und Mobilität tätig ist. Eine messbare positive Auswirkung (engl. impact) auf die Umwelt beziehungsweise Gesellschaft steht bei der Investmententscheidung im Vordergrund (vgl. Erste Group Bank AG 2021). Die Rendite des Fonds in Höhe von 93,96 Prozent (vgl. ERSTE WWF STOCK ENVIRONMENT, Rechenschaftsbericht 2020/2021: 7) fällt im Vergleich zum Deutschen Aktienindex mit 15,8 Prozent (vgl. Deutsches Akteninstitut 2021) deutlich positiver aus, womit aufgezeigt werden kann, dass entsprechende Kapitalanlagen vorteilhaft sein können.

Auch die EU-Kommission hat sich seit 2018 mit dem Thema „Grünes Geldanlegen" beschäftigt. Mit dem am 21. April 2021 angenommenen ambitionierten und umfassenden Maßnahmenpaket will sie mehr Geld in nachhaltige Tätigkeiten lenken. Anlegende sollen in die Lage versetzt werden, ihre Investitionen auf nachhaltigere Technologien und Unternehmen umzustellen und so wesentlich zur Klimaneutralität Europas bis 2050 beizutragen (vgl. Europäische Kommission, Pressemitteilung, 21. April 2021). Das Maßnahmenpaket umfasst:

- die delegierte Verordnung zur EU-Klimataxonomie. Sie zielt darauf ab, Investitionen in nachhaltige Wirtschaftstätigkeiten zu fördern. Diesbezüglich wird klargestellt, welche Wirtschaftstätigkeiten am meisten zur Erreichung der EU-Umweltziele beitragen.
- einen Richtlinienvorschlag zur Nachhaltigkeitsberichterstattung der Unternehmen. Dieser soll die Kohärenz der Nachhaltigkeitsberichterstattung der Unternehmen erhöhen und dafür sorgen, dass Finanzunternehmen, Anleger*innen sowie dem breiteren Publikum vergleichbare und verlässliche Angaben zum Thema Nachhaltigkeit zur Verfügung gestellt werden.
- sechs delegierte Änderungsrechtsakte zu treuhänderischen Pflichten und zu Anlage- und Versicherungsberatung, die sicherstellen werden, dass Finanzunternehmen wie Beratungsgesellschaften, Vermögensverwaltungsgesellschaften oder Versicherer das Thema Nachhaltigkeit in ihre Verfahren und in ihre Anlageberatung für Kund*innen aufnehmen.

Die Kriterien der oben angegebenen EU-Klimataxonomie sind das Ergebnis zahlreicher Rückmeldungen von Interessenträger*innen und der diesbezüglichen Diskussionen mit Europäischem Parlament und Rat und stützen sich auf wissenschaftliche Empfehlungen der Sachverständigengruppe für ein nachhaltiges Finanzwesen. Wirtschaftliche Tätigkeiten von etwa 40 Prozent der börsennotierten Unternehmen in den Sektoren Energie, Forstwirtschaft, Herstellung, Verkehr und Gebäude deckt der delegierte Rechtsakt ab, auf diese entfallen knapp 80 Prozent der direkten Treibhausgasemissionen in Europa.

Auf die EU-Klimataxonomie werde ich an späterer Stelle im Kontext der Umweltförderprogramme noch einmal eingehen.

Die Kommission hat am 6. Juli 2021 eine Reihe weiterer Maßnahmen verabschiedet, um sich noch ambitionierter für ein nachhaltiges Finanzwesen einzusetzen. Zunächst enthält die neue Strategie für ein nachhaltiges Finanzwesen mehrere Initiativen zur Bewältigung des Klimawandels und anderer ökologischer Herausforderungen. Gleichzeitig sollen – unter stärkerer Einbeziehung kleiner und mittlerer Unternehmen (KMU) – die Investitionen in den Übergang der EU zu einer nachhaltigen Wirtschaft gesteigert werden. Mit dem ebenfalls verabschiedeten Vorschlag für einen EU-Standard für „grüne" Anleihen soll ein qualitativ hochwertiger freiwilliger Standard für Anleihen zur Finanzierung nachhaltiger Investitionen geschaffen werden. Schließlich verabschiedete die Kommission einen delegierten Rechtsakt über die Informationen zur Nachhaltigkeit der Tätigkeiten von Finanz- und Nichtfinanzunternehmen, die von diesen auf der Grundlage von Art. 8 der EU-Taxonomie offengelegt werden müssen.

Diese Initiativen unterstreichen die weltweit führende Rolle der EU bei der Festlegung internationaler Standards für ein nachhaltiges Finanzwesen. Die Kommission strebt im Interesse eines soliden internationalen nachhaltigen Finanzwesens eine enge Zusammenarbeit mit allen internationalen Partner*innen an, auch im Rahmen der internationalen Plattform für ein nachhaltiges Finanzwesen. Die Kommission wird bis Ende 2023 über die Durchführung der Strategie Bericht erstatten und die Mitgliedstaaten bei ihren Bemühungen um ein nachhaltiges Finanzwesen aktiv unterstützen (vgl. Europäische Kommission, Pressemitteilung vom 6. Juli 2021).

EU-Recht, das eine Steuerung der Klimaneutralität über Umweltförderprogramme erlaubt

Wie bereits oben dargelegt, kann mit der Ausgestaltung von speziellen Umweltförderprogrammen auf EU-, Bundes- und Bundesländerebene bei Unternehmen eine Anreizwirkung initiiert werden, die anvisierte Klimaneutralität zu erreichen. Dabei ist zu beachten, dass das Funktionieren des Binnenmarktes maßgeblich von gleichen Wettbewerbsbedingungen für die Wirtschaftsakteur*innen abhängt.

Die Gewährung einer Subvention an ein einzelnes Unternehmen könnte den freien Wettbewerb im besonderen Maße verfälschen. Daher haben sich die Mitgliedstaaten der EU im Kontext eines fairen Wettbewerbs in Europa strenge Regeln gegeben, in welchen Fällen Subventionen möglich sind und in welchen nicht.

Der Vertrag über die Arbeitsweise der Europäischen Union (AEU-Vertrag) sieht grundsätzlich ein Verbot staatlicher Beihilfen vor. Ein generelles Verbot von staatlichen Beihilfen wird durch Art. 107 Abs. 1 AEU-Vertrag aufgestellt. Ausnahmen hiervon sind in Art. 107 Abs. 2 und 3 geregelt. Dabei ist zu beachten, dass diese Beihilfen mit dem Binnenmarkt vereinbar sind und die Europäische Kommission diese genehmigt.

Unter bestimmten Voraussetzungen können beispielsweise Subventionen in bestimmten Gruppen von Beihilfen, wie zum Beispiel der Energie- und Umweltpolitik, als mit dem Binnenmarkt vereinbar angesehen werden. Die Kontrolle über staatliche Beihilfen liegt in der ausschließlichen Zuständigkeit der Europäischen Kommission. Alle von Deutschland oder den Bundesländern geplanten beihilferelevanten Maßnahmen müssen bei der Europäischen Kommission angezeigt oder sogar förmlich angemeldet („notifiziert") und von ihr genehmigt werden.

Für die Ausgestaltung von Umweltförderprogrammen können unter anderem die nachfolgenden Beihilfevorschriften zur Anwendung kommen:

- Verordnung (EU) Nr. 1407/2013 der Kommission vom 18. Dezember 2013 über die Anwendung der Art. 107 und 108 des Vertrags über die Arbeitsweise der Europäischen Union auf De-minimis-Beihilfen (Fassung der Verordnung [EU] 2020/972 der Kommission vom 2. Juli 2020 [Abl. EU L 215/3 vom 7. Juli 2020]),
- Verordnung (EU) Nr. 651/2014 der Kommission vom 17. Juni 2014 zur Feststellung der Vereinbarkeit bestimmter Gruppen von Beihilfen mit dem gemeinsamen Markt in Anwendung der Art. 107 und 108 des Vertrags über die Arbeitsweise der Europäischen Union (Allgemeine Gruppenfreistellungsverordnung [AGVO]) (Fassung der Verordnung [EU] 2020/972 der Kommission vom 2. Juli 2020 [Abl. EU L 215/3 vom 7. Juli 2020]),
- Mitteilung der Kommission Leitlinien für staatliche Umweltschutz- und Energiebeihilfen 2014–2020 (2014/C 200/01) vom 28. Juni 2014

Schaut man auf die AGVO beziehungsweise die Verordnung über die Anwendung der De-minimis-Beihilfen, die vielen der später aufgeführten Förderprogramme zugrunde liegen, kann man feststellen, dass die Höhe der Beihilfen limitiert ist.

Nach Art. 4 der AGVO gibt es für den Abschnitt 7 Umweltschutzbeihilfen der Verordnung gewisse Anmeldeschwellen, bei der diese Verordnung nicht gelten, sofern die folgenden Schwellen überschritten werden:

- Investitionsbeihilfen für den Umweltschutz mit Ausnahme von Investitionsbeihilfen für die Sanierung schadstoffbelasteter Standorte und von Beihilfen für das Verteilnetz energieeffizienter Fernwärme- oder Fernkälteanlagen: 15 Millionen Euro pro Unternehmen und Investitionsvorhaben;
- Investitionsbeihilfen für Energieeffizienzprojekte: 10 Millionen Euro im Einklang mit Art. 39 Abs. 5;
- Investitionsbeihilfen für die Sanierung schadstoffbelasteter Standorte: 20 Millionen Euro pro Unternehmen und Investitionsvorhaben;
- Betriebsbeihilfen für die Erzeugung von Strom aus erneuerbaren Energiequellen und Betriebsbeihilfen zur Förderung erneuerbarer Energien in kleinen Anlagen: 15 Millionen Euro pro Unternehmen und Vorhaben; wenn die Beihilfe auf der Grundlage einer Ausschreibung nach Art. 42 gewährt wird: 150 Millionen Euro pro Jahr unter Berücksichtigung der Mittel, die insgesamt für alle unter Art. 42 fallenden Regelungen bereitgestellt werden;
- Investitionsbeihilfen für das Fernwärme- oder Fernkälteverteilnetz: 20 Millionen Euro pro Unternehmen und Investitionsvorhaben;
- Investitionsbeihilfen für Energieinfrastrukturen: 50 Millionen Euro pro Unternehmen und Investitionsvorhaben.

Vor dem Hintergrund der massiven Investitionen in die grüne Transformation der Wirtschaft können die oben angeführten Schwellenwerte in einigen Teilbereichen zum Flaschenhals für die notwendigen Umsetzungen werden, da bei einem Überschreiten dieser Werte eine Einzelfallnotifizierung notwendig wird, die sich über mehrere Monate, wenn nicht Jahre hinziehen kann.

Ein weiteres Hindernis für die Höhe der Förderung in der AGVO ergibt sich aus den jeweiligen Regelungen bei Investitionen:
- die Unternehmen in die Lage versetzen, über die Unionsnormen für den Umweltschutz hinauszugehen oder bei Fehlen solcher Normen den Umweltschutz zu verbessern (vgl. VERORDNUNG [EU] Nr. 651/2014, Art. 36),
- in Energieeffizienzmaßnahmen (vgl. VERORDNUNG [EU] Nr. 651/2014, Art. 38,

Beihilfefähig bei den hier aufgezählten Investitionsmaßnahmen sind die Investitionsmehrkosten,
- die erforderlich sind, um über das in den Unionsnormen vorgeschriebene Umweltschutzniveau hinauszugehen oder bei Fehlen solcher Normen den Umweltschutz zu verbessern (vgl. VERORDNUNG [EU] Nr. 651/2014 Art. 36, Abs. 5),
- die für die Verbesserung der Energieeffizienz erforderlich sind (vgl. VERORDNUNG [EU] Nr. 651/2014, Art. 38, Abs. 3).

In der Regel sind die Kosten einer Investition in den Umweltschutz beziehungsweise zur Verbesserung der Energieeffizienz anhand eines Vergleichs mit einer ähnlichen, aber weniger umweltfreundlichen Investition respektive eine ähnlichen, aber zu einer geringeren Energieeffizienz führenden Investition, die ohne Beihilfe durchaus hätte durchgeführt werden können, zu ermitteln. Die Differenz zwischen den Kosten dieser beiden Investitionen sind die umweltschutzbezogenen Kosten beziehungsweise die Energieeffizienzkosten und somit beihilfefähigen Kosten (vgl. VERORDNUNG [EU] Nr. 651/2014 Art. 36, Abs. 5 b), beziehungsweise Art. 38 Abs. 3 b)).

Eine ähnliche, aber weniger umweltfreundliche beziehungsweise eine zu geringerer Energieeffizienz führende Investition zu ermitteln, die ohne Beihilfe durchgeführt würde, ist bei den neuartigen Projekten mit disruptivem Charakter in der Praxis von Unternehmen schwierig festzustellen. Mit dem Begriff „Ähnlichkeit" bei diesen Maßnahmen umzugehen, stellt Unternehmen vor nahezu unüberwindbare Hindernisse. Eine Ähnlichkeit aus technischer Sicht ist gerade bei diesen Maßnahmen in der Regel nicht anzutreffen. Gerade das zeichnet einen disruptiven Prozess aus. Diesbezüglich haben alle am Förderprozess Beteiligten große Schwierigkeiten, wie mit dieser Regelung umzugehen ist. In der Regel kommt es zu Lösungsvorschlägen, die das Fördervolumen stark eingrenzen.

Die Europäische Kommission hat die Verlängerung des Geltungszeitraums der oben angeführten Beihilfeverordnungen und -leitlinien, die zum 31. Dezember 2020 auslaufen sollten, inzwischen bis zum 31. Dezember 2023 verlängert. Derzeit arbeitet die Kommission an der Überarbeitung der besagten Verordnungen und Leitlinien und konsultiert dabei die Mitgliedstaaten. Zu hoffen ist, dass bezüglich der hier angesprochenen Hürden Besserung eintritt.

2.3.2.2 Förderprogramme zur Finanzierung der Energiewende

Förderprogramme der Bundesregierung

▶ Tab. 1

Die Bundesregierung hat in der 19. Wahlperiode Förderprogramme für die Energiewende gestartet, die in der nachfolgenden Tabelle 1 aufgelistet sind (Deutscher Bundestag, Drucksache 19/28157, 19. Wahlperiode, 31. März 2021, S. 2 f.), (BMWi, Berlin, 2. Juni 2021; Antwort Dr. Ulrich Nußbaum auf schriftliche Frage an die Bundesregierung im Monat Mai 2021, Frage Nr. 293).

1 In der 19. Wahlperiode gestartete Förderprogramme

Name des Förderprogramms	Ministerium
Bundesförderung für effiziente Gebäude (BEG)	BMWi
Bundesförderung für Energieeffizienz in der Wirtschaft – Förderwettbewerb	BMWi
Bundesförderung für Energieeffizienz in der Wirtschaft – Zuschuss und Kredit	BMWi
Wasserstoffeinsatz in der Industrieproduktion	BMWi
CO_2-Vermeidung und -Nutzung in Grundstoffindustrien	BMWi
Carbon2Chem	BMBF/EKF
Vermeidung von klimarelevanten Prozessemissionen in der Industrie (KlimPro Industrie)	BMWi
Reallabore der Energiewende	BMWi
Nationale Klimaschutzinitiative: Förderaufruf für investive kommunale Klimaschutz-Modellprojekte	BMU
Nationale Klimaschutzinitiative: Förderaufruf Klimaschutz durch Radverkehr	BMU
Nationale Klimaschutzinitiative: Kälte-Klima-Richtlinie	BMU
Nationale Klimaschutzinitiative: Kommunalrichtlinie (nur investive Förderung)	BMU
Nationale Klimaschutzinitiative: Mikro-Depot-Richtlinie	BMU
Nationale Klimaschutzinitiative: E-Lastenrad-Richtlinie	BMU
Förderprogramm: Dekarbonisierung in der Industrie	BMU
Bundesprogramm zur Steigerung der Energieeffizienz und CO_2-Einsparung in Landwirtschaft und Gartenbau	BMEL

> In der 20. Wahlperiode wurde das BMWi in BMWK und das BMU in BMUV umbenannt. Das Förderprogramm Dekarbonisierung in der Industrie wurde dem BMWK zugeordnet. Das Förderprogramm Bundesförderung für Energieeffizienz in der Wirtschaft – Zuschuss und Kredit beziehungsweise Förderwettbewerb wurde erweitert um das Themenfeld Ressourceneffizienz und wie folgt benannt: Bundesförderung für Energie- und Ressourceneffizienz in der Wirtschaft – Zuschuss und Kredit beziehungsweise Förderwettbewerb. Es wurde um eine Beratungsförderung ergänzt, deren Ziel es ist, Unternehmen bei der Planung und Umsetzung der eigenen Transformation hin zur Treibhausgasneutralität zu unterstützen. Bei den weiteren unter der 19. Wahlperiode vorgestellten Tabellen gilt es dieses zu beachten.

Für die in der Tabelle aufgeführten Förderprogramme ist jeweils eine Richtlinie im Bundesanzeiger veröffentlicht worden, in der der jeweilige Projektträger benannt ist, bei dem der Antrag gestellt werden kann.

Neben den oben angeführten Programmen gibt es auf Bundesebene noch weitere ergänzende Förderprogramme der KfW-Bankengruppe (vgl. Homepage KfW 2022), die das oben angeführte Ziel ebenfalls adressieren und in der nachfolgenden Tabelle 2 aufgelistet sind:

▸ Tab. 2

2 Förderprogramme der KfW-Bankengruppe
Name des Förderprogramms
Klimaschutzoffensive für den Mittelstand
Energieeffizienz in der Produktion
Investitionskredit Nachhaltige Mobilität
Ladestationen für Elektrofahrzeuge
Energieeffizient Bauen und Sanieren – Zuschuss Brennstoffzelle
Erneuerbare Energien – Standard
Erneuerbare Energien – Premium
Erneuerbare Energien – Premium – Tiefengeothermie
Offshore-Windenergie
KfW-Umweltprogramm
BMUV-Umweltinnovationsprogramm

Ein Großteil dieser vorgestellten Bundesförderprogramme gewähren die Förderungen grundsätzlich nach den zuvor vorgestellten beihilferechtlichen Regelungen in der jeweils gültigen Fassung sowie den nachfolgenden haushaltsrechtlichen Regelungen:
- die §§ 23 und 44 der Bundeshaushaltsordnung (BHO) sowie die zu diesen Regelungen erlassenen Allgemeinen Verwaltungsvorschriften;
- der Allgemeinen Nebenbestimmungen für Zuwendungen zur Projektförderung (ANBest-P).

Auch das Bundesamt für Ausfuhrkontrolle (BAFA) wie auch die 16 Bundesländer mit ihren Landesförderbanken und beauftragten Projektträgern bieten weitere Förderprogramme an, wobei auf die Auflistung der Förderprogramme an dieser Stelle verzichtet werden soll.

Wie finden Unternehmen Zugang zu diesen Förderprogrammen?

Bei der großen Angebotsvielfalt und Kleinteiligkeit der Förderangebote auf Bundes- und Landesebene fällt es Unternehmen oft schwer, ihre geplanten Investitionen oder Forschungs-und-Entwicklungs-Leistungen mit den bereits vorgestellten Förderprogrammen abzugleichen. Banken, Wirtschaftsförderergesellschaften, Industrie- und Handelskammern, Handwerkskammern, Subventionsberatungsfirmen oder auch die Effizienz-Agentur NRW nehmen hier die Rolle des Vermittelnden zwischen Unternehmen und dem Fördermittelgebenden ein.

In der Regel gilt bei allen Förderprogrammen folgender Sachverhalt: Förderfähig sind nur Maßnahmen, mit denen zum Zeitpunkt der Bewilligung noch nicht begonnen worden ist. Als Vorhabenbeginn gilt der Abschluss eines der Ausführung zuzurechnenden Lieferungs- oder Leistungsvertrages. Planungs- und Beratungsleistungen dürfen vor Antragstellung erbracht werden. Für Unternehmen stellt sich nunmehr die Frage, wie sie strategisch vorgehen sollen, um Nutznießer*in dieser Programme zu werden. Vor Kontaktaufnahme mit den oben angeführten Vermittelnden oder den Fördermittelgebenden sollten Unternehmen folgende Informationen beschaffen, damit die konkrete Zuordnung zu den vorgestellten Förderprogrammen erfolgen kann:

3 Unternehmensdaten
Daten zum eigenen Unternehmen:
Umsatz in Millionen Euro
Bilanzsumme in Millionen Euro
Anzahl der Mitarbeitenden in Vollzeitäquivalenten (vgl. Europäische Kommission, Benutzerleitfaden zur Definition von KMU, 2015)
Selbstständiges Unternehmen oder Teil einer Unternehmensgruppe
Wenn Teil einer Unternehmensgruppe: Gruppenumsatz und -bilanzsumme in Millionen Euro, Gesamtzahl der Mitarbeitenden in Vollzeitäquivalenten
Erhaltene De-minimis-Beihilfen in Euro in den letzten drei Jahren (aktuelles Jahr + die letzten zwei Jahre)

4 Projektdaten (Investition)

Daten zum Projekt: Investitionsvorhaben
Um welche Anlageninvestition handelt es sich?
Stand der Technik oder erstmalige Anwendung?
Bei erstmaliger Anwendung: Abgrenzung zum Stand der Technik
Ersatz- oder Neuinvestition?
Investitionskosten in Euro
Datum der Bestellung
Realisierungszeitraum
Prozessbezogene Energie- und Materialmengen im Vorher-nachher-Vergleich
Gibt es Anlangen, die weniger effizient sind, und wie hoch sind die Kosten in Euro?

5 Projektdaten (Forschung und Entwicklung)

Daten zum Projekt: Forschungs-und-Entwicklungs-Vorhaben
In welchem Themenfeld wird entwickelt?
Abgrenzung zum Stand der Technik
Werden Kooperationspartner*innen benötigt?
Personalkosten in Euro
Anlagenkosten in Euro und Abschreibungsdauer
Datum Projektstart
Realisierungszeitraum

Sofern diese Daten ermittelt wurden, können sie gezielt mit den hier vorgestellten Förderprogrammen gespiegelt werden.

Förderprogramme der Bundesregierung mit konkreten Zielmarken zur CO_2-Einsparung

Vor dem Hintergrund der ambitionierten Zielsetzung der CO_2-Reduzierung wird es zunehmend wichtiger, dass alle bestehenden Förderprogramme, auch außerhalb der klassischen Umweltförderung, die CO_2-Effektivität oder auch die EU-Klimataxonomie berücksichtigen. Nur so können die Auswirkungen der Förderungen evaluiert und es kann aktiv gegengesteuert werden.

Bezüglich der in der 19. Wahlperiode gestarteten Förderprogramme der Energiewende gab es eine kleine Anfrage einzelner Abgeordneter der Fraktion der FDP zur CO_2-Effektivität von Förderprogrammen im Energiebereich, die mit Drucksache 19/28157 Deutscher Bundestag beantwortet wurde. Dabei wurden die nachfolgenden Förderprogramme mit Bezug zur Energiewende aufgelistet:

6 In der 19. Wahlperiode gestartete Förderprogramme

Name des Förderprogramms	Ministerium
Bundesförderung für effiziente Gebäude (BEG)	BMWi
Bundesförderung für Energieeffizienz in der Wirtschaft – Förderwettbewerb	BMWi
Bundesförderung für Energieeffizienz in der Wirtschaft – Zuschuss und Kredit	BMWi
Nationale Klimaschutzinitiative: Förderaufruf für investive kommunale Klimaschutz-Modellprojekte	BMU
Nationale Klimaschutzinitiative: Förderaufruf Klimaschutz durch Radverkehr	BMU
Nationale Klimaschutzinitiative: Kälte-Klima-Richtlinie	BMU
Nationale Klimaschutzinitiative: Kommunalrichtlinie (nur investive Förderung)	BMU
Nationale Klimaschutzinitiative: Mikro-Depot-Richtlinie	BMU
Nationale Klimaschutzinitiative: E-Lastenrad-Richtlinie	BMU
Förderprogramm: Dekarbonisierung in der Industrie	BMU
Bundesprogramm zur Steigerung der Energieeffizienz und CO_2-Einsparung in Landwirtschaft und Gartenbau	BMEL

Die in den Bundesprogrammen erzielten CO_2-Reduktionen können etwa dem jährlichen Monitoringbericht zu den Maßnahmen der Energiewende entnommen werden. Das BMWK erstellt diesen jährlich unter Einbeziehung der anderen betroffenen Resorts. Eine Auswahl der Ergebnisse kann der nachfolgenden Tabelle 7 entnommen werden (Deutscher Bundestag, Drucksache 19/28157, 19. Wahlperiode, 31. März 2021, S. 3 f.). Wie zu erkennen ist, richtet sich die Politik auf die neuen Anforderungen ein und wird künftig verstärkt darauf setzen, Programme auf die CO_2-Effektivität auszurichten. Zu Beginn dieses Beitrags hatten wir über die EU-Klimataxonomie berichtet. Die KfW-Bankengruppe hat im März 2020 das Förderprogramm Klimaschutzoffensive für den Mittelstand aufgelegt und 2022 umbenannt in Klimaschutzoffensive für Unternehmen. Es unterstützt Vorhaben von Investitionen in ambitionierte Klimaschutzmaßnahmen in Deutschland. Eine Antragsberichtigung liegt für Unternehmen mit Sitz in Deutschland oder dem Ausland vor. Unternehmen mit Sitz in Deutschland, die Klimaschutzmaßnahmen in der EU durchführen, können auch gefördert werden. Eine Förderung der von den Unternehmen geplanten Investitionen ist nur möglich, wenn diese sich an die technischen Kriterien der EU-Klimataxonomie anlehnen.

7 Förderprogramme mit Ausweis der CO_2-Effektivität

Förderprogramme	CO_2-Einsparungen (in Millionen Tonnen CO_2-Äquivalente kumuliert, NAPE-Logik)			
	2016	2017	2018	2019
Förderprogramm zur Abwärmevermeidung und Abwärmenutzung in gewerblichen Unternehmen	0,05	0,16	0,87	1,27
Förderprogramm: Stromeinsparungen im Rahmen wettbewerblicher Ausschreibungen: Stromeffizienzpotenziale nutzen (STEP up!)	0,01	0,01	0,03	0,05
CO_2-Gebäudesanierungsprogramm (Nichtwohngebäude), durchgeführt als „Energieeffizient Bauen und Sanieren" (EBS)	0,27	0,34	0,42	0,43
CO_2-Gebäudesanierungsprogramm (Wohngebäude), durchgeführt als „Energieeffizient Bauen und Sanieren" (EBS)	5,75	5,86	8,02	7,85
Marktanreizprogramm (MAP)	1,44	1,83	2,14	2,41
Nationale Klimaschutzinitiative: Kälte-Klima-Richtlinie	1,5	1,6		
Nationale Klimaschutzinitiative: Kommunalrichtlinie (nur investive Förderung)	3,56	3,96		
Bundesförderung für Energieeffizienz in der Wirtschaft – Förderwettbewerb	Programm erst 2019 gestartet			Evaluation
Bundesförderung für Energieeffizienz in der Wirtschaft – Zuschuss und Kredit	Programm erst 2019 gestartet			Evaluation
Bundesförderung für effiziente Gebäude (BEG)	Programm erst 2021 gestartet			
Förderprogramm: Dekarbonisierung in der Industrie	Programm erst 2021 gestartet			

Die technischen Mindestanforderungen für das Programm lehnen sich an die technischen Screeningkriterien an, die die „Technical Expert Group on Sustainable Finance" (TEG) für die EU-Kommission im Rahmen dessen Verordnungsvorschlags für eine EU-Taxonomie definiert hat (TEG-Kriterien EU-Taxonomie). Der TEG-Bericht ist online einsehbar (EU-Kommission, Sustainable finance: TEG final report on the EU taxonomy, 2020). Wie zuvor bereits angemerkt, deckt der delegierte Rechtsakt der EU-Klimataxonomie die wirtschaftlichen Tätigkeiten von etwa 40 Prozent der börsennotierten Unternehmen in den Sektoren Energie, Forstwirtschaft, Herstellung, Verkehr und Gebäude ab, auf die knapp 80 Prozent der direkten Treibhausgasemissionen in Europa entfallen.

2.3.2.3 CO$_2$-Bilanzierung im Unternehmen

Einleitung

Streng genommen müsste im nachfolgenden Text von CO$_2$-Äquivalenten oder Treibhausgasen und CO$_2$-Äquivalente-Bilanzen beziehungsweise Treibhausgasbilanzen die Rede sein. Der Einfachheit halber möchten wir für diesen Text CO$_2$ als Synonym hierfür verwenden.

Seit 2005 ist das Europäische Emissionshandelssystem (EU-ETS) das zentrale Klimaschutzinstrument der EU. Die Treibhausgasemissionen der teilnehmenden Energiewirtschaft und der energieintensiven Industrie, wie Stahlwerke, Raffinerien und Zementwerke sowie – seit 2012 – Luftfahrzeugbetreiber*innen, sollen durch dieses Instrument reduziert werden. Seit 2013 sind neben CO$_2$ auch Lachgas und perfluorierte Kohlenwasserstoffe einbezogen. In ganz Europa sind insgesamt derzeit rund 11.000 Anlagen und einige hundert Luftfahrzeugbetreiber*innen emissionshandelspflichtig, wobei in Deutschland das EU-ETS fast 2.000 Anlagen umfasst (vgl. Umweltbundesamt 2021). Dies trägt zu einer Erhöhung ihrer Kostenbasis bei, da jede emittierte Tonne CO$_2$ mit einem Zertifikat hinterlegt sein muss. Eine Reduktion dieser Kosten ist nur durch den Einsatz CO$_2$-neutraler oder -reduzierender Produktionsalternativen zu ermöglichen. Seit 2021 gilt zudem ein den EU-Emissionshandel ergänzender bundeseinheitlicher CO$_2$-Preis von 25 Euro je emittierter Tonne CO$_2$, der bis 2025 auf mindestens 55 Euro pro emittierter Tonne CO$_2$ steigen wird (vgl. Bundesregierung 2021).

Wie in den vorangehenden Kapiteln beschrieben, orientieren sich die vom Bund und Land vergebenen Förderprogramme vermehrt an der CO$_2$-Effektivität geplanter Projekte. Sie verbinden also die reine CO$_2$-Bilanz eines Unternehmens mit dessen strategischer Entwicklung. Diese Entwicklung ist als Brückenschlag zu verstehen. Es wird deutlich, dass eine effizientere Produktion nicht nur Ressourcen und somit Kosten einspart. Jede Ressource, sei sie stofflich oder energetisch, die nicht zum Einsatz kommt, verringert auch die Menge an verursachten CO$_2$-Emissionen.

Als Unternehmen lohnt es sich daher schon jetzt, eine CO$_2$-Bilanz zu erstellen, um diese Kostentreiber zu identifizieren und wenn möglich durch CO$_2$-mindernde oder -freie Alternativen zu ersetzen.

Instrumente der Bilanzierung

Für die Bilanzierung der eigenen CO$_2$-Emissionen auf Unternehmensebene gibt es verschiedene Standards. Einer der meistverwendeten Standards ist das Greenhouse Gas Protocol (GHG Protocol). Es gibt aber noch weitere Standards, wie beispielsweise die DIN-ISO-14064:2019-Norm. Auf Produktseite sind die DIN ISO 14067:2019 oder der britische PAS-2050-Standard zu erwähnen. Die genannten Standards weichen in einzelnen Normen voneinander ab. Bei allen Standards geht es grundsätzlich um die Bestimmung von Bilanzgrenzen und das Sammeln von entsprechenden Daten. Das GHG Protocol ist kostenlos einsehbar und international einsetzbar.

Bei allen Standards spricht man eigentlich nicht von CO$_2$, sondern von CO$_2$-Äquivalenten, wobei man als Abkürzung CO2e für „CO$_2$ equivalents" im Englischen findet. So soll eine Vergleichbarkeit zwischen den verschiedenen Treibhausgasen, wie Methan oder Lachgas, ermöglicht werden. Methan hat beispielsweise eine durchschnittlich 25-fach stärkere Klimawirkung als die gleiche Menge CO_2 (vgl. Umweltbundesamt 2021). Die CO_2-Äquivalente sind in verschiedenen kostenlosen und zahlungspflichtigen Datenbanken – inzwischen auch im Rahmen diverser Förderprogramme – abrufbar. Als konkretes Beispiel sei das oben beschriebene Förderprogramm „Bundesförderung für Energie- und Ressourceneffizienz in der Wirtschaft" aufgeführt.

Für die Bilanzierung der anfallenden Treibhausgasemissionen werden diese in drei Bereiche (Scopes) aufgeteilt:

- Scope I umfasst dabei alle direkt vom Unternehmen verursachten CO_2-Emissionen.
- Scope II umfasst den Bezug von Strom, Dampf, Wärme und Kälte.
- Scope III umfasst alle Emissionen, die zwar nicht direkt durch das Unternehmen verursacht werden, aber im weiteren Sinne mit dem Unternehmen zusammenhängen, wie Emissionen in Lieferketten, Dienstreisen und Ähnliches.

Folgt man bei der Erstellung der eigenen CO_2-Bilanz den genannten Standards, soll diese den kompletten Lebenszyklus der verbrauchten Ressourcen umfassen. Dies ist der sogenannte Cradle-to-Grave-Ansatz. Insgesamt gibt es jedoch drei praktikable Bilanzgrenzen, die zur Anwendung kommen können:

1. Cradle to Grave: Betrachtung von der Entstehung des Rohstoffs (unter anderem Erdgas, Kunststoff) bis zur Entsorgung nach vollständiger Nutzung des fertigen Produkts. Diese Betrachtungsweise ist die ganzheitlichste und gleichzeitig auch die aufwendigste.
2. Cradle to Gate: Betrachtung von der Entstehung des Rohstoffs bis zum Verlassen des Werksgeländes als fertiges Produkt.
3. Gate to Gate: Betrachtung des Rohstoffs lediglich innerhalb der eigenen Werkstorgrenzen.

Insbesondere der Cradle-to-Gate-Ansatz bietet dem Unternehmen einen pragmatischen Ansatz, die eigenen CO_2-Emissionen innerhalb eines beeinflussbaren Bereiches zu erfassen.

Im Kontext der gewählten Bilanzgrenze ist das Unternehmen dann gefordert, die richtigen und benötigten Daten zu beschaffen.

ecocockpit der Effizienz-Agentur NRW

Wurden der Standard und die Bilanzgrenzen festgelegt und die notwendigen Daten gesammelt, gibt es für Unternehmen verschiedene Möglichkeiten, die eigene CO_2-Bilanz zu erstellen. Am Markt sind verschiedenste kostenlose und zahlungspflichtige Anwendungen verfügbar. Alle Anwendungen bieten dem Unternehmen in verschiedener Intensität Hilfe zur Erstellung der Bilanz über die verschiedenen Scopes an.

An dieser Stelle wird nun kurz auf das ecocockpit der Effizienz-Agentur NRW eingegangen. Das ecocockpit ist eine kostenfreie, rein online verfügbare Anwendung für den Browser. Es ermöglicht die Erstellung einer CO_2-Bilanz sowohl für das komplette Unternehmen als auch für einzelne Standorte, Produkte oder Prozesse. Eine Besonderheit, speziell im kostenfreien Bereich, ist die Möglichkeit, alle drei Scopes abzubilden und mit im ecocockpit hinterlegten oder selbst recherchierten Werten zu befüllen. Die hinterlegten Werte stammen vor allem aus den kostenlosen Datenbanken ProBas (Umweltbundesamt) und GEMIS (IINAS). Auch sind die im Förderprogramm „Bundesförderung für Energie- und Ressourceneffizienz in der Wirtschaft" veröffentlichten Werte enthalten.

Das Tool bietet dabei einen pragmatischen, intuitiven und in der Praxis erprobten Ansatz. Derzeit sind über 3.000 Nutzer*innen angemeldet. Unternehmen werden in die Lage versetzt, ihre Daten sowohl nach gängigen Standards als auch nach eigenen Bedürfnissen in das Tool einzupflegen. Das ecocockpit fungiert hierbei sowohl als Berechnungstool für im Unternehmen ausgewiesene Emissionen als auch als grafischer Aufbereiter der Ergebnisse. Alle Emissionen werden nach Abschluss der Eingaben in Form von Zahlenwerten und verschiedenen Diagrammen präsentiert. Der dazugehörige Bericht kann als PDF-Datei heruntergeladen werden.

Für ecocockpit nutzende Unternehmen bieten die Ergebnisse diverse Möglichkeiten. Zum einen können die Werte der CO_2-Bilanz für Anfragen durch Kunden verwendet werden. Zum anderen bieten gerade die grafischen Aufbereitungen die Möglichkeit, unternehmensinterne CO_2-Treiber zu identifizieren und Handlungsschritte zur Vermeidung und Verringerung der Emissionen abzuleiten.

Denkbar über diese Anwendung hinaus wäre auch die Verwendung des ecocockpit im Rahmen von Förderprogrammen, wie dies schon in NRW im EFRE-Förderaufruf Ressource.NRW geschehen ist. Das Tool bietet also die Chance einer frei zugänglichen und kostenfreien Anwendung für die Bestimmung von CO_2-Emissionen im Rahmen von Förderprojekten. Voraussetzungen hierfür sind durch den Fördermittelgebenden klar definierte Bilanzgrenzen sowie von allen Antragstellenden zu verwendende CO_2-Emissionswerte für die Emittent*innen.

REDAKTION

Marcus Lodde, Andreas Bauer-Niermann
Effizienz-Agentur NRW
Dr.-Hammacher-Straße 49
47119 Duisburg-Ruhrort
Tel. (+49) (0203) 37879-30
E-Mail: info@ressourceneffizienz.de
www.ressourceneffizienz.de

KURZBIOGRAPHIE

Marcus Lodde studierte Wirtschaftswissenschaften an der Westfälischen Wilhelms-Universität Münster. Schwerpunkte waren die betriebliche Finanzwirtschaft und Umweltökonomie. Nach Stationen bei der Dualen System Deutschland GmbH, Köln, und der Deutschen Ausgleichsbank, Bonn, ist er seit 2001 bei der Effizienz-Agentur NRW in Duisburg beschäftigt und verantwortlich für das Geschäftsfeld Finanzierungsberatung.

Andreas Bauer-Niermann studierte Wirtschaftswissenschaften an der Universität Kassel. Schwerpunkte waren die nachhaltige Unternehmensführung sowie die Regionalökonomie. Nach dem Bachelorabschluss arbeitete er beim Kasseler Institut dezentrale Energietechnologien als wissenschaftlicher Mitarbeiter. 2015 begann er für das PIUS-Info-Portal und 2016 für die Effizienz-Agentur NRW in Duisburg zu arbeiten. Er ist Teammitglied der Finanzierungsberatung sowie mitverantwortlich für das ecocockpit.

LOKALE AKZEPTANZ VON EE-ANLAGEN

2.3.3

Verantwortung, Herausforderungen und Lösungsansätze für energieintensive Industrieunternehmen

AUTOREN:
Dr. Steven Salecki, *Institut für ökologische Wirtschaftsforschung (IÖW)* •
Roman Weidinger, *Institut für Klimaschutz, Energie und Mobilität e. V. (IKEM)* •
Prof. Dr. Bernd Hirschl, *Brandenburgische Technische Universität Cottbus-Senftenberg, Fachgebiet Management regionaler Energieversorgungsstrukturen*

Zusammenfassung Der Dekarbonisierung des Energieverbrauchs energieintensiver Industrieunternehmen kommt in der Energiewende eine große Bedeutung zu. Der für einen klimaneutralen Energiebezug notwendige Ausbau der erneuerbaren Energien (EE) ist in den Jahren 2018 bis 2020 allerdings deutlich ins Stocken geraten, insbesondere mit Blick auf die Windenergie. Ein Grund dafür sind fallweise stärkere oder schwächere, aber zuletzt vermehrte Akzeptanzdefizite in der lokalen Bevölkerung der Energieerzeugungsregionen. ■ Unternehmen haben als Stromverbraucher in der Regel keinen direkten Bezug zu den Betreiber*innengesellschaften der EE-Anlagen und insoweit auch keine Einflussmöglichkeiten hinsichtlich der Belange der betroffenen Bevölkerung. Sie können allerdings durch verschiedene Instrumente dazu beitragen, dass der EE-Zubau möglichst konfliktarm und nachhaltig verläuft – mit potenziell positiven betriebswirtschaftlichen Auswirkungen. In diesem Beitrag werden zunächst der Zusammenhang zwischen energieintensiven Unternehmen und Akzeptanzdefizite beim EE-Ausbau näher untersucht und auf dieser Grundlage nachhaltige Lösungswege diskutiert, insbesondere der Abbau von Informationsasymmetrien durch Labels und Zertifikate, die nachhaltige Strommengen entsprechend kennzeichnen, sowie unmittelbare Mitgestaltungsmaßnahmen durch energieintensive Unternehmen im Rahmen von Eigenversorgermodellen.

2.3.3.1 Einleitung: EE-Ausbau und -Akzeptanz

Die Transformation unseres Energiesystems hin zu einer klimaneutralen Energieerzeugung, die weiterhin Versorgungssicherheit, Unabhängigkeit, Kostensicherheit sowie eine breite Akteur*innenvielfalt sichern soll, ist in vollem Gange und betrifft viele gesellschaftliche Bereiche und Belange. Trotz der bereits weit fortgeschrittenen Ausbauzahlen der EE-Anlagen in Deutschland besteht weiterhin ein hoher Ausbaubedarf. Vor allem mit Blick auf die deutlich unterdurchschnittlichen Ausbauzahlen der Windenergieanlagen in den letzten Jahren (Deutsche Windguard 2022: 3) sind hier intensive Anstrengungen notwendig, um die Ausbauziele des Erneuerbare-Energien-Gesetzes zu erreichen. Einige wichtige Hemmnisse beim Ausbau der Windenergieanlagen, etwa lange Instanzenzüge bei Klagen gegen einzelne Vorhaben, Zubaubeschränkungen im Umkreis von Drehfunkfeuern und Konflikte mit Natur- und Artenschutzbelangen wurden vom Gesetzgeber/von der Gesetzgeberin und von zentralen Akteur*innen bereits adressiert und teilweise behoben (vgl. hierzu Sonderumweltministerkonferenz 2020; Deutsche Flugsicherung 2020; Deutscher Bundestag 2020).

Dennoch verbleiben einige Konfliktfelder. So etwa Defizite in der Akzeptanz des EE-Zubaus, denen nicht selten durch Klagen gegen einzelne Ausbauvorhaben Ausdruck verliehen wird, die einzelne Prozesse merklich verzögern oder die Projektumsetzung gar stoppen können. Die beschriebene Verkürzung des Instanzenzugs löst dieses Problem nicht, sondern kann allenfalls nur dessen Folgen etwas abmildern. Die Akzeptanzdefizite sind dabei indes nicht auf Windenergieanlagen an Land beschränkt. Zunehmend zeichnen sich auch Widerstände insbesondere gegen Freiflächenfotovoltaikanlagen oder auch Biomasseanlagen ab.

Einige der kommunalen Akteur*innen und auch der EE-Anlagen-Projektierer*innen sind sich der Herausforderungen in Bezug auf die Förderung lokaler Akzeptanz durchaus bewusst und bemühen sich darum, die spezifischen Befindlichkeiten in ihrer Region zu erfassen und ihnen gezielt zu begegnen. Dazu gehören sowohl eine prozedurale Beteiligung an den Planungs- und Zulassungsprozessen als auch eine wirtschaftliche Teilhabe. Der Instrumentenkasten für eine solche finanzielle Beteiligung ist breit gefächert: Sie kann etwa durch eine direkte Beteiligung an den Betreiber*innenunternehmen erfolgen, durch den Einsatz von Fremdkapital, beispielsweise über das Anbieten von Darlehen, oder Fondslösungen sowie mittels eines Angebots vergünstigter Stromtarife oder auch durch unmittelbare und gegenleistungslose Leistung finanzieller Zuwendungen (vgl. zu den Beteiligungsmöglichkeiten zur Stärkung der Akzeptanz beispielsweise die Ausführungen in Salecki/Hirschl 2021; grundlegend zu den lokalen Wertschöpfungspotenzialen von EE-Anlagen Hirschl et al. 2015). All diese Beteiligungsmodelle sind komplex und mit finanziellem Aufwand verbunden. Die entsprechenden Mehrkosten für diese akzeptanzfördernden Maßnahmen finden sich in steigenden Stromerzeugungskosten beziehungsweise einer steigenden EEG-Umlage wieder.

Die finanziellen Beteiligungsinstrumente betreffen also das Verhältnis zwischen Anlagenbetreibenden und betroffener Bevölkerung, zumindest unmittelbar aber nicht die energieintensiven Industrieunternehmen. Dennoch ist einigen Akteur*innen aus dem Feld der energieintensiven Unternehmen die Notwendigkeit der Erhöhung der Akzeptanz von neuen Anlagen bei den Bürger*innen vor Ort bewusst. So stellt etwa die Initiative IN4climate.NRW vor diesem Hintergrund „Transparenz, attraktive Beteiligungsformate und effektive Anreize" (IN4climate.NRW 2020: 4) als wichtig heraus.

2.3.3.2 Verantwortung und Rolle energieintensiver Unternehmen

Verantwortung energieintensiver Unternehmen

▸ Abb. 1   Die Strombedarfe energieintensiver Unternehmen weisen mit zuletzt etwa 25 Prozent einen erheblichen Anteil am gesamten deutschen Strombedarf auf. Vor dem Hintergrund der Energiewendeziele zur Transformation der gesamten Stromerzeugungslandschaft hin zu erneuerbaren Energiequellen kommt den energieintensiven Industrieunternehmen mit diesem Bedarfsanteil beziehungsweise dem dadurch begründeten EE-Ausbau-Bedarf eine Verantwortung zum effizienten Einsatz und nachhaltigen Bezug ihrer Energiemengen zu.

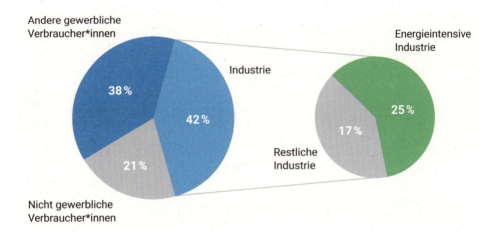

1 *Anteile der energieintensiven Industrie und anderer Verbraucher*innen am deutschen Gesamtstromverbrauch im Jahr 2018 (Statistisches Bundesamt 2020)*

Mit Blick auf die Kostenträgerschaft der Energiewende, ausgedrückt durch die EEG-Umlage auf die Letztverbraucher*innen, werden sie von einer solchen Verantwortung bisher zu großen Teilen freigestellt. Begründet durch ihre Internationaler-Wettbewerb-Situation und um Abwanderungen zu verhindern, wird die EEG-Umlage auf diese Verbräuche privilegierter Unternehmen einiger Branchen in ihrer Höhe stark begrenzt (§ 63 EEG 2021, zum Effekt des Carbon Leakage durch Unternehmensabwanderungen vgl. Europäische Kommission 2021). Die in ihrer gesamten Höhe unveränderte EEG-Umlage wird so auf weniger Letztverbraucher*innen, nämlich nicht privilegierte Unternehmen und private Haushalte, verteilt, die entsprechend höhere Belastungen zu tragen haben. Eine weitere Subvention der energieintensiven Unternehmen, die CO_2-Zertifikate erwerben müssen, besteht darin, dass der überwiegende Teil der seit 2005 ausgegebenen Zertifikate kostenlos zugeteilt wurde. Erst im Jahr 2020 sank die Quote auf 30 Prozent und soll erst frühestens ab 2026 auf null absinken, allerdings mit Ausnahmeregeln unter gewissen wettbewerblichen Voraussetzungen (vgl. Europäischer Rechnungshof 2020). Weitere Erleichterungen erhalten energieintensive Unternehmen beispielshalber auch im Zuge der Stromkostenkompensation zur Minderung der Kostenbelastung durch den Treibhausgaszertifikatehandel des EU-ETS (Richtlinie Beihilfen für indirekte CO_2-Kosten). Auch diese

Erleichterungen werden begründet mit potenziellen Abwanderungen durch zu hohen Kostendruck und einer damit einhergehenden regionalen Verlagerung der CO_2-Emissionen.

Anreize statt Inpflichtnahme

Der unmittelbare und als solcher sichtbare Zurechnungszusammenhang der Akzeptanzdefizite im EE-Ausbau besteht vor allem gegenüber den EE-Betreiber*innengesellschaften und anderen lokalen Akteur*innen, nicht gegenüber den Energieintensiven Industrieunternehmen als Stromabnehmer, die an anderer Stelle der Stromvertriebskette angesiedelt sind. Denn die konkreten Bezüge zwischen negativen Ausbaueffekten und erhöhtem Strombedarf sind in der Regel zu unbestimmt. Aufgrund der überregionalen Lieferketten liegt in den meisten Fällen nicht einmal ein räumlicher Bezug zwischen dem Stromverbrauch und der Stromerzeugung vor. Kongruent dazu verläuft die Vertriebskette regelmäßig nicht direkt von Stromerzeugenden zu Stromverbrauchenden, sondern über den Stromlieferanten/die Stromlieferantin. Die Kernaufgabe und gleichsam Verantwortung der energieintensiven Unternehmen liegt damit in der Auswahl von Stromlieferant*innen, die auf eine nachhaltige und dabei insbesondere auch akzeptanzfördernde Stromerzeugung Wert legen, also ihrerseits den Strom von solchen Anlagen beziehen, die akzeptanzfördernde Maßnahmen ergriffen haben.

Aus dieser Verantwortung nun konkrete rechtliche Pflichten zum Bezug von Strommengen abzuleiten, deren Generierung die lokale Akzeptanz unter Inkaufnahme höherer Kosten berücksichtigt, würde zum einen Fragen der rechtlichen Machbarkeit auslösen, zum anderen läge dies weder im Interesse der energieintensiven Industrieunternehmen, noch wäre es unbedingt eine marktgerechte Lösung. Auf der anderen Seite ist davon auszugehen, dass die erfolgreiche Realisierung von EE-Projekten auf den zunehmend – auch aus Akzeptanzsicht – knapper werdenden Flächen in Zukunft auch verstärkt von der adäquaten Berücksichtigung der sozialen Dimension abhängen wird.

Akzeptanzförderung im Interesse energieintensiver Unternehmen

Das öffnet den Blick für andere Maßnahmen. Ein zentraler Ausgangspunkt ist dabei die These, dass die Förderung lokaler Akzeptanz der EE-Erzeugung nicht nur in der Sphäre der gesellschaftlichen Verantwortung der energieintensiven Unternehmen liegt, sondern auch – und zunehmend – im eigenen ökonomischen Interesse.

Denn die Förderung von Akzeptanz kostet zwar – wie bereits oben dargestellt – Geld. Zugleich können aber Akzeptanzdefizite auch mit Kosten – mitunter gar höheren Mehrkosten – verbunden sein, die durch Widerstände und Klagen gegen einzelne Vorhaben entstehen, indem sie nicht nur die konkrete Planungs- und Zulassungsdauer erhöhen oder gar geplante Vorhaben verhindern, sondern auch das gesamte Flächendargebot schmälern können. Diese Wirkung auf das Flächenangebot wirkt sich dabei nicht nur auf betriebs-, sondern auch auf volkswirtschaftlicher Ebene negativ aus, da bei geringerem Flächendargebot vermehrt auf weniger gut geeignete Standorte oder gar ineffizientere Erzeugungstechnologien zurückgegriffen werden muss. Diese Ausbauhemmnisse können dann unmittelbar zu einer Erhöhung der Stromerzeugungskosten und damit insgesamt zu höheren Strompreisen führen.

Daneben lässt sich beobachten, dass Gerechtigkeits- und Nachhaltigkeitsaspekte auch zunehmend Teil individueller Konsumentscheidungen werden und auch daher die Unterstützung akzeptanzfördernder Maßnahmen für energieintensive Unternehmen zur Vermarktung ihrer Produkte betriebswirtschaftlich sinnvoll sein kann. Bereits heute heben Unternehmen in ihren Nachhaltigkeitsberichten den Ökostrombezug als ökologischen Aspekt in der Produktion hervor, kommen dabei allerdings selten auf ihren eigenen Beitrag zur Energiewende und (noch) nicht auf die Akzeptanzdefizite bei der lokalen Bevölkerung in den Energieerzeugungsregionen zu sprechen (vgl. IÖW, future 2021).

Daher stellt sich weiter die Frage nach geeigneten Instrumenten zur Förderung lokaler Akzeptanz durch energieintensive Unternehmen.

2.3.3.3 Instrumente zur Förderung von Akzeptanz

Auswahl der Stromlieferant*innen

Vor dem Hintergrund der Stromvertriebskette liegt die Schaffung von Anreizen für die Auswahl von geeigneten Stromanbieter*innen, die sozial-ökologische Kriterien und insbesondere die Frage der regionalen Akzeptanz berücksichtigen, durch die energieintensiven Unternehmen im Zentrum. Auch wenn ein unmittelbarer Zusammenhang zwischen ihnen und der betroffenen Bevölkerung nicht besteht, können sie dadurch dennoch einen positiven Beitrag zur Stärkung lokaler Akzeptanz leisten. Das erfordert im ersten Schritt, Informationsdefizite zwischen den Stromlieferant*innen respektive Anlagebetreiber*innen und Industrieunternehmen abzubauen. Die Informationen zu akzeptanzbezogenen Faktoren des Anlagenbetriebs müssen für alle Akteur*innen klar erkennbar und gut vermittelbar sein, damit eine entsprechende Auswahl möglich wird.

Im derzeitigen EEG-Regime nehmen die Netzbetreiber*innen die EE-Strom-Mengen ab und wälzen die Förderkosten auf die nicht privilegierten Endverbraucher*innen ab. So besteht für die über das EEG geförderten Anlagen kein direkter Bezug zu den Endverbraucher*innen. Eine Auswahl des EE-Strom-Erzeugenden nach bestimmten Kriterien ist daher nur bei denjenigen Anbietern möglich, die ihre Strommengen abseits der EEG-Förderung finanzieren und direkt vertrieben haben, wobei der zumeist gewählte Weg über Strombörsenkontrakte keine Möglichkeiten zur Auswahl nachhaltig ausgerichteter Lieferant*innen bietet. Damit ist zwar bereits eine begrenzte Möglichkeit gegeben, eine akzeptanzorientierte Auswahl in Bezug auf den Strombezug zu treffen, und zudem nimmt die EEG-unabhängige Finanzierung gerade von PV-Anlagen, aber auch von Windenergieanlagen zwar stetig zu. Gleichwohl bleibt dies mit finanziellen Risiken für die Anlagenbetreiber*innen verbunden, der Anwendungsbereich also entsprechend beschränkt.

PPAs nach akzeptanzfreundlichen Faktoren

Eine weitere Möglichkeit bietet der Abschluss grüner Power Purchase Agreements (PPAs). Dies sind bilaterale Verträge zwischen Stromverbrauchenden oder Stromhändlerinnen mit den Stromerzeugenden. Dadurch können Industrieunternehmen (wie auch andere Stromverbraucher*innen) neben klassischen vertraglichen Aspekten wie Preisen, Liefermengen, Lieferzeitpunkten oder Produkteigenschaften auch die Herkunftsnachweise für erneuerbar erzeugte Strommengen aushandeln und mit einem Wert versehen (vgl. Deutsche Energie-Agentur 2020: 9f.).

Dabei sichern grüne PPAs nicht nur den Industrieunternehmen ihre Stromlieferungen zu, sondern vielmehr auch den Erzeuger*innen eine langfristige Abnahme und damit sichere Finanzierung ihrer Erzeugung erneuerbaren Stroms. Das ist aktuell umso bedeutsamer, als dass EE-Anlagen bereits mit dem Umstieg auf ein Ausschreibungsregime im Rahmen der EEG-Förderung und mit dem Auslaufen der EEG-Vergütung der Anlagen aus den ersten Jahren des EEG mehr und mehr in die regulären Marktmechanismen integriert werden (vgl. Brand-Schock/Lob 2021: 3 f.). Bei einer regulären Laufzeit der EEG-Vergütung von 20 Jahren betrifft dies seit 2021 eine Vielzahl von Anlagen in allen Technologiebereichen, und dies in Zukunft mit fortlaufend ansteigender Zahl. Für diese „Post-EEG-Anlagen", die häufig aus technischer Sicht durchaus noch mehrere Jahre weiterbetrieben werden können, bieten sich derartige Folgeverträge als zukünftiges Geschäftsmodell an. Die abgeschriebenen Post-EEG-Anlagen können bei steigenden Börsenstrompreisen daher perspektivisch vergleichsweise attraktive Konditionen für industrielle Nachfrager*innen bieten.

Bislang tauchen Aspekte der Akzeptanzförderung in grünen PPAs allerdings noch nicht auf. Hier liegt es also an den energieintensiven Unternehmen selbst, die zunehmende Relevanz der lokalen Akzeptanz im Zusammenhang der Energiewende zu erkennen und dieser proaktiv durch die Gestaltung entsprechender PPAs zu begegnen. Dafür liegen den Verbraucher*innenunternehmen aber zumeist nicht alle nötigen Informationen vor; da diese Informationen in der Lieferant*innen-Abnehmer*innen-Beziehung bisher nicht strukturiert und standardisiert sind. Zu den relevanten Informationen gehört unter anderem, ob bei der Planung und dem Bau der EE-Anlagen alle relevanten lokalen Interessengruppen beteiligt und insbesondere Anwohner*innen und Kommunen faire finanzielle Beteiligungsmöglichkeiten angeboten wurden. Derartige Forderungen nach regionaler Beteiligung und finanzieller Teilhabe finden sich aktuell beispielsweise in § 4 Bürger- und Gemeindenbeteiligungsgesetz des Landes Mecklenburg-Vorpommern, sie können aber auch im Rahmen von freiwilligen Nachweisen standardisiert und sichtbar gemacht werden.

Label- beziehungsweise Zertifizierungsverfahren
Um entsprechende Informationen entlang der Vertriebskette in verständlicher und verlässlicher Weise erkennbar zu machen, eignen sich auch Label- beziehungsweise Zertifizierungsverfahren. Dies ist schon gelebte Praxis: Die Thüringer Energie- und GreenTech-Agentur vergibt seit 2017 das Siegel „Faire Windenergie in Thüringen", dessen Anforderungskatalog vor allem Akzeptanz- und Transparenzaspekte miteinbezieht, zu denen die Berücksichtigung der Interessen aller Beteiligten gehört, wie auch die Schaffung einer fairen Teilhabe der Betroffenen und direkte Beteiligungsmöglichkeiten für Bürger*innen und Kommunen (vgl. ThEGA 2021). Die Wirkung dieses Labels zielt allerdings bisher nicht auf die Offenlegung akzeptanzförderlicher Stromerzeugung gegenüber den – nicht unbedingt lokal ansässigen – Stromverbraucher*innen ab, sondern vielmehr auf die lokale Bevölkerung in der Region der Stromerzeugung.

Entsprechend ausgestaltete Labels können dabei nicht nur den energieintensiven Unternehmen als Richtwert dienen, sondern auch zu positiven und leicht vermittelbaren Werbeeffekten für ebendiese Unternehmen führen, die damit für ihre Kundschaft sichtbar machen, dass sie sich neben der klimaneutralen Stromerzeugung auch für die lokale Akzeptanz der erneuerbaren Energien einsetzen.

Zur Sicherstellung der Glaubwürdigkeit eines solchen Labels sollte es von einer unabhängigen Stelle gestaltet und vergeben werden. Zugleich muss die Einhaltung der Vergabekriterien laufend kritisch geprüft werden – mitsamt der Möglichkeit einer Entziehung. Für eine weite Verbreitung eines solchen Labels müssen zudem umsetzbare Vergabeleitlinien gestaltet werden, die neben der Sicherstellung einer akzeptanzförderlichen Wirkung den Betreiber*innengesellschaften der Windenergieanlagen auch genügend Spielraum bieten, die Instrumente unter Berücksichtigung der lokalen Gegebenheiten möglichst effektiv umzusetzen.

Schließlich müssen die Vergabeleitlinien und ihre erfolgreiche Einhaltung durch die Betreiber*innengesellschaften transparent und verständlich einsehbar sein. Nur so können energieintensive Unternehmen sowie deren Kund*innen sicherstellen, dass Nachhaltigkeitsaspekte und eine akzeptanzförderliche Ausgestaltung der Stromerzeugung gewährleistet sind.

Industrieunternehmen als akzeptanzfördernde Prosumer

Die dargestellte Stromvertriebskette sieht häufig keinen unmittelbaren Zusammenhang zwischen energieintensiven Unternehmen und der lokalen Bevölkerung am Ort der Energieerzeugung. Allerdings können Industrieunternehmen neben ihrer Eigenschaft als Verbraucher auch selbst als Stromerzeuger auftreten – und damit zu sogenannten „Prosumern" werden, deren Potenzial auch bei Privathaushalten als systemdienlich diskutiert wird (vgl. beispielsweise Lenk et al. 2022). Sie können dabei ihren Energiebedarf zum Teil oder gar vollständig mit eigenen Erzeugungsanlagen decken. Für nicht wenige energieintensive Industrieunternehmen ist dies bereits traditionell gewohnte Praxis, um beispielsweise gesichert und standortnah Prozessenergie zu erhalten und nebenbei per Kraft-Wärme-Kopplung auch Eigenstrom zu erzeugen – zu über zwei Dritteln immer noch mit fossilen Kraftwerken (Bons et al. 2020: 14). Mit dem steigenden Bedarf an erneuerbaren Energien und insbesondere an grünem Strom können diese traditionellen Eigenverbraucher*innen, aber auch solche Unternehmen, die in Zukunft verstärkt ihre Prozesse auf grüne Stromprodukte umstellen müssen, auch in die Rolle eines grünen Stromerzeugenden treten. In dieser können sie dann selbst akzeptanzförderliche Maßnahmen ergreifen – insbesondere, wenn der Strom aus der eigenen Region kommen soll, mit der die Unternehmen in der Regel auch eine hohe Identifikation aufgrund ihrer für gewöhnlich gegebenen Standortbedeutung aufweisen.

Zur Absicherung gegen steigende Strompreise und mit Blick auf die Vergünstigungen durch das Eigenstromprivileg ist die Eigenstromversorgung schon länger attraktiv für energieintensive Unternehmen. Gerade EE-Erzeugungs-Anlagen bieten die Sicherheit stabiler Stromerzeugungskosten und leisten zugleich direkt einen Klimaschutzbeitrag. In Kombination mit Flexibilisierungsmaßnahmen, also etwa einem breiten Portfolio an

Erzeugungsanlagen unterschiedlichster Technologien oder auch durch den Betrieb von eigenen Speicherkapazitäten, kann ein aktives Energiemanagement betrieben werden. So werden zusätzlich Einnahmepotenziale an verschiedensten Energiemärkten eröffnet, die ohne eigene Erzeugungs- und Flexibilisierungskapazitäten nicht nutzbar wären. Dazu zählen auch diverse Sektorenkopplungsansätze, die technischer Erfahrungen und Innovationen bedürfen und weitere Beteiligungspotenziale für wirtschaftliche Akteur*innen eröffnen. Diese Eigenschaften machen energieintensive Unternehmen zu wichtigen Akteuren in einem effizient auszugestaltenden Energieversorgungssystem und zugleich zu potenziellen Partnern für kollektive regionale Versorgungsoptionen im Zusammenspiel mit Kommunen, Bürger*innen und anderen Unternehmen.

Bereits in ihrer unternehmerischen Kerntätigkeit verstehen sich viele energieintensive Unternehmen als wichtige lokal verankerte Akteure, die Wertschöpfung und Beschäftigung, Einkommen und Steuereinnahmen sichern, zum Aufbau und Erhalt von Infrastrukturen beitragen und darüber hinaus auch anderweitig zivilgesellschaftliche Verantwortung übernehmen. Diese Rolle können und sollten sie ebenso mit Blick auf die Energiewende einnehmen und die Transformation lokaler Energieerzeugungs- und Verbrauchsstrukturen aktiv mitgestalten. Eigene bestehende Energieerzeugungskapazitäten bieten dabei oftmals bereits Anknüpfungspunkte, weisen aber meist keine Akzeptanzkonflikte auf. Vielmehr können Unternehmen stattdessen den nahräumlichen EE-Zubau abseits ihrer bisherigen Eigenerzeugungsanlagen zusammen mit anderen zivilgesellschaftlichen Akteur*innen mitgestalten. So sind sie als EE-Anlagen-(Mit-)Eigentümer in einer solchen Gemeinschaft etwa in der Lage, Akzeptanzaspekte in den Blick zu nehmen und ökonomische wie auch technische Belange hinsichtlich akzeptanzförderlicher Wirkungen auszurichten, beispielsweise mit Blick auf finanzielle Beteiligungsmöglichkeiten der lokalen Bevölkerung, aber auch die Anlagenhöhe, Abschaltzeiten, Befeuerungen zur Nachtkennzeichnung oder Ausgleichsmaßnahmen für den Anlagenbau.

Das Unionsrecht fördert solche Prosumer-Ansätze: Die EU-Richtlinie 2018/2001 zur Förderung der Nutzung von Energie aus erneuerbaren Quellen (RED II) verpflichtet die Mitgliedstaaten, die notwendigen Rahmenbedingungen für die individuelle und kollektive Eigenversorgung zu schaffen sowie den Einsatz Erneuerbare-Energien-Gemeinschaften zu fördern. Insbesondere die Ermöglichung der kollektiven Eigenversorgung, aber wohl auch die Förderung Erneuerbare-Energien-Gemeinschaften machen dabei entsprechende Anpassungen im deutschen Recht erforderlich – und eröffnen damit jetzt umso mehr den energieintensiven Unternehmen Handlungsfenster zur aktiven Mitgestaltung einer konfliktarmen EE-Stromerzeugung.

Gerade die Stärkung der Erneuerbare-Energien-Gemeinschaften dürfte dabei für energieintensive Industrieunternehmen attraktiv sein. Solche Gemeinschaften sollen natürlichen Personen, Gemeinden sowie kleinen und mittleren Unternehmen (KMU) die Möglichkeit bieten, gemeinsam Energie zu produzieren, zu speichern, zu verbrauchen und zu verkaufen. Energieintensive Unternehmen können so aufgrund ihrer eigenen Anreize, finanziellen Möglichkeiten, technischen Kompetenzen und Verbrauchsprofile wichtige Akteure für solche Erneuerbare-Energien-Gemeinschaften sein und hier als Energieerzeuger und -verbraucher zugleich auftreten. Sie können somit eine wichtige

Keimzelle für regionale Energieversorgung werden: Das Motto „Unsere Energie für unsere Region" könnte insbesondere in strukturschwachen Regionen mit finanzschwachen Kommunen durch das unternehmerische und finanzielle Engagement von Industrieunternehmen erfüllt werden, die nicht nur ihre eigene, sondern auch die grüne Energieversorgung ihrer Umgebung mit in den Blick nehmen.

Auch abseits von EE-Gemeinschaften – etwa für den Fall, dass die jeweiligen Unternehmen nicht als KMU eingeordnet werden können – sind breite und effektive finanzielle Beteiligungsmöglichkeiten für die lokale Bevölkerung über klassische Bürger*innenenergiegesellschaften oder auch Nachrangdarlehen ohne Eigentumsbeteiligung möglich. Letztere Variante fokussiert allerdings auf die rein finanzielle Beteiligung ohne Mitspracherechte der beteiligten Bevölkerung. Wichtiger Faktor ist hier allerdings, dass die jeweiligen eigenen Erzeugungsanlagen gewinnorientiert und in eigener Tochtergesellschaft ausgestaltet sind.

2.3.3.4 Ausblick

Das Thema Akzeptanz erneuerbarer Energien scheint für energieintensive Unternehmen auf den ersten Blick zunächst weit weg. Begreifen sie sich primär als passive Stromverbraucher, lässt sich hier zunächst kein Bezug herstellen und werden keine unmittelbaren Vorteile erkennbar, sich hier zu engagieren. Angesichts der bevorstehenden klima- und energiepolitischen Umwälzungen drängt es sich jedoch auf, dass sich insbesondere energieintensive Energieunternehmen sehr zeitnah mit der Frage einer gesicherten grünen Energieversorgung auseinandersetzen müssen; dies gilt nicht nur für diejenigen Industrieunternehmen, die bereits traditionell eine industrielle Eigenerzeugung aufweisen, die Stand heute noch zu rund 70 Prozent auf nicht erneuerbaren Quellen basiert. Denn zum einen sagen alle relevanten Energieszenarien einen sehr umfangreichen und regional differenzierten Ausbau insbesondere von Wind- und Solarenergie vorher, der mit einer weiteren Verknappung der verfügbaren Fläche sowie einer Verschärfung von Akzeptanzproblemen vor Ort einhergehen dürfte, die sich unter Umständen negativ auf den Strompreis auswirken kann. Zum anderen wird der Strombezug aus grünen und auch regionalen Bezugsquellen zunehmend zu einem wichtigen Werbe- und insoweit auch Wettbewerbsfaktor. Damit ist klar, dass für die energieintensiven Unternehmen, die gegenwärtig circa ein Viertel des deutschen Stroms verbrauchen, eine grüne, regionale und vor Ort akzeptierte Strombeschaffung zu Kernaufgabe werden wird.

Wie in diesem Beitrag aufgezeigt, stehen den Unternehmen bereits heute einige Instrumente zur Verfügung, um die lokale Akzeptanz der EE-Erzeugung aktiv mitzugestalten, wenn gleich deren Anwendung und Verbreitung noch recht jung ist. In diesem Beitrag wurde dargelegt, wie die Förderung der Akzeptanz mit dem aktuell stark aufkommenden Thema der PPAs verbunden werden könnte oder wie es durch die – im Idealfall bundesweit einheitliche – Einführung eines Labels für faire Beteiligungsmöglichkeiten und Akzeptanzförderung gestärkt werden kann. In Zukunft kann die Beteiligung an Energiegemeinschaften auch ein wichtiger Hebel sein, um regionale Erneuerbare-Energien-Großprojekte überhaupt zu realisieren; die Akzeptanz könnte hier durch Beteiligung auch im Sinne einer regionalen Mitversorgung adressiert werden.

Eine wichtige Erkenntnis der Akzeptanzforschung in Bezug auf den Ausbau von EE-Anlagen ist schließlich, dass insgesamt ein Verbund aus mehreren Instrumenten den effektivsten Ansatz darstellt, weil viele relevante Akzeptanzfaktoren zugleich zu beachten sind (vgl. Hübner et al. 2020). Die konkreten Ausgestaltungen und Wechselwirkungen können dabei zwar mitunter komplexe Fragen aufwerfen; sowohl die Akzeptanzforschung als auch deren Anwendung haben aber mittlerweile viele Erfahrungen im Prozess- und Konfliktmanagement hervorgebracht und bieten dadurch vielfältige Ansatzpunkte für eine aktive Mitgestaltung der Energiewende durch energieintensive Unternehmen. So sind auf jeden Fall regionale Gegebenheiten zu beachten (vgl. Holstenkamp 2018) und ggf. Expert*innen für Mediation und Konfliktmanagement als wichtiger Erfolgsfaktor einzubeziehen (vgl. Ehlers-Hofherr 2018).

REDAKTION

Dr. Steven Salecki
Institut für ökologische Wirtschaftsforschung
(IÖW) GmbH
Potsdamer Straße 105
10785 Berlin
Tel. (+49) (030) 8845940
E-Mail: steven.salecki@ioew.de
www.ioew.de

Roman Weidinger
Institut für Klimaschutz, Energie und Mobilität e. V.
Magazinstraße 15–16
10179 Berlin
Tel. (+49) (030) 4081870-10
E-Mail: roman.weidinger@ikem.de
www.ikem.de

Prof. Dr. Bernd Hirschl
Institut für ökologische Wirtschaftsforschung
(IÖW) GmbH
Potsdamer Straße 105
10785 Berlin

und

Brandenburgische Technische Universität
Cottbus-Senftenberg, Fachgebiet Management
regionaler Energieversorgungsstrukturen
Universitätsplatz 1
01968 Senftenberg
Tel. (+49) (030) 8845940
E-Mail: bernd.hirschl@ioew.de und
bernd.hirschl@b-tu.de
www.ioew.de und www.b-tu.de

KURZBIOGRAPHIE

Dr. Steven Salecki ist Volkswirt mit energieökonomischen Schwerpunkten. Er ist wissenschaftlicher Mitarbeiter im Forschungsfeld „Nachhaltige Energiewirtschaft und Klimaschutz" am Institut für ökologische Wirtschaftsforschung in Berlin und promovierte zum Thema Wertschöpfung durch erneuerbare Energien an der Universität Kassel (Dr. rer. pol.). Seine Forschungsschwerpunkte liegen auf Wirtschaftlichkeitsbewertungen und regionalökonomischen Effekten von Erneuerbare-Energie-Erzeugungsanlagen.

Roman Weidinger ist Jurist und wissenschaftlicher Referent an der Forschungsakademie des Instituts für Klimaschutz, Energie und Mobilität (IKEM) in Berlin. Dort arbeitet er seit 2018 zu energie- und umweltrechtlichen Themen mit besonderem Fokus auf Akzeptanzfragen sowie zum Planungs-, Steuer- und Finanzverfassungsrecht. Zugleich forscht er als Doktorand bei Prof. Dr. Michael Rodi zur Bedarfsplanung von EE-Anlagen.

Prof. Dr. Bernd Hirschl ist seit 2003 Leiter des Forschungsfelds „Nachhaltige Energiewirtschaft und Klimaschutz" am Institut für ökologische Wirtschaftsforschung (IÖW) in Berlin, an dem er seit 1998 tätig ist. Seit 2012 ist er ebenso Leiter des Fachgebiets Management regionaler Energieversorgungsstrukturen an der Brandenburgischen Technischen Universität Cottbus-Senftenberg. Er ist Diplom-Wirtschaftsingenieur und promovierte am Otto-Suhr-Institut für Politikwissenschaft der Freien Universität Berlin mit Auszeichnung zum Thema Erneuerbare-Energien-Politik im Mehrebenensystem. Seine Schwerpunkte liegen in der Entwicklung, Analyse und Bewertung von Energiewende- und Klimaneutralitätsstrategien, -instrumenten und -produkten, aktuell mit einem Fokus auf urbanen Energiesystemen, Energie-Prosuming, regionalökonomischen Effekten, Resilienzaspekten und Strukturwandel.

Akzeptanzstrategien in den energieintensiven Industrien

Aus der Praxis

Aus der Praxis

3.1	**Infrastrukturprojekte**	**165**
3.1.1	Bedarfsanalyse	167
3.1.2	Infrastrukturprojekte	174
3.1.3	Infrastrukturprojekte und Erfolgsfaktoren für öffentliche Unterstützung	176
3.1.4	Vision und regulatorische Anpassungen für grüne Infrastrukturen	181
3.1.5	Übertragungsnetzausbau: Stromnetze gestalten	184
3.1.6	Grünstrombeschaffung	188
3.1.7	Erfolgsfaktor Bürgerdialog und das Beispiel Netzausbau Uckermark	190
3.1.8	Ferngasleitungsbau und H_2 Projektvorbild Lausitz	195
3.1.9	Klimaneutrale Industrie- und Gewerbegebiete	202
3.1.10	Internationale Infrastrukturprojekte und Erfahrungswerte aus N, GB und NL	206
3.2	**Chemische Industrie**	**219**
3.2.1	Gesellschaftliche Akzeptanz der Chemieindustrie	220
3.2.2	Transformation als Deal	223
3.2.3	Auf gute Nachbarschaft	233
3.3	**Glasindustrie**	**245**
3.3.1	Noch zwei Wannenreisen bis zur Klimaneutralität	246
3.4	**Kalkindustrie**	**257**
3.4.1	Kalkindustrie 2050 – über die klimaneutrale Produktion zur klimapositiven Industrie	259
3.4.2	Akzeptanz durch nachhaltige Verantwortung gegenüber Nachbarschaft und Umwelt	265
3.4.3	„Dein Steinbruch" – Artenschutz und Eventlocation	270
3.5	**Keramikindustrie**	**275**
3.5.1	Tradition trifft Zukunft	276
3.6	**Nichteisenmetallindustrie**	**285**
3.6.1	Metalle schützen das Klima	286
3.6.2	Dekarbonisierung in der Kupferindustrie	289
3.6.3	Technische Maßnahmen zur Reduktion von Treibhausgasemissionen	298
3.6.4	Praxisdatenbank EFA	310
3.7	**Stahlindustrie**	**319**
3.7.1	Auf dem Weg zur klimaneutralen Stahlindustrie	320
3.7.2	Stahl – der Werkstoff von heute und Wertstoff von morgen	329
3.7.3	Best-Practice-Beispiele	341
3.7.4	Nachhaltige Beispiele – Langstahlproduktion	345
3.8	**Zementindustrie**	**351**
3.8.1	Einleitung	352
3.8.2	Frühe Öffentlichkeitsbeteiligung – Chancen und Herausforderungen	355
3.8.3	Der Scoping-Termin zur Vermeidung von Projektstagnation	362

Infrastrukturprojekte

3.1

ZUSAMMENFASSUNG

Im nachfolgenden Kapitel werden anhand von internationalen Beispielen Hürden, Motivierung und erfolgreiche Einbindung der Öffentlichkeit in groß angelegte Infrastrukturprojekte aufgezeigt. Eine derzeitige Herausforderung im Aufbau grüner Stromnetze in Deutschland liegt in der getrennten Betrachtung von Netzen und Verbrauchssektoren. Auch gibt es derzeit keine Möglichkeit für erneuerbaren Strom, seine „grüne Eigenschaft" beim Netzstrombezug beizubehalten. Für den Transport klimaneutraler Gase zeigt sich ein anderes Bild. Hier sieht der bestehende Rechtsrahmen für Gasnetze eine Opt-in-Option für den Aufbau und Betrieb von H_2-Netzen vor. Für Projekte im Übertragungsnetzausbau ist ein doppelter Dialog mit zum einen lokalen und regionalen Behörden, zum anderen der örtlichen Bevölkerung äußerst wichtig. Grundsätzlich muss das Dialogangebot an die Bürger*innen aber den lokalen Gegebenheiten angepasst werden. Positive Auswirkung auf die öffentliche Meinung kann auch durch die Darstellung der Gründe und Motivation von Projekten generiert werden. Beispiele aus Norwegen, den Niederlanden und Großbritannien zeigen außerdem, wie kulturelle und sozialwirtschaftliche Interessen abgedeckt werden müssen. Sicherheitsbedenken bleiben aber wichtigster Akzeptanzfaktor und müssen durch Dialog und Einbezug der Bevölkerung wie auch Transparenz im regulatorischen Rahmen adressiert werden.

BEDARFSANALYSE

AUTOR: Dr. Jan-Justus Andreas, *Bellona*

BELLONA

3.1.1

Dekarbonisierungspfade zum Erreichen der Treibhausgasneutralität basieren auf einer Vielzahl von möglichen Prozessumstellungen innerhalb der jeweiligen Industriezweige. Die letztendliche Wahl der Dekarbonisierungstechnologie wird entscheidend von Vermeidungskosten, Rohstoffzugang und Infrastrukturanbindung wie auch der übergeordneten Langzeitstrategie der Politik und des Unternehmens beeinflusst. Innerhalb einer Industriebranche, und selbst innerhalb eines Konzerns, kann es daher zur Umsetzung verschiedener Technologien an Standorten kommen, wenn dies sich aus infrastrukturellen oder konzernstrategischen Gründen anbietet.

▶ Tab. 1

Auf Basis einiger sektorenübergreifenden wie auch -spezifischen Szenarioanalysen zur Treibhausgasneutralität bis spätestens 2045 kann man ein ungefähres Bild der Größenordnung der vor uns liegenden Herausforderung schaffen. Tabelle 1 fasst hierzu beispielhaft Szenarien und Roadmaps des Chemie-, Zement- und Stahlsektors für Deutschland zusammen. Ohne hier auf die technologiespezifischen Voraussetzungen einzugehen, sticht vor allem der enorme Strombedarf, gekoppelt an den Bedarf von H_2, sektorenübergreifend heraus. Auch das erweiterte CO_2-Management, rund um die Nutzung wie auch Abscheidung und Speicherung von CO_2, und die Rolle von Biomasse werden essenziell zum Erreichen einer Treibhausgasneutralität in der Industrie sein.

Grundsätzlich haben es Infrastrukturprojekte jeglicher Art schwer, in einem dichtbesiedelten Land wie Deutschland Unterstützung oder überhaupt Verständnis der Bevölkerung zu generieren. Gleichzeitig wird der Ausbau, zum Beispiel von Onshore-Wind, auch durch die derzeitige planungs- und genehmigungsrechtliche Lage erschwert.

3.1.1.1 Grundvoraussetzung erneuerbarer Strom und die Rolle des grünen H_2

Die Direktelektrifizierung verschiedener Prozesse durch den externen Bezug erneuerbaren Stroms ist der wichtigste erste Schritt in der Prozessumstellung. Allerdings wächst der gesamte Strombedarf enorm vor allem durch indirekte Elektrifizierung durch grünen H_2 – also H_2, der rein aus erneuerbaren Energien per Wasserelektrolyse produziert wurde.

Allein die Chemie benötigt laut Szenarien der Agora Energiewende (2019) und des Verbands der Chemischen Industrie (vgl. VCI 2019) zwischen 665 und 875 Terawattstunden erneuerbaren Stroms, um den Bedarf der Elektrifizierung und synthetischer Energieträger auf H_2-Basis abzudecken. Zur Einordnung: Der Bruttostromverbrauch ganz Deutschlands lag 2020 bei unter 560 Terawattstunden (vgl. Umweltbundesamt 2022).

1 Überblick über verschiedene Dekarbonisierungspfade der deutschen Chemie-, Zement- und Stahlindustrie

Studie	Szenario	Sektor	Produktionsmenge	Biomasse	H_2
Agora Energiewende, Klimaneutrale-Industrie-Studie (2019)	KWK-Anlagen mit CCS; grüner H_2 in Dampfreformierung und Ersatz	Chemie			
VCI, Roadmap Chemie 2050 (2019)	Pfad TN2050	Chemie	Basischemie konstant, 2% Anstieg in Spezialchemie	11,4 Mt	
Agora Energiewende, Klimaneutrale-Industrie-Studie (2019)	CCS-Oxyfuel; CCS-Leilac	Zement			
VDZ, Dekarbonisierung von Zement und Beton – Minderungspfade und Handlungsstrategien (2020)	THG-Minderung von 100% 2050	Zement		0,5 Mt	0,16 Mt
Wirtschaftsvereinigung Stahl, Wasserstoff als Basis für eine klimaneutrale Stahlproduktion (2021)	2030, 30% CO_2-Minderung	Stahl	10 Mt Rohstahl		0,6 Mt
Agora Energiewende, Klimaneutrale-Industrie-Studie (2019)	DRI-H_2, Eisenelektrolyse und EAF, Hisarna CCS, CCU (nicht kumulative Zahlenangabe!)	Stahl			3,3 MWh/t Rohstahl
DNV GL, CO_2 Transport Infrastructure in Germany & Necessity and Boundary Conditions up to 2050 (2009)	CO_2-Infrastruktur in DE 2050				

Bedarfsanalyse

Abfall	CCU (Input)	CCS	Fossile Rohstoffe	Erneuerbarer-Strom-Bedarf (TWh/Jahr)	Infrastrukturbedarf CO_2 (CCU und CCS)	Kostenfaktor
		11 Mt in KWK-Anlagen		875 TWh für H_2		45–93 €/t CO_2 Vermeidungskosten CCS, 110–360 €/t CO_2 Vermeidungskosten H_2
2,8 Mt	41 Mt	11	1,5 Mt	665,9 TWh (vor allem für synthetischen Naphtha aus Elektrolyse-H_2)		68 Mrd. Anlageninvestition (kumulativ)
		16,2 Oxyfuel; 7,1 Leilac				65–87 €/t CO_2 Vermeidungskosten Oxyfuel, 73–112 €/t CO_2 Vermeidungskosten Leilac
		10,4 Mt		~8 TWh zur H_2-Elektrolyse	Modal-Split aus mehreren Transportwegen 10.000 Güterzugfahrten und 500.000 LKW-Fahrten Langfristumstieg auf CO_2-Pipelinesystem	CCS-Vermeidungskosten 40–60 €/t CO_2 416–624 Mio. € für CCS CCU-Vermeidungskosten (inklusive Kosten der Nutzung in z. B. Chemie) 200–400 €/t CO_2 2,08–4,16 Mrd. € für CCU
				~33 TWh		
		44 Mt		Mindestens 97 TWh bei DRI-H_2 Umstellung von derzeitiger Hochofenproduktion (<30 Mt Stahl/Jahr); 2,5 MWh/t Stahl durch Eisenelektrolyse und EAF		DRI-H_2 (mit CH4-Zwischenschritt): 85–144 €/t CO_2 2050 Eisenelektrolyse und EAF: 170–292 €/t CO_2 in 2050 Hisarna und CCS: 25–45 €/t CO_2 CCU: 178–379 €/t CO_2
					60 Mt CO_2/Jahr, 350 km Onshore und 100 km Offshore-Pipelinenetz, inkl. Sammelnetz (16" Durchmesser)	4,2 Mrd.

Nimmt man die Direktreduktionsroute per H_2 der Stahlerzeugung dazu, kämen bei einer Umstellung der derzeitigen hochofenbasierten Stahlproduktion nochmals um die 100 Terawattstunden zur H_2-Produktion hinzu. Die potenzielle Nutzung von 160.000 Tonnen H_2 im Zement (vgl. VDZ 2021), um dort die Nutzung von Kohle oder Erdgas komplett zu beenden, macht, obwohl immer noch bedeutende acht Terawattstunden Strombedarf, kaum noch einen Unterschied in der Gesamtgrößenordnung im Bedarf von möglicherweise weit über 900 Terawattstunden erneuerbaren Stroms für die drei Grundstoffindustrien.

Was aus diesen Zahlen grundsätzlich hervorgeht, ist der enorme Ausbaubedarf erneuerbarer Energien in Deutschland sowie der damit verbundene Netzausbau. Das schließt auch den Ausbau von Verbindungsleitungen innerhalb Europas ein, um sowohl ansatzweise den Zugang zum benötigten Strom abzudecken als auch eine Grundlastversorgung sicherzustellen. Gleichzeitig stellt die Größenordnung wie auch der Kostenfaktor der H_2-Route als alleinige Technologie im Stahl und in der Chemie die Realisierbarkeit einer Dekarbonisierung bis 2045 infrage.

Der Netzausbau wird dann umso wichtiger, wenn die Wasserelektrolyse langfristig nicht nur an zum Beispiel dezidierte Offshore-Windparks gebunden ist, um eine emissionsarme Produktion sicherzustellen, sondern bei einem dekarbonisierten Netz durch Netzstrom auch näher am Nachfragezentrum stattfindet. Nichtsdestotrotz wird es zu einer umfangreichen Verlegung von H_2-Leitungen von Produktions- oder Importstandorten zu Verbraucher*innen geben müssen. Eine Umstellung des existierenden Gasnetzes könnte hier teilweise möglich sein.

Aus thermodynamischen Gründen wird ein Gasnetz nie den Ausbau des europäischen Stromnetzes ausgleichen können. Um also Zugang zu neuen Energieträgern und der Elektrifizierung der Industrie (und anderen Teilen der Wirtschaft, zum Beispiel Transport) zu schaffen, muss sowohl Strom- als auch H_2-Infrastruktur in internationaler Koordination weitreichend ausgebaut werden.

Angesichts der Größenordnung wird der Import von H_2 eine langfristige Notwendigkeit. Somit müssen sowohl H_2-Pipelines mit potenziellen H_2-Produzent*innen in der Region, wie Norwegen und Schweden, als auch langfristig Terminals an Häfen für den globalen Import von H_2 per Schiff bereitgestellt werden. Da Deutschland nicht allein vor der Herausforderung der Industriedekarbonisierung steht, ist gleichzeitig davon auszugehen, dass auch international die Nachfrage nach klimaneutralem H_2 das Angebot mindestens mittelfristig übertreffen wird. Inwieweit ein rapider Hochlauf von H_2 im nächsten Jahrzehnt umsetzbar sein wird, ist daher sowohl wirtschaftlich als auch technisch offen. Auch zeigen die Lehren aus dem russischen Angriffskrieg in der Ukraine, dass eine Fokussierung auf nur einen Lösungspfad, vor allem wenn dieser eine starke Abhängigkeit von internationalen Bezugsquellen mit sich bringt, risikobehaftet ist, vor allem hinsichtlich der Versorgungssicherheit und des Kostenfaktors für die ansässige Industrie.

Die Rolle von H_2 zur Industriedekarbonisierung auch angesichts der neuen geopolitischen Lage ist daher kompliziert. Zur raschen Netzdekarbonisierung und Direktelektrifizierung (Verkehr, Wärmepumpen etc.) werden alle verfügbaren Erneuerbaren Energien benötigt, vor allem seitdem die Brücke Erdgas „eingestürzt" ist. Gleichzeitig werden in den nächsten Jahren Sicherheiten für die Investition in Dekarbonisierungslösungen für die Industrie benötigt. Diese bedeuten Versorgungssicherheit und Wirtschaftlichkeit. Beide sind bei H_2 derzeit schwer vorhersehbar, auch da weitere Herausforderungen rund um essenzielle Materialien für die gesamte Lieferkette der H_2-Wirtschaft hinzugekommen sind, die zum Beispiel den Ausbau von Elektrolyseanlagen beeinträchtigen.

Um hier einen Standortnachteil zu vermeiden, ist es sinnvoll, von vornerein auf Diversifizierung zu setzen. Dies bezieht sich zum einen auf die H_2-Versorgung selbst, zum anderen aber auch auf die Umsetzung von Alternativen zur Nutzung von H_2 in Sektoren oder einzelnen Standorten, die auch als Brücke agieren können. Für die H_2-Versorgung heißt dies, es müssen möglichst viele Alternativpfade der H_2-Bereitstellung umgesetzt werden, die gleichzeitig auch im Einklang mit dem Pariser Klimaabkommen stehen. Die schon genannten Importterminals und Pipelineverbindungen mit Partnern im Norden sind in jedem Fall mittel- bis langfristig fundamental, um optimalen Zugang zu einem globalen H_2-Markt der Zukunft zu erreichen. Doch auch die Rolle von H_2 aus Erdgasreformierung im Zusammenspiel mit der Abscheidung und permanenten geologischen Speicherung von CO_2 (CCS, blauer H_2) wird aus Versorgungssicherheits- und Klimagründen eine Rolle spielen. Die CCS-Technologie bietet in der Direktanwendung an Industrieanlagen auch die Möglichkeit, die Abhängigkeit von H_2 als Alleinlösung in Sektoren wie dem Stahl und der Chemie zu reduzieren. Damit können etwaige geopolitische Veränderungen abgefedert werden, ohne die Dekarbonisierung der deutschen Industrie zu gefährden. Der hiermit verbundene Infrastrukturaufbau und Technologieeinsatz steht in jedem Falle auch vor komplizierten Akzeptanzherausforderungen.

3.1.1.2 CO_2-Nutzung, -Abscheidung und -Speicherung

Die Nutzung von CO_2, vor allem des Kohlenstoffs selbst, ist für die Chemie ein wichtiger Rohstoff. Die Umstellung von derzeit fossilen Kohlenstoffquellen zu nachhaltigeren Optionen benötigt den Aufbau einer CO_2-Transportinfrastruktur wie auch der Identifizierung nachhaltiger Kohlenstoffpfade. Damit eine möglichst hohe Emissionsminderung stattfindet, gilt es sicherzustellen, dass der Kohlenstoff aus der Atmosphäre und nicht fossiler Natur ist. Das bedeutet, dass eine Nutzung von fossilem Kohlenstoff, der aus anderen Industrieprozessen abgeschieden wurde, nur einen kleinen Beitrag zur Dekarbonisierung leisten kann, da er in den meisten Produktpfaden keine Treibhausgasneutralität erreicht. Die daraus folgende Notwendigkeit, atmosphärischen CO_2s aus biogenischen Quellen oder aus der Luft mithilfe von Direct Air Capture (DAC) zu gewinnen, birgt weitere Rohstofffragen bezüglich Herkunft und Größenordnung nachhaltiger Biomasse wie auch beim Grünstrombedarf der DAC-Systeme – vor allem im Hinblick auf die laut VCI notwendigen 41 Millionen Tonnen CO_2 pro Jahr (vgl. VCI 2019).

Die Abscheidung und Speicherung von CO_2 aus Industrieprozessen (CCS) wird zwangsläufig eine Rolle spielen müssen, wenn die Treibhausgasneutralität in der deutschen Industrie bis 2045 realisiert und eine signifikante Reduzierung der Produktionsmenge vermieden werden soll. Die Zementindustrie ist laut dem Verein Deutscher Zementwerke (VDZ) für zehn Millionen Tonnen CO_2 an nicht vermeidbaren Prozessemissionen von der Technologie abhängig. Die verteilte Lage vieler Zementwerke ist allerdings eine infrastrukturelle Herausforderung. Wenngleich auch hier langfristig ein CO_2-Pipelinesystem notwendig sein wird, könnten anfangs Lastwagen, Züge und Flussbargen für den modularen CO_2-Transport genutzt werden. Diese flexibleren Transportmethoden sollten aber mittelfristig an ein Pipelinesystem mit strategisch gelegenen CO_2-Hubs angebunden sein.

CCS wird aber auch für andere Industriezweige aufgrund der Größenordnung der H_2- und damit Grünstromnachfrage eine komplementäre Zwischenrolle spielen. Die von der Agora Energiewende genannte Hisarna-Technologie ermöglicht zum Beispiel eine rohstoffeffiziente CO_2-Abscheidung am Stahlwerk, die vor allem an Standorten mit Zugang zu sich schon in der Entwicklung befindenden CO_2-Speicherinfrastrukturen in der Nordsee eine Alternative zur H_2-Route bietet. Die Nutzung von CCS an der Kraft-Wärme-Kopplungs(KWK)-Anlage in der Chemie kann ebenso den dekarbonisierungsbedingten Strombedarf für den Sektor mittelfristig reduzieren. Weitere Anwendungen für CCS in der Ammoniaksynthese und an Raffinerien können ebenso Übergangslösungen sein.

Die Nutzung von CCS als Brücke auch in diesen Industriezweigen hilft sicherzustellen, dass die anfangs niedrige Menge grünen H_2 den Bereichen zur Verfügung gestellt wird, die derzeit keine Alternative zur Emissionsreduzierung besitzen. Beziehungsweise dass es zu keinem Engpass kommt, der die Treibhausgasneutralität der Industrie auf Jahre, wenn nicht Jahrzehnte, verzögern kann. So können auch Zwischenschritte über Erdgasnutzung in einer „H_2-ready"-Infrastruktur verhindert werden. Selbst die von der Wirtschaftsvereinigung Stahl vorgeschlagene 30-prozentige Emissionsreduzierung durch die Produktion von zehn Millionen Tonnen Rohstahl über die H_2-Route wird mit 33 Terawattstunden Erneuerbarer-Strom-Bedarfs eine Herausforderung. Die mögliche Rolle von CCS zur Produktion sogenannten blauen H_2 durch Erdgasreformierung ist in den Szenarioanalysen nicht aufgeführt, wird aber auf politischer Ebene als Mittel zum beschleunigten Hochfahren der H_2-Wirtschaft diskutiert.

3.1.1.3 Finanzielle Investitionen

Eine genaue Größenordnung der notwendigen Infrastrukturinvestitionen ist schwer vorhersagbar und abhängig von den jeweiligen Anteilen der Technologiepfade.

Die grundsätzlichen Vermeidungskosten vieler Dekarbonisierungstechnologien schweben zwischen 40 und 140 Euro pro Tonne CO_2 – einem Preis, den das Europäische Emissionshandelssystem (ETS) aller Voraussicht nach bis 2030 erreichen und womöglich übertreffen wird. Die Kapitalinvestitionen in zum Beispiel H_2- und CO_2-Pipelines werden allerdings nur mit öffentlicher Unterstützung zeitgerecht getragen und die Infrastrukturen so bereitgestellt werden können.

Anlageninvestitionen pro Industriesektor werden sich im höheren Milliardenbereich befinden. Auch hier benötigt es finanzielle Rahmenbedingungen, die die Mehrkosten einer treibhausgasneutralen Produktion gegenüber einer weiterhin emittierenden Industrie nicht zu einem Wettbewerbsnachteil verkommen lässt.

Schon 2009 hatte die DNV GL (Zusammenschluss aus Det Norske Veritas [DNV] und Germanischer Lloyd [GL]) im Auftrag von IZ Klima im Rahmen der ersten CCS-Debatte in Deutschland einen Investitionsbedarf von circa 4,2 Milliarden Euro für ein CO_2-Netz von 60 Millionen Tonnen CO_2 pro Jahr veranschlagt. Damals noch fokussiert auf Kohleverstormung, könnte ein CO_2-Netz in ähnlicher Größenordnung dennoch notwendig für die Industrie sein, sowohl zur CO_2-Nutzung als auch zur -Speicherung.

INFRASTRUKTURPROJEKTE

AUTORIN: Dr. Erika Bellmann, ehemals *Bellona*

BELLONA

Die gesellschaftliche Dimension von Infrastrukturprojekten ist immer besonders groß: Infrastrukturen durchqueren in aller Regel Regionen und Kommunen – und sie überqueren Länder und Felder, deren Anwohner*innen, Eigentümer*innen und Unternehmen weder die Erzeuger*innen noch die Anwender*innen des transportierten Gutes sind. Somit erfolgt eine Belastung des Lebens- und Arbeitsumfeldes, obwohl der Nutzen auf lokaler Ebene nur schwer nachvollzogen werden kann. Das ist insbesondere dann der Fall, wenn auch der Bau und die Wartung der Infrastruktur von anreisenden spezialisierten Fachfirmen vorgenommen werden muss. Dieser Fall wird vermutlich bei der Infrastruktur für Klimaneutralität eintreten, weil die notwendigen H_2- und CO_2-Pipelines sowie teilweise die neuen Stromleitungen und Stromerzeugungsanlagen besonderes Know-how erfordern. Mit ihrer Sichtbarkeit „vor Ort" machen Infrastrukturen die Energiewende erkennbar.

Ein Infrastrukturprojekt bedingt meistens ein natürliches Monopol. Es stellen sich Fragen des Zugangs, der Fairness der Kosten für die Nutzung und des Ausschlusses von Missbrauch der Monopolstellung. Eine bedarfsgerechte Dimensionierung wird oft zur politischen Entscheidung, weil die marktwirtschaftlichen Dynamiken von Angebot und Nachfrage aufgrund der fehlenden Konkurrenz beim Infrastrukturanbietenden teilweise oder ganz ausgeschaltet sind. Eine staatliche Regulierung ist in den meisten Fällen zwingend erforderlich. Damit kommt einerseits der gesellschaftlichen Akzeptanz eine besonders hohe Bedeutung zu. Andererseits bestehen besonders hohe Hürden, einen gesellschaftlichen Konsens zu erreichen, weil unterschiedliches Gerechtigkeitsempfinden und unterschiedliche Vorstellungen zur Rolle des Staates die Meinungsbildung beeinflussen und eine schnelle Versachlichung der Debatte per Verweis auf ingenieurtechnische oder betriebswirtschaftliche Faktoren meist nicht gelingen kann. Wenn ein Infrastrukturprojekt staatliche Unterstützung bekommt, zum Beispiel durch direkte oder indirekte Subventionierung oder durch Umlage der Kosten auf die Gesamtbevölkerung beziehungsweise die Nutzer*innen der Infrastruktur, verschärfen sich die Akzeptanzprobleme. Andererseits können Regionen, die nicht gut an Infrastrukturen angebunden sind, wie auch bei der Verfügbarkeit von digitalen Infrastrukturen leicht „abgehängt" werden. Beim Aufbau der Infrastruktur für die Klimaneutralität ist umfangreiche staatliche Unterstützung zu erwarten beziehungsweise wird schon praktiziert.

Zusätzlich kommt in den vergleichsweise dicht besiedelten und gut versorgten Industrieländern wie Deutschland die Wahrnehmung hinzu, dass es schon genügend Infrastruktur gibt. Ein Verständnis, dass zusätzliche Infrastrukturprojekte nötig sind, um neue gesellschaftliche Ziele erreichen zu können, setzt sich nur schwer durch. Das Vertrauen in den Akteur/die Akteurin, der oder die das Projekt initiiert und/oder besonders stark öffentlich zu dem Projekt kommuniziert, spielt eine große Rolle. So kann Vertrauen respektive Misstrauen einzelnen Politiker*innen oder einzelnen Unternehmen gegenüber die Wahrnehmung erheblich beeinflussen. Vertrauen kann durch eine transparente Informationslage verbessert werden. Oft schüren Bilder, wie die potenzieller Explosionen, Ängste. Die gilt es durch nachvollziehbare Fakten über mögliche und unmögliche Risiken aus dem Weg zu räumen. Daher ist das Vertrauen in den Prozess der Entscheidungsfindung ebenfalls maßgeblich. So wurden Mängel am Beteiligungsprozess mehrfach als eine wesentliche Ursache für das Entstehen ablehnender Haltungen identifiziert.

Trotz dieser Herausforderungen werden Infrastrukturprojekte ständig realisiert. Sie bilden die Grundlage für den Erhalt und die Fortentwicklung der wirtschaftlichen Basis und werden letztlich von der Bevölkerung allgemein als notwendig erachtet und eingefordert. Das Vorhandensein einer gut entwickelten Infrastruktur wird allgemein als Merkmal eines guten Wirtschaftsstandortes und einer Region mit hohem Lebensstandard akzeptiert, auch wenn unter „gut entwickelt" unterschiedliche Dinge verstanden werden.

In diesem Kapitel sind Beispiele beschrieben, wie an Infrastrukturprojekte herangegangen wurde. Es ist ein Versuch aufzuzeigen, welche Erfolgsfaktoren zum Erreichen einer breiten gesellschaftlichen Unterstützung geführt haben beziehungsweise welche Mechanismen zur Entwicklung von Ablehnung führen können. Als Beispiele werden Strom-, H_2- und CO_2-Infrastrukturen dargestellt, weil das die entscheidenden Infrastrukturen für das Erreichen von Klimaneutralität in der Industrie sind. Die Beispiele stammen aus Deutschland oder aus nahe gelegenen europäischen Industrieländern, die als Partner Deutschlands auch für eine grenzüberschreitende Infrastruktur für Klimaneutralität besonders gute Voraussetzungen zu haben scheinen.

GANZHEITLICHE BETRACHTUNG: INFRASTRUKTURPROJEKTE UND ERFOLGSFAKTOREN FÜR ÖFFENTLICHE UNTERSTÜTZUNG

AUTOR: Michael Kalis, *Institut für Klimaschutz, Energie und Mobilität e. V. (IKEM)*

Die Energiewende ist ein gigantisches Transformationsvorhaben mit nahezu zahllosen Herausforderungen und Aufgaben technologischer, sozioökonomischer, ökologischer und letztlich gesamtgesellschaftlicher Art. Die Substitution fossiler Energieträger durch erneuerbare oder mindestens klimaneutrale Energieträger ist Kernbestandteil dieser Transformation. Für ein Gelingen muss jedoch eine Vielzahl von Zahnrädern ineinandergreifen. Ein solches Ineinandergreifen wird seit einiger Zeit unter dem Begriff der Sektorenkopplung diskutiert (vgl. unter anderem Ausfelder et al. 2017: 17; Kapferer 2019: 241; BDEW 2019: 4; DVGW 2017: 12; Van Nuffel et al. 2018: 9). Die bisherigen Auseinandersetzungen hierzu zeigen die Komplexität und Schwierigkeit der Aufgabe. Es ist auch die Sektorenkopplung oder teilweise auch Sektorenintegration mit besonderem Fokus auf den Energiesektor und die Verstromung der anderen Sektoren (vgl. GEODE 2020: 5; Held 2022), die das Nadelöhr der Energiewende zeigt: Infrastrukturen.

Infrastrukturen sind das Rückgrat der Energiewende. Das gilt ungeachtet davon, ob man die Energiewende in einen globalen, supranationalen oder nationalen, einen zentralen oder dezentralen Kontext setzt. Auch Letztere kommen um Infrastrukturen für ein Gelingen nicht umhin (vgl. dena 2019). Die Rolle von Infrastrukturen wird noch eklatanter, wenn man einen weiten Infrastrukturbegriff heranzieht. Demnach umfasse Infrastruktur nicht nur die Anlagen und Einrichtungen zum Transport und zur Speicherung der Güter, sondern gerade auch die Anlagen zu deren Bereitstellung und Erzeugung, hier also im Besonderen die Anlagen zur Erzeugung von Energie aus erneuerbaren Energiequellen (vgl. Dörr 2014: 323 ff.).

Führt man sich dies vor Augen, wird deutlich, dass es bei den Infrastrukturen um Motor und Schiene des Transformationszuges der Energiewende insgesamt geht. Dem einschlägigen Regulierungsrahmen wird eine solch ganzheitliche Betrachtung nicht zugrunde gelegt. Hier werden die Infrastrukturen, ebenso wie die Sektoren, vielmehr strikt getrennt betrachtet. Der Rechtsrahmen verschließt sich damit zugleich einer ganzheitlichen Betrachtung der Akzeptanzfragen im Zusammenhang mit den Infrastrukturen für ein Gelingen der Energiewende. Dabei kann gerade in Debatten rund um die (mangelnde) Akzeptanz von Infrastrukturen – beziehungsweise genauer von einzelnen Bestandteilen dieser – eine ganzheitliche Betrachtung und damit Einordnung der Anlagen in das Gesamtsystem förderlich sein. Diese Überlegungen greift der Gesetzgeber mit dem sogenannten Solidaritätsgedanken, der Kosten- und Umlagebeteiligung der Nutzer*innen auf (vgl. Gabler 2019). Zugleich darf diese ganzheitliche Betrachtung nicht zu einer nicht mehr nachvollziehenden Abstraktion führen, welche die Wirklichkeiten vor Ort ausblendet. Hieran knüpfen bekannte Akzeptanzfragen im Zusammenhang mit Energieanlagen, die sich vorrangig aus Sicht von Verbraucher*innen darstellen, an.

In diesem Kapitel sollen jedoch andere Akzeptanzfragen mit Blick auf die energieintensive Industrie fokussiert werden. Diesbezüglich stellt sich die Frage, wie angesichts der notwendigen ganzheitlichen Betrachtung von Infrastrukturen und der ebenso notwendigen Berücksichtigung der Rolle vor Ort sicherstellen lässt, dass in der energieintensiven Industrie tatsächlich grüne Energie zum Einsatz kommt. Der nachweisliche Einsatz von Energie aus erneuerbaren Energiequellen, die Produktion von grünen Produkten in der Industrie unter Einsatz dieser grünen Energie sind ein wesentlicher Beitrag der energieintensiven Industrie zur Energiewende, aber auch zur Akzeptanzsteigerung.

Hier soll am Beispiel von Strom und Gas als wesentliche Träger der Prozessenergie aufgezeigt werden, welche Hürden der Rechtsrahmen grünen Infrastrukturen zur Lieferung von grüner Energie – und damit einer Akzeptanzsteigerung – derzeit aufstellt. Ausgeklammert, aber im Besonderen mit Blick auf Akzeptanz in der Region von nicht unerheblicher Relevanz, ist hier die Nutzung der industriellen Abwärme für die Gebäudewärme. Die Nutzung von Abwärme kann einen wesentlichen Beitrag zur Effizienzsteigerung und damit wohl auch Treibhausgasminderung leisten. Die hierfür relevanten Infrastrukturen, also die Wärmenetze und Wärmespeicher, sind primär keine originären Infrastrukturen von Unternehmen der energieintensiven Industrie. Aus diesem Grund soll eine Betrachtung an dieser Stelle ausbleiben. Bei der Untersuchung des Rechtsrahmens geht es hier stets um die folgende Leitfrage:

Wie kommt die grüne Energie bei der Industrie an?

3.1.3.1 Strom

Stromnetze – unabhängig davon, ob es sich um Fernleitungs- oder Verteilernetze handelt, die ausschließlich Strom aus erneuerbaren Energien transportieren, werden als solche im bestehenden Rechtsrahmen nicht (gesondert) adressiert. Anders gesagt: Grüne Stromnetze für grünen Strom kennt das Recht nicht. Auf der einen Seite leuchtet das ein, schließlich ist Strom ein homogener Energieträger, der sich einer trennscharfen Zuordnung nach der Energiequelle verschließt. Soweit Strommengen aus unterschiedlichen Energiequellen, also Grünstrom und Graustrom, in derselben Leitung transportiert und – trivial gesprochen – vermischt werden, drängt sich eine Unterscheidung nicht ohne Weiteres auf (vgl. Antoni/Kalis 2020: 382ff.).

Auf der anderen Seite kommen berechtigte Zweifel an dieser Ausgangslage auf, wenn die Energiebereitstellung aus erneuerbaren Quellen in einigen Räumen stellenweise über 100 Prozent liegt (vgl. LEKA 2020). Dies wird noch deutlicher, wenn eine strenge räumliche Abgrenzung von Energieerzeugung, Energielieferung und Energieverbrauch möglich ist, wie dies häufig bei Verbundvorhaben der Fall ist. Im Besonderen bei Industrie- und Gewerbegebieten, bei denen Energieerzeugung und Energiebedarf – zumindest zeitweise – deckungsgleich durch erneuerbare Energien erfolgen, offenbart sich der Mangel eines geeigneten Rechtsrahmens für grüne Stromnetze und grünen Strom.

▸ Abb. 1   Für die Lieferung von grünem Strom, der in ein Netz eingespeist wird, sieht der Rechtsrahmen bislang Folgendes vor: Die Abbildung zeigt von links nach rechts die Stromlieferung über das Netz der allgemeinen Versorgung und eine Direktleitung hin zur Anwendung in anderen Sektoren. Dabei werden der Verlust der grünen Eigenschaft sowie die grundsätzlich anfallenden Stromnebenkosten vereinfacht dargestellt.

Strom aus erneuerbaren Energien, für den ein Zahlungsanspruch nach dem Erneuerbare-Energien-Gesetz (EEG) geltend gemacht wurde, kann mit Einspeisung in das Netz entsprechend als Strom aus erneuerbaren Energien, finanziert durch die EEG-Umlage, verbucht und auf der Stromrechnung aufgeführt werden (vgl. Antoni/Kalis 2020: 382 ff.). Der Strom aus erneuerbaren Energien fließt damit in den bundesweiten Topf, sodass der grüne Strom und damit die Substitution fossiler Energieträger jedermann zugutekommt. Dem folgend kann freilich kein individueller Letztverbrauchender was auch die energieintensive Industrie einschließt, den Verbrauch gerade dieses grünen Stroms für sich beanspruchen (vgl. Antoni/Kalis 2020: 382 ff.). Die grüne Eigenschaft des Stroms geht mithin bei der Netzeinspeisung verloren (vgl. Antoni/Kalis 2020: 382 ff.).

Wurde für den Strom aus erneuerbaren Energien kein Zahlungsanspruch nach dem EEG geltend gemacht, können Stromherkunftsnachweise beantragt werden. Diese wiederum können gleichermaßen bei der Stromrechnung zum Einsatz kommen, um in der Jahresbilanz die Herkunft des Stroms nachzuweisen. Aufgrund der individuellen Übertragbarkeit der Herkunftsnachweise kann hier abweichend zum Vorherigen durchaus ein individueller Letztverbrauchender und damit auch ein Unternehmen der energieintensiven Industrie den Verbrauch von Strom aus erneuerbaren Energien geltend machen. Freilich bezieht sich dies zum einen nur auf die Jahresbilanz, zum anderen führt gerade die Übertragbarkeit der Herkunftsnachweise auch unabhängig von einer physischen Lieferung der entsprechenden Strommenge dazu, dass den Letztverbrauchenden gegebenenfalls niemals eine solche Grünstrommenge erreicht hat (vgl. Antoni/Kalis 2020: 382 ff.). Die grüne Eigenschaft geht somit auch hier verloren.

Ein kurzer Exkurs zur grünen Eigenschaft: Die grüne Eigenschaft des Stroms aus erneuerbaren Energien und deren Weitergabe bei der Stromlieferung tauchen insbesondere im Diskurs rund um die Sektorenkopplung immer wieder auf. Der Begriff der grünen Eigenschaft wird dabei häufig ohne nähere Erläuterung verwendet. Diese mangelnde Begriffsdefinition kann jedoch zu Missverständnissen führen. Die grüne Eigenschaft ist kein trivialer Mythos oder ein von Jurist*innen geschaffenes Gespenst. Vielmehr ist die grüne Eigenschaft der eingesetzten Energie aus erneuerbaren Quellen ein maßgebliches Kriterium auf dem Weg zur Klimaneutralität. Die grüne Eigenschaft ist nichts anderes als die nachweisliche Weitergabe der treibhausgasmindernden Wirkung der Energie (vgl. Antoni/Kalis 2020: 382 ff.). Diese Weitergabe schlägt sich in der Anrechenbarkeit der Treibhausgasminderung im jeweiligen Endverbrauchssektor nieder (vgl. Antoni/Kalis 2020: 382 ff.; Harsch et al. 2021). Erst eine gesicherte Weitergabe der grünen Eigenschaft über die gesamte Lieferkette der Energie bis zum Endverbrauch ermöglicht eine exakte Anrechnung der Treibhausgasminderung ohne Doppelanrechnung und sonstige Lasten.

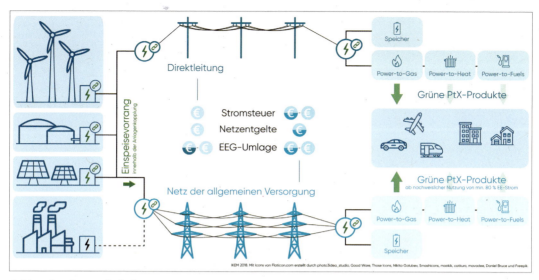

1 *Die grüne Eigenschaft des Stroms aus erneuerbaren Energien und die Weitergabe in der Sektorenkopplung (IKEM 2018)*

Ein solche Anrechnung der Treibhausgasminderung im jeweiligen Endverbrauchssektor ist für ein funktionierendes Accounting System jedoch unabdingbar. Auf dem Weg zur Klimaneutralität ist der Nachweis über die tatsächlichen Treibhausgaseinsparungen im jeweiligen Sektor von wesentlicher Bedeutung.

Der bestehende Rechtsrahmen sieht regelmäßig keine Möglichkeit vor, diese grüne Eigenschaft bei Netzstrombezug zu übertragen. Der Aufbau zahlloser Direktleitungen und letztlich einer umfangreichen parallelen, aber dann grünen Infrastruktur ist weder betriebs- noch volkswirtschaftlich wünschenswert und liegt wohl auch dem Gesetzgeber/der Gesetzgeberin nicht nahe. Vielmehr sollte der Rechtsrahmen für grüne Infrastruktur geöffnet und dahingehend angepasst werden, dass der (nahezu) ausschließliche Transport von Strom aus erneuerbaren Energien privilegierend berücksichtigt und die Weitergabe der grünen Eigenschaft gewährleistet wird.

3.1.3.2 Gas

Ein anderes Bild zeigt sich bei den Gasinfrastrukturen. Hier sieht der Rechtsrahmen nunmehr den Aufbau von parallelen Infrastrukturen mit entsprechendem parallelen Rechtsrahmen vor. Neben den bestehenden Erdgasleitungen sollen nach dem Willen des Gesetzgebers/der Gesetzgeberin nunmehr H_2-Netze möglich sein. Folgt man dem Gesetzgeber/der Gesetzgeberin und der Bundesnetzagentur, ist grundsätzlich bereits im Rahmen der Erdgasleitungen der ausschließliche Transport von erneuerbaren Gasen möglich (vgl. BNetzA 2020). Freilich sieht die Bundesnetzagentur dies jedoch auf den Transport von Biogas und damit methanhaltigem Gas beschränkt (vgl. BNetzA 2020).

Nichtsdestotrotz besteht nach dieser Ansicht bereits jetzt ein Rechtsrahmen für eine grüne Gasinfrastruktur zur Lieferung von grünem Gas. Andere gehen weiter und sehen bereits vom jetzigen Rechtsrahmen auch den Transport von H_2, inklusive von erneuerbarem H_2, mitumfasst beziehungsweise durch geringe Anpassungen in den Regulierungsrahmen integrierbar (vgl. Kalis 2019; FNB et al. 2020). Letzterem hat der Gesetzgeber/die Gesetzgeberin mit der Einführung eines parallelen Rechtsrahmens für H_2-Netze eine Abfuhr erteilt. Nunmehr besteht eine Opt-in-Option für die Netzbetreiber*innen zum Aufbau und Betrieb von H_2-Netzen und damit zum ausschließlichen Transport von H_2. Dabei erfolgt keineswegs eine Beschränkung auf grünen H_2. Vielmehr wird auch hier unterschiedslos H_2 als Gas transportiert.

Nichtsdestotrotz kann mit dem neu geschaffenen Rechtsrahmen eine grüne Infrastruktur für den Transport von grünem H_2 entstehen. Zukünftig wird es auch für die Gaslieferung den Einsatz von Herkunftsnachweisen geben. Herkunftsnachweise für erneuerbare Gase unterliegen dabei jedoch den gleichen Restriktionen wie Stromherkunftsnachweise (vgl. Harsch et al. 2021; Buchmüller et al. 2019: 194 ff.). Anders als bei der Stromlieferung lässt sich die grüne Eigenschaft des Gases jedoch über die Massenbilanzierung durchaus nachweisen und weitergeben. Dafür war jedoch weder die Schaffung eines parallelen Rechtsrahmens für H_2-Netze zwingend notwendig, noch erscheint der nunmehr geschaffene Rahmen für den Aufbau der H_2-Netze und deren Akzeptanz dienlich.

Hierbei wiegen vor allem der wieder eingeführte verhandelbare Netzzugang sowie die ausschließliche Kostentragung durch die anfänglich begrenzten Nutzer*innen schwer. Mit der Kooperationsvereinbarung Gas liegt durchaus ein in wenigen Teilen anpassungsbedürftiges Vertragsdokument vor, das eine Anwendung bestehender Netzzugangsregelungen ermöglicht hätte (vgl. Kalis 2020). Der Ausschluss einer Kostenumverteilung führt wohl zu einem weiteren Subventionsbedarf für den Aufbau der H_2-Netze. Ob angesichts dieses Subventionsbedarfs eine hohe Akzeptanz unter den Unternehmen der energieintensiven Industrie geschaffen wird, kann durchaus bezweifelt werden. Zumindest wird so keine Investitionssicherheit gewährleistet.

Der kurze Blick auf den Rechtsrahmen der Gasinfrastrukturen zeigt, dass es für grüne Infrastrukturen zur Lieferung von grünen Energien nicht zwingend eines parallelen Rechtsrahmens bedarf. Vielmehr sind zielgenaue Anpassungen des bestehenden Rechtsrahmens erforderlich, um grüne Infrastrukturen und den Transport der grünen Energie zu ermöglichen.

VISION UND REGULATORISCHE ANPASSUNGEN FÜR GRÜNE INFRASTRUKTUREN

3.1.4

AUTOR: Michael Kalis, *Institut für Klimaschutz, Energie und Mobilität e. V. (IKEM)*

Aufbauend auf den Ausführungen zum bestehenden Rechtsrahmen für (grüne) Infrastrukturen, sollen hier die Vision und regulatorische Anpassungen für grüne Infrastrukturen als Beitrag zur Akzeptanzsteigerung entworfen werden. In Anbetracht der Rolle der Unternehmen der energieintensiven Industrie soll der Fokus auf Infrastrukturen der Industrie- und Gewerbegebiete liegen. Hierbei erfolgt zugleich ein Einblick in den Aufbau klimaneutraler Industriegebiete und damit grüner Infrastrukturen am Beispiel des Green Areal Lausitz (GRAL). Dabei wird ein vorab geführtes Interview mit dem Geschäftsführer der hinter dem Projekt stehenden Euromovement GmbH, Jochem Schöppler, in Teilen ab S. 203 angefügt.

Grüne Infrastrukturen für den Transport von grüner Energie sind im Rechtsrahmen nur unzureichend abgebildet. Auf dem Weg zur Klimaneutralität bedarf es für die Phasen und die Zeit, in welcher (noch) nicht ausschließlich erneuerbare Energien im Netz vorliegen, eine Möglichkeit, auch bei Netzbetrieb, das heißt bei Einspeisung in und Ausspeisung aus dem Netz, nachweislich erneuerbare Energien zu liefern und zu verbrauchen. Eine solche Option zur Weitergabe der grünen Eigenschaft der erneuerbaren Energien auch beim derzeitigen Netzbetrieb würde zur Akzeptanz von Infrastrukturen und weiteren Infrastrukturvorhaben beitragen. So würden die Letztverbraucher*innen unmittelbar von der grünen Eigenschaft und der hierdurch erzeugten Treibhausgasminderung profitieren; grüne Produkte und letztlich nachvollziehbare und damit besser „spürbare" Defossilisierung im jeweiligen Endverbrauchssektor können zudem zur Grundlage einer relevanten Verhaltensänderung werden. Zum Erreichen dieses Ziels, namentlich der Weitergabe der grünen Eigenschaft bei Netzbetrieb, lassen sich grob unterteilt zwei Möglichkeiten herausheben:

Zum Ersten meint dies Anpassungen des regulatorischen Rahmens, welche die Lieferung der grünen Energie adressieren. Diese reichen im Wesentlichen von (verschärfter) Bilanzierung über den Einsatz von (gegebenenfalls gekoppelten) Herkunftsnachweisen hin zu regulatorischen Vermutungstatbeständen, die auf einer bloßen Glaubhaftmachung beziehungsweise Fiktion des Bezugs von erneuerbarer Energie beruhen (vgl. Antoni/Kalis 2020: 382 ff.; Harsch et al. 2021). Auf diese Anpassungsoptionen und den Grobgliederungspunkt soll an dieser Stelle nur kursorisch eingegangen werden. Im Kern fußen all diese Vorschläge auf dem Ansatz, sich dem tatsächlichen Bezug von erneuerbarer Energie bei Netzbetrieb regulatorisch zu nähern. Der Bezug von erneuerbarer Energie würde angenommen beziehungsweise fingiert werden, obwohl ein tatsächlicher Nachweis ausgeschlossen ist. Für die Umsetzung der Vorschläge ist maßgeblich, unter welchen Bedingungen eine solche Annahme gerechtfertigt ist. In der anhaltenden Debatte werden folgende Bestandteile aufgeworfen: die Zeitgleichheit von Erzeugung und Verbrauch, der geografische Zusammenhang von Erzeugung und Verbrauch sowie die Zusätzlichkeit der eingesetzten Energie im Sinne einer zusätzlichen Finanzierung (sogenannte finanzielle Zusätzlichkeit) und einer zusätzlichen Erzeugungskapazität (sogenannte mengenmäßige Zusätzlichkeit) (vgl. Antoni/Kalis 2020: 382 ff.). Ungeachtet einer genauen Ausformulierung und kritischen Analyse dieser Bestandteile kann für dieses Kapitel festgehalten werden, dass es grundsätzlich auf eine wirksame und nur einmal angerechnete Treibhausgasminderung in einem Endverbrauchssektor ankommt. Dieser Grundgedanke findet auch im nachfolgenden Anpassungsvorschlag Berücksichtigung.

Zum Zweiten lässt sich neben den Anpassungen des regulatorischen Rechtsrahmens für die Lieferung der grünen Energie an eine Anpassung des Rechtsrahmens für die Infrastruktur selbst denken. Zumindest als Gedankenexperiment sind grüne Infrastrukturen, die ausschließlich dem Transport von erneuerbarer Energie dienen, nicht ausgeschlossen. Ersichtlich geht dies jedoch an der Realität vorbei und widerspräche wohl auch den Anforderungen an eine sichere Energieversorgung. Vielmehr ist zu prüfen, unter welchen Voraussetzungen bei der jetzigen Infrastruktur davon ausgegangen werden kann, dass tatsächlich nur oder nahezu nur erneuerbare Energie eingespeist und transportiert wird, sodass eine Weitergabe der grünen Eigenschaft gerechtfertigt erscheint. Es gilt dabei derselbe Grundgedanke wie zuvor: Es muss gewährleistet sein, dass eine wirksame Treibhausgasminderung in nur einem Endverbrauchssektor berücksichtigt wird. Anders als vorab ist hier jedoch nicht die Einspeisung und Ausspeisung der erneuerbaren Energie maßgeblich. Vielmehr sind bei diesem Ansatz Anforderungen an die Infrastruktur selbst ausschlaggebend. Freilich sind dabei vergleichbare Kriterien wie vorab heranzuziehen, also ein Element der Zeitgleichheit, des geografischen oder sonst räumlichen Zusammenhangs und der Zusätzlichkeit. Ohne allzu vertiefte Betrachtung lassen sich hier sicherlich verschiedene Ansätze untersuchen.

Mit Blick auf die hier im Fokus stehenden Unternehmen der energieintensiven Industrie soll nachfolgend und in dem Punkt 2.1.9 auf eine Anwendung für Industrie- und Gewerbegebiete abgestellt werden. Unbeschadet dessen, dass Industrie- und Gewerbegebiete heterogen sind und sich schwerlich typisieren lassen, kann festgehalten werden, dass hier regelmäßig in räumlich erkennbarer Abgrenzung zu den sonstigen Gebieten produziert wird. Auch bei einer Zusammensetzung aus verschiedensten Industrien und Gewerben lässt sich das Gebiet insgesamt regelmäßig deutlich von den angrenzenden Gebieten unterscheiden. Trotz dieser räumlichen Abgrenzung und Geschlossenheit erfolgt auf den Industrie- und Gewerbegebieten häufig ein allgemeiner Netzbetrieb, der auch an das umliegende Netz angeschlossen ist. Solche Gegebenheiten adressiert der Rechtsrahmen mit den geschlossenen Verteilernetzen. Auf Antrag stuft die Regulierungsbehörde ein Energieversorgungsnetz, mit dem Energie zum Zwecke des Ermöglichens der Versorgung von Kund*innen in einem geografisch begrenzten Industrie-

oder Gewerbegebiet verteilt wird, in dem Leistungen gemeinsam genutzt werden, als geschlossenes Verteilernetz ein. Die Bewilligung setzt eine konkrete technische oder sicherheitstechnische Verknüpfung der Produktion voraus. Die Tätigkeiten und Produktionsverfahren müssen demnach technisch aufeinander aufbauen, also Teil einer gemeinsamen Wertschöpfung sein. Die geografische Abgrenzung verlangt, dass die Anlagen auf einem als Einheit erscheinenden, räumlich geschlossenen Gelände gelegen sind. Bloß ökonomische oder ökologische Anforderungen an das Netz, etwa zur Sicherung, dass ausschließlich grüne Energie transportiert wird, ermöglichen bislang keine Einordnung als geschlossenes Verteilernetz. Betreiber*innen von geschlossenen Verteilernetzen sind hinsichtlich einiger Netzbetreiber*innenpflichten privilegiert. Das Europarecht spricht dabei vom Wegfall unnötigen Verwaltungsaufwands.

Einer umfassenden Kritik an den geschlossenen Verteilernetzen ungeachtet, ließe sich dieser Ansatz zu einem Rechtsrahmen für grüne Infrastrukturen nach den obigen Maßstäben weiterentwickeln. So könnte eine regulatorische Grundlage für klimaneutrale geschlossene Verteilernetze und damit für klimaneutrale Industrie- und Gewerbegebiete, inklusive Unternehmen der energieintensiven Industrie, entstehen. Wird entgegen dem bisherigen Ansatz der Bundesnetzagentur (BNetzA) und des geltenden europäischen Rechtsrahmens nicht auf eine sicherheitstechnische Zusammenarbeit der Ansiedler*innen abgestellt sondern vielmehr auf einen klimaschützenden Zusammenhang, in welchem alle Beteiligten durch abgestimmtes Erzeugungs- und Abnahmemanagement zu einem möglichst zeitgleichen Ausgleich von Erzeugung und Verbrauch erneuerbarer Energien beitragen, ließe sich eine Erweiterung des Rechtsrahmens wohl durchaus rechtfertigen. Nach den obigen Maßstäben kann ein räumlicher Zusammenhang im klimaneutralen geschlossenen Verteilernetz gewahrt werden, soweit hier sogleich Anlagen zur Erzeugung von Energie aus erneuerbaren Energien aufgenommen sind. Ein solcher Zusammenhang erscheint aber auch bei regionalem Bezug der erneuerbaren Energie noch gewahrt. Gleiches gilt für die Zusätzlichkeit, die durch Einsatz von das gesamte Industrie- und Gewerbegebiet umfassenden Verträgen, beispielsweise sogenannten *Green Power Purchase Agreements*, sowie durch Zubau auf dem Gebiet und in der Region gewährleistet werden kann. Für die Zeitgleichheit kommt es maßgeblich auf ein abgestimmtes Management von Erzeugung und Verbrauch an, das im Industrie- und Gewerbegebiet durch eine entsprechende Bilanzierung hinreichend gewährleistet werden kann. Diskussionswürdig ist hier richtigerweise die Bestimmung einer geeigneten Bilanzierungsperiode, die sich durchaus auch über mehrere Phasen verschärfen kann, etwa von einer Jahresbilanz zur Monatsbilanz und letztlich einer 15-minütigen Bilanzierung. Insgesamt ließe sich der Rechtsrahmen dahingehend öffnen, dass klimaneutrale geschlossene Verteilernetze auch bei Netzbetrieb die Weitergabe der grünen Eigenschaft gewährleisten. Solche geschlossenen Verteilernetze wären sodann Grundlage für grüne Infrastrukturen und zugleich Grundlage für klimaneutrale Industrie- und Gewerbegebiete.

ÜBERTRAGUNGSNETZAUSBAU: STROMNETZE GESTALTEN

AUTOR: David Frank, ehemals *Germanwatch e. V.*

Der Um- und Ausbau der Stromnetze ist ein entscheidender Baustein für das Gelingen der Energiewende. Die künftig weitgehend auf erneuerbaren Energien basierende, CO_2-arme Stromversorgung für Europa braucht ein stabiles Stromnetz, das zu der wetterabhängigen Wind- und Solarstromerzeugung passt und die neuen, meist dezentralen Standorte der Anlagen mit den Ballungsräumen und Verbrauchsschwerpunkten in Deutschland und angrenzenden Regionen verbindet.

Der Protest in Deutschland gegen den Aus- und Umbau des Übertragungsnetzes ist groß. Während laut dem Sozialen Nachhaltigkeitsbarometer 83 Prozent den Ausbau der erneuerbaren Energien befürworten und sechs Prozent ihn ablehnen, sind es beim Ausbau der Stromnetze 66 Prozent, die diesen befürworten, gegenüber zehn Prozent, die diesen ablehnen (vgl. Wolf et al. 2021:10f.). Die Proteste gegen den Ausbau sind lokal sehr unterschiedlich ausgeprägt und behandeln oft thematisch sehr unterschiedliche Punkte. Geht es manchen Bürger*inneninitiativen darum, dass eine geplante Leitung unterirdisch als Erdkabel gebaut werden sollte, um das Landschaftsbild zu schützen, bezieht sich die Ablehnung mancher Bürger*inneninitiativen und Naturschutzverbänden auf den Übertragungsnetzausbau als Ganzes.

Im Rahmen des Projekts „Debatte Stromnetze gestalten" tritt Germanwatch seit 2017 in Kontakt mit Akteur*innen vor Ort, die sich in die Debatte eines Energiesystems der Zukunft und des dazugehörigen Netzausbaus einbringen. Das Projekt „Debatte Stromnetze gestalten" findet im Kontext des Programms „Implementing the European Grid Declaration" der „Renewables Grid Initiative" (RGI) statt. Bei RGI arbeiten Übertragungsnetzbetreiber*innen und Nichtregierungsorganisationen aus ganz Europa gemeinsam an einem fairen, transparenten und nachhaltigen Netzausbau, um das Wachstum der erneuerbaren Energien zu ermöglichen und eine vollständige Dekarbonisierung im Einklang mit dem Pariser Abkommen zu erreichen.

Im Austausch mit Stakeholder*innen vor Ort und auf Bundesebene ist dabei eine Argumentationslandkarte entstanden, welche die Debatte, ob und warum die derzeit geplanten Hochspannungs-Gleichstrom-Übertragungsleitungen (HGÜ) wie SuedLink, SuedOstLink und Ultranet gebaut werden sollten oder nicht, darstellt: Die Karte können Sie unter https://www.germanwatch.org/de/argumentationslandkarte-hgue-ausbau abrufen.

▸ Abb.1

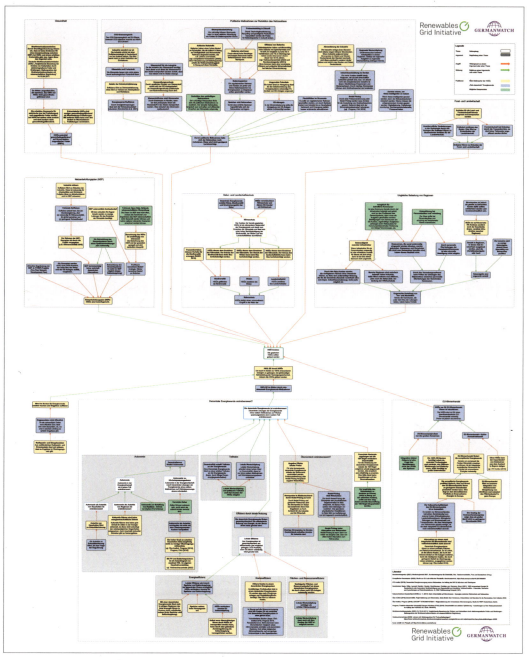

1 *Argumentationslandkarte: der Ausbau der Hochspannungs-Gleichstrom-Übertragungsleitungen (Germanwatch 2022)*

Die Karte soll einen möglichst umfänglichen und geordneten Überblick über die Debatte geben und ermöglicht eine Vernetzung sonst parallel stattfindender Debatten. Denn in der Karte werden sowohl politische als auch wissenschaftliche sowie zivilgesellschaftliche Argumente vorgestellt und inhaltliche Zusammenhänge sichtbar gemacht. Es finden sich damit Argumente und Thesen von ganz unterschiedlichen Stakeholder*innengruppen wieder, wie beispielsweise Bürger*inneninitiativen, Politiker*innen, Netzbetreiber*innen und Wissenschaftler*innen. Sie ist in einem iterativen Prozess im Austausch mit diesen Akteur*innen entstanden und stellt ein lebendes Dokument dar, das immer erweiter- und veränderbar ist.

Damit ist es zum einen möglich, dass in den Gesprächen die eigene Position, sofern sie noch nicht oder nicht richtig wiedergegeben ist, in die Karte aufgenommen werden kann und damit eine Wertschätzung erfährt. Die Karte spiegelt damit die Stimmenvielfalt des Diskurses wider. Auf der anderen Seite werden andere Sichtweisen und Argumente offenbar und es entwickelt sich ein produktiver Diskurs zu Gegenpositionen und über die Voraussetzungen des eigenen Standpunktes. Letztlich werden in diesen Gesprächen anhand der Argumentationslandkarte die Hauptstreitpunkte, aber auch mögliche Kompromisse offenbar.

Im Folgenden wird schlaglichtartig ein wesentlicher Themenkomplex kurz dargestellt, der sich in zahlreichen Gesprächen des Projekts als zentral in der Debatte um die Notwendigkeit der HGÜ gezeigt hat: die als Alternative zum Netzausbau wahrgenommene dezentrale Energiewende. Themen, die darüber hinaus in der Karte dargestellt werden, sind unter anderem: eine gerechte Verteilung der Gewinne und Lasten des Energiesystems, Naturschutz, der Netzentwicklungsplan und der EU-Binnenmarkt.

Dezentralität ist ein vielschichtiger und uneindeutiger Begriff. Sowohl in der Wissenschaft als auch bei Akteur*innen vor Ort wird unter Dezentralität häufig sehr Unterschiedliches verstanden (vgl. zum Beispiel Bauknecht et al. 2015; Funcke/Bauknecht 2016; Agora Energiewende 2017; Matthes et al. 2018; Frank et al. 2022; Zielkonflikte im energiepolitischen Zielviereck: Die dezentrale Energiewende zwischen Gerechtigkeit, Wirtschaftlichkeit, Versorgungssicherheit und Umweltschutz (Diskussionspapier), https://www.germanwatch.org/sites/default/files/DEZ-Zielkonflikte-2022-Diskussionspapier_0.pdf). In zwei Trialogen mit mehr als 50 diversen Stakeholder*innen wurde 2015 und erneut im Jahr 2018 festgestellt, dass die Debatte um Dezentralität begrifflich unklar geführt wird und tendenziell emotional aufgeladen ist (vgl. Schwan et al 2015; Schwan et al. 2018).

Die dezentrale Energiewende wird oft als eine Alternative zum Übertragungsnetzausbau dargestellt. Daran schließt sich ein wissenschaftlicher Diskurs an, ob durch eine dezentrale Energiewende der Übertragungsnetzausbaubedarf sinkt. Das Öko-Institut hat in einer Metastudie „Dezentralität, Regionalisierung und Stromnetze" verschiedene Szenarien im Hinblick auf die Regionalisierung der erneuerbaren Energien und deren Auswirkung auf den Übertragungsnetzausbaubedarf verglichen (vgl. Matthes et al. 2018). Sie kommen zu dem Schluss, dass Übertragungsnetze durch Dezentralität nur dann eingespart werden können, wenn sehr große Strommengen in der Nähe der Verbrauchszentren – sprich im Süden und im Westen Deutschlands – erzeugt werden. Zu diesem Schluss kommt auch die vor Kurzem erschienene Studie des Deutschen Instituts für Wirtschaftsforschung (vgl. Kendziorski et al. 2021). Damit stellt sich jedoch die Frage, ob es genügend Potenzialflächen für einen solchen regionalen EE-Ausbau gibt. Tröndle et al. (2020) stellen für Europa fest, dass bei einer gleichmäßigeren Verteilung der Erzeugung die Erzeugungskapazitäten um rund 40 Prozent im Gegensatz zur Nutzung der ertragreichsten Standorte zunehmen müssten.

Dezentralität ist jedoch kein Wert an sich. Wenn man im Diskurs nachfragt, was durch die Dezentralität erreicht werden soll, werden häufig Ziele wie Teilhabe, regionale Wertschöpfung oder Effizienz durch lokale Sektorenkopplung genannt. In der zentralen Ausgestaltung des aktuellen Energiesystems ist klar, dass diese Ziele nur schwer zu erreichen sind. So haben beispielsweise Bürger*innenenergien systematische Nachteile bei Ausschreibungsverfahren, die Erlöse von erneuerbaren Energien bleiben häufig nicht in der Region und Anreize für lokale Sektorenkopplung sind derzeit nur wenig vorhanden. Die Argumentationslandkarte kann hier zeigen, welche Ziele erreicht werden sollen, sodass daraufhin ein produktiverer Diskurs geführt werden kann, der nicht in der einfachen Gegenüberstellung von zentral gegen dezentral verbleibt.

Wie kann die bürger*innennahe Energiewende umgesetzt werden? Wie lassen sich dezentrale Potenziale der Vor-Ort-Versorgung ermöglichen? Wie lassen sich die Bedarfe der Industrie durch erneuerbare Energien decken?

GRÜNSTROMBESCHAFFUNG

AUTOR: Dr. Hartmut Kahl, *Stiftung Umweltenergierecht*

Neben dem forcierten Ausbau der Erzeugung von Strom aus erneuerbaren Energien als physikalischer Voraussetzung für einen nachhaltigen Strombezug durch die Industrie zeichnen sich auch rechtliche Weichenstellungen ab, die relevant dafür sind, inwieweit es Unternehmen stärker gelingt, Grünstromprodukte in ihre Beschaffungsroutine zu integrieren. Abseits der Herausbildung von Musterverträgen für Power-Purchase-Agreements (PPAs) und insbesondere der Frage nach deren wettbewerbsrechtlich maximal zulässiger Laufzeit, ist der Nachweis der grünen Eigenschaft des bezogenen Stroms essenziell für die Dokumentation der Klimaschutzbemühungen eines Unternehmens. So ist es in Deutschland – anders als in vielen anderen Mitgliedsstaaten der EU – nach derzeitiger Rechtslage nicht möglich, Herkunftsnachweise (HKN) für Strom aus erneuerbaren Energien weiterzugeben, wenn der Strom im Rahmen des Erneuerbare-Energien-Gesetzes (EEG) gefördert wurde. Hintergrund dieser Regelung ist der Gedanke, dass die grüne Eigenschaft des Stroms schon über die EEG-Umlage bezahlt wurde und deshalb nicht noch einmal über HKN vermarktet werden können soll (sogenanntes Doppelvermarktungsverbot) (§ 79 Abs. 1 Nr. 1 i. V. m. § 80 Abs. 2 EEG 2021). Erneuerbare Erzeugungskapazitäten, die Eingang in PPAs finden, sind daher in Deutschland derzeit ganz überwiegend förderfreie Fotovoltaik(PV)-Freiflächenanlagen von über zehn Megawatt installierter Leistung oder bereits ausgeförderte Windparks.

Die Europäische Kommission hat im Rahmen ihres Fit-for-55-Pakets im Sommer 2021 vorgeschlagen, die Erneuerbare-Energien-Richtlinie dahingehend zu ändern, dass die Mitgliedsstaaten für Strom aus erneuerbaren Energien ausnahmslos HKN ausstellen müssen. Setzt sich dieser – sehr kontrovers diskutierte – Vorschlag im weiteren Gesetzgebungsverfahren durch, würde es auch in Deutschland möglich, durch das EEG geförderten Strom mit HKN als Grünstrom zu vermarkten. Bezieht der europäische Gesetzgeber/die europäische Gesetzgeberin hier allerdings von heute auf morgen auch alle Bestandsanlagen ein, käme es aufgrund der plötzlichen Angebotsschwemme vermutlich zu einem Preissturz bei den HKN, der den Markt kaputt machen könnte. Deshalb wird etwa vorgeschlagen, die Regelung nur auf Strom aus Neuanlagen zu erstrecken.

Unabhängig von den europarechtlichen Vorgaben könnte eine teilweise Liberalisierung des Doppelvermarktungsverbotes auch damit begründet werden, dass mittlerweile nicht mehr das gesamte Fördervolumen aus der EEG-Umlage finanziert wird, sondern der Bundesgesetzgeber/die Bundesgesetzgeberin seit 2021 auch Haushaltsmittel dafür aufwendet (vgl. die Verordnung der Bundesregierung zur Änderung der Erneuerbare-Energien-Verordnung [EEV], BT-Drs. 19/19381, in der vom Ausschuss für Wirtschaft und

Energie geänderten Fassung, BT-Drs. 19/20653, die der Bundestag am 7. Juli 2020 angenommen hat, sowie die Bereitstellung von zusätzlichen Mitteln für den Energie- und Klimafonds zur Begrenzung der EEG-Umlage im zweiten Nachtragshaushaltsgesetz für 2020, BT-Drs. 19/20000, in der vom Haushaltsausschuss geänderten Fassung, BT-Drs. 19/20601), die grüne Eigenschaft also nicht mehr in Gänze den Endverbraucher*innen zugeordnet bleiben muss, die (nur) die Umlage zahlen. Ab Juli 2022 übernimmt der Bund sogar die gesamten Förderkosten und senkt die EEG-Umlage auf null (vgl. Art. 1 des Gesetzes zur Absenkung der Kostenbelastungen durch die EEG-Umlage und zur Weitergabe dieser Absenkung an die Letztverbraucher, BT-Drs. 20/1025). Auch bleibt festzuhalten, dass die Kosten für erneuerbare Energien gegenüber den frühen 2000er-Jahren sehr stark gesunken sind und über die EEG-Umlage keine klassische Anschubfinanzierung für neue Technologien mehr erfolgt. Vielmehr wird heute, insbesondere bei neueren Anlagenkohorten, eine im Wettbewerb etablierte Erzeugung gefördert, deren Refinanzierung auch über den Marktpreis erfolgt.

Letztlich wird der Gesetzgeber/die Gesetzgeberin, europarechtlich veranlasst und/oder mit autonomer Begründung, ein Modell auflegen müssen, das die Nachfragedynamik adressiert und zugleich sicherstellt, dass die mit HKN generierten Produkte nicht dem Vorwurf des „Greenwashings" ausgesetzt sind. Bestenfalls gelingt es, ein Marktsegment zu etablieren, das es erlaubt, spezifische Grünstromprodukte gerade für Industriekund*innen zu konfigurieren und durch die erhöhte Nachfrage nach solchen Produkten die Zubaudynamik zu erhöhen. Die Möglichkeit, regional erzeugten Strom aus erneuerbaren Quellen auch in der industriellen Wertschöpfung der Region zu verbrauchen, mag nicht zuletzt die Vor-Ort-Akzeptanz für neue Erzeugungsstandorte erhöhen.

ERFOLGSFAKTOR BÜRGERDIALOG UND DAS BEISPIEL NETZAUSBAU UCKERMARK

AUTORIN: Lilly Höhn, ehemals *Bundesverband der Deutschen Industrie e. V. (BDI)*

3.1.7

Große Infrastrukturprojekte stoßen in der Bevölkerung oft auf Unverständnis, insbesondere, wenn den Bürger*innen der unmittelbare Bezug zu den Projekten zu abstrakt erscheint. Allerdings ist der nationale und europäische Übertragungsnetzausbau für Strom von kritischer Bedeutung für die Umsetzbarkeit der Energiewende und eine Verzögerung des Netzausbaus kann zu einem großen Risikofaktor für das gesamtsystemische Projekt „Energiewende" werden.

Darum ist es sinnvoll, dass Genehmigungsbehörden dazu angehalten sind, auf eine frühe Öffentlichkeitsbeteiligung hinzuwirken. Die vier großen Übertragungsnetzbetreiber*innen in Deutschland haben ein umfassendes Dialogprogramm im Hinblick auf die Umsetzung ihrer Projekte entwickelt. Ziel ist es, Bürger*innen sowie Verbände und Fachbehörden möglichst früh im gesamten Prozess des Genehmigungsverfahrens einzubinden.

Zwar sind im Rahmen des Genehmigungsverfahrens formale Beteiligungsmöglichkeiten vorgesehen, allerdings kommen diese oft zu spät, um die Bedenken der Bürger*innen erfolgreich auszuräumen oder Änderungsvorschläge rechtzeitig in die Planung miteinbeziehen zu können. Aus diesem Grund initiieren viele Stromübertragungsnetzbetreiber*innen den Austausch mit der lokalen Bevölkerung zusätzlich auf eigene Faust. Der Dialog mit der Bevölkerung vor Ort umfasst Fachkonferenzen, Informationsstände, digitale Informationsveranstaltungen bis hin zu Touren wie etwa mit einem sogenannten „DialogMobil", das flexibel und zugänglich Informationen bereitstellen kann. Parallel erfolgt oftmals ein intensiver fachlicher Austausch mit den kommunalen und regionalen Behörden (vgl. Kneipp/Manthey 2019: 76 ff.).

Grundsätzlich sind bei der Akzeptanzfrage von Übertragungsnetzprojekten durchaus auch regionale Unterschiede erkennbar, die sowohl von der Mentalität der Bevölkerung geprägt sind als auch von den bestehenden Governancestrukturen vor Ort, auf die sich Akzeptanzfindungsprozesse aufsetzen lassen. Entsprechend muss auf die jeweiligen Faktoren flexibel eingegangen werden, um bei der Akzeptanz von Infrastrukturen auch erfolgreich zu sein.

Das in diesem Unterkapitel benannte Beispiel sowie die daraus hergeleiteten Erkenntnisse basieren auf dem Fachbeitrag, verfasst von Dr. Danuta Kneipp und Dr. Dirk Manthey,

„Zwischen Skepsis und Vertrauen" (herausgegeben in KommP spezial 02/2019), die sich mit einem Trassen- und Akzeptanzfindungsprojekt in der Uckermark befasst haben. Dabei haben die Autoren folgende Faktoren herausgearbeitet, die für einen erfolgreichen Bürgerdialog entscheidend sind (vgl. Kneipp/Manthey 2019: 76 ff.):

- eine frühe Beteiligung in langwierigen Planungsprozessen: Dabei sollte von vornherein abgesteckt werden, welche Spielräume den örtlichen Akteur*innen bei der Beteiligung in jeder Projektphase eingeräumt werden können.
- strukturelle Aspekte: Dazu gehören beispielsweise bestehende örtliche Governancestrukturen, auf die die Dialogprozesse aufgesetzt werden können. Dabei gibt es durchaus Unterschiede in den Verwaltungen (zum Beispiel zwischen Ost- und Westdeutschland), die historisch gewachsen sind oder die auf Mentalitätsunterschieden in unterschiedlichen Regionen beruhen.
- strategische Etablierung von gut aufbereiteten und zugänglichen Kommunikationskanälen. Dazu zählen beispielsweise:
  - Projektwebsite mit stets aktualisierten Informationen zum Verfahren
  - direkter Kontakt zu relevanten Ansprechpersonen
  - Bürger*innentelefon als Hotline
  - Projekt-Newsletter
  - offene Einladung zu einer Art Planungsforum, in dem in regelmäßigem Abstand Ergebnisse vorgestellt werden

Laut den oben genannten Autor*innen können folgende Faktoren zu Rückschlägen der Vertrauensbildung führen (vgl. Kneipp/Manthey 2019: 76 ff.):

- eine Ungleichzeitigkeit von Planung und Informationsbedürfnis: Oft kommen auf diese Art und Weise entscheidende Informationen zu spät an das Licht, wenn bestimmte Planungsprozesse schon eingeleitet sind. Dies kann oft zu Unzufriedenheiten der Betroffenen führen beziehungsweise einem Gefühl, übergangen zu werden.
- mangelndes Interesse an den Themen: In dem in der Uckermark beschriebenen Projekt nahm schließlich kein Bürger/keine Bürgerin an dem gut vorbereiteten Planungsforum teil. Es wurde nur von institutionalisierten Akteur*innen wie von lokalen Verwaltungen und Verbänden besucht. Daher können flankierende Aktionen wie etwa über das mobile DialogMobil nützlich sein, um die Bürger*innen vor Ort besser zu erreichen.
- rechtliche Machbarkeit: Viele Anliegen treffen eventuell unter den Beteiligten auf Konsens, wären auch technisch umsetzbar, sind aber am Ende juristisch nicht machbar.

Schlussendlich empfehlen die Autor*innen für jede Planungssituation eine individuelle Ausgestaltung und verweisen auf praktizierende Leitbilder und Regelwerke, die bei dem Aufsetzen eines Bürger*innenbeteiligungsprozesses Orientierung geben können, wie etwa die VDI-Richtlinie 7000, die Qualitätskriterien der Allianz Vielfältige Demokratie oder die Qualitätskriterien des Netzwerkes Bürgerbeteiligung.

3.1.7.1 Beispiel Netzausbau Uckermark

Das von Dr. Danuta Kneipp und Dr. Dirk Manthey zitierte Beispiel bezieht sich auf ein Stromtrassenprojekt in einem Dorf in der Uckermark. Es handelt sich um einen Ausbau einer bestehenden 220-Kilovolt-Freileitung zu einer 380-Kilovolt-Freileitung (vgl. Kneipp/Manthey 2019: 76 ff.).

Das Dorf mit seinen 150 Einwohner*innen war auf eine Erneuerung der Bestandsleitung aus den 1950er-Jahren angewiesen. Es handelte sich also um eine Maßnahme, die notwendig war, um die Versorgungssicherheit aufrechtzuerhalten und zu verbessern.

Der zuständige Netzbetreibende hat in diesem Falle den Dialog mit der lokalen Verwaltung initiiert und wurde daraufhin zu einer Einwohner*innenversammlung eingeladen.

Innerhalb des Beteiligungsprozesses haben sich die Anlieger*innen untereinander schließlich mehrheitlich für eine Trasse im Osten des Dorfes ausgesprochen. Dies wurde in einem Gemeinderatsbeschluss festgelegt. Anschließend stieß dieses Votum jedoch auf umweltrechtliche Hindernisse, da dazu ein nahe gelegener See überquert werden musste. Aber auch in dieser Situation, als das Umweltrecht die Interessen der Bürger*innen überstimmte, blieb der Dialogprozess wichtig. Durch den Dialog wurde transparent, dass es nicht um das Interesse des Unternehmens ging, sondern rechtliche Vorgaben ausschlaggebend waren. Am Ende des Verfahrens sorgten weitere naturschutzfachliche Argumente dafür, dass die im Dorf favorisierte Lösung doch noch umgesetzt werden konnte.

Übergeordnete Akteur*innen haben sich in den Dialog nicht eingebracht, mit Ausnahme des regionalen Fernsehsenders, der die Sorgen der Bürger*innen vor Ort thematisierte (vgl. Kneipp/Manthey 2019: 76 ff.).

3.1.7.2 Dialogprozess und Bürger*innenbeteiligung

Erster Bezugspunkt eines Beteiligungsprozesses sind generell die institutionell zuständigen Landesbehörden, die Landrät*innen und Bürgermeister*innen der kreisfreien Städte. In den Kreiskonferenzen werden dann die betreffenden kreisangehörigen Gemeinden, Umweltverbände und andere institutionalisierte Interessenverbände miteinbezogen (vgl. Kneipp/Manthey 2019: 76 ff.).

Parallel wird der Einbezug der allgemeinen Öffentlichkeit vorbereitet. Diese wird zunächst über die Presse informiert.

> Wichtig sind laut Dr. Danuta Kneipp und Dr. Dirk Manthey vor allem eine frühe Beteiligung und eine transparente Interaktion mit den Bürger*innen sowie eine Aufklärung über die Notwendigkeit des Projektes. Gleichzeitig sollten umgekehrt die Belange der Menschen vor Ort verstanden werden, um entsprechende Lücken schließen zu können. Der Dialog mit der lokalen Bevölkerung sollte möglichst unter Einbezug lokaler Kenntnisse und vor allem kontinuierlich erfolgen (vgl. Kneipp/Manthey 2019: 76 ff.).

3.1.7.3 Finanzierung und regulatorischer Rahmen

Die Finanzierung von Übertragungsnetzen für Strom erfolgt in der Regel über die Umlage von Netzentgelten. Das bedeutet, dass die Kosten des Netzausbaus über die Verbraucher*innen sozialisiert werden. Nichtsdestotrotz erscheint in der Akzeptanzfrage die Teilnahme an den Kosten des Projekts das kleinere Problem zu sein. Vielmehr sind es Fragen der Sicherheit, des Naturschutzes und eine „optische Störung" des Landschaftsbilds, die die Bevölkerung beschäftigen (vgl. Kneipp/Manthey 2019: 76ff.).

Es gibt durchaus die rechtliche Möglichkeit nach §5 Abs. 4 der Stromnetzentgeltverordnung (StromNEV), den Gemeinden nach Betroffenheit eine Ausgleichszahlung zu gewähren und die Lasten eines gesamtsystemisch notwendigen Projektes somit zu kompensieren. Die Durchführung des Netzausbaus wird durch den Netzbetreibenden vorgenommen. Dieser ist in der Regel ein reguliertes Unternehmen.

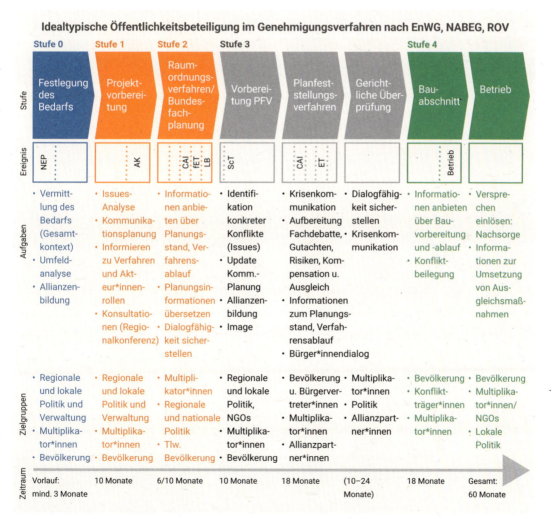

1 *Idealtypische Öffentlichkeitsbeteiligung im Genehmigungsverfahren nach EnWG, NABEG, ROV bei 50 Hertz (Kneipp/Manthey 2019: 76ff.)*

Beim Neubau von Hochspannungsleitungen sind eine Vielzahl von regulatorischen Vorgaben und gesetzlichen Festlegungen zu beachten. Solch ein Planungsprozess kann sich durchaus über acht bis zehn Jahre strecken. Dieser eng definierte Prozess verdeutlicht auch, dass die Möglichkeiten einer Beteiligung in diesem Verfahren durchaus beschränkt sein können (vgl. Abbildung nach Kneipp/Manthey 2019: 76 ff.).

Der Ausbau von Energienetzen wird grundsätzlich von der Europäischen Union und vom Deutschen Bundestag festgelegt (zum Beispiel durch das Bundesbedarfsplangesetz). Die lokalen Behörden beschäftigen sich meistens erst mit den Ergebnissen dieser Entscheidungen, obwohl es tatsächlich auch Beteiligungsmöglichkeiten durch öffentliche Konsultationsverfahren zum Beispiel im Rahmen des Bundesbedarfsplans gibt. Für bauliche Genehmigung von Höchstspannungsleitungen gelten Verfahrensvorschriften, wie etwa das Verwaltungsverfahrensgesetz oder das Netzausbaubeschleunigungsgesetz (vgl. Kneipp/Manthey 2019: 76 ff.).

Außerdem müssen weitere energierechtliche Vorschriften, Umweltprüfungen, Artenschutzrechtliche Prüfung und Immissionsschutzrechtliche Prüfungen beachtet werden, die die Spielräume innerhalb solch eines Verfahrens weiter einengen können. Daher ist es in diesen komplexen und langwierigen Verfahrensprozessen maßgeblich, dass die Unternehmen früh mögliche Handlungsspielräume erkennen und präventiv mögliche Probleme und Hindernisse vermeiden. Ob dies gelingt, hängt laut Dr. Danuta Kneipp und Dr. Dirk Manthey oft von den lokalen Verwaltungsstrukturen ab und davon, dass jene die Bemühungen einer frühen Öffentlichkeitsbeteiligung konstruktiv begleiten (vgl. Kneipp/Manthey 2019: 76 ff.).

FERNGASLEITUNGSBAU UND H_2, PROJEKTVORBILD LAUSITZ

AUTORIN: Carolin Rößler, *ONTRAS Gastransport GmbH*

•●ONTRAS

3.1.8.1 Beteiligung über das Vorgeschriebene hinaus

Für das erfolgreiche Gelingen eines Leitungsbauprojekts ist es wichtig, alle Anspruchsgruppen entlang der Trasse von Beginn an zu informieren. Dies beinhaltet zum einen die gesetzlich vorgeschriebene Beteiligung im Rahmen des Planfeststellungsverfahrens. Bürger*innen haben dort die Möglichkeit, ihre Einwendungen förmlich in das offizielle Verfahren einzubringen. Doch eine für alle Beteiligten erfolgreiche Akzeptanzkommunikation muss über das gesetzlich Vorgeschriebene hinausgehen. Alle Anspruchsgruppen, seien es Anrainer*innen, Verantwortliche aus der Politik und Verwaltung, Vereine und viele mehr, müssen frühzeitig in die Kommunikation einbezogen werden. Denn je weiter ein Projekt voranschreitet, desto kleiner werden die Handlungsspielräume für eine echte Beteiligung – sowohl für die Vorhabenträger*innen als auch für die Anspruchsgruppen.

Bei Infrastrukturprojekten sind naturgemäß eine Vielzahl von Beteiligten involviert. Die Herausforderungen beim Stromnetzausbau sind wohlbekannt (siehe vorheriger Beitrag). Dieser Beitrag setzt sich mit den Erfahrungen und Herausforderungen im Gas- und H_2-Bereich auseinander. Die von den Gasnetzbetreiber*innen angestrebte Transformation der bestehenden Gas- hin zu einer H_2-Infrastruktur wird neue Inhalte und Herausforderungen im Dialog mit allen Anspruchsgruppen mit sich bringen. Die Notwendigkeit und der Mehrwert frühzeitiger Akzeptanzkommunikation bleiben jedoch unverändert bestehen.

3.1.8.2 Standardisierung von Akzeptanzkommunikation

Wie Akzeptanzkommunikation ausgestaltet werden sollte, war und ist im Grunde eine sehr unternehmensindividuelle Entscheidung. Im Jahr 2012 schaltete sich jedoch der Gesetzgeber/die Gesetzgeberin in die Diskussion um die Notwendigkeit und die Ausgestaltung früher Öffentlichkeitsbeteiligung ein. Insbesondere das als Stuttgart 21 bekannt gewordene Bauprojekt zur Neuordnung rund um den Stuttgarter Hauptbahnhof trug dazu bei. Mit einer Änderung des Verwaltungsverfahrensgesetzes wurde die frühe Beteiligung der Öffentlichkeit zur Vorschrift. Im § 25 Abs. 3 VwVfG trat sie am 7. Juni 2013 in Kraft. Der Verein Deutscher Ingenieure e. V. (VDI) arbeitete parallel dazu Richtlinien aus, um die Vorschriften anwendungstauglich zu vermitteln: Es entstanden die VDI-Richtlinien 7000 und 7001. Dabei stellt die VDI-Richtlinie 7001 einen Praxisleitfaden dar, der unter anderem für jede der Leistungsphasen der Honorarordnung für Architekt*innen und Ingenieur*innen (HOAI) konkrete Standards für die begleitende Kommunikation und Beteiligungsmöglichkeiten formuliert (vgl. Rößler 2017).

3.1.8.3 Nutzen frühzeitiger Öffentlichkeitsbeteiligung

Die VDI 7001 trägt das Thema Kommunikation sehr konkret direkt an die Planungs- und Bauverantwortlichen heran. Die Richtlinie gibt jedoch nicht nur eine Antwort auf das „Wie" früher Öffentlichkeitsbeteiligung, sondern auch auf das „Warum". Wieso sollten sich Planer*innen mit diesem Thema auseinandersetzen? Frühe Öffentlichkeitsbeteiligung kann Geld und Zeit sparen. Sie soll Prozesse beschleunigen und dadurch Effizienzen heben. Sie soll Orientierung für die Vorhabenträger*innen bieten und Unsicherheiten beseitigen. Außerdem geht es darum, gute Beziehungen zwischen Vorhabenträger*innen und Anspruchsgruppen zu schaffen.

3.1.8.4 Das Projekt Neubau Ferngasleitungen Lausitz als Vorbild

Für ONTRAS ist es seit Jahren selbstverständlich, bei einem Bauprojekt betroffene Bürger*innen sowie weitere Anspruchsgruppen frühzeitig einzubeziehen. Ein anschauliches Beispiel dafür ist das im Jahr 2016 erfolgreich abgeschlossene Projekt Neubau Ferngasleitungen Lausitz.

Um die Energieinfrastruktur in der Lausitz weiter zu verbessern und zukunftsfest zu gestalten, plante ONTRAS im Jahr 2015 den Neubau zweier Ferngasleitungen. Die jeweils circa 35 Kilometer langen, parallel geführten Leitungen sollten vom brandenburgischen Senftenberg (Ortsteil Großkoschen) bis in den Spreetaler Ortsteil Spreewitz (südlich von Schwarze Pumpe in Sachsen) verlaufen und die Erdgasversorgung der Regionen Freiberg, Dresden, Bautzen, Zittau und Görlitz langfristig sicherstellen. Im Rahmen des Planfeststellungsverfahrens in Sachsen und Brandenburg wurden die Unterlagen des Neubauprojekts vom 14. Januar bis zum 16. Februar 2015 öffentlich ausgelegt: Vier Wochen lang konnte jedermann alle Projektunterlagen in den Rathäusern und Gemeindeämtern einsehen, in deren Gebiet die geplante Trasse später verlaufen sollte (ONTRAS Gastransport GmbH 2015).

▸ Abb. 1

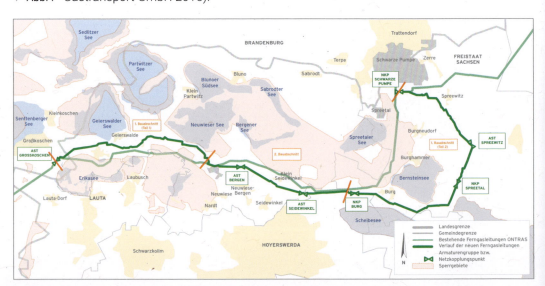

1 *Trassenverlauf im Projekt Neubau Ferngasleitungen Lausitz (ONTRAS Gastransport GmbH 2015)*

Dialogprozess und Bürger*innenbeteiligung

In der Tat entschied sich ONTRAS bereits weit im Vorfeld des Planfeststellungsverfahrens für einen damals ungewöhnlichen Schritt: Der Neubau der Leitungen war notwendig geworden, da mehrere Abschnitte der beiden bestehenden Leitungen im Gebiet ehemaliger Braunkohletagebaue verliefen. Teilbereiche dieser ehemaligen Tagebaue wurden durch das Sächsische Oberbergamt im Dezember 2010 gesperrt. Bereits mit Bekanntwerden dieser Sperrung suchte ONTRAS gemeinsam mit den involvierten Verteilnetzbetreiber*innen und Industriekund*innen nach Lösungen, wie verfahren werden könnte, sollte der Neubau nicht rechtzeitig umgesetzt werden und es beispielsweise zur Unterbrechung der Gasversorgung kommen. Erst ein Jahr später wurden entsprechende Pflichtmeldungen im Rahmen der SOS-Notfallverordnung festgeschrieben. Daher gingen alle Beteiligten in Vorleistung. Das Vertrauen, das sich durch die transparente Kommunikation und auch die Beteiligung der Akteur*innen ergab, bildete im Nachhinein die Basis für einen sicheren, zügigen Prozess.

Insbesondere für betroffene Bürger*innen stellte ONTRAS das Bauvorhaben darüber hinaus auch mit eigenen Informationsveranstaltungen im Januar 2015 genauer vor, um das Planfeststellungsverfahren zu ergänzen. Dies ist wichtig, denn nicht alle Anspruchsgruppen werden ohne Weiteres auf ausgelegte Unterlagen aufmerksam. Im Fall des Projekts Neubau Ferngasleitungen Lausitz war dies von besonderer Bedeutung, da es sich nicht, wie häufig im Netzgebiet von ONTRAS, um Sanierungsmaßnahmen einer Gasleitung in bestehender Trasse handelte, sondern um einen Neubau aufgrund der notwendigen Umverlegung.

Die Auslage der Unterlagen wurde von Beginn an mittels Presse- und Medienarbeit begleitet. Darüber hinaus wurden zwei Bürger*innen-Informationsmärkte veranstaltet. Informationsmärkte sind ein lockeres Format, auf denen sich Interessierte individuell und im Detail an verschiedenen Thementischen informieren können. Expert*innen des Vorhabenträgers/der Vorhabenträgerin stehen dort für einen bestimmten Zeitraum zur Verfügung und stehen Rede und Antwort. Dies hat den Vorteil, dass Interessierte je nach ihren zeitlichen Möglichkeiten hinzukommen können und niemand eine Präsentation oder Ähnliches verpasst. Je nach Projekt lassen sich natürlich verschiedene Formate kombinieren. Wichtig ist, dass eine solche Veranstaltung frühzeitig, also kurz vor oder zu Beginn der Auslegung der Planungsunterlagen stattfindet. Nur so wird es den Anspruchsgruppen möglich, sich am Verfahren auch zu beteiligen.

Das zentrale Anliegen beim Projekt Neubau Ferngasleitungen Lausitz bestand für ONTRAS darin, vor allem die Gründe für den Neubau transparent darzulegen und dem Projekt durch ausgewählte Repräsentant*innen für das Baugeschehen ein Gesicht zu geben. Außerdem war es im Dialog mit den Interessenten möglich, genau zu erläutern, was während der Bauphase vor Ort passieren wird. Die frühzeitige Kommunikation und Vorbereitung zahlten sich aus: Konflikte konnten direkt im Gespräch mit ONTRAS geklärt werden, zum Beispiel durch örtliche Anpassungen der Bauzeiten. Und das Projekt wurde erfolgreich termingerecht abgeschlossen.

3.1.8.5 Von der Gas- zur H_2-Infrastruktur

Fernleitungsnetzbetreiber*innen sind gemäß Energiewirtschaftsgesetz verpflichtet, durch Bereitstellung benötigter Transportkapazitäten und zuverlässiger Netze zur Versorgungssicherheit mit Gas beizutragen. Darüber hinaus engagiert sich ONTRAS zudem seit Jahren für den klimaneutralen Gastransport und verfügt über jahrelange Erfahrung im Transport erneuerbarer Gase. Beides trägt zu der Überzeugung bei, dass die Klimaschutzziele Deutschlands und Europas nicht allein durch erneuerbaren Strom in der Endverbraucher*innenanwendung realisiert werden können.

Die klima- und energiepolitischen Ziele sind ambitioniert: Die EU hat sich im Green Deal 2019 das Ziel gesetzt, bis 2050 klimaneutral zu werden – ohne jegliche Nettoemissionen von Treibhausgasen. Im Jahr 2020 wurden die Ziele noch einmal verschärft und das Reduktionsziel für 2030 auf 55 Prozent der Treibhausgasemissionen von 1990 festgesetzt. Deutschland will darüber hinaus gemäß Klimaschutzgesetz bereits bis 2045 klimaneutral werden. Das zukünftige Energiesystem darf jedoch nicht nur klimaneutral sein, sondern muss auch versorgungssicher und bezahlbar bleiben. Ein resilientes und sicheres Energiesystem wird immer auch Energieträger in stofflicher Form benötigen. Für die Akzeptanz der Energiewende und Deutschland als Wirtschaftsstandort ist es wichtig, dass die Transformation des Energiesystems ohne gravierende Strukturbrüche gelingt. Dazu kann die Gasinfrastruktur den entscheidenden Beitrag leisten, da sie für alle gasförmigen Energieträger nutzbar ist.

Eine entscheidende Lösungsoption liegt in der zukünftigen Nutzung von H_2 als Energieträger. Die Fernleitungsnetzbetreiber*innen können die dafür erforderliche H_2-Infrastruktur als Rückgrat einer wettbewerbsfähigen H_2-Wirtschaft zum überwiegenden Teil durch Umstellungen aus dem heutigen Erdgasnetz heraus volkswirtschaftlich effizient entwickeln. Auf Basis dieses Ansatzes haben die Fernleitungsnetzbetreiber*innen europa- und deutschlandweit Konzepte für den Aufbau einer überregionalen H_2-Infrastruktur veröffentlicht.

European Hydrogen Backbone

Der im Jahr 2020 erstmals veröffentlichte European Hydrogen Backbone bildet die Vision einer europaweiten H_2-Transport-Infrastruktur ab. Er wurde 2021 und 2022 erweitert, sodass der Backbone aktuell 31 Fernleitungsnetzbetreiber*innen und 28 europäische Länder verbindet. ONTRAS ist als einer von zwei deutschen Fernleitungsnetzbetreiber*innen beteiligt.

▶ Abb. 2

Der European Hydrogen Backbone zielt auf die Errichtung eines reinen H_2-Netzes in ganz Europa ab und rechnet bis 2040 mit einer Länge von 53.000 Kilometern. Etwa 60 Prozent des H_2-Netzes basieren auf umgestellten Erdgasleitungen. Die Gesamtinvestitionen bis 2040 betragen etwa 80 bis 143 Milliarden Euro. Auch über die H_2-Transport-Kosten lässt sich eine Aussage treffen: Der Transport von einem Kilogramm H_2 über 1.000 Kilometer würde nach den Berechnungen im Durchschnitt 0,11 bis 0,21 Euro kosten (vgl. Rossum et al. 2022: 13). Würde das Kilogramm H_2 ausschließlich in Offshore-Pipelines transportiert, fielen Kosten in Höhe von circa 0,17 bis 0,32 Euro pro 1.000 Kilometer an. Damit bietet der Backbone eine kosteneffiziente Möglichkeit, H_2 über lange Strecken zu transportieren.

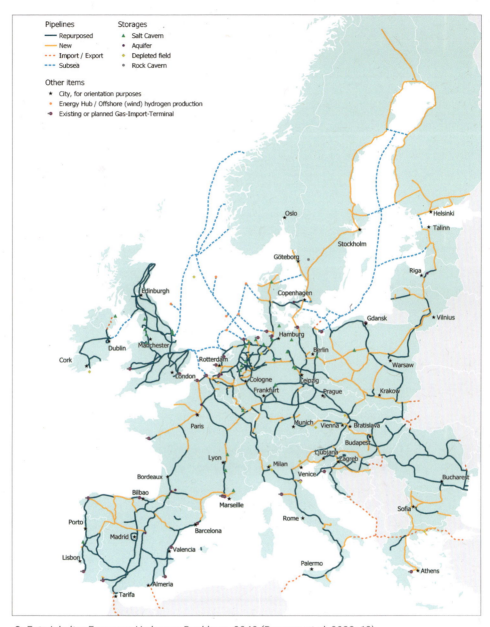

2 Entwickelter European Hydrogen Backbone 2040 (Rossum et al. 2022: 13)

Mit dem ONTRAS-H_2-Startnetz legt ONTRAS den Grundstein für die H_2-Infrastruktur in Ost- und Mitteldeutschland – eingebunden in den European Hydrogen Backbone. Kern des Startnetzes sind die beiden im Rahmen des IPCEI Wasserstoff eingereichten Projekte doing hydrogen und Green Octopus Mitteldeutschland. Bereits in Arbeit ist die Umstellung einer 20 Kilometer langen Erdgasleitung auf H_2 im Rahmen des Reallabors Energiepark Bad Lauchstädt (Sachsen-Anhalt). Diese wird ebenfalls in den Backbone eingebunden.

H_2-Netze der Fernleitungsnetzbetreiber*innen 2030 und 2050

Auch die deutschen Fernleitungsnetzbetreiber*innen zeigen mit ihrer Veröffentlichung des H_2-Netzes für ein klimaneutrales Deutschland 2050, dass sich dieses zukünftige H_2-Netz zu moderaten Investitionskosten volkswirtschaftlich effizient und verlässlich errichten lässt.

Dem H_2-Netz 2050 liegt eine detaillierte Netzplanung zugrunde. Es ist etwa 13.300 Kilometer lang. Davon basieren etwa 11.000 Leitungskilometer auf umgestellten Gasleitungen. Das Netz kann eine Energiemenge von 504 Terawattstunden (Heizwert) bereitstellen, bei einer Spitzenabnahme von rund 110 Gigawattstunden/Stunde H_2. Auch das H_2-Netz der Fernleitungsnetzbetreiber*innen lässt sich durch überschaubare Investitionen realisieren. So beläuft sich die Summe der Investitionskosten bis zum Jahr 2050 auf etwa 18 Milliarden Euro (Vereinigung der Fernleitungsnetzbetreiber Gas e. V. 2021a). Für das Jahr 2030 haben die Fernleitungsnetzbetreiber ein weiteres Konzept mit ersten Umsetzungsschritten des Netzes abgeleitet (Vereinigung der Fernleitungsnetzbetreiber*innen Gas e. V. 2021b).

Dieses erste H_2-Netz wurde auf Grundlage der Marktabfrage WEB (Wasserstoffabfrage Erzeugung und Bedarf und grüne Gase) im Frühjahr 2021 im Entwurf des Netzentwicklungsplans Gas 2032 für die Jahre 2027 und 2032 konkretisiert und weiterentwickelt.

Finanzierung und regulatorischer Rahmen

Um eine H_2-Infrastruktur bereitzustellen, deren Notwendigkeit sich auch in den Marktabfragen der Fernleitungsnetzbetreiber*innen zeigt, bedarf es eines verlässlichen Regulierungsrahmens. Dieser Rahmen muss H_2- und Erdgasnetz regulatorisch, finanziell und netzplanerisch als Einheit betrachten. Eine solche Betrachtung wäre geeignet, um die bedarfsgerechte und effiziente Umstellung der heutigen Gasinfrastruktur sicherzustellen. Außerdem ließen sich auf diese Weise nicht nur Kosten sparen, sondern auch die Zeitpläne der Netzkund*innen, zum Beispiel aus der Industrie, auf ihrem Weg zur Dekarbonisierung verlässlich gestalten.

3.1.8.6 Akzeptanzkommunikation in Zeiten von H_2

Mit den Konzepten der Umstellung und dem Neubau von H_2-Leitungen verändern sich auch die Inhalte der Kommunikation im Rahmen eines Infrastrukturprojekts im Gasbereich. Erste Erfahrungen konnte ONTRAS im Reallabor Energiepark Bad Lauchstädt sammeln, das 2021 gestartet ist. Im Rahmen dieses Projekts wird ONTRAS eine 20 Kilometer lange Erdgaspipeline zwischen Leuna und Bad Lauchstädt für den H_2-Transport umstellen.

▶ Abb. 3 Für die Akzeptanzkommunikation greifen die beteiligten Partner*innenunternehmen auf bewährte Mittel der Öffentlichkeitsbeteiligung zurück, füllen sie aber mit neuen Inhalten. Neben der Medienarbeit, dem Informationsmarkt und persönlichen Gesprächen wird zudem Wert auf eine umfangreiche Onlinekommunikation gelegt. Der erste Informationsmarkt zum Energiepark Bad Lauchstädt fand im Oktober 2021 unmittelbar nach Erhalt des Fördermittelbescheids statt und stieß auf großes Interesse (Energiepark Bad Lauchstädt 2021).

Während die Kommunikationsinstrumente gut adaptierbar sind, wirft die Transformation der Gasinfrastruktur inhaltlich neue Themen auf. Neben Fragen zu Leitungsverlauf und Zeitplan beschäftigen die Anspruchsgruppen weitere, mitunter globalere Schwerpunktthemen. Dies sind zum einen technische Fragen, wie beispielsweise zur Funktionsweise von Leitungen, zur Machbarkeit der Umstellung oder auch zu Sicherheitsaspekten. Zum anderen nehmen die Interessent*innen stärker eine gesamtgesellschaftliche Perspektive ein: Wie entwickelt sich ein Projekt zukünftig? Wie trägt es zur Energiewende bei?

Die ersten Erfahrungen zur Kommunikation von H_2-Infrastruktur-Projekten in der frühen Planungsphase sind sehr positiv. Neben dem Dialog mit Bürger*innen, Politik und Behörden sowie Verbänden und Vereinen hat auch der Austausch mit den Wirtschaftsunternehmen vor Ort neue Bedeutung erlangt und stellt eine wichtige Grundlage für die Planung dar. Er dreht sich nicht mehr nur um Transportkapazitäten und den dafür benötigten Durchmesser einer Anschlussleitung, sondern reicht weiter als zuvor in die H_2-Wertschöpfungskette hinein. Als Netzbetreiber fungiert ONTRAS stärker als aktiver Vermittler zwischen Erzeugung und Verbrauch, entwirft Konzepte und eruiert gemeinsam mit den beteiligten Partner*innenunternehmen verschiedene Möglichkeiten der Energieversorgung.

Was sich in der Praxis auf der konkreten Projektebene beobachten lässt, bestärkt die Ziele der Gasnetzbetreiber*innen, dass eine gut ausgebaute H_2-Infrastruktur den Hochlauf einer H_2-Wirtschaft erst ermöglicht. Die bestehende Gasinfrastruktur ist leistungsfähig und bietet eine hervorragende Grundlage, um sie effizient zu einer H_2-Infrastruktur weiterzuentwickeln.

3 *Interessent*innen beim Informationsmarkt zum Energiepark Bad Lauchstädt 2021 (ONTRAS Gastransport GmbH 2021)*

KLIMANEUTRALE INDUSTRIE- UND GEWERBEGEBIETE

AUTOR: Michael Kalis, *Institut für Klimaschutz, Energie und Mobilität e. V. (IKEM)*

Industrie- und Gewerbegebiete können einen erheblichen Beitrag zur Reduzierung der CO_2-Emissionen leisten. Die Erzeugung von und Versorgung mit erneuerbaren Energien ist auch im Industriegebiet zwingend notwendig. Die Einführung erneuerbarer Energieträger im Verkehrssektor ist zudem mit einer weitgehenden Dezentralisierung der Versorgungsinfrastruktur des Verkehrs verbunden, wodurch sich neue und weitreichende Gestaltungsmöglichkeiten eröffnen. Industrie- und Gewerbegebiete, die ein ganzheitliches und ambitioniertes Klimaschutzkonzept verfolgen, leisten damit nicht nur einen Beitrag zum Klimaschutz. Vielmehr bieten solche Gebiete bereits jetzt einen nachhaltigen Standortvorteil, der ein erheblicher Faktor für Investitionsentscheidungen ansiedelnder Industrien und Gewerbe sein wird. Dieser Standortvorteil, die damit verbundene regionale Wertschöpfung und Produktion grüner Produkte sowie Erzeugung grüner Energie sind wesentliche Treiber für eine zunehmende Akzeptanz von Infrastrukturvorhaben. Das ▸ Abb. 1 zeigt auch das Beispiel des Green Areal Lausitz (GRAL).

1 *Konzeptzeichnung des GRAL (Soltan 2020)*

3.1.9.1 Projektbeschreibung GRAL – die Vision eines zukunftsfähigen Industrie- und Gewerbegebiets in Brandenburg

Für das Areal des ehemaligen Flugplatzes Cottbus-Drewitz (Brandenburg) wird ein Energiekonzept zum Aufbau eines grünen Industrieparks erarbeitet. Das ganzheitliche Energiekonzept umfasst die Regenerative-Energie-Erzeugung sowie den Einsatz der erzeugten Energie vor Ort. Dabei werden die Sektoren Strom, Wärme und Mobilität zusammengedacht, sodass ein integriertes Gesamtenergiekonzept entsteht. Die Untersuchungen zum Energiekonzept zeigen, dass wesentliche Voraussetzungen zur Machbarkeit und Umsetzung eines solchen grünen Industrieparks bereits regulatorisch gehemmt werden. Sollen Industrie- und Gewerbegebiete einen Beitrag zu den Klimaschutzzielen leisten, muss der Gesetzgeber/die Gesetzgeberin nachsteuern.

Erste Anpassungsvorschläge wurden an dieser Stelle bereits besprochen. Industrie- und Gewerbegebiete müssen auf dem Weg zur Klimaneutralität stärker in den Fokus rücken. Sie bilden regelmäßig eine geschlossene Einheit, in welcher die Sektoren eng verzahnt sind. Damit können sie ganzheitlich zur Defossilisierung im Bereich Wärme, Industrie, Energie und Mobilität beitragen. Passt der Gesetzgeber/die Gesetzgeberin den Rechtsrahmen für klimaneutrale Industrie- und Gewerbegebiete an, erschließt er/sie sogleich erhebliche Standortvorteile und Potenziale für regionale Wertschöpfung. Klimaneutrale Industrie- und Gewerbegebiete bedeuten somit nicht nur einen Beitrag zum Klimaschutz, sondern zugleich Technologie- und Strukturwandelförderung. Nach alledem zeigen sich klimaneutrale Industrie- und Gewerbegebiete als herausragendes Beispiel für grüne Infrastrukturen und Akzeptanzsteigerung.

Das nachfolgende Interview mit Jochem Schöppler, dem Leiter des Projektes GRAL, gewährt einen Einblick in die Praxis beim Aufbau eines klimaneutralen Industriegebietes:

1. **Kann ein Industriegebiet nicht einfach klimaneutral werden? Warum braucht es dafür ein Projekt?**
   Die Klimaneutralität sollte von Beginn an mitgedacht und entsprechend konzipiert werden. Im Nachhinein erreicht man sie nur durch den Neubau klimapositiver Energiegewinnungsanlagen, die aber Platz benötigen, durch Abriss der Gesamtanlage oder einzelner Anlagen und Ersatz durch klimaneutrale Anlagen oder durch Modernisierungsmaßnahmen an bestehenden Anlagen. Modernisierungsmaßnahmen sind allerdings sehr aufwendig und führen in der Regel zu einem schlechteren Ergebnis im Vergleich zu neu gebauten Anlagen. Deswegen ist die Klimaneutralität die Grundvoraussetzung und Bedingung für das GRAL-Projekt.

2. **Gibt es überhaupt Interesse an klimaneutralen Industriegebieten?**
   In Zeiten des Klimawandels und dem Ziel, Klimaneutralität zu erreichen, ist das Interesse natürlich groß. Für viele Unternehmen ist das ein entscheidender Faktor, sich auf einem Areal anzusiedeln, das nicht nur optimale Rahmenbedingungen schafft, sondern auch bereits aktiv eine klimaneutrale Peripherie bietet. Stichwort ESG. Wer heute einen neuen Standort suche, habe eine große Auswahl. Gewerbe-

gebiete gibt es viele, doch durch das konsequente Nachhaltigkeitskonzept, welches in dieser Tiefe und Konsequenz einmalig ist, kann sich der Standort Drewitz vom Wettbewerb eindeutig absetzen. Diesem Anliegen werden wir mit dem GRAL gerecht.

3. **Was ist die Vision von GRAL?**

Unsere Vision ist es, nicht nur einen gesellschaftlichen Beitrag zu leisten, sondern vor allem wollen wir den Beweis antreten, dass Ökonomie und Ökologie miteinander vereinbar sind. Es als Chance zu verstehen, dass beides sich nicht ausschließt, sondern gegenseitig befruchten kann. Wir möchten diesen Standortvorteil nutzen, um das Industrie- und Gewerbegebiet in Zukunft CO_2-neutral zu betreiben. Dazu gehört es selbstverständlich auch, auf Basis einer konzeptgerechten Planung eine CO_2-neutrale Logistik und Erschließung aus beziehungsweise mit vornehmlich erneuerbarer Energie umzusetzen.

Wir wollen, dass sich Unternehmen, die eine nachhaltig ökologische und CO_2-neutrale Produktion als zukünftigen Anspruch sehen und einen Beitrag für zukünftige Generationen leisten wollen, sich bei uns ansiedeln und das GRAL als Zentrum für zum Beispiel Elektromobilität und andere zukunftsweisende Technologien akzeptiert und geschätzt wird.

4. **Warum die Lausitz?**

Der Standort Jänschwalde ist einzigartig in seiner Größe und bietet aufgrund seiner vorhandenen Erschließung zudem optimale Voraussetzungen. Cottbus mit circa 100.000 Einwohner*innen als zweitgrößte Stadt Brandenburgs und einer hervorragenden, auf Technik fokussierten Universität liegt in der Nähe. Die Lausitz befindet sich im Umbruch. Nach dem Braunkohleausstieg brauchen die Region und die dort lebenden Menschen neue Perspektiven. Das GRAL schafft Arbeitsplätze und manifestiert den Ruf der Region als innovativer Hotspot über Deutschlands Grenzen hinaus.

5. **Gibt es Unterstützung vor Ort?**

Nach anfänglicher Skepsis erfährt unser Projekt mittlerweile viel Zuspruch und dadurch auch Unterstützung von vielen Seiten. Neben den an der Ansiedlung interessierten Unternehmen bemühen sich Politik und besonders die maßgeblich beteiligten Behörden vor Ort, das Projekt zügig voranzubringen.

6. **Was wünschen Sie sich von der Politik?**

Die lokale Politik hat sich bereits außerordentlich für das Projekt eingesetzt. Wünsche, die das laufende Bebauungsplanverfahren und die zukünftige Bebauung betreffen, gibt es aktuell keine. Für die Zukunft wünschen wir uns, dass Politik und Verwaltung weiterhin Hand in Hand mit uns zusammenarbeiten und die notwendigen Infrastrukturmaßnahmen, wie insbesondere den Ausbau von Verkehrsanbindungen oder des 5G-Mobilfunknetzes, vorantreiben. Unsere Wünsche nach zukunftsweisender Veränderung richten sich vornehmlich an die Landes- und Bundespolitik. Wenn Deutschland als eine führende Industrienation seine Vorreiterrolle bei der Transformation der Wirtschaft zur Klimaneutralität weiterhin ausfüllen und das Klimaschutzprogramm 2030 erreichen möchte, müssen die regulatorischen Rahmenbedingungen, zum Beispiel im Baurecht oder im Planungsrecht für erneuerbare Energien, deutlich – aber immer im Zweiklang von Ökologie und Ökonomie – verschlankt werden. Zeitfaktoren und damit einhergehende Planungssicherheit spielen hierbei für den Standort Deutschland eine bedeutende Rolle.

INTERNATIONALE INFRASTRUKTURPROJEKTE UND ERFAHRUNGSWERTE AUS NORWEGEN, GROSSBRITANNIEN UND DEN NIEDERLANDEN

AUTOR: Dr. Jan-Justus Andreas, *Bellona*

3.1.10

3.1.10.1 CO_2-Infrastruktur in Norwegen

Als Unterzeichner des Pariser Klimaabkommens von 2015 hat sich Norwegen zu einer Reduktion seiner CO_2-Emissionen von 55 Prozent bis 2030 im Vergleich zu 1990 selbst verpflichtet. Aufgrund einer schon annähernd emissionsfreien Stromversorgung und weitreichenden Elektrifizierungsmaßnahmen, zum Beispiel im Transportsektor liegt der Fokus vor allem auf schwer zu vermeidenden Emissionen aus der Industrie, inklusive Abfallwirtschaft. Dies und Norwegens Teilhabe an den EU-Klimazielen durch die enge politische Zusammenarbeit sowie wirtschaftlichen Verflechtungen mit der EU bilden die Gründe für Norwegens Investition in das „Longship"-Projekt, welches eine vollintegrierte Abscheidungs-, Transport- und permanente geologische Speicherungs(CCS)-Kette für CO_2 aufbauen will. CCS ist eine reine Klimatechnologie und steht für Carbon Capture and Storage. Ziel ist die permanente geologische Speicherung von CO_2 im tiefen Untergrund, um zu vermeiden, dass dieses in die Atmosphäre entlassen wird. Meist handelt es sich um eine Rückführung von fossilem CO_2 in ehemalige Öl- und Gaskavernen.

„Longship" bildet den Finanzrahmen und das staatliche Schirmprojekt für das CO_2-Transport- und -Speicherungsprojekt „Northern Lights" sowie die CO_2-Abscheidungsprojekte am Norcem-Zementwerk (Teil der HeidelbergCement-Gruppe) in Brevik und Fortums Müllheizkraftwerk in Oslo. „Northern Lights" ist das Transport- und Speicherungsprojekt der integrierten CCS-Kette. Das abgeschiedene CO_2 wird mittels Schiffen an die norwegische Westküste transportiert und in einem Empfangsterminal zwischengelagert. Anschließend wird das CO_2 mit einer Pipeline zum Offshore-Speicher transportiert und in einer Tiefe von 2.600 Metern permanent geologisch gespeichert. Welcher Teil der CCS-Kette zu „Longship" oder zu „Northern Lights" gehört, zeigt Abbildung 1.

▶ Abb.1

Das Konzept von „Northern Lights" besitzt eine starke internationale Dimension, welche sich in der Überdimensionierung der Transport- und Speicherkapazität widerspiegelt. In der ersten Phase wird „Northern Lights" eine Transport- und Speicherkapazität von 1,5 Millionen Tonnen CO_2 pro Jahr besitzen. Jedoch werden lediglich 0,7 Millionen Tonnen CO_2 der Transport- und Speicherkapazität von den oben genannten norwegischen CO_2-Abscheidungs-Projekten genutzt. Die verbleibende Kapazität wird als Service anderen, auch nicht norwegischen, CO_2-Abscheidungs-Projekten zur Verfügung gestellt. Im Januar 2021 haben die Konstruktionsarbeiten dafür begonnen. Mitte 2024 wird „Northern Lights" planmäßig betriebsbereit sein. Das „Northern Lights"-Projekt wird seit 2017 nach einer Machbarkeitsstudie des staatlichen Unternehmens Gassnova – als ein Gemeinschaftsunternehmen von Equinor, Shell und TotalEnergies – verfolgt. 2020 folgte von der norwegischen Regierung der Finanzierungsrahmen in Form des Projektes „Longship" für CCS-Projekte in Norwegen, um die Voraussetzungen für eine vollständig integrierte CCS-Kette zu schaffen.

„Longship" dient zum einen zur Darstellung, dass CCS an Industrieanlagen und in industrierelevanter Größe möglich ist. Zum anderen bietet „Northern Lights" gleichzeitig die strategische Dimension einer Open-Access-CO_2-Infrastruktur zur internationalen Nutzung. Neben den beiden Abscheidungsanlagen in Norwegen arbeitet „Northern Lights" mit – zum Zeitpunkt dieses Berichts – 14 weiteren Partnern aus sechs europäischen Ländern zusammen.

„Longship" ist das erste CCS-Projekt seiner Art und hat für die norwegische Regierung eine besondere strategische Relevanz. Zum einen ist CCS eine Kerntechnologie, die das Land benötigt, um verbleibende CO_2-Emissionen aus der Industrie zu eliminieren und das geplante Netto-null-Ziel zu erreichen. Zum anderen bedeutet die vergleichsweise kleine Menge an verbleibenden Emissionen mit gleichzeitig einem vergleichsweise hohen Speicherpotenzial von CO_2 in norwegischen Gewässern, dass die Regierung sich in einem internationalen Auftrag sieht, die Speichervorkommen zu entwickeln und anderen Ländern bereitzustellen. Der Leuchtturmcharakter von „Longship" und die Schaffung einer Open-Access-CO_2-Infrastruktur ist ein entscheidender Aspekt für die norwegische Regierung, um eine CO_2-Speicher-Wirtschaft in Europa hochzufahren.

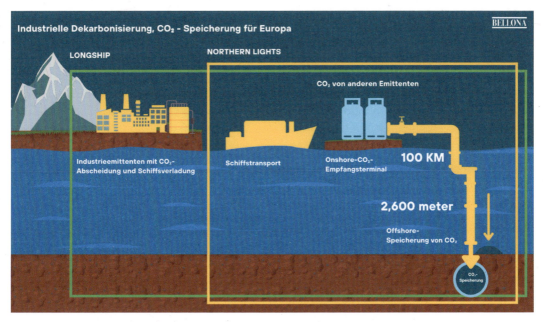

1 Projektaufteilung „Longship" und „Northern Lights"

Die Möglichkeit, die existierende Expertise des norwegischen Öl- und Gassektors zu nutzen, um einen entscheidenden Beitrag zum Erreichen der Pariser Klimaziele zu leisten, hat auch eine wichtige wirtschaftliche Dimension für Norwegen. Unter dem Mantel europäischer „Just Transition"-Ambitionen wird CCS von einigen Stakeholder*innen als Vehikel zur Transformation der Offshore-Industrie gutgeheißen, da die Technologie als enorm wichtig dafür angesehen wird, den unverminderten Emissionsausstoß fossiler Energieträger zu stoppen (vgl. Sintef 2018).

3.1.10.2 Dialogprozess und Bürger*innenbeteiligung

Da die CO_2-Speicherung unter der norwegischen See stattfindet und keine große Onshore-Infrastruktur in der Nähe von Siedlungsgebieten gebaut werden muss, hat keine Bürger*innenbeteiligung abseits von demokratischen Regierungswahlen – bei der Vorbereitung des Projektes – stattgefunden. Aufgrund der Erfahrung mit der Öl- und Gasindustrie besteht ein allgemein positives Verhältnis zur Offshore-Industrie. CCS als Klimatechnologie wird von fast allen norwegischen Umweltverbänden unterstützt, was zu einer breiten Zustimmung in der Öffentlichkeit geführt hat. Diese Unterstützung ist am besten versinnbildlicht in Form von Plakaten à la „CCS jetzt", die während der Welle von Extinction-Rebellion-Demonstrationen in Norwegen 2019 immer wieder hochgehalten wurden.

Grundsätzlich haben die CO_2-Abscheidungs-Projekte das gesetzlich vorgeschriebene Bewilligungsverfahren in Norwegen durchlaufen. Innerhalb dieses Verfahrens ist ein öffentlicher Dialog zwischen lokalen Gemeinden und Projektträger*innen vorgesehen. Durch die beschriebene positive Grundeinstellung gegenüber CCS-Projekten haben sich die lokalen Gemeinden nicht gegen die Projekte ausgesprochen. Fortum hat zusätzlich zum gesetzlich vorgeschriebenen Dialogprozess im Vorfeld seines Projektes eine Front-End-Engineering-Studie veröffentlicht, um der interessierten Öffentlichkeit Zugang zu Informationen über die geplante CO_2-Abscheidungs-Anlage zu geben.

3.1.10.3 Finanzierung und regulatorischer Rahmen

Der norwegische Staat wird in den ersten zehn Jahren etwa drei Viertel der Kosten für „Longship" übernehmen. Abgesehen von der indirekten Beteiligung über Equinor hält der Staat keine Anteile an dem Projekt. Die Gesamtkosten des „Longship"-Projektes werden auf 1,5 Milliarden Euro geschätzt. Mehr als 50 Prozent der Gesamtkosten entstehen für „Northern Lights". „Longship" wurde im Juli 2020 nach den Vorschriften des Europäischen Wirtschaftsraums (EWR) als staatliche Beihilfe genehmigt. Die Kosten des Projektes sind so bemessen, dass ebenfalls eine zusätzliche Transport- und Speicherkapazität von 1,5 Millionen Tonnen CO_2 pro Jahr ermöglicht wird sowie eine Pipeline zum Speicherreservoir, die eine Transportkapazität von fünf Millionen Tonnen CO_2 pro Jahr bereitstellt. Die gesamten Betriebskosten belaufen sich auf 75 Millionen Euro pro Jahr (44 Millionen Euro davon für „Northern Lights"). Wenn „Northern Lights" nach künftigen Erweiterungen rentabel ist, erhält der Staat einen Anteil an den Gewinnen, der von 50 Prozent auf 75 Prozent bei bestimmten Schwellenwerten ansteigt, und sieht reduzierte Kosten für Mengen über 1,5 Millionen Tonnen transportiertes CO_2 pro Jahr vor.

Im Dezember 2020 hat die norwegische Regierung die Finanzierung des „Longship"-Projekts genehmigt. Der norwegische Staat übernimmt die Rolle des Co-Finanzierers, Vermittlers und Koordinators zwischen „Northern Lights" und den CO_2-Abscheidungsprojekten. Für die norwegische Regierung hat „Longship" aufgrund seiner genannten internationalen Dimension auch eine strategische Relevanz. Als Land mit geringen Industrieemissionen, aber großen CO_2-Speicher-Potenzialen ergibt sich die Möglichkeit aus den Speicherpotenzialen ein Geschäftsmodell für CO_2 aus Industrieländern, die kaum Speicherressourcen besitzen, zu entwickeln. Ein ähnliches Konzept existiert auch in den CCS-Projekten in den Niederlanden und Großbritannien, die zu einem nordseeweiten Markt für CO_2-Speicherung führen könnten. „Northern Lights" ist zudem als Projekt von gemeinsamem Interesse (PCI) im Rahmen des EU-Programms für transeuropäische Energienetze (TEN-E) eingestuft worden, was die internationale Dimension weiter betont.

Im internationalen Umweltrecht bildet das Protokoll vom 7. November 1996 (das London-Protokoll) zum Übereinkommen über die Verhütung der Meeresverschmutzung durch das Einbringen von Abfällen und anderen Stoffen die Grundlage für die Genehmigung der CO_2-Speicherung unter dem Meeresboden. Das London-Protokoll verbietet grundsätzlich die absichtliche Verklappung oder Lagerung von Abfällen oder anderen Stoffen auf See, auf dem Meeresboden oder in geologischen Formationen unter dem Meeresboden. Im Jahr 2006 wurde eine Novelle des Protokolls vorgenommen, durch die die Speicherung von CO_2 in geologischen Formationen unter dem Meeresboden in die Liste der zulässigen Deponierungen aufgenommen wurde. Diese Novelle ist 2007 in Kraft getreten.

2009 nahmen die Mitglieder der Londoner Konvention eine Novelle des Protokolls an, die es Ländern erlaubte Vorkehrungen für den grenzübergreifenden CO_2-Transport zu treffen. Diese Novelle ist 2019 nach einem Vorschlag Norwegens und der Niederlande zur provisorischen Anwendung der Novelle informell in Kraft getreten.

Ebenfalls im Jahr 2009 wurde die EU-CO_2-Speicher-Richtlinie verabschiedet. Sie stellt umfangreiche Anforderungen an die Auswahl von Standorten für die geologische Speicherung von CO_2. Ein Standort kann nur ausgewählt werden, wenn eine vorherige Analyse zeigt, dass unter den vorgeschlagenen Nutzungsbedingungen kein erhebliches Risiko einer Leckage oder einer Schädigung der menschlichen Gesundheit oder der Umwelt besteht. Um sowohl einen regulatorischen als auch kommerziellen Anreiz zur genauen Identifizierung von CO_2-Speicher-Stätten zu schaffen, entstehen auch erhebliche finanzielle Konsequenzen im Einklang mit dem ETS für den Betreibenden, sollte eine Leckage doch stattfinden. Die EU-CO_2-Speicher-Richtlinie wurde in die einschlägigen norwegischen Rechtsvorschriften umgesetzt, um den erforderlichen rechtlichen Rahmen zu schaffen. Auf der Grundlage der rechtlichen Befugnisse dieses Rahmens wurde Equinor die Betriebsgenehmigung 001 für das „Northern Lights"-Projekt 2019 erteilt.

Das Zusammenspiel der einzelnen Projektteile stellt trotz der technologischen Reife von CCS einen finanziellen Risikofaktor dar, weil durch Verzögerungen der Projektrealisierung der Abscheidungsprojekte Mehrkosten entstehen können. Des Weiteren stellt die internationale Dimension ein Risiko für den finanziellen Erfolg des Projektes dar, weil ohne weiteren CO_2-Zufluss aus Europa das Projekt „Northern Lights" sich finanziell nicht selbst tragen kann.

3.1.10.4 Regionales CO_2-Speicher- und H_2-Projekt in Großbritannien

Zur Industriedekarbonisierung werden neue Rohstoffe, Energieträger und Gasinfrastrukturen benötigt. Sowohl H_2 als auch CCS werden einen wichtigen Beitrag leisten müssen, um in der Schwerindustrie Emissionen großflächig zu senken. Da CO_2 ebenfalls langfristig in Produkten durch CO_2-Abscheidung und Nutzungstechnologien gespeichert werden kann, wird auch hier von CCS gesprochen. Aufgrund der Verbindung von CCS mit der Produktion von H_2 ergeben sich hier Chancen eines komplementären Systems, das auch über die Industrie hinweg helfen kann, Regionen in eine Netto-null-Wirtschaft zu führen. In Großbritannien wird dieser Ansatz vonseiten der Regierung auf nationaler Ebene verfolgt und soll in Industrieclusterprojekten in den nächsten Jahren umgesetzt werden.

Projektbeschreibung HyNet North West

Das „HyNet North West"-Projekt ist ein H_2- und CO_2-Speicher-Projekt im Nordwesten Englands und Nord-Wales. Kern des Projekts ist die Produktion sowohl von H_2 durch Wasserelektrolyse als auch von emissionsarmem H_2 durch Erdgasreformierung mit CCS. Mit der Entwicklung einer CCS-Infrastruktur geht auch die Möglichkeit einher, CO_2-Emissionen, die direkt aus Industrieprozessen abgeschieden wurden, zu speichern. Insgesamt entsteht damit ein integriertes Dekarbonisierungsprojekt für die Industrie und Wirtschaft der Region. Ein wichtiger Bestandteil des Projekts ist auch der Aufbau und Betrieb eines H_2-Speichers, um als zukünftiger Energiespeicher für eine immer mehr auf erneuerbaren Energien basierte Stromversorgung zu sorgen.

Aufwind hat das Projekt durch die gesetzliche Verpflichtung des Vereinigten Königreichs gewonnen, von 2019 bis 2050 Netto-null-Emissionen zu erreichen, sowie durch die damit verbundenen notwendigen Maßnahmen für den Industriestandort der Region.

Das HyNet-Projektkonsortium besteht aus Partner*innen der Wissenschaft und der ansässigen Industrie. Neben dem Projektkoordinator Progressive Energy und den Hauptakteur*innen in der H_2-Herstellung und den Infrastrukturunternehmen wie Cadent, ENI and Essar umfasst das Projekt unter anderem auch die University of Chester sowie CF Fertilisers, INEOS und Hanson Cement (Teil der HeidelbergCement-Gruppe).

Die Entwicklung des Projekts hat bereits 2017 begonnen. Ziel ist es, bis 2030 jährlich zehn Millionen Tonnen CO_2 durch den Einsatz von emissionsarmem und Elektrolyse-H_2 und CCS zu vermeiden, sowie mit vier Gigawatt H_2-Produktions-Kapazität allein circa 80 Prozent des nationalen Fünf-Gigawatt-Ziels zu erfüllen.

Der zweigleisige Projektansatz, den H_2 sowohl aus Erdgasreformierung als auch durch Wasserelektrolyse herzustellen, ist im Einklang mit der im August 2021 veröffentlichten Nationalen Wasserstoffstrategie. Ziel der von der Regierung verfolgten „Twin Track"-Produktion ist es, das Angebot von emissionsarmem Elektrolyse-H_2 schnellstmöglich hochzufahren. Dadurch werde grauer H_2 und ungemindert emittierendes Erdgas schneller aus dem System verdrängt, zum Beispiel bei der Nutzung von Erdgas als Rohstoff und zur Wärmegenerierung in der Industrie und in privaten Haushalten. Auch soll ein weiterer Zwischenschritt, zum Beispiel von Kohle zu Erdgas, in der Systemumstellung hin zu H_2 vermieden werden.

Exemplarisch für diesen vermiedenen Zwischenschritt ist die Transformation vom kohlebefeuerten Hochofen in der Eisen- und Stahlherstellung zum H_2-basierten DRI-(Eisendirektreduktion/Eisenschwamm)-Prozess, der Prozessemissionen fast vollständig eliminieren kann. Die erforderliche, aber derzeit nicht verfügbare Menge von sauberem H_2 für komplett H_2-basierte DRI-Stähle bedeutet, dass zum Beispiel Erdgas rein oder als Gemisch in vielen derzeitigen Dekarbonisierungspfaden und -projekten als notwendiger Zwischenschritt zur Emissionsreduktion in der Stahlherstellung gesehen wird (in Deutschland zum Beispiel SALCOS).

Indem ausreichend und großflächig emissionsarmer und Elektrolyse-H_2 aus beiden Produktionspfaden bereitgestellt wird, erhoffen sich die britische Regierung und das HyNet-Projekt, Nachfragerisiken zu limitieren. Damit sollen Investitionen in komplett H_2-basierte Prozesse generiert werden, um eine baldige und vor allem komplette Umstellung zu H_2 im Einklang mit dem Netto-null-Ziel zu erreichen.

Die Nachfrage nach dem produzierten emissionsarmen sowie Elektrolyse-H_2 wird derzeit noch skaliert. Vonseiten der Industrie liegt der Fokus vor allem auf den ansässigen Raffinerien und Ammoniakanlagen der Düngemittelproduktion. Weitere diskutierte Nachfragezentren befinden sich im öffentlichen Nahverkehr (H_2-Busse und -Regionalzüge) sowie in der Gebäudebeheizung. Die Beimischung von emissionsarmem oder Elektrolyse-H_2 in das Gasheizungssystem mit dafür vorgesehenen Boilern dient dazu, Emissionen im Wärmesektor zu reduzieren, die Erstnachfrage für sauberen H_2 sicherzustellen, aber auch öffentliche Akzeptanz für H_2 als Energieträger zu schaffen.

Dialogprozess und Bürger*innenbeteiligung

Die freiwillige Beteiligung von Haushalten zur Umstellung zur H_2-Heizung in der Region soll eine ähnliche Akzeptanz zum H_2 generieren, wie sie schon gegenüber Erdgas existiert. Dieses Grundverständnis wird essenziell sein, vor allem für die Akzeptanz rund um die Planung eines Onshore-H_2-Speichers. Grundlage für diesen Ansatz bildet die H_2-fähige Erneuerung regionaler Gasleitungen. Etwa zwei Drittel der regionalen Gasinfrastruktur ist somit heute schon „hydrogen-ready" mit dem Ziel, bis 2032 das komplette Netz erneuert zu haben. HyNets Partner Cadent ist gleichzeitig Partner im H21-Projekt, das diesen Ansatz für die Region Leeds/Bradford vorsieht und die H_2-Umstellung regionaler Gasnetze forciert.

Die Küstennähe der H_2-Produktion sowie der Hauptemittent*innen bedeutet, dass der Großteil der derzeit geplanten Infrastruktur um die Mersey-Mündung konzentriert ist. Grundsätzlich gibt es in vielen UK-Regionen allerdings aufgrund der bestehenden Öl- und Gasindustrie ein weniger antagonistisches Grundverständnis gegenüber der Industrie und deren Infrastrukturen. Beides scheint ein Sankt-Florian-Prinzip, zum Beispiel bezüglich der CO_2-Pipeline, bisher verhindert zu haben. Der Dialog mit den Anwohner*innen ist dennoch ein zentraler Punkt des HyNet-Projekts. Durch die Dialogplattform HyNetHub haben Bürger*innen die Möglichkeit, ihre Anliegen zum Projekt unmittelbar zu äußern sowie sich über das Projekt zu informieren.

Ein wichtiger Faktor in der regionalen Unterstützung für das Projekt ist wirtschaftlicher Natur. Für eine Region, die stark von der Deindustrialisierung der 80er- und 90er-

Jahre betroffen war, bietet das Ziel, das erste Netto-null-Industriecluster der Welt zu werden, Hoffnung auf eine bessere wirtschaftliche Zukunft. HyNet selbst erwartet, dass das Projekt in seiner derzeitigen Form mindestens 6.000 direkte lokale und vor allem langfristige Arbeitsplätze schafft, mit bis zu 75.000 Jobs als Teil der weiteren H_2-Wirtschaft in der Region bis 2035 (vgl. Hynet 2022).

Ein im Auftrag des Ministeriums für Wirtschaft, Energie und Industriestrategie (BEIS) durchgeführter repräsentativer Dialog in fünf Regionen, in denen CCS geplant ist oder die in der Nähe eines geplanten CCS-Projekts liegen, hat gezeigt, dass keine allgemeine oder unüberwindbare Ablehnung gegenüber der Technologie in der ansässigen Bevölkerung existiert, auch wenn ein kleiner Teil der Befragten den Einsatz von CCS grundsätzlich ablehnte (vgl. BEIS 2021). Die im Juni veröffentlichen Ergebnisse zeigen, dass für Teilnehmende der Einsatz von CCS ein Abwägen zwischen Klimaschutz und neuen wirtschaftlichen Chancen und regionaler Identität auf der einen Seite gegenüber Risiken des Technologieeinsatzes und Lärm während des Infrastrukturausbaus auf der anderen Seite ist.

Die Sicherheit in der Umsetzung von CCS ist das wichtigste Kriterium für Akzeptanz. Transparente und klare Kommunikation zu den implementierten Sicherheitsmaßnahmen, vor allem zum Transport und zur Speicherung sowie Regierungsaufsicht über das Betreiben der Infrastruktur waren unabdingbare Konditionen. Daran geknüpft ist gleichzeitig der Nachweis der Effektivität von CCS als Klimamaßnahme. Hieraus ergaben sich drei weitere Dimensionen, an die eine gesellschaftliche Unterstützung geknüpft ist:

- Die wirtschaftliche Rolle von CCS für die Region ist zentral. Der Einsatz der Technologie wird dann befürwortet, wenn er direkt Arbeitsplätze sichert und schafft.
- Zusammenarbeit mit und Einbezug von Gemeinden in der Umgebung von CCS-Projekten ist ebenso ein wichtiges Anliegen. Die Umfrage zeigt, dass bisher ein sehr geringes Grundverständnis von Technologie existiert. Informationsarbeit zum Prozess wie auch Kontrollmechanismen helfen, Risiken einzuordnen und Ängste zu überwinden.
- Die Vergabe von öffentlichen Geldern wie auch Lizenzen für den Einsatz der Technologie soll möglichst transparent gestaltet werden und nur ethisch handelnde Unternehmen sollen den Projektzuschlag erhalten.

Von zivilgesellschaftlicher Seite gab es vereinzelt eine generelle (sprich nicht projektspezifische) Skepsis, ob emissionsarmer H_2 und CCS oder Elektrolyse-H_2 im Energiesektor notwendig sind. Die Regierung, vor allem auch auf Basis der Evaluierung und Beratung des Climate-Change-Komitees, hält aber bisher an der „Twin Track"-Strategie aus den oben genannten Gründen fest.

Finanzierung und regulatorischer Rahmen

Das HyNet-Projekt erhielt im März 2021 eine Finanzierung von 72 Millionen Britischen Pfund, anteilig 33 Millionen Britischen Pfund von der britischen Regierung als Teil der „UK Industrial Decarbonisation Challenge" (IDC) und den Rest durch Beiträge der Partner*innen.

Der Zehn-Punkte-Plan vom Dezember 2020 sieht vor, mindestens zwei CCS-Cluster bis Mitte 2020 und vier bis 2030 umgesetzt zu haben. Im Mai 2021 begann die britische Regierung mit dem „CCUS Cluster Sequencing Process", also einer Ablaufplanung, welche der Cluster in Phase 1 Unterstützung bekommen. Im Oktober 2021 wurde bekannt gegeben, dass HyNet eines von zwei Clustern ist, die bis Mitte 2020 entwickelt werden sollen.

Der regulatorische Rahmen des Projekts ergibt sich zum einen aus dem schon genannten Netto-null-Ziel und zum anderen aus der schon 2009 in nationales Recht übertragenen EU-CO_2-Speicher-Richtlinie. Der Transport und die Speicherung von CO_2 in nationalen Gewässern ist daher umfassend reguliert. Da es in der derzeitigen Planung nur zu einer Speicherung in der ausschließlichen Wirtschaftszone Großbritanniens kommt, findet das London-Protokoll zum grenzüberschreitenden Transport von CO_2 zur Speicherung keine Anwendung.

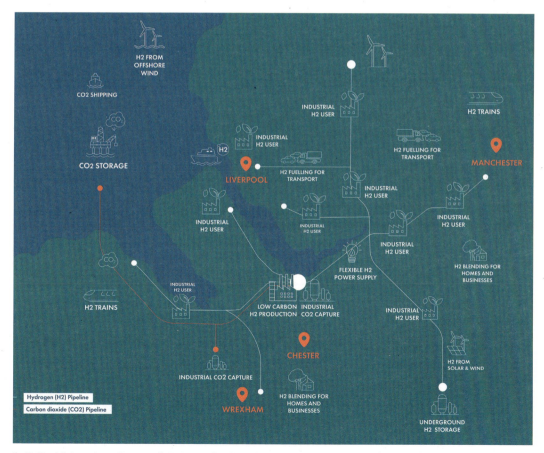

2 HyNet-Vision eines Netto-null-Systems für die Industrieregion Merseyside (HyNet 2022)

Gleichzeitig befinden sich noch Geschäftsmodelle (englisch: business models) für CCS und H_2 in der Entwicklung. Letztere werden bestimmen, wie Emittenten in der Prozessumstellung zu CCS oder H_2-Nutzung unterstützt werden, sowie die Vergütung der Infrastrukturbetreiber*innen und im Fall von H_2 der Produzent*innen regeln. Wichtig ist hier sowohl die Vermeidung einer Monopolbildung als auch die Koordinierung zur Sicherstellung, dass Größenordnung und Timing in der Infrastrukturbereitstellung mit Beginn der Prozesstransformation (ob H_2-Einsatz oder CO_2-Abscheidung) abgestimmt sind. Hierfür zieht die UK-Regierung derzeit einen dezidierten „Economic Regulator" als Koordinator*in und Betreiber*in vor allem der CCS-Infrastruktur in Betracht. Entscheidungen zur CCS-Kette werden für 2022 erwartet, für H_2 für 2023.

▶ Abb. 2

3.1.10.5 Überregionale CO_2-Infrastruktur zur Industriedekarbonisierung in den Niederlanden

Im Hinblick auf das erwartete Verfehlen der 2020-Ziele hat die Umweltstiftung Urgenda 2015 die niederländische Regierung für ihre wenig effektive Klimapolitik vor dem Bezirksgericht Den Haag angeklagt und recht erhalten. Als Konsequenz wurde die Regierung dadurch gezwungen, ihre Klimapolitik zu korrigieren. Anschließend wurde als Ziel für 2030 eine Emissionsreduktion von 49 Prozent der Gesamtemissionen der Niederlande festgelegt. Von der niederländischen Umweltbehörde (PBL) wurden die Emissionspfade mit den erforderlichen Emissionssenkungen pro Sektor bestimmt. Für die Industrie wurde damit CCS ein essenzielles Mittel, die 2030er Sektorenziele zu erreichen. Die Niederlande sind somit das erste Land Europas, welches die Förderung von Abscheidung, Transport und permanenter Speicherung von CO_2 (CCS) in der Industrie in ihre Klimaschutzsubventionierung integriert hat.

Projektbeschreibung Porthos und niederländisches Klimaabkommen

Der Rotterdamer Hafen stößt 22,4 Millionen Tonnen CO_2 pro Jahr aus, was 13,5 Prozent der gesamten niederländischen Emissionen entspricht. Das Porthos-Projekt befindet sich seit 2018 in Entwicklung und ist ein Zusammenschluss des Rotterdamer Hafens, von EBN und Gasunie, die alle vollständig in öffentlichem Besitz sind, entweder durch die Stadt Rotterdam oder die niederländische Regierung. Im Rahmen des Projekts wird eine CO_2-Infrastruktur im Hafengebiet mit Überkapazität geschaffen, die bis 2024 Transport und Speicherkapazitäten für CO_2 quellenunabhängig zur Verfügung stellen soll.

Trotz der derzeit erwarteten 2,5 Millionen Tonnen CO_2 für Transport und Speicherung aus dem Hafengebiet gibt es Pläne für den Bau einer Infrastruktur (das heißt eine Pipeline), die zehn Millionen Tonnen CO_2 pro Jahr aufnehmen kann. Diese Überdimensionierung der Infrastruktur sieht vor, über die Flüsse Maas und Rhein in Richtung des niederländischen Chemieclusters in Chemelot und der deutschen Industriezentren in Nordrhein-Westfalen einen grenzüberschreitenden CO_2-Transport zu ermöglichen. Eine Standortbesonderheit des Porthos-Projektes ist, dass sich leere Gaslagerstätten in unmittelbarer Küstennähe vor dem Hafen von Rotterdam befinden. Das erleichtert die Einlagerung des CO_2 erheblich, da die Gaslagerstätten bereits erschlossen sind und für den CO_2-Transport existierende Infrastruktur verwendet wird.

Dialogprozess und Bürger*innenbeteiligung

Um einen Konsens in Wirtschaft, Gesellschaft und Politik über die Herangehensweise an die Emissionsreduktionen zu erreichen, richtete die niederländische Regierung „Climate Tables" ein. An den „Climate Tables" wurde mit dem Ziel eines verbindlichen Klimaabkommens verhandelt. Unter anderem nahmen die NGOs Natuur & Milieu sowie Greenpeace Netherlands zusammen mit Politiker*innen und Industrievertreter*innen an den Verhandlungen teil.

Die „Climate Tables" wurden ebenfalls thematisch aufgegliedert, sodass es einen spezifischen Tisch für den jeweiligen Sektor sowie Tische für sektorenspezifische Themen gab. Am Industrietisch gab es einen Untertisch spezifisch für CCS-Anwendungen in der Industrie. An diesem Tisch wurde zwei Jahre darüber verhandelt, wie die notwendigen Emissionsreduktionen in den jeweiligen Industriesektoren erreicht werden können. Natuur & Milieu unterzeichnete das Klimaabkommen, wohingegen Greenpeace Netherlands eine CCS-Lösung kategorisch ablehnte und das Klimaabkommen nicht unterzeichnete. Dieses Manöver hatte allerdings keine Auswirkungen auf das Voranschreiten der Verhandlungen und das abschließende Klimaabkommen. Hier zeigt sich, dass ein Übereinkommen aller Akteur*innen nicht gegeben sein muss, um eine zielführende und lösungsorientierte Klimapolitik durchzusetzen.

Wichtig zum Erreichen einer Zustimmung zur CCS-Anwendung in der Industrie war, dass sowohl Risiken als auch Potenziale von CCS anerkannt wurden.

Bedenken und Resultate der Diskussion:

- **Risiko für Lock-in-Effekte**
  Lock-in-Effekte durch CCS beschreiben das Festhalten an CO_2-intensiven Prozessen in der Industrie und einen erschlaffenden Transformationsanreiz.
- **Hohe Investitionskosten**
  CCS erfordert hohe Investitionen in den Anlagenbau und stellt für Unternehmen eine große Herausforderung und finanzielle Bürde dar.
- **Einsatzbereite Technologie**
  CCS ist eine ausgereifte, sichere und einsatzbereite Technologie – die Wissensbasis beruht in Europa auf Praxiserfahrung.
- **CCS als Brückentechnologie**
  CCS soll den Weg in zu klimapositiven Produktionsprozessen ebnen.
- **Kapazitätsbegrenzung der Förderung für CCS-Anlagen auf 7,2 Millionen Tonnen CO_2 pro Jahr**
  Die übrigen Emissionsreduktionen müssen eigenfinanziert oder durch andere Mittel als CCS (zum Beispiel einen neuen Rohstoffmix) reduziert werden.
- **CCS muss Platz für andere Technologien lassen**
  CCS darf nur für absolut nicht vermeidbare Prozessemissionen eingesetzt werden.
- **Keine Subventionsbewilligung für CCS-Anlagen in der Industrie nach 2035**
  CCS als einsatzbereite Technologie soll dazu beitragen, die CO_2-Emissionen der Industrie so schnell wie möglich zu senken.

Das größte Hemmnis in der Erreichung eines Klimaabkommens war, dass die größten CO_2-Emittent*innen und Unternehmen wie ExxonMobil und Shell einen großen Teil der Subventionen erhalten würden. Aus diesem Grund ist die beschriebene Einrahmung von CCS sehr wichtig für die ausreichende Unterstützung von CCS-Subventionen.

Ebenso wichtig ist der kontinuierliche Austausch über die Entscheidung hinaus. Aufgrund der angehobenen Klimaziele für 2030 zu 55 Prozent im Jahr 2021 und der ebenfalls angestiegenen Sektorenziele für die Industrie kam es Ende 2021 zu einem wieder entfachten Diskurs um die Subventionsbegrenzung von CCS. Die Regierung hatte in der Anpassung der Mittel zum Erreichen der Ziele, und mit dem neuen Koalitionsvertrag als Basis, eigenhändig und ohne Diskussion mit der Zivilgesellschaft die förderbare Menge an Industrie-CCS um 1,5 Millionen Tonnen CO_2 angehoben, was zu einem Vertrauensverlust bei der Zivilgesellschaft geführt hat (vgl. NOS 2021).

Finanzierung und regulatorischer Rahmen

Für die Industrie bedeuteten die „Climate Tables" und das daraus resultierende Klimaabkommen einen Rechtsrahmen zur Ermöglichung von CCS-Projekten durch eine Kombination von Förderinstrumenten durch das SDE++ und einer neuen Kohlenstoffsteuer. Letztere agiert als Tiefstpreis zum europäischen ETS und beinhaltet einen graduell abschwächenden Entlastungsmechanismus für Industrieemittent*innen.

Das SDE++ ist eine Erweiterung des bestehenden staatlichen Förderprogramms für klimafreundliche Energieprodukte – ähnlich wie in Deutschland – mit einem Auktionsmechanismus, in dem sich CCS-Projekte um Subventionen bewerben können. Der Subventionszuschlag für CCS wird nach der Subventionsintensität des jeweiligen Projekts vergeben. Die CCS-Projekte bewerben sich mit ihrer Abscheidungs- und Speicherkapazität sowie den Kosten pro Tonne abgeschiedenem und gespeichertem CO_2. Die Projekte, welche am günstigsten die größte Menge CO_2 abscheiden und speichern können, bekommen den Zuschlag. Das Subventionsprogramm wird in seiner jetzigen Form mit einem Budget von 30 Milliarden Euro laufen.

Die tatsächliche Subvention wird in Form eines „Contract for Difference"(CfD)-Modells ausgezahlt, das aus der Differenz der Betriebskosten der CCS-Anlage und des ETS-Preises für CO_2 die Höhe der ausgezahlten Subvention bestimmt. Die Subventionen werden durch einen gesamtgesellschaftlichen Aufschlag auf die Energiepreise finanziert. Hier trägt die Industrie den Großteil der Finanzierung.

Die Niederlande haben einen Subventionsrahmen geschaffen, der es ermöglicht, dass CCS-Projekte unter bestimmten Bedingungen mit anderen Klimaschutztechnologien im Wettbewerb stehen können. Die Subvention von CCS-Projekten ist nur zulässig, wenn nicht vermeidbare Prozessemissionen abgeschieden und permanent geologisch gespeichert werden. Des Weiteren werden Subventionen für andere Technologien weiterhin aufrechterhalten durch die zeitliche und Volumenbeschränkung der Fördermittel für CCS. So werden nur bis 2035 CCS-Projekte subventioniert und die förderbare Menge wird anfangs auf 7,2 Millionen Tonnen CO_2 limitiert (seit 2021 auf insgesamt 8,7 Millionen Tonnen CO_2). Durch die Vergabe in einer Auktion wird zudem sichergestellt, dass nur die kosteneffektivsten Projekte Subventionen erhalten. Dass man aber auch Fehler im

Prozess begangen hat, zeigt vor allem die nachträgliche Anpassung der Mengenlimitierung, wo gesehen worden konnte, wie wichtig es ist, einen kontinuierlichen Prozess und Austausch zu ermöglichen, der auch nach einer gemeinsamen Position und Entscheidung, wie in diesem Fall dem Klimaabkommen, fortgesetzt wird.

REDAKTION

Dr. Jan-Justus Andreas
Bellona
Kronenstraße 63
10117 Berlin
Tel. (+49) (0151) 50789798
E-Mail: justus@bellona.org
https://de.bellona.org

Dr. Erika Bellmann
ehemals Bellona
Kronenstraße 63
10117 Berlin
Tel. (+49) (0176) 41583992
E-Mail: erika@bellona.org
https://de.bellona.org

David Frank
Anspechpartnerin: Kirsten Kleis
Germanwatch e. V.
Dr. Werner-Schuster-Haus
Kaiserstraße 201
53113 Bonn
Tel. (+49) (0228) 6049228
E-Mail: kleis@germanwatch.org
www.germanwatch.org

Lilly Höhn
Anspechpartner: Herr Maximilian Fricke
Bundesverband der Deutschen Industrie e. V. (BDI)
Breite Straße 29
10178 Berlin
Tel. (+49) (030) 20281516
E-Mail: m.fricke@bdi.eu
www.bdi.eu

Dr. Hartmut Kahl
Stiftung Umweltenergierecht
Friedrich-Ebert-Ring 9
97072 Würzburg
Tel. (+49) (0931) 794077288
E-Mail: kahl@stiftung-umweltenergierecht.de
www.stiftung-umweltenergierecht.de

Michael Kalis
Institut für Klimaschutz, Energie und Mobilität e. V. (IKEM)
An-Institut der Universität Greifswald
Magazinstraße 15–16
10179 Berlin
Tel. (+49) (030) 408187025
E-Mail: michael.kalis@ikem.de
www.ikem.de

Carolin Rößler
ONTRAS Gastransport GmbH
Maximilianallee 4
04129 Leipzig
Tel. (+49) (0341) 271112578
E-Mail: carolin.roessler@ontras.com
www.ontras.com

KURZBIOGRAPHIE

Dr. Jan-Justus Andreas ist promovierter Politikwissenschaftler und Umweltökonom. Seit 2017 bei Bellona, konzentriert sich seine Arbeit auf die Dekarbonisierung der Industrie und der damit verbundenen Klimatechnologien. Anfangs im Brüsseler Büro von Bellona, übernahm er in 2020 die Leitung der Bellona Aktivitäten in Großbritannien. Seit Dezember 2021 unterstützt er den Aufbau des Berliner Büros.

Dr. Erika Bellmann ist promovierte Chemikerin und hat zu Beginn ihrer Karriere für Industrie- sowie für ein Beratungsunternehmen gearbeitet. 2012 trat sie dem Klima- und Energieteam des WWF bei, um zum Thema „Klimaschutz in der Industrie" zu arbeiten. Ihre Vision ist eine erfolgreiche und wettbewerbsfähige klimaneutrale Industrie in Europa. Ab 2021 war sie als Leiterin des Deutschlandprogramms bei Bellona tätig. In dieser Funktion eröffnete und baute sie das neue Büro von Bellona in Berlin auf.

David Frank war Referent für Stromnetze und Klimapolitik bei Germanwatch und beschäftigte sich mit den Themen Stromnetzausbau, Beteiligung und Teilhabe. Seit September 2022 arbeitet er als Experte für Infrastrukturen und Gesamtsystem bei der deutschen Energie-Agentur GmbH (dena). Er studierte Philosophie und Politikwissenschaft an der Freien Universität Berlin.

Lilly Höhn Lilly Höhn war Referentin bei der Zukunft – Umwelt – Gesellschaft (ZUG) gGmbH und Mitglied der Projektgruppe G7/G20 der Bundesregierung im Bereich Klima und Energie. Bis 2022 war sie Referentin für Energie- und Klimapolitik beim Bundesverband der Deutschen Industrie e. V. (BDI) und beschäftigte sich insbesondere mit den Themen Gas, H_2, Carbon Capture Utilization and Storage (CCUS) und Energieforschung. Davor arbeitete sie in Paris für die europäische Energiebörse EEX. Lilly Höhn ist Absolventin des deutsch-französischen Studienprogramms der Sciences Po Paris und der FU Berlin mit dem Themenfokus „International Energy".

Dr. Hartmut Kahl, LL.M. (Duke) ist Leiter des Forschungsgebiets Recht der erneuerbaren Energien und Energiewirtschaft bei der Stiftung Umweltenergierecht. Zuvor war er als Anwalt tätig. Sein Arbeitsschwerpunkt liegt unter anderem im Recht der erneuerbaren Energien mit seinen Bezügen zum Energiewirtschaftsrecht sowie Verfassungs- und Europarecht. Er befasst sich zudem mit staatlich veranlassten Preisbestandteilen und ihrer Funktion bei der Transformation der Energiewirtschaft, insbesondere mit Mechanismen der CO_2-Bepreisung. Er studierte Rechtswissenschaft an der Universität Leipzig und an der Duke University School of Law in Durham, NC (USA). Er ist Lehrbeauftragter an der Friedrich-Schiller-Universität Jena und gehört dem wissenschaftlichen Beirat der Zeitschrift für das gesamte Recht der Energiewirtschaft (EnWZ) an.

Michael Kalis ist wissenschaftlicher Referent am Institut für Klimaschutz, Energie und Mobilität (IKEM) im Bereich Energierecht und wissenschaftlicher Mitarbeiter im Cluster Energie am Interdiziplinären Forschungszentrum Ostseeraum (IFZO) der Universität Greifswald. Er studierte Rechtswissenschaften mit Schwerpunkt im Völker- und Europarecht an der Europa-Universität Viadrina und der Université du Luxembourg. Am IKEM befasst sich Michael Kalis insbesondere mit Fragen zur Innovationsförderung im Transformationsprozess der Energiewende. In diesem Zusammenhang beschäftigt er sich mit Reallaboren und Experimentierklauseln. Darüber hinaus untersucht Michael Kalis den Rechtsrahmen für Power-to-X-Anwendungen, mit besonderem Fokus auf synthetischen Kraftstoffen und erneuerbaren Gasen. Letzteres gehört auch zu seinen Forschungsgebieten am IFZO.

Carolin Rößler befasst sich als Hauptreferentin Energiepolitik bei ONTRAS Gastransport GmbH seit 2018 vor allem mit Fragen der Regulierung, Energie- und Klimapolitik auf Bundes- sowie Landesebene. Darüber hinaus verantwortet sie das Engagement von ONTRAS in mehreren nationalen Verbänden und Initiativen. Vor ihrer Tätigkeit bei ONTRAS arbeitete sie mehrere Jahre in der Kommunikationsberatung mit Schwerpunkt Energiewirtschaft und Öffentlichkeitsbeteiligung. Sie beriet neben Unternehmen der Gaswirtschaft auch Organisationen auf Energiekundenseite. Carolin Rößler erlangte Studienabschlüsse in Kommunikationswissenschaft und -management an der FU Berlin sowie der Universität Leipzig.

Chemische Industrie

3.2

GESELLSCHAFTLICHE AKZEPTANZ DER CHEMIEINDUSTRIE

3.2.1

AUTOR: Dr. Jörg Rothermel, *Verband der Chemischen Industrie e. V. (VCI)*

3.2.1.1 Energieintensive Prozesse in der Chemieproduktion

Die deutsche Chemieindustrie hat eine lange Historie und Deutschland gehört neben China, USA und Japan zu den vier größten Chemienationen in der Welt. Mit einem Umsatz von über 200 Milliarden Euro und rund 460.000 Beschäftigten gehört die deutsche Chemieindustrie auch zu den großen Industriebranchen in Deutschland mit entsprechender volkswirtschaftlicher Bedeutung. Auch wenn die größten Chemiestandorte der Welt Teil der deutschen Chemieindustrie sind, ist sie eher mittelständisch geprägt. Neben den weniger als 100 Großstandorten existieren mehrere Tausend Standorte kleiner und mittlerer Unternehmen, an denen die Chemieproduktion erfolgt. Dabei zeichnen sich vor allem die Großstandorte – heute meist als Chemieparks betrieben – als Verbundstandorte durch hohe Material- und Energieeffizienz aus.

Viele Prozesse in der chemischen Industrie sind energieintensiv. Die chemische Industrie in Deutschland hat mit einen Strombedarf von über 50 Terawattstunden (ca. zehn Prozent des deutschen Nettostromverbrauchs) und einem Erdgasbedarf von ca. 120 Terawattstunden mit Abstand den höchsten industriellen Energiebedarf in Deutschland. Die Herstellung von Chemieprodukten verursacht zudem hohe Treibhausgasemissionen. Hinsichtlich der Treibhausgasrelevanz weist die chemische Industrie noch eine Besonderheit auf: Ein erheblicher Teil ihrer Produkte baut auf dem Element Kohlenstoff auf, das heute noch weitgehend durch die fossilen Rohstoffe Erdöl und Erdgas in die Produkte eingebracht wird. Dieser Kohlenstoff entweicht am Lebensende der Produkte entweder durch Zersetzung oder durch Verbrennung als CO_2 in die Atmosphäre. Die dadurch verursachte Emission von Treibhausgasen ist in etwa so hoch wie die Treibhausgasemission durch den Energieeinsatz und die Prozesse der chemischen Industrie selbst.

3.2.1.2 Skepsis in der Bevölkerung gegenüber chemischen Produktionsanlagen

Das Thema Akzeptanz der chemischen Industrie in der Gesellschaft spiegelt sich in vielen Facetten wider. Zum einen betreibt die chemische Industrie als Grundstoffindustrie wie alle anderen Grundstoffindustrien, zum Beispiel die Stahlindustrie, die Baustoffindustrie, aber auch die Energiewirtschaft, weithin sichtbare große Standorte und große Produktionsanlagen. Deren Daseinsberechtigung wird in der heutigen Gesellschaft oftmals grundsätzlich in Frage gestellt. Hier ziehen sich Genehmigung und Bau bei Neuinvestitionen vor allem durch fehlende Akzeptanz bei der Bevölkerung vor Ort oft unzumutbar lang hin. Eine deutlich verstärkte und bessere Kommunikation der Unternehmen mit der Nachbarschaft hat zwar diesbezüglich einiges verbessert, trotzdem bleibt auch weiterhin eine deutliche Reserviertheit in der Gesellschaft.

Ein besonderer Teilaspekt der Akzeptanzdiskussion bei der Chemie ist der Umgang mit und die Verarbeitung von gefährlichen und toxischen Chemikalien. Dort hat vor allem die Skepsis in der Gesellschaft zu dem im weltweiten Vergleich sicherlich strengsten europäischen Chemikalienreglement geführt.

3.2.1.3 Kunststoffprodukte zunehmend mit Akzeptanzproblemen

Eine in den vergangenen Jahren sich immer weiter verstärkende Facette der Akzeptanzdiskussion betrifft inzwischen auch die chemischen Produkte selbst. Und hier steht der mengenmäßig größte Output der Chemieindustrie – die Kunststoffe – im Fokus. Die weltweit zunehmende Vermüllung vor allem der Meere insbesondere durch Verpackungskunststoffe hat zur Folge, dass immer häufiger die Frage nach der Sinnhaftigkeit und dem Nutzen von Kunststoffprodukten gestellt wird. Dabei ist vollkommen klar: Die Produkte haben einen hohen Nutzen, sie haben aber nichts als Müll in der Umwelt zu suchen. Daher müssen zwingend die Kreisläufe geschlossen werden, um wieder an die alte Akzeptanz der Produkte durch die Gesellschaft anknüpfen zu können. Dazu sind in der chemischen Industrie viele Ansätze zur Kreislaufschließung auch bereits in Arbeit.

3.2.1.4 Treibhausgasneutrale Chemieproduktion ist möglich

Nicht zuletzt ist in jüngster Vergangenheit auch die Klimarelevanz der chemischen Industrie zu einem wichtigen Akzeptanzthema geworden. Weil die Produktion energieintensiv ist und auch die Produkte heute noch weitgehend auf fossilen, kohlenstoffhaltigen Rohstoffen aufbauen, wird vor dem Hintergrund der ambitionierten Klimaschutzziele in Deutschland immer häufiger die Frage gestellt, ob eine solche Produktion noch in das Land passt. Unter anderem um in dieser Diskussion die Akzeptanz zu erhöhen, hat die chemische Industrie in Deutschland 2019 eine Roadmap vorgelegt, in der sie deutlich macht, dass auch eine vollständig treibhausgasneutrale Chemieproduktion möglich ist.

Mit der Umsetzung des in der Roadmap aufgezeigten Weges werden aber gleichzeitig neue Akzeptanzdiskussionen eröffnet. Mit der Realisierung verbunden ist zum Beispiel ein massiv erhöhter Bedarf an erneuerbarem Strom, der einen noch sehr viel stärkeren und schnelleren Ausbau der Wind- und Fotovoltaikkapazitäten in Deutschland erfordern wird. Damit einhergehen muss auch ein entsprechender Stromnetzausbau, der den erneuerbaren Strom an die Chemiestandorte bringt, an denen er benötigt wird. Zu beidem, dem Ausbau der erneuerbaren Energien und dem Netzausbau, muss sich heute schon Fragen der gesellschaftlichen Akzeptanz gestellt werden. Das gleiche gilt für ein erst noch aufzubauendes H_2-Netz in Deutschland, das die Standortversorgung mit dem für die Treibhausgasneutralität wichtigen H_2 gewährleistet. Des Weiteren werden erhebliche

Investitionen in völlig neue große Produktionsanlagen, wie etwa für das chemische Recycling oder für die Nutzung von CO_2 als Rohstoff, notwendig sein. Diese Investitionen werden von den Unternehmen nur bei der entsprechenden gesellschaftlichen Akzeptanz getätigt.

Insgesamt wird die treibhausgasneutrale Zukunft der chemischen Industrie in Deutschland stark von der gesellschaftlichen Akzeptanz sowohl der Produkte als auch der künftigen Produktion abhängen.

REDAKTION

Dr. Jörg Rothermel
Verband der Chemischen Industrie e.V. (VCI)
Mainzer Landstraße 55
60329 Frankfurt
Tel. (+49) (069) 2556-1463
E-Mail: rothermel@vci.de
www.vci.de/

KURZBIOGRAPHIE

Dr. Jörg Rothermel ist Chemiker und leitet im Verband der Chemischen Industrie e.V. die Energie- und Klimaschutz- und Rohstoffpolitik.

TRANSFORMATION ALS DEAL

*Herausforderungen einer energieintensiven Grundstoffchemieproduktion –
Strategie zur Akzeptanz des Weges zur Klimaneutralität*

AUTORIN: Ines Lang, *BASF SE*

Zusammenfassung Die erfolgreiche Transformation der Chemieindustrie – insbesondere im Fall der energieintensiven Grundstoffchemie – beruht auf einer Elektrifizierung der Prozesse und Energieversorgung mit Strom aus erneuerbaren Quellen. Unternehmen können hierfür die nötigen Technologien und Investitionen voranbringen. Es braucht jedoch auch den gesellschaftlichen und politischen Willen, um förderliche Rahmenbedingungen zu schaffen. Dazu gehören Infrastrukturen wie Stromnetze, die Entlastung erneuerbarer Energie und Förderprogramme. Die Transformation beruht damit auf einem Deal. Um Akzeptanz für diesen Deal zu schaffen, braucht es den Dialog auf Augenhöhe, in welchem offen und vollständig über die Maßnahmen der Emissionsreduktion einschließlich der bestehenden Hürden, Risiken und Voraussetzungen gesprochen wird. Entscheidend ist, dass mit den Worten Taten einhergehen und relevante, ambitionierte und nachverfolgbare Maßnahmen ergriffen werden. Gemeinsame Werte und Ziele bilden die Grundlage für den Dialog mit der Öffentlichkeit; Transparenz ist eine unerlässliche Voraussetzung.

3.2.2.1 Auf dem Weg zur Klimaneutralität: Weshalb braucht es gesellschaftliche Akzeptanz?

Die Herausforderung

Die Chemieindustrie spielt eine zentrale Rolle bei der Transformation hin zu einer klimaneutralen Gesellschaft: zum einen, weil sie derzeit relativ viel CO_2 emittiert. Zum anderen, weil ihre innovativen Produkte in Zukunft besonders benötigt werden, seien es Materialien für Solarzellen oder Windräder, Batteriematerialien für Elektromobilität, Dämmmaterialien oder robuste Materialien, die vor zunehmenden Wetterextremen schützen. Auch in anderen Lebensbereichen, beispielsweise der Pharmazie oder der Landwirtschaft, sind Chemieprodukte unverzichtbar.

Die Herausforderung also ist, eine klimafreundliche Chemieproduktion so zu erreichen, dass diese gleichzeitig wirtschaftlich erfolgreich ist. Nur so kann sie weiterhin in Europa angesiedelt sein und die zur Verringerung und Beherrschung des Klimawandels nötigen Innovationen und Materialien bereitstellen.

Chemieproduktion, insbesondere die Erzeugung von Grundstoffchemikalien, braucht viel Energie. Im Jahr 2021 betrug der Stromverbrauch von BASF allein in Ludwigshafen über sechs Terawattstunden. Das entspricht etwas mehr als einem Prozent des bundesdeutschen Stromverbrauchs. Bei einzelnen Grundprodukten beträgt der Anteil der Energiekosten am Produktionswert bis zu 60 Prozent. Eine Umstellung auf erneuerbare Energie ist technisch teilweise sehr anspruchsvoll. Denn es werden neue Technologien benötigt, etwa um Prozesse auf Strom umzustellen, die bislang auf Erdgasbasis erfolgten (vgl. BASF 2021a). Hinzu kommen ökonomische Herausforderungen. Ein Beispiel: Die H_2-Herstellung erfolgt heute mithilfe der Dampfreformierung. Ein erdgasbasierter Prozess, bei dem je Tonne H_2 rund neun bis zehnTonnen CO_2 entstehen. Klimafreundliche Verfahren, wie die Wasserelektrolyse oder Methanpyrolyse, benötigen Strom aus erneuerbarer Energie in großen Mengen und sind – im Fall der Methanpyrolyse – noch im Teststadium. Mittelfristig wird ihr Einsatz um ein Mehrfaches teurer sein als der der herkömmlichen Verfahren. Das wirkt sich auch auf die Kosten der Folgeprodukte in der Wertschöpfungskette aus.

Im internationalen Wettbewerb können höhere Kosten aber nur begrenzt an den Kunden/die Kundin weitergegeben werden. Häufig entscheidet nur der günstigste Preis. Eine internationale Angleichung der klimapolitischen Ambitionen und der CO_2-Bepreisung würde dieses Problem entspannen. Doch nur darauf zu hoffen, ist keine Option. Vielmehr braucht es ein Vorangehen einzelner Regionen. Dabei muss aber darauf geachtet werden, dass es nicht zu Carbon Leakage, also dem Verlagern von Produktion und damit Emissionen in andere Länder, kommt.

Gesellschaftliche Akzeptanz als zentrales Element

Eine starke Chemieindustrie in Deutschland und Europa, die eine heimische Versorgung weiter gewährleistet – trotz sehr ambitionierter Klimaziele – das gelingt nicht von alleine. Hierfür braucht es Ermutigung und Unterstützung, damit die Vorleistungen sich langfristig auszahlen. Zunächst bei der Entwicklung neuer Verfahren, dann beim Hochlauf der Produktion und dem breiten Einsatz der klimafreundlichen Prozesse. Letztlich muss die Rohstoffversorgung der Chemieindustrie auf neue Beine gestellt werden. Verfügbarkeit von Strom zu wettbewerbsfähigen Preisen spielt dabei eine entscheidende Rolle: der Strombedarf wird auf dem Weg zur Klimaneutralität enorm ansteigen. Der Ausbau von erneuerbarer Energie und die Entlastung von Grünstrom von den aktuell hohen Abgaben und Umlagen – welche heute rund zwei Drittel des Strompreises ausmachen – braucht einen politischen Willen und Durchsetzungskraft. Das gelingt nur, wenn auch die Bevölkerung einen raschen und umfangreichen Ausbau von Stromnetzen und erneuerbarem Strom, insbesondere aus Windkraft- und Solaranlagen, mitträgt.

▶ Abb. 1

Damit Chemieproduktion in Europa und Deutschland auch unter höheren Kosten Bestand hat, braucht es Instrumente, die neue Verfahren gegenüber den Standardprozessen wettbewerbsfähig machen. Genau in dem Umfang und über den Zeitraum, in dem mit diesen Standardverfahren international noch günstiger zu produzieren ist.

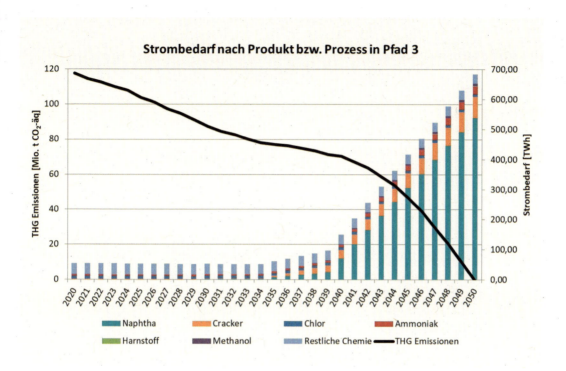

1 Strombedarf im Szenario Klimaneutralität nach Produkten bzw. Prozessen der Chemie (VCI 2019a)

Die Transformation der Chemie ist damit ein Deal: Die Wirtschaft investiert in neue Verfahren und deren Umsetzung – trotz der bestehenden Unsicherheit, was deren weitere Einsatzmöglichkeit, die Stromverfügbarkeit, die Entwicklung der Wirtschaftlichkeitslücke und die internationalen Entwicklungen angeht. Die Politik, getragen von der Gesellschaft, schafft die Rahmenbedingungen, um „Early Movers" nicht zu bestrafen. Insbesondere gehören dazu Förderprogramme und neue Instrumente zur Überbrückung der Wirtschaftlichkeitslücke wie etwa Klimaverträge (sogenannte „Carbon Contracts of Difference"). Sie ermöglichen den Hochlauf neuer Produktionsverfahren. Es braucht aber die gesellschaftliche Akzeptanz, Mittel hierfür verfügbar zu machen. Mittel, die anderswo also dann nicht mehr zur Verfügung stehen. Dabei ist wichtig, die Notwendigkeit solcher Programme zu belegen, gleichzeitig aber deutlich zu machen, dass weder eine Überförderung noch eine Dauersubventionierung erfolgen soll. Auch verlässliche Vorhaben zur Entwicklung der Infrastruktur im Bereich Energie und H_2 sind ein zentraler Teil des Deals. Erst die Aussicht, dass für die Anwendung klimafreundlicher Verfahren die nötigen Stromleitungen und H_2-Pipelines zügig aufgebaut werden, motiviert Investitionen in eine neue Art der Chemieproduktion.

3.2.2.2 Die Gemeinschaftsaufgabe mit Leben füllen: Was tun wir bei BASF dafür?

Die Grundlage des Dialogs: gemeinsame Werte und ein gemeinsames Ziel
„We create chemistry for a sustainable future", so lautet der Unternehmenszweck bei BASF. Mit unseren Produkten, Lösungen und Technologien wollen wir ökonomisch, ökologisch und gesellschaftlich Wert schaffen. Auf den Klimaschutz bezogen bedeutet dies: Unsere Innovationskraft wollen wir dafür einsetzen, dass Chemieproduktion und Chemieprodukte den Klimaschutz unterstützen. Daher ist Klimaschutz zentral in der Unternehmensstrategie verankert, denn wir wissen, dass nur eine klimafreundliche Zukunft eine nachhaltige Zukunft ist.

Mit diesem Wissen befinden wir uns im breiten Konsens, wissenschaftlich und gesellschaftlich. Wenn wir uns für die Zukunft aufstellen, dann mit einer Chemie, die CO_2-neutral ist. Das Ziel der Klimaneutralität ist ebenfalls breiter Konsens und ist auch für uns – neben einem Klimaziel für 2030 – ein Unternehmensziel (vgl. BASF 2021b).

Für die erfolgreiche Umsetzung unserer Strategie sind für uns vier Unternehmenswerte entscheidend: kreativ, offen, verantwortungsvoll, unternehmerisch. Sie sind die Richtschnur unseres Handelns und legen fest, wie wir als Team, mit unseren Kund*innen und Partner*innen zusammenarbeiten möchten (vgl. BASF 2021c).

Mit unseren Werten und unserem Unternehmenszweck machen wir deutlich, wofür wir stehen und welchen Anspruch wir haben – sie bilden die Grundlage für den Dialog mit der Öffentlichkeit. Wenn die Öffentlichkeit und wir diese Werte teilen, sind die Chancen auf einen konstruktiven und wertbringenden Austausch gut. Umgekehrt gilt aber auch: Wenn Dissens herrscht – etwa die ökonomische Komponente der Nachhaltigkeit und das Bestreben unternehmerischen Erfolgs abgelehnt wird –, ist ein Dialog erschwert.

Umsetzungsbeispiele

Relevante Hebel bewegen und Herausforderungen benennen
Unsere Emissionen und wie sich diese verändern, veröffentlichen wir bei BASF seit vielen Jahren transparent. Als weltweit erstes Industrieunternehmen berichten wir seit 2008 unsere CO_2-Bilanz. Entscheidend ist nun, unseren Plan zur Emissionsreduktion darzulegen und dabei aufzuzeigen, wie wir die verschiedenen Emissionsquellen adressieren werden. Dem Ersatz von derzeit fossil basierter Energie kommt dabei eine entscheidende Rolle zu. Dazu braucht es auch neue Prozesse in der Produktion selbst und hier insbesondere der Produktion der Grundstoffchemikalien. Diese sind besonders emissionsintensiv. Wenn wir ihren CO_2-Fußabdruck reduzieren, kommt dies allen nachfolgenden Produkten zugute. Denn die Grundstoffchemikalien sind die Grundlage von mehr als 20.000 chemischen Produkten.

Über die Herausforderungen, diese Lösungsansätze zu adressieren, berichten wir umfassend und offen – seien es die Hürden und Risiken der Technologieentwicklung, die Wirtschaftlichkeitslücke dieser Technologien oder die Schwierigkeiten, die sich beim Bezug von Grünstrom ergeben. So nahmen die Maßnahmen der Emissionsreduktion und auch ihre technischen und regulatorischen Hürden eine zentrale Rolle beim Capital Markets Day von BASF im Jahr 2021 sowie dem Investoren-Update im Jahr 2022 ein (vgl. BASF 2022a). Dabei ist beispielsweise die Dauer der Technologieentwicklung und die sich daraus ergebende zeitliche Verzögerung, bis diese Technologien in großem Umfang zur Emissionsreduktion beitragen, erklärungsbedürftig, um Akzeptanz zu erlangen.

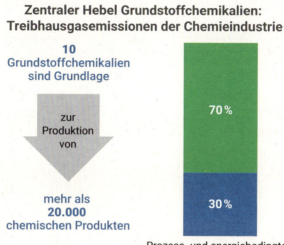

2 Rolle der Grundstoffchemikalien (BASF 2021d)

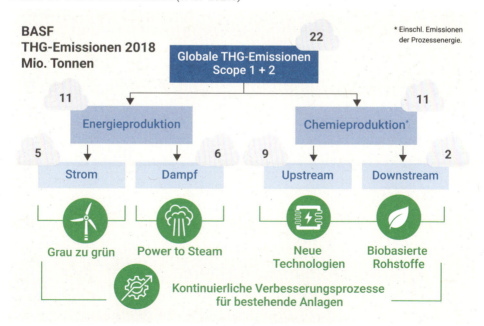

3 Übersicht über die Hebel zur Emissionsreduktion (BASF 2022a)

Sich am Fortschritt transparent messen lassen
Dass Klimaschutz zentraler Bestandteil der Unternehmensstrategie ist, zeigt sich auch daran, dass wir das Erreichen unser Klimaschutzziele genauso überprüfen lassen wie das Erreichen unserer finanziellen Ziele. Dabei wird die transparente Berichterstattung immer facettenreicher: So nehmen wir an der Bewertung im Rahmen des Non-Profits CDP (früher: „Climate Disclosure Project") teil und implementieren aktuell auch die Empfehlungen der „Task Force on Climate-related Financial Disclosures" (TCFD) zur Berichterstattung klimabezogener Informationen. Weltweit fehlt es an einheitlichen Standards zur Messung der Gesamtauswirkungen von Unternehmen, die ökonomische, ökologische und soziale Aspekte der Geschäftstätigkeit entlang der Wertschöpfungskette erfassen. Um diese methodische Lücke zu schließen, hat BASF gemeinsam mit externen Expert*innen den Value-to-Society-Ansatz erarbeitet. Unsere Expertise und Erfahrungen teilen wir in Netzwerken und arbeiten damit an den Standardisierungsprozessen der „Value Balancing Alliance" mit (vgl. BASF 2021e). Transparenz ersetzt dabei nicht den gesellschaftlichen Dialog, sondern begleitet ihn und schafft Vertrauen.

Formate für einen Dialog auf Augenhöhe
Der gesellschaftliche Dialog kann durch gesonderte, neue Formate strukturiert werden. Der Verband der Chemischen Industrie e. V. (VCI) ist dabei ein Vorreiter: 2017 wurde die Veranstaltungsreihe „Stakeholder-Dialog Dekarbonisierung" ins Leben gerufen, an der BASF teilnahm. Gemeinsam mit Expert*innen aus der Zivilgesellschaft, der Wissenschaft und der Wirtschaft wurden zentrale Herausforderungen identifiziert und Lösungsansätze diskutiert. Denn es wichtig, die Positionen und Lösungsansätze aller Stakeholder*innen näher kennenzulernen und einen Austausch zwischen den verschiedenen Interessengruppen zu ermöglichen. Dabei wurden gemeinsam zentrale Herausforderungen identifiziert und Lösungsansätze diskutiert. Insbesondere ging es auch um die Frage, wie vor dem Hintergrund einer treibhausgasneutralen Chemie Standorte und Arbeitsplätze erhalten bleiben können (vgl. VCI 2019b).

Auf eine neue Stufe wurde diese Form des gesellschaftlichen Austausches 2021 mit dem vom Bundesumweltministerium geförderten Projekt „Chemistry4Climate" gehoben. Hier engagieren sich insgesamt 70 Partner*innen aus Industrie, Nichtregierungsorganisationen und Politik, um gemeinsam Handlungsempfehlungen zum Klimaschutz für die Bundesregierung zu entwickeln. Beteiligt an dieser vom VCI und vom Verein Deutscher Ingenieure e. V. (VDI) initiierten Initiative sind neben BASF viele weitere Unternehmen aus den Branchen Chemie, Energie, Entsorgung, Anlagenbau, Gebäude und Verkehr sowie weitere energieintensive Branchen. Das Projekt ist auf fünf Jahre ausgelegt (vgl. VCI 2021).

Eine interessierte Öffentlichkeit erreichten wir beispielsweise auch mit der Zukunftsdebatte des Futuriums (vgl. Futurium 2021), in der aus einer persönlichen Sichtweise die Herausforderungen und Wege des Klimaschutzes diskutierten wurden. Unterschiedliche Erfahrungen und Rollen kamen hier ebenso zum Tragen wie der gemeinsame Wunsch, Klimaschutz rasch Wirklichkeit werden zu lassen.

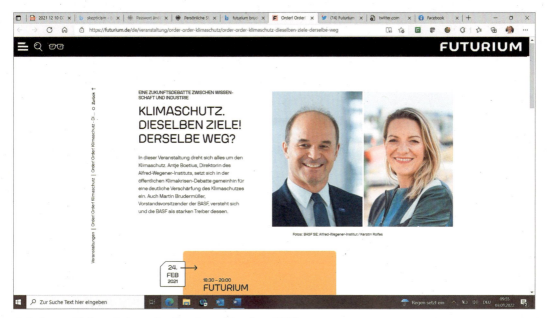

4 Online verfügbare Debatte des Futuriums (Futurium 2021)

Bei allen Dialogformaten sind Interesse an der Sichtweise anderer, die Offenheit und Wertschätzung anderer Positionen wichtig, um das eigene Vorgehen zu reflektieren, weiterzuentwickeln und gemeinsame Wege realisieren zu können.

Walk the Talk: auch in schwierigen Zeiten in die Zukunft investieren

Konkreter Einsatz und Investitionen zeigen unsere Entschlossenheit. So fand im Pandemiejahr 2020/2021 unter anspruchsvollen Bedingungen der Bau einer Testanlage zur Herstellung von klimafreundlichem H_2 mittels Methanpyrolyse statt (im Rahmen eines BMBF-geförderten Projekts). Diese Investition zeigt das starke Bekenntnis zu Zukunftstechnologien, wenngleich deren Wirtschaftlichkeit noch nicht absehbar ist. Bau und Inbetriebnahme fanden großen Zuspruch in der Öffentlichkeit. Auch bei diesem Projekt zeigte sich, dass transparente und aktive Kommunikation notwendig sind, um die Akzeptanz zu erhöhen. Die Methanpyrolyse basiert auf Methan, welches auch aus fossilem Erdgas bereitgestellt wird. Im Prozess entsteht allerdings fester Kohlenstoff und kein gasförmiges CO_2. Es stellt damit ein CO_2-freies Verfahren mit Vorteilen beim Strombedarf und bei der Wirtschaftlichkeit dar. Das Beispiel zeigt aber auch, wie wichtig gerade Förderprogramme sind, um geplante Vorhaben umzusetzen, insbesondere wenn die weitere Entwicklung und der künftige Einsatz mit Unsicherheiten behaftet sind. Daher sind nationale und europäische Förderprogramme, wie der EU-Innovationsfonds oder das Bundesförderprogramm „Dekarbonisierung in der Industrie" von entscheidender Bedeutung.

5 *Methanpyrolyse-Testanlage am BASF-Verbundstandort Ludwigshafen (BASF 2022b)*

Transparenz in der Interessenvertretung

Der Austausch zwischen Industrie und Politik ist unverzichtbar, wenn Rahmenbedingungen geschaffen werden sollen, die die Transformation zu neuen, CO_2-freien Verfahren ermöglichen. Gerade weil die politischen Rahmenbedingungen eine entscheidene Rolle spielen, ist es wichtig, die politische Interessenvertretung als wichtiges und wertvolles Element transparent darzustellen. Lobbyarbeit ist kein Geheimnis: Es ist das Darstellen unserer Herausforderungen, unserer Lösungsansätze und unserer Forderungen an die Politik, die wir auch öffentlich vertreten und erläutern.

Unsere Standards der Interessenvertretung haben wir im Internet veröffentlicht (vgl. BASF 2021f), ebenso unsere Haltung zu zentralen Fragestellungen – auch im Klima- und Energiebereich (vgl. BASF 2021g). Zudem sind wir als Unternehmen unter anderem im Transparenz-Register der Europäischen Kommission gelistet. Auch erstellen und veröffentlichen wir eine Übersicht darüber, in welchen Verbänden wir im Bereich Klimapolitik aktiv sind und wie wir sicherstellen, dass die Interessenvertretung dieser Verbände auch unseren Vorstellungen entspricht. Transparenz in der Advocacy ist damit ein integraler Bestandteil einer nachvollziehbaren Information und notwendig für eine gesamtheitliche Akzeptanz.

3.2.2.3 Schlussfolgerungen

Eine (einzelne) Lösung ist keine Lösung

So wie es viele Optionen gibt, um Emissionen zu reduzieren, die wir parallel im Auge behalten und weiterentwickeln sollten, so gibt es im gesellschaftlichen Dialog Formen, die zu unterschiedlichen Zeitpunkten und/oder unter unterschiedlichen Gegebenheiten zum Zuge kommen: vom Austausch in kleinen Fachkreisen, Ansätzen wie bei „Chemistry4Climate" bis hin zum Dialog- und Informationsangebot für die Öffentlichkeit. Zusammen erhöhen sie die Chance, dass sich ein gemeinsames Verständnis ergibt zu den Beiträgen, die jeder leisten kann, und sich das gemeinsame Ziel und die gemeinsame Wertebasis festigen.

Akzeptanz entsteht im Dialog

Gesellschaftliche Akzeptanz entsteht nicht durch Informieren allein. Sie entsteht im Dialog. Erst mit dem gemeinsamen Verständnis einer Faktenbasis und einem gemeinsamen Zielverständnis lassen sich Transformationspfade sinnvoll diskutieren. Eine transparente Information über die technischen Möglichkeiten der Emissionsreduktion und deren Fortschritt sind ein unerlässliches Element. Gerade mit Blick auf gesellschaftliche Auswirkungen darf aber auch die ökonomische Seite nicht ausgeblendet werden. Erst dann entstehen im Dialog Verständnis, neue Impulse und eine gegenseitige Anpassung hin zu mehr Konsens und Akzeptanz.

Glaubwürdigkeit ermöglicht es, Unterschiedlichkeit konstruktiv einzubringen

Akzeptanz bedeutet nicht, dass Deckungsgleichheit besteht hinsichtlich der Prioritäten oder gar Aufgaben. Vielmehr bedeutet sie ein Verständnis dafür, dass es unterschiedliche Rollen und Aufgaben gibt. So nimmt für die Industrie die Frage der Wirtschaftlichkeit und Wettbewerbsfähigkeit eine zentrale Position ein, denn dies entscheidet über Erfolg und Bestehen eines Unternehmens. Dabei sollen gesamtgesellschaftlich Vorteile entstehen wie Arbeitsplätze, Wohlstand, innovative Produkte und innovative Technologien.

Für uns gilt es, auf den verschiedenen Plattformen mit Unterschiedlichkeit offen umzugehen und uns konstruktiv einzubringen. Dies gelingt einfacher, wenn wir als glaubwürdiger, verantwortungsbewusster Akteur wahrgenommen werden. Mit dem beschriebenen Vorgehen wollen wir so das gemeinsame Ziel der Klimaneutralität als Gemeinschaftsaufgabe erreichen.

REDAKTION

Ines Lang
BASF SE, COM/GL – C100
Carl-Bosch-Straße 38
67056 Ludwigshafen am Rhein
Tel. (+49) (0621) 60-49610
E-Mail: ines.lang@basf.com
www.basf.com/klimaschutz

KURZBIOGRAPHIE

Ines Lang ist Diplom-Agraringenieurin und arbeitet seit 2003 im Bereich Advocacy, Issue Management und politische Kommunikation. Seit 2017 ist sie in der Energie- und Klimapolitik bei BASF tätig. Zuvor betreute sie neun Jahre lang politische Themen für die Sparte Crop Protection. In allen ihren Tätigkeitsfeldern spielte und spielt die politische Weichenstellung, getragen von gesellschaftlicher Akzeptanz, eine zentrale Rolle. Aktuell steht für Ines Lang die Aufgabe im Mittelpunkt, wie politische Rahmenbedingungen klimaneutrale, auf Elektrifizierung basierende Chemieproduktion erfolgreich machen können.

AUF GUTE NACHBARSCHAFT
Industrieakzeptanz aus der Sicht eines Chemieparkbetreibenden

AUTOR: Daniel Neugebauer, *Currenta GmbH & Co. OHG*

Zusammenfassung Als Betreiberin des CHEMPARK bündelt die CURRENTA-Gruppe die Aktivitäten rund um die Kommunikation mit Bürger*innen und Stakeholder*innen für mehr als 70 Unternehmen an den drei nordrhein-westfälischen Standorten Leverkusen, Dormagen und Krefeld-Uerdingen. Akzeptanz bedeutet für die Unternehmensgruppe mehr als die Duldung des CHEMPARK, seiner Aktivitäten und der darin ansässigen Unternehmen. Es geht vielmehr um eine positive Einstellung zu den Industrieunternehmen, zu industrieller Produktion und nicht zuletzt um gute Nachbarschaft – an den Standorten, aber auch darüber hinaus: Die CURRENTA-Gruppe setzt sich für die Industrieakzeptanz in ganz Nordrhein-Westfalen ein. Wie gelingt ein ständiger Austausch im Umfeld der Standorte und auf Landesebene? Welche Erwartungen stellen Bürger*innen und Stakeholder*innen an den Chemieparkbetreibenden und werden diese erfüllt? Antworten gibt dieser Beitrag.

3.2.3.1 Perspektivwechsel für eine breite Akzeptanz

Der Erfolg eines Unternehmens lässt sich nicht allein durch Kennzahlen zu Produkt- und Lieferqualität, Unternehmensgröße und Marktposition bemessen. Denn diese Kenngrößen beziehen sich allenfalls auf Vergangenes und Gegenwärtiges. Akzeptanz – und damit die Wahrung der „License to operate" – hingegen dient der Zukunftssicherung eines Unternehmens. Denn nur durch den Aufbau und die Pflege von Akzeptanz, Glaubwürdigkeit und Vertrauen kann eine nachhaltige Standortsicherung gelingen. Um abseits konkreter infrastruktureller und industrieller Großprojekte die Menschen im Standortumfeld zu erreichen, braucht es einen erweiterten strategischen Ansatz. Die CURRENTA-Gruppe hat es sich daher zur Aufgabe gemacht, an den CHEMPARK-Standorten Leverkusen, Dormagen und Krefeld-Uerdingen (Nordrhein-Westfalen) kontinuierlich und auf Augenhöhe für Akzeptanz zu werben.

Akzeptanz beinhaltet für die CURRENTA-Gruppe als Chemieparkbetreiberin mehr als eine Billigung des CHEMPARK, seiner Aktivitäten und der dort ansässigen Unternehmen. Es geht darüber hinaus um eine positive Einstellung zu den Industrieunternehmen sowie zu industrieller Produktion – und um gute Nachbarschaft.

Wir wollen gewollt sein

Um diesem hohen Anspruch gerecht zu werden, verfolgt die CURRENTA-Gruppe den strategischen Ansatz des Perspektivwechsels. Sie setzt dabei nicht nur auf eigene Themen und Botschaften, sondern bezieht auch die lokalen Themen und Gegebenheiten sowie die Erwartungen und Bedürfnisse ihrer Nachbar*innen in die unternehmerischen und kommunikativen Aktivitäten mit ein. Dafür steht die Unternehmensgruppe im direkten Austausch mit politischen und gesellschaftlichen Akteur*innen, identifiziert relevante Themen und unterstützt dort, wo Hilfe erforderlich ist. Die Themen müssen nicht zwangsläufig einen direkten Bezug zum CHEMPARK oder zum Geschäft der Gruppe haben.

Stattdessen möchte die CURRENTA-Gruppe gesellschaftliche Themen und Projekte begleiten und mit eigenem Know-how fördern. Sind relevante Themen und Projektideen identifiziert, werden sie gemeinsam mit Akteur*innen vor Ort umgesetzt.

Akzeptanz messen

In den Jahren 2015 und 2019 ermittelte die CURRENTA-Gruppe in zwei Akzeptanzberichten, wie die Nachbarschaft den CHEMPARK wahrnimmt, an welchen Faktoren Bürger*innen und Stakeholder*innen ihre Akzeptanz festmachen und was sie konkret vom CHEMPARK erwarten (vgl. CURRENTA-Akzeptanzbericht 2019: 9). Die Ergebnisse und Schlussfolgerungen flossen in den vergangenen Jahren in die Nachbarschaftskommunikation ein, um diese weiter zu verbessern und um Impulse für das Thema Industrieakzeptanz insgesamt zu geben. Die gewonnenen Erkenntnisse sind auch Basis der Ausführungen in diesem Beitrag.

3.2.3.2 Was wird von uns erwartet?

Perspektive der Unternehmen im CHEMPARK

Die CURRENTA-Gruppe bündelt die Kommunikation mit Bürger*innen und Stakeholder*innen in Leverkusen, Dormagen und Krefeld-Uerdingen sowie auf Landesebene für mehr als 70 Unternehmen im CHEMPARK. Demnach muss die Chemieparkbetreiberin den produzierenden Betrieben auf der einen Seite und Bürger*innen sowie politischen und gesellschaftlichen Vertreter*innen auf der anderen Seite des Werkszauns gerecht werden. Doch das sehen die Unternehmen im Chemiepark gar nicht als Widerspruch.

Beide Seiten haben großes Interesse an einem sicheren und umweltverträglichen Betrieb der Anlagen im CHEMPARK. Allerdings sind auch die Ansprüche an Informationen und Transparenz seitens der Bevölkerung gewachsen. Bürger*innen wollen noch stärker einbezogen werden. Der Kommunikation messen die Unternehmen im CHEMPARK deshalb eine hohe Relevanz bei. Gerade bei baulichen und technischen Erweiterungen wird die Akzeptanz im Umfeld als essenziell wichtig erachtet. Eine ausschließlich punktuelle Kommunikation zu Projekten wird den Erwartungen jedoch nicht gerecht. Deshalb findet der kontinuierliche Ansatz der CURRENTA-Gruppe große Zustimmung. Die Kunst ist es, ständig im Blick zu haben, welche Themen die Menschen gerade bewegen. Die Gruppe ist dabei akzeptiertes Gesicht und Sprachrohr aller Unternehmen im CHEMPARK. Mehr noch: Vereinzelt wird der Chemieparkbetreiberin sogar bescheinigt, einen Kulturwandel in der gesamten Branche angestoßen zu haben: Chemieunternehmen begreifen die Optimierung der Kommunikation heute als strategische Daueraufgabe.

Aber es gibt auch Anregungen, wie es noch besser gehen kann, zum Beispiel, indem unter den Unternehmen und auch zwischen den Standorten noch mehr Erfahrungen und gute Ideen für die Kommunikation ausgetauscht werden. Beim Werben um Akzeptanz ist Konkurrenzdenken nämlich fehl am Platze und muss überwunden werden.

Perspektive der Bürger*innen

Der CHEMPARK als Nachbar? Das löst bei vielen Bürger*innen erst mal Fragen aus. Sie wollen wissen, was im Chemiepark nebenan produziert wird, was zur Störfallprävention unternommen wird und wie es mit dem Standort weitergeht. Über all diese Fragen wünschen sie sich ausreichend Informationen, das bedeutet für sie Transparenz.

Bei der Nachbarschaftskommunikation spielen vor allem drei Faktoren eine wichtige Rolle: Zuverlässigkeit, Vertrauenswürdigkeit und Schnelligkeit. Wesentliches Merkmal einer zuverlässigen Kommunikation ist eine kontinuierliche, verlässliche, ehrliche und persönliche Ansprache. Auch für die Vertrauenswürdigkeit ist der persönliche Kontakt wichtig, der die fachliche, menschliche und kommunikative Kompetenz untermauert. Schnelle Informationen wünschen sich Bürger*innen insbesondere bei Störfällen. Maßstab ist hierbei die Echtzeitkommunikation in Social Media.

In Leverkusen, Dormagen und Krefeld-Uerdingen gibt es je ein Nachbarschaftsbüro, den sogenannten CHEMPUNKT. Zusammen mit einer gleichnamigen App und bestehenden Sicherheitsinformationen werden sie als glaubwürdige Bemühungen um Offenheit empfunden. Die Nachbarschaftsbüros sind auch deshalb wichtig, weil Vertrauen aus Sicht der Bürger*innen nur durch persönliche Ansprache entsteht.

Inhaltlich wünschen sich Bürger*innen vor allem Informationen mit Alltagsrelevanz, zum Beispiel Verhaltenstipps und Kontaktnummern sowie Vorabinformationen zu Projekten. Das „Innenleben" des CHEMPARK soll sichtbarer und greifbarer sein. Hintergründe und Berichte über technische Themen interessieren sie dagegen weniger. Ihr Wunsch: noch mehr Bürger*innenperspektive und kritische Themen direkter ansprechen. Und das nicht nur über Pint- oder Onlineformate, sondern am besten verbunden mit einer größeren Präsenz von Unternehmensvertreter*innen in den Kommunen und Städten.

Eine echte nachbarschaftliche Beziehung mit einem „anonymen Unternehmen" können sich Bürger*innen dauerhaft nur schwer vorstellen, da sie mit Nachbarschaft mehr assoziieren als eine räumliche Nähe.

Perspektive der Stakeholder*innen an den Standorten

Lokale Vertreter*innen aus Politik, Verwaltung, Vereinen, Naturschutz und Wirtschaft zeigen sich an allen Standorten weitgehend zufrieden mit der Nachbarschaftskommunikation der CURRENTA-Gruppe. Ihre Erwartungen: eine proaktive Kommunikation und ein enger persönlicher Draht zum Chemiepark. Diesen Anspruch erfüllt der CHEMPARK insbesondere durch die aktive Rolle der Mitarbeitenden in den Nachbarschaftsbüros. Die lokalen Stakeholder*innen schätzen den regelmäßigen Austausch und fühlen sich gut informiert.

Zum Teil übernehmen die Stakeholder*innen aus eigenem Antrieb eine Multiplikator*innenrolle und sind bei Fragen rund um den CHEMPARK selbst Ansprechpersonen für ihr Umfeld. Auch deshalb, weil sie den Chemiepark tatsächlich als guten Nachbarn empfinden und sich nachbarschaftlich verbunden fühlen.

Für diese intakte Beziehung sind die CHEMPUNKT-Büros und deren Mitarbeitende aus Perspektive der Stakeholder*innen zentrale Bausteine und mittlerweile bereits wichtige Knotenpunkte der jeweiligen kommunalen Netzwerke insgesamt. Seit der Eröffnung der Büros im Jahr 2013 beobachten viele von ihnen eine positive Dynamik in der Kommunikation. Das persönliche Engagement der Beschäftigten an den Standorten wird auch für die Entwicklung lokaler Projekte unabhängig vom Chemiepark als essenziell erachtet.

Im Bereich der Störfallkommunikation sind die Erwartungen der Stakeholder*innen bereits heute gut abgedeckt: Die Anlass- und Störfallkommunikation der CURRENTA-Gruppe für alle Unternehmen im CHEMPARK wird positiv wahrgenommen.

Insgesamt sind die Erwartungen der lokalen Stakeholder*innen also weitgehend erfüllt. Einziger Wunsch: Sie würden gerne noch mehr über die einzelnen Unternehmen im CHEMPARK erfahren.

Perspektive der Stakeholder*innen auf Landesebene

Über die Akzeptanz wird an den Unternehmensstandorten entschieden. Das sehen auch die Stakeholder*innen in der Landeshauptstadt Düsseldorf so. Deshalb haben sie nicht nur die landespolitischen Aktivitäten im Blick, sondern auch, was an den drei Standorten Leverkusen, Dormagen und Krefeld-Uerdingen passiert. Eine kontinuierliche Akzeptanzkommunikation sehen sie – wie die Unternehmen aus dem CHEMPARK – als systemische Daueraufgabe. Ihre Erwartung ist deshalb eine seriöse und ehrliche Basiskommunikation. Der Grundgedanke dabei: Transparenz schafft Akzeptanz.

Mit einer kontinuierlichen Kommunikation verbinden landespolitische Vertreter*innen aus Politik, Wirtschaft, Verwaltung und Gesellschaft unterschiedliche Aspekte. Die Politik verknüpft damit zum Beispiel die Erwartung, dass der CHEMPARK seine wirtschaftliche wie gesellschaftliche Bedeutung ausreichend vermittelt. Aus Perspektive einer Nichtregierungsorganisation (NGO) ist es wichtig, dass Informationen auch mit der Selbstverpflichtung zu einem konsistenten Handeln einhergehen.

In Bezug auf den eigenen Austausch mit dem Unternehmen wünschen sich landespolitische Stakeholder*innen Kontinuität und kurze Wege. Außerdem setzen sie Aufrichtigkeit und eine frühzeitige Einbindung in Planungen für ein funktionierendes Miteinander voraus. Besonders persönliche Gespräche und Dialogveranstaltungen werden geschätzt. Wichtiger als das Format ist allerdings die Haltung dahinter: Offenes, zugängliches und proaktives Verhalten wird anerkannt – gerade bei schwierigen Themen.

Insgesamt sind auch die Stakeholder*innen auf Landesebene mit den Kommunikationsaktivitäten der CURRENTA-Gruppe zufrieden. Die Fortsetzung der Kommunikationsangebote für Bürger*innen und Stakeholder*innen ist aber auch Voraussetzung, um die Akzeptanz zukünftig zu erhalten.

3.2.3.3 Was machen wir?

Public Affairs: Netzwerker und Türöffner

Lobbyarbeit – das klingt immer ein wenig anrüchig. Ist es aber nicht. Denn es geht nicht darum, mit unlauteren Mitteln Einfluss auf die Gesetzgebung zu nehmen, sondern Politiker*innen und andere Interessengruppen über unternehmerische Ziele und Rahmenbedingungen aufzuklären, damit diese bei der Entscheidungsfindung berücksichtigt werden können. Ziel ist es, mit guten Argumenten zu überzeugen – und Akzeptanz für das unternehmerische Handeln zu generieren.

Interessen wirkungsvoll vertreten

Interessen vertreten, Wettbewerbsfähigkeit sichern, Rahmenbedingungen an den Standorten gestalten: So lässt sich die Agenda von Public Affairs auf den Punkt bringen. Die politische Arbeit gibt der CURRENTA-Gruppe eine Stimme im gesellschaftlichen und politischen Umfeld. Sie vertritt dabei nicht nur die Interessen der CURRENTA-Gruppe selbst, sondern auch die der CHEMPARK-Partner*innen. Hierzu pflegen die Expert*innen einen kontinuierlichen und konstruktiven Dialog mit Verantwortlichen aus Politik und anderen Einflussgruppen, zum Beispiel NGOs. Als Ansprechpersonen und Berater*innen bringen sie ihre Expertise und Erfahrungen in die politische Diskussion ein und leisten so einen Beitrag zur Entwicklung attraktiver wirtschaftspolitischer Rahmenbedingungen. Kernaufgabe ist die Mitgestaltung der gesetzlichen Vorgaben – auch um die Zukunftsfähigkeit des Chemieparkmodells und der damit verbundenen Arbeitsplätze nachhaltig zu sichern.

Kontakte aufbauen und pflegen

Um die Interessen der CURRENTA-Gruppe und die der CHEMPARK-Partner wirkungsvoll vertreten zu können, braucht es ein funktionierendes Kontaktnetzwerk auf allen politischen und gesellschaftlichen Ebenen, also lokal, landes-, bundes- und europaweit. Darüber hinaus müssen politische Entscheidungsprozesse sowie Gesetzgebungsverfahren kontinuierlich beobachtet werden. Eigene Dialogveranstaltungen sind eine gute Gelegenheit, um miteinander ins Gespräch zu kommen.

CHEMPARK-Nachbarschaftskommunikation

Die Nachbarschaftskommunikation an den CHEMPARK-Standorten Leverkusen, Dormagen und Krefeld-Uerdingen hat eine lange Tradition. Für die Kommunikation der vergangenen Jahre waren neben der Medienarbeit die drei Nachbarschaftsbüros CHEMPUNKT sowie die persönliche Netzwerkarbeit mit lokalen politischen und gesellschaftlichen Stakeholder*innen zentral. Denn die Verknüpfung traditioneller und moderner Mediennutzung zahlt auf Dauer auf einen transparenten und offenen Diskurs mit den Stakeholder*innen und Nachbar*innen ein.

In Zeiten wachsender Informationserwartungen braucht es aber mehr: Eigene Internetseiten für die Nachbarschaft, die Präsenzen auf Facebook, Twitter und Instagram und Apps bieten Informationen rund um die Standorte. In den Nachbarschaftsbüros stehen

Mitarbeitende den Anwohner*innen täglich persönlich mit Rat und Tat zur Seite. Ergänzt wird das Dialogangebot durch „CHEMPARK Mobil": monatliche Rundfahrten durch die drei Standorte.

Kern des Erfolgs der nachbarschaftlichen Bemühungen in den vergangenen Jahren ist der Austausch auf Augenhöhe. Neben den Nachbarschaftsbüros bietet der CHEMPARK Dialogformate an: In Leverkusen gibt es die Stammtische für Bürger*innen und den „Bürgertalk", in Dormagen die Netzwerkveranstaltung „Dormagen Inside" mit Vertreter*innen aus Politik und Gesellschaft und in Krefeld den „Uerdinger Kümmererkreis". Durch den Austausch erfährt die Unternehmensgruppe aus erster Hand Erwartungen und Bedürfnisse der Menschen im direkten Standortumfeld.

Nicht nur reden: anpacken!
Beim Miteinanderreden bleibt es jedoch nur selten. Der CHEMPARK hat es sich zur Aufgabe gemacht, lokale und regionale Initiativen, Allianzen und Projekte zu fördern – ob mit dem eigenen Know-how, als Brückenbauer und Plattformgeber oder finanziell. Im Austausch mit lokalen Akteur*innen bringen CHEMPARK-Vertreter*innen wichtige Themen und Projekte mit voran. Auch wenn es nicht direkt um die Chemie geht.

Ob kombinierte Wirtschafts-/Sportveranstaltungen wie beispielsweise das Format „FinalFou(r)Business" in Krefeld-Uerdingen oder Maßnahmen zur Stadtverschönerung wie das Projekt „Dormagen unternimmt was": Im Fokus stehen der gesellschaftliche Mehrwert und die Stärkung von Stadt und Standort. Auch in Kooperation mit Bürger*innenstiftungen, wie beispielsweise in Dormagen, werden kommunale Projekte gefördert und umgesetzt. Den regionalen und überregionalen Austausch unterstützt der CHEMPARK im Rahmen lokaler Allianzen. Dort setzt er sich gemeinsam mit anderen Akteur*innen für ein konstruktives Miteinander von Bevölkerung und Industrie ein.

Direkten Kontakt sucht der CHEMPARK auch zum Nachwuchs. Gemeinsam mit kommunalen Schulträger*innen realisiert er Bildungsangebote ab der Grundschule. So unterhält der Chemieparkbetreiber beispielsweise Labore, in denen Schüler*innen der dritten bis zwölften Klasse nach Anmeldung experimentieren und forschen können.

Kampagne „Was hast du davon?"
Welche Vorteile hat der Chemiepark für die Region? In welchen Alltagsgegenständen stecken Produkte aus den drei Standorten? Mit der Kampagne „Was hast du davon?" informiert der CHEMPARK seit 2015 die Nachbarschaft über die Unternehmen hinter den Werkstoren, die erzeugten Produkte und darüber, wie jede*r Einzelne vom Nachbarn CHEMPARK profitiert.

An anschaulichen Beispielen mangelt es nicht. Ob Zahnpasta, Tabletten, Autoreifen oder Fahrradhelme – in zahlreichen Produkten unseres Alltags steckt Know-how aus dem CHEMPARK. Die mehr als 70 Unternehmen an den drei Standorten sind Teil weltweiter Wertschöpfungsketten und leisten einen Beitrag zu unserem Lebensstandard. Die gesamte Gesellschaft profitiert von den Erzeugnissen aus dem Chemiepark. Die Menschen in Leverkusen, Dormagen und Krefeld-Uerdingen jedoch noch viel mehr.

Kennen Sie schon die Meiers?
Vielen ist dies gar nicht bewusst. Deshalb griff zunächst der CHEMPARK Leverkusen genau dieses Thema in der medienübergreifenden Kampagne auf. Im Mittelpunkt steht die Zeichentrickfamilie Meier. Die siebenköpfige Mehrgenerationenfamilie (inklusive Hund) geht – wie viele andere Menschen – ihren alltäglichen Tätigkeiten in Beruf, Schule und Freizeit nach. Dabei kommt sie direkt oder indirekt, wissentlich oder unbewusst mit dem CHEMPARK in Berührung. Der CHEMPARK spielt in vielfältigster Weise eine Rolle im Leben der Menschen an den drei Standorten: als Hersteller wichtiger Alltagsprodukte wie Matratzen oder Sportkleidung, als Initiator von Bildungsangeboten, Förderer lokaler Kultur und des lokalen Sports, als Auftraggeber für regionale Unternehmen oder als Arbeitgeber und Ausbilder.

Die Geschichte der Meiers kam in Leverkusen gut an. Deshalb rollte der CHEMPARK die Kampagne schrittweise auch an den Standorten Dormagen und Krefeld-Uerdingen aus. Das Angebot wurde außerdem durch interaktive Elemente, Aktionstage und Schulprojekte erweitert. So findet man die Kampagne mittlerweile auf der Website, in Broschüren und auf den Screens in den Nachbarschaftsbüros.

CURRENTA-Aktivitäten auf Landesebene
Nicht nur die Unternehmen, sondern auch die Standorte sowie der CHEMPARK stehen in einem internationalen Wettbewerb. Wichtige Faktoren sind dabei Energiekosten, qualifizierte Fachkräfte und schnellere Genehmigungsverfahren. Sie bilden auch die Grundlage für Investitionsentscheidungen – und damit für die Zukunftsfähigkeit der Standorte. Aus diesem Grund bringt sich die CURRENTA-Gruppe auf Ebene der NRW-Landespolitik in die Diskussion ein: Im Zentrum stehen die Themen und Bereiche, die für den Industriestandort NRW insgesamt von überragender Bedeutung sind: Energie, Infrastruktur, Sicherheit, Umwelt, Bildung und – nicht zuletzt – Industrieakzeptanz.

Den CHEMPARK erleben
Die CURRENTA-Gruppe organisiert jedes Jahr eine ganze Reihe politischer Besuche im CHEMPARK. Zu den Besucher*innen gehören Abgeordnete aus dem Umfeld der Standorte, Fachpolitiker*innen aus den Bereichen Wirtschaft, Energie, Umwelt und Verkehr, Mitarbeitende von Abgeordneten und Fraktionen, Amtsträger*innen und Mitarbeitende aus den Landesministerien, Vertreter*innen von Verbänden sowie NGOs und viele mehr. Ebenso vielfältig sind die Anlässe und Aktivitäten: Informationsbesuche mit Busrundfahrt durch den CHEMPARK, Fahrten mit dem Löschboot der Werkfeuerwehr, Austausch mit Auszubildenden an den Standorten, Einweihung neuer Gebäude – so oder so ähnlich haben schon viele landespolitische Stakeholder*innen den CHEMPARK erlebt.

Aktive Bündnispartnerin
Auf NRW-Landesebene ist die CURRENTA-Gruppe auch aktives Mitglied einer Vielzahl lokaler und regionaler Bündnisse und Initiativen. So nimmt sie beispielsweise am jährlichen „Chemiegipfel" des Wirtschaftsministeriums teil. In diesem Rahmen diskutieren Vertreter*innen von Unternehmen, Gewerkschaften, Betriebsräten und Politik über Fra-

gen der Industrie-, Energie- und Innovationspolitik. Dabei entwickeln sie Lösungsmodelle und Strategien, um die Wettbewerbsfähigkeit des Industriestandortes NRW nachhaltig zu sichern.

Auf regionaler Ebene engagiert sich die Chemieparkbetreiberin bereits seit Jahren in unterschiedlichen Allianzen, die in der breiten Öffentlichkeit für Industrieakzeptanz werben – etwa in den regionalen Arbeitsgruppen des Bündnisses „Zukunft der Industrie" des Bundeswirtschaftsministeriums. Zudem ist die CURRENTA-Gruppe aktiv in der vom NRW-Wirtschaftsministerium ins Leben gerufenen Initiative „Dialog schafft Zukunft" sowie in der Düsseldorfer Initiative „Zukunft durch Industrie".

3.2.3.4 Werden wir den Erwartungen (damit) gerecht?

Erwartungen an den Standorten

Der CHEMPARK kann viele Erwartungen von Bürger*innen und Stakeholder*innen bereits heute erfüllen, schneidet bei Themen wie Umwelt, Sicherheit sowie Offenheit und Transparenz aber unterschiedlich gut ab. Für alle Themen gilt: Wer von sich aus Bezug zum oder Interesse am CHEMPARK hat, findet offensichtlich ausreichend Informationen und Angebote. Denn die Bewertung der am CHEMPARK interessierten Bürger*innen fällt positiver aus als bei weniger interessierten.

Es zeigt sich darüber hinaus: Kommunikation fördert Akzeptanz. Kennen Bürger*innen die CHEMPUNKT-Büros, lokale Dialogformate oder Social-Media-Kanäle, bewerten sie den CHEMPARK positiver als solche, die diese Angebote nicht kennen. Durch die Angebote wird somit offenbar die Vertrauensbasis gestärkt und mehr Wissen zu verschiedenen Themen vermittelt.

Offline schlägt online: Der persönliche Draht zählt

Unter den verschiedenen Informations- und Dialogangeboten sind Bürger*innen und Stakeholder*innen eher die persönlichen Formate bekannt, wie zum Beispiel Tage der offenen Tür, Ausbildungsinformationen und Werksrundfahrten. Auch Printformate wie die Sicherheitsbroschüre sind vielen bekannt. Die Stakeholder*innen kennen am ehesten Formate mit der Möglichkeit zum direkten Austausch, etwa das CHEMPUNKT-Büro, Rundfahrten und persönliche Gespräche. Sie schätzen demnach den persönlichen Austausch. Für digitale Angebote auf Kanälen wie Facebook und Instagram sowie die CHEMPUNKT-App zeigen insbesondere die jüngeren Bürger*innen überdurchschnittliches Interesse.

Neutrale Drittmeinung zählt

Die unternehmenseigenen Kanäle geben Bürger*innen Einblick in Themen wie Sicherheit und Umwelt und informieren zudem über anstehende Projekte. Generell bevorzugen Bürger*innen jedoch eine neutrale dritte Meinung: Über Projekte und allgemeine Themen rund um den Chemiepark informieren sie sich zuallererst in den Lokalmedien. Von den CHEMPARK-Kanälen nutzen sie mehrheitlich die Website. Lokale Stakeholder*innen suchen eher den persönlichen Kontakt. Die Website ist für sie eine gute Ergänzung.

Anders verhält es sich, wenn ein konkretes Anliegen vorliegt. Dann suchen auch Bürger*innen zunächst den persönlichen Kontakt – zu einer bekannten Ansprechperson oder im CHEMPUNKT-Büro.

Informationen zu Investitionsprojekten gewünscht
Das Interesse an einer frühzeitigen Kommunikation bei Investitionsprojekten im CHEMPARK ist groß: Fast alle Bürger*innen wollen im Vorfeld von Genehmigungsverfahren informiert werden. Lokale Stakeholder*innen fordern dies sogar noch vehementer ein. Die Zufriedenheit mit dem bisherigen Vorgehen seitens der Unternehmen im Chemiepark ist in den vergangenen Jahren jedoch gesunken. Dadurch, dass keine größeren Vorhaben realisiert wurden, könnte der Eindruck einer mangelnden Information entstanden sein. Zahlreiche kleinere Projekte sind zwar kommunikativ begleitet worden, allerdings erzeugten sie im Vergleich zu Großprojekten weniger öffentliche Aufmerksamkeit. Die Kommunikation von Projekten bleibt in jedem Fall auch in den nächsten Jahren im Fokus. Ein wichtiger Hinweis für die zukünftige Projektkommunikation: Viele Bürger*innen bevorzugen eine Benachrichtigung via Lokalmedien oder einen Infobrief als Informationsquelle über einzelne Projekte. Der Besuch einer Informationsveranstaltung ist dagegen weniger beliebt. Insbesondere die jüngeren Generationen informieren sich am ehesten im Internet.

Sicherheit, Umwelt, Transparenz: Topfaktoren für Akzeptanz
Bürger*innen entscheiden insbesondere anhand der Faktoren Umwelt und Sicherheit, ob sie ein Industrieunternehmen in der Nachbarschaft akzeptieren oder nicht. Für direkte Anwohner*innen besteht naturgemäß bei beiden Themen eine persönliche Relevanz. Wichtiger Faktor ist auch eine offene und transparente Informationskultur. Die Relevanz der Themen Arbeitsplätze und Ausbildung für die Industrieakzeptanz hat hingegen deutlich abgenommen. Angesichts einer guten Situation am Arbeits- und Ausbildungsmarkt sind die wirtschaftlichen Aspekte für die Mehrheit anscheinend kein essenzieller Akzeptanzfaktor mehr. Etwas anders ist es bei den lokalen Stakeholder*innen: Auch bei ihnen führen Sicherheit, Umwelt sowie Offenheit und Transparenz die Liste der akzeptanzfördernden Faktoren an. Darüber hinaus sind aber auch die Themen Arbeits- und Ausbildungsplätze, gesellschaftliches Engagement sowie Präsenz und Kompetenz des Unternehmens für die Akzeptanzentscheidung von Bedeutung.

Erwartungen auf Landesebene
Auf NRW-Landesebene ist die CURRENTA-Gruppe für Stakeholder*innen als industriepolitische Akteurin präsent und sichtbar. Ihr Engagement für den Dialog zwischen Politik, Wirtschaft und Gesellschaft wird wahrgenommen. Zudem teilen einige der landespolitischen Vertreter*innen die Auffassung, dass die CURRENTA-Gruppe zur Industrieakzeptanz nicht nur an den Standorten, sondern in ganz NRW beiträgt. Klar ist aber: Die Ansprüche wachsen weiter und die Unternehmensgruppe wird sich umso mehr anstrengen müssen, um die Erwartungen auch in Zukunft zu erfüllen.

Offener Austausch wird geschätzt

Auch die Stakeholder*innen auf Landesebene schätzen den persönlichen Kontakt mehr als geschriebene Informationen. Von den aktuellen Aktivitäten favorisieren sie Veranstaltungen wie den parlamentarischen Abend, persönliche Gespräche und Standortbesuche zum Informationsaustausch. Social Media nutzen sie für Informationen und für den Austausch mit der Chemieparkbetreiberin hingegen weniger. Gleichwohl ist die Bekanntheit der Angebote in den vergangenen Jahren insgesamt eher gestiegen. Viele landespolitische Stakeholder*innen haben bereits die Möglichkeit genutzt, sich in persönlichen Gesprächen auszutauschen oder waren auf einer Veranstaltung der CURRENTA-Gruppe zu Gast. Sie schätzen die Chemieparkbetreiberin aus diesen Erfahrungen heraus als transparente und offene Gesprächspartnerin.

Themenvielfalt gefragt

Ob in persönlichen Gesprächen oder im Newsletter „Politik CURIER" – die CURRENTA-Gruppe hat in der Landeshauptstadt viele Themen zu bedienen. Ein mehrheitliches Interesse findet sich vor allem beim Klima- und Umweltschutz sowie bei aktuellen Sachlagen. Sonst gehen die Interessen der Stakeholder*innen weit auseinander – von Themen wie Ausbildung über Energieversorgung bis hin zu Standortentwicklung und Genehmigungsverfahren.

Beim Austausch über unterschiedliche Themen bleibt es jedoch nicht. Ein großer Teil der Stakeholder*innen weiß, dass sich die CURRENTA-Gruppe in unterschiedlichen Initiativen für Industrieakzeptanz und den gesellschaftlichen Dialog engagiert. Einige haben an Aktivitäten von Initiativen wie dem „KlimaDiskurs.NRW", dem „Chemiegipfel" oder „Dialog schafft Zukunft" bereits selbst teilgenommen.

3.2.3.5 Ausblick: Gutes beibehalten, Neues wagen

Die kommunikativen Aktivitäten und Angebote der CURRENTA-Gruppe an den Standorten und auf Landesebene sind bekannt und erfüllen in hohem Maße die Erwartungen von Bürger*innen und Stakeholder*innen. Damit tragen sie positiv zur Akzeptanz des CHEMPARK, der dort produzierenden Unternehmen sowie zur Industrieakzeptanz landesweit bei.

Erfolgreicher Mix wird fortgesetzt

Auch im digitalen Zeitalter wird ein Mix aus verschiedenen Kommunikationsangeboten geschätzt. Der persönliche Kontakt bleibt dabei wichtig. Umso erfreulicher ist, dass die Nachbarschaftsbüros mittlerweile jedem/jeder zweiten Bürger*in und dem Großteil der Stakeholder*innen als Anlaufstelle bekannt sind. Digitale Formate runden das Angebot an den Standorten sinnvoll ab – gerade mit Blick auf jüngere Zielgruppen. Diese Mischung aus verschiedenen Kanälen und Formaten wird auch in Zukunft beibehalten. Der CHEMPARK wird aber weiterhin auf lokale Medienarbeit an den Standorten setzen, denn: Bürger*innen schätzen den unabhängigen Blick von Dritten. Auch auf Landesebene wurden die richtigen Formate für Austausch und Information gefunden, denn die CURRENTA-Gruppe ist bei Politiker*innen, Verwaltung und NGOs in Düsseldorf geschätzte Partnerin.

Wesentliche Akzeptanzfaktoren

Die Themen Umwelt und Sicherheit werden auch in Zukunft dauerhaft mit über die Akzeptanz des CHEMPARK entscheiden. Daher wird die CURRENTA-Gruppe auch auf themenspezifische Angebote sowie eine gezielte Berichterstattung über Umwelt und Sicherheit auf den eigenen Kanälen setzen und neue Formate für die Vermittlung dieser Themen entwickeln. Weitere wichtige Akzeptanzfaktoren sind eine offene Kommunikation und transparentes Handeln. Insgesamt wird die Transparenz des CHEMPARK positiv beurteilt. Es werden aber Maßnahmen geprüft, um noch mehr Einblick zu gewähren und die Erwartungen damit noch besser zu erfüllen.

Passgenaue Formate für alle

Zukünftig wird zudem ein besonderer Fokus auf der jüngeren Zielgruppe liegen. Mit den Angeboten der Nachbarschaftsbüros werden sie im Vergleich zu anderen Altersgruppen bislang nicht vollständig erreicht. Es gilt deshalb herauszufinden, welche anderen Formate sich Jüngere wünschen. Doch nicht nur jüngere Nachbar*innen sollen passende Angebote erhalten. Es braucht für alle Empfänger*innen passgenaue Formate. Denn die Kommunikationsgewohnheiten und Themeninteressen verschiedener Gruppen variieren stark. Die Perspektiven auf den CHEMPARK sind eben vielfältig. Entsprechend müssen Angebote zukünftig noch zielgerichteter gestaltet werden.

Vorreiterrolle – der Anspruch bleibt

Die CURRENTA-Gruppe wird ihre Kommunikation im Umfeld der Standorte sowie auf landespolitischer Ebene weiter fortentwickeln. Dazu gehört es auch, bestehende Aktivitäten und Formate immer wieder auf den Prüfstand zu stellen. Die Coronapandemie hat den Einzug digitaler Formate in unseren Alltag beschleunigt – so auch in die Kommunikation mit Bürger*innen und relevanten Stakeholder*innen. Neben persönlichen Formaten spielen sie eine immer wichtigere Rolle. Wie sich dieser Trend fortsetzt und was das für die Akzeptanz bedeutet, bleibt abzuwarten.

Ob digital oder analog: Das Ziel der CURRENTA-Gruppe ist und bleibt, eine gute Nachbarschaft auszubauen und die Erwartungen im Standortumfeld zufriedenstellend zu erfüllen. Für andere Unternehmen möchte die Chemieparkbetreiberin mit ihrem Ansatz außerdem Vorreiterin beim Thema Industrieakzeptanz sein. Deshalb wird die Unternehmensgruppe auch zukünftig neue Ideen entwickeln und Impulse für die gesamte Branche geben – ob durch neue Formate in den Nachbarschaftsbüros, digitale Angebote oder mit ganz neuen Mitteln. Das erwarten auch die Unternehmen im CHEMPARK. Die CURRENTA-Gruppe bleibt weiterhin im ständigen Austausch mit Bürger*innen, Anwohner*innen sowie politischen und gesellschaftlichen Vertreter*innen. Denn sie entscheiden letztendlich darüber, ob der eigene Anspruch erfüllt wird: nicht nur akzeptiert, sondern wirklich gewollt zu sein.

REDAKTION

Daniel Neugebauer
Currenta GmbH & Co. OHG
51368 Leverkusen
Tel. (+49) (0214) 2605-49517
E-Mail: daniel.neugebauer@currenta.biz
https://www.currenta.de

KURZBIOGRAPHIE

Daniel Neugebauer ist seit mehr als 15 Jahren in der chemischen Industrie tätig. Seit 2017 ist er bei der Currenta GmbH & Co. OHG für den Bereich Public Affairs verantwortlich. Seine Gesprächspartner*innen sind Politiker*innen aus Parlamenten, Umweltverbände, Gewerkschaften und weitere Organisationen aus der Gesellschaft. Eins seiner zentralen Themen ist die Steigerung der Industrieakzeptanz.

Glasindustrie

3.3

NOCH ZWEI WANNENREISEN BIS ZUR KLIMANEUTRALITÄT

AUTORIN: Dorothée Richardt, *Bundesverband Glasindustrie e. V.*

Zusammenfassung Die Dekarbonisierung der energieintensiven Industrie ist ein wichtiger Baustein für ein klimaneutrales Deutschland. Auch die Glasindustrie forscht an der Umstellung ihrer Herstellungsprozesse auf alternative Energieträger, die zukünftig das derzeit noch am häufigsten eingesetzte Erdgas ersetzen können. Die Zeit drängt, denn die Laufzeit der Glaswannen – auch Wannenreise genannt – beträgt inzwischen bis zu 20 Jahre. Sowohl die gesamte Branche als auch einzelne Unternehmen haben sich Klimaziele gesetzt, die sie in naher Zukunft erreichen wollen. Das hat auch Auswirkungen auf die Standorte der Glasindustrie, an denen Maßnahmen für mehr Energieeffizienz und Klimaneutralität umgesetzt werden, die – je nach Umfang und Technologie –, unmittelbar Einfluss auf die Anwohner*innenschaft nehmen. Dieses Kapitel gibt einen Überblick über Akzeptanzstrategien, die Unternehmen der Glasindustrie vor Ort einsetzen, um den Kontakt zu Anwohner*innen, Behörden und Medien zu pflegen.

3.3.1.1 Die Glasindustrie in Deutschland

Einführung

Die Glasindustrie ist in Deutschland seit Jahrhunderten ansässig. Die ersten Glashütten siedelten sich traditionell in der Nähe von Wäldern an, da Holz zu Beginn der industriellen Glasherstellung der wichtigste Brennstoff war. Außerdem war Holzasche (Pottasche) ein wichtiger Rohstoff, der durch das Eindampfen geeigneter Pflanzenasche gewonnen wurde (vgl. Wikipedia 2017). Später spielte die Nähe zu Sandabbaugebieten bei der Wahl der Standorte eine Rolle (vgl. Leisin 2020: 3) und Altglasaufbereitungsanlagen entstanden in der Nähe der Glaswerke. Charakteristisch für die Glasindustrie ist, dass sich viele Hütten im ländlichen Raum befinden. Die Unternehmen der Glasindustrie sind dort in der Regel einer der größeren Arbeitgeber, die für Generationen von Einwohner*innen Arbeitsplätze geschaffen haben. Sie tragen dazu bei, den Wohlstand in der Region zu sichern, sind Teil des gemeinschaftlichen Lebens und engagieren sich häufig vor Ort, zum Beispiel als Förderer lokaler Aktivitäten. Als Industrieunternehmen befinden sie sich dennoch in einem Spannungsfeld zwischen lokaler Einbindung und der Rolle als Verursacher von Lärm und Emissionen. Dekarbonisierungsmaßnahmen der Glasindustrie sind daher in der Regel positiv besetzt, da sie die Lebensqualität der Menschen vor Ort verbessern (Luftreinheit, Lärm) und zudem in der Durchführung häufig keinen direkten Einfluss auf die Menschen haben. Der (Um-)Bau von Glaswannen findet meistens am alten Standort statt, selten werden neue Werke „auf der grünen Wiese" gebaut. Deutlich wahrgenommen werden die Glaswerke dann, wenn es zu außerplanmäßigen Zwischenfällen kommt, welche die Nachbarschaft direkt beeinflussen. Akzeptanz ist eine wichtige Grundvoraussetzung, um Konflikte, die durch das Nebeneinander von Menschen und Industrie entstehen, konstruktiv zu lösen.

Branchen und Produkte

Die Glasindustrie unterteilt sich in die Sektoren Hohlglas (Behälterglas und Wirtschaftsglas), Flachglas, Gebrauchs- und Spezialglas, Glasfasern sowie Glasbearbeitung und -veredelung. Diese haben einen sehr unterschiedlichen Anteil am Gesamtumsatz der Glasindustrie.

Die Glasindustrie in Deutschland stellt eine Vielzahl unterschiedlichster Produkte her.

- Behälterglasindustrie: Glasverpackungen für Getränke- und Ernährungsindustrie, Arzneimittelhersteller und die Kosmetikbranche.
- Flachglasindustrie: Flachgläser für Bauwirtschaft und Architektur, für den Fahrzeugbau und die Möbelindustrie.
- Spezialglasindustrie: Spezialglas für Elektroindustrie, Feinmechanik und Optik, Anlagenbau, Nachrichten- und Umwelttechnik.
- Glasbearbeitungs- und -veredelungsindustrie: Verarbeitung von Flach-, Hohl- und Spezialglas für die Bau-, Automobil- und Pharmabranche sowie verschiedene andere Industrien.

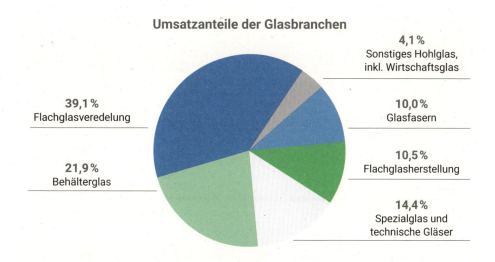

1 *Umsatzanteile der Glasindustrie im Jahr 2020 (BV Glas 2021a: 7)*

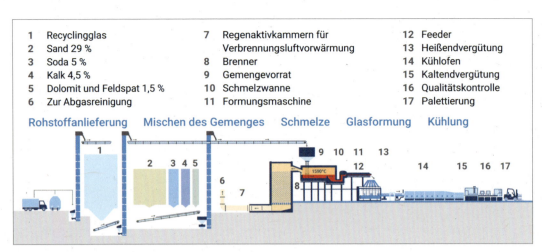

2 *Der Glasherstellungsprozess (BV Glas 2021b: 14)*

Der Werkstoff Glas

Glas wird ausschließlich aus natürlichen bzw. naturidentischen anorganischen Rohstoffen hergestellt, die größtenteils auch in Deutschland vorkommen bzw. produziert werden. „Insgesamt werden zur Produktion von Kalknatronsilikatgläsern (Flachglas und Behälterglas) im Wesentlichen sechs verschiedene mineralische Rohstoffe benötigt: ca. 70 Anteile Quarzsand (SiO_2), 13 Anteile Soda (Na_2CO_3), 10 Anteile Kalk ($CaCO_3$) und geringe Anteile Dolomit ($CaCO_3 \cdot MgCO_3$), Feldspat und Pottasche (K_2CO_3)" (BV Glas 2014: 5). Die Auswahl und der Anteil der jeweiligen Glasrohstoffe ergeben sich aus den geforderten Eigenschaften des Glaserzeugnisses und dem jeweiligen Herstellungsprozess. Neben den Primärrohstoffen spielen auch aufbereitete Altglasscherben eine große Rolle bei der Glasherstellung. Glas ist zu 100 Prozent stofflich wiederverwertbar. Aus gebrauchtem Glas entsteht so im geschlossenen Kreislauf immer wieder neues Glas, das zur Produktion von weiterem Glas eingesetzt wird. Im Behälterglasgemenge haben Scherben den Sand als Hauptkomponente sogar ersetzt.

▸ Abb. 2 Die Glasherstellung, die in Abb. 2 gezeigt wird, ist ein energieintensiver Prozess, bei dem die Rohstoffe bei Temperaturen von 1.450 bis 1.650 Grad Celsius aufgeschmolzen werden. Während die Formgebung je nach Branche und Produkt sehr unterschiedlich ist, ist der Schmelzprozess nahezu identisch. Auf ihn entfallen bis zu 85 Prozent des Energiebedarfs sowie rund 80 Prozent der CO_2-Emissionen (vgl. Leisin 2020: 6).

3.3.1.2 Chancen und Herausforderungen durch die Energiewende

Chancen

Die Glasindustrie stellt bereits eine Vielzahl von Produkten her, die zu einer erfolgreichen Energiewende beitragen. Die Nachfrage nach Produkten, die zu mehr Energieeffizienz beitragen, wird in Zukunft noch weiter steigen. Für den Bereich Flachglas sind dies beispielsweise Fenster mit sogenannten Zusatzfunktionen wie Wärmedämmung, Sonnenschutz oder auch Selbstreinigung. Die Glasindustrie ist zudem eine wichtige Grundstoffindustrie für Anwendungen im Bereich der erneuerbaren Energien: Flachglas wird für den Aufbau von Fotovoltaikmodulen eingesetzt, Glasröhren sind Bestandteil von solarthermischen Anlagen, Glasfasern dienen der Verstärkung von Windkraftanlagen.

Bei einer Umstellung des Herstellungsprozesses auf erneuerbare Energieträger wird der CO_2-Fußabdruck der Produkte verringert. Dies ist ein wichtiges Argument auch gegenüber den Kund*innen der Glasindustrie, die ihre eigenen Wertschöpfungsketten immer häufiger kritisch im Hinblick auf Nachhaltigkeit überprüfen. Gerade große Konzerne erarbeiten derzeit vermehrt eigene CO_2-Reduzierungsziele und nehmen dafür auch ihre Lieferketten in den Blick.

Herausforderungen

Durch eine konsequente Umsetzung von Energiesparmaßnahmen hat die Glasindustrie den Energieverbrauch und damit den CO_2-Ausstoß bereits in den letzten Jahrzehnten nach dem verfügbaren Stand der Technik reduziert, sodass eine weitere Absenkung über Energieeinsparmaßnahmen kaum mehr möglich ist. Eine weitere Reduzierung kann daher nur durch den Umstieg von konventionellen Energieträgern – vor allem Erdgas – auf alternative, erneuerbare Energieträger erfolgen. Die Branche arbeitet aktuell an einer Roadmap, mit der verschiedene Transformationspfade zur Reduzierung von CO_2-Emissionen entwickelt werden. Auch einzelne Unternehmen der Glasindustrie, zum Beispiel SCHOTT, haben eigene Strategien entwickelt, um einen aktiven Beitrag zum Klimaschutz zu leisten.

Die Frage, welche Technologie für die Dekarbonisierung der Glasindustrie zukunftsfähig sein wird, erfordert noch viel Forschung und Entwicklung. Dabei läuft die Zeit, denn die Glasindustrie zeichnet sich durch lange Investitionszyklen aus: Eine Glaswanne hat eine durchschnittliche Lebensdauer von 15 Jahren und ein (Um-)Bau ist mit sehr hohen Investitionskosten verbunden. Bei der Umstellung auf eine Technologie, die sich langfristig als nicht zukunftsfähig erweist, drohen Fehlinvestitionen sowie der Verlust der Wettbewerbsfähigkeit. Die Unternehmen der Glasindustrie stehen zudem oft vor administrativen Hürden, wenn sie für die Technologieumstellung Fördermittel beantragen. Die Bewilligung zieht sich bisweilen so lange hin, dass sich die Umsetzung lange geplanter Umbauten verzögert, die Glaswanne aber am Ende des Lebenszyklus dringend erneuert werden muss. Durch lange Genehmigungszeiträume werden im schlimmsten Fall Technologieänderungen verpasst, was bis zu 15 Jahre Verzug in der Umsetzung der Innovationen zur Folge hätte. Zudem wird durch die Fördermittel zwar die Umsetzung von Dekarbonisierungsmaßnahmen finanziell unterstützt, aber nicht die Mehrkosten, die beim Betrieb der Glaswannen durch den Einsatz der neuen Technologie entstehen.

Aktuell stehen drei Technologien zur Dekarbonisierung der Glasindustrie im Fokus: die vollständige Elektrifizierung mit Grünstrom, der Bau hybrider Glaswannen, die mit Strom und Erdgas beziehungsweise später H_2 betrieben werden, sowie der Einsatz erneuerbarer Gase, wie beispielsweise H_2 oder biogene Gase. Die Befeuerung mit erneuerbaren Gasen kann dabei sowohl als konventionelle Verbrennung mit Luft als auch mit Sauerstoff (Oxyfuel-Technologie) erfolgen, wobei die Oxyfuel-Technologie zukunftsweisend ist. Die Technologien erfordern Umbauten an den Glaswannen, die Schaffung neuer Infrastrukturen, zum Beispiel durch neue Stromleitungen, oder auch das Aufstellen von H_2-Tanks. Eine Umstellung der Verbrennungsprozesse auf H_2 erfordert zudem den Aufbau einer H_2-Pipeline-Infrastruktur, um wirtschaftlich zu werden und auch den Transport klimaneutral gestalten zu können. Hier eröffnet sich ein weiteres Dilemma: Ein H_2-Netz-Ausbau setzt voraus, dass die Betriebe auch H_2 einsetzen. Diese unternehmerische Entscheidung wird aber ihrerseits daran gekoppelt, dass eine H_2-Netz-Infrastuktur geschaffen wird („Henne-Ei-Problem").

Aufgrund der Eigenschaften von H_2 gelten Anlagen ab einer Menge von 5.000 Kilogramm als Störfallanlagen, die Errichtung zieht damit zwingend eine Beteiligung der Öffentlichkeit nach §8a 12. BImSchVO nach sich. Ab einer Menge von 50.000 Kilogramm gelten noch weitergehende Informationspflichten der Öffentlichkeit gemäß §11 12. BImSchVO. Das Thema Akzeptanz hat bei der Umstellung auf diese Technologie daher noch einmal eine besondere Relevanz.

3.3.1.3 Akzeptanz für Dekarbonisierungsprojekte

Akzeptanz im Unternehmen schaffen

Von der Entwicklung einer Projektidee bis zur Umsetzung ist es ein langer Weg. Denn auch im Unternehmen muss häufig noch Überzeugungsarbeit geleistet werden, und das auf allen Ebenen.

Klimastrategie entwickeln

Es empfiehlt sich, Dekarbonisierungsmaßnahmen langfristig in eine eigene Klimastrategie einzubetten, die sowohl nach innen als auch nach außen kommuniziert wird. Dabei werden Klimaziele und eine Zeitschiene festgelegt sowie Publikationen entwickelt, welche die Strategie prägnant zusammenfassen. Ebenso ist es empfehlenswert, konkrete Ansprechpersonen für die Klimastrategie zu benennen, sodass Mitarbeiter*innen im Falle von Fragen zum Thema und Maßnahmen persönlich oder per E-Mail Kontakt aufnehmen können. Hier ist der Dialog entscheidend. Das Fachwissen der Mitarbeiter*innen sollte aktiv genutzt werden, denn sie sind bei diesem komplexen Thema die besten Botschafter*innen.

Alle Mitarbeitenden mitnehmen

Die Entscheidung für eine Technologie und die damit einhergehende technische Umrüstung der Glaswerke betrifft nicht nur die Entscheidungs- und Verwaltungsebene, sondern hat auch konkrete Auswirkungen auf die Mitarbeitenden in der Produktion. Umstellungen erfordern oftmals eine Anpassung der Sicherheitsanforderungen, die eingehalten werden müssen. Auch auf dieser Ebene ist es daher hilfreich, ein Grundverständnis für die Projektidee zu schaffen und alle auf dem Weg zur Umsetzung „mitzunehmen". Dies kann durch Betriebsversammlungen oder auch firmeninterne Newsletter unterstützt werden.

Best Practice der SCHOTT AG: aktives Einbeziehen der Mitarbeitenden durch Ideenwettbewerb

Auf dem Weg Richtung Klimaneutralität hat SCHOTT auch die Mitarbeitenden für dieses wichtige strategische Ziel sensibilisiert und so für eine aktive Unterstützung gewonnen. Dazu wurde ein weltweiter Ideenwettbewerb ausgeschrieben, bei dem die Mitarbeitenden oder Teams mit ihrer persönlichen Expertise Vorschläge einreichen konnten, um den Ausstoß von CO_2-Emissionen zu vermeiden oder zu reduzieren. Die Ideen konnten sowohl das eigene Arbeitsumfeld betreffen als auch Dienstreisen oder den Arbeitsweg.

Nach Überprüfung der Ideen auf ihre Realisierbarkeit werden die besten Vorschläge an allen Produktionsstandorten und Sales Offices mit Baumpatenschaften und attraktiven Geldpreisen belohnt. Eine erste Zwischenbilanz zeigt, dass das Klimaschutzthema bei den Mitarbeiter*innen auf großes Interesse stößt und bereits viele nützliche Ideen eingereicht wurden.

Basisakzeptanz in der Region schaffen

Mehrwert schaffen

Akzeptanz zu schaffen, ist eine Aufgabe, der sich Unternehmen unabhängig von konkreten Projekten widmen sollten. Denn die Wahrnehmung des Unternehmens vor Ort und in der Region hat in späteren Genehmigungsverfahren mit Öffentlichkeitsbeteiligung einen großen Einfluss darauf, wie eventuell auftretende Konflikte gelöst werden können. Sicherlich gibt es dabei Unterschiede, ob das Unternehmen im ländlichen Raum angesiedelt ist, in dem es oftmals der größte Arbeitgeber ist, oder in einem urbanen Umfeld, in dem Industrieanlagen kritischer gesehen werden. Viele Glashütten engagieren sich, indem sie Vereine, die örtliche Feuerwehr oder soziale Einrichtungen regelmäßig unterstützen. Andere zeigen ihr lokales Engagement durch Projekte, die sichtbar in Zusammenhang mit dem Glaswerk stehen.

Die Tore öffnen

Industrielle Prozesse finden hinter verschlossenen Toren statt. Eine regelmäßige Öffnung des Werksgeländes für Tage der offenen Tür oder Führungen durch die Glasproduktion macht den Prozess der Glasherstellung für Interessierte transparent. Einige Glashütten führen sogenannte Familientage durch, an denen die Mitarbeitenden ihre Angehörigen im Rahmen eines Betriebsfestes mitbringen dürfen. Auch hier gilt: Die eigenen Mitarbeiter*innen sind die besten Botschafter*innen!

Über das Produkt und den Werkstoff Glas sprechen

Der Werkstoff Glas ist durch seine Eigenschaften positiv besetzt. Darüber sollte man sprechen, nicht nur bei Besichtigungen vor Ort. Glas wird ausschließlich aus natürlichen bzw. naturidentischen anorganischen Rohstoffen hergestellt, die größtenteils auch in Deutschland vorkommen bzw. produziert werden. Hauptbestandteil sind Sand und – bei der Produktion von Behälterglas – Recyclingglas. Glas ist ein natürlicher Werkstoff und wird auch als solcher wahrgenommen. Durch den Einsatz von Recyclingglas in der

Behälterglasindustrie ist der Endverbrauchende sogar Teil der Wertschöpfungskette, denn jede/-r Einzelne kann einen Beitrag dazu leisten, dass möglichst viel Verpackungsglas wieder eingesammelt und eingeschmolzen wird.

Verständnis für das Produkt, das vor Ort im Glaswerk hergestellt wird, ist ein wichtiger Schritt hin zur Akzeptanz. Viele Produkte der Glasindustrie sind fest in den Alltag der Endverbraucher*innen integriert, was die Kommunikation vereinfacht. Andere Produkte tragen durch ihre Funktion zur Energiewende bei, in dem durch ihren Einsatz CO_2-Emissionen reduziert werden, wie zum Beispiele Fenster mit Beschichtungen, die wärmedämmend wirken und damit Energie für Heizung oder Klimaanlagen einsparen. Etliche Produkte der Glasindustrie sind damit bereits Teil der Lösung zur Erreichung der Klimaziele, andere tragen zu einem gesunden Lebensstil bei. „So sind Glasverpackungen praktisch inert, das heißt, sie geben keine Geschmacks- oder Fremdstoffe an den Inhalt ab" (BV Glas 2014: 11). Glas-Vials sind die Verpackung der Wahl zur Abfüllung der Impfstoffe gegen Covid-19 und damit Teil der Strategie zur Pandemiebekämpfung. Dass sich die Glasindustrie auch im Hinblick auf ihre Herstellungsprozesse neu aufstellt, ist damit ein nachvollziehbarer Schritt auf dem Weg zu noch mehr Energieeffizienz und Klimaneutralität.

▸ Abb. 3

Best Practice SCHOTT AG: Förderprojekt Schule und Klimaschutz
In Anlehnung an das Strategieprojekt, mit dem der Spezialglashersteller SCHOTT bis 2030 ein klimaneutrales Unternehmen werden will, hat das Unternehmen ein Förderprojekt ins Leben gerufen. Dabei werden Schulen, die in der Nähe der SCHOTT-Standorte in Deutschland liegen, unterstützt, bei Schüler*innen das Problembewusstsein für den Klimawandel zu schärfen. Das Projekt soll junge Menschen motivieren, selbst Lösungen für mehr Klimaschutz in ihrer Schule in Form einer Projektidee zu erarbeiten.

3 *Wichtiger Beitrag zur Bekämpfung der Coronapandemie: Glas-Vials zur Abfüllung der Impfstoffe (SCHOTT AG 2021)*

Die Leitfrage des Förderprojekts lautet: Wie können Schulen einen nachhaltigen Beitrag zum Klimaschutz leisten? Im Unterricht sollen Klassen, Kurse oder Projektgruppen dazu zielgerichtete und realisierbare Ideen entwickeln. Die besten Ideen an den sechs deutschen Standorten belohnt SCHOTT jeweils mit bis zu 20.000 Euro. Damit sollen die „Siegerideen" realisiert werden.

Akzeptanz bei Genehmigungsbehörden schaffen

Der offizielle Startschuss zu einem Projekt fällt in der Regel mit der Einreichung des Genehmigungsantrags bei der Behörde. Die Behörde sollte aber nicht erst durch Einreichung des Antrags von den Planungen erfahren. Bei vielen Unternehmen der Glasindustrie ist es gelebte Praxis, proaktiv Kontakt zu den Behörden aufzubauen und diesen auch zu pflegen, wenn aktuell kein genehmigungsbedürftiges Projekt ansteht.

Stehen konkrete Planungen an, ist der richtige Zeitpunkt für die Einbeziehung der Behörde dann gegeben, wenn das Projekt im Unternehmen schon eine gewisse Form angenommen hat, beispielsweise schon erste technische Zeichnungen und Fotos existieren, die man zu einem informellen Termin mitnehmen kann. Im Rahmen dessen können viele Aspekte, die im Genehmigungsverfahren eine Rolle spielen können, bereits abgeklärt werden.

Diese Aspekte können sein:
1. Welche Technologie soll eingesetzt werden?
2. Wie viel Energie kann durch das eingesetzte Verfahren eingespart werden?
3. Wie viel Emissionen können reduziert werden?
4. Welches Genehmigungsverfahren kommt für das Projekt in Betracht?
5. Welcher Zeitplan ist vorgesehen?
6. Welche Dokumente, eventuell Gutachten (zum Beispiel Schallgutachten), müssen eingereicht werden?
7. Muss die Öffentlichkeit beteiligt werden?
8. Wer ist der/die Ansprechpartner*in im Unternehmen für Rückfragen der Behörde?

Basisakzeptanz im Genehmigungsverfahren schaffen

Frühe Öffentlichkeitsbeteiligung

Anwohner*innen, die von baulichen Veränderungen an einem Glaswerk betroffen sind, sollten von den Planungen nicht erst im Rahmen der offiziellen Öffentlichkeitsbeteiligung aus den Medien erfahren. Auf eine frühzeitige Beteiligung der Öffentlichkeit vor Einreichung des Genehmigungsantrags geht auch §25 Abs. 3 Verwaltungsverfahrensgesetz (VwVfG) ein. Gemäß dieser Vorschrift wirkt die Behörde darauf hin, dass der/die Träger*in bei der Planung von Vorhaben, die nicht nur unwesentliche Auswirkungen auf die Belange einer größeren Zahl von Dritten haben können, die betroffene Öffentlichkeit frühzeitig über die Ziele des Vorhabens, die Mittel, es zu verwirklichen, und die voraussichtlichen Auswirkungen des Vorhabens unterrichtet (frühe Öffentlichkeitsbeteiligung).

Ein Instrument, das sich zur frühzeitigen Einbindung der Öffentlichkeit bewährt hat, ist die Durchführung eines Bürger*innendialogs. Er bietet die Möglichkeit, durch das Vorhaben betroffene Parteien einzubinden, Fragen und Sorgen zu identifizieren und potenzielle Konflikte schon vor dem offiziellen Genehmigungsverfahren auszuräumen. Dementsprechend sorgfältig sollte er vorbereitet werden:

- Ansprechpersonen aus dem Unternehmen auf Managementebene benennen
- dem Projekt ein Gesicht geben – Modelle, Planungsskizzen, Fotos vorbereiten
- eventuell erstellte Gutachten, zum Beispiel zum Thema Schallschutz, vorstellen
- Mehrwert des Projekts für die Bewohner*innen und den Ort kommunizieren, zum Beispiel Anschluss des Glaswerks an das Fernwärmenetz
- Projekt als Teil der Lösung eines gesamtgesellschaftlichen Themas – Klimaneutralität – kommunizieren
- Zeitschiene aufzeigen

Richtlinie VDI 7000

Die VDI 7000 unterstützt private und öffentliche Vorhabenträger*innen bei der Planung, Organisation und Durchführung der frühen Öffentlichkeitsbeteiligung als integrierter Teil des Projektmanagements von Industrie- und Infrastrukturprojekten. Die VDI 7000 bietet einen Managementleitfaden, um

- die Wirtschaftlichkeit, Genehmigungsfähigkeit und Akzeptanz eines Projektes zu verbessern,
- das für den Projekterfolg notwendige Vertrauen zwischen den Akteur*innen aufzubauen,
- die Fähigkeit zur Zusammenarbeit der Beteiligten zu stärken,
- als Frühwarnsystem rechtzeitig vor den förmlichen Genehmigungsverfahren Konflikte sinnvoll zu bearbeiten,
- einen klar strukturierten Fahrplan mit entsprechenden Maßnahmen und Tools für den gesamten Projektablauf aufzubauen und dabei
- die internen und externen Kompetenzen zielorientiert und effizient zu nutzen (vgl. Brennecke 2015: 1).

Öffentlichkeitsbeteiligung im Genehmigungsverfahren

Nach der Einreichung des Genehmigungsantrags ist die Öffentlichkeit gemäß § 10 Abs. 3 BImSchG durch Veröffentlichung des Vorhabens, zum Beispiel im amtlichen Veröffentlichungsblatt, in der lokalen Tageszeitung oder im Internet, zu beteiligen (es sei denn, die Durchführung erfolgt im vereinfachten Verfahren gemäß § 19 BImSchG). Die Veröffentlichung des Planungsvorhabens durch die Genehmigungsbehörde kann auch von den Unternehmen (Träger des Vorhabens) noch einmal zur Kommunikation genutzt werden, beispielsweise durch den Versand einer Pressemitteilung oder ein Hintergrundgespräch mit dem CEO in einer Tageszeitung. Auch ist es sinnvoll, auf der Website des Unternehmens Informationen zu dem geplanten Vorhaben bereitzustellen, damit sich Dritte aus erster Hand informieren können.

Der nächste Kontakt mit der Öffentlichkeit findet im Rahmen des Genehmigungsverfahrens dann statt, wenn die Behörde einen Erörterungstermin gemäß § 10 Abs. 4 Nr. 3 BImSchG anordnet. Für diesen gilt ebenfalls das oben Gesagte – eine gute Vorbereitung mit Expert*innen und gegebenenfalls Gutachter*innen sowie die Durchführung als „Diskurs auf Augenhöhe".

In besonderen Fallkonstellationen können sich aus dem UVPG (Gesetz über die Umweltverträglichkeitsprüfung) und der Störfallverordnung weitere Vorschriften zur Öffentlichkeitsbeteiligung ergeben.

Akzeptanz bei Medien schaffen

Kommunikative Maßnahmen zur Schaffung von Akzeptanz und allgemeine Öffentlichkeitsarbeit sind miteinander verflochten. Die Trennlinie scheint auf den ersten Blick unscharf. Während die allgemeine Öffentlichkeitsarbeit aber eher auf die Gegenwart gerichtet ist (Firmennews, neue Produkte, konkrete Projekte), zielen Maßnahmen zur Akzeptanz mehr auf die Zukunft und bereiten die Basis, wenn es – zum Beispiel im Rahmen von Dekarbonisierungsmaßnahmen – konkret wird.

Publikationen entwickeln und einsetzen

Die Entwicklung einer Klimastrategie ist komplex, doch es lohnt sich, die gesetzten Klimaziele des Unternehmens und die strategischen und technischen Überlegungen dazu aufzubereiten. Eine übersichtliche, gut strukturierte und auch für den Laien/die Laiin verständliche Publikation (zum Beispiel das Whitepaper von SCHOTT) kann von einer Vielzahl von Stakeholder*innen – unter anderen Journalist*innen – genutzt werden. Auch die Website ist ein guter Kanal, um die Unternehmensziele zum Thema Klimaschutz darzustellen.

Pressearbeit

Auch für die Pressearbeit gilt, möglichst frühzeitig zu informieren und nicht erst mit Start des Genehmigungsverfahrens zu beginnen. Eine regelmäßige Kommunikation über geplante Meilensteine und Herausforderungen schafft Grundverständnis für anstehende Projekte, die Position des Unternehmens dazu und verankert das Thema in der Öffentlichkeit. Regelmäßige Einladungen zu Hintergrund- und Pressegesprächen vertiefen Kontakte zur lokalen Presse, die das Thema dann in der Regel auch aufgreift, wenn es konkret wird.

REDAKTION

Dorothée Richardt
Bundesverband Glasindustrie e.V.
Hansaallee 203
40549 Düsseldorf
Tel. (+49) (0211) 902278-25
E-Mail: richardt@bvglas.de
www.bvglas.de

KURZBIOGRAPHIE

Dorothée Richardt studierte nach dem Abitur im Jahr 1995 in Augsburg und Montpellier (Frankreich) Jura und schloss ihre juristische Ausbildung im Jahr 2004 mit dem 2. Staatsexamen ab. Ihren Weg in die PR/Öffentlichkeitsarbeit fand sie über einschlägige Student*innenjobs beim Radio und zwei Verlagen sowie erste Tätigkeiten beim Bundesverband Solarwirtschaft e.V. und einer Düsseldorfer PR-Agentur. Seit 2009 ist sie als Leiterin für Presse- und Öffentlichkeitsarbeit beim Bundesverband Glasindustrie e.V. beschäftigt.

Kalkindustrie

3.4

ZUSAMMENFASSUNG

Kalk steht als natürlicher Grundstoff am Anfang vieler Wertschöpfungsketten. Die Kalkindustrie liefert einen bedeutenden Rohstoff des täglichen Bedarfs, dessen vielfältige Nutzung uns seit Jahrtausenden begleitet. Beispielsweise verbraucht jede/-r Bundesbürger*in pro Woche 1,75 Kilogramm Kalk (BVK, pers. Kommunikation). Kalk wird eingesetzt im Haus- und Straßenbau, bei der Produktion von Eisen, Stahl (auch „grünem Stahl"), Glas und Kunststoffen und findet Anwendung in der Wasseraufbereitung, bei Medikamenten und Hygieneartikeln, Papier und Schmuck, Lebensmitteln und Getränken. Der Rohstoff Kalk ist allgegenwärtig und nahezu unverzichtbar. Rund 35 Unternehmen produzieren im Durchschnitt rund sechs Millionen Tonnen gebrannten Kalk (kurz Kalk) im Jahr (BVK, Absatzabfrage Mitglieder). ■ Die Produktion von Kalk ist nicht nur energieintensiv, sondern weist in der Industrie zusätzlich eine wesentliche Besonderheit auf: nicht minderbare material- bzw. rohstoffbedingte Prozessemissionen. Dem Kalkbrennen zugrunde liegt die Umwandlung von Calciumcarbonat ($CaCO_3$) in Calciumoxid (CaO) und CO_2. Aufgrund des Ergebnisses der chemischen Reaktion des Brennprozesses werden je Tonne CaO dabei nicht vermeidbare 785 Kilogramm CO_2 aus dem Mineral $CaCO_3$ freigesetzt. Dieser Anteil – das sogenannte materialbedingte Prozess-CO_2 – kann aufgrund der chemischen Zusammensetzung des $CaCO_3$ nicht verringert werden. Das stellt die Kalkindustrie vor große Herausforderungen, bietet aber auch Chancen für eine nachhaltige Zukunft.

KALKINDUSTRIE 2050 – ÜBER DIE KLIMANEUTRALE PRODUKTION ZUR KLIMAPOSITIVEN INDUSTRIE

AUTOREN:
Dr. Frank Ohnemüller, *Bundesverband der Deutschen Kalkindustrie e. V.* • Philip Nuyken, *Bundesverband der Deutschen Kalkindustrie e. V.*

3.4.1.1 Herausforderungen, Chancen und Ziele

Klimaschutz und CO_2-Vermeidung gehören zu den zentralen Herausforderungen des 21. Jahrhunderts. Bei der Frage, wie wir für nachfolgende Generationen einen lebenswerten Planeten hinterlassen können, sind wir als Menschen, Gesellschaft und Industrie in der Pflicht, einen Beitrag zum Klimaschutz zu leisten. Deutschland hat sich zur Umsetzung des Pariser Klimaschutzabkommens und des europäischen Green Deals, bei dem eine Begrenzung der Erderwärmung auf zwei Grad Celsius und eine Klimaneutralität bis 2050 vorgesehen sind, verpflichtet. Darüber hinaus hat Deutschland noch ambitioniertere Ziele formuliert und möchte bereits bis 2045 klimaneutral werden. Unter diesem klaren Statement hat sich die Kalkindustrie als eine besonders energie- und CO_2-intensive Industrie zur Umsetzung der Klimaziele bekannt und stellt sich der daraus erwachsenden Verantwortung. Dabei stehen wir vor der besonderen Herausforderung, dass bei der Erzeugung von Kalk unvermeidbare CO_2-Mengen prozessbedingt entstehen. Im Zuge des Brennprozesses entweicht bei der Kalkproduktion CO_2 aus dem Kalkstein. Der Anteil dieses prozessbedingten, unvermeidbaren CO_2 beträgt etwa zwei Drittel der Gesamtemissionen der Kalkindustrie.

Die technischen und wirtschaftlichen Herausforderungen sind daher enorm. Die Kalkindustrie mit einer Produktion von rund sechs Millionen Tonnen Kalk an etwa 75 Standorten in Deutschland ist überwiegend geprägt durch mittelständische Familienunternehmen. Sie ist für circa 1,5 Prozent der CO_2-Emissionen des deutschen Energie- und Industriesektors verantwortlich.

Um auch zukünftig den unverzichtbaren Grundstoff Kalk, der am Anfang vieler industrieller Wertschöpfungsketten steht und auch beim Umweltschutz eine große Rolle einnimmt, in Deutschland produzieren zu können, hat der Bundesverband der Deutschen Kalkindustrie e. V. (BVK) zusammen mit seinen Mitgliedern die „Roadmap Kalkindustrie 2050 – Über die klimaneutrale Produktion zur klimapositiven Industrie" (vgl. BV Kalk 2020) erstellt.

Der Vorsitzende des Bundesverbandes der deutschen Kalkindustrie, Dr. Kai Schaefer, hat ein ganz klares Ziel formuliert: „Wir wollen unsere Produktion so umstellen, dass wir spätestens 2050 in allen Werken unsere Kalkprodukte ohne einen CO_2-Ausstoß, also klimaneutral, produzieren können. Dazu müssen wir neue Verfahren entwickeln, die großtechnisch an unseren Öfen umsetzbar und auch wirtschaftlich tragfähig sind. Durch die Fähigkeit unserer Produkte, wieder CO_2 aus der Luft einzubinden, werden wir klimapositiv." Die Transformation zur Klimaneutralität erfordert eine ganzheitliche Betrachtung, in der sektorenübergreifend alle Stakeholder*innen inkludiert werden müssen. Diese hochgesteckten Ziele sind nur mit starken Partner*innen zu erreichen. Daher ist der BVK gemeinsam mit der Forschungsgemeinschaft Kalk und Mörtel e. V. (FG Kalk) im intensiven Austausch mit Forschungseinrichtungen, Netzwerkgruppen, der Industrie, der Zivilgesellschaft und der Politik. Die zivilgesellschaftliche Akzeptanz, politische und wirtschaftliche Rahmenbedingungen sowie erforderliche CO_2-Infrastrukturen werden ebenso benötigt wie technologische Fortschritte, die erst eine wirtschaftliche Umsetzung der Ziele ermöglichen.

Für nicht vermeidbare materialbedingte Prozessemissionen – zwei Drittel der Gesamtemissionen – braucht es CCUS-Technologien und die rechtliche Möglichkeit einer permanenten Einbindung

Mit ihrem großen Anteil von zwei Dritteln materialbedingter Prozessemissionen, die sich nicht über einen Energieträgerwechsel vermeiden lassen, steht die Kalkindustrie vor der großen Herausforderung, auf eine Technologie angewiesen zu sein, die in der Vergangenheit in Deutschland kritisch gesehen wurde. Aber: Eine Technologie zum Auffangen, zur permanenten Nutzung und sicheren Speicherung von CO_2 (CCUS-Technologie) wird jede Gesellschaft für die Emissionsmengen brauchen, die nicht anders vermieden werden können. Insbesondere in der Kalk- und Zementindustrie bestehen auch außerhalb Deutschlands große Minderungspotenziale. Allein China verbrauchte 2018 rund 2.400 Millionen Tonnen Zement (vgl. Statista 2018). Umgerechnet in CO_2-Emissionen entsprechen allein diese dem Zweifachen des gesamten deutschen Treibhausgasausstoßes. Geht Deutschland bei CCUS-Technologien voran, ist das ein positives Zeichen für internationale Partner*innen.

Ein technologischer Aufbruch und verstärkte internationale Zusammenarbeit sind auch beim Transport von CO_2 notwendig. Die rechtliche Grundlage bietet dabei unter anderem der Art. 6 des London-Protokolls, der umgesetzt werden sollte. Mit gesellschaftlichem Zuspruch für breiten Klimaschutz ist ein solcher Schritt von deutscher Seite zeitnah möglich. Bei einer Umsetzung in der 20. Wahlperiode könnten rund eine Million Tonnen CO_2 im Rahmen von CCS-Technologien aufgefangen werden. Der Großteil des Potenzials aber wird erst nach 2030 gehoben werden.

Ökonomischer und ökologischer Umstieg auf klimaneutrale Energieträger

Neben dem Großteil nicht vermeidbarer Emissionen ist es Aufgabe der Kalkindustrie, schrittweise von fossilen auf klimaneutrale Energieträger umzusteigen. Hierbei sind zwei Aspekte zu betrachten. Zum einen sind die verschiedenen Energieträgerpreise sowie deren wettbewerbsfähige Ausgestaltung zu berücksichtigen. Da H_2 oder auch nachhaltige Biomasse als klimaneutrale Energieträger auf absehbare Zeit deutlich teurer bleiben werden, braucht es eine Strategie der Bundesregierung, mit welchen Instrumenten diese klimaneutralen Energieträger in der Industrie eingesetzt werden können, ohne die Wettbewerbsfähigkeit der Industrie in Deutschland zu gefährden. Zum anderen müssen diese Energieträger auch in entsprechendem Umfang zur Verfügung stehen. Ohne ein ausreichendes Angebot wird weder die Kalkindustrie noch eine andere Industrie auf klimaneutrale Energieträger umsteigen können. Es ist wichtig, dass der Übergang politisch eng begleitet wird, damit es nicht zu Carbon Leakage kommt.

Klimaneutralität der Kalkindustrie durch Nutzung biogener/ erneuerbarer Energieträger und sicherer dauerhafter Speicherung

Kombiniert man den Einsatz biogener Energieträger mit der Vermeidung von materialbedingten Prozessemissionen, kann perspektivisch aus der emissionsintensiven Kalkindustrie eine klimapositive Industrie werden, die mehr CO_2 dauerhaft einbindet, als sie emittiert. Dies geschieht über den Einsatz ihrer Produkte, welche zu einem Großteil die Fähigkeit besitzen, während ihres Lebenszyklus wieder CO_2 aufzunehmen. Die Kombination wäre zudem für die Gesellschaft kosteneffizient. Der Einsatz von Biomasse zu wettbewerbsfähigen Preisen ist insbesondere dort sinnvoll, wo auch CCU-Technologien eingesetzt werden. Dadurch werden sowohl Kosten für zusätzliche Anlagen als auch für die entsprechende Transportinfrastruktur eingespart.

Positive Klimawirkung und CO_2-Senken-Potenzial der Kalkindustrie durch die natürliche Karbonatisierung von Kalkprodukten

Die bereits erwähnte Fähigkeit von Kalkprodukten während ihres Lebenszyklus und in der Anwendung CO_2 unter anderem aus der Atmosphäre auf natürliche Weise wiederaufzunehmen, nennt man Karbonatisierung. Diese ermöglicht der Kalkindustrie bei einer erfolgreichen Abtrennung ihrer CO_2-Emissionen am Kalkwerk in Kombination mit der Nutzung des CO_2 im Sinne der Kreislaufwirtschaft (CCU) oder der permanenten Speicherung im Sinne des CCS, den Wandel hin zu einer klimapositiven Industrie zu vollziehen. Die natürliche Karbonatisierung kann in einer Vielzahl von Anwendungsbereichen technisch beschleunigt oder in ihrer Leistungsfähigkeit der CO_2-Wiederaufnahme weiter verstärkt werden, weshalb die Karbonatisierung eines der Fokusthemen des Klimaschutzes innerhalb der Kalkindustrie ist.

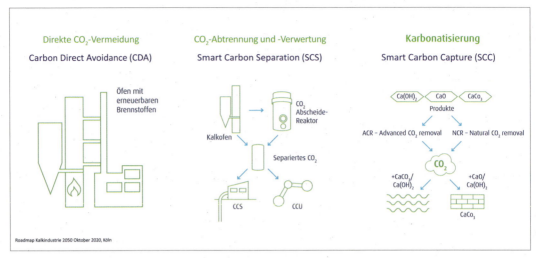

1 *Die drei Technologiepfade der Roadmap Kalkindustrie 2050: über die klimaneutrale Produktion zur klimapositiven Industrie (BV Kalk 2020: 10)*

3.4.1.2 Die drei Technologiepfade

Zur Erreichung des Ziels der Klimaneutralität im Jahr 2045 und zur Realisierung des CO_2-Senken-Potenzials hat die deutsche Kalkindustrie innerhalb ihrer Roadmap Kalkindustrie 2050 drei Technologiepfade (vgl. Abb. 1; vgl. BV Kalk 2020) definiert, die schrittweise implementiert und in Abhängigkeit von der vorhandenen Infrastruktur sinnvoll eingesetzt werden sollen:

- direkte CO_2-Vermeidung
- CO_2-Abtrennung
- Karbonatisierung

Direkte CO_2-Vermeidung

Für den Brennprozess der Kalköfen werden zurzeit überwiegend feste, flüssige und gasförmige fossile Brennstoffe eingesetzt. Bei der direkten CO_2-Vermeidung (vgl. BV Kalk 2020: 11) sollen diese Brennstoffe durch erneuerbare Energie (zum Beispiel elektrisch, Sauerstoff, H_2 oder Biomasse) ersetzt werden. Um die Umstellung der Brennstoffe erfolgreich zu vollziehen, finden bereits eine Vielzahl von Projekten und Entwicklungen neuer Ofentechnologien statt, die den Einsatz alternativer, erneuerbarer Brennstoffe bei gleichbleibender Produktqualität und Sicherstellung eines kontinuierlichen Anlagenbetriebs ermöglichen sollen.

Eine wichtige Voraussetzung wird hierbei sein, dass zukünftig die Verfügbarkeit der alternativen und erneuerbaren Brennstoffe auf lokaler und regionaler Ebene gesichert ist. Die direkte CO_2-Vermeidung hat das Potenzial, bis zu einem Drittel der CO_2-Emissionen eines Kalkofens zu reduzieren. Des Weiteren führt die Umstellung der Technologie zur Erzeugung eines relativ reinen Abgasstromes, der problemlosen Transport, Speicherung und Weiterverarbeitung (CCU) des restlichen CO_2 ermöglicht, welches dann nur noch rohstoffbedingt bei der Entsäuerung des Kalksteins entsteht.

CO_2-Abtrennung und -Nutzung als Rohstoff

Die Weiterverwendung von CO_2 als Rohstoff im Sinne der Kreislaufwirtschaft und des Carbon Capture und Utilisation (CCU) erfordert Technologien, die eine möglichst hohe Reinheit des entstehenden, in vielen Anwendungen angereicherten CO_2-Abgasstromes gewährleisten. Diese Abscheidetechnologien von CO_2 aus dem Abgas werden zurzeit mit unterschiedlichsten Ansätzen untersucht und entwickelt. In den EU-Großprojekten Leilac I und Leilac II wird von der Kalk- und Zementindustrie gemeinsam eine indirekte Kalzinierung erprobt, die eine vollständige Separation des rohstoffbedingt anfallenden CO_2-Stroms aus dem Kalkstein ermöglicht.

Die deutsche Kalkindustrie arbeitet zudem an einer energieeffizienten CO_2-Abscheidung durch ein Loopingverfahren mittels eines kalkbasierten Feststoffreaktors. Diese Art von CO_2-Separation soll Abscheideraten von mehr als 95 Prozent als End-of-Pipe-Lösung ermöglichen. Das Prinzip basiert auf einer exothermen Karbonatisierung bei Überdruck und einer endothermen Kalzination bei Unterdruck. Als End-of-Pipe-Lösung ließe sich dieses CO_2-Abtrennungs-Verfahren nicht nur an nahezu allen bestehenden Ofenanlagen innerhalb der Kalkindustrie anwenden, sondern würde auch branchenübergreifend eine Lösung der CO_2-Abtrennung in Partnerindustrien ermöglichen. Das abgetrennte CO_2 hat in allen Verfahren ein hohes Potenzial zur Nutzung in verschiedensten CCU-Verfahren, aber auch in der CO_2-Speicherung, da es hoch angereichert ist und eine hohe Reinheit besitzt. Somit werden Stoffströme beim Transport reduziert und auch Infrastrukturanforderungen gesenkt.

Karbonatisierung

Viele Produkte der Kalkindustrie nehmen während ihrer Nutzungsphase auf natürliche Weise in erheblichem Maße CO_2 auf und binden dieses zum Großteil permanent. Diesen Vorgang nennt man Karbonatisierung oder Mineralisierung. Es werden bereits verschiedene Ansätze verfolgt und Projekte durchgeführt, diesen – in einigen Anwendungen langwierigen – Prozess und Technologiepfad verfahrenstechnisch zu beschleunigen und die CO_2-Wiederaufnahme weiter zu steigern. Eine umfangreiche Studie der Technischen Universität Mailand (vgl. Grosso et al. 2020: 338) – zusammengefasst in der Karbonatisierungsbroschüre des Europäischen Kalkverbandes (vgl. EuLA 2021) – geht davon aus, dass circa 33 Prozent der rohstoffbedingten CO_2-Emissionen bei der Kalkproduktion im ersten Jahr durch den Prozess der Karbonatisierung wieder aufgenommen und permanent gebunden werden. Die Karbonatisierung während der Nutzungsphase der Produkte ermöglicht der Kalkindustrie somit unter der Voraussetzung einer klimaneutralen Produktion die Transformation hin zu einer klimapositiven Industrie.

Im Technologiepfad Karbonatisierung finden eine Vielzahl von Projekten statt, die sich unter anderem der Mineralisierung und somit der gezielten CO_2-Aufnahme durch die Herstellung und Bildung von Karbonaten/Kalksteinen ($CaCO_3$) widmen. In den entstandenen Karbonaten, die sich beispielsweise in der Baustoffindustrie erneut als Rohstoff einsetzen lassen, wird das CO_2 dauerhaft gebunden.

Weitere Projekte, wie das BMBF-Projekt RETAKE (2021–2024), beschäftigen sich mit der Möglichkeit der CO_2-Speicherung in Ozeanen und Meeren mittels einer gezielten

Erhöhung der Alkalinität durch Zugabe von karbonatischen Mineralen, wie Kalkstein oder Kalkhydrat (vgl. RETAKE 2022). Die Alkalinität ist ein Maß für die Fähigkeit von Wasser, Säuren zu neutralisieren. Durch die Erhöhung der Alkalinität wird die Pufferkapazität der Gewässer erhöht und eine atmosphärische CO_2-Entnahme ermöglicht. Auch hier tragen Kalkprodukte dazu bei, die weltweit gesteckten Klimaziele zu erfüllen und die Erderwärmung zu begrenzen.

Im Bundesverband der Deutschen Kalkindustrie e. V.
(BVK) sind rund 50 Unternehmen mit fast 100 Standorten vertreten. Gemeinsam produzieren sie mit rund 3.000 Beschäftigten rund sechs Millionen Tonnen Kalk im Jahr und erwirtschaften einen Gesamtumsatz von rund 750 Millionen Euro (Stand: 2020). Ob zur Trinkwasseraufbereitung, Abwasserbehandlung oder industriellen Abgasreinigung, im Wohnungs- oder Straßenbau, bei der Produktion von Eisen, Stahl, Glas und chemischen und medizinischen Produkten sowie in der Landwirtschaft und der Lebensmittelindustrie: Der Rohstoff Kalk ist allgegenwärtig und aus unserem Leben nicht wegzudenken.
- Die Kalkindustrie ist geprägt von KMU und Familienunternehmen.
- Kalk hat über 1.200 Anwendungen als unverzichtbare Grundstoffindustrie.
- Pro Woche braucht jeder Bürger circa 1,75 Kilogramm Kalk für das tägliche Leben.

AKZEPTANZ DURCH NACHHALTIGE VERANTWORTUNG GEGENÜBER NACHBARSCHAFT UND UMWELT

3.4.2

AUTOREN:
Christian Zöller, ehemals *Lhoist Germany* | *Rheinkalk GmbH* ·
Lisa Gödde, *Lhoist Germany* | *Rheinkalk GmbH*

3.4.2.1 Einleitung

Die deutsche Kalkindustrie befindet sich im Zuge der Dekarbonisierung inmitten eines herausfordernden Transformationsprozesses – ähnlich wie auch andere CO_2- und energieintensive Industrien. Dieser Prozess wird in der Bevölkerung vermehrt mit Skepsis, Kritik und Widerstand begleitet. Zunehmend prägt die NIMBY-Position (NIMBY = Akronym für: Not in my backyard; auch als Sankt-Florian-Prinzip bekannt) branchenübergreifend den sozialen und politischen Diskurs und erschwert zusätzlich die Akzeptanz dieser Transformation. Umso wichtiger ist es zum einen für Unternehmen, durch Transparenz, Offenheit und Ernsthaftigkeit Überzeugungsarbeit zu leisten, den Dialog zu suchen und Informationen für die Öffentlichkeit zur Verfügung zu stellen. Zum anderen ist es eine wesentliche Aufgabe, das Bewusstsein der Bevölkerung zu schärfen, welche Möglichkeiten durch den Lebenszyklus von Rohstoffgewinnung in Bezug auf Biodiversität und Artenschutz gegeben sind und wie diese mit einem generationenübergreifenden Verantwortungsbewusstsein gesehen und umgesetzt werden.

Es ist inzwischen gelebte Praxis, Nachbar*innen und Anwohner*innen schon in frühe Planungsphasen einzubinden – beispielsweise bei Genehmigungsverfahren für Erweiterungsvorhaben. Ein Projekt aus dem Akzeptanzbereich *Nachbarschaft* stellt das Lhoist-Nachbarschaftsbüro in Hönnetal (Nordrhein-Westfalen) dar. Dieses wurde als dauerhafte Einrichtung geschaffen, um ein möglichst allumfassendes und niedrigschwelliges Angebot für den Austausch zwischen Unternehmen und Nachbarn zu ermöglichen.

Auf der anderen Seite können jedoch auch langfristige Projekte, wie beispielsweise die gemeinsame Gestaltung von Nachfolgelandschaften mit hauptamtlichen wie ehrenamtlichen Naturschützern, in verschiedener Hinsicht als akzeptanzwahrender Ansatz angeführt werden.

3.4.2.2 Lhoist-Nachbarschaftsbüro – Standort Hönnetal

Hintergrund

Im August 2021 wurde von der Lhoist Germany | Rheinkalk GmbH in den Räumlichkeiten des ehemaligen Kindergartens im Hönnetal, Oberrödinghausen, ein Nachbarschaftsbüro eröffnet. Zusätzlich zu bereits bestehenden Dialogangeboten für die Nachbarschaft dient die Einrichtung als Informations- und Anlaufstelle für interessierte Bürger*innen Hönnetal, Oberrödinghausen sowie zur Nutzung durch Besucher*innengruppen und Mitarbeitende. Das Büro ist Anlaufstelle und Ort für echte Begegnungen auf Augenhöhe – gut erreichbar und unkompliziert im Austausch.

▶ Abb. 1

Projektinhalte und Durchführung

Im Nachbarschaftsbüro werden anhand verschiedener Informationsmaterialen – etwa Schaubilder, Informationstafeln, Lehrvideos und Broschüren – anschauliche Informationen über Kalk sowie den Kalkabbau im Hönnetal und das geplante Erweiterungsvorhaben angeboten. Geschulte Mitarbeiter*innen stehen zu festgelegten Öffnungszeiten als Ansprechpartner*innen zur Verfügung.

So gelingt es, den hohen Stellenwert des Rohstoffes Kalk für das alltägliche Leben und die Bedeutung der Kalkindustrie mit ihren vielfältigen Wertschöpfungsketten zu verdeutlichen. Fachvorträge sind ebenso geplant wie Mitarbeitendenschulungen, Besuche von Vereinen, Schulklassen oder anderen interessierten Gruppen. Nach einer inhaltlichen Einführung können sich diese Gruppen in Workshops oder Diskussionen konkreten Themen und Fragestellungen widmen. Es besteht auch die Möglichkeit, von dort aus eine Besichtigungstour durch Werk und Steinbruch zu starten. Weiterhin gibt es Informationsangebote über die Ausbildungsmöglichkeiten am Lhoist-Standort Hönnetal. Interessierte haben hier die Chance, mit Ausbilder*innen und Auszubildenden ins Gespräch zu kommen. Die Umsetzung des Projektes dauerte rund drei Monate, wobei die Eröffnung im Sommer 2021 coronabedingt verschoben wurde. Um alle Stake- und Shareholder*innen des Projektes, wie die direkte Nachbarschaft, die Bevölkerung, aber auch die Politik sowie weitere relevante Akteur*innen der Stadt, gleichermaßen in das Projekt einzubeziehen, wurde in mehreren Hintergrundgesprächen das Vorhaben angekündigt und erläutert. Anschließend folgte die Ankündigung über die lokalen Medien.

1 *Nachbarschaftsbüro von Lhoist in Menden (Lhoist Germany | Rheinkalk GmbH 2022a)*

Fazit und Ergebnis

Mit diesem neuen Informationsangebot schafft die Firma Lhoist Raum für den Dialog mit Anwohner*innen, Nachbarschaft sowie der interessierten Öffentlichkeit – nah, persönlich und auf Augenhöhe. Zudem bietet das Nachbarschaftsbüro Mitarbeiter*innen die Möglichkeit, sich zu Schulungen und Fortbildungen im unmittelbaren Umfeld des Werkes zu treffen. Die Anlaufstelle eröffnet damit neue Möglichkeiten für einen offenen Dialog und trägt zur Aufklärung wie auch zur Stärkung der Industrieakzeptanz vor Ort bei. Bisher stößt das Projekt auf große Resonanz. Hohe Besucher*innenzahlen sowie die Qualität der Gespräche sind ein Beleg dafür.

3.4.2.3 Generationenübergreifende Verantwortung – Gestaltung besonderer Nachfolgelandschaften

Hintergrund

Um das Jahr 2000 entschied sich das Unternehmen Lhoist, die Wiederherrichtungskonzeption des ehemaligen Sedimentationsbeckens Eignerbach am Standort Wülfrath-Flandersbach aus den 1970er-Jahren abzuändern. So wurde aus einer ursprünglich gewerblich konzipierten Nutzung dieser Fläche eine Landschaft, die einer naturnahen, landschaftsgerechten Entwicklung überlassen wurde. Offenland- und Gebüschflächen, Still- und Kleingewässer, Baumreihen sowie Steinbiotope bieten vielfältige und besondere Strukturen, die wiederum zahlreichen, auch teilweise in ihrer Existenz bedrohten, Arten im niederbergischen Raum dauerhafte und stabile Lebensräume bieten. Durch einen Wanderweg über das Rekultivierungsgebiet ist die Fläche jedoch nicht nur ein Gewinn für die Biodiversität, sondern auch bedeutend für die Naherholung.

▶ Abb. 2

2 *Blick aus Richtung des Aussichtspunktes auf das Rekultivierungsgebiet (Lhoist Germany | Rheinkalk GmbH 2022b)*

Ein ehemaliges Sedimentationsbecken als besondere Nachfolgelandschaft

In Kooperation mit den zuständigen Behörden wurde nach der Entscheidung, die Wiederherrichtung abzuändern, das Gesamtkonzept zur Renaturierung des Sedimentationsbeckens erarbeitet. Ein wesentlicher Aspekt des Erfolges liegt in genau diesem Prozesscharakter: Eine intensive, gemeinsame Abstimmung und Mitwirkung sämtlicher Stakeholder*innen – aus hauptamtlichem wie ehrenamtlichem Naturschutz – begründet bis heute das Fundament für eine nachhaltige, konstruktive Zusammenarbeit für diesen bedeutenden Lebensraum. So erfolgte bis heute ein enger Austausch mit den zuständigen Behörden, um diesen Lebensraum bestmöglich weiterzuentwickeln.

Aufgrund der besonderen Standortbedingungen und des damit einhergehenden besonderen dokumentierten Artenvorkommens sind nicht nur Nachbar*innen von diesem Angebot begeistert, auch überregional zieht diese Fläche großes Interesse auf sich, sodass regelmäßige Besuche von interessierten Gruppen und Vereinen stattfinden. Die halboffene Naturlandschaft in einem teilweise eingezäunten Bereich, auf dem Auerochsen aus dem Wildgehege Neandertal eingesetzt werden, weckt zusätzliches Interesse, welches von dem weitläufigen Wanderweg aus nachgegangen werden kann.

▶ Abb. 3

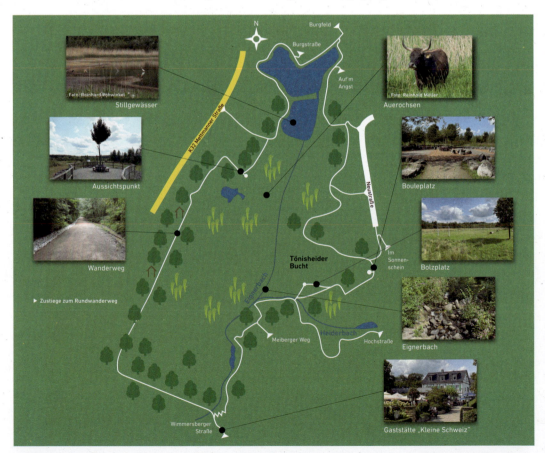

3 *Der Wanderweg lädt auf eine weitläufige Entdeckungstour ein (Lhoist Germany | Rheinkalk GmbH 2022c)*

Ergebnis und Fazit

Die enge konstruktive Abstimmung über den gesamten Projektzeitraum hat die Akzeptanz für das Konzept und den dahinterstehenden Rohstoffabbau bei den Kooperationspartner*innen bewahrt. Darüber hinaus begeistert das „dynamische Ergebnis" insbesondere auch die Nachbarschaft, Umweltorganisationen sowie Vertreter*innen der Politik und hilft dabei, den Rohstoffabbau in seiner ganzheitlichen Art und Weise wahrnehmbar zu machen. Insbesondere bei begleiteten Besuchen auf diesem Gebiet weitet sich das Bewusstsein für den industriespezifischen Einfluss, der zwar kein kurzfristiger, aber dennoch befristet ist – und die einzigartigen Lebensräume, die im Anschluss mit viel Aufwand und Pflege für Generationen erlebbar werden.

„DEIN STEINBRUCH" – ARTENSCHUTZ UND EVENTLOCATION

AUTOR:
Jörg Iseke, *Kalkwerke H. Oetelshofen GmbH & Co. KG*

3.4.3.1 Einleitung

In der energieintensiven Industrie hat die Abgrabungsindustrie seit jeher ein besonderes Akzeptanzproblem, da ein Tagebau immer in der Kontroverse Rohstoffnutzung versus Landschaftsschutz/Artenschutz steht und sich zudem mit den Sorgen und Bedürfnissen der regionalen Nachbarschaft auseinanderzusetzen hat. Die Kalkwerke Oetelshofen als mittelständisches Familienunternehmen in Wuppertal haben sich über viele Jahre bemüht, bei beiden Themengebieten neue, proaktive Wege zu beschreiten.

Die nachfolgend skizzierten und über einen längeren Zeitraum fortentwickelten Akzeptanzstrategien führten im nachbarschaftlich und genehmigungsrechtlich relevanten Umfeld zumindest zur Image- und Interessenwahrung eines energieintensiven Old-Economy-Unternehmens bei gleichzeitig zunehmend gesellschaftlicher und politischer Skepsis.

3.4.3.2 Rohstoffnutzung und Artenschutz – das niederbergische Uhuprojekt

Hintergrund

Die Gewinnung mineralischer Rohstoffe stellt notwendigerweise einen Eingriff in die Natur dar. Deshalb ist die Erschließung einer neuen Abbaustätte oder die Erweiterung einer bestehenden Abbaustätte mit einem aufwendigen Genehmigungsverfahren gemäß den rechtlichen Bestimmungen verbunden. Diese umfassen Umweltverträglichkeitsprüfungen und gegebenenfalls Biodiversitätsanalysen. Die Folgen der Eingriffe in die Natur beim Abbau von Rohstoffen lassen sich mit einer sensiblen Planung von Abbau, Naturausgleich und Folgenutzung minimieren. Die Kalkwerksbetreibenden stellen rechtzeitig Ersatzquartiere bereit, wenn die Abbauzonen verlagert werden, renaturieren und rekultivieren bereits während der Gewinnung und führen Ausgleichsmaßnahmen durch. Grundlegend für einen umweltverträglichen Abbau sind die enge Zusammenarbeit mit den zuständigen Behörden und Kommunen, dem amtlichen und ehrenamtlichen Naturschutz sowie die umfassende Information der Anrainer*innen.

Sowohl während des aktiven Betriebs des Steinbruchs als auch durch die Rekultivierung und Renaturierung der Abbaustätten kann biologische Vielfalt gefördert werden. Das freigelegte Kalkgestein hält Quartiere jeder Größe bereit für Fledermäuse, Vögel und Insekten. Bereits durch den Abbau im Steinbruch und die anschließende Renaturierung

3.4.3

entstehen dynamische Entwicklungszonen für Fauna und Flora von hohem ökologischem Wert. Steinbrüche sind gekennzeichnet durch eine hohe Lebensraumvielfalt sowie eine enge räumliche Verzahnung unterschiedlichster Lebensräume. Das Leben kann sich durch den geringen Besucher*innen- und Freizeitdruck ungestört entfalten. Oft dienen Steinbrüche als Ausbreitungsinseln für Tier- und Pflanzenarten und übernehmen Korridorfunktionen in Biotopverbundsystemen. Viele Tiere und Pflanzen, die sich im Laufe der Evolution auf die rasche Besiedelung von Gebieten spezialisiert haben, sind heute vom Aussterben bedroht. Für sie stellen sowohl aktiv genutzte Abbaustätten als auch renaturierte Bereiche oftmals die einzigen Rückzugsgebiete und Lebensräume dar.

▸ Abb. 1

Der Abbau von Kalkstein und die Kalkerzeugung hat eine sehr lange Tradition in dem niederbergischen Kalkrevier. So entstand eine große Anzahl von Steinbrüchen zwischen Düsseldorf, Wuppertal und Essen. In diese aktiven und stillgelegten Steinbrüche ist der Uhu (lateinisch: Bubo bubo) zurückgekehrt und entwickelte während der letzten 20 Jahre die dichteste bekannte regionale Uhupopulation. Die Steinbrüche wurden so ein bedeutendes Sekundärhabitat in einem dicht besiedelten Raum für eine streng geschützte und in der Vergangenheit fast schon ausgestorbene Art.

Projektumsetzung

Das Uhuprojekt ist eine Kooperation der ortsansässigen Kalkindustrie und der regionalen Umweltbehörden. In umfangreichen Untersuchungen wurde die Entwicklung der Population, das Brut-, Jagd- und Nahrungsverhalten untersucht und dokumentiert. Dabei wurden Maßnahmen entwickelt, um die Bedingungen im Lebensraum Steinbruch und insbesondere im aktiven Steinbruch noch weiter zu verbessern. Es stellte sich heraus und bestätigte damit die Erfahrung vom Umgang mit anderen geschützten Vogelarten oder Amphibien, dass auch der betriebene Steinbruch ein symbiotisches Miteinander erlaubt, wenn Brut-/Laichplätze und Nahrungshabitate berücksichtigt und gezielt verbessert werden. Zwischenzeitlich ist der Uhu bundesweit in Steinbrüchen verbreitet und steht nicht mehr auf der roten Liste. Ein wirklich großer Erfolg.

1 *Uhus im Steinbruch der Kalkwerke Oetelshofen (Klaus Tamm)*

2 *Naturkundliche Exkursion und Kontrolle der Uhupopulation bei den Kalkwerken Oetelshofen*

Lokale und aufsichtsrechtliche Akzeptanz

Der Uhu als Sympathieträger avancierte gewissermaßen zur Leitart für einen artenschutzorientierten Rohstoffbetrieb sowohl in der lokalen Öffentlichkeit als auch beim aufsichtsrechtlichen Naturschutz – einerseits durch regelmäßige lokale Medienpräsenz und Präsentationen bei naturkundlichen Führungen, andererseits durch enge Kooperation mit den in Genehmigungsverfahren beteiligten hauptamtlichen und ehrenamtlichen Artenschutz- und Naturschutzverbänden.

Ergebnis und Fazit

Nach anfänglicher Skepsis auf beiden Seiten hat sich der kooperative Artenschutz in aktiven Steinbrüchen bundesweit durchgesetzt. Nicht nur der stillgelegte, sondern auch der betriebene Tagebau ist in Fachkreisen als bedeutendes Sekundärhabitat anerkannt, und es konnten klare Richtlinien für diese Kontroverse nicht zuletzt für die aufwendigen Genehmigungsverfahren entwickelt werden. Eine bundesweite Biodiversitätsdatenbank der Steine-und-Erden-Industrie steht kurz vor Veröffentlichung und der Bundestag hat im Juni 2021 beschlossen, die hier jahrelang bewährte Praxis eines Naturschutzes auf Zeit in einer Rechtsverordnung für die Gewinnung mineralischer Rohstoffe zu regeln.

3.4.3.3 Nachbarschaft – der Steinbruch als Eventlocation

Hintergrund

Der Abbau von Kalkstein ist unweigerlich ein Eingriff in Natur und Landschaft, aber auch aufgrund unvermeidbarer Emissionen in der unmittelbaren Umgebung immer unter kritischer Beobachtung. Jede/-r Steinbruchbetreiber*in hat zur Verkehrssicherung das Gelände einzufrieden. Andererseits hat jede/-r Betreiber*in auch die Erfahrung gemacht, dass sich der „Faszination Steinbruch" kein Besuchender entziehen kann. Daher ist eine frühere Abschottungsmentalität längst einer Öffnungs- und Einladungsoffensive für die regionale Nachbarschaft gewichen. Die Kalkwerke Oetelshofen (Nordrhein-Westfalen) haben diesen Prozess frühzeitig begonnen und dabei eigene Veranstaltungsformate entwickelt.

3 Nachbarschaftsfest und Tag des offenen Steinbruchs

4 Impressionen des Hindernislaufes XLETIX Challenge und des Red-Bull-Radical-Events (XLETIX und Red Bull)

„Dein Steinbruch" – vom Nachbarschaftsfest zum Großevent

Bei Betriebsbesichtigungen, Führungen von Schulklassen oder naturkundlichen Führungen, aber auch bei Begehungen mit vermeintlichen Kritiker*innen: Der Genius Loci eines Steinbruchs ermöglicht eine ganz eigene Gesprächsatmosphäre, die gewiss und unweigerlich zu dessen Akzeptanz beiträgt. Aufgrund dessen wurde beschlossen, die ursprünglich unregelmäßigen Nachbarschaftsfeste zu einem zweijährig stattfindenden Tag des offenen Steinbruchs mit breitem Freizeit- und Informationsangebot für eine deutlich höhere Besucher*innenzahl auszuweiten. Dieses Format wurde mit Unterstützung des Bundesverbandes der deutschen Kalkindustrie in vielen Mitgliedsunternehmen übernommen und schließlich als European Minerals Days etabliert.

Der Steinbruch als Kulisse

Das Feedback bei Betriebsbesichtigungen und regelmäßige Anfragen zur Nutzung des Steinbruchs als Location für Filmproduktionen, Fotoshootings, Musikvideos oder Kunstinszenierungen führten dazu, auch eigene Großveranstaltungen in Form von Rockkonzerten oder etwa als Station der Red-Bull-X-Fighters-Wettbewerbe jeweils in Kooperation mit professionellen Veranstalter*innen durchzuführen. Mittlerweile wird dieses Betätigungsfeld durch eine eigene DeinSteinbruch GmbH betreut und ausgeweitet. Dabei stehen zukünftig Veranstaltungen wie die XLETIX, eine Hindernislauf-Challenge mit einigen Tausend Teilnehmenden, oder das Mountainbike-Rennformat „Red Bull Radical" im Fokus.

Ergebnis und Fazit

Die nicht einfache und aufwendige Nutzung des Steinbruchs als Bühne zur Akzeptanzkommunikation fördert die sachliche und konstruktive Auseinandersetzung im regionalen Umfeld, aber auch den klimapolitischen Diskurs wie beispielsweise mit Fridays-for-Future-Akteur*innen. Der Steinbruch als Eventlocation und Erlebnisraum führt zu nachhaltiger positiver Wahrnehmung und emotionaler Verbundenheit eines Industriestandortes bei Teilnehmenden, in der Kommunalpolitik, in regionalen und überregionalen Medien und vermehrt in Social Media.

REDAKTION

Martin Ogilvie
Bundesverband der Deutschen Kalkindustrie e. V.
Annastraße 67–71
50968 Köln
Tel. (+49) (0221) 93467412
E-Mail: martin.ogilvie@kalk.de
www.kalk.de

KURZBIOGRAPHIE

Dr. Frank Ohnemüller ist seit sieben Jahren als Referent des Bundesverbandes der Deutschen Kalkindustrie e. V. (BVK) tätig. Er leitet den Arbeitskreis Kalk im Umweltschutz, in dem die Themen Klimaschutz, CO_2-Reduktion und Kreislaufwirtschaft die Schwerpunkte bilden. Zudem ist er als wissenschaftlicher Leiter der Forschungsgemeinschaft Kalk und Mörtel e. V. direkt für die Forschungsprojekte zur CO_2-Reduktion verantwortlich.

Philip Nuyken ist als Leiter des Hauptstadtbüros Berlin für die politische Kommunikation sowie die Energie-, Klima- und Wirtschaftspolitik des Bundesverbandes der Deutschen Kalkindustrie e. V. verantwortlich. Bevor er im Jahr 2021 seine Arbeit für den BVK aufnahm, arbeitete er für den Bundesverband der Deutschen Industrie e. V. (BDI) als Referent Energie- und Klimapolitik.

Jörg Iseke ist geschäftsführender Gesellschafter der Kalkwerke Oetelshofen GmbH & Co. KG aus Wuppertal, eines mittelständischen Familienunternehmens. Zudem ist er Mitglied des Vorstandes des Bundesverbandes der Deutschen Kalkindustrie.

Christian Zöller war drei Jahre als Public-Affairs-Manager bei Lhoist Germany | Rheinkalk GmbH in Wülfrath tätig, einem weltweit agierenden Kalk- und Kalksteinproduzenten mit zwölf Standorten und rund 1.200 Mitarbeitenden in Deutschland.

Lisa Gödde ist in der Abteilung Umweltschutz und Genehmigungen bei der Lhoist Germany | Rheinkalk GmbH in Wülfrath tätig und berät sechs Standorte in Deutschland bei umweltrechtlichen Fragestellungen, die im Tagesgeschäft sowie projektbezogen anfallen, sowie auch bei Natur- und Artenschutzprojekten.

Keramikindustrie

3.5

TRADITION TRIFFT ZUKUNFT

AUTOREN:
Katharina Armbrecht, *Bundesverband der Deutschen Ziegelindustrie e. V.* • Jens Fellhauer, *Bundesverband Keramische Fliesen e. V.* • Martin Hartmann, *Verband der Keramischen Industrie e. V.* • Dr. Elke Steinle, *Deutsche Feuerfest-Industrie e. V.* • Franz X. Vogl, *Bundesverband Keramische Industrie e. V.*

Zusammenfassung Die Keramikindustrie ist Teil der energieintensiven Industrien. Die Branche will die Klimaneutralität ihrer Produktionsprozesse voranbringen und forscht intensiv an der Umstellung auf klimaneutrale Energieträger als Ersatz für Erdgas. Bereits durch die flächendeckende Umstellung der Produktion von Kohle(vergasung) und Erdöl auf Erdgas in den letzten vier Jahrzehnten konnte die Keramikindustrie einen großen Beitrag zur Reduktion von Treibhausgasen leisten. Nun steht sie vor der Herausforderung, Erdgas zu ersetzen. Schon jetzt ist klar, dass es diesmal keine „one-size-fits-all solution" für alle Branchen der Keramikindustrie bzw. nicht einmal selbst innerhalb eines Keramiksektors geben wird. Akzeptanz in vielerlei Hinsicht ist ein Baustein auf dem Weg zur Klimaneutralität der keramischen Industrie. Mögliche Ansatzpunkte und Strategien werden in diesem Kapitel aufgezeigt.

3.5.1.1 Die Keramikindustrie in Deutschland

Keramikbranchen

Die ältesten Funde von Keramikfiguren sind über 25.000 Jahre alt. Die Töpferei ist in Europa schon vor dem 7. Jahrtausend v. Chr. bekannt. Heute haben wir in Deutschland eine hochmoderne energieeffiziente Keramikindustrie, die nicht mehr viel mit der Herstellung der traditionellen Töpferware gemeinsam hat. Die Keramikindustrien werden dem übergeordneten Wirtschaftszeig der Herstellung von Glas und Glaswaren, Keramik, Verarbeitung von Steinen und Erden zugeordnet.

Zu dieser Unterkategorie gehören die acht verschiedenen und eigenständigen Wirtschaftszweige der keramischen Industrie:

- feuerfeste Werkstoffe (23.20)
- Wand- und Bodenfliesen und Platten (23.31)
- Ziegel (23.32)
- Haushaltswaren und Zierporzellan (23.41)
- Sanitärkeramik (23.42)
- technische Keramik (zum Beispiel 23.43 und 23.44)

- sonstige keramische Erzeugnisse (23.49), zum Beispiel Ofenkacheln
- keramisch gebundene Schleifmittel (23.91)

Die Größe der Keramikunternehmen variiert stark in allen Sektoren. Sie reicht von großen, emissionshandelspflichtigen Anlagen (Unternehmen mit großen Produktionsmengen) bis zu sehr kleinen, meist spezialisierten Unternehmen. Die Keramikindustrie zeichnet sich durch einen hohen Anteil an kleinen und mittleren Unternehmen (KMU) aus.

Standorte

Insgesamt stellen in Deutschland circa 260 Unternehmen an 315 Produktionsstandorten die unterschiedlichsten keramischen Produkte aller Art her. Sie sind – mit sektorenspezifischen Unterschieden – im gesamten Bundesgebiet verteilt. In einigen Sektoren sind Schwerpunkte zu verorten wie zum Beispiel bei der Feuerfestindustrie in Rheinland-Pfalz sowie Nordrhein-Westfalen oder bei der Geschirrindustrie, die stark in Bayern vertreten ist. Die Standorte der Ziegel- und Fliesenindustrie sind über das gesamte Gebiet der Bundesrepublik Deutschland verteilt.

Markt, Umsatz, Im- und Exporte

Die Keramikindustrie in Deutschland erzielte im Jahr 2019 in ihren acht Wirtschaftszweigen (siehe oben) einen Umsatz von insgesamt circa 5,8 Milliarden Euro. Deutschland ist nach Italien der zweitgrößte Keramikproduzent in Europa. Der Exportanteil liegt je nach Wirtschaftszweig zwischen 25 bis 60 Prozent der deutschen Produktion.

Die Sektoren Haushaltswaren und Zierporzellan sowie Wand- und Bodenfliesen stehen aufgrund hoher Importe in besonders starkem internationalem Wettbewerb. So werden gut 75 Prozent der in Deutschland verkauften Wand- und Bodenfliesen aus dem Ausland geliefert.

Produktvielfalt und Anwendungen

Keramische Produkte sind anorganisch und nichtmetallisch. Die Keramikindustrie weist eine heterogene Struktur mit einer großen Vielfalt von Produkten und Werkstoffen auf. Viele Keramikprodukte für den Alltagsbedarf und im Baubereich stehen für Langlebigkeit und Nachhaltigkeit. Zudem ermöglichen die Produkte aus der technischen Keramik und Feuerfestkeramik die Transformation zur Klimaneutralität. Seien es beispielsweise Isolatoren für die Stromwirtschaft, Schlüsselkomponenten für die Digitalisierung oder feuerfeste Produkte. Etwa für die Herstellung von Glas für Fotovoltaikanlagen, Stahl für Windkraftanlagen, Nichteisenmetall für Lithium-Ionen-Batterien und schlichtweg zur Durchführung von energieeffizienten Produktionsprozessen in allen energieintensiven Branchen wie der Stahl-, Zement- oder Glasindustrie.

Weitere Anwendungen für Keramikprodukte finden sich auch in / als
- Medizin, wie Hüftgelenke, andere Prothesen, Zahnkronen,
- Automotive- und Raumfahrtindustrie, wie zum Beispiel Bremsen, Abstandssensor, Isolation,
- Haushaltstechnik, wie Herd, Lichttechnik,

- Stromwirtschaft, wie Isolatoren für Freileitungen und Schaltanlagen,
- Schlüsselkomponenten der Kommunikationstechnik, anderen Hightechprodukten und bei allen Hochtemperaturprozessen sowie als
- Baustoffe, wie Mauer- und Dachziegel, Wand- und Bodenfliesen sowie Sanitärkeramik.

Produktionsprozess

In der Keramikproduktion werden überwiegend natürliche Rohstoffe, zum Beispiel Tone, aus der Region eingesetzt. In der Feuerfestindustrie und der technischen Keramik werden jedoch auch eine Vielzahl von synthetischen Rohstoffen verwendet.

Keramiken werden für unterschiedlichste Anwendungen (siehe oben) eingesetzt und müssen folglich unterschiedlichsten Anforderungen entsprechen und somit viele verschiedene Formen und Eigenschaften aufweisen.

Der Herstellungsprozess von keramischen Produkten ist in den Produktionsschritten Masseaufbereitung, Formgebung, Brennen/Sintern nur im Grundsatz vergleichbar, unterscheidet sich jedoch im Detail erheblich. Dies betrifft zum Beispiel die eingesetzten Rohstoffe, deren Aufbereitung und Mengen und mehr noch die sehr unterschiedlichen Brennprozesse. Diese differenzieren sich durch die Energieträger (Strom/Gas), die Ofenatmosphäre (oxidierend, reduzierend, Schutzgas) den sehr unterschiedliche benötigen Brenntemperaturen zwischen 800 Grad Celsius und 2.500 Grad Celsius mit teilweise mehrstufigen/mehrmaligen Brennprozessen.

▸ Abb.1 Die Abbildung zeigt schematisch den typischen Prozess zur Herstellung von Keramiken. Das Verfahren besteht prinzipiell aus folgenden Prozessschritten: Gewinnung der Rohmaterialien und Transport zum Keramikwerk sowie die Lagerung von Rohstoffen, die Aufbereitung der Rohstoffe, die Formgebung, die Trocknung, die Oberflächenveredelung und das Brennen sowie die anschließende Nachbehandlung und Verpackung.

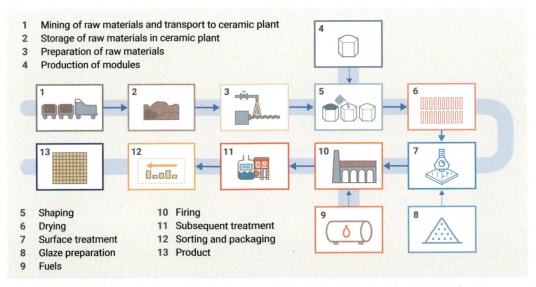

1 *Vereinfachte Darstellung der Herstellungsschritte in der Keramikindustrie (Cerame-Unie 2021)*

Energiebedarf und Produktionsanlagen

Die keramische Industrie ist energieintensiv. Im Jahr 2019 wurden insgesamt 32.111 Terajoule Gas und 5.465 Terajoule Strom verbraucht. Der Einsatz der Energieträger hängt von dem hergestellten Produkt und den dafür notwendigen Prozessschritten ab. Der Großteil der benötigten Energie (circa 85 Prozent) wird über Erdgas gedeckt. Strom wird überwiegend für die Maschinen der Masseaufbereitung und Formgebung, die Prozesssteuerung und Abluft inklusive Filtertechnik benötigt. Nur in wenigen Produktionsprozessen kann Strom für das Brennen der Produkte eingesetzt werden. Auch die spezifischen Energieverbräuche variieren stark von Sektor zu Sektor und von Produkt zu Produkt, was schon die unterschiedlichen Brenntemperaturen deutlich machen.

Die Produktionsanlagen, insbesondere die Öfen in der Keramikindustrie, haben in der Regel eine Lebensdauer von 30 bis 50 Jahren. Der Um- bzw. Neubau eines Ofens ist mit hohen Kosten verbunden. Investitionen müssen sich nach spätestens zehn bis 15 Jahren amortisieren, um positiv entschieden zu werden.

3.5.1.2 Dekarbonisierung in der Keramikindustrie

Rückblick

Die keramische Industrie hat als energieintensive Industrie im starken internationalen Wettbewerb stets mögliche Effizienzverbesserungen vorgenommen. Gegenüber 1990 ist der Energiebedarf der Keramikindustrie bereits zurückgegangen. Schon in den 1980er-Jahren hat die Keramikindustrie durch die Umstellung der Brenntechnik von Kohle und Öl auf Erdgas und in einigen Sektoren, wo dies technisch machbar war, erheblich zur Verringerung des Energieverbrauches und der CO_2-Emissionen beigetragen. Das geschah durch die Umstellung von Tunnel- auf Rollen- oder diskontinuierliche Herdwagenöfen.

Ausblick

Und auch in Folge wurden in vielen (kleinen) Schritten die jeweils verfügbaren fortschrittlichen Brenner in bestehende Ofenanlagen eingebaut bzw. neue Anlagen mit der modernsten Technik (Brenner, Steuerung und feuerfeste Werkstoffe) ausgestattet, um die Effizienz der Anlagen zu verbessern und im Ergebnis die Emissionen zu reduzieren. Für diese Verbesserungsmaßnahmen war Akzeptanz sowohl bei Behörden als auch bei den keramischen Produktionsbetrieben bezüglich der rechtlichen Voraussetzungen gegeben bzw. konnte im Zusammenwirken beider geschaffen werden. Dies beinhaltete zum einen die Sicherheit, die Anlage für die Amortisationszeiträume nutzen zu können, und zum anderen das Vertrauen darauf, dass Energiepreise mit Blick auf den internationalen Wettbewerb nicht einseitig verteuert werden.

Die mit dem Green Deal gesetzten Ziele im Hinblick auf Klimaneutralität, Kreislaufwirtschaft, schadstofffreie Umwelt stellen die Unternehmen vor vollkommen neue Herausforderungen. Bisher ging es in erster Linie „nur" darum, mit dem vorhandenen Energieangebot, nämlich Erdgas, das Optimum herauszuholen und die Emissionen so weit wie möglich zu reduzieren. Nun ist die Branche gefordert, ihre Produktionsprozesse schnell auf klimaneutrale Energieträger umzustellen.

Erste Studien hierzu sind bereits erstellt worden. So zeigt die Ziegelindustrie zum Beispiel in ihrer „Roadmap für eine treibhausgasneutrale Ziegelindustrie in Deutschland" einen Weg zur Klimaneutralität bis 2050 und die dafür benötigten Rahmenbedingungen auf. Ähnliche Fragestellungen werden in den anderen Sektoren in eigenen, noch in Bearbeitung befindlichen Roadmaps betrachtet. Verschiedene Gesichtspunkte wie zum Beispiel die Heterogenität der einzelnen Keramiksektoren und die unterschiedlichen Brenntemperaturen, müssen dabei beachtet werden.

Technologische Herausforderungen

Die Industrie hat die Herausforderung akzeptiert und erste Projekte bereits auf den Weg gebracht. Für die Erforschung der besten Technologie benötigt die Industrie jedoch einen angemessenen Zeitrahmen und finanzielle Unterstützung, denn Forschungsergebnisse zu diesen komplexen Fragestellungen sind nicht schnell zu erwarten und die teure Forschung würde die Industrie wirtschaftlich überfordern und kann nicht allein von ihr finanziert werden.

So kann zum Beispiel die Frage, welche grünen Energieträger (Strom, H_2, synthetische Brennstoffe) sich für die Umstellung der Trocknungs- und Brennprozesse eignen und ob bzw. wie die Produkteigenschaften verändert werden, heute noch nicht abschließend beantwortet werden und erfordert weitere Untersuchungen.

Konkret geht es auch darum, zu klären, wie die H_2-Verbrennung auf den Brennprozess, also auf den Keramikbrand, wirkt und ob dabei die wesentlichen Eigenschaften der Produkte sowie ein marktfähiger Preis erhalten bleiben. Ebenso ist der Einsatz der strombasierten Brennprozesse in der industriellen Massenproduktion nicht hinreichend erforscht.

Der Brennstoffwechsel kann beispielsweise bei Porzellan die Herstellung rein weißen Geschirrs unmöglich machen, wenn beim Brand im Ofen keine reduzierende Atmosphäre vorherrscht, die sich beim Brennen mit Erdgas automatisch einstellt. Kund*innen würden eine verfärbte Keramik, die von natürlichen Metalleinschlüssen stammt, nicht akzeptieren und weißes Porzellan aus dem Ausland kaufen.

Beim Brennen mit H_2 verändert sich die Temperaturverteilung im Ofen; zudem schafft es andere Atmosphären, was die Eigenschaften der Produkte erheblich verändert und zu Qualitätsproblemen führen kann.

Beim Einsatz von Strom im Brennprozess unterbleibt durch das Fehlen einer offenen (Erdgas-)Flamme das Verbrennen der aus den Rohstoffen austretenden Organik. Dies führt zu vermehrten Emissionen und zur Geruchsbildung in der Nachbarschaft und damit erfahrungsgemäß zu Akzeptanzproblemen. Die beim Einsatz von Strom auftretenden organischen Emissionen müssten darum zum Beispiel durch gasbefeuerte Nachverbrennungsanlagen eliminiert werden. Dadurch würde ein Teil der beim Brand eingesparten CO_2-Emissionen in dem zusätzlichen Abgasbehandlungsschritt entstehen.

Verfügbarkeit zu wettbewerbsfähigen Preisen

Voraussetzung für das Gelingen der Transformation in eine klimaneutrale industrielle Produktion ist freilich, neben der Klärung aller technologischen Herausforderungen, die

Verfügbarkeit von erneuerbarer elektrischer Energie bzw. von grünem H_2 in den benötigten Mengen zu wettbewerbsfähigen Preisen. Ohne das Vertrauen darauf wird es schwer sein, Unternehmen zu überzeugen, erhebliche finanzielle Engagements einzugehen und in die Transformation zu investieren. Denn ohne sichere Rahmenbedingungen wären diese Investitionen vergeblich.

Genehmigungsrechtliche Voraussetzungen
Um Neuerung in der Produktion zu ermöglichen, müssen auch die technischen wie genehmigungsrechtlichen Rahmenbedingungen für die Belieferung mit Energie und den notwendigen Umbau der Produktion geschaffen werden. Egal, ob strom- oder H_2-basiert, die bestehenden Öfen müssen ersetzt werden. Ein Vorgang, der grundsätzlich und praktisch einer Neugenehmigung der Anlage entspricht, mit all seinen bekannten Implikationen.

Bei einer Umstellung der Produktion auf H_2 erhöhen sich wegen des „anderen" Brennstoffs eventuell die Bedenken und Ängste von Mitarbeitenden und in der Bevölkerung bezüglich des Gefährdungspotenzials durch die vermeintlich höhere Explosionsgefahr von H_2. Ferner gelten Standorte ohne Anschluss an das bisher nicht vorhandene H_2-Netz wegen der deshalb notwendigen Lagerung von H_2 als Störfallbetrieb mit großen organisatorischen, technischen und damit auch finanziellen Aufwendungen sowie Genehmigungsverfahren unter Beteiligung der Öffentlichkeit. Hierbei ist die Akzeptanz bei der Bevölkerung und Genehmigungsbehörden Voraussetzung für das Gelingen.

Wirtschaftliche Rahmenbedingungen
Neben der großen Vielzahl an technischen und rechtlichen Themen spielt der ökonomische Aspekt der Transformation eine ebenso wichtige Rolle, denn er bestimmt aufseiten der Industrie über die Bereitschaft und das Vermögen und somit die Akzeptanz, in neue Technologien zu investieren, sowie über die preisliche Wettbewerbsfähigkeit der Produkte und aufseiten der Kund*innen über deren Bereitschaft, höhere Kosten beziehungsweise Preise zu akzeptieren.

Übergangskorridor mit aktuellen Energieträgern und Anlagen
Die für eine klimaneutrale Produktion benötigten neuen Technologien sind, wie oben ausgeführt, bisher leider noch nicht für die Keramikindustrie verfügbar. Deren Entwicklung bis zur Einsatzreife in der Industrie sowie die Zurverfügungstellung alternativer klimaneutraler Energieträger in ausreichender Menge werden die kommenden Jahre in Anspruch nehmen. Bis dahin müssen die vorhandenen Energiequellen und -träger sowie die entsprechenden Anlagen genutzt werden. Die Akzeptanz für Erdgas als Energieträger auf dem Weg zur Transformation und Klimaneutralität spielt dabei ebenso eine wichtige Rolle wie ein wirksamer Carbon-Leakage-Schutz, damit die Transformation gelingt und die Produktionsanlagen und die damit verknüpften Arbeitsplätze in Deutschland erhalten bleiben.

Investitionen müssen planbar sein. Planungssicherheit ist die Voraussetzung für Investitionen. Denn Fehlinvestitionen durch sich ständig ändernde Rahmenbedingungen und Zielvorgaben durch die Politik können sich die Unternehmen, die im internationalen Wettbewerb bestehen müssen, nicht leisten. Ebenso wenig wie lang andauernde Genehmigungsverfahren und Bewilligungen von Fördergeldern. Die Keramikindustrie investiert vorerst weiterhin in die Energieeffizienzsteigerung der Produktionsprozesse, da leider keine alternativen Energieträger verfügbar sind.

Aber auch diese Investitionen sind sinnvoll, denn sie nützen dem Klima bereits heute und nicht erst in zehn oder 15 Jahren. Dafür benötigt die Industrie jedoch den Rahmen für finanziellen Spielraum sowie Planungs- und Investitionssicherheit für den Zeitraum von mindestens zehn Jahren. Ohne diese wird die Investitionsbereitschaft nur sehr gering ausfallen beziehungsweise mangels benötigter Finanzmittel unterbleiben.

3.5.1.3 Erfolgreiche Akzeptanzstrategien in der Keramikindustrie

Für die vielen neuen Herausforderungen müssen erst noch Lösungen gefunden werden. Wichtig ist, dass diese Lösungen bei Unternehmen, Beschäftigten, den Shareholder*innen, Anlieger*innen und der Kundschaft Akzeptanz finden. Viele Strategien zur Akzeptanz von Projekten werden schon heute von Firmen erfolgreich eingesetzt und viele von diesen werden auch in Zukunft funktionieren. Bei der nun anstehenden umfassenden Umstrukturierung der Industrie bedarf es sicherlich noch der Entwicklung weitergehender Akzeptanzstrategien.

Für aktuelle Projekte zur Verbesserung der Umweltleistungen sowie den Übergangskorridor zeigen wir am Beispiel der Firma Steuler, Herstellung von feuerfesten Werkstoffen, wie diese bereits erfolgreich gemeistert wurden.

Bei Steuler ist im Sommer 2020 ein hochmoderner, energieeffizienter Tunnelofen in Betrieb gegangen. Damit einher gingen umfangreiche Tiefbauarbeiten, Neubau der Abgasreinigungsanlagen sowie Anpassung der Infrastruktur zum Betrieb des Ofens: Aufbereitung, Pressen, Lagerflächen und Verpackungsstraßen mussten grundlegend modernisiert und vergrößert werden.

▸ Abb. 2

2 *Inbetriebnahme Tunnelofen: Einfahren von leeren Ofenwagen, Zündung der Brenner (Industriefotografie Jennifer-Christin Wolf 2020)*

Akzeptanz im Unternehmen und bei den Beschäftigten

Steuler ist ein Familienunternehmen aus Tradition mit stetigem Blick in die Zukunft. Im Unternehmen stehen nachhaltiges Handeln, also Klima- und Umweltschutz, im Fokus. Hierzu wird aktuell ein Nachhaltigkeitsmanagement mit regelmäßiger Berichterstattung eingeführt. Bereits jetzt gibt es eine Nachhaltigkeitserklärung, in der sich das Unternehmen dem Schutz der Umwelt verpflichtet.

Mitarbeiter*innen erfahren im Unternehmen eine große Wertschätzung und Steuler wurde im Rahmen des Westerwälder Wirtschaftsempfangs als familienfreundliches Unternehmen ausgezeichnet. Dies schafft Vertrauen in das Unternehmen. Um das Team „mitzunehmen", wurde unter anderem das Projekt „Einladung zum Perspektivwechsel" gestartet. Hierbei werden Beschäftigte aus verschiedenen Abteilungen gemeinsam mit der Geschäftsführung im Videochat zusammengeschaltet und können sich dort austauschen oder auch sehen, wie andere Abteilungen so „ticken" oder was hinter der einen oder anderen Entscheidung steckt.

Akzeptanz in der Region und bei der Bevölkerung

Der Firma Steuler wurde 1908 gegründet. Der Stammsitz ist am Ortsrand von Höhr-Grenzhausen (Rheinland-Pfalz) mitten im beschaulichen Westerwald beheimatet. Das Unternehmen ist eng mit der Region und Deutschland als Produktionsstandort verbunden und handelt nach dem Motto „Aus Deutschland in die Welt".

Steuler investiert in die Region, schafft Arbeits- und Ausbildungsplätze, unterstützt Bildung und Forschung und betreibt ein großes gesellschaftliches Engagement mit ausgewählten Projekten in den Bereichen Soziales, Umwelt und Natur, Kultur, Bildung und Sport.

▸ Abb. 3   Beim Großprojekt Tunnelofen wurde die Bevölkerung einbezogen und regelmäßig über den aktuellen Fortschritt der Projektabschnitte informiert. Dies ging einher mit Veröffentlichungen, Information und Zusammenarbeit mit der Presse.

3 *Bauprojekt Tunnelofen (Steuler 2019)*

Akzeptanz bei Behörden und der Politik

Wichtig ist, frühzeitig zu starten und schon im Vorfeld bei der Planung eines Großprojekts Kontakt zu den Behörden aufzunehmen und mit diesen abzustimmen, was bei der Antragstellung beachtet werden muss, wie die zeitliche Planung aussieht, ob das Verfahren mit Öffentlichkeitsbeteiligung laufen wird und welche Informationen beziehungsweise Gutachten für eine Genehmigung notwendig sind.

Um solche Investitionen auch zukünftig tätigen zu können, benötigen mittelständische Unternehmen Planbarkeit und Investitionssicherheit. Gerade bei der jahrzehntelangen Nutzungsdauer eines Tunnelofens kann man nicht mal schnell die Technik austauschen. Weltweit gibt es zurzeit keinen Hersteller für mit (grünem) H_2 oder (grünem) Strom beheizte Tunnelöfen. Geforscht wird, aber die Umsetzung von Ideen in den Technikums- und dem Produktionsmaßstab benötigt Zeit, damit Wertschöpfungs- und Produktionsketten erhalten bleiben können.

REDAKTION

Katharina Armbrecht, Abteilungsleiterin Umwelt/Energie
Bundesverband der Deutschen Ziegelindustrie e. V.
Reinhardtstraße 12–16
10117 Berlin
E-Mail: armbrecht@ziegel.de
www.ziegel.de

Jens Fellhauer, Geschäftsführer
Bundesverband Keramische Fliesen e. V.
Luisenstraße 44
10117 Berlin
E-Mail: fellhauer@fliesenverband.de
www.fliesenverband.de

Martin Hartmann, Geschäftsführer FG Technische Keramik
Fachverband Sanitär-Keramische Industrie e. V.
Referent Normung und Technik
Verband der Keramischen Industrie e. V.
Schillerstraße 17
95100 Selb
E-Mail: hartmann@keramverband.de
www.keramverbaende.de

Dr. Elke Steinle, Referentin für Umweltschutz/Arbeitsschutz/Energie
Deutsche Feuerfest-Industrie e. V.
Rheinstraße 58
56203 Höhr-Grenzhausen
E-Mail: steinle@dffi.de
www.dffi.de

Franz. X. Vogl, Fachbereichsleiter Umweltpolitik/Arbeitsschutz/Energie
Bundesverband Keramische Industrie e. V.
Schillerstraße 17
95100 Selb
E-Mail: vogl@keramverband.de
www.keramverbaende.de

Nichteisenmetallindustrie

3.6

METALLE SCHÜTZEN DAS KLIMA

AUTOR: Nima Nader, *WirtschaftsVereinigung Metalle (WVMetalle)*

3.6.1

3.6.1.1 Einleitung

Zu den Nichteisen(NE-Metallen)metallen gehören alle Metalle mit Ausnahme von Eisen. Das sind unter anderen die Buntmetalle Kupfer, Zink, Blei und Nickel sowie die Leichtmetalle Aluminium und Magnesium. Edelmetalle wie Gold, Silber und Platin kommen in der Natur in reinem Zustand vor. Alle anderen Metalle treten in chemischen Verbindungen auf und müssen zuerst aus dem Gestein gewonnen und von anderen Stoffen getrennt werden.

Produktionsarten

Grundsätzlich wird bei der Metallerzeugung zwischen Primär- und Sekundärrohstoffen unterschieden. Bei der Primärproduktion wird das Metall direkt aus den mineralischen Rohstoffen wie Erzen gewonnen. Durch Zerkleinern, Mahlen und Flotation werden die metallhaltigen Mineralien vom Gestein getrennt und zu hüttenfertigen Konzentraten aufbereitet. Buntmetalle werden in Zwischenschritten bei sehr hohen Temperaturen geschmolzen oder durch Laugung gewonnen. Mithilfe von Strom wird bei einer anschließenden Elektrolyse das gelöste Metall von anderen Stoffen gereinigt. Erze von Leichtmetallen durchlaufen zunächst ein chemisches Verfahren und werden anschließend direkt durch Elektrolyse gewonnen.

Für die Metallgewinnung sind neben Erzen und metallhaltigen Konzentraten die Sekundärrohstoffe sehr wichtig. Aus Altmetallen und metallhaltigen Reststoffen, sogenanntem Sekundärmaterial, lassen sich Metale gleicher Qualität gewinnen. Dabei spielt es keine Rolle, wie oft das Metall bereits den Recyclingkreislauf durchlaufen hat. Auf diese Weise werden die natürlichen Ressourcen geschont und der Energieverbrauch wird reduziert. Die Wiederverwendung der Metalle durch Recycling reicht allerdings nicht aus, um die wachsende Nachfrage der Gesellschaft nach NE-Metallen zu decken. Daher braucht es weiterhin Primär- und Sekundärerzeugung.

NE-Metalle werden dort eingesetzt, wo ihre besonderen Eigenschaften wie Festigkeit, Zähigkeit und Leitfähigkeit gefordert sind. Verfahren zur Legierungsherstellung, Umformung und Wärmebehandlung machen aus den NE-Metallen hoch spezialisierte Werkstoffe. Eine der bekanntesten Legierungen ist Messing, das aus Kupfer und Zink gewonnen und vielfältig eingesetzt wird, zum Beispiel in Armaturen und Münzen.

NE-Metalle als wahre Klimaschützer

NE-Metalle ermöglichen Innovationen für Schlüsseltechnologien in Digitalisierung, Elektromobilität und Klimaschutz. Insbesondere für den Klimaschutz sind die Produkte der NE-Metallindustrie essenziell. Ob Aluminium für leichtere Flugzeuge, Blei für die Start-Stopp-Batterie, feuerverzinkte Gittermaste für den benötigten Ausbau der Netzinfrastruktur, Kupfer für die Solarthermie und in Windkraftanlagen, Sondermessinge für kraftstoffeffiziente Motoren – all diese Beispiele zeigen nicht nur die Innovationskraft der NE-Metall-Industrie, sie verdeutlichen vor allem, dass Metallprodukte notwendig für CO_2-Einsparungen in allen Sektoren sind.

Die Produktion von Metallen erfordert aus physikalischer Sicht sehr viel Energie. Weil sich die NE-Metall-Industrie schon lange dem Klimaschutz verpflichtet hat (vgl. Metalle pro Klima 2008) und auch weiterhin einen wesentlichen Beitrag dazu leisten wird, haben sich die Metallproduktion und -verarbeitung stetig verändert. Die NE-Metall-Branche gehört zu den Industrien, die bereits einen hohen Elektrifizierungsgrad vorweisen. Prozesse haben sich von emissions- zu stromintensiv gewandelt. Beispielsweise wird in der Zinkproduktion mit Strom im Elektrolyseverfahren gearbeitet, anstatt Koks zu verbrennen. Aspekte wie Energie- und Ressourceneffizienz haben inzwischen in den Unternehmensstrategien höchste Priorität erlangt (vgl. Nader 2018: 31). So leistet das zirkuläre Wirtschaften (Circular Economy) einen enormen Klimaschutzbeitrag, da NE-Metalle immer wieder ohne Qualitätsverlust dem Kreislauf zugeführt werden können und somit der Energiebedarf der Sekundärproduktion um ein Vielfaches geringer ist. Viele metallische Produkte haben schon heute enorm hohe Recyclingquoten. Bei der Blei-Säure-Autobatterie und der Aluminiumgetränkedose werden zum Beispiel Recyclingquoten von über 99 Prozent erzielt (vgl. GDA 2021: 1; UBA 2015).

Außerdem hat die NE-Metall-Industrie beträchtliche Effizienzsteigerungen vorzuweisen. Moderne Öfen werden eingesetzt und anfallende Abwärme wird stärker für Produktionsprozesse genutzt. In einer Pilotanlage ist es gelungen, den Energiebedarf bei der Aluminiumproduktion um zirka 15 Prozent zu senken (vgl. Hydro 2022).

Der Weg zu effektivem Klimaschutz

Deutschland gehört zu den Ländern mit den weltweit höchsten Umwelt- und Klimaschutzstandards (vgl. Nader 2022: 43). Daher ist es umso wichtiger, dass auch künftig Klimaschutzprodukte in Deutschland produziert werden können, statt die Produktionsstätten in andere Regionen der Welt mit potenziell schlechteren Umweltstandards auszulagern. Um dies zu ermöglichen, benötigt die NE-Metall-Industrie international wettbewerbsfähige Energiepreise. Dem Energieträger Strom kommt dabei eine besondere Rolle zu. Dies liegt zum einen am hohen Grad der Elektrifizierung der NE-Metall-Branche, zum anderen an der Tatsache, dass der Einsatz von Strom unmittelbar keine CO_2-Emissionen freisetzt. Um die selbst gesetzten Klimaziele zu erreichen, muss daher eine fortschreitende Elektrifizierung in vielen Bereichen unseres Lebens Einzug halten.

Die Anreize hierfür sind derzeit noch sehr begrenzt, da in kaum einem anderen Industrieland der Welt Strom so teuer ist wie in Deutschland. Für die stromintensive Industrie ist zudem entscheidend, dass die Strompreise dauerhaft und damit planbar auf international wettbewerbsfähigem Niveau sind. Immer häufiger werden essenzielle Entlastungsregelungen von politischen Entscheidungsträgern zur Diskussion gestellt (vgl. Schultz 2019; Bloss 2022) beziehungsweise es wird ihre Abschaffung für betroffene Branchen vorgeschlagen, wie jüngst von der Europäischen Kommission mit dem Entwurf der überarbeiteten Leitlinien für Klima-, Umweltschutz- und Energiebeihilfen (vgl. Europäische Kommission 2022).

Es bedarf eines Umdenkens in der Beihilfepolitik. Nicht weniger, sondern mehr Entlastungen und Unterstützungen führen zu mehr Klimaschutz in der energieintensiven Industrie. Andernfalls sind die Anreize für Investitionen in Länder mit geringeren Klimaschutzanforderungen (Carbon Leakage) und damit die Verlagerung von Produktionsstätten vom In- ins Ausland weiterhin größer als der Anreiz, in Klimaschutzmaßnahmen am Standort Deutschland zu investieren.

Um den positiven Effekt der Elektrifizierung zu verstärken, muss perspektivisch der CO_2-Gehalt im deutschen Strommix weiter sinken, ohne dass dabei die Versorgungssicherheit gefährdet wird und die Strompreise steigen werden. In der NE-Metall-Industrie stellt dies den wichtigsten Hebel für die Dekarbonisierung der Branche dar, da die indirekten CO_2-Emissionen den Großteil der Gesamtemissionen der Branche ausmachen. Sowohl beim Zubau der erneuerbaren Energien als auch beim Ausbau der damit verbundenen Infrastruktur braucht es ebenso die Akzeptanz der Bevölkerung wie bei der Ausgestaltung von Instrumenten zum Schutz vor Carbon Leakage.

REDAKTION

Nima Nader
WirtschaftsVereinigung Metalle
Wallstraße 58
10179 Berlin
Tel. (+49) (030) 726207-102
E-Mail: nader@wvmetalle.de
wvmetalle.de

KURZBIOGRAPHIE

Nima Nader (40) ist seit über zehn Jahren im Bereich der Klimapolitik tätig. Nach dem Studium der Volkswirtschaftslehre an der Universität Marburg hat er als wissenschaftlicher Referent am ordoliberalen Thinktank Centrum für Europäische Politik gearbeitet. Seit 2016 ist Nima Nader bei der WirtschaftsVereinigung Metalle tätig, wo er die Fachgebiete Klimapolitik und Verkehrspolitik leitet. Der Verband vertritt die wirtschaftspolitischen Anliegen der Nichteisenmetallindustrie mit 670 Unternehmen in Deutschland.

DEKARBONISIERUNG IN DER KUPFERINDUSTRIE

AUTORIN: Annemarie Bruns, *Aurubis AG*

Zusammenfassung Die Aurubis AG ist eine weltweit führende Anbieterin von Nichteisenmetallen und eine der größten Kupferrecyclerinnen der Welt. In Hamburg befindet sich der größte Aurubis-Standort und der Sitz der Verwaltung. Hier wurde das Unternehmen 1866 als Norddeutsche Affinerie AG gegründet. „Kernkompetenz ist die Verarbeitung und optimale Verwertung von Metallkonzentraten und Recyclingrohstoffen mit komplexen Qualitäten" (Aurubis 2021a). ▪ Aurubis arbeitet seit Langem daran, Energie noch effektiver und effizienter einzusetzen. „Der CO_2-Fußabdruck von Aurubis liegt schon heute deutlich unter dem Branchendurchschnitt: Mit den bestehenden Verfahren emittiert Aurubis – im Vergleich zum globalen Durchschnitt aller Kupferhütten – bereits weniger als die Hälfte des weltweiten CO_2-Fußabdrucks pro erzeugter Tonne Kupfer" (Aurubis 2021c). Damit produziert Aurubis inzwischen jedoch an der Grenze des physikalisch Machbaren. Das Klimaziel CO_2-Neutralität kann nur mit grundlegenden Innovationen und unter bestimmten Rahmenbedingungen erreicht werden. Im folgenden Abschnitt werden zwei wichtige Projekte vorgestellt, die helfen, einen Beitrag zum 1,5-Grad-Ziel zu leisten. Die Industriewärme ist ein Leuchtturmprojekt, das zeigt, wie die Industrie ein Teil der Lösung sein kann und welche enormen CO_2-Einsparpotenziale auch außerhalb der Werksgrenzen realisiert werden können. „Dieses Projekt ermöglicht die Versorgung von Hamburger Stadtteilen mit nahezu CO_2-freier Wärme, die aus einem Nebenprozess der Kupferproduktion ausgekoppelt wird" (Aurubis 2021a). ▪ Die Versuchsreihe zur Nutzung von grünem H_2 im Anodenofen in Hamburg hingegen setzt im Herzen der Produktion an und zeigt, wie Produktionsprozesse im Angesicht der Klimaschutzziele neu gedacht werden müssen (vgl. Aurubis 2021b). Die Projekte unterscheiden sich dadurch nicht nur technisch, sondern auch in der Art der Herausforderungen, die bei der Umsetzung überwunden werden mussten und zum Teil noch bevorstehen.

3.6.2.1 Industrielle Abwärme zur Wohnraumbeheizung

Industrieelle Abwärme für Hamburg

„Nachdem im Oktober 2018 die Nahwärmeversorgung der Hamburger HafenCity Ost mit nahezu CO_2-freier Industriewärme aus dem Aurubis-Werk Hamburg startete, ist seit Anfang 2021 auch der Stadtteil Rothenburgsort mit 160 Wohnungen an die Wärmeversorgung angebunden" (Aurubis 2021d).

Jährlich können bis zu 160 Millionen Kilowattstunden Wärme aus dem Prozess ausgekoppelt werden. Dies ermöglicht die Wärmeversorgung von jährlich circa 8.000 Vierpersonenhaushalten. Zu einem Viertel wird die Wärme im Werk genutzt, der Rest wird über den Projektpartner enercity zur Wärmeversorgung von Haushalten in Hamburg zur Verfügung gestellt. Das Projekt spart insgesamt bis zu 20.000 Tonnen CO_2 ein. Das entspricht circa 10.000 Mittelklasse-Pkw, die 12.000 Kilometer im Jahr fahren. „Darüber hinaus spart das Hamburger Aurubis-Werk jährlich zwölf Millionen Kubikmeter Kühlwasser ein, da der Kühlungsprozess der Abwärme durch Elbwasser mit der Wärmenutzung entfällt" (Aurubis 2018a).

Die Wärme für das Projekt entsteht in der Kontaktanlage. Hier wird Schwefeldioxid, ein Nebenprodukt der Kupferraffination, zu Schwefelsäure umgewandelt. Dabei wird Wärme durch einen chemischen Prozess freigesetzt, ohne dass ein zusätzlicher fossiler Brennstoff benötigt wird. Durch eigene Ingenieurleistung wurden der Prozess und die Aggregate so modifiziert, dass das Verfahren auf einem höheren Temperaturniveau ablaufen und als Warmwasser mit 90 Grad Celsius ausgekoppelt werden kann. Aurubis hat damit neue Maßstäbe gesetzt. „Technisch ist es möglich, sogar die dreifache Menge an Wärme auszukoppeln" (Aurubis 2018a). Sollten diese Potenziale gehoben und die gesamte Wärme an die Haushalte in Hamburg geliefert werden können, wäre es möglich, bis zu rund 110.000 Tonnen CO_2 pro Jahr zusätzlich einzusparen.

Eine 2,7 Kilometer lange Wärmetransportleitung verbindet die östliche HafenCity mit dem Aurubis-Werk auf der Binneninsel Peute. Dort erfolgt die Einspeisung ins enercity-Wärmeversorgungsnetz. Die Leitung ist bereits für eine Kapazität von bis zu 60 Megawatt ausgelegt, dem Gesamtpotenzial der Aurubis-Industriewärme. „Eine neue Energiezentrale an der Trasse besichert und vergleichmäßigt die prozessbedingt schwankende Industriewärme" (Aurubis 2021a).

1 *Verlauf der Wärmetrasse von Aurubis bis zur HafenCity (Aurubis 2021a)*

Beide beteiligten Unternehmen haben jeweils über 20 Millionen Euro in das Projekt investiert und erhielten Förderungen zwischen 30 und 40 Prozent. Aurubis erhielt Fördermittel von der Kreditanstalt für Wiederaufbau (KfW), enercity wurde aus dem Europäischen Fond für regionale Entwicklung (EFRE) sowie ebenfalls von der KfW finanziell unterstützt. „Die Förderungen wurden initiiert durch das Bundesministerium für Wirtschaft und Energie (BMWi) und die [sic] Behörde für Umwelt und Energie der Freien und Hansestadt Hamburg (BUE)" (Aurubis 2018b).

Das Industriewärmeprojekt von Aurubis und enercity ist in seiner Größe und Komplexität einzigartig in Deutschland. Darum hat es in der Fachwelt bereits viel Anklang gefunden. So gehört es als eines von zehn Fallbeispielen zum Projekt „Leuchttürme energieeffiziente Abwärmenutzung" der Deutschen Energie-Agentur (dena) (vgl. Aurubis 2018b). Das Projekt wurde bereits mehrmals ausgezeichnet, unter anderem mit dem international renommierten „Energy Efficiency Award" im Jahr 2018. Im selben Jahr vergab auch das Cluster Erneuerbare Energien Hamburg den „German Renewables Award" an das Gemeinschaftsprojekt von Aurubis und enercity.

Das Klimabündnis von Aurubis und enercity zeigt das Potenzial für die Wärmewende. Insgesamt beläuft sich das weitere Potenzial zur Wärmeauskopplung von Aurubis auf bis zu 340 Millionen Kilowattstunden pro Jahr. Damit könnten mehr als ein Zehntel des Hamburger Fernwärmebedarfs gedeckt und zusätzlich rund 110.000 Tonnen CO_2 pro Jahr eingespart werden. „Das entspricht fast der Menge, die die Hamburger Industrie seit 2018 jährlich einsparen will" (Aurubis 2021d). Aktuell wird die mögliche Umsetzung eines weiteren Projektes verhandelt, um dieses Potenzial auszuschöpfen.

„Berechnungen der Deutschen Energieagentur (dena) zeigen: Deutschlandweit könnten Unternehmen pro Jahr bis zu 37 Millionen Tonnen CO_2 und rund 5 Milliarden Euro Energiekosten einsparen, wenn Industriewärme konsequent genutzt würde" (Aurubis 2021a).

Herausforderungen bei der Umsetzung

Wie oben beschrieben, ist das Industriewärmeprojekt in Größe und Komplexität einzigartig in Deutschland. Damit gehen eine Vielzahl von Herausforderungen einher, die von den Projektbeteiligten gelöst werden müssen. Die wichtigsten sind im Folgenden beschrieben. Während zahlreiche Herausforderungen erfolgreich bestritten wurden, stehen einige noch bevor. Die Darstellung dient dazu, Interessierten einen Einblick zu geben, wo Hindernisse bei der Umsetzung eigener Projekte liegen, aber auch warum manche Projekte scheitern. Diese Erkenntnisse sind nicht nur wichtig für andere Unternehmen, sondern auch für die Politik und Gesellschaft. Die Erreichung des Klimaziels ist ein gesamtgesellschaftlicher Kraftakt, der nur gemeinsam erreicht werden kann.

Technische Herausforderungen

Als das Abwärmepotenzial und dessen Größenordnung im Produktionsprozess identifiziert wurde, dauerte es nicht lange, bis die Idee der Wärmelieferung zur Versorgung von Haushalten aufkam, da der Wärmebedarf der Produktionsprozesse bereits zu über 85 Prozent aus Abwärme gedeckt wurde. Eine der ersten Herausforderungen ergab sich in diesem Zuge jedoch relativ schnell: Wie können Wärmequelle und Wärmesenke optimal aufeinander abgestimmt werden? Die Temperatur der Wärme, die aus dem Prozess ausgekoppelt werden kann, entsprach nicht dem Temperaturniveau, das zur Beheizung von Wohnungen benötigt wird. Hinzu kam, dass die Wärmelieferung natürlich nur möglich war, wenn der Produktionsprozess lief.

Für diese technischen Herausforderungen konnten die Ingenieur*innen von Aurubis Lösungen erarbeiten. Durch die Installation eines neuen Zwischenabsorbers mit besonders temperatur- und säurebeständigen Materialien in der Kontaktanlage war es im Rahmen eines geplanten Revisionsstillstandes möglich, den Prozess auf einer höheren Temperatur zu fahren, sodass das Temperaturniveau der Wärme dem Bedarf der Abnehmer*innen entsprach.

Die prozessbedingte Fluktuation der Wärmeauskopplung wird durch einen Wärmespeicher von enercity kompensiert. Ein Spitzenlast- und Besicherungsheizwerk sorgt für eine konstante Wärmeversorgung im Falle von Produktionsunterbrechungen und besonders kalter Witterung.

Dies sind nur zwei Beispiele aus dem Bereich der technischen Herausforderungen. Es gab eine Vielzahl mehr, so auch den Bau der Wärmetrasse, der nicht wie geplant über die bestehenden Brücken über Gewässer laufen konnte, weil die Traglast zu hoch gewesen wäre. Stattdessen musste die Trasse mittels aufwendiger Düker (Druckleitung zu Unterquerung eines Flusses) durch bzw. unter den Gewässern durchgeführt werden.

Alle erwähnten Punkte waren wie beschrieben technisch lösbar, führten aber zu herausfordernd hohen Umsetzungskosten.

Finanzielle Herausforderungen

Erst durch das nahe gelegene Wärmeversorgungsgebiet der östlichen HafenCity mit einem vorgeschriebenen niedrigen CO_2-Faktor und den heutigen auf dem Markt verfügbaren Materialeigenschaften der erforderlichen Aggregate besteht die Möglichkeit, die Abwärme der Kontaktanlage auf einem geeigneten Temperaturniveau sinnvoll zu nutzen. Eine Wärmeauskopplung war bisher unter anderem nicht wirtschaftlich, da lediglich 25 Prozent der Abwärme im Werk selbst genutzt werden können. Erschwerend kommt hinzu, dass der vollständige Wärmebedarf der östlichen HafenCity sukzessive und voraussichtlich erst im Jahr 2030 (Endausbau) erreicht wird, sämtliche Investitionen für die Wärmeauskopplung und den Transport (Trasse) jedoch mit der Projektumsetzung sofort getätigt werden mussten. Dafür mussten geeignete Preis- und Vertragsmodalitäten zwischen Aurubis und enercity abgestimmt und vereinbart werden.

Die Investitionen von Aurubis in die Kontaktanlage und in die innerbetriebliche Wärmetrasse im Rahmen von über 20 Millionen Euro erfolgten ausschließlich vor dem Hintergrund der Wärmeauskopplung. Das heißt, sämtliche Investitionen sind Investitionsmehrkosten, da keine prozesstechnischen Verbesserungen in der Schwefelsäureherstellung erzielt werden. Die Projektförderung durch das BMWK (KfW) war daher eine wesentliche Voraussetzung zur Umsetzung des Projektes.

Investitionen in Energieeffizienz und CO_2-Einsparungen müssen sich nicht nur wie alle anderen Investitionen an ihrer Amortisationszeit messen lassen, sondern sie müssen auch in einem unsicheren Umfeld überhaupt durchgesetzt werden. Gerade bei Investitionen, die eine Rücklaufzeit von mehr als zwei oder drei Jahren beansprucht, hat das politische Umfeld einen sehr hohen Einfluss auf die Investitionseignung.

Die fehlende Wirtschaftlichkeit von klimafreundlichen Projekten ist eines der größten Hindernisse, das überwunden werden muss, um das globale Klimaziel zu erreichen. Förderprogramme können Anreize liefern, langfristige und tiefgreifende Transformationen sind jedoch nur möglich, wenn sie ein Business Case sind. Die Schaffung der rechtlichen Grundlagen, wie die Bepreisung von CO_2 und die klar geregelte Anerkennung von CO_2-Einsparungen, sind dafür grundlegend. Diese Herausforderungen werden im folgenden Abschnitt tiefergehend betrachtet.

Regulatorische Herausforderungen

Um die Klimaziele zu erreichen, hat die Politik eine Vielzahl von Maßnahmen ergriffen, um die nötigen Anreize zur Transformation zu setzen. So klar das gesteckte Ziel ist, so viel Diskussionsbedarf gibt es bei der Auswahl der Maßnahmen und Instrumente, die dort hinführen sollen. Beispiele aus der Praxis helfen dabei zu bewerten, ob die installierten Instrumente den gewünschten Effekt erzielen, ob sie weitgehend genug sind oder angepasst werden müssen.

Ein Beispiel, das ein Hindernis bei der Entscheidung für oder gegen die Umsetzung des Projektes darstellt, ist die Anerkennung von externen, also außerhalb der Werksgrenzen erzielten CO_2-Einsparungen. Diese werden bei den Hamburger Haushalten erreicht, weil die Wärmeversorgung statt mit fossilen oder CO_2-armen Energieträgern nahezu CO_2-frei erfolgt. Die so eingesparten Emissionen sind jedoch laut Definition keine der Aurubis zurechenbaren Scope-1- (direkte), -2- (indirekte) oder -3- (vor- und nachgelagerte) Emissionen. Das heißt, dass dieses Projekt keinen Beitrag zur Erreichung des CO_2-Reduktionsziels von Aurubis leistet, ausgenommen die intern genutzte Wärmemenge, die den Brennstoff Erdgas verdrängt.

Aurubis hat sich ein ehrgeiziges Ziel für das Jahr 2030 gesetzt. Scope-1- und -2-Emissionen sollen bis dahin um 50 Prozent, die Scope-3-Emissionen um 24 Prozent gesenkt werden. Das durch das Industriewärmeprojekt zu erzielende Minderungspotenzial von bis zu 130.000 Tonnen CO_2 zahlt aber nur zu einem Bruchteil auf dieses Ziel ein. Nur der Anteil, der auf dem Werksgelände eingespart wird, trägt zur Zielerreichung bei.

Besonders vor dem Hintergrund, dass in den letzten Jahrzehnten viele Einsparpotenziale realisiert wurden und weitere Maßnahmen an der Grenze des technisch Machbaren sind, wirft diese Bewertung der externen Einsparungen Probleme auf. Es gibt bei Aurubis viele weitere Projektideen, die CO_2 einsparen können. Allerdings sind keine davon mit dem Potenzial des Industriewärmeprojektes vergleichbar. Neben hohen Investitionskosten sind zudem meist auch die Betriebskosten sehr hoch. Ein Beispiel für ein solches Projekt ist die Emissionsminderung durch die Substitution von Erdgas durch H_2 im Anodenofen. Das Projekt ist das zweite Praxisbeispiel und wird im Folgenden detailliert erklärt. Nur so viel hier: Bei diesem Projekt besteht ein Einsparpotenzial von 5.700 Tonnen CO_2 pro Jahr. Dieses Potenzial ist natürlich nicht unerheblich, allerdings eine ganz andere Größenordnung als die bis zu 130.000 Tonnen CO_2 pro Jahr, die im Rahmen des Industriewärmeprojektes möglich wären.

Aus Klimaschutzsicht ist also das Industriewärmeprojekt sehr viel effektiver als die Nutzung von H_2, was aber ebenfalls einen Beitrag zur Dekarbonisierung leisten kann. Dieses Signal kommt jedoch nicht beim Unternehmen an, wenn die Einsparung des CO_2 nicht dem Unternehmen gutgeschrieben wird. Es wäre sehr hilfreich, wenn hier eine Anpassung der Regelung umgesetzt würde, da es ein wichtiger Baustein ist, um die Umsetzung solcher Projekte auch außerhalb der Nichteisenmetallindustrie zu fördern.

Ein zweiter Punkt wird zwar schon von der Rechtslandschaft abgebildet, bisher jedoch nicht umfänglich genug. Aurubis ist als Kupferhersteller, der im internationalen Wettbewerb steht, durch Carbon Leakage gefährdet. Da Kupfer an der Börse überall auf der Welt zum gleichen Preis gehandelt wird, hat Aurubis keine Möglichkeiten, lokale Mehrkosten, die in Europa beispielsweise durch den Emissionshandel anfallen, an den Kunden/die Kundin weiterzugeben. Eine ambitionierte Klimapolitik führt also zu Wettbewerbsnachteilen, die im schlimmsten Fall zur Abwanderung inländischer Industrie führen können, wenn keine entsprechenden Entlastungsmaßnahmen getroffen werden. Der im EU-Recht verankerte Carbon-Leakage-Schutz ermöglicht daher eine freie Zuteilung von CO_2-Zertifikaten für gefährdete Unternehmen. Eine Zuteilung für die Wärmelieferung an Haushalte ist möglich, allerdings nicht vollumfänglich. Der Carbon-Leakage-Faktor, der für die Berechnung der freien Zuteilung angesetzt wird, liegt nur bei 30 Prozent. Es ist also nicht möglich, eine 100-prozentige Zuteilung für die gelieferte Wärme zu erhalten. Es ist fraglich, ob eine solche Regelung eine Anreizwirkung entfaltet.

Ausblick

Wie zuvor beschrieben, ist die erste Stufe des Industriewärmeprojektes umgesetzt: Die östliche HafenCity wird bereits mit Industriewärme von Aurubis versorgt. Seit dem letzten Jahr wird auch der Hamburger Stadtteil Rothenburgsort vom Unternehmen mit Wärme versorgt.

Aktuell wird die Ausweitung des Industriewärmeprojektes verhandelt, um das volle Einsparpotenzial von bis zu 110.000 Tonnen CO_2 auszuschöpfen. Hierfür ist wiederum eine Vielzahl von technischen, finanziellen und regulatorischen Hindernissen zu überwinden.

3.6.2.2 H_2 in der Kupferproduktion

Testreihe zur Nutzung von H_2

Grüner H_2 gilt als Schlüsseltechnologie für die Dekarbonisierung der Industrie. H_2 liegt in seiner reinen Form in der Natur nicht vor, sondern kann anders als Erdgas klimaneutral mittels Elektrolyse hergestellt werden. Dabei wird Wasser unter sehr hohem Energieeinsatz in Sauerstoff und H_2 getrennt. H_2 kann Energie speichern, in Strom umwandeln sowie Erdöl und Erdgas in der Produktion ersetzen – ohne dass dabei Treibhausgase entstehen. „Damit wird er zur großen Chance für alle Industriezweige, die nicht nur einen hohen Energieeinsatz haben, sondern auch prozessbedingt CO_2 emittieren" (Aurubis 2021b).

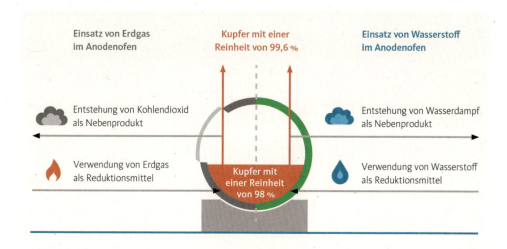

2 *Darstellung des Reduktionsprozesses im Anodenofen (Aurubis 2021b)*

Das größte Potenzial von H_2 sieht Aurubis derzeit im Anodenofen. Dort kann es Erdgas als Reduktionsmittel ersetzen, um die Reinheit des Kupfers zu erhöhen. Dabei reagiert der H_2 mit dem Kupfer und löst Sauerstoff vom Kupferoxid. „So entsteht lediglich Wasserdampf anstatt CO_2" (Aurubis 2021b).

Im ersten Test im industriellen Maßstab hat Aurubis im Mai 2021 H_2 für die Produktion einer Kupferanode eingesetzt. Die Erkenntnisse aus diesem Versuch wurden vom Projektteam ausgewertet und auf der Basis eine zweite Testreihe geplant, die im Dezember 2021 erfolgreich abgeschlossen wurde. In dieser Testreihe erprobte Aurubis die Verwendung von klimaneutralem H_2 im kontinuierlichen Betrieb für mehrere Wochen. Der erste Versuch wurde von der Freien und Hansestadt Hamburg finanziell unterstützt. Parallel dazu arbeitet Aurubis gemeinsam mit 50 weiteren Partner*innen – darunter Universitäten und Unternehmen – im industriellen Verbundprojekt „Norddeutsches Reallabor" an der Herstellung von H_2 aus erneuerbaren Energien. „Durch dieses vom Bundeswirtschaftsministerium geförderte Projekt können zukünftig weitere signifikante Emissionsreduzierungen erzielt werden" (Presseportal 2021). Das Norddeutsche Reallabor fördert die Testreihe, da auf der Basis der Testergebnisse die Entscheidung getroffen werden kann, ob der Aufbau einer eigenen H_2-Elektrolyse im Aurubis-Werk umsetzbar wäre.

Herausforderungen der H_2-Nutzung

H_2 ist eine Schlüsseltechnologie bei der Erreichung des Klimaziels. Hergestellt mit grünem Strom, kann er sowohl als Brennstoff als auch stofflich genutzt werden und den CO_2-Ausstoß im Verkehr und in der Industrie signifikant reduzieren. Doch in Bezug auf den Einsatz von H_2 gibt es eine Vielzahl von Herausforderungen, die überwunden werden müssen. Hürden, die bei der Testreihe aufgetreten sind und noch überwunden werden müssen, bevor H_2 im industriellen Maßstab genutzt werden kann, sind im Folgenden beschrieben.

Technische Herausforderungen

Der Einsatz von H_2 als Reduktionsmittel anstelle von Erdgas ist theoretisch möglich. Allerdings brauchte es zwei Testreihen am Standort Hamburg, um sicherzustellen, dass der Wechsel zu H_2 keine Auswirkungen auf die Produktion hat. Kupfer muss in hochreiner Form und mit bestimmten Eigenschaften vorliegen, damit es die Qualitätsanforderungen der Aurubis-Kund*innen erfüllt. Die im Mai 2021 durchgeführte Testreihe hat erste Erkenntnisse geliefert, unter welchen Bedingungen die Substitution möglich ist, ohne Qualitätseinbußen befürchten zu müssen. Die zweite Testreihe wurde Ende 2021 durchgeführt und zeigte, dass die Verwendung von H_2 mit Anpassungen im Produktionsprozess möglich ist.

Ein weiteres Hindernis ist, dass zwar breit diskutiert wird, welchen Beitrag grüner H_2 zum Klimaschutz leisten kann, jedoch aktuell weder genügend grüner H_2 zur Verfügung steht noch die Infrastruktur zur Verteilung an den Endverbraucher vorhanden ist.

H_2 kann nur dann einen Beitrag zum Klimaschutz leisten, wenn er mithilfe von grünem Strom hergestellt wurde. Die nötigen Kapazitäten und Infrastruktur, um Industrie, Verkehr und weitere Endverbraucher*innen zu versorgen, müssen aufgebaut werden. Die Vielzahl von Förderprogrammen und Projekten, die gemeinsam von Politik, Industrie, Wissenschaft und weiteren Stakeholder*innen die Möglichkeiten zur Nutzung und Herstellung von H_2 ausloten, tragen diesem Umstand Rechnung.

„Das Norddeutsche Reallabor ist eines dieser Projekte, das mit 52 Millionen Euro Fördersumme konkrete Lösungen im Rahmen der Energiewende erarbeiten soll" (BMWK 2021). Initiativen wie diese braucht es, um die Problematik der Verfügbarkeit von H_2 zu lösen.

Finanzielle Herausforderungen

In Bezug auf die Nutzung von grünem H_2 gibt es neben der Verfügbarkeit ein weiteres gravierendes Problem, nämlich den Preis.

„Grüner Wasserstoff, der fossile Brennstoffe wie beispielsweise Erdgas ersetzen soll, ist laut Schätzungen der Internationalen Energieagentur (IEA) aktuell rund sechs Mal teurer als fossiles Gas" (Aurubis 2021b). Die Nutzung von H_2 aus erneuerbaren Energien ist heute also schlichtweg kein Business Case. Diese Mehrkosten werden aktuell von keinem Förderprogramm adressiert. Während Investitionskosten zu einem großen Teil gefördert werden können, sind Betriebskosten meist außen vor. Im Hinblick auf die Energiewende stellt dies ein großes Hindernis dar. „Viele erneuerbare und CO_2-freie Energieträger sind heute nicht wirtschaftlich nutzbar, auch nicht beim heutigen hohen CO_2-Preis von rund 64 Euro pro Tonne" (EEX 2021). Förderprogramme, die neben einer CapEx- auch eine OpEx-Förderung zulassen würden, sind nötig, damit der Einsatz von H_2 wettbewerbsfähig wird und sich als Schlüsseltechnologie etablieren kann.

Regulatorische Herausforderungen

Wie oben beschrieben, ist der Einsatz von H_2 heute noch nicht wirtschaftlich und es fehlt an Kapazitäten und Infrastruktur. Die Politik steht vor der Herausforderung, die richtigen Rahmenbedingungen zu schaffen, um eine nachhaltige H_2-Wirtschaft aufzubauen.

Dafür ist eine technologieneutrale Förderung von CO_2-sparendem H_2 nötig. Darüber hinaus muss anerkannt werden, dass auch langfristig H_2-Importe nötig sein werden und die entsprechende Infrastruktur dafür bereitgestellt werden muss, da der zukünftige H_2-Bedarf und der damit verbundene Bedarf an Grünstrom nicht allein mit einheimischen Kapazitäten gedeckt werden kann.

Übergeordnet ist sicherzustellen, dass Carbon-Leakage-gefährdeten Industrien ein effektiver Schutz zuteilwird. Auch mit Förderungen bedeutet die Dekarbonisierung für die Industrie massive Investitionen. Ein umfassender Carbon-Leakage-Schutz ist die Basis, damit diese getätigt werden können, ohne die Wettbewerbsfähigkeit der europäischen Industrie zu gefährden.

Ausblick

Die zweite Testreihe zur Nutzung von H_2 im Anodenofen in Hamburg wurde Ende 2021 abgeschlossen. Die Ergebnisse der Testreihe wurden ausgewertet und zeigten, dass H_2 im industriellen Maßstab als Reduktionsmittel einsetzbar ist, hierzu sind jedoch Anpassungen im Produktionsprozess nötig. Aktuell wird entschieden, ob eine H_2-Elektrolyse auf dem Werksgelände von Aurubis Hamburg aus technologischer und wirtschaftlicher Sicht umgesetzt werden kann und welche Kosten dabei anfallen würden.

REDAKTION

Annemarie Bruns
Aurubis AG
Hovestraße 50
20539 Hamburg
Tel. (+49) (0172) 3854056
E-Mail: a.bruns@aurubis.com
www.aurubis.com

KURZBIOGRAPHIE

Annemarie Bruns ist seit 2020 verantwortlich für das Thema CO_2 in der Abteilung Corporate Energy & Climate Affairs bei Aurubis. Zu diesem weiten Aufgabengebiet gehören unter anderem Themen wie die Reduktion von CO_2-Emissionen durch erneuerbare Energieträger wie zum Beispiel H_2 und seine Derivate, das CO_2-Management und die Überprüfung und Einhaltung von internen und externen Reportingpflichten. Annemarie Bruns hat Prozess-, Energie- und Umwelttechnik studiert und während dieser Zeit am ZIES (Zentrum für Innovative Energiesysteme) die Forschung an Anlagen zur solaren Gebäudekühlung unterstützt. Vor ihrer jetzigen Aufgabe hat sie sich mit der Implementierung von Lieferverträgen erneuerbaren Stroms in das Portfolio energieintensiver Industrien beschäftigt.

TECHNISCHE MASSNAHMEN ZUR REDUKTION VON TREIBHAUSGASEMISSIONEN

bei der Produktion von Halbfabrikaten aus Kupferwerkstoffen

AUTOREN:
Oswald Abler, *Wieland-Werke AG* • Dr. Uwe Hofmann, *Wieland-Werke AG* • Markus Scheib, *Wieland-Werke AG* • Benjamin Schwarz, *Wieland-Werke AG*

3.6.3

wieland

Zusammenfassung Treibhausgasemissionen entstehen hauptsächlich in teuren Großanlagen, die über viele Jahrzehnte genutzt werden. Solche Anlagen können nicht einfach ausgetauscht werden. Aufgrund des internationalen Wettbewerbs spielen betriebswirtschaftliche Kriterien bei Entscheidungen über Investitionen in neue Anlagen eine sehr wichtige Rolle. Ob ein Wechsel von fossilen Brennstoffen auf elektrische Energie durchgeführt werden kann, hängt unter anderem davon ab, wie sich die Energieträger hinsichtlich ihres Preises und ihres CO_2-Faktors unterscheiden. Aufgrund der langen Nutzungsdauer der Produktionsanlagen ist es Voraussetzung, die zeitliche Entwicklung dieser Relationen zu kennen und dadurch Planungssicherheit zu haben. Dabei kann die Politik für geeignete Rahmenbedingungen sorgen. Die Implementierung grundsätzlich neuer Fertigungstechnologien, die weniger Treibhausgasemissionen freisetzen, gelingt nur mit großem Ressourceneinsatz. Neben der technischen und wirtschaftlichen Machbarkeit muss auch sichergestellt werden, dass die Qualität der resultierenden Produkte nicht leidet.

3.6.3.1 Einleitung

Für die Wieland Gruppe, einer globalen Herstellerin von Halbfabrikaten aus Kupferwerkstoffen, ist die Dekarbonisierung ihrer Fertigungsprozesse eine wichtige strategische Aufgabe. Maßnahmen zur Reduktion von Energieverbräuchen beziehungsweise Treibhausgasemissionen können Zielkonflikte im Unternehmen auslösen. Dieser Aspekt wird anhand von Erfahrungen und Beispielen für technische Ansätze zur Reduzierung der Treibhausgasemissionen erörtert. Wenn ausschließlich ökonomische Maßstäbe angelegt werden, sind unter den gegenwärtigen Randbedingungen nicht alle Maßnahmen sinnvoll.

3.6.3.2 Istsituation: Treibhausgasemissionen der Wieland Gruppe

Die Wieland Gruppe mit Sitz in Ulm (Baden-Württemberg) bietet ihren Kund*innen seit über 200 Jahren Produkte aus Kupfer- und Kupferlegierungen und gehört mit ihren circa 8.300 Beschäftigten heute zu den global führenden Unternehmen in der Branche. Die Wieland Gruppe ist an insgesamt 76 Standorten in Amerika, Asien und Europa durch Produktionsstätten, Servicegesellschaften und Verkaufsbüros vertreten.

Das für die Wieland Gruppe relevante Treibhausgas (THG) ist CO_2. Die THG-Emissionen der Gruppe resultieren in den Scopes 1 und 2 aus dem Energieverbrauch und im Scope 3 primär aus dem zugekauften Vormaterial. Direkte THG-Emissionen aus Fertigung der Werkstoffe – wie etwa bei Stahl – gibt es nicht. 17 Produktionsstandorte sind maßgeblich für die THG-Emissionen verantwortlich, da dort über 99 Prozent der benötigten Energie verbraucht wird.

Der Gesamtenergieverbrauch der Wieland Gruppe beträgt gegenwärtig circa 1.500 Gigawattstunden, die Absatzmenge liegt über 700 Kilotonnen. Mit dem Energieverbrauch korrelieren THG-Emissionen von rund 100 Kilotonnen CO_2-Äquivalenten (CO_2e) im Scope 1 und 400 bis 500 Kilotonnen CO_2e im Scope 2. Die indirekten Emissionen im Scope 3 sind einer Abschätzung zufolge größer als 1.000 Kilotonnen CO_2e.

Für die Zukunft wurden anspruchsvolle Ziele zur Verringerung der direkten und indirekten THG-Emissionen formuliert. Bis 2045 sollen die Geschäftsaktivitäten entlang der gesamten Wertschöpfungskette keine negativen Auswirkungen mehr auf das Klima haben („Net Zero"). Die Wieland Gruppe ist im März 2021 der Science Based Targets initiative (SBTi) beigetreten, um darüber hinaus Mittelfristziele zu verfolgen und über die Zielerreichung zu berichten. Die Ziele sollen durch technische Maßnahmen erreicht werden, Kompensationsaktivitäten sind nicht geplant. Die Akzeptanz der Dekarbonisierungsstrategie ist in allen Unternehmensbereichen groß. Konkrete Maßnahmen und Projekte zur Reduktion von THG-Emissionen werden naturgemäß auch betriebswirtschaftlich bewertet. Zielkonflikte entstehen, wenn sich dabei eine verhältnismäßig ungünstige Amortisation ergibt. Dieser Aspekt steht im Mittelpunkt der folgenden Abschnitte.

▶ Abb. 1 Die Fertigung von Halbfabrikaten aus Kupferwerkstoffen, auf der das Geschäftsmodell der Wieland Gruppe beruht, setzt sich aus folgenden Teilprozessen zusammen:

- **Primärprozesse**
  - Urformen durch Schmelzen und Stranggießen von Platten und Bolzen
  - Wärmebehandeln und Anwärmen
  - Warmumformen durch Warmwalzen oder Strangpressen
  - Kaltumformen durch Walzen von Bändern und Blechen beziehungsweise durch Ziehen oder Walzen von Stangen, Profilen, Drähten und Rohren
  - Chemisches Abtragen und Reinigen von Metalloberflächen
  - Trennen durch Spanen und Scherschneiden

- **Sekundärprozesse**
  - Betrieb von Hilfsaggregaten in der Produktion, etwa zur Entstaubung der Gießereiabluft oder zur Wiederaufbereitung von Prozessmedien
  - Heizung und Warmwasserversorgung in Gebäuden
  - Heizung von Bädern an Beiz- und Entfettungsanlagen zur Reinigung von Produktoberflächen
  - Transport durch Gabelstapler, Krane und so weiter

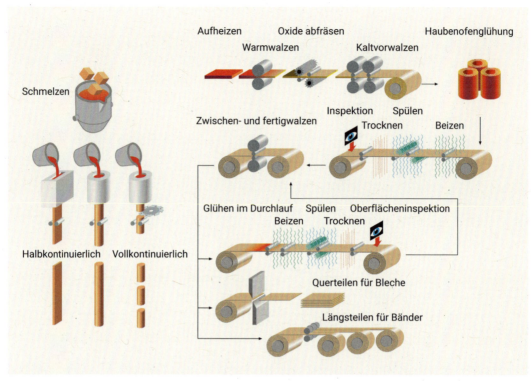

1 *Herstellung von Halbfabrikaten (links: Stranggießen; rechts: Blech- und Bandfertigung)*

Typische Investitionsbeträge für Fertigungsanlagen liegen in einem zweistelligen Millionen-Euro-Bereich. Die betriebliche Nutzungsdauer von Großaggregaten ist häufig länger als ein halbes Jahrhundert. Demzufolge bestimmen Anlagen, in die heute investiert wird, die zukünftigen THG-Emissionen bis über das Jahr 2050 hinaus.

Betrachtet man eine bestimmte klimarelevante Aktivität, so gilt: (THG-Emissionen in t CO_2e) = (Aktivitätsgröße in einer physikalischen Einheit) · (CO_2-Faktor in t CO_2e/Einheit). Demnach stehen grundsätzlich zwei Möglichkeiten zur Verfügung, um sie zu verringern. Entweder schränkt man die Aktivität ein, wie beispielsweise den Energieverbrauch, oder man verbessert den CO_2-Faktor, indem etwa mehr Energie aus erneuerbaren Quellen eingekauft wird. Darauf stützt sich die mittelfristige Dekarbonisierungsstrategie des Unternehmens bezüglich der Scopee-1- und -2-Emissionen: Sie besteht darin, den Energieverbrauch systematisch zu reduzieren und direkte Emissionen mittels Elektrifizierung und Bezug von Grünstrom zu minimieren. Aus heutiger Sicht ist damit eine weitgehende Dekarbonisierung der Fertigung machbar.

▸ Tab. 1   Tabelle 1 zeigt dazu Beispiele, die im Folgenden ausführlicher diskutiert werden. Sie stammen vom Produktionsstandort Vöhringen (Bayern), wo sich mit über 2.000 Beschäftigten das größte Werk der Wieland Gruppe befindet. Vöhringen beheimatet alle Teilprozesse der Halbfabrikatefertigung und verantwortet ungefähr ein Drittel des gesamten Energieverbrauchs der Wieland Gruppe.

1 Beispiele für technische Dekarbonisierungsmaßnahmen

Maßnahme/Projekt	Auswirkung	Veränderung von TGH-Emissionen
Energieeffizienz	Aktivitätsgröße Energieverbrauch	Verringerung THG-Emissionen in Scope 1 bzw. Scope 2
Elektrifizierung von Anwärmanlagen	CO_2-Faktor Energieträger	Verlagerung THG-Emissionen von Scope 1 in Scope 2
Substitution Dampfnetz	Aktivitätsgröße Energieverbrauch + CO_2-Faktor Energieträger	Verringerung THG-Emissionen in Scope 1 bzw. Verlagerung in Scope 2
Wärmerückgewinnung	Aktivitätsgröße Energieverbrauch	Verringerung THG-Emissionen in Scope 1 bzw. Scope 2
Metallrecycling	CO_2-Faktor Vormaterial	Verringerung THG-Emissionen in Scope 3 zulasten von Scope 1 bzw. 2
Batteriespeicher	Netzstabilität, Versorgungssicherheit	(Nicht nachweisbar)

3.6.3.3 Energieeffizienz

Die Reduktion des Energieverbrauchs in der Produktion ist eine sehr attraktive Option, weil sie nicht nur die THG-Emissionen in den Scopes 1 und 2 verringert, sondern sich auch günstig auf die Fertigungskosten auswirkt. Energieeffizienzmaßnahmen haben eine lange Tradition bei Wieland und werden mit Erfolg durchgeführt. Seit Einführung eines Energiemanagementsystems gemäß ISO 50001 im Jahr 2013 wurden durchschnittlich fünf Gigawattstunden pro Jahr eingespart. Die Bandbreite der Projekte, aus denen die Einsparungen hervorgingen, ist groß. Sie beginnt beim Abschalten einzelner Anlagen in Zeiten geringer Produktionsauslastung und endet bei der Implementierung energieeffizienter Querschnittstechnologien.

Wirtschaftliche Aspekte waren bei der Auswahl dieser Projekte entscheidend. In allen Fällen konnten die Investitionskosten innerhalb weniger Jahre durch die verringerten Energiekosten amortisiert werden. Bei großen Investitionen zur Einsparung von elektrischer Energie fällt die unternehmerische Entscheidung allerdings nicht leicht. Aufgrund von Unsicherheiten in der zukünftigen Entwicklung von Strompreisen, Netzkosten, Zuschlägen, Vergünstigungen und weiteren Positionen wurden einige Projekte nicht realisiert.

3.6.3.4 Energieträgerwechsel beim Anwärmen von Material vor der Warmumformung

Stranggegossene Platten oder Bolzen werden durch Warmwalzen oder Strangpressen umgeformt, um die Querschnittsabmessungen stark zu reduzieren und um eine vorteilhafte Mikrostruktur im Material einzustellen. Vor der eigentlichen Warmumformung müssen die Gussformate angewärmt werden. Die Anwärmtemperatur hängt vom Werkstoff ab. Sie liegt bei den unlegierten Kupfersorten zwischen 870 und 940 Grad Celsius und im Fall von Messing zwischen 790 und 920 Grad Celsius (vgl. Hensel/Poluchin 1990: 77). Die Anwärmöfen werden entweder mit fossilen Brennstoffen oder mit elektrischer Energie beheizt.

Am Standort Vöhringen werden beide Technologien eingesetzt. Allerdings ist der Anteil der Elektroöfen im Lauf der Jahrzehnte kleiner geworden. Anlagen, in denen die Platten oder Bolzen schrittweise durch den elektrisch beheizten Ofenraum bewegt werden, waren Mitte des letzten Jahrhunderts noch weit verbreitet. Heute sind noch einige Induktionsöfen im Einsatz, bei denen eine direkte Energiezufuhr in das Material durch elektromagnetische Felder erfolgt.

▸ Abb. 2

Wenn in den letzten Jahrzehnten alte Öfen ersetzt werden mussten, wurden bevorzugt Anlagen beschafft, die mit Erdgas befeuert werden. Zum Beispiel wurden vor 20 Jahren die Anwärmöfen für das Strangpressen von Kupfer- und Messingbolzen durch moderne gasbefeuerte Röhrenöfen mit einer speziellen Brennertechnologie und einer direkten Abgaswärmenutzung zur Vorwärmung der Bolzen beziehungsweise Platten ersetzt. Im Vergleich zu den Vorgängeranlagen wurde damit der Gesamtwirkungsgrad deutlich erhöht und die Abgastemperatur verringerte sich von etwa 500 Grad Celsius auf circa 100 Grad Celsius.

Es hat also über die Jahre ein gradueller Energieträgerwechsel stattgefunden. Dabei ist klar, dass gasbefeuerte Öfen eine Brückentechnologie sind, weil sie langfristig keine Lösung für die THG-Emissionen im Scope 1 darstellen. Auf der anderen Seite sprechen drei wichtige Gründe für Erdgas:

2 Beschickungsseite eines elektrisch beheizten Blockrollofens aus dem Jahr 1951 zum Anwärmen von Bolzen für das Strangpressen am Produktionsstandort Vöhringen

- Der Energieverbrauch moderner Gasöfen hat sich in den letzten Jahren insbesondere durch die effiziente Nutzung der Abwärme deutlich verbessert (siehe obiges Beispiel).
- Die Kosten für Erdgas sind signifikant niedriger als die für elektrische Energie, selbst unter Berücksichtigung von Entlastungsregelungen, wie sie zum Beispiel im Werk Vöhringen vorliegen.
- Der CO_2-Faktor für die chemische Energie aus Erdgas ist mit 0,2 Tonnen CO_2e/Megawattstunde nur halb so groß wie der für elektrische Energie, welcher in Deutschland zurzeit rund 0,4 Tonnen CO_2e/Megawattstunde beträgt (vgl. BAFA 2020: 9).

Die beiden erstgenannten Punkte sind für die betriebswirtschaftliche Bewertung von Investitionen in Anwärmtechnologien entscheidend. Eine Elektrifizierung beziehungsweise Substitution von Erdgas findet in erster Näherung dann statt, wenn folgende Ungleichung erfüllt ist: (Bedarf elektrische Energie in MWh) · (Stromkosten in Euro/MWh) ≤ (Erdgasbedarf in MWh) · (Erdgaskosten in Euro/MWh). Elektrische Anwärmtechnologien kommen demzufolge nur dann in Frage, wenn ihr Energiebedarf sehr gering ist und sie darüber hinaus noch weitere Vorteile bieten. Diese Voraussetzungen sind nicht häufig erfüllt.

Vor über zehn Jahren wurde ein innovatives Verfahren zur induktiven Bolzenerwärmung erfolgreich in Betrieb genommen. Es handelt sich um die sogenannte Magnetheizertechnologie, die ursprünglich für die Aluminiumindustrie entwickelt wurde und sich das Prinzip der Wirbelstrombremse zunutze macht. Das Verfahren beruht darauf, dass der anzuwärmende zylindrische Bolzen in einem starken homogenen Magnetfeld um seine Längsachse gedreht wird. Dadurch werden im Material elektrische Ströme induziert, die das Material erwärmen.

Der Energiebedarf des Magnetheizers ist ungefähr 40 Prozent geringer als der herkömmliche Induktionsofen (vgl. Bäcker 2011: 350). Hinzu kommt der Vorteil einer gleichmäßigen Materialerwärmung, weil die induzierten Ströme das gesamte Volumen des Bolzens erfassen.

Bei der praktischen Umsetzung hat sich allerdings herausgestellt, dass der Technologietransfer von Aluminium- auf Kupferwerkstoffe nur mit einem sehr großen Engineering-Aufwand gelingen kann. Viele Herausforderungen resultieren aus dem Werkstoff. Die Dichte von Kupfer ist ungefähr dreimal größer und die Warmumformtemperatur circa 300 Kelvin höher als die von Aluminium (vgl. Hensel/Poluchin 1990: 77). Die größere Dichte bewirkt größere Fliehkräfte, die am Bolzen angreifen. Die höhere Prozesstemperatur belastet Anlagenteile – insbesondere die Antriebswellen, welche den Bolzen klemmen und rotieren.

Die Beanspruchung eines Magnetheizers für Kupferwerkstoffe ist dynamisch und komplex. Sie konnte bei der Anlagenplanung nur bedingt antizipiert und berücksichtigt werden. Viele Optimierungen der Anlage mussten daher während der Inbetriebnahme durchgeführt werden, was Zusatzkosten und Projektverzögerungen verursachte.

3.6.3.5 Erzeugung von Heizwärme und Warmwasser

Wie ein Wohngebiet benötigt auch ein Produktionsstandort 60 bis 80 Grad Celsius warmes Brauchwasser und Heizwärme in seinen Produktionshallen und Bürogebäuden. Darüber hinaus müssen auch bestimmte Bäder an Beiz- und Entfettungsanlagen aufgeheizt werden. Die dafür benötigte Wärme kann zentral oder dezentral erzeugt werden.

Im Werk Vöhringen existiert ein Sattdampfnetz, durch das der Wärmeträger Dampf zu verschiedenen dezentralen Wärmeumformstationen transportiert und dort in Warmwasser umgewandelt wird. Der Dampf wird in zentralen Dampfkesseln erzeugt, die bis vor 20 Jahren mit Kohle oder Schweröl beheizt wurden. Die CO_2-Faktoren dieser Energieträger sind 1,4- bis 1,7-mal größer als der von Erdgas (vgl. BAFA 2020: 9). Seither wird der Sattdampf ausschließlich in erdgasbefeuerten Kesseln generiert. Zusätzlich wird die Abwärme einiger Produktionsanlagen in die nachgelagerten Warmwassernetze eingespeist (siehe Abschnitt 6).

Aufgrund der hohen Wärmeverluste eines ausgedehnten Dampfnetzes wird seit mehreren Jahren kontinuierlich daran gearbeitet, den Dampf auf Warmwasser umzustellen. Hierzu wurden die Anforderungen an die Wärmeversorgung für Sekundärprozesse Zug um Zug auf Warmwassertemperaturniveau reduziert. Dadurch sank der spezifische Heizenergieverbrauch pro Fläche von 420 Kilowattstunden pro Quadratmeter im Jahr 1990 auf 167 Kilowattstunden pro Quadratmeter im Jahr 2020. Heute gibt es nur wenige Dampfverbraucher im Werk.

Für Warmwasser können alternative Beheizungssysteme eingesetzt werden, in denen kein Erdgas verbrannt wird, wie zum Beispiel Power-to-Heat-Wärmepumpen oder Biomassekessel. Wärmepumpen in den benötigten Leistungsklassen sind allerdings noch nicht am Markt verfügbar. Der Biomasseeinsatz scheidet aufgrund des Platzbedarfs und des hohen Betreuungsaufwandes auf dem Werksgelände aus. Eine Nutzung von Biomasse wäre allenfalls über eine Fernwärmeversorgung denkbar.

Um THG-Emissionen zu reduzieren, bleibt aus den obigen Gründen nur der Weg, den Wärmebedarf insbesondere für die Gebäudeheizung weiter abzusenken. Die Substitution des Dampfnetzes wäre mit Investitionen von mehreren Millionen Euro verbunden, welche sich aus heutiger Sicht kaum amortisieren. Damit ist diese Maßnahme nicht attraktiv, zumal die vorhandenen Dampfkessel ihr Lebensdauerende noch längst nicht erreicht haben und außerdem auf dem aktuellen Stand der Technik sind.

3.6.3.6 Wärmerückgewinnung

Wie in Abschnitt 4 angedeutet, ist die Wärmerückgewinnung aus Fertigungsprozessen für Wieland seit Langem ein wichtiges Thema. Zuerst wurden dafür vornehmlich Abhitzedampfkessel für die dezentrale Dampfgewinnung eingesetzt. Später ist man mehr und mehr dazu übergegangen, die Prozesswärme bereits innerhalb der Produktionsanlagen zu verwerten. Weil am Standort Vöhringen Dampf- und Warmwassernetze vorhanden sind, kann die Wärme an vielen Stellen des Werks bequem ein- oder ausgespeist werden. Der Anteil der Wärmerückgewinnung am Gesamtheizenergiebedarf konnte durch eine Vielzahl von Maßnahmen dieser Art über die Jahre immer weiter gesteigert werden.

3 Wärmerückgewinnungsanlage zur Warmwassererzeugung an einem Durchlaufofen im Walzwerk Vöhringen

In Abhängigkeit von den verfügbaren Temperaturniveaus erfolgt die Wärmerückgewinnung in folgenden Stufen.

1. Hochtemperaturabwärme (> 400 Grad Celsius): Nutzung innerhalb der Anlage beziehungsweise Prozesse zum Beispiel zur Vorwärmung von Materialien beziehungsweise der Verbrennungsluft in Glühöfen.
2. Mitteltemperaturabwärme (circa 80–400 Grad Celsius): Einspeisung und Nutzung innerhalb der vorhandenen Warmwassernetze, zum Beispiel für die Gebäudeheizung.
3. Niedertemperaturabwärme (≤ 80 Grad Celsius): Nutzung zum Beispiel in Lüftungsanlagen zur Vorwärmung der Zuluft in Produktionshallen.
4. Erst wenn diese Stufen durchlaufen sind, erfolgt die Restkühlung über das Grundwasser oder durch Kühltürme.

Grundsätzlich gilt, dass eine Wärmerückgewinnung möglichst direkt in die Anlage respektive den Prozess integriert werden sollte. Meist ist jedoch das Temperaturniveau der Abwärme zu niedrig oder die Nutzungserschließung viel zu aufwendig, wie im Falle der Entstaubungsanlagen der Gießerei. In einigen Fällen, wie etwa bei der Spulenabwärme aus den Induktionsschmelzöfen der Gießerei, existieren zudem Sicherheitsbedenken.

Bei der Einspeisung von Wärme in das Warmwassernetz kann das Problem auftauchen, dass das Netz zeitweise keine Abwärme mehr aufnehmen kann. Für eine Wärmeabgabe an die Kommune reicht das vorliegende Abwärmeangebot nicht aus.

Mit der oben beschriebenen direkten Wärmerückgewinnung in den Anlagen und der Einspeisung zurückgewonnener Wärme in das Warmwassernetz konkurrieren Großwärmepumpen und Organic-Rankine-Cycle(ORC)-Anlagen. ORC-Anlagen gewinnen elektrische Energie aus Wärme. Sie sind aufgrund des notwendigen hohen Temperaturniveaus verbunden mit den niedrigen Preisen für zugekaufte Energie bislang keine Option.

Mit einer Wärmepumpe könnte man jedoch die in großen Mengen verfügbare Niedertemperaturabwärme im Bereich von 30 bis 50 Grad Celsius, auf ein Temperaturniveau von circa 100 Grad Celsius anheben, mit dem die Abwärme gut weiterverwertet werden kann. Ähnlich wie beim Energieträgerwechsel in Anwärmöfen hängt eine positive Entscheidung zugunsten einer Wärmepumpe davon ab, ob sich die Unterschiede zwischen den Preisen und den CO_2-Faktoren von Strom und Erdgas verringern. Einer Abschätzung zufolge müsste sich der Strompreis für Power-to-Heat-Anwendungen mindestens halbieren, um einen wirtschaftlichen Betrieb zu ermöglichen. Zudem sind bauliche Maßnahmen erforderlich, um die Abwärmequellen zu erschließen. Ferner gibt es noch offene Fragen zum technischen Wirkungsgrad der Wärmepumpe, der bei einer Temperaturspreizung zwischen Quellen- und Senkenaustrittstemperatur von mehr als 50 Kelvin nicht mehr ausreichend groß sein könnte.

Für eine Verringerung der THG-Emissionen im Scope 1, welche aus Heizwärmeversorgung resultieren, ist der weitere Ausbau der Wärmerückgewinnung in Kombination mit einer Elektrifizierung mittels Wärmepumpe eine vielversprechende Option. Großwärmepumpen sind aus heutiger Sicht technisch zwar vorstellbar, ihre langfristige Wirtschaftlichkeit ist allerdings ungewiss.

3.6.3.7 Metallrecycling

Der größte Anteil der indirekten THG-Emissionen der Wieland Gruppe im Scope 3 stammt vom Vormaterial, das für die Herstellung von Halbfabrikaten beschafft wird. Dazu zählen der Metalleinsatz für die Gießereien, wie etwa Kupferkathoden, Vorlegierungen oder recycelter Schrott, aber auch fertige Gussbolzen oder -platten und einfache Halbfabrikate, welche in der eigenen Produktion weiterveredelt werden.

Die THG-Emissionen im Scope 3 ergeben sich aus der beschafften Tonnage und dem CO_2-Faktor des jeweiligen Vormaterials. In der Praxis werden sie nur über den CO_2-Faktor reduziert, weil es ökonomisch nicht sinnvoll ist, die Produktionsmenge zu verringern.

Für ein bestimmtes Vormaterial kann es unterschiedliche CO_2-Faktoren geben, was unter anderem davon abhängt, wie viel Recyclingmaterial für dessen Herstellung verwendet wurde. Dem Recyclingmaterial an sich wird in der Regel ein verschwindend kleiner CO_2-Faktor zugewiesen.

Grundsätzlich können also die THG-Emissionen im Scope 3 verringert werden, wenn mehr Recyclingmaterial für die Produktion zu beschafft wird. In der Praxis muss allerdings sichergestellt werden, dass das Material in ausreichender Menge und zu wirtschaftlich tragbaren Konditionen verfügbar ist. Ferner kann sich die Qualität der eigenen Produkte verändern. Recyclingmaterial hat einen größeren Gehalt an Verunreinigungen als Neumetall. Zum Beispiel führen bereits sehr geringe Konzentrationen von Eisen und Phosphor im Messing CuZn36 dazu, dass der Werkstoff nach dem Glühen nicht mehr ausreichend weich wird (vgl. Dürrschnabel/Schwennike 1968: 894ff.). Mit steigendem Gehalt dieser Verunreinigungen nimmt die Härte des geglühten Materials zu. Eine zu große Härte ist unerwünscht, weil sich harte Bänder nicht mehr durch Blechumformen, wie beispielshalber Biegen oder Tiefziehen, verarbeiten lassen.

▶ Abb. 4

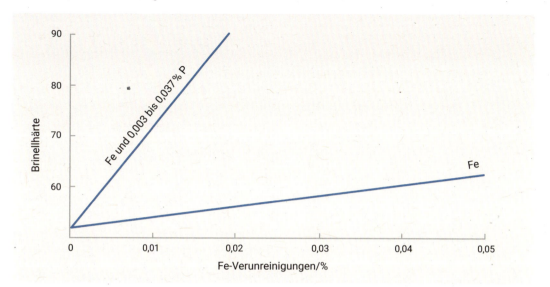

4 Brinellhärte von Bändern aus CuZ36 nach einer zweistündigen Wärmebehandlung bei 550 Grad Celsius in Abhängigkeit vom Gehalt an Verunreinigungen aus Eisen Fe bzw. aus Eisen kombiniert mit Phosphor P (Dürrschnabel/Schwennike 1968: 894 ff.)

Um die Qualitätsanforderungen der nachgelagerten Wertschöpfungskette zu erfüllen, kann es notwendig werden, das Verunreinigungsniveau im eingekauften Vormaterial zu reduzieren. Für diese Art der Reinigung gibt es technische Lösungen (vgl. Langer 2011: 175 ff.). Die Anlagen haben jedoch einen signifikanten Energiebedarf und verursachen – sofern sie im eigenen Unternehmen eingesetzt werden – THG-Emissionen im Scope 1 und 2. Aus ökologischer Sicht ist dieser Ansatz also nur dann sinnvoll, wenn die Mehremissionen in den Scopes 1 und 2 deutlich geringer sind als die verringerten Emissionen im Scope 3. Darüber hinaus muss auch hier die Wirtschaftlichkeit gegeben und es müssen Ressourcen für die Implementierung der Technologie verfügbar sein.

3.6.3.8 Batteriespeicher

Voraussetzung für eine weitere Absenkung des CO_2-Gehalts im deutschen Strommix sind die Erschließung beziehungsweise der Ausbau erneuerbarer Energiequellen. Damit wird es naturgemäß schwieriger, die Energieproduktion mit der Entnahme aus dem Netz zu synchronisieren. Für den Standort Vöhringen wurden verschiedene Möglichkeiten untersucht, welche dazu beitragen können, die Lastspitzen im Netz auszugleichen. Die betriebswirtschaftliche Motivation für diese Machbarkeitsstudie bestand in der Begrenzung der Netzentgelte.

Im ersten Schritt wurde untersucht, ob Leistungsbezug im Werk insgesamt reduziert werden kann. Durch das Abschalten von Anlagen kam es jedoch zu massiven Einschränkungen in der Fertigung. Der Ansatz, die Produktion in erster Linie dann durchzuführen, wenn eine Niedriglastphase im Netz vorliegt, erwies sich mangels Planungssicherheit als nicht umsetzbar. Ein Ausgleich der Lastspitzen über den Einsatz der Notstromdieselaggregate des Werks war rechtlich und wirtschaftlich nicht möglich.

Damit kam man zu dem Schluss, dass die bezogene Leistung nur mit einem großen Batteriespeicher bewerkstelligt werden kann. Aus technischer Sicht entschied man sich für eine Lithium-Batterie mit einer Leistung von sechs Megawatt und einer Speicherkapazität von drei Megawattstunden, untergebracht in vier 20-Fuß-Containern. Ein hinsichtlich der Brandschutzerfordernisse möglicher Aufstellungsort konnte auf dem Werksgelände gefunden werden.

Um die Wirtschaftlichkeit über die vermiedenen Netzentgelte hinaus zu verbessern, wäre die elektrische Energie aus dem Speicher auf dem Regelenergiemarkt angeboten worden, sofern sie nicht für die eigene Fertigung benötigt worden wäre. Dort ergaben sich insbesondere im Bereich der positiven Regelenergie für die Primärregelleistung durchaus lukrative Erlöse. Außerdem bestand die Absicht, von negativen Energiepreisen aufgrund eines Überangebotes von erneuerbaren Energien zu profitieren. Die Amortisationszeit des Projektes lag zwischen fünf und sieben Jahren.

Letztlich wurden zwei Unwägbarkeiten in der Studie identifiziert. Zum einen war der Modellcharakter des Projektes auch für die betreuenden Behörden eine Herausforderung. Die Zurückhaltung resultierte vor allem aus den noch wenig bekannten Risiken der Batteriespeichertechnologie, insbesondere bezüglich des Brandschutzes. Ein geeignetes Genehmigungsverfahren hätte erst entwickelt werden müssen. Zum anderen gab es Unsicherheiten im Bereich der Beihilfen. Hier konnte nicht abschließend geklärt werden, welchen Einfluss ein Batteriespeicher auf die diversen Entlastungstatbestände hat. In einem Szenario wäre die EEG-Entlastung des Standorts komplett entfallen. Wegen dieser Unwägbarkeiten wurden die Planungen eingestellt und das Projekt wurde gestoppt.

REDAKTION

Dr.-Ing. Uwe Hofmann
Director Public Cooperations &
Grant Management
Wieland-Werke AG
Graf-Arco-Straße 36
89079 Ulm
Tel. (+49) (0731) 9443829
E-Mail: uwe.hofmann@wieland.com

KURZBIOGRAPHIEN

Oswald Abler, Dipl.-Ing. (FH) Maschinenbau, Schwerpunkt Energietechnik; 1987 Eintritt in die Wieland-Werke AG; Leiter der Abteilung Umweltschutz; weitere Aufgaben: Energiepolitik bei nationalen und europäischen Industrieverbänden, Umweltmanagement und Nachhaltigkeit in der Wieland Gruppe

Uwe Hofmann, Dr.-Ing. Werkstoffwissenschaften; 1997 Eintritt in die Wieland-Werke AG; zuständig für das Fördermittelmanagement; weitere Aufgaben: THG-Bilanzierungen

Markus Scheib, Dipl.-Ing. (BA) Maschinenbau, Schwerpunkt Thermodynamik und Strömungsmaschinen; 1991 Eintritt in die Wieland-Werke AG; Senior Energy Manager

Benjamin Schwarz, Dipl.-Ing. (FH) Maschinenbau, Schwerpunkt Energietechnik; 2000 Eintritt in die Wieland-Werke AG; Director Global Engineering Energy

PRAXISDATENBANK EFA

AUTOR: Marcus Lodde, *delta consult GmbH/ Effizienz-Agentur NRW*

Zusammenfassung In diesem Beitrag soll kurz die Effizienz-Agentur NRW (EFA) und deren Leistungsspektrum vorgestellt werden. Danach soll gezielt auf die Investitionsentscheidung bei innovativen Investitionsvorhaben eingegangen werden und darauf, welche Hürden damit verbunden sind. Im Anschluss daran werden drei erfolgreich umgesetzte innovative Vorhaben aus der NE-Metall-Industrie vorgestellt, an denen die EFA aktiv beteiligt war.

3.6.4.1 Allgemein

Die Effizienz-Agentur NRW (EFA)

Die Effizienz-Agentur NRW (EFA) wurde 1998 auf Initiative des nordrhein-westfälischen Umweltministeriums gegründet, um mittelständischen Unternehmen in NRW Impulse für ein ressourceneffizientes Wirtschaften zu geben. Das Leistungsangebot umfasst die Ressourceneffizienz- und Finanzierungsberatung sowie Veranstaltungen und Schulungen. Aktuell beschäftigt die EFA 31 Mitarbeiter*innen in Duisburg und in acht Regionalbüros.

Ressourceneffizienz und Unterstützungsangebote der EFA

Die steigende Nachfrage nach Rohstoffen und Energieträgern weltweit macht die effizientere Verwendung von Ressourcen dringend erforderlich – gerade in einem rohstoffarmen Industrieland wie Deutschland. Maßnahmen zur Steigerung der Ressourceneffizienz helfen produzierenden Unternehmen ihre Wettbewerbsfähigkeit zu stärken und gleichzeitig die Umwelt zu entlasten. Eine Chance für die Unternehmen in NRW.

Wenn betriebsinterne Stoffkreisläufe geschlossen und so Material-, Abwasser- und Energiekosten gesenkt werden, wenn die Effizienz des Maschinenparks erhöht sowie Ausschuss verringert wird, hat dies nicht nur positive Auswirkungen auf den Unternehmenserfolg, auch die Umwelt und das Klima profitieren von der Ressourcenschonung. Ziel muss es deshalb sein, die Produktion insgesamt schlanker und effizienter zu gestalten. Den meisten Unternehmen ist die Notwendigkeit, Ressourceneinsparungen im Produktionsprozess zu erzielen, bewusst und es gibt viele Erfolgsbeispiele.

Schon 1998 startete das NRW-Umweltministerium mit der Effizienz-Agentur NRW eine Initiative, um kleine und mittlere Unternehmen mit Beratungsangeboten bei der Steigerung der Ressourceneffizienz zu unterstützen.

Die Ergebnisse der erfolgreichen Arbeit der EFA, insbesondere auch in der Nichteisenmetallindustrie, finden sich in der Best-Practice-Datenbank der Effizienz-Agentur

NRW, die unter dem nachfolgenden Link abrufbar ist:
https://www.ressourceneffizienz.de/praxis/best-practice-datenbank

Hürden auf dem Weg zur erfolgreichen Umsetzung

Die EFA hat in den vergangenen Jahren festgestellt, dass der Impuls für Innovationen in der Industrie auf unterschiedlichsten Ebenen ausgelöst werden kann. Das soll über die nachfolgende Abbildung verdeutlicht werden.

▶ Abb. 1

Innovationen können aus dem Ideenmanagement der eigenen Belegschaft, von Anlagenbauer*innen oder aber auch über eine externe ressourcenorientierte Beratung generiert werden.

Doch wie schafft man es dann, konkret in eine erfolgreiche Umsetzung einer innovativen Investitionsmaßnahme zu kommen? Zuerst muss die Unternehmensleitung von dieser neuen, bisher nicht angewendeten Verfahrenslösung überzeugt werden. Dabei spielen die Themen Anlagenverfügbarkeit, termingerechte Belieferung der Kund*innen und geringe Pay-Back-Zeit eine übergeordnete Rolle. Vielfach sind diese Themen bei einem Wechsel auf eine neue Verfahrenstechnik sensibel und die erste Hürde, die genommen werden muss. Häufig kommt die Unternehmensleitung zu dem Ergebnis, dass ohne eine öffentliche Förderung an eine Umsetzung nicht zu denken ist.

Folglich bedarf es einer Recherche, wie externe Berater*innen ins Boot geholt werden können. Der Prozess, der dafür notwendig ist, ist in der nachfolgenden Abbildung dargestellt.

▶ Abb. 2

Bei der Ansprache externer Berater*innen kommt es sehr darauf an, die Begeisterung für die Innovation zu transportieren und dem/der Partner*in die Ziele des Projektes transparent darzulegen. Vor dem Hintergrund der unterschiedlich definierten Ziele von Förderprogrammen gilt es, die bisher selbst aufgestellten Parameter der Innovation mit den jeweiligen Parametern der unterschiedlichen Förderprogramme abzugleichen. Die oben angegebenen externen Berater*innen bringen dabei unterschiedliche Kompetenzen ein, sodass die Auswahl des geeigneten Beraters/der geeigneten Beraterin die nächste Hürde darstellt.

1 *Wege zur Effizienz in der Produktion, Quellen für Innovationen*

2 *Wege zur Effizienz in der Produktion, von der Idee zur Umsetzung*

Ist die Auswahl des Beraters/der Beraterin und des Förderprogramms erfolgreich abgeschlossen, geht es an die Erstellung einer notwendigen Antragsskizze. Beispielhaft soll an dieser Stelle der Verfahrensablauf bis zu einem erfolgreichen Zuwendungsbescheid im BMUV-Umweltinnovationsprogramm vorgestellt werden.

Das Umweltinnovationsprogramm unterstützt seit 1979 Unternehmen dabei, innovative, großtechnische Pilotvorhaben mit Umweltentlastungspotenzial in die Praxisanwendung zu bringen. Dabei muss eine ohe Multiplikator*innenwirkung mit den Vorhaben verbunden sein, das heißt, eine Vielzahl potenzieller Anwender*innen werden zukünftig dieses Verfahren auch nutzen können.

In der nachfolgenden Abbildung ist der Verfahrensablauf dieses Förderprogramms dargestellt.

▸ Abb. 3

Wie man der Abbildung entnehmen kann, ist über eine Voranfrage mit einer formlosen Projektskizze zu beginnen. Nach einem positiven Kurzvotum wird ein Unternehmen formell zur Antragstellung aufgefordert. Nach Antragstellung findet dann eine administrative und fachliche Prüfung statt, die dann zu einer Förderempfehlung an das BMUV führen kann. Nach dortiger Prüfung erfolgt dann eine Förderentscheidung, die der KfW mitgeteilt wird und dem Unternehmen mit der Zustellung des Zuwendungsbescheides bekannt wird.

Von der Einreichung der formlosen Projektskizze bis zum Zuwendungsbescheid kann mehr als ein Jahr vergehen. Vielen Unternehmen ist dieser Zusammenhang so nicht immer klar.

Die Effizienz-Agentur NRW ist in dem genannten Programm seit 2005 eine erfolgreiche Beraterin und kann die Unternehmen dabei unterstützen, die zuvor genannten Hürden und Hemmnisse zu überwinden. Die nachfolgende Abbildung soll dies verdeutlichen.

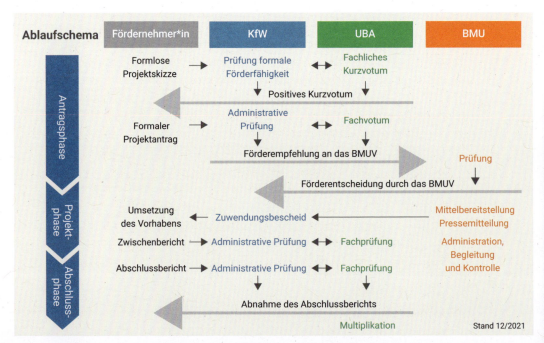

3 *Übersicht über den Verfahrensablauf, BMUV-Umweltinnovationsprogramm*

ERGEBNISSE
BMUV-UMWELTINNOVATIONSPROGRAMM

Die Effizienz-Agentur NRW hat in den vergangenen Jahren **55 Projekte** im Umweltinnovationsprogramm (UIP) des Bundesumweltministeriums (BMUV) begleitet, von denen bisher **47 Projekte** umgesetzt wurden.

Das dabei in Nordrhein-Westfalen ausgelöste Investitionsvolumen beläuft sich auf ca. **140,8 Mio. Euro**.

Stand September 2022

4 Arbeitsergebnisse EFA, BMUV-Umweltinnovationsprogramm

Im nachfolgenden Kapitel sollen konkrete Beispiele der EFA-Beratung vorgestellt werden.

3.6.4.2 Best-Practice-Datenbank EFA

Aus der Best-Practice-Datenbank der EFA möchten wir insbesondere die Beispiele aus der Nichteisenmetallindustrie hervorheben, die einen innovativen Charakter hatten und über das BMUV-Umweltinnovationsprogramm des Bundes gefördert wurden.

Nachfolgend drei Beispiele von Unternehmen aus NRW.

Flexible Profilkühlung spart Ressourcen und verbessert Produktqualität
Gerhardi AluTechnik GmbH, Freisenbergstraße 16, 58513 Lüdenscheid
Das 1796 gegründete Unternehmen Gerhardi AluTechnik hat sich von einem Hersteller für Knöpfe und Schnallen zu einem modernen Aluminiumstrangpresswerk entwickelt, das Profile unter anderem für die Bau- und Automobilindustrie sowie den Maschinenbau fertigt.

Die ständig steigenden Kund*innenanforderungen an die Qualität von stranggepressten Aluminiumerzeugnissen hinsichtlich Festigkeit, Maßhaltigkeit und Geradheit erfordern eine immer genauere Beherrschung der Prozessparameter in der Produktion. Dabei kommt dem Abkühlprozess eine große Bedeutung zu, weil er einen maßgeblichen Einfluss auf die Profileigenschaften hat.

Um die Kühlwasserkreislaufmenge, den Materialverschnitt und den Energiebedarf zu reduzieren, entschied sich Gerhardi AluTechnik 2014, eine innovative flexible Profilkühlung erstmals im großtechnischen Maßstab zu realisieren.

Die neue Wasserkühlung wurde in die bestehende Kühlhaube integriert. Dazu wurde die Unterwanne so weit „entkernt", dass die neue Kühlung darin Platz fand und circa 0,4 Meter näher am Werkzeug platziert werden konnte.

Die Kühlung enthält 13 Düsenstöcke, die in ihrer Winkelstellung und im Abstand zum Profil schwenkbar und radial justierbar sind. Bei Nichtgebrauch wird das System aus der Linie geschwenkt und neben der Pressenlinie geparkt.

Die neue Profilkühlung bietet gegenüber bestehenden Kühlsystemen die Möglichkeit, eine gezielte Abkühlung von einzelnen Profilbereichen vorzunehmen.

Bei bestehenden Kühlsystemen ist gerade bei asymmetrischen Profilen eine starre Düsenanordnung ungünstig und führt zu unterschiedlichem Abkühlverhalten. Das hat wiederum einen negativen Einfluss auf die Maßhaltigkeit und Materialeigenschaften der Profile und kann zu Ausschuss führen.

Das neue System ermöglicht eine hohe Aufprallgeschwindigkeit des Kühlmittels auf die Profile. Die Geschwindigkeit hat direkten Einfluss auf die Kühlwirkung und ist maßgeblich für die gewünschten mechanisch-technologischen Eigenschaften. Bestehende Systeme konnten diesen Effekt bisher nicht optimal gewährleisten.

Mithilfe der neuen Profilkühlung steigerte Gerhardi AluTechnik seine Ressourceneffizienz nachhaltig: 124 Tonnen Aluminiumverschnitt, 133.525 Kubikmeter Kreislaufwasser sowie 46.281 Kilowattstunden elektrische Energie spart das Unternehmen dank der Innovation jährlich ein.

1 Ressourceneffizienzeffekte „FLEXIBLE PROFILKÜHLUNG" im Überblick

Ressource	Einsparung
Aluminiumverschnitt	124 t/a
Kreislaufwasser	133.525 m³/a
Elektrische Energie	46.281 kWh/a
CO_2-Äquivalente	26,1 t/a

Das Vorhaben wurde im August 2013 mit Mitteln in Höhe von 119.969 Euro aus dem Umweltinnovationsprogramm gefördert. Nach der Bewilligung des Zuschusses wurde die EFA mit der Erstellung des Abschlussberichtes sowie der Abstimmung des Messprogramms beauftragt. Im Juni 2015 wurde das Projekt abgeschlossen. Insgesamt investierte Gerhardi AluTechnik 434.137 Euro in das neue Kühlsystem.

Innovative Wärmebehandlung steigert Energieeffizienz
Aluminium Norf GmbH, Koblenzer Straße 120, 41468 Neuss

Die Aluminium Norf GmbH (Alunorf) ist eines der größten Aluminiumschmelz- und -walzwerke weltweit. Die in Neuss gefertigten Halbzeuge und Vorprodukte werden unter anderem für Lebensmittelverpackungen und Fahrzeugteile verwendet.

Den Kund*innenenanforderungen entsprechend fertigt das Werk Aluminiumbänder in unterschiedlichen Materialdicken, Durchmessern und Bandlängen an. Im Kaltwalzprozess erwärmen sich die Bänder auf bis zu 190 Grad Celsius. Um die gewünschten metallurgischen Eigenschaften zu erzielen, werden die gewalzten Bänder anschließend bei circa 480 Grad Celsius in Glühöfen wärmebehandelt.

Die bereits durch den Walzprozess in die Bänder eingebrachte Wärme konnte der Betrieb mit der bis 2011 bestehenden Anlagentechnik nicht für die Wärmebehandlung nutzen. Die Bänder mussten vor der Wärmebehandlung auf unter 60 Grad Celsius abkühlen, um für die bestehenden Zeit- und Temperaturprogramme des gesamten Ofenraumes prozesssichere Bedingungen zu schaffen. Um die Restwärme der Bänder für die Wärmebehandlung zu nutzen, realisierte Alunorf 2011 ein innovatives Ofenkonzept, bestehend aus einer energieeffizienten Ofengruppe mit fünf Aggregaten, in der der thermische Zustand jedes einzelnen Bandes online geregelt werden kann.

Die Öfen verfügen über eine Vier-Einzelzonen-Regelung mit einer Onlineprozesssteuerung, die das individuelle Glühen von vier Einzel-Coils erlaubt. Dies ermöglicht es, die Coil-Temperaturen während des gesamten Glühprozesses online zu erfassen und zu regulieren.

Mithilfe der neuen Technik können erstmals walzwarme Coils direkt wärmebehandelt werden. Dadurch kann die Restwärme aus dem Walzprozess in den Glühöfen genutzt werden.

Darüber hinaus setzt Alunorf die heißen Ofenabgase zur Vorwärmung des im Ofenraum genutzten Schutzgases ein, was ebenfalls Energie einspart. Auch die innerbetriebliche Logistik konnte verbessert werden, was zu verkürzten Durchlauf- und Bearbeitungszeiten führte.

Insgesamt ergeben sich durch die neuartige Wärmebehandlungsanlage Energieeinsparungen von jährlich 45 Prozent im Vergleich zur Altanlage, was circa 31.000 Megawattstunden pro Jahr entspricht. So können bei einer Jahresproduktion von 180.000 Tonnen etwa 8.500 Tonnen CO_2-Äquivalente im Jahr vermieden werden.

Die umgesetzte Maßnahme besitzt durch den innovativen technischen Ansatz und die erzielten Einsparungen einen hohen Modellcharakter für metallverarbeitende Betriebe, die mehrstufige, verkettete Prozesse mit eingebundenen Wärmebehandlungsprozessen betreiben.

2 Ressourceneffizienzeffekte „INNOVATIVE WÄRMEBEHANDLUNG" im Überblick

Ressourceneffekte	
Energieeinsparung	Ca. 31.000 MWh/a
CO_2-Äquivalente	Ca. 8.500 t/a

Das Vorhaben wurde mit Mitteln in Höhe von 1,5 Millionen Euro aus dem Umweltinnovationsprogramm gefördert. Im Dezember 2013 wurde das Projekt abgeschlossen. Insgesamt investierte Alunorf circa 7,5 Millionen Euro in die neue Wärmebehandlung.

Innovativer Blankglühofen spart Energie und Chemikalien
Messingwerk Plettenberg Herfeld GmbH & Co. KG,
Reichsstraße 80, 58840 Plettenberg

Das Messingwerk Plettenberg produziert hochwertige Bänder und Rohre aus Messing- und Kupferlegierungen, die unter anderem in Produkten der Elektrotechnik-, Sanitärzubehör- und Automobilindustrie eingesetzt werden.

Um die vom Kunden/von der Kundin gewünschte Festigkeit des Materials zu erzielen, wurden die Bänder in der Vergangenheit nach dem Kaltwalzen in horizontalen Bandschwebeöfen unter Luftatmosphäre wärmebehandelt. Bei dem gängigen Verfahren bilden sich ab circa 500 Grad Celsius Zinkoxidschichten auf den Bändern, die durch nachträgliches Beizen mit Chemikalien wieder entfernt werden müssen. Bereits vor dem Glühen erfolgte eine chemische Oberflächenentfettung.

Das Unternehmen entschloss sich 2010 mithilfe eines neuartigen gasbeheizten Vertikal-Blankglühofens des österreichischen Industrieofenbauers Ebner, den hohen Chemikalien- und Energieverbrauch der Wärmebehandlung nachhaltig zu senken.

Bei dem neuen Glühofen wurde erstmals in einer H_2-dichten Glühmuffel ein Düsensystem integriert, welches es erlaubt, Messingbänder vertikal und hochkonvektiv unter einer Schutzgasatmosphäre von 70 Prozent H_2 und 30 Prozent Stickstoff sehr rasch und bei der kürzestmöglichen Ofenlänge zu glühen.

Durch das hohe Reduktionspotenzial des H_2 und der bestehenden Hochkonvektion im Glühraum kann die bisherige Entfettung der Bänder vor der Wärmebehandlung vollständig entfallen. Da das Glühen unter Sauerstoffausschluss stattfindet, oxidiert das Material auch nicht, sodass auf das anschließende Beizen verzichtet werden kann. Bei Temperaturen über 650 Grad Celsius kann die erhöhte Zinkausscheidung auch im neuen Ofen technisch nicht verhindert werden. Daher müssen Bänder mit einem hohen Zinkanteil von über 20 Prozent weiterhin im bestehenden horizontalen Bandschwebeofen wärmebehandelt werden.

Das Messingwerk Plettenberg spart durch den neuen Glühofen jährlich 880 Megawattstunden Erdgas und 535 Megawattstunden Strom ein. Durch den Wegfall der chemischen Vor- und Nachbehandlung entfallen jährlich rund sechs Tonnen Schwefelsäure, acht Tonnen Salzsäure und elf Tonnen Natronlauge – insgesamt rund 90 Prozent des bisherigen Chemikalienverbrauchs. Auch konnten durch den neuen Glühprozess beim nachfolgenden Schneiden die unproduktiven Nebenzeiten um fünf Prozent gesenkt werden.

Insgesamt spart das neue Verfahren jährlich circa 2.035 Tonnen CO_2-Äquivalente ein. Das erstmals eingesetzte Verfahren besitzt für Buntmetallhersteller*innen in Deutschland einen hohen Modellcharakter, da es auch für gängige Bänder zum Beispiel aus Neusilber, Bronze oder Kupfer eingesetzt werden kann.

3 Ressourceneffizienzeffekte „INNOVATIVER BLANKGLÜHOFEN" im Überblick

Ressourceneffekte im Überblick	
Energieeinsparung	Ca. 1.415 MWh/a
Chemikalieneinsparung	Ca. 25 t/a
Materialeinsparung	Ca. 400 t/a
CO_2-Äquivalente	Ca. 2.035 t/a

Im Vorfeld der Umsetzung hatte das Unternehmen auf Empfehlung einer Privatbank Kontakt mit der PIUS-Finanzierung der Effizienz-Agentur NRW aufgenommen.

Nach einer Analyse des neuen Prozesses empfahl die EFA das BMUV-Umweltinnovationsprogramm und begleitete das Unternehmen bei der Antragstellung. Das Vorhaben wurde schließlich mit Mitteln in Höhe von 850.000 Euro aus dem Umweltinnovationsprogramm gefördert.

Nach der Bewilligung eines Zuschusses wurde die EFA mit der Abwicklung des Förderbescheids und der Durchführung eines Messprogramms beauftragt. 2014 konnte das Projekt erfolgreich abgeschlossen werden. Insgesamt investierte das Messingwerk circa 3,95 Millionen Euro in die neue Technologie.

Schlusswort

Das Klimaschutzabkommen von Paris von 2015 hat zum Ziel, die Erderhitzung auf deutlich unter zwei Grad Celsius, möglichst sogar 1,5 Grad Celsius, gegenüber vorindustriellen Werten zu begrenzen.

Dem Europäischen Innovationsanzeiger zufolge stagniert die Innovationsleistung Deutschlands seit 2010 und die Innovationsfähigkeit der kleinen und mittleren Unternehmen ist rückläufig. Um die Klimaziele zu erreichen und die Innovationsfähigkeit zu mobilisieren, müssen Unternehmen finanzielle Anreize aufgezeigt werden, wie sie neuartige ressourceneffiziente Technologien bzw. Recyclingtechnologien im Sinne der Circular Economy erstmals in die Anwendung bringen können.

Wie die oben aufgezeigten Beispiele zeigen, erleichtert eine gezielte Förderung des Upscaling von ausentwickelten, innovativen, ressourceneffizienten Prozesstechnologien bzw. Recyclingverfahren die Marktetablierung und trägt dazu bei, dass der Stand der Technik fortgeschrieben werden kann und andere Marktbegleiter*innen animiert werden, nachzuziehen. NRW übernimmt seit Jahren mit den Unterstützungsangeboten seitens der Effizienz-Agentur NRW eine Vorreiterschaft bei der Implementierung innovativer ressourceneffizienter Technologien in allen Branchen der Wirtschaft.

REDAKTION

Marcus Lodde
Effizienz-Agentur NRW
Dr.-Hammacher-Straße 49
47119 Duisburg-Ruhrort
Tel. (+49) (0203) 37879-30
E-Mail: info@ressourceneffizienz.de
www.ressourceneffizienz.de

KURZBIOGRAPHIE

Marcus Lodde studierte Wirtschaftswissenschaften an der Westfälischen Wilhelms-Universität Münster. Schwerpunkte waren die betriebliche Finanzwirtschaft und Umweltökonomie. Nach Stationen bei der Dualen System Deutschland GmbH, Köln, und der Deutschen Ausgleichsbank, Bonn, ist er seit 2001 bei der Effizienz-Agentur NRW in Duisburg beschäftigt und verantwortlich für das Geschäftsfeld Finanzierungsberatung.

Stahlindustrie

3.7

AUF DEM WEG ZUR KLIMANEUTRALEN STAHLINDUSTRIE

Herausforderung, Chancen und politischer Rahmen

AUTOR: Marvin Bender, *Wirtschaftsvereinigung Stahl (WV Stahl)*

Zusammenfassung Die Stahlindustrie in Deutschland steht für 30 Prozent der industriellen CO_2-Emissionen und für sieben Prozent aller Emissionen in Deutschland. Entsprechend groß ist das Potenzial, durch eine Dekarbonisierung der Branche massiv CO_2-Emissionen einzusparen. Durch neue Verfahren auf Basis von H_2, die die CO_2-intensive Primärstahlproduktion ersetzen sollen, und die emissionsarme Elektrostahlproduktion sind die technologischen Möglichkeiten bereits erschlossen. Auch haben die Stahlunternehmen in Deutschland Investitionsprojekte entwickelt, um zur Mitte des Jahrhunderts klimaneutral aufgestellt zu sein. Für ihre Umsetzung fehlen jedoch bisher verlässliche politische Rahmenbedingungen, die eine nachhaltige und zugleich wettbewerbsfähige Stahlproduktion in Deutschland sicherstellen können. ■ Diese beschreibt der Beitrag und zeigt auf, dass sie gleichzeitig für mehr Akzeptanz in Wirtschaft und Gesellschaft führen können.

3.7.1.1 Beitrag der Stahlindustrie zu Klimaschutz und Klimazielen

Klimaschutz: Stahlindustrie mit großem Hebel

Bereits heute produziert die Stahlindustrie in Deutschland den Werkstoff Stahl zu den weltweit besten Bedingungen. Zur Wahrheit gehört jedoch auch, dass die Branche mit rund 53 Millionen Tonnen CO_2, einem Anteil von rund 30 Prozent an den industriellen Emissionen und sieben Prozent an den Gesamtemissionen in Deutschland, zu den größten Emittenten gehört.

▶ Abb. 1

Der damit einhergehenden Verantwortung sind sich die Stahlunternehmen bewusst und haben daher Projekte entwickelt, um einen entscheidenden Beitrag zum Erreichen der Klimaziele leisten zu können. Ihre Umsetzung ist jedoch mit großen Anstrengungen verbunden und hängt maßgeblich von einem politischen Rahmen ab, der eine nachhaltige und zugleich wettbewerbsfähige Stahlproduktion an den Standorten sicherstellt.

Rund 70 Prozent (2018: 29,7 Millionen Tonnen; vgl. Wirtschaftsvereinigung Stahl 2021: 1) der Stahlerzeugung in Deutschland erfolgen heute über die Hochofen-Konverter-Route (integrierte Route oder Primärstahlproduktion). Da dieser Produktionsweg besonders CO_2-intensiv ist, lässt sich mit der zügigen Umstellung auf die klimafreundliche, H_2-basierte Technologie der Direktreduktion eine große Hebelwirkung erzielen, die die kohlenstoffintensive Roheisenproduktion im Hochofen perspektivisch ablösen soll.

Die hierdurch erzielte Klimaschutzwirkung durch den Einsatz von H_2 in der Stahlindustrie ist deutlich höher als in anderen Sektoren: Mit einer Tonne klimaneutralem H_2 lassen sich 28 Tonnen CO_2 einsparen.

▸ Abb. 2

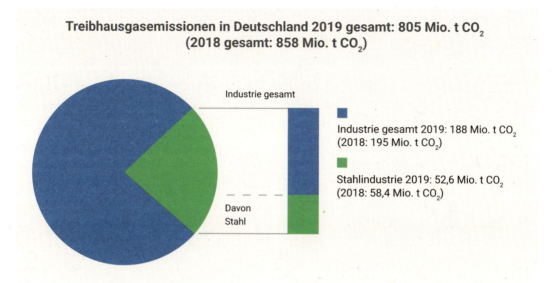

1 *Treibhausgasemissionen in Deutschland (eigene Darstellung, Daten: Bundes-Klimaschutzgesetz, UBA, DEHSt, WV Stahl)*

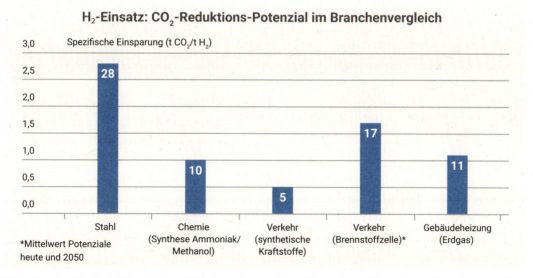

2 *H_2-Einsatz: CO_2-Reduktions-Potenzial im Branchenvergleich (eigene Darstellung, Daten: Berechnungen der WV Stahl unter Einholung einer Stellungnahme des Fraunhofer-Instituts für Umwelt-, Sicherheits- und Energietechnik UMSICHT)*

Ein Effekt, der sich durch die exponierte Stellung der Stahlindustrie am Anfang zahlreicher internationaler Wertschöpfungsketten noch verstärkt. Denn auch in den nachfolgenden industriellen Verarbeitungsstufen trägt klimaneutraler Stahl dazu bei, den CO_2-Fußabdruck zu reduzieren. Mit der etablierten Elektrostahlproduktion auf Schrottbasis (Sekundärstahlproduktion), die einen Anteil von rund 30 Prozent (2018: 11,9 Millionen Tonnen; vgl. Wirtschaftsvereinigung Stahl 2021: 1) an der Stahlerzeugung in Deutschland hat, steht zudem ein weiterer wichtiger Baustein für eine weitestgehende CO_2-Reduzierung in der Branche bereit. Dabei wird Stahlschrott mittels Stroms eingeschmolzen und erneut zu hochwertigen Stahlprodukten weiterverarbeitet. Da Stahl langlebig ist und sich zu 100 Prozent immer wieder und ohne Verluste von Qualität und Eigenschaften recyceln lässt, ist er zudem ein idealer Werkstoff für eine Kreislaufwirtschaft. Auch dies macht die besondere Bedeutung von Stahl für das Erreichen der Klimaziele deutlich.

Dekarbonisierung der Stahlindustrie als gesamtgesellschaftliche Aufgabe

Die Transformation hin zu einer klimaneutralen Stahlindustrie erfordert große Anstrengungen der Stahlunternehmen, lässt sich jedoch ohne Unterstützung und Förderung seitens der Politik nicht realisieren. Die Branche geht von Investitionskosten in Höhe von insgesamt 30 Milliarden Euro aus. Zudem ist sie von zahlreichen externen Faktoren abhängig, wie der Verfügbarkeit ausreichender Mengen an erneuerbaren Energien und klimaneutralem H_2 zu wettbewerbsfähigen Preisen.

Berücksichtigt werden muss auch, dass die Produktion von „grünem Stahl" mit erheblich höheren Betriebskosten im Vergleich zu konventionell hergestelltem Stahl verbunden ist.

Eine besondere Herausforderung ist zudem, dass der grüne Stahl im globalen Wettbewerb bestehen und sich gegenüber den auf konventionelle Weise produzierten Importen behaupten muss. Ohne die entsprechenden Rahmenbedingungen ist eine grüne Stahlproduktion in Deutschland nicht wettbewerbsfähig, mit der Folge, dass Stahl in anderen Regionen der Welt mit geringeren Klimaschutzauflagen produziert und anschließend nach Europa importiert wird (Carbon Leakage). Dass ein solches Abwandern mit deutlichen Verlusten in industrieller Wertschöpfung und bei Arbeitsplätzen einhergeht, konnte im Rahmen von Studien (vgl. Prognos AG 2020, 2022) nachgewiesen werden: Bei einer nicht international abgestimmten Erhöhung des CO_2-Preises wäre in Deutschland bis 2035 ein Produktionsrückgang in der Stahlindustrie in Höhe von 40 Prozent zu erwarten. Gesamtwirtschaftlich bedeutet dies einen Verlust von rund 200.000 Arbeitsplätzen und 114 Milliarden Euro Wertschöpfung. Hinzu käme ein Anstieg der globalen CO_2-Emissionen. Der volkswirtschaftliche Schaden in Form von verlorener Wertschöpfung würde sich auf 600 bis 700 Euro pro vermiedener Tonne CO_2 belaufen und damit ein Vielfaches der Umstellungskosten auf eine H_2-basierte Produktion betragen (ebd.: 8 ff.).

Eine Förderung und Absicherung durch entsprechende politische Rahmenbedingungen ist daher sowohl aus ökonomischer wie auch klimapolitischer Sicht als sinnvoll zu bewerten. Hierzu hat sich mit dem Handlungskonzept Stahl der Bundesregierung (vgl. Bundesministerium für Wirtschaft und Energie 2020) ein gemeinsames Verständnis von Politik, Gewerkschaften und Branche entwickelt. Auch die bisherigen Ankündigungen, die Stahlindustrie beim Weg in die Klimaneutralität beispielsweise durch Klimaschutzverträge zu unterstützen (vgl. Bundesministerium für Wirtschaft und Klimaschutz 2022: 22 ff.), sind ein weiterer Beleg hierfür.

Diese „politische Akzeptanz" und die damit verbundene Bereitschaft, entsprechende politische Rahmenbedingungen auf den Weg zu bringen, ist für die Stahlindustrie eine wichtige Grundlage. Damit die Stahlunternehmen die hohen Investitionen in neue Anlagen tätigen können, müssen die unter anderem im Handlungskonzept Stahl definierten Maßnahmen verlässlich umgesetzt werden. Darüber hinaus muss der Weg zur klimaneutralen Stahlindustrie auch mit Akzeptanz in Wirtschaft und Gesellschaft begleitet werden. So braucht es ein gemeinsames Verständnis darüber, dass die Transformation der Stahlindustrie sich nicht schlagartig, sondern in Stufen vollzieht. Dies bedeutet, dass für einen Übergangszeitraum weiterhin konventionell produzierende Anlagen im Einsatz sind – auch um die Kosten für die Umstellung erwirtschaften zu können.

3.7.1.2 Ein politischer Rahmen für die Transformation

Kapitel 3.7.1.1 hat die Größe der Herausforderung für die Stahlunternehmen verdeutlicht, mit der die Umstellung auf CO_2-arme Technologien einhergeht. Aufgezeigt werden konnte jedoch auch, wie groß der Beitrag für den Klimaschutz und das Erreichen der Klimaziele ist, der mit der Dekarbonisierung der Stahlerzeugung verbunden ist. Geeignete politische Rahmenbedingungen für die Stahlunternehmen bedeuten nicht nur eine verlässliche Perspektive für Investitionen, mit denen Stahl grün und gleichzeitig wettbewerbsfähig produziert werden kann. Sie können auch für Akzeptanz in Wirtschaft und Gesellschaft sorgen, indem sie volkswirtschaftliche Kosten begrenzen, Arbeitsplätze sichern und gleichzeitig den Klimaschutz vorantreiben.

Ein solch politischer Rahmen für die Transformation der Stahlindustrie hat das Ziel, die internationale Wettbewerbsfähigkeit der CO_2-armen und – für den Übergang – auch der herkömmlichen Verfahren sicherzustellen, die infrastrukturellen Voraussetzungen zu schaffen und einen Förderrahmen für den Hochlauf bereitzustellen. Dieses Kapitel beschreibt politische Maßnahmen, die die Dekarbonisierung der Stahlindustrie in Deutschland in diesem Sinne unterstützen und gleichzeitig einen Beitrag zur Akzeptanz der damit verbundenen Herausforderungen in Wirtschaft und Gesellschaft leisten können.

Energiewirtschaftliche Voraussetzungen

Die Stahlindustrie zählt zu den energieintensiven Industrien. Wichtigster Energieträger in der Primärstahlerzeugung, der zugleich auch für den größten Anteil der CO_2-Emissionen der gesamten Branche steht, ist Kokskohle. Die Sekundärstahlproduktion auf Basis von recyceltem Stahl benötigt Strom. So steigt bei einer angenommenen Produktionsmenge von 42 Millionen Tonnen Rohstahl pro Jahr der Strombedarf der Stahlindustrie in Deutschland nach der Umstellung auf CO_2-arme Produktionsverfahren auf 130 Terawattstunden. Ein Großteil des Bedarfs, 112 Terawattstunden, entfallen dabei auf die Elektrolyse von 2,2 Millionen Tonnen grünem H_2, welcher insbesondere für die

Direktreduktion des Eisenerzes benötigt wird. Unter den Bedingungen der Klimaneutralität muss der Strom vollständig durch erneuerbare Energien gedeckt werden. Das entspricht der gesamten Menge an Windenergie, die im Jahr 2020 in Deutschland produziert wurde (vgl. bmwi.de o. D.). Eine Schlüsselvoraussetzung für die Dekarbonisierung der Stahlindustrie ist also der massive Ausbau erneuerbarer Energien und, damit verbunden, der Stromnetze.

Die Stahlindustrie als Treiberin im Hochlauf der H_2-Wirtschaft
Im Industriebereich wird bereits heute vielfach H_2 eingesetzt, insbesondere als Grundstoff zur Herstellung von Basischemikalien oder als Prozessgas in Raffinerien. Mit der Direktreduktion auf H_2-Basis in der Stahlindustrie entsteht ein neuer Anwendungsbereich. Bereits bis 2030 kann hierdurch ein signifikanter Bedarf an grünem H_2 in Höhe von rund 20 Terawattstunden (600.000 Tonnen) entstehen (vgl. Nationaler Wasserstoffrat 2021: 14). Als große Nachfragerin mit der Fähigkeit zur flexiblen und schnellen Aufnahme kann die Stahlindustrie damit eine entscheidende Treiberin für den Aufbau und Hochlauf der H_2-Wirtschaft sein, zum Nutzen auch für andere Sektoren. Voraussetzung dafür ist eine schnelle Verfügbarkeit von klimaneutralem H_2 zu Konditionen, die für die im internationalen Wettbewerb stehenden Branchen tragbar sind.

Solange grüner H_2 nicht in ausreichender Menge zur Verfügung steht, kann für den Einstieg in die Transformation und den Übergang zur Klimaneutralität auch Erdgas eingesetzt werden. Durch die Ablösung von Kohle als Energieträger werden in der Stahlerzeugung so bereits zwei Drittel der CO_2-Emissionen eingespart. Erdgas ist somit mit Blick auf Verfügbarkeit, für den Übergang eine unverzichtbare Flexibilisierungsoption. Zugleich werden Lock-in-Effekte vermieden.

Förderrahmen für Klimaneutralität
Der Technologiewechsel zu CO_2-armen und perspektivisch klimaneutralen Erzeugungsverfahren ist mit Investitionen in Höhe von 30 Milliarden Euro verbunden. Öffentliche Anschubfinanzierungen sind daher zwingend notwendig. Von staatlicher Seite bestehen hierfür europäische und nationale Förderprogramme oder befinden sich im Aufbau, für die sich Stahlunternehmen bewerben können. Dazu zählen Important Projects of Common European Interests (IPCEI), der Innovationsfonds, Dekarbonisierung in der Industrie, das 9. EU-Rahmenprogramm für Forschung und Innovation „Horizon Europe", das für die Stahlindustrie einen Schwerpunkt mit der Partnerschaft „Clean Steel" hat sowie Reallabore der Energiewende, Vermeidung klimarelevanter Prozessemissionen (KlimPro).

Für die Stahlindustrie in Deutschland sind die Fördermöglichkeiten ein wichtiger Baustein auf dem Weg zur Klimaneutralität. Die Ausstattung mit ausreichenden Mitteln und die Möglichkeit der Kombination von Forschungsprogrammen erhöhen die Chance auf positive Investitionsentscheidungen in den Unternehmen. Planungssicherheit entsteht mit einer angemessen ausgestatteten Finanzfazilität (Sondervermögen).

Klimaschutzverträge (Contracts for Difference)

Klimaschutzverträge werden für den Hochlauf einer klimaneutralen Industrie eine entscheidende Rolle spielen. Durch sie können die Mehrkosten klimafreundlicher Verfahren insbesondere in der Hochlaufphase und bis zur Etablierung der notwendigen Absatzmärkte aufgefangen werden. Sie sichern die Industrie gegen enorme wirtschaftliche und politische Unwägbarkeiten ab, die mit Klimaschutzinvestitionen im aktuellen regulatorischen Umfeld verbunden sind. Investitionen in Klimaneutralität werden damit wirtschaftlich ermöglicht. In der Stahlindustrie ist die staatliche Flankierung des Markthochlaufs über Klimaschutzverträge mit einem mehrfachen volkswirtschaftlichen Nutzen verbunden: So können mit der Ablösung von Kokskohle durch klimaneutralen H_2 als Reduktionsmittel schon in der zweiten Hälfte der 20er-Jahre an wenigen Standorten bereits große Mengen an CO_2 eingespart werden. Hinzu kommt: Mit den neuen H_2-fähigen Anlagen kann ein Nachfrageanker als Basis für die Entwicklung einer H_2-Wirtschaft geschaffen werden, der durch den anfänglichen Einsatz von Erdgas als Flexibilitätsoption den Hochlauf einer H_2-Kapazität entsprechend begleiten kann. Darüber hinaus liefert ein wachsendes Angebot an grünem Stahl entscheidende Beiträge zur Dekarbonisierung grüner industrieller Wertschöpfungsketten. Dies alles sichert Deutschland als führenden Standort für grüne Technologien im internationalen Wettbewerb ab.

Leitmärkte für grünen Stahl

Eine Dekarbonisierung der industriellen Wertschöpfungsketten ist nur durch die Umstellung auf grünen Stahl möglich. Die Stahlerzeugung macht rund 30 Prozent der industriellen Emissionen aus. Beispiel Automobil: Hier entfällt rund ein Viertel der Gesamtemissionen auf den darin verwendeten Stahl. Der Ausbau der Elektromobilität führt dazu, dass der CO_2-Anteil, der in den Lieferketten entsteht, sowohl relativ zu den Emissionen der Nutzungsphase als auch absolut im gesamten CO_2-Footprint steigen wird. Bei vielen stahlintensiven Haushaltsgeräten trägt Stahl mit rund 30 Prozent zu den Gesamtemissionen bei, bei Offshore-Windkraftanlagen sogar über 90 Prozent. Grüner Stahl bietet vielen Abnehmer*inneindustrien somit die Chance, die eigenen CO_2-Herausforderungen zu bewältigen.

Staatliche Anreizsysteme für den Einsatz von grünem Stahl unterstützen den Aufbau grüner Leitmärkte und ermöglichen so die Entwicklung nachhaltiger Geschäftsmodelle. Zudem gilt: Je schneller der Hochlauf von beispielsweise grünem Stahl gelingt, umso eher kann eine staatliche Förderung perspektivisch abgelöst und das industriepolitische Ziel erreicht werden, grünen Stahl zuerst am Standort Deutschland zu produzieren.

Circular Economy

Circular Economy bedeutet, Produkte und Werkstoffe, Energien und Ressourcen, aber auch Abfälle und Reststoffe nachhaltig und so lange wie möglich zu nutzen, weiter- bzw. wiederzuverwenden und/oder zu recyceln. Stahl bringt hierfür die besten Eigenschaften mit. Er ist magnetisch und gut sortierbar. Zudem trägt er als Bestandteil von Anlagen, Maschinen und Werkzeugen zu Technologien des Umweltschutzes in anderen Sektoren bei. Stahl macht viele andere Werkstoffkreisläufe erst möglich und nimmt somit eine „Enabler"-Rolle ein.

Mit der schrottbasierten Sekundärstahlproduktion steht bereits heute ein wesentlicher Baustein für eine klimaneutrale Stahlindustrie im Sinne der Kreislaufwirtschaft zur Verfügung. Sie schließt den „Stoffkreislauf Stahl", indem im Elektrolichtbogenofen Schrott mithilfe von Strom zu neuem Stahl eingeschmolzen wird. Um weitere Potenziale auf dieser Verfahrensroute zu erschließen, ist die Branche auf die Verfügbarkeit des Rohstoffes Schrott sowie der Schlüsselenergieträger Strom aus erneuerbaren Energien und H_2 in ausreichender Menge und zu wettbewerbsfähigen Preisen angewiesen.

Mit dem Bestreben, Wirtschaft und Gesellschaft in Richtung Circular Economy weiterzuentwickeln, gibt es weitere politische Stellschrauben. So können zum Beispiel eine Ausrichtung der öffentlichen Beschaffung auf zirkuläres Wirtschaften und die Ökodesignrichtline für kreislauffähige Werkstoffe einen Beitrag zu mehr Nachhaltigkeit leisten.

Vereinbarkeit von Klimaschutz und Wettbewerbsfähigkeit

Zentrale Voraussetzung für eine perspektivisch klimaneutrale Stahlindustrie an den Standorten in Deutschland ist der Erhalt ihrer Wettbewerbsfähigkeit. Insgesamt kann ein vollständig fairer Wettbewerb nur mit einer international harmonisierten CO_2-Bepreisung erreicht werden. Sie würde es ermöglichen, ambitionierten Klimaschutz und internationale Wettbewerbsfähigkeit miteinander zu verbinden. Da jedoch Produzenten in anderen Regionen der Welt teils weniger strenge Klimaschutzauflagen erfüllen müssen, droht durch steigende CO_2-Preise die Stahlproduktion künftig dort stattzufinden. Um dieses Ungleichgewicht im internationalen Wettbewerb auszugleichen, erhalten Stahlunternehmen bisher für einen großen Teil ihrer Emissionen kostenfreie Zertifikate. Durch die aktuelle Revision des EU-Emissionsrechtehandels ändert sich die Situation grundlegend: Bis 2034 soll die freie Zuteilung stufenweise abgebaut und stattdessen ein CO_2-Grenzausgleich (Carbon Border Adjustment Mechanism – CBAM) eingeführt werden. Ziel ist es, Abgaben auf Importe CO_2-intensiver Sektoren aus Ländern mit niedrigeren Umweltstandards als die EU zu erheben. Angesichts der erheblichen und steigenden Kosten der EU-Produzenten für den Kauf von CO_2-Zertifikaten kommt es nun entscheidend darauf an, dass der CBAM wirksam ausgestaltet wird. Insbesondere fehlt bisher eine Entlastung für Exporte, die kurzfristig noch geschaffen werden muss. Andernfalls drohen selbst unter idealen Bedingungen, darunter die Schließung der Wirtschaftlichkeitslücke zwischen grünem und konventionell produziertem Stahl, Produktionsverluste in der Stahlindustrie in Höhe von 20 Prozent. Mit negativen Folgen für Wertschöpfung und Arbeitsplätze, wie eine Studie der Prognos AG (vgl. 2022: 9 ff.) belegt.

Es wird deutlich, dass ein wirksamer Carbon-Leakage-Schutz eine Schlüsselvoraussetzung für eine erfolgreiche Transformation in der Stahlindustrie ist. Er wird zudem eine entscheidende Rolle mit Blick auf die Akzeptanz in Wirtschaft und Gesellschaft spielen. Denn nur wenn die Umstellung auf CO_2-arme Technologien ohne weitreichende Verluste von Arbeitsplätzen und Wertschöpfung einhergeht, wird sie Akzeptanz finden.

3.7.1.3 Schlussfolgerungen: Akzeptanz durch politischen Rahmen

Der Weg hin zu einer klimaneutralen Stahlindustrie ist für die Unternehmen mit großen Anstrengungen verbunden. Der Beitrag zeigt politische Handlungsoptionen auf, die die Bemühungen unterstützen und fördern können und sollten, um die Klimaziele bei gleichzeitigem Erhalt des industriellen Kerns und der nachgelagerten Wertschöpfungsketten in Deutschland zu erreichen.

Aus Sicht der Stahlindustrie in Deutschland sind die beschriebenen politischen Rahmenbedingungen Voraussetzung, um die erarbeiteten Investitionsprojekte umsetzen zu können. Wenn Stahl weiterhin in Deutschland produziert werden soll, ist die Branche jedoch auch auf Akzeptanz in Politik, Wirtschaft und Gesellschaft angewiesen. Es braucht ein gemeinsames Verständnis über die Größe der Herausforderung und den Zeitraum, den die Transformation hin zur Klimaneutralität erfordert. Auf der nationalen politischen Ebene ist der Willen vorhanden, die Stahlindustrie bei dieser Herausforderung zu unterstützen.

Akzeptanz braucht es aber ebenso in Wirtschaft und Gesellschaft. Der zunächst teurere grüne Stahl wird nur dann seine Abnehmer*innen finden, wenn es positive Anreize für seine Verwendung gibt und Quoten den Markthochlauf unterstützen. Aufseiten der Gesellschaft ist ein Verständnis dafür erforderlich, dass die Dekarbonisierung der Stahlindustrie nicht über Nacht gelingt. Gleichzeitig braucht es einen massiven Ausbau der erneuerbaren Energien, da der Strombedarf einer klimaneutralen Stahlindustrie den heutigen Bedarf um ein Vielfaches übersteigt. Auch hierfür braucht es einen breiten Konsens in der Bevölkerung.

REDAKTION

Wirtschaftsvereinigung Stahl
Französische Straße 8
10117 Berlin
Tel. (+49) (030) 2325546-0
E-Mail: info@wvstahl.de
www.stahl-online.de

KURZBIOGRAPHIE

Die Wirtschaftsvereinigung Stahl (WV Stahl) vertritt die politischen Interessen der stahlproduzierenden Unternehmen in Deutschland mit ihren mehr als 80.000 Beschäftigten gegenüber Politik, Wirtschaft und Öffentlichkeit.

Marvin Bender ist Pressesprecher der Wirtschaftsvereinigung Stahl und verantwortet die digitale Kommunikation des Verbands.

STAHL – DER WERKSTOFF VON HEUTE UND WERTSTOFF VON MORGEN

AUTOR: Marc Blum, *Initiative ZINKSTAHL gGmbH*

Zusammenfassung Im Anthropozän ist der Stahl mit seiner vielfältigen Verwendung in allen Bereichen unseres gesellschaftlichen Lebens eingedrungen und ist mit Abstand der bedeutendste Grundwerkstoff. ▪ Die Stahlindustrie, heute mit den multifunktionalen Stahlgüten-Lösungsmöglichkeiten, ist aber für die Bewältigung der zukünftigen Herausforderungen des Klimawandels mit einer notwendigen Ressourceneffektivität bereit. ▪ Die Stahl- und stahlverarbeitende Industrie waren schon immer Wegbereiterinnen für technologische Herausforderungen und Innovation, sowohl aufseiten der Herstellungsprozesse wie auch auf der anwendungsbezogenen Produktseite. ▪ Im Blickfeld einer zirkulären Kreislaufwirtschaft muss der Werkstoff Stahl über den Ansatz „Material-Loops" betrachtet werden; hierbei gibt es zwei Loops: „Pre-Loop" → Hochofenroute (i. d. R. Flachstahlprodukte); „Post-Loop" → Elektroofenroute (derzeit hauptsächlich Langprodukte und CrNi-Stähle) ▪ Der heutige Stahl ist aber nicht nur Werkstoff, er ist vielmehr durch seinen unendlichen Multirecyclingansatz (vgl. Finkbeiner 2013), sowie Multinutzungsansatz (vgl. Blum 2015) auch einer der nachhaltigsten und zirkulärsten Wertstoffe von morgen.

3.7.2.1 Hochofenroute auf Eisenerzbasis

Die Hochofenroute stellt im Kontext einer zirkulären Kreislaufwirtschaft den ersten „Pre-Loop" der Stahlerzeugung dar. Diese erste Verfahrensroute über den Hochofen und den Konverter erzeugt aus den Ausgangsstoffen

- Eisenträger (Eisenerze und Schrott),
- Brennstoffe und Reduktionsmittel (Koks, Kohle, Öl, Gas) und
- Zuschläge (Kalk, Legierungsmittel)

zunächst flüssiges Roheisen oder festen Eisenschwamm (DRI = Direct Reduced Iron), die im Konverter unter geringen Schrottzusätzen zu flüssigem Rohstahl gefrischt werden.

3.7.2.2 Elektrostahlroute auf Schrottbasis

Erreicht der Hochofenstahl aus dem ersten „Pre-Loop" sein Produktlebensende (EoL = End of Life), dann fließt er zu 99 Prozent zirkulär wieder in einen zweiten, dritten usw. „Post-Loop" der Elektrostahlroute ein. Beim Elektrostahlverfahren wird die notwendige Einschmelzenergie aus elektrischem (grünem) Strom über einen Elektrolichtbogen erzeugt; bei diesem Verfahren werden die zirkulären Eigenschaften von Stahlschrott zu 100 Prozent genutzt.

Strangguss – endformnahes Vergießen

Der übliche Weg des Vergießens von Stahl wurde bis zu den 70er-Jahren des letzten Jahrhunderts in einem portionsweisen Abgießen des Stahls (Blockguss) in gusseisernen Dauerformen (Kokillen) praktiziert. Um die Produktivität und die Prozesseffizienz beim Vergießen von Stahl deutlich zu steigern, wurde die „quasi" Endlos-Stranggusstechnik zum Vergießen von Stahl entwickelt. Dieses Verfahren besitzt mehrere Vorteile gleichzeitig und stellt heute über 95 Prozent der Produktion dar. Ein weiterer Vorteil dieser Technik ist die Reduzierung von weiterem Energieeinsatz auf den nachgeschalteten Walzgerüsten durch ein endformnahes Vergießen.

Stahlmarkt und Stahlanwendung heute

Mit einer jährlichen Produktion von rund 40 Millionen Tonnen Rohstahl hat die deutsche Stahlbranche eine besondere Bedeutung für die Wertschöpfungsketten und ist zudem das Rückgrat der deutschen Volkswirtschaft.

Rund 70 Prozent des Stahls werden in Deutschland in integrierten Hüttenwerken (Hochofen, Stahl- und Walzwerk) erschmolzen, die verbleibenden 30 Prozent über die Elektrostahlroute hergestellt. Die Erzeugung von warmgewalzten Stahlerzeugnissen betrug im Jahr 2020 circa 31 Millionen Tonnen. Mit einem Anteil von knapp 40 Prozent ist Nordrhein-Westfalen das Bundesland mit der größten Stahlerzeugung.

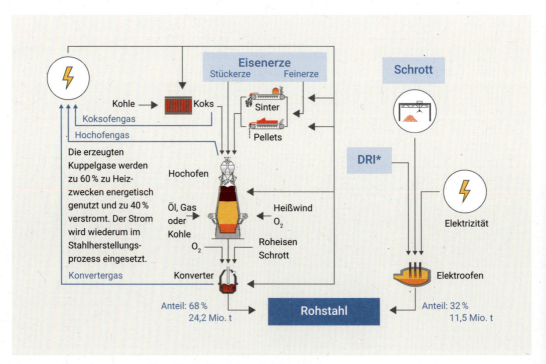

1 *Erzeugungsrouten zur Stahlherstellung 2020 (Quelle: WV Stahl)*

Stahl ist Rückgrat der deutschen Volkswirtschaft

Die Stahlbranche hat daher als Basisindustrie eine besondere Bedeutung für die deutschen Wertschöpfungsketten. Die zahlreichen Innovationen dieses Wirtschaftszweiges und seine enge Verflechtung mit anderen Industriebranchen tragen zu den Erfolgen beispielsweise der Automobilindustrie oder des Maschinenbaus bei. Rund ein Fünftel der Vorleistungskäufe des Maschinenbaus und zwölf Prozent des Fahrzeugbaus entfallen dabei auf die Stahlbranche. Wichtige Abnehmersektoren sind darüber hinaus die Elektrotechnik, das Baugewerbe sowie die Stahl- und Metallverarbeitung. Mit rund vier Millionen Beschäftigten stehen die stahlintensiven Branchen für zwei von drei Industriearbeitsplätzen in Deutschland.

▶ Abb. 2

Hinzu kommen lange Produktionsketten und umfassende Angebote in der Produktion sowie begleitende Dienstleistungen, von der Roheisenerzeugung bis hin zum gewalzten Stahl. Studien zur volkswirtschaftlichen Bedeutung zeigen für Deutschland, dass jeder Euro zusätzliche Wertschöpfung in der Stahlindustrie rund zwei Euro Wertschöpfung in vorgelagerten Branchen generiert. Empirisch belegt ist zudem, dass jeder Arbeitsplatz in der Stahlindustrie mit fünf bis sechs weiteren Beschäftigten in Zulieferindustrien verbunden ist.

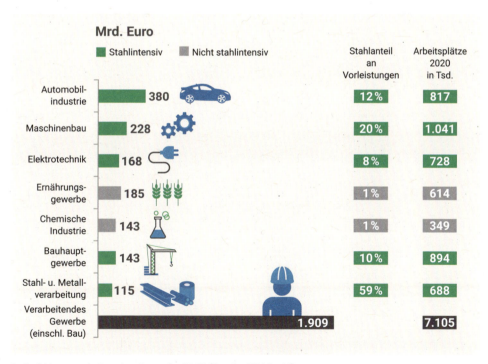

2 *Stahl im verarbeitenden Gewerbe 2020 (Quelle: WV Stahl)*

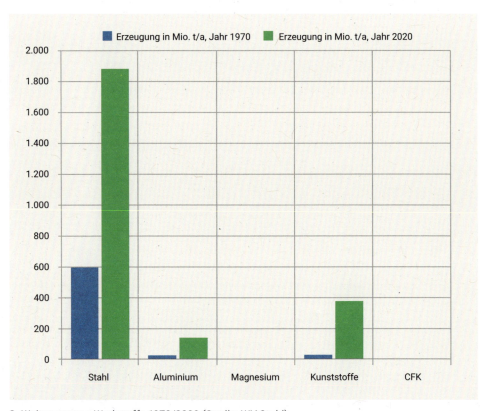

3 Welterzeugung Werkstoffe 1970/2020 (Quelle: WV Stahl)

3.7.2.3 Vielfalt der Produkte und Anwendungen

Die Welt der Stahlprodukte – Stahlgüten und Stahlerzeugnisse – ist sehr vielfältig und ist quasi in jeder gesellschaftlichen Ebene sowie wirtschaftlichen Branche der modernen Welt eingedrungen und daraus nicht mehr wegzudenken.

Der Stahl ist mit deutlichem Abstand der bedeutendste, vielseitigste, anpassungsfähigste und bei End of Life (EoL) multirecyclingfähigste Wertstoff überhaupt und ist im Vergleich des Energieaufwandes zu anderen Metallprodukten deutlich günstiger zu produzieren.

▸ Abb. 3

Die Vielseitigkeit und Anpassungsfähigkeit des Wertstoffs kann aus metallurgischer Sicht wie folgt gekennzeichnet werden (Stahlfibel 2004: 29):

1 Grundeigenschaften des Stahls

Metallurgisch	Formbarkeit	Mechanisch
Hitzebeständig und warmfest	Warm- und kaltumformbar	Spanabhebend bearbeitbar
Schweißgeeignet		Hart, zäh und verschleißfest
Korrosionsbeständig		Gute Festigkeit

Das deutsche Stahlinstitut VDEh, Düsseldorf, verzeichnet aktuell circa 2.400 Stahlgüten und täglich entwickeln die Stahlforschungslabore mehr bedarfsorientierte Stahlgüten (vgl. Stahlinstitut VDEh o. D.).

Die Stahlerzeugnisse werden begrifflich als „Walzstahlerzeugnisse" nach DIN EN 10027: 2007–06 definiert und gliedern sich wie folgt:

2 Gliederung der Walzstahlerzeugung

Fester Rohstahl	Halbzeuge	Flacherzeugnisse	Langerzeugnisse
	Quadratisch	Warmgewalzt	Warmgewalzter Walzdraht
	Rechteckig	Kaltgewalzt	Kaltgezogener Draht
	Flach	Blech und Band	Warmgeformte Stäbe
	Rund	Elektroblech und -band	Blankstahl (gezogen oder geschält)
	Vorprofiliert (Beam Blanks)	Verpackungsblech und -band	Gerippter und profilierter Betonstahl
		Zusammengesetzte Flachstahlerzeugnisse wie plattierte Bleche und Bänder, Sandwichbleche und -elemente	Warmgewalzte Profile
			Geschweißte Profile
			Offene Kaltprofile
			Rohre, Hohlprofile, Drehrohrteile, Ringe, Radreifen, Scheiben

Andere wichtige Stahlerzeugnisse, aber nicht Walzstahlerzeugnisse sind
- Freiformschmiedestücke und
- Gesenkschmiedestücke.

3.7.2.4 Stahl und seine Wege bei „End of Life" des Produktes

MRA oder Multirecyclingansatz (Prof. Dr. Finkbeiner a.a.O.)

„Je häufiger Stahl recycelt wird, desto kleiner wird sein CO_2-Footprint, sozusagen die Umweltfreundlichkeit dieses universell einsetzbaren Werkstoffs", sagt Matthias Finkbeiner vom TU-Fachgebiet Sustainable Engineering. „Stahl ist theoretisch unbegrenzt recycelbar und behält seine Eigenschaften in jeder Recyclingstufe ohne Qualitätsverluste." Eine neue Studie zeigt, dass der Beitrag von Stahl zur Ressourcenschonung und Nachhaltigkeit damit höher ist als bisher angenommen. Die CO_2-Emissionen bei der Herstellung von einer Tonne Stahl seien beim Multirecycling über mehrere Lebenszyklen um rund 50 Prozent niedriger als bei der Primärproduktion von Stahl.

80 Prozent allen jemals hergestellten Stahls würden heute noch verwendet. Die Studie, die in Zusammenarbeit mit der Wirtschaftsingenieurin Sabrina Neugebauer im Auftrag der Wirtschaftsvereinigung Stahl entstand, ist eine „Ökobilanz für das Multirecycling von Stahl" und bildet erstmals die Hochofen- und die Elektroofenroute bei der Stahlproduktion gemeinsam ab. Sie zeigt, dass der Multirecyclingansatz hinsichtlich der Akzeptanz von Stahl die Realität treffender abbildet als die ausschließliche Betrachtung der Primärproduktion von Stahl, da der traditionsreiche Werkstoff schon immer recycelt wird. Die neue Methode berücksichtigt die mehrfache Schrottverwertung innerhalb der Wertschöpfungsketten. „Zur Darstellung eines ganzheitlichen Umweltprofils ist eine Fokussierung auf die Primärproduktion unzureichend", so Matthias Finkbeiner (Stabstelle Kommunikation, Presse, Events und Alumni o. D.).

MNA oder Multinutzungsansatz im Bauwesen

Der Multinutzungsansatz von Stahl von Prof. Dr. Finkbeiner setzt allerdings erst bei End of Life (EoL) der vielfältigen Stahlprodukte an. Im Bauwesen aber kann bspw. die Nachhaltigkeitsstrategie einer generellen Baustoffsuffizienz, wo man zunächst mindestens mit dem Vorhandenen „REDUCE – REUSE – REPURPOSE" wirtschaften sollte, auch ein Teil einer zukünftig gesellschaftlichen Weiterentwicklung und die Akzeptanz eines Werkstoffes im Sinne der Nachhaltigkeit sein. Ein solcher Ansatz kann gegenwärtig aber auch noch als eine sehr hohe gesellschaftliche Herausforderung im Interesse der Nachhaltigkeit angesehen werden, denn dies bedeutet einen ökonomischen Systemwechsel, welchen der Wertstoff Stahl am ehesten und am besten meistern kann.

Betrachten wir das heutige nachhaltige Bauen, dann sind dort zunächst Effizienz und Konsistenz in der Gebäudenutzung bereits gängige Praxis; die dafür erforderliche politische Profilierung und deren politischer Diskurs zur heutigen Implementierung (beispielsweise EnEV, GEG und so weiter) nachhaltiger Aspekte hat aber bereits Mitte der 1990er-Jahre stattgefunden und zeigt, wie lange ein solcher politischer Realisierungsprozess dauert.

Will man hier jetzt die gesellschaftliche Transformation einer ressourcenschonenden Verzichts- und lebenszyklusverlängernden „Mehrfach- oder Multinutzungsstrategie" (Circular Economy) auf das nachhaltige Bauen aufsatteln, dann dürfte man hier in der gegenwärtigen noch ökonomisch und linear gesteuerten Wirtschaft sowie der heute gängigen Hybridbauweisen der mineralischen Baustoffe an gewisse Grenzen stoßen.

Aber die EU-Kommission beabsichtigt schon seit circa einem Jahrzehnt mit ihrer „Strategie für die nachhaltige Wettbewerbsfähigkeit der des Baugewerbes und seiner Unternehmen" [COM(2012) 433 final] in Europa:
- Leitinitiative „Ressourcenschonendes Europa" (Europa-2020-Strategie),
- fünfstufige Abfallhierarchie nach der „Richtlinie 2008/98/EG vom 19. November 2008 über Abfälle und zur Aufhebung bestimmter Richtlinien" [EU-Amtsblatt Nr. L 312 vom 22. November 2008: 10],
- EU-Bauprodukteverordnung 305/2011 mit den im Anhang I verankerten wesentlichen Anforderungen [EU-Amtsblatt Nr. L 88 vom 4. April 2011: 11, 34] und dem erweiterten Punkt 7 der nachhaltigen Ressourcennutzung:
  „Anhang I – 7. Nachhaltige Nutzung der natürlichen Ressourcen
  Das Bauwerk muss derart entworfen, errichtet und abgerissen werden, dass die natürlichen Ressourcen nachhaltig genutzt werden und insbesondere Folgendes gewährleistet ist:
  a) *Das Bauwerk, seine Baustoffe und Teile müssen nach dem Abriss wiederverwendet oder recycelt werden können;*
  b) *das Bauwerk muss dauerhaft sein;*
  c) *für das Bauwerk müssen umweltverträgliche Rohstoffe und Sekundärbaustoffe verwendet werden",*

die diesbezüglich wichtigen Herausforderungen in der europäischen Bauwirtschaft in Bezug auf die Anpassung an neue Rechtsvorschriften und Marktchancen miteinander zu koppeln.

Um zukunftsfähig zu bauen, den Klimawandel deutlich abzufedern und die Ressourcen bereits im Planungsprozess effektiv und nachhaltig einzusetzen, bedarf es einer ressourcenoptimierten und zirkulär gedachten Prozessarchitektur, welche in der „Architektur der Moderne" mit ihren Stahlbaukonstruktionen bereits angelegt war. Mit dieser Architekturströmung war schon ein unbewusstes zirkuläres Nachhaltigkeitskonzept verbunden, denn durch die Reduktion auf die reine Funktion wurden diese modernen stählernen Zweckbauten in gewisser Weise auch „organischer".

Über die Erweiterung der „Architektur der Moderne" im Sinne der symbiotisch wirkenden „Ökogenese" zu einer organischen Architektur der Moderne mit vielfach umnutzbaren und schlussendlich bei EoL unendlich zirkulären Stahlbaukonstruktionen lässt sich der zuvor beschriebene EU-Politikansatz der gesellschaftlichen Transformation hin zu einer ressourcenschonenden Verzichts- und lebenszyklusverlängernden Mehrfachnutzungsstrategie ebenfalls auch sehr gut auf die primären Haupttragwerke umlegen. Diese sollten so konstruiert sein, dass sie über viele zeitliche Dekaden verschiedene äußere Hüllen annehmen können; die verzinkte Stahlbaukonstruktion ermöglicht hier nachweislich Nutzungszeiten von weit über 60 bis 100 Jahre je nach klimatischem Einfluss auf die Konstruktion.

„(Um-)Nutzen [sic], was schon da ist" (Steffen 2014, db-Suffizienz-Vortrag) als suffizienter Masterplan einer reduktiven Moderne schafft so eine soziale und architektonische Intelligenz des Bauens, denn *„nicht neu bauen ist die effizienteste Art des Bauens"* (Welzer 2014, db-Suffizienz-Vortrag).

Verzinkte Stahlhochbauten bieten in diesem Sinne eine wesentlich höhere wie vielfältigere Nutzungsflexibilität und eine größere strukturelle Variabilität als die anderen Baustoffe, um die in der Zukunft liegende Architektur durch Anpassungen, Fortschreibungen und/oder Weiterentwicklungen der Gebäudestrukturen und Gebäudehüllen gewährleisten zu können.

Würden zukünftig Hochbauten konsequenter in verzinkter Stahl- oder Stahlverbundbauweise realisiert, dann sind diese mit Verweis auf das FOSTA-Forschungsvorhaben P 826 (2012) nicht nur hinsichtlich der Kosten im Vergleich zur Stahlbetonbauweise konkurrenzfähiger, sie würden darüber hinaus auch eine deutliche Reduzierung der Baustoffressourcen um circa 63 Prozent ermöglichen.

3 „Stahlhochbau pro nachhaltigere und suffizientere Immobiliennutzung" (M. Blum 2015)

	\multicolumn{5}{c}{Nachhaltigere und suffizientere Immobiliennutzung durch}
	Rückbau von Fehlnutzung	Nachverdichtung	Aufstockung	Lückenschluss	Umnutzung
		\multicolumn{4}{c}{Dies bedingt aber}
	Zirkuläres Konstruieren	\multicolumn{4}{l}{– Höhere Nutzungsflexibilität – Strukturelle Variabilität}
Beton	Nein	Nein	Nein	Ja	Bedingt
Mauerwerk	Nein	Nein	Nein	Ja	Bedingt
BSH (Holz)	Nein	Ja	Ja	Ja	Bedingt
Stahl	Ja	Ja	Ja	Ja	Ja

▶ Tab. 3 Wie in Tab. 3 dargelegt, ist damit der Wertstoff „Stahl" nicht nur ein effizienter, sondern gleichzeitig auch ein hoch suffizienter Wertstoff und die daraus entstehenden Stahlhochbauten gehören zukünftig für die Immobilieninvestoren mit zu den anpassungsfähigsten monetären Langfristwertanlagen.

Und selbst dann, wenn alle Lebenszyklusverlängerungen vollends ausgeschöpft sind, dann bleibt mit EoL der Stahl im Rückbau durch seinen Schrotterlös werthaltig und schont durch das hohe MRA-Potenzial deutlich mehr die Ressourcen als all die anderen hiermit vergleichbaren Baustoffe.

3.7.2.5 Recycling und Upcycling von Stahl

Erst wenn nach Ausschöpfung aller lebenszyklusverlängerten Maßnahmen durch die hohe Umnutzungsflexibilität eine für den Immobilienbetreiber/die Immobilienbetreiberin wertverlängernder Multinutzungsansatz (MNA) für den Gebäudebestand realisiert werden konnte, dann erst bedarf es eines „Recyclingansatzes Stahl 2.0".

Der „Recyclingansatz Stahl 2.0" bedeutet, dass die Gesellschaft ihren zukünftigen Verbrauch (negativ) an Baustoffressourcen in einen Gebrauch (positiv) umsteuern kann.

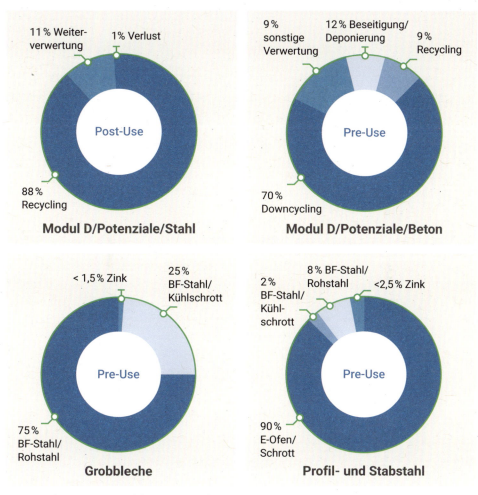

4 Material-Loops von Stahl (Zinkstahl o. D.)

Die Betrachtung einer „Material-Loop-Analyse" von Stahl (Pre-Use und Post-Use) zeigt aber auch, dass über die klassische Hochofenroute und die nachgelagerte Elektroofenroute die MRA-Potenziale des Wertstoffes Stahl zu 100 Prozent abgerufen werden können und diesen nachhaltigsten Wertstoff einzigartig machen.

Demnach müsste dann im Sinne des „European New Green Deal" die Verwendung von Baustoffen, welche nur ein Downcycling oder nur eine thermische Verwertung zulassen, reduziert werden und nur die Wertstoffe, die ein echtes Recycling oder besser Upcycling unter deutlicher Reduzierung der Baustoffmassen in ihrer Gesamtheit ermöglichen, sollten vielmehr bevorzugt Anwendung finden.

Der Wertstoff Stahl besitzt in diesem Sinne nicht nur die zuvor beschriebenen MRA-Eigenschaften, er ermöglicht vielmehr mit seinen hochmodernen Produktionsanlagen – einzigartig gegenüber anderen Baustoffen – über die erweiterte metallurgische Pfannenbehandlung sogar ein Upcycling von schlechten Schrottgüten hin zu hochwertigen Stahlgüten, was einen generationengerechten Ressourcengebrauch zulässt.

3.7.2.6 „European New Green Deal" – von einer zirkulären Kreislaufwirtschaft (CE) hin zur Circular Metal Economy (CME) von morgen

Der „European New Green Deal" und die europäische Strategie einer Circular Economy ist ein elementarer Baustein der grünen Transformation der europäischen und deutschen Wirtschaft.

Circular Economy durch den Wertstoff Stahl kann somit zukünftig als Treiberin der grünen Transformation wirken.

„Zirkuläres Wirtschaften bedeutet, natürliche Ressourcen im Idealfall in Kreisläufen zu führen, ohne neue Ressourcen zu verbrauchen. Denn das Produkt von heute soll zum Rohstoff von morgen werden. Dazu gehört es auch, Geschäftsmodelle neu zu denken. Normen und Standards haben die Kraft, neue Geschäftsmodelle in der Circular Economy überhaupt erst zu ermöglichen, weil sie Industrien, die bisher nicht miteinander in Berührung gekommen sind, eine gemeinsame Sprache geben.

R-Strategien ‚Rethink & Digitize, Reduce, Reuse, Repair & Care, Recycle, Redesign, Re-Build' geben Potenziale für eine starke Normung und Standardisierung und entwickelten innovative Lösungsansätze für eine Circular Economy" (Circular Economy | Normen und Standards ebnen den Weg o. D.).

Die zukünftige Erhöhung von Stahlprodukten in den unterschiedlichsten Branchen und insbesondere von verzinktem Baustahl in den Gebäudestrukturen erfüllt somit auch klar und deutlich den umweltpolitischen Willen der EU-Kommission [CCMI/078 – CESE 355/2011, Kap. 1.15]:

„Initiativstellungnahme – Zugang zu Sekundärrohstoffen (Schrott, Recyclingpapier usw.)

In sämtlichen Teilbereichen der EU-Klimaschutzpolitik (ECCP – Europäisches Programm zur Klimaänderung) sollte der ökologische Nutzen von Sekundärrohstoffen berücksichtigt und auf Kohärenz geachtet werden: Im Emissionshandelssystem der EU beispielsweise bleiben die Energie- und CO_2-Einsparungen unberücksichtigt, die aus der Verwendung zurückgewonnener Rohstoffe in anderen Branchen sowie im Baugewerbe resultieren, und den betreffenden Branchen werden unnötigerweise zusätzliche Kosten aufgebürdet",

- dass die Ressourcen ganzheitlich gesehen (→ DIN EN 15804/15978, Module A bis D) gebraucht und nicht verbraucht werden. Darüber hinaus ermöglicht eine Erhöhung von Stahlprodukten in den unterschiedlichsten Branchen auch die oberste Priorität nach § 6 Abs. 1 KrWG der Abfallvermeidung durch: Einsatz von Planungsmaßnahmen für ein recyclinggerechtes Ökodesign,
- Vermeidung von Abfall auf allen Wertschöpfungsstufen und
- Verringerung der Abfallintensität durch Suffizienz.

Und begründet damit den zukünftigen Weg von einer Circular Economy (CE) hin zu einer Circular Metal Economy, was schlussendlich in einen gesellschaftlichen wie unternehmerischen Mehrwert mündet.

3.7.2.7 Stahl und seine C2C-Fähigkeiten (C2C = Cradle to Cradle)

Wir befinden uns gegenwärtig an der Schwelle des „Anbruchs des Ressourcenzeitalters" (Prof. Dr. Martin Stuchtey, Uni Innsbruck), wo Rohstoffe so lange „zirkulär" zu nutzen sind, wie es nur geht, um zukünftige Primärrohstoffentnahme zu vermeiden respektive Ressourcen zu schonen.

Damit allerdings die gesellschaftliche Akzeptanz von Circular Economy geschaffen wird, muss die Messbarkeit von „Zirkularität" neu definiert werden, denn die heutigen Chancen und Grenzen des Recyclings im Allgemeinen liegen in:
- den Recyclingketten und ihren Systemwirkungsgraden,
- dem Prinzip der technischen Sortentrennung und
- der erforderlichen Sortenreinheit (Sortierung und Einhaltung von Mindestqualitäten).

Von daher bedarf es einer neuen Grundlogik sowie digitaler Werkzeuge, wie die Produktion und der Konsum neu „organisch" gedacht werden können.

▶ Abb. 5 Mithilfe des Cradle-to-Cradle-Konzepts soll die Intelligenz natürlicher Systeme für die Entwicklung neuer nachhaltiger wie zirkulärer Produkte genutzt werden.

Entwickelt wurde dieses Konzept durch Braungart und McDonough (vgl. 2005); es folgt dabei dem Grundgedanken, dass die industrielle Stoffströme gleichbedeutend mit der Effektivität des Nährstoffkreislaufes einhergehen, mit dem Ziel einer friedlichen Koexistenz von Wirtschaft und Ökologie.

Mit dem MNA- und MRA-fähigen Wertstoff Stahl in diesem Sinne lässt sich diesbezüglich eine deutlich positive Zieldefinition wie Wertstoffakzeptanz aufbauen:
- weg vom Cradle-to-Grave-Werk oder -Baustoff (= Schädling) und
- hin zu einem Cradle-to-Cradle-Wertstoff (= Nützling),

wo die Verbrauchsgüter in einen biologischen Nährstoffkreislauf geführt und die Gebrauchsgüter in technischen Kreisläufen organisiert werden können.

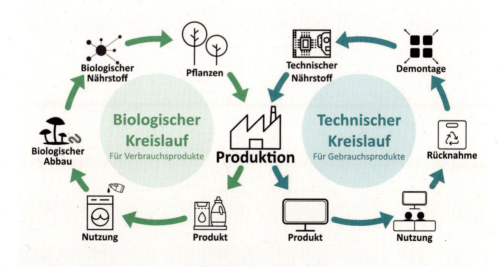

5 „Cradle-to-Cradle-Konzept" (Nachhaltiges Bauen o. D.)

REDAKTION

Marc Blum
Initiative ZINKSTAHL gGmbH
Nordring 4
45894 Gelsenkirchen
Tel. (+49) (0209) 9403152
E-Mail: info@zinkstahl.com
www.zinkstahl.com

KURZBIOGRAPHIE

Marc Blum studierte Stahlbau und Schweißtechnik in Dortmund, Wirtschaftsingenieurwesen in Bochum und Interdisziplinäre Umweltwissenschaften (Schwerpunkt: Circular Economy) in Hagen. Nach jahrzehntelanger Tätigkeit in Führungspositionen in der europäischen Stahl- und Stahlbauindustrie seit 2018 als selbstständig beratender Ingenieur bei BLUM-INGENIEUR-CONSULT, Ennepetal, und ö. b. u. v. SV für Metall- und Stahlbau tätig. Parallel dazu seit 2020 Geschäftsführer der Initiative ZINKSTAHL gGmbH und Mitglied im Normenausschuss „Nachhaltiges Bauen" als Experte für Circular Economy im Bauwesen sowie Obmann im CEN/TC 350/SC 1-WG2 „Circular Economy in the Construction Sector".

BEST-PRACTICE-BEISPIELE
NACHHALTIGE BEISPIELE – FLACHSTAHLPRODUKTION

AUTOR: Jürgen Fries, *ArcelorMittal Bremen und Eisenhüttenstadt*

ArcelorMittal Bremen und Eisenhüttenstadt sind integrierte Standorte mit Hochofenwerk, Konverterstahlwerk, Warmwalzwerk und Kaltwalzwerk inklusive Feuerverzinkung. Bei dieser Produktionsroute wird zunächst der Primärrohstoff Eisenerz, der größtenteils aus Eisenoxid besteht, im Hochofen durch chemische Reduktion mittels Kohlenstoffträgern zu flüssigem Roheisen umgewandelt. Die dabei gebildete CO_2-Menge macht etwa 85 Prozent der Gesamtemission aus.

$$Fe_2O_3 + 3\,CO \rightarrow 2\,Fe + 3\,CO_2$$

Im Konverter wird der im Roheisen enthaltene Kohlenstoff (circa 4,7 Prozent) unter Zugabe von festem Schrott mittels Sauerstoffaufblasen entfernt. Der CO_2-Footprint des eingesetzten Schrottes ist dabei gegenüber dem des Roheisens sehr gering.

Der im Konverter erzeugte Stahl wird in Brammen vergossen und dann zu Warm- und Kaltband verarbeitet. Ein Teil des erzeugten Kaltbandes wird feuerverzinkt.

Eine Möglichkeit zur substanziellen Verringerung der CO_2-Emission bis hin zur CO_2-neutralen Produktion ist die Substitution des Kohlenstoffs durch ein klimaneutrales Reduktionsmittel.

Übersicht über bestehende primäre Herstellungsverfahren für Flachstahl

Grundsätzlich unterscheidet man zwischen primären und sekundären Stahlerzeugungsverfahren. Bei den primären Stahlerzeugungsverfahren wird der Stahl hauptsächlich aus Eisenerzen gewonnen, bei den sekundären Verfahren hauptsächlich aus recyceltem Schrott. Aus Qualitäts- und Verfügbarkeitsgründen muss die Flachstahlproduktion über primäre Verfahren erfolgen. Dabei wird gegenwärtig fast ausschließlich das Hochofen-Konverter-Verfahren angewendet.

Eine Alternative stellen Direktreduktionsanlagen dar, bei denen aus Eisenerzen ein festes eisenreiches Produkt (Eisenschwamm oder DRI – Direct Reduced Iron) hergestellt wird, welches nachfolgend in einem Elektrolichtbogenofen (EAF – Electric Arc Furnace) oder einem Einschmelzofen (SAF – Submerged Arc Furnace) eingeschmolzen wird. Solche Anlagen arbeiten momentan hauptsächlich mit einem aus Erdgas gewonnenem CO/H_2-Mischgas als Reduktionsmittel und werden für die Herstellung von Langprodukten (Drähte, Stäbe et cetera) eingesetzt.

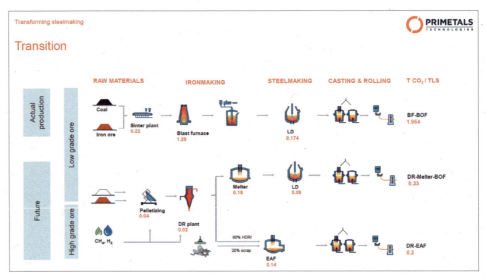

1 Übersicht über Stahlherstellungsverfahren zur Erzeugung von Flachstahlprodukten (Primetals Technologies)

▶ Abb. 1   Abbildung 1 stellt die unterschiedlichen Herstellungsverfahren zur Erzeugung von Flachstahl dar. Nachfolgend werden dazu die einzelnen Verfahrensrouten kurz technisch beschrieben.

Hochofenroute

Die Stahlherstellung über die konventionelle Hochofenroute erfolgt im Wesentlichen über drei Prozessstufen.

Im ersten Prozessschritt erfolgt die Vorbereitung der Rohstoffe für den Einsatz im Hochofen. Hierbei wird Kohle zu Koks in einer Kokerei veredelt. Koks dient im Hochofen in erster Linie als Reduktionsmittel, Energieträger und Aufkohlungsmittel. Da der Einsatz von feinkörnigen Eisenerzen nicht direkt im Hochofen möglich ist, erfolgt eine Vorbehandlung der Eisenerze, um diese stückig zu machen. Über eine Pelletieranlage können Eisenerzpellets erzeugt werden. Des Weiteren ist die Verarbeitung der Feinerze in einer Sinteranlage zu Sinter (agglomeriertes Eisenerz) möglich.

Im Hochofen werden die stückigen Eisenerzträger (Eisenerzpellets, Sinter, Stückerz) reduziert und eingeschmolzen. Die Reduktion des Eisenerzes erfolgt durch Kohlenstoff, welcher aus dem in den Hochofenprozess zugegebenem Koks und der Kohle beigestellt wird. Hierbei entstehen Kohlenstoffmonoxid (CO) und -dioxid (CO_2). Die dabei gebildete CO_2-Menge macht etwa 85 Prozent der Gesamtemission der konventionellen Stahlerzeugung über die Hochofenroute aus.

$$Fe_2O_3 + 3\,CO \rightarrow 2\,Fe + 3\,CO_2$$

Das flüssige Roheisen, welches aus dem Hochofen bei einer Temperatur von circa 1.450 Grad Celsius abgestochen wird, hat einen Kohlenstoffgehalt von circa 4,7 Prozent und wird zur Weiterverarbeitung in das Stahlwerk transportiert.

Im Stahlwerk erfolgt eine Entschwefelung des Roheisens. Im Linz-Donawitz-Konverter (LD-Konverter) erfolgt durch Zugabe von reinem Sauerstoff die Verarbeitung von Roheisen zu Rohstahl. In der Sekundärmetallurgie des Stahlwerks erfolgt die Nachbehandlung des Rohstahls, bis dieser nachfolgend über eine Stranggussanlage vergossen wird und der Stahl somit in den festen Zustand überführt wird.

Direktreduktionsanlagen mit nachgeschaltetem Einschmelzaggregat

Wesentlicher Unterschied der Direktreduktionsverfahren zur Hochofentechnologie ist, dass die Eisenerzträger im festen Zustand reduziert werden und auch im festen Zustand aus dem Direktreduktionsaggregat ausgetragen werden. Die Direktreduktion erfolgt in der Regel über ein kohlenwasserstoffhaltiges Reaktionsgas, meist ein Gemisch aus H_2 und Kohlenstoffmonoxid (CO). Das Reduktionsgas wird gegenwärtig hauptsächlich im sogenannten Steam Reformer durch die katalytische Umsetzung von Erdgas (CH_4) und Wasserdampf gewonnen.

$$CH_4 + H_2O \rightarrow 3 H_2 + CO$$

Die Reduktion des Eisenerzes erfolgt im festen Zustand durch nachfolgende Reaktionen:
$$Fe_2O_3 + 3 H_2 \rightarrow 2 Fe + 3 H_2O$$
$$Fe_2O_3 + 3 CO \rightarrow 2 Fe + 3 CO_2$$

Ein geringer Teil des Kohlenstoffes wird im Metallgitter des DRIs eingelagert. Hierbei sind Kohlenstoffgehalte im DRI von 0,5 bis 4,5 Prozent einstellbar.

Durch die teilweise Reduktion des Eisenoxids durch H_2 wird bereits eine wesentliche Verringerung der CO_2-Emission erreicht.

Technisch ist es grundsätzlich möglich, die Direktreduktion mit reinem H_2 durchzuführen:
$$3 Fe + CO + H_2 \rightarrow Fe_3C + H_2O$$

Die Direktreduktion kann sowohl in einer klassischen Schachtofentechnologie (Midrex, HYL) als auch mit einer DRI-Anlage auf Feinerzbasis mit Wirbelschichttechnologie erfolgen.

Die einzige kommerziell betriebene DRI-Anlage in Europa steht bei ArcelorMittal Hamburg und arbeitet mit der Midrex-Technologie. Im Rahmen der ArcelorMittal-Dekarbonisierungsstrategie „Steel4Future" soll diese schrittweise von CO/H_2-Mischgasbetrieb auf reine H_2-Versorgung umgestellt werden. Parallel dazu wird eine Midrex-Demonstrationsanlage errichtet, die sofort mit reinem H_2 betrieben wird.

Eine vergleichbare DRI-Schachtofentechnologie soll auch in Bremen zum Einsatz kommen und in Verbindung mit der Inbetriebnahme von Elektrolichtbogenöfen die Dekarbonisierung der Standorte Bremen und Eisenhüttenstadt ermöglichen.

Zusätzlich wird in Eisenhüttenstadt eine Prototypanlage zur Erprobung einer Wirbelschichttechnologie zur H_2-basierten Direktreduktion von Feinerzen errichtet.

REDAKTION

Jürgen Fries | CO_2-Strategie
ArcelorMittal Bremen und Eisenhüttenstadt
V06 | Carl-Benz-Straße 30
28237 Bremen, Germany
Tel. (+49) (0421) 648-3501
E-Mail: juergen.fries@arcelormittal.com
corporate.arcelormittal.com
bremen.arcelormittal.com

KURZBIOGRAPHIE

Jürgen Fries, studierte Maschinenbau mit der Vertiefungsrichtung Energietechnik in Koblenz. Nach überwiegend operativer Verantwortung in der Stahlindustrie im Bereich Warmwalzen und Brammenerzeugung, übergeordnete Verantwortlichkeiten in der ArcelorMittal Gruppe. Seit 2019 verantwortlich für die Entwicklung der CO_2-Strategie am Standort in Bremen sowie Begleitung des Fördermanagements.

NACHHALTIGE BEISPIELE – LANGSTAHLPRODUKTION

AUTOREN:
Dr. Claus-M. Rogall, *Metatech GmbH* • Marcus Lodde, *delta consult GmbH/ Effizienz-Agentur NRW*

Zusammenfassung Die Herstellung von Langstahl erfolgt in Deutschland weit überwiegend mittels auf Schrottbasis operierender Elektrostahlwerke, oftmals mit nachgeschalteten Warmwalzwerken. In den vergangenen Jahrzehnten konzentrierten sich Maßnahmen zur Effizienzsteigerung und zur Senkung von Umweltbelastungen im Wesentlichen auf die Optimierung einzelner Anlagen oder Anlagenbereiche. Die hierbei erreichten Innovationen bei Anlagentechnik und Prozessführung stoßen allerdings bereits an Verfahrensgrenzen. Am Beispiel der ESF Elbe-Stahlwerke Feralpi GmbH aus Riesa wird aufgezeigt, dass hohe Effizienzsteigerungspotenziale sich bei der gesamthaften Betrachtung und Optimierung der Fertigungskette realisieren lassen. ■ So werden bei neuzeitlichen kombinierten Stahl-/Walzwerken („Minimills") ehemals entkoppelte Fertigungsstufen verbunden, wodurch erhebliche Effizienzgewinne erreicht werden. Aber auch an Bestandsanlagen können mit fertigungsbereichsübergreifenden Optimierungen erhebliche Ressourceneinsparungen erreicht werden.

3.7.4.1 Akzeptanzentwicklungen in der Langstahlproduktion

Einleitung

In Deutschland wurden im Jahr 2019 circa 12,5 Millionen Tonnen Langstahlerzeugnisse erzeugt (vgl. Wirtschaftsvereinigung Stahl o.D.). Dabei wird über die Elektrostahlroute mit mehr als 80 Prozent der Erzeugung der weit überwiegende Anteil des Langstahls hergestellt.

In den vergangenen Jahren konzentrierten sich die Bemühungen zur Steigerung der Ressourceneffizienz auf eine Vielzahl von Einzelmaßnahmen aus den Bereichen Anlagentechnik, optimierte Prozessführung, Nutzung von Abwärme et cetera, die in Summe zu einer beachtlichen Steigerung der Ressourceneffizienz geführt hat. Im Ergebnis wird die Erschließung von weiteren Effizienzpotenzialen zunehmend schwieriger und kostenintensiver, da einige Verbrauchsminderungen in Elektrostahlwerken mittlerweile an prozessbedingte Grenzen stoßen (vgl. Kleimt et al. 2012).

In den letzten Jahren wurden insbesondere im Bereich des Hauptenergieverbrauchers, des Elektrolichtbogenofens, erhebliche energetische Verbesserungen erreicht, wobei der Prozess mit einem insgesamten Energieverbrauch von aktuell circa 800 Kilowattstunden/

Tonne an prozessbedingte Grenzen stößt und daher nur noch geringe Energieeinsparpotenziale aufweist.

Zusammenfassend lässt sich feststellen, dass die noch bestehenden Ressourcen-, Energie- und Kosteneinsparpotenziale bei der Herstellung von Langstahlerzeugnissen durch die Optimierung von einzelnen Aggregaten oder Fertigungsbereichen (zum Beispiel Schrottwirtschaft, Stahlwerk und Walzwerk) nur noch mit ganz erheblichen technologischen Aufwänden gegenüber dem Stand der Technik gehoben werden können. Diesen Aufwänden stehen oftmals nur noch vergleichsweise geringe erreichbare Kostenvorteile gegenüber.

Wirtschaftlich attraktivere Effizienzpotenziale bieten dagegen oftmals gesamtheitliche Betrachtungen der Fertigungskette zur Langstahlerzeugung, bestehend aus Schrottwirtschaft, Stahlwerk, Walzwerk und Weiterverarbeitung. Bei dieser Betrachtungsweise müssen jedoch erreichte Leistungskennziffern einzelner Fertigungsbereiche (zum Beispiel Produktivität eines Fertigungsbereiches) kritisch in Frage gestellt und gegebenenfalls im Sinn einer Gesamteffizienz neu bewertet werden, was eine erhebliche Akzeptanzherausforderung darstellen kann.

Gesamtheitliche Optimierung von Schrottmanagement und Stahlerzeugung

Die Systemgrenzen für die Optimierung der Ressourceneffizienz von Langstahl herstellenden Elektrostahlwerken wird innerbetrieblich oftmals mit Fokus um das zentrale Aggregat, den Lichtbogenofen, gezogen. Die vorgeschalteten Prozesse des Schrotteinkaufs und der Schrottaufbereitung werden dabei oftmals nur peripher in die Überlegungen einbezogen. Aktueller Stand ist, dass beide an der Wertschöpfungskette beteiligten Branchen (Recyclingunternehmen, Stahlwerke) eine Optimierung der eigenen Bilanzhülle anstreben.

Die vom Stahlwerk zugekauften Fremdschrotte sind in elf sogenannte „Schrottsorten" eingeteilt und im Regelwerk „Europäische Schrottsortenliste" (vgl. Bundesvereinigung Deutscher Stahlrecycling- und Entsorgungsunternehmen e. V. 2005) beschrieben. Hier werden im wesentlichen Schrottherkunft und Stückigkeit der einzelnen Schrottsorte definiert. Daneben werden Maximalwerte für anhaftenden Schutt sowie schädliche Begleitelemente (zum Beispiel Kupfer, Blei, Zinn) begrenzt. Darüber hinaus gibt es Obergrenzen für durchaus „nützliche" Legierungselemente (zum Beispiel Nickel, Chrom, andere), die speziell bei der Herstellung von höherwertigen Stahlgüten die Materialkosten reduzieren können, da weniger kostenintensive Legierungsstoffe zugesetzt werden müssen. Es wird ersichtlich, dass in Zusammenhang mit den innerhalb der einzelnen Schrottsorten typisch auftretenden Merkmalspannen ein bedarfsgerechter Schrottmix im Hinblick auf eine zu erzeugende Stahlgüte nur sehr grob möglich ist.

Daneben werden von den Stahlwerken auch Schrotte aus sogenannten Entfallstellen (zum Beispiel Stanzabfälle) zugekauft, deren Merkmalstreuungen im Regelfall einen zielgerichteten Einsatz zulassen.

Die aktuell vorgenommene Trennung der Bilanzhüllen führt in der heutigen industriellen Praxis im Sinne einer gesamthaften Kosten- und Ressourceneffizienz zu unbefriedigenden Betriebsweisen, die oftmals erhöhte Verbräuche an metallischen Ressourcen, Energie und Betriebszeit zur Folge haben.

Eine Verbesserung der Wirtschaftlichkeit und Umweltbilanz ermöglicht eine gesamtheitliche Betrachtung der Kosten und Ressourcenverbräuche beim Schrottmanagement in Verbindung mit der Stahlerzeugung. Dies gelingt durch die Bewertung von Wirkzusammenhängen zwischen dem vorgenommenen Schrotteinsatz und den hiervon ausgehenden Ressourcenverbräuchen in den nachfolgenden Fertigungsstufen. Auf dieser Basis können für Schrottwirtschaft und Strahlwerk ressourceneffiziente Balancen abgestimmt werden (vgl. LeitmarktAgentur.NRW 2020). Im Ergebnis können beispielsweise die Aufwände und Kosten für den Schrotteinsatz signifikant ansteigen; im Gegenzug werden diese Mehrkosten durch Einsparungen an Material- und/oder Umwandlungskosten im Stahlwerk mehr als kompensiert.

Best-Practice-Beispiel ESF Elbe-Stahlwerke Feralpi GmbH

Die ESF Elbe-Stahlwerke Feralpi GmbH produziert am Standort Riesa mit einem Elektrostahlwerk circa eine Million Tonnen Stahlknüppel pro Jahr und verarbeitet davon im nachgeschalteten eigenen Walzwerk bis zu 900.000 Tonnen zu Betonstabstahl und Walzdraht. Der Stahl wird ausschließlich auf Schrottbasis hergestellt. Nach einer detaillierten Stoffstromanalyse durch die Metatech GmbH aus Kamen im Jahre 2010 plante das Unternehmen eine Umrüstung des bisher überwiegend im Kalteinsatz operierenden Walzwerks auf ein weitgehend im Direkteinsatzverfahren produzierendes Werk, um seinen Prozessenergieeinsatz nachhaltig zu reduzieren.

1 *Rund eine Million Tonnen Stahlknüppel pro Jahr produziert die ESF Elbe-Stahlwerke Feralpi GmbH am Standort Riesa*

2 *Dank der neuartigen Verfahrenskombination kann die ESF Elbe-Stahlwerke Feralpi GmbH heute etwa 75 Prozent der aus dem Stahlwerk austretenden Knüppel direkt im Walzwerk verarbeiten*

Stahlwerk und Walzwerk waren bis 2012 über ein Zwischenlager anlagentechnisch und materialflussmäßig entkoppelt. Die dem Zwischenlager zugeführten Halbzeuge kühlten dabei vor der Weiterverarbeitung auf Umgebungstemperatur ab. Der hierdurch verursachte spezifische Energieverlust betrug etwa 220–250 Kilowattstunden/Tonne und musste vor Walzbeginn wieder in die Zwischenprodukte eingebracht werden.

Ein innovativer Ansatz, bei dem auf die sonst übliche Zwischenerwärmung der Gießerzeugnisse zwischen Stahlwerk und Walzwerk weitgehend verzichtet werden kann. Die direkte Verarbeitung der heißen Stahlknüppel im Walzwerk wurde durch eine neuartige Verfahrenskombination aus metallurgischen, anlagentechnischen und logistischen Maßnahmen ermöglicht. Insbesondere wurden durch die Verknüpfung von Schrottwirtschaft, Schmelzbetrieb, Stranggussanlage und Walzwerk auf Prozessleitebene die bisher weitgehend getrennten Prozesse miteinander verbunden und gesamtheitlich optimiert.

▶ Abb. 2

Die ESF Elbe-Stahlwerke Feralpi GmbH kann dadurch heute etwa 75 Prozent der aus dem Stahlwerk austretenden heißen Knüppel direkt in dem nachgeschalteten Walzwerk verarbeiten, womit an einer Bestandsanlage ein weltweit neuer Standard demonstriert wird. Hierdurch entfällt zum größten Teil das bisherige Aufwärmen der Halbzeuge von Umgebungstemperatur auf Walztemperatur. Das Unternehmen konnte durch das neue Verfahren alleine seinen Prozessenergieeinsatz um circa 117 Gigawattstunden pro Jahr reduzieren. Darüber hinaus verbesserte sich die Produktivität und Produktqualität, sodass rund 40.000 Tonnen weniger Stahlschrott eingesetzt werden müssen. Mit der realisierten Direkteinsatzquote wird an einer Bestandsanlage ein weltweit neuer Standard demonstriert. Das innovative Anlagenkonzept ist auf die Mehrzahl von Elektrostahlwerken mit angeschlossenen Walzwerken übertragbar.

1 Ressourceneffekte im Überblick

	Einsparung
Gas	Ca. 107,5 GWh/a
Prozessenergie (Lichtbogenofen)	Ca. 9,52 GWh/a
Schlacke/Staub	Ca. 32.951 t/a
Stahlschrott	Ca. 41.125 t/a
CO_2-Äquivalente[1]	Ca. 26.442 t/a

[1] Verbesserungen auf Basis der 2017 verzeichneten Jahreserzeugung (967.562 t/a), bezogen auf Strom und Erdgas.

Im Vorfeld der Umsetzung wurde die Finanzierungskompetenz der EFA NRW zur Antragstellung im Umweltinnovationsprogramm des Bundesumweltministeriums eingeworben. Das Vorhaben wurde im März 2013 mit Mitteln in Höhe von rund 1,8 Million Euro aus dem BMUV-Umweltinnovationsprogramm gefördert. Der Projektabschluss erfolgte 2020. Den Investitionskosten von circa neun Millionen Euro steht ein jährlicher Ergebniseffekt von circa 13,3 Millionen Euro pro Jahr gegenüber, sodass sich die Maßnahmen schon nach einem Jahr amortisiert haben. Der Abschlussbericht kann unter www.umweltinnovationsprogramm.de heruntergeladen werden.

REDAKTION

Dr. Claus-M. Rogall
Metatech GmbH
Lünener Straße 211/212
59174 Kamen
Tel. (+49) (02307) 7192-100
www.metatech.gmbh

Marcus Lodde
Effizienz-Agentur NRW
Dr.-Hammacher-Straße 49
47119 Duisburg-Ruhrort
Tel. (+49) (0203) 37879-30
E-Mail: info@ressourceneffizienz.de
www.ressourceneffizienz.de

KURZBIOGRAPHIE

Dr. Claus-M. Rogall studierte Maschinenbau und Hüttenwesen an der RWTH Aachen. Hierauf folgte eine Tätigkeit am Institut für Bildsame Formgebung der RWTH Aachen mit abschließender Promotion im Bereich Umformtechnik. Nach Entwicklungs- und Produktionstätigkeiten in verantwortlichen Positionen in der Stahlindustrie ist er seit 2007 als geschäftsführender Gesellschafter bei der Metatech GmbH in Kamen beschäftigt.

Marcus Lodde studierte Wirtschaftswissenschaften an der Westfälischen Wilhelms-Universität Münster. Schwerpunkte waren die betriebliche Finanzwirtschaft und Umweltökonomie. Nach Stationen bei der Dualen System Deutschland GmbH, Köln, und der Deutschen Ausgleichsbank, Bonn, ist er seit 2001 bei der Effizienz-Agentur NRW in Duisburg beschäftigt und verantwortlich für das Geschäftsfeld Finanzierungsberatung.

Zementindustrie

3.8

EINLEITUNG

AUTOR: Dr. Johannes Pohlkamp,
Verein Deutscher Zementwerke e. V. (VDZ)

3.8.1

3.8.1.1 Zementindustrie in Deutschland

Die deutsche Zementindustrie spielt eine wichtige Rolle im breiten Spektrum der Baustoffindustrie und nimmt eine entscheidende Position in der gesamten Wertschöpfungskette Bau ein. Das industrielle Netzwerk der Branche reicht von Energie- und Rohstoffanbietern, dem Maschinen- und Anlagenbau über produktionsnahe Dienstleistungen, wie Wartung und Transport, bis hin zur Abnehmer*innenseite, also der Transportbeton- und der Betonbauteilbranche, der Mörtelindustrie und dem Baustoffhandel. Mit einem Mix aus mittelständischen und großen Unternehmen gliedert sich die deutsche Zementindustrie insgesamt in 21 Unternehmen und 54 Werke. Mit rund 8.000 Mitarbeitenden haben die deutschen Zementwerke im Jahr 2020 circa 35,5 Millionen Tonnen Zement hergestellt und dabei einen Umsatz von rund 3,1 Milliarden Euro erzielt.

Kennzahlen für 2020
- 21 Unternehmen mit 54 Werken
- Beschäftigte: ca. 8.000
- Umsatz: ca. 3 Mrd. Euro
- Zementproduktion: ca. 35 Mio. t
- Hauptabnehmerin ist die Betonindustrie: mit > 60.000 Beschäftigten und > 15 Mrd. Euro Umsatz

● Zementwerk mit Klinkererzeugung
● Zementwerk ohne Klinkererzeugung

1 *Zementwerke in Deutschland (Quelle: VDZ).* Als Zusammenschluss der deutschen Zementhersteller*innen vertritt der Verein Deutscher Zementwerke (VDZ) die Branche im Dialog mit Politik, Wirtschaft und Öffentlichkeit. Zu seinen Mitgliedern gehören nahezu alle deutschen Zementhersteller*innen. Der VDZ kooperiert mit führenden Zementorganisationen und Forschungseinrichtungen weltweit und zählt 25 nationale und internationale außerordentliche Mitglieder

3.8.1.2 Auf dem Weg zur Klimaneutralität

Angesichts ihrer herausragenden Bedeutung für das Bauen trägt die Zementindustrie auch eine besondere Verantwortung für Klimaschutz und Ressourcenschonung. Dieser stellen sich die Zementhersteller*innen in Deutschland und arbeiten mit Hochdruck an der Dekarbonisierung ihrer Produkte und Prozesse. In den vergangenen Jahrzehnten haben sie bereits umfangreiche Klimaschutzmaßnahmen ergriffen. Seit 1990 konnten so die CO_2-Emissionen bereits um etwa ein Viertel reduziert werden. Bei der weiteren CO_2-Minderung stößt die Zementindustrie jedoch an Grenzen. Das liegt besonders an den prozessbedingten Emissionen der Klinkerherstellung, die mit heute verfügbarer Technik nicht minderbar sind.

Mit der 2020 veröffentlichten CO_2-Roadmap „Dekarbonisierung von Zement und Beton – Minderungspfade und Handlungsstrategien" zeigt die deutsche Zementindustrie auf, mit welchen Maßnahmen entlang der Wertschöpfungskette von Zement und Beton Klimaneutralität erreicht werden kann (vgl. VDZ 2020).

Mit konventionellen, heute verfügbaren Minderungsmaßnahmen würde es demnach bis 2050 gelingen, die CO_2-Emissionen um 36 Prozent gegenüber 2019 zu verringern (−50 Prozent gegenüber 1990). Für vollständige Klimaneutralität sind dagegen völlig neue Wege in der Herstellung des Zements und seiner Anwendung im Beton zu gehen. Dabei spielen Breakthrough-Technologien eine entscheidende Rolle, wie etwa die Markteinführung von Zementen mit einem besonders niedrigen Klinkeranteil oder der Einsatz von H_2 als Energieträger. Zudem leistet die Abscheidung von CO_2 und dessen anschließende Nutzung und Speicherung (CCU/S) einen wichtigen Beitrag, um die anderweitig nicht minderbaren CO_2-Emissionen zu reduzieren.

Die VDZ-Studie „Dekarbonisierung von Zement und Beton – Minderungspfade und Handlungsstrategien" steht unter folgendem Link zum Download zur Verfügung: www.vdz-online.de/dekarbonisierung.

3.8.1.3 Gesellschaftliche Akzeptanz der Zementindustrie

Die Unternehmen der Zementindustrie sind traditionell recht häufig in große öffentliche Genehmigungsverfahren eingebunden, da Zementwerke mit einer Produktionskapazität von über 500 Tagestonnen sowie Steinbrüche mit einer Größe von mehr als zehn Hektar als genehmigungsbedürftige Anlagen nach der 4. Bundes-Immissionsschutzverordnung eingestuft sind. Eine häufige Verfahrensart für diese Anlagen ist das Änderungsgenehmigungsverfahren nach §16 Bundes-Immissionsschutzgesetz. Inhaltlich geht es dabei oft um den erhöhten Einsatz alternativer Roh- und Brennstoffe, Steinbrucherweiterungen, Anlagenmodernisierungen und Technologieumstellungen. In der öffentlichen Wahrnehmung werden solche Projekte teilweise skeptisch gesehen. Eine Beteiligung der Öffentlichkeit ist allerdings gesetzlich nur dann vorgesehen, wenn potenziell erhebliche Auswirkungen eines Vorhabens auf Mensch und Umwelt nicht von vorneherein auszuschließen sind. Bei Vorhaben einer bestimmten Größe muss außerdem eine Umweltverträglichkeitsprüfung (UVP) nach 9. Bundes-Immissionsschutzverordnung in Verbindung mit dem Gesetz über die Umweltverträglichkeitsprüfung (UVPG) durchgeführt werden. Grundsätzlich können Betreibende aber auch freiwillig eine UVP vornehmen, um beispielsweise die Rechtssicherheit und die Akzeptanz eines Vorhabens zu erhöhen. Die gesetzlich vorgesehene Form der Beteiligung der (breiten) Öffentlichkeit beginnt dabei in der Regel erst mit Auslegung der Antragsunterlagen, also zu einem Zeitpunkt, zu dem das Verfahren schon relativ weit fortgeschritten ist. Die Bearbeitung öffentlicher Einwendungen kann dann mitunter noch einmal zu deutlichen Verzögerungen im Genehmigungsverfahren führen.

In den letzten Jahren hat sich deshalb gezeigt, dass eine frühzeitige, freiwillige und verstärkte Einbindung und Beteiligung der Bürger*innen, zum Teil schon vor der Antragstellung, sinnvoll sein kann, um die Akzeptanz eines Vorhabens zu erhöhen und einen zügigen Verfahrensablauf zu unterstützen. Dies gilt besonders für Projekte, für die unter Umständen ein gewisser öffentlicher Widerstand zu erwarten ist. Auf Länderebene (zum Beispiel Baden-Württemberg) ist die sogenannte „frühe Öffentlichkeitsbeteiligung" sogar mittlerweile gesetzlich festgelegt. Die beiden nachfolgenden Praxisbeispiele zeigen eindrücklich, mit welchen Chancen und Herausforderungen eine solche frühe Öffentlichkeitsbeteiligung verbunden ist und welches Potenzial diese darstellen kann, um die Akzeptanz genehmigungspflichtiger Vorhaben zu fördern.

REDAKTION

Dr. Johannes Pohlkamp
Verein Deutscher Zementwerke e. V. (VDZ)
Toulouser Allee 71
40476 Düsseldorf
Tel. (+49) (0211) 4578-229
E-Mail: johannes.pohlkamp@vdz-online.de
www.vdz-online.de

KURZBIOGRAPHIE

Dr. Johannes Pohlkamp hat Kommunikationswissenschaft an den Universitäten Münster, Los Angeles und Hohenheim studiert und ist seit 2015 Pressesprecher sowie Referent für Marketing und Kommunikation beim Verein Deutscher Zementwerke e. V. (VDZ).

FRÜHE ÖFFENTLICHKEITSBETEILIGUNG – CHANCEN UND HERAUSFORDERUNGEN

3.8.2

AUTOREN:
Heiner Rohr, *HeidelbergCement AG* • Elke Schönig, *HeidelbergCement AG*

HEIDELBERGCEMENT

Zusammenfassung Öffentlichkeitsbeteiligungen, etwa bei Genehmigungsverfahren, bergen Chancen und Risiken. Neue gesetzliche Vorgaben sehen eine frühe Öffentlichkeitsbeteiligung vor. Bei Vorhaben, die die Durchführung einer Umweltverträglichkeitsprüfung oder eines Planfeststellungsverfahrens erfordern, soll demnach schon vor der Antragstellung eine Öffentlichkeitsbeteiligung stattfinden. Der/Die Vorhabenträger*in soll die Öffentlichkeit umfassend über das Vorhaben unterrichten und ihr Gelegenheit zur Äußerung und Erörterung geben. ▪ Entsprechend hat die HeidelbergCement AG anhand des Vier-Phasen-Modells der VDI-Richtlinie 7000 einen eigenen Standard für frühe Öffentlichkeitsbeteiligung entwickelt („Ergänzende Bürgerbeteiligung"). Diese bietet die Chance, Konflikte früh zu erkennen und gemeinsam beizulegen. Die vier Phasen sehen vor, Strukturen und Kompetenzen aufzubauen (Phase 1), die Öffentlichkeit früh und strukturiert zu beteiligen (Phase 2), Genehmigungsverfahren zu unterstützen (Phase 3) sowie Bauphase und Projekt zu begleiten (Phase 4). Erfolgsfaktoren sind die integrierte Bürger*innenbeteiligung, die Unternehmenswebsite und die Projektumfeldanalyse. Auch Werkstattgespräche und das Informationsforum tragen neben der kommunikativen Begleitung des Projekts und einem Beschwerdemanagement wesentlich zu einer erfolgreichen frühen Öffentlichkeitsbeteiligung bei.

1 *Zementwerk der HeidelbergCement AG in Lengfurt*

3.8.2.1 Einleitung

Öffentlichkeitsbeteiligungen (zum Beispiel bei Genehmigungsverfahren) sind mit vielfältigen Chancen und Risiken verbunden. Eine rein gesetzliche Öffentlichkeitsbeteiligung ist in den meisten Fällen nicht ausreichend. Dies liegt an der Konstellation der beteiligten Akteur*innen, die Industrieprojekten oft mit einer gewissen Skepsis gegenüberstehen beziehungsweise einen ausgeprägten Wunsch nach Mitsprache haben. Insofern ist es auch im Interesse der/die Vorhabenträgerin, sich um die Berücksichtigung der Interessen von Betroffenen zu kümmern. Darüber hinaus können sie durch den Blickwinkel von außen weitere Alternativen aufzeigen.

Bei der Umsetzung von Genehmigungsverfahren gibt es ein grundsätzliches Dilemma: Ohne frühzeitige Einbindung und Mitsprache von Bürger*innen entstehen Frust und Misstrauen. Eine umfassende Mitsprache führt hingegen zu sehr komplexen und langwierigen Abstimmungsprozessen, die das Projekt verzögern oder gar gefährden können. Mit Blick auf die Transformation der Industrie zur Klimaneutralität und rasche Dekarbonisierungsfortschritte schon bis 2030 gilt es, dieses Spannungsverhältnis aufzulösen und Genehmigungsverfahren durch pragmatische Lösungen und Kompromisse zu beschleunigen.

Um den Prozess der Öffentlichkeitsbeteiligung erfolgreich gestalten zu können, hat die HeidelbergCement AG daher einen eigenen Standard eingeführt, die „Ergänzende Bürgerbeteiligung". Grundlage hierfür sind neue gesetzliche Vorgaben, die eine frühe Öffentlichkeitsbeteiligung fördern (wie das Umweltverwaltungsgesetz Baden-Württemberg). Darauf aufbauend wird das Vier-Phasen-Modell der VDI-Richtlinie 7000 angewendet:

- Phase 1 – Strukturen und Kompetenzen aufbauen,
- Phase 2 – Öffentlichkeit früh und strukturiert beteiligen,
- Phase 3 – Genehmigungsverfahren unterstützen und
- Phase 4 – Bauphase und Projekt begleiten (vgl. VDI 2015).

Eine wichtige Funktion kommt auch dem Informationsforum zu.

3.8.2.2 Frühe Öffentlichkeitsbeteiligung

Rechtsgrundlagen

Neue gesetzliche Vorgaben wie das novellierte Umweltverwaltungsgesetz Baden-Württemberg bilden die Grundlage einer frühen Öffentlichkeitsbeteiligung. So heißt es in §2 des Gesetzes: „Bei Vorhaben, für welche die Verpflichtung zur Durchführung einer Umweltverträglichkeitsprüfung oder eines Planfeststellungsverfahrens besteht, soll bereits vor der Antragstellung eine Öffentlichkeitsbeteiligung stattfinden. Der Vorhabenträger soll die Öffentlichkeit über die Ziele des Vorhabens, die Mittel, es zu verwirklichen, und die voraussichtlichen Auswirkungen des Vorhabens unterrichten und ihr Gelegenheit zur Äußerung und Erörterung geben. Hierbei kann er sich elektronischer Informationstechnologien bedienen. Zeigen die Äußerungen ein geringes Informationsbedürfnis der Öffentlichkeit, insbesondere durch eine geringe Zahl von Äußerungen oder die Behandlung sachfremder Themen, kann der Vorhabenträger auf eine Erörterung verzichten. Das Ergebnis der vor Antragstellung durchgeführten frühen Öffentlichkeitsbeteiligung soll der Öffentlichkeit und der Behörde spätestens mit der Antragstellung mitgeteilt werden. ... Die Erkenntnisse der frühen Öffentlichkeitsbeteiligung werden in das Zulassungsverfahren einbezogen. Die Kosten der frühen Öffentlichkeitsbeteiligung trägt der Vorhabenträger" (§ 2 Abs 1 und 2, LBW, Land Baden-Württemberg [2014], Gesetz zur Vereinheitlichung des Umweltverwaltungsrechts und zur Stärkung der Bürger- und Öffentlichkeitsbeteiligung im Umweltbereich [BW UvWG]).

Das Umweltverwaltungsgesetz Baden-Württemberg hat Vorbildcharakter. Es legt fest:

- Die „frühe Bürgerbeteiligung" gilt für alle Verfahren mit im Gesetz vorgesehener förmlicher Öffentlichkeitsbeteiligung (zum Beispiel Steinbrucherweiterung, neue Ofenanlage).
- Ausnahmen sind in atypischen Fällen denkbar (zum Beispiel Vorhaben ist erkennbar völlig unkritisch; bereits intensive Projektdiskussion im Raumordnungsverfahren).
- Zur Umsetzung der „frühen Bürgerbeteiligung" gibt es keine gesetzlichen Vorgaben, sodass der/die Vorhabenträger*in über einen großen Gestaltungsspielraum verfügt.
- Die VDI-Richtlinie 7000 enthält wertvolle Handlungshinweise für Unternehmen, um die „frühe Bürgerbeteiligung" zu implementieren.

Auf dieser Grundlage hat die HeidelbergCement AG einen eigenen Standard erarbeitet, die „Ergänzende Bürgerbeteiligung".

Erweiterte Öffentlichkeitsbeteiligung: pro und contra

Die Vor- und Nachteile einer Ausweitung der Öffentlichkeitsbeteiligung werden in folgender Tabelle gegenübergestellt.

▸ Tab. 1

1 Ausweitung der Öffentlichkeitsbeteiligung: Vor- und Nachteile

Pro	Contra
Konflikte werden frühzeitig erkennbar	Mehr Aufwand (Arbeit, Kosten, Zeit) für den Vorhabenträger/die Vorhabenträgerin
Chance, dass schon im Vorfeld des Genehmigungsverfahrens Missverständnisse ausgeräumt und Konflikte gemeinsam beigelegt werden, dadurch Erleichterung (Verkürzung) des Genehmigungsverfahrens	Risiko ideologisch geführter Grundsatzdiskussionen: Die Wahl der richtigen Beteiligungsformate ist entscheidend
Später aufkommende Widerstände können durch Hinweis auf die vorher bereitgestellten Erörterungsmöglichkeiten zurückgewiesen werden: frühe Beteiligung nicht nur anbieten, sondern auch einfordern	Risiko, dass falsche Erwartungen (Bürger*innenmitbestimmung) geweckt werden, notwendig ist daher eine Aufklärung über gesetzliche Rechte und zusätzliche Beteiligungsoptionen

Es bleibt somit strittig, inwieweit die „frühe Bürgerbeteiligung" zu besseren (und besser legitimierten) Projektergebnissen führt. In jedem Fall ist es wichtig, eine frühe Beteiligung zu ermöglichen, gleichzeitig aber auch die Grenzen der Mitsprache klar zu kommunizieren. Auch Politiker*innen auf Kommunal-, Landes- wie Bundesebene sind hier gefragt, von allen Seiten pragmatische Lösungen und Kompromissbereitschaft einzufordern, damit dringend notwendige Vorhaben der Standortsicherung, Innovationen und Transformationsprozesse nicht durch langwierige Genehmigungsverfahren ausgebremst werden.

Vier-Phasen-Modell der VDI-Richtlinie 7000 als Orientierungshilfe

Phase 1 – Strukturen und Kompetenzen aufbauen

Aufgabe in der Phase 1 ist insbesondere die Analyse der tatsächlichen Gegebenheiten und die Planung der Kommunikation. Notwendig hierzu ist die Integration von Genehmigungsverfahren und Bürger*innenbeteiligung in das allgemeine Projektmanagement.

Wichtige Vorarbeit ist die Analyse des Projektumfelds.
- Akteur*innen: Welche Gruppen und Personen sind positiv wie negativ relevant?
- Themen: Welche Themen sind für die Akteur*innen und das Projekt relevant?
- Variantenanalyse: Welche Planungsvarianten sind denkbar?

Weiterhin steht in Phase 1 auch die Planung der Beteiligungsprozesse im Fokus. Die Planung der Beteiligungsformate umfasst das Einladungs-/Teilnehmer*innenmanagement, die Organisation von Räumlichkeiten und Infrastruktur sowie eventuell die Einbeziehung von externen Moderierenden – Letzteres ist nur bei schweren Konflikten sinnvoll. Zu klären ist auch, wie weit die ergänzende Bürger*innenbeteiligung gehen soll, von der Information bis zum Austausch. Dies lässt sich zudem um eine Konsultation ergänzen, um gute Vorschläge auch zu berücksichtigen. Schließlich könnte sogar Mitgestaltung zugelassen werden, was wegen der Komplexität sehr schwierig und nur in Einzelfällen ratsam ist.

2 Vier-Phasen-Modell der VDI-Richtlinie 7000 zur Umsetzung einer „frühen Bürgerbeteiligung"

Zum Abschluss von Phase 1 und als Überleitung zu Phase 2 bieten sich „Werkstattgespräche" an. Dies meint eine erste vertrauliche Projektvorstellung für Behörden und anschließend für die Lokalpolitik (Bürgermeister*in, Gemeinderatsfraktionen) durch die Verantwortlichen (meist durch die Werksleitung). Erst anschließend ist die Presse zu informieren.

Phase 2 – Öffentlichkeit früh und strukturiert beteiligen
In der Phase 2 gilt es, Anspruchsgruppen in die Projektplanung und in die Entwicklung der Antragsvarianten einzubeziehen.

Zunächst empfiehlt sich eine erste Information der allgemeinen Öffentlichkeit durch eine Pressemitteilung mit Vorstellung des Projekts und der geplanten Bürger*innenbeteiligung. Auch Internetseiten sollten vorbereitet werden, um Projektinformationen und Dokumente für die Bürger*inneninformationen bereitzustellen. Schließlich sind auch intern und extern Ansprechpartner*innen für die Öffentlichkeit zu benennen.

Kernelement der Phase 2 ist die Durchführung einer Bürger*innenkonsultation, um das Projekt der Öffentlichkeit vorzustellen. HeidelbergCement hat hierfür das Format „Informationsforum" entwickelt. Das Informationsforum ist eine Alternative zur klassischen Projektvorstellung in einer Bürger*innenversammlung oder Podiumsdiskussion. Es soll einen konstruktiven Dialog zwischen dem Unternehmen und den Bürger*innen in Kleingruppen schaffen, Fakten und Bewertungskriterien, Diskussion von Varianten et cetera klären und eine „Frontalveranstaltung" wie eine Podiumsdiskussion vermeiden.

Inhaltlich werden beim Informationsforum zunächst das Projekt und seine wesentlichen Auswirkungen in einem kurzen Impulsvortrag (ohne Diskussionsmöglichkeit) vorgestellt („Information"). Im unmittelbaren Anschluss daran erfolgen themenbezogene Diskussionen an sogenannten Thementischen, die mit den jeweiligen Expert*innen des Unternehmens und den Gutachter*innen besetzt sind (Themen unterschiedlich je nach Projekttyp, zum Beispiel Lärm, Luftreinhaltung, Gewässerschutz, Naturschutz). Dabei werden die Bürger*innen von den Expert*innen auch aktiv um ihre Meinungen und Anregungen gebeten. Jede und jeder kann sich einbringen („Forum").

Das Informationsforum ist ein eher ungewohntes Format – aber es gibt bereits gute Erfahrungen. Bei wesentlichen Änderungen, überlangen Verfahren oder Konflikten kann ein zweites Informationsforum durchgeführt werden, eventuell auch als runder Tisch mit Mediator*in.

Zum Abschluss der Phase 2 erfolgt eine Festlegung auf die Antragsvariante (auf Basis der eigenen Überlegungen und der durchgeführten frühen Öffentlichkeitsbeteiligung). Weiterhin wird ein schriftlicher Bericht über das Forum als Ergebnis der frühen Bürger*innenbeteiligung verfasst, gegebenenfalls in Verbindung mit vertiefenden Gesprächen. In den schriftlichen Bericht fließt ein, welche Bedenken und Anregungen vorgebracht wurden und inwieweit sie verfolgt oder nicht verfolgt werden. Der Bericht sollte im Internet veröffentlicht werden und muss außerdem als Bestandteil der Antragsunterlagen eingereicht werden.

Phase 3 – Genehmigungsverfahren unterstützen

In Phase 3 werden flankierende Maßnahmen zum Genehmigungsverfahren und seiner gesetzlich vorgesehenen Öffentlichkeitsbeteiligung durchgeführt. Dadurch wird auch die Vertrauensbasis unter allen Beteiligten gestärkt.

Hierzu gehört die Verfahrensbegleitung durch stetige Information. Auch wenn die Behörde über laufende Verfahrensschritte informieren muss (Bekanntmachung Auslegung, Erörterungstermin, Bescheid), sollte das Unternehmen laufend über den Projektfortschritt informieren (Pressemitteilungen, Informationen auf der Internetseite, gegebenenfalls Links zu Behördenwebsites). Bei Konflikten ist eine erneute Bürger*innenbeteiligung zu initiieren.

Phase 4 – Bauphase und Projekt begleiten

Die Phase 4 dient der Vermeidung und Beilegung neuer Konflikte in der Bauphase und beim Normalbetrieb der Anlage durch Nutzung der in den Phasen 2 und 3 geknüpften Kontakte.

Hierzu sind folgende Maßnahmen vorgesehen:
- Schaffung eines geeigneten Beschwerdemanagements zur Konfliktbewältigung. Zu diesem Zweck müssen Informationen und die Medienarbeit vor Ort organisiert werden. Auch eine offene und frühzeitige Information der Bürger*innen und des Gemeinderats ist unerlässlich. Zudem müssen ein umfassendes Stakeholder*innenmanagement und die Krisenkommunikation sichergestellt werden. Weiterhin ist ein Direktkontakt zur Werksleitung zu installieren („Hotline") und ein kontinuierlicher Nachbarschaftsdialog zu führen.
- Lessons learned: Eine Rückkopplung zu den Erfahrungen mit den Instrumenten der ergänzenden Bürger*innenbeteiligung ist intern zu organisieren.

Zusammenfassung: Erfolgsfaktoren für die „Ergänzende Bürgerbeteiligung"

Zum Abschluss sollen noch einmal die zentralen Faktoren benannt werden, durch die die „Ergänzende Bürgerbeteiligung" der HeidelbergCement AG eine erfolgreiche Form der „frühen Öffentlichkeitsbeteiligung" sicherstellt:
- Bürger*innenbeteiligung in Projektmanagement integrieren
- Nutzung der Unternehmenswebsite als Informationsplattform
- Analyse des Projektumfeldes
- Werkstattgespräche
- Informationsforum als zentrales Beteiligungsmodul
- gegebenenfalls vertiefende Gespräche (eventuell auch erneut während des Genehmigungsverfahrens)
- kommunikative Begleitung des Genehmigungsverfahrens
- Beschwerdemanagement in der Bau-/Betriebsphase

REDAKTION

Elke Schönig
Group Communication & Investor Relations
E-Mail: elke.schhoenig@heidelbergcement.com

Heiner Rohr
Group Legal & Compliance
www.heidelbergcement.com

HeidelbergCement AG
Berliner Straße 6
69120 Heidelberg
Tel. (+49) (6221) 481-0
www.heidelbergcement.com

KURZBIOGRAPHIE

Elke Schönig, Redakteurin und Pressesprecherin, ist seit 1993 in der Zementindustrie und seit 2003 als Senior Communication Manager Deutschland für HeidelbergCement tätig.

Heiner Rohr, Syndikusrechtsanwalt, begleitet seit 2000 Abbau- und Anlagengenehmigungsverfahren der deutschen Standorte von HeidelbergCement.

DER SCOPING-TERMIN ALS VORSORGLICHES INSTRUMENT ZUR VERMEIDUNG VON PROJEKTSTAGNATION

AUTOR: Ron Tauber, *CEMEX Deutschland AG*

Zusammenfassung Die CEMEX Zement GmbH betreibt an ihrem Standort in Rüdersdorf bei Berlin eine Drehrohrofenanlage zum Herstellen von Zementklinkern. Im Jahr 2016 startete die CEMEX Zement GmbH ein genehmigungsrechtliches Antragsverfahren, welches die bis dato genehmigte Ersatzbrennstoffrate von 85 Prozent auf 100 Prozent erhöhen sollte. Nach Absprache mit der zuständigen Genehmigungsbehörde wurde unabhängig von den Ergebnissen einer nur erforderlichen Umweltverträglichkeitsprüfung-(UVP)-Vorprüfung eine vollständige Umweltverträglichkeitsuntersuchung (UVU) für das Projekt erstellt. Zusätzlich wurde auf Ersuchen der CEMEX Zement GmbH eine Besprechung über Art und Umfang der vorzulegenden Unterlagen sowie Gegenstand, Umfang und Methoden der Umweltverträglichkeitsprüfung durchgeführt (Scoping). Ziel des Scoping-Termins war es, am Anfang des Projekts mit allen betroffenen Parteien (Gemeinde, Behörde, Bürgerinitiativen) den Untersuchungsrahmen abzustecken. Die umfängliche Beteiligung und die Chance zur Ausgestaltung des Untersuchungsrahmens am Anfang des Planungs- und Umsetzungsprozesses war die Basis zur Schaffung von Akzeptanz gegenüber dem Vorhaben der CEMEX Zement GmbH.

1 *Zementwerk der CEMEX Zement GmbH in Rüdersdorf bei Berlin*

3.8.3.1 Einführung

Die CEMEX Zement GmbH betreibt am Standort in Rüdersdorf bei Berlin eine Drehrohrofenanlage zum Herstellen von Zementklinker. Die genehmigte Kapazität des Ofens beträgt 6.000 Tonnen pro Tag. Bei der Anlage handelt es sich um eine genehmigungsbedürftige Anlage nach Nr. 2.3.1 des Anhangs 1 der 4. Verordnung zur Durchführung des Bundes-Immissionsschutzgesetzes (BImSchV). In der Ofenanlage zum Brennen des Zementklinkers werden als Brennstoff neben Kohlenstäuben auch aufbereitete Abfallfraktionen eingesetzt, daher unterliegt die Anlage der Verordnung zur Verbrennung und Mitverbrennung von Abfällen (17. BImSchV).

Zur Klinkerproduktion werden neben Braunkohlenstaub, einer Mischung aus Petrolkoks und Steinkohle (Ofenkohle), auch Tiermehl, Klärschlamm, Dachpappe und Ersatzbrennstoffe (kurz: EBS, aufbereitete Hausmüll- und Gewerbeabfälle) sowie DSD-Sortierreste (aus Anlagen zur Sortierung von Leichtstoffverpackungen) eingesetzt.

Das Anfang 2016 initiierte Vorhaben sah keine Änderungen bei den genehmigten Brennstoffarten vor. Es hatte vornehmlich das Ziel, die genehmigte Einsatzrate alternativer Brennstoffe am Drehrohrofen von 85 Prozent auf bis zu 100 Prozent zu steigern. Im Zusammenhang mit diesem Vorhaben waren allerdings auch weitere Änderungen geplant, wie die Erhöhung der direkten Zufuhr von Ersatzbrennstoffen (EBS) zum Kalzinator sowie die Erweiterung und Änderung der vorhandenen Annahme und Dosierung für den Drehrohrofenbrenner. Zudem war die Optimierung beziehungsweise der Umbau der SNCR-Anlage (SNCR = selektive nichtkatalytische Reduktion) zur Stickstoffreduktion des Ofenabgasstroms geplant.

Mit der Genehmigung sollte der Wärmebedarf für den Klinkerbrand durch EBS, Klärschlamm, Tiermehl und Dachpappe an der Drehrohrofenanlage bis zu 100 Prozent abgedeckt werden. Der Einsatz von EBS ist zudem ein entscheidender Beitrag zur Ressourcenschonung von fossilen Energieträgern bei gleichzeitiger Reduktion brennstoffbedingter CO_2-Emissionen. Das Projekt reiht sich in eine Vielzahl verschiedener Nachhaltigkeitsprojekte ein und ist wesentlicher Bestandteil der CO_2-Roadmap des Unternehmens. Mit der Initiative „Carbon Neutral Alliance" strebt das Zementwerk Rüdersdorf an, bis 2030 klimaneutral zu werden (vgl. CEMEX 2021).

Hinsichtlich der Einstufung nach dem Gesetz zur Umweltverträglichkeitsprüfung ordnete sich das Vorhaben in Nr. 2.2.1 der Anlage 1 des UVPG ein: „Errichtung und Betrieb einer Anlage zur Herstellung von Zementklinkern oder Zementen mit einer Produktionskapazität von 1.000 Tonnen oder mehr je Tag" (UVPG 2021 Anlage 1 Nr. 2.2.1). Für eine wesentliche Änderung der Umweltverträglichkeitsprüfung(UVP)-pflichtigen Anlage war gemäß § 3e UVPG (neu § 9 UVPG) eine allgemeine Vorprüfung des Einzelfalls durchzuführen.

Nach Absprache mit dem Landesamt für Umwelt (LfU) wurde unabhängig von den Ergebnissen einer prinzipiell nur erforderlichen UVP-Vorprüfung nach § 3e UVPG (Änderung eines UVP-pflichtigen Verfahrens) eine komplette Umweltverträglichkeitsuntersuchung (UVU; neuer UVP-Bericht) für das Projekt „100 Prozent SBS-Einsatz" erstellt.

Auf Wunsch der CEMEX Zement GmbH wurde dann gemäß § 2 Abs. 2 und § 2a Abs. 1 der 9. BImSchV eine Besprechung über Art und Umfang der vorzulegenden Unterlagen sowie Gegenstand, Umfang und Methoden der Umweltverträglichkeitsprüfung durchgeführt (Scoping). Hierzu sollten zudem andere Behörden, deren Aufgabenbereich vom Vorhaben berührt werden, Standort- und Nachbargemeinden sowie lokale Bürger*inneninitiativen mit einbezogen werden. Dies war darin begründet, dass sich eine frühzeitige Beteiligung von Standort- und Nachbargemeinden sowie von lokalen Bürger*inneninitiativen positiv auf den Projekt- und Verfahrensverlauf auswirken. Die Mitsprache und die Möglichkeit der Ausgestaltung des Untersuchungsrahmens sollten so alle Interessen mit berücksichtigen, was sich dann wiederum positiv auf den Verlauf und die Akzeptanz dem Projekt gegenüber auswirken sollte.

In einem ersten Schritt erstellte CEMEX eine Tischvorlage für den Scoping-Termin. Diese beinhaltete einen ersten Vorschlag zur Art und Umfang des Untersuchungsrahmens für die UVP als Diskussionsbasis. Im Verlauf des Scoping-Termins wurde diese Untersuchungsgrundlage in Abstimmung mit den verschiedenen Behörden und Bürger*inneninitiativen diskutiert und feinjustiert. Am Ende der Beteiligungs- und Diskussionsprozesse im Rahmen des Scoping-Termins wurde der Untersuchungsrahmen für die Erstellung des UVP-Berichts einstimmig festgelegt und durch das Landesamt für Umwelt offiziell bekanntgegeben.

3.8.3.2 Erfahrungen mit dem Scoping-Termin

Die Besprechung und Festlegung des Untersuchungsrahmens zwischen den beteiligten Behörden, betroffenen Parteien und dem Antragstellenden hat nicht nur zum Ziel, alle Interessen der einzelnen Parteien zu berücksichtigen, sondern auch den Verfahrensablauf durch das vorzeitige Klären dieser Interessen und Anliegen zu beschleunigen. Allerdings ersetzt diese erste Stufe der Beteiligung nicht andere im Verfahrensablauf festgeschriebene Beteiligungsverfahren, etwa den Erörterungstermin, in dem dann beispielsweise die Ergebnisse der Untersuchungen im Rahmen der UVP ausgewertet und diskutiert werden.

Dennoch hat sich gezeigt, dass im Rahmen eines Scoping-Termins viele Dinge, die sich aufgrund von unterschiedlichen Interessen, Meinungsbildern und Bedürfnissen ergeben, vorab geklärt werden können. Eine bedeutende Rolle kommt dabei der Scoping-Vorlage oder der sogenannten Tischvorlage zu, welche als Diskussions- und Abstimmungsbasis dient.

Die Tischvorlage der CEMEX Zement GmbH war in drei wesentliche Punkte unterteilt.

1. Veranlassung: An dieser Stelle wird kurz beschrieben, was der Antragsgegenstand ist beziehungsweise was in welchem Umfang an der bestehenden Anlage erweitert oder geändert werden soll.
2. Methodik: Die Durchführung einer UVU erfolgt methodisch in mehreren Phasen. Im konkreten Fall der CEMEX Zement GmbH in vier einzelnen Phasen. Von der Abstimmung des Antragstellenden mit der Behörde und weiteren betroffenen Parteien zum räumlichen und inhaltlichen Untersuchungsrahmen (Scoping-Termin) über die eigentliche Umweltverträglichkeitsuntersuchung in Form der Be-

schreibung und Analyse des Vorhabens und Ableitung potenzieller Wirkfaktoren des Vorhabens. Phase 4 beinhaltet das Zusammenbringen und Auswerten der in Phase 2 und 3 gewonnenen Erkenntnisse in Form einer Wirkungsanalyse.
3. Merkmale des Vorhabens: Hier werden Aussagen zur Größe des Vorhabens, zum schutzbezogenen Untersuchungsrahmen, zum Untersuchungsgebiet, zu den einzelnen Schutzgütern und deren möglichem Wirkfaktor getroffen. Dies mündet dann in die Analyse von Wechselwirkungen zwischen den Schutzgütern. Der Analyseumfang und Analyseaufwand fällt je nach Antragsgegenstand unterschiedlich aus. Im konkreten Fall der CEMEX Zement GmbH war eine vollumfängliche Analyse der Schutzgüter Mensch und menschliche Gesundheit, Luft, Klima, Boden, Wasser, Tiere und Pflanzen, biologische Vielfalt, Landschaft sowie Kultur und sonstige Sachgüter erforderlich.

Rückblickend ist zu empfehlen, auch schon bei der Ausarbeitung der Tischvorlage die am Genehmigungsprozess beteiligten Parteien mit einzubeziehen. Nur so ist gewährleistet, dass der Scoping-Termin nicht zu grundlegenden Diskussionen um Art und Umfang der Umweltverträglichkeitsprüfung führt, sondern nur die Einzelheiten feiner abstimmt. Die frühzeitige Einbindung gerade auch der Bürger*inneninitiativen in Gestaltungsprozesse hinsichtlich der Ausarbeitung der Tischvorlage fördert das Vertrauen, die Akzeptanz und die Transparenz in Verbindung mit dem Projektvorhaben, da sich alle Parteien mit ihren verschiedenen Bedürfnissen in der Festsetzung des Untersuchungsrahmens wiederfinden. Allerdings muss der/die Projektinitiator*in auch Grenzen im Rahmen der Untersuchungstiefe und des „Untersuchungswunsches" etwa der Bürger*inneninitiativen setzen.

Gegen aus Rechtsnormen begründete Anforderungen wird der/die Vorhabenträger*in in den meisten Fällen keine plausiblen Argumente vortragen können, die etwa den Untersuchungsrahmen beschränken oder reduzieren. Erfahrungsgemäß sind Bürger*inneninitiativen oder auch andere Anspruchsgruppen im Vortragen ihrer Wünsche und Erwartungen eher weniger eingeschränkt. Hier ein gutes Mittelmaß zwischen Wunsch und Notwendigkeit zu finden, etwa bei Art und Umfang von Gutachten, gerade auch über Forderungen jenseits von Rechtsnormen, wird sich auf den gesamten weiteren Verfahrensverlauf auswirken. Dies ist ein sehr schmaler Grat und genau hier muss die Frage nach dem nutzbringenden Erkenntnisgewinn eines zusätzlichen Gutachtens erlaubt sein. Oftmals lässt sich ein Kompromiss oder ein Weg außerhalb des festgesetzten Untersuchungsrahmens (zusätzliche freiwillig erbrachte Gutachten) finden. Dieser Weg der Kooperation kann auf Basis der im Verfahrensverlauf gewonnen Erfahrungen empfohlen werden. Doch ist an dieser Stelle darauf zu achten, dass die Kooperationsbereitschaft nicht dazu führt, dass unverhältnismäßige Forderungen, die weit über den eigentlichen Untersuchungsrahmen hinausgehen, zu platzieren versucht werden.

Ein weiterer wichtiger Punkt im Rahmen der Vorbereitungen der Tischvorlage und des Scoping-Termins ist das Festsetzen einer transparenten und nachvollziehbaren Kommunikationsstruktur. Die am Verfahren Beteiligten haben, wie bereits erwähnt, verschiedene Interessen und Erwartungen, aber auch Ängste und Befürchtungen, was das Projekt angeht. Um nicht erst im Scoping-Termin oder gar erstmals im Erörterungsverfahren mit

Bedenken zum Projekt konfrontiert zu werden, empfiehlt sich, die Ausgestaltung der Projektkommunikation frühzeitig zu starten. Der Nutzen liegt klar auf der Hand.

> **Durch das frühzeitige und zielgerichtete Kommunizieren lassen sich folgende Erfolgsfaktoren ableiten:**
> - Durch die frühzeitige Einbindung aller direkt und indirekt beteiligten Stakeholder*innen beginnt der Prozess der Akzeptanzschaffung durch Informationsweitergabe schon in einem frühen Projektstadium.
> - Ängste und Befürchtungen können durch eine frühzeitige Einbindung abgebaut werden, was wiederum zum Abbau von Widerständen und Vermeiden von möglichen Konflikten führt.
> - Eine offene und transparente Kommunikationsstrategie schafft eine gemeinsame Basis und fördert den Aufbau und Erhalt von gegenseitigem Vertrauen.

3.8.3.3 Kommunikationsplan als wichtiger Erfolgsfaktor

Für das Erstellen des Kommunikationsplans empfiehlt es sich, ein Kick-off-Meeting mit den Hauptbeteiligten einzuberufen. Ausgehend davon, dass der/die Vorhabenträger*in die Organisation innehat, sollte die Festlegung der Kommunikationsstruktur beziehungsweise des Kommunikationsplans auch durch diese*n erfolgen und im Kick-off-Meeting als Diskussionsbasis dienen.

Die Kommunikationsstruktur und der daraus abgeleitete Kommunikationsplan ist das zentrale Dokument, um einen geregelten und geordneten Informationsaustausch unter den verschiedenen Beteiligten und in der Projektorganisation selbst zu sichern. Aufgrund der organisationsübergreifenden Einbindung verschiedener Interessengruppen im Genehmigungsverfahren müssen die Kommunikations- und Informationswege klar geregelt sein. Ein gutes Kommunikationsmanagement beschäftigt sich schon am Anfang eines komplexen Genehmigungsverfahrens, also vor dem Scoping-Termin, mit den Fragestellungen:
- Welches Ziel soll durch Kommunikation erreicht werden?
- An welche Adressat*innen soll die Kommunikation und Information gerichtet werden?
- Welche Kommunikationswege sollen genutzt werden?

Diese Fragen können zum Teil nur in Kooperation mit den verschiedenen Anspruchsgruppen gefunden werden. So braucht beispielsweise nicht jede*r Beteiligte die gleichen Inhalte oder den gleichen Umfang an Informationen in jeder Phase des Projektverlaufes. Auch die Abstimmung in Bezug auf Frequenz, Inhalt, Art und Kanal der Botschaften sollte zusammen detailliert festgelegt werden. Zudem kommt der Wahl der Kommunikationsmedien eine bedeutende Rolle zu. Da wir es meistens nicht mit einer technisch homogen ausgestatten Stakeholder*innenschaft zu tun haben, ist das Bestimmen der zu nutzenden Kommunikationsmedien von elementarer Bedeutung, damit die Informationen möglichst alle Stakeholder*innen zeitnah erreichen. Bewährt haben sich dabei die klassischen Kommunikationstools wie Telefonkonferenzen, Präsenzmeetings und E-Mail-Verkehr. Auch neue Kommunikationstools, wie geschlossene Foren auf webbasierten Plattformen (SharePoint), virtuelle Meetings und Projektwebseiten haben sich als geeignete Mittel zur Informationsweitergabe und zum Informationsaustausch bewährt. Zu empfehlen ist auch, für diese Art von Projektvorhaben eine Projektmailadresse zu aktivieren, an die Fragen rund um das Projekt gesendet werden können.

Auf Basis der im Projekt gesammelten Erfahrungen rund um das Thema effiziente und zielgerichtete Kommunikation kann empfohlen werden, sich eine gewisse Flexibilität innerhalb des Kommunikationsplanes einzuräumen. So hat sich gezeigt, dass die beispielsweise mit der Bürger*inneninitiative vereinbarte Weitergabe von Informationen mittels E-Mail nicht in allen Situationen zielführend war. Das Einberufen kurzer sachbezogener „Face-to-Face-Meetings" zur schnellen Klärung von Fragen und Unklarheiten erwies sich innerhalb des Verfahrens als das wirksamere Mittel.

Auch das Ausarbeiten eines sogenannten FAQ-Katalogs (FAQ = Frequently Asked Questions, Zusammenstellung oft gestellter Fragen und den dazugehörigen Antworten zu einem Thema) hat sich im Rahmen der Kommunikation mit den verschiedenen Anspruchsgruppen als sehr hilfreich herausgestellt, da zu bestimmten Themengebieten immer wieder die gleichen Fragen aufkamen. Eine stringente und einheitliche Kommunikation zu bestimmten Sachthemen ist elementarer Bestandteil einer erfolgreichen Kommunikationsstrategie.

> Gerade bei großen Genehmigungsprojekten, in denen stellenweise auch verschiedene interne Akteur*innen involviert sind, ist ein gut abgestimmter einheitlicher Standpunkt eine wichtige Leitplanke zur Vermeidung interner Uneinigkeiten zu zuweilen sehr fachbezogenen Fragestellungen und deren Beantwortung.

Besonders bewährt hat sich die Weitergabe der Antworten aus dem FAQ-Katalog in Form eines „Factsheets", in welchem die Antworten kurz und verständlich zusammengefasst wurden und wenn möglich mittels kleiner Grafiken oder Schaubilder in ihrer Aussagekraft gestützt wurden.

3.8.3.4 Zusammenfassung

In der Zusammenfassung lässt sich festhalten, dass genehmigungs- beziehungsweise projektbezogene Verfahrensprozesse immer eine große Herausforderung in mehrfacher Hinsicht darstellen. Verfahrensabläufe in Struktur und zeitlichem Ablauf sind über einschlägige Rechtsnormen geregelt. Der Erfolg eines Projekts ist auch immer eng mit dem Kooperationswillen der einzelnen interessierten Parteien verbunden. Ob dieser kritische Faktor das Vorhaben beeinträchtigt oder hemmt, hängt ganz von dem Dazutun des Vorhabenträgers/der Vorhabenträgerin ab. Zielgerichteter Kommunikation kommt dabei eine Schlüsselfunktion im Projektablauf zu. Eine frühzeitige und effektive Kommunikation führt das Projekt letztendlich zum Erfolg.

> Kommunikation leitet sich vom Lateinischen ab und bedeutet „mitteilen, gemeinsam machen, vereinigen". Generell versteht man unter dem Begriff Kommunikation den Austausch von Informationen.

Der „Austausch der Information" sollte in einem Projekt mit mehreren interessierten Parteien als ein Austausch von Wissen, Kenntnissen und Erfahrungen verstanden werden. Das Festsetzen einer auf allgemeiner Zustimmung basierenden Kommunikationsstrategie, sprich das Festlegen eines Kommunikationsplans schon am Beginn des Projektes, stellt eine Art von Dialogangebot seitens des Vorhabenträgers/der Vorhabenträgerin dar. Nur das frühzeitige Verstehen und kooperative Arbeiten an der Klärung von unterschiedlichen Interessen und Erwartungshaltungen, Ängsten und Befürchtungen bezüglich eines Vorhabens gewährleistet, dass das Projekt stringent und kontinuierlich durch die einzelnen Verfahrensschritte geleitet werden kann. Frühzeitige Vorsorge verhindert dabei späte und ressourcenaufwändige Nachsorge.

REDAKTION

Ron Tauber
Manager – Sustainability Germany and Czech Republic and Coordinator Materials Central Europe
CEMEX Deutschland AG
Frankfurter Chaussee
15562 Rüdersdorf b. Berlin
Tel. (+49) (033638) 541457
E-Mail: ron.tauber@cemex.com
www.cemex.de

KURZBIOGRAPHIE

Der Umweltbeauftragte und Nachhaltigkeitsexperte **Ron Tauber** absolvierte ein interdisziplinäres Studium an der Leuphana Universität in Lüneburg, das 2009 zu einem Diplom im Bereich der Umweltwissenschaften (Schwerpunkt Umweltrecht und Umweltkommunikation) führte. Er begann seine Karriere als Manager Environment & Public Affairs für einen französischen Baustoffkonzern. Hier sammelte er erste Erfahrungen im Bereich Stakeholder-Relation-Management, Krisenmanagement und Kommunikation. Im Jahr 2016 wechselte Ron Tauber zur CEMEX Deutschland AG, wo er im Bereich Environment & Sustainability für vielfältige Genehmigungsprojekte mitverantwortlich war. Ron Tauber arbeitet darüber hinaus in verschiedenen Verbänden, er ist beispielsweise berufenes Mitglied im DIHK-Umwelt- und -Energieausschuss.

Resümee

4.1 Zusammenfassung

In diesem Handbuch wurde die zum Gelingen der Industrietransformation notwendige Akzeptanz aus verschiedenen Blickwinkeln beleuchtet. Dafür wurden Wissen und Erfahrungen für die Anwendung in den Unternehmen zusammengeführt. Es ist deutlich geworden, dass sich das Ambitionsniveau, die Lösungsstrategien und die eingegangene Selbstverpflichtung zur Transformation der Industriebranchen und der einzelnen Unternehmen deutlich voneinander unterscheiden. Dieses Buch leistet einen Beitrag dazu, ambitioniertere Pfade auszuloten – unter anderem dadurch, dass viele Personen aus der Praxis selbst zu Wort kommen und ihr erstrebenswertes beziehungsweise realisierbares Ziel skizzieren. Aufgabe der Leserschaft ist es nun, diese Beschreibungen im Sinne einer kritisch-konstruktiven Herangehensweise zu prüfen und weiterzuentwickeln. Die Beiträge zeigen übereinstimmend, dass die anstehende Transformation als reale Herausforderung anerkannt werden muss. Es folgt nun ein resümierender Blick auf die Kernaussagen der einzelnen Kapitel im Theorie- und Praxisteil.

4.1.1 THEORIE

4.1.1.1 Transformation in der Industrie

Die Transformation der industriellen Produktion in Deutschland hin zu einer klimaneutralen Wertschöpfung ist eng an die Energiewende sowie Veränderungen von Produktionsstandorten und Versorgungsinfrastrukturen gekoppelt. Sie stellt deshalb einen grundlegenden Strukturwandel dar. Dieser wurde politisch auf globaler Ebene durch das Pariser Klimaabkommen 2015, die neuen Ziele der EU von 2021 sowie das im selben Jahr ebenfalls novellierte Klimaschutzgesetz der Bundesregierung breit verankert. Eine der großen Herausforderungen dieses Strukturwandels ist, innerhalb von weniger als 24 Jahren eine klimaneutrale Industrie bei Beibehaltung der Wertschöpfung und der Arbeitsplätze in Deutschland zu erreichen. Die Senkung der hohen Treibhausgasemissionen stellt nicht zuletzt die energieintensiven Industriesektoren vor besondere Herausforderungen, um das gesetzlich verankerte Ziel der Klimaneutralität bis 2045 zu erreichen.

Die dafür entscheidend zu erfüllenden Voraussetzungen sind unter anderem: die Verfügbarkeit von erneuerbaren Energien, der Ausbau von Infrastrukturen (besonders Strom- und Gasnetze) sowie geeignete Rahmenbedingungen für Wertschöpfung als Investitionssicherheit. In Bezug auf die zentralen Veränderungen innerhalb dieser Eckpfeiler erfährt die Akzeptanz eine zunehmende Relevanz. Die Transformation hin zu einer klimaneutralen Industrie ist zudem eingebettet in eine Transformation der gesamten Gesellschaft und wird daher auch alle gesellschaftlichen Bereiche und Akteur*innen betreffen. Es gibt aber einige Akteursgruppen, die bei der industriellen Transformation eine zentrale Rolle spielen werden. Dazu gehören Unternehmen und Wirtschaftsverbände, Politik, organisierte Zivilgesellschaften, Beschäftigte und die Wissenschaft.

4.1.1.2 Gesellschaftliche Wahrnehmung

Aufgrund der Vielfältigkeit von Technologiepfaden der energieintensiven Industrie wird es die „eine Akzeptanz" dieses Sektors nicht geben. Es bedarf daher einer differenzierten Betrachtung unterschiedlicher Akzeptanzkonzepte. Für eine valide und genaue Vorhersage möglicher Akzeptanzentwicklungen in den energieintensiven Industrien gibt es derzeit (noch) keine umfassende Datenbasis, hier besteht ein hoher Forschungsbedarf. Dennoch können zur Betrachtung der Akzeptanz in den energieintensiven Industrien bisherige Forschungsergebnisse zur Akzeptanz anderer Technologiepfade herangezogen werden, etwa aus der Forschung zu einzelnen Anwendungen erneuerbarer Energien wie Wind, Biomasse und Geothermie, aber auch zu H_2-Anwendungen und dem Verfahren Carbon Capture and Storage (CCS) im Kraftwerksbereich. In Bezug auf die gesellschaftliche Akzeptanz und mögliche Proteste existieren drei Ebenen, die für einzelne Technologiepfade durchgängig hohe Relevanz besitzen, aber jeweils unterschiedlich betrachtet werden müssen (vgl. Wüstenhagen et al. 2007):

1) lokale Akzeptanz,
2) die grundsätzliche Technologiebefürwortung und
3) die gesellschaftliche Dimension.

> Die Industrie ist Teil der Gesellschaft und nicht von dieser entkoppelt. Entsprechend hat die Transformation an vielen Stellen auch gesellschaftliche Auswirkungen.

Auf Grundlage von Erfahrungen aus anderen Kontexten, ersten Fallstudien, diversen Dialogprozessen mit der (organisierten) Zivilgesellschaft und Diskursbeobachtung lassen sich zu den zentralen Technologiepfaden Hypothesen zur gesellschaftlichen Akzeptanz und möglichen Widerständen gegenüber der Industrietransformation formulieren. Diese Hypothesen müssen mit dem Beginn der Umsetzung von neuen Technologien und deren Infrastrukturen in die Praxis genau in den Blick genommen, weiter gezielt empirisch erforscht und kommunikativ begleitet werden.

4.1.1.3 Beschäftigtenakzeptanz in großen Gesellschaftstransformationen

Industrielle Großtechnologien sind eine wichtige Säule der deutschen Wirtschaft, ihre negativen Effekte werden heute jedoch nicht mehr unhinterfragt akzeptiert. Es wäre aber nichts gewonnen, wenn es statt einer Umstellung auf Nachhaltigkeit zu einem Abwandern der Industrie in weniger regulierte Wirtschaftsräume käme. Wenn die vor dem Hintergrund der Klima- und Umweltkrise notwendige Transformation industrieller Produktion, des Verkehrssystems und der Verhaltens- und Konsumgewohnheiten der Bürger*innen politisch durchgesetzt werden soll, muss breit und neu über gesellschaftliche Regeln und Strukturen verhandelt werden. Entscheidungen müssen in der Demokratie als verhältnismäßig gerecht anerkannt und akzeptiert werden, damit das Vertrauen in

Politik nicht verloren geht oder sogar die Folgebereitschaft aufgekündigt wird. Eine relevante, bisher zu wenig beachtete Größe ist hier Beschäftigtenakzeptanz, die in den vorhandenen Mitbestimmungsstrukturen entsteht. Denn in diesen Strukturen werden die unterschiedlichen Interessen in den industriellen Beziehungen im Betrieb und Unternehmen verhandelt, das heißt dort, wo viele konkrete Transformationsentscheidungen getroffen werden. Mitbestimmungsstrukturen müssen stärker in den Fokus der Akzeptanzdebatte über den sozial-ökologischen Umbau gerückt werden. Nur dadurch kann das Wissen über betriebliche Realitäten und Notwendigkeiten, über Möglichkeiten und Schritte von Transformation transportiert und die darauf basierende Beschäftigtenakzeptanz für Veränderungen in den betroffenen Belegschaften geschaffen werden. Für die politischen Aushandlungsprozesse müssten sich außerdem neue Regeln des öffentlichen Diskurses herausbilden, die der heutigen Informationssituation angemessen sind. Nur auf Grundlage einer ehrlichen politischen Kultur – ohne mythische Erzählungen oder „Fake News" – kann Wandel effektiv gestaltet werden.

4.1.1.4 Wissenstransfer durch kreative Partizipationsformate

Akzeptanz von systemischen Veränderungen braucht die frühzeitige Einbeziehung von unmittelbar am Prozess Beteiligten und Betroffenen. Diese Art der Partizipation schafft Gestaltungsräume, vermittelt Selbstwirksamkeit und hilft Haltungen in Planungsprozessen positiv zu beeinflussen. Um entsprechende Themen bewerten und auf Augenhöhe diskutieren zu können, muss allem voran Interesse zur persönlichen Einbringung geweckt und es müssen niederschwellige Zugänge zu Informationen geschaffen werden. Die Art der Kommunikation und der Informationsaufbereitung spielt in partizipativen Prozessen eine entscheidende Rolle. Diese Formate können eine Art Hebelwirkung entfalten, um die Zielgruppen nicht nur zu erreichen, sondern auch aktiv zu involvieren. Formate können dabei jeweils je nach Zielsetzung und zur Verfügung stehenden Ressourcen variieren, häufig kommt es zu einem Methodenmix. Sachcomics sowie klassische und interaktive Infografiken werden beispielhaft als vielversprechende Kommunikationsformate vorgestellt. Die Projekte „Future Booth" und „bio:fictions" bieten darauf aufbauend als co-kreative Ansätze sozialwissenschaftlicher Reallabore weitere Inspiration für innovative Herangehensweisen.

4.1.1.5 Rechtsfragen der Dekarbonisierung

Der Staat ist zum Klimaschutz im Hier und Jetzt verpflichtet. Damit dient die Dekarbonisierung energieintensiver Industriebranchen nicht nur völkerrechtlich verbindlichen Klimaschutzzielen, sondern auch der Erfüllung des Staatsziels nach Art. 20a GG. Im Einzelnen ist zu klären, nach welchen Rechtsvorschriften im konkreten Fall die Prozessumstellung im Unternehmen zur Dekarbonisierung der eigenen Produktionsprozesse abzulaufen hat. Im derzeitigen Anlagenzulassungsrecht ist die Dekarbonisierung nach dem aktuellen Rechtsstand nur mittelbar geregelt: Anlagen, die unter den Emissionsrechtehandel fallen, müssen lediglich eine ausreichende Anzahl an Emissionsrechten vorweisen. Handelt es sich bei der Anlage aber um eine sogenannte IED-Anlage (nach der englischen Bezeichnung der Richtlinie 2010/75/EU Industrial Emissions Directive), gilt für diese der in den jeweiligen BVT-Schlussfolgerungen – also den europäischen Festlegungen der „besten verfügbaren Techniken" – festgehaltene Technikstandard. Dieser trifft aber (derzeit noch) keine Aussagen über die Dekarbonisierung! Für diese Anlagen gilt zudem, was für alle anderen immissionsschutzrechtlich zu genehmigenden Anlagen gilt: nämlich, dass der Betreibende neben den BVT-Schlussfolgerungen auch den Stand der Technik einzuhalten hat – also den Einsatz fortschrittlicher, aber praktisch erprobter Verfahren. Damit gelten also je nach Größe und Umweltbeeinträchtigung der Anlage verschiedene rechtliche und technische Voraussetzungen, die im Hinblick auf die umfangreichen Umgestaltungsprozesse im Zusammenhang mit der Dekarbonisierung harmonisiert werden sollten. Im Ergebnis muss eine Angleichung der bislang noch nicht recht verzahnten und nebeneinanderstehenden Systeme aus Emissionsrechten, BVT-Schlussfolgerungen und dem Stand der Technik erfolgen.

Der avisierte Markthochlauf für H_2 zur Dekarbonisierung energieintensiver Industrien erfordert zwingend den Aufbau einer nationalen und europäischen H_2-Infrastruktur. Dabei stellt sich auch die Frage, inwieweit eine neue H_2-Infrastruktur geschaffen werden muss oder schon bestehende Gasnetzinfrastruktur genutzt werden kann. Dieser Aufbau respektive die Umwidmung der Infrastruktur muss planungsrechtlich verankert und mit marktwirtschaftlichen Strukturen regulatorisch begleitet werden. Zentral sind dabei die Planfeststellungs- und Genehmigungsverfahren für größere Infrastrukturvorhaben sowie die Regulierung der Energiewirtschaft. Die Entwicklung wird maßgeblich auf europäischer Ebene durch das im Dezember 2021 im Rahmen des Fit-for-55-Pakets der EU veröffentlichte „Gaspaket" vorangetrieben, das umfassende planungsrechtliche und regulatorische Vorgaben zum Aufbau einer H_2-Infrastruktur enthält. Das im August 2021 novellierte Energiewirtschaftsgesetz (EnWG) lässt dabei erhebliche Änderungen in Anlehnung an die europäische Entwicklung in Kürze erwarten: Der nationale Rahmen wird sich an die europäischen Vorgaben anpassen müssen. Auch sind Beschleunigungsmaßnahmen im Bereich des Planungsrechts, wie beispielsweise der Netzentwicklungsplanung, zu erwarten, wo ebenfalls auf nationaler Ebene Anpassungen an den europäischen Rechtsrahmen vorgenommen werden müssen.

H_2 spielt eine zentrale Rolle bei der großen Herausforderung, emissionsintensive Produktionsprozesse in der Industrie umzustellen. Um dort die CO_2-Emissionen nachhaltig und langfristig zu reduzieren, muss der verwendete H_2 grün, also zu 100 Prozent aus erneuerbaren Energien hergestellt sein. Dies geschieht mittels H_2-Elektrolyseuren, die mit Strom aus erneuerbaren Energiequellen betrieben werden. Diese Elektrolyseure sind nach aktueller Gesetzeslage genehmigungsbedürftige Anlagen nach dem Bundes-Immissionsschutzgesetz. Gleichwohl ist die konkrete gesetzliche Einordnung nicht eindeutig und es bestehen Unsicherheiten bezüglich des genehmigungsrechtlichen Verfahrens. Derzeit ist die breite Behördenpraxis, dass H_2-Elektrolyseure im förmlichen Genehmigungsverfahren nach dem Bundes-Immissionsschutzgesetz geprüft werden und gleichzeitig auch als Anlagen nach der Richtlinie 2010/75/EU über Industrieemissionen (IE-RL) gekennzeichnet werden. Das bedeutet, dass hohe genehmigungsrechtliche Standards gelten und weitreichende Verpflichtungen für die Anlagenbetreiber*innen bestehen.

Das ist jedoch nicht unumstritten und stößt in der Praxis weitgehend auf Unverständnis, da H_2-Elektrolyseure nicht das Gefahren- und Immissionspotenzial bergen, das sich in den Anforderungen widerspiegelt. Bislang hat sich der Gesetzgeber des Problems nicht angenommen. Auch im Rahmen der Änderungsvorschläge zur IE-RL wird hierzu geschwiegen. Um eine zügige Entwicklung im Bereich der nationalen H_2-Ektrolyse zu ermöglichen, ist eine Anpassung der gesetzlichen Einordnung solcher Anlagen notwendig. Aus der Genehmigungsbedürftigkeit nach dem Bundes-Immissionsschutzgesetz folgen immissionsschutzrechtliche Pflichten für die Betreiber*innen, die sich aus einem Zusammenspiel zwischen Grundpflichten nach dem Bundes-Immissionsschutzgesetz und untergesetzlichen Vorschriften sowie nach dem Bundes-Immissionsschutzgesetz erlassenen Rechtsverordnungen ergeben. Die Pflichten sind umfangreich und insbesondere auf emissionsintensive Anlagen ausgerichtet. Die Gesetzeslage ist insoweit dem Sachverhalt nicht angemessen und innovationshindernd.

4.1.1.6 Finanzierungsmöglichkeiten der Transformation

Das Thema Klimawandel wurde für befristete Zeit durch die Coronapandemie und den russischen Angriff auf die Ukraine etwas in den Hintergrund der Wahrnehmung gedrängt. Dies traf nicht nur auf die öffentliche Diskussion zu, sondern auch auf die Investitionsentscheidungen der Industrie. Allerdings bleibt festzuhalten, dass spätestens seit dem Jahr 2021 die vorübergehend in den Schubladen verstauten Pläne entstaubt und nun weiterverfolgt werden. Die Transformation der energieintensiven Industrie hängt von einer Vielzahl finanzwirtschaftlicher Nebenbedingungen ab. Der offensichtlich effizienteste Weg ist die Vergabe von Zuschüssen, die den Kapitalbedarf reduzieren und Risiken mindern. Allerdings werden diesbezüglich weder per se neue transformationsrelevante Investitionen angereizt, noch werden damit alle Förderlücken geschlossen. Das Risiko von Investment Leakage oder das Ausbleiben von Investitionen bleibt bestehen. Die Erwartung, die genannten Anforderungen allein durch Zuschüsse zu regeln, scheitert bislang nicht nur am geltenden Beihilferecht, sondern vor allem auch an der Endlichkeit der Fördertöpfe. Ohne zusätzlich eingesetztes Privatkapital kann die Transformation nicht gelingen. Für Förder- und Geschäftsbanken besteht die Herausforderung darin, ein intelligentes Zusammenspiel aus Förderprogrammen mit Risikoübernahme durch die öffentliche Hand und etablierten Finanzinstrumenten zu kreieren. „Grüne" Finanzprodukte geben für sich keine Antwort auf die aufgeworfenen Fragen, sondern sind eher eine Variante der dargestellten Ansätze.

Besondere Problemstellungen bestehen bei der Finanzierung von Dekarbonisierungsprojekten und es wird aufgezeigt, wie sie gelöst werden können. Weiterhin wichtig für den Umsetzungserfolg ist eine durchdachte Abstimmung und praxistaugliche Handhabung von Zuschussprogrammen, Förderkreditprogrammen und Finanzierungsinstrumenten. Es stellt sich dabei die Frage, wie die zum Teil erheblichen Investitionen in derartige Projekte durch den Einsatz von Fördermitteln und geeigneten Finanzierungsinstrumenten realisiert werden können und ob über diesen Weg eine Akzeptanz der Maßnahmen erreicht werden kann. Zusammenfassend lässt sich festhalten: Die Finanzwirtschaft wird regulatorisch angereizt, nachhaltige Investitionsvorhaben bevorzugt zu finanzieren. Sie muss sich daher die Frage stellen, ob es anhand vorliegender Risikoaspekte eine gute Idee ist, Kredite für hoffnungslos auf traditionelle Energieabhängigkeiten setzende Projekte selbst abzusichern.

4.1.2 PRAXIS

4.1.2.1 Lokale Akzeptanz von Erneuerbare-Energien-Anlagen

Der Dekarbonisierung des Energieverbrauchs energieintensiver Industrieunternehmen kommt in der Energiewende eine große Bedeutung zu. Der für einen klimaneutralen Energiebezug notwendige Ausbau der erneuerbaren Energien (EE) ist in den Jahren 2018 bis 2020 allerdings deutlich ins Stocken geraten, insbesondere mit Blick auf die Windenergie. Ein Grund dafür sind fallweise stärkere oder schwächere, aber zuletzt vermehrte Akzeptanzdefizite in der lokalen Bevölkerung der Energieerzeugungsregionen. Unternehmen haben als Stromverbraucher in der Regel keinen direkten Bezug zu den Betreibergesellschaften der EE-Anlagen und insoweit auch keine Einflussmöglichkeiten hinsichtlich der Belange der betroffenen Bevölkerung. Sie können allerdings durch verschiedene Instrumente dazu beitragen, dass der EE-Zubau möglichst konfliktarm und nachhaltig verläuft – mit potenziell positiven betriebswirtschaftlichen Auswirkungen. Hier werden zunächst der Zusammenhang zwischen energieintensiven Unternehmen und Akzeptanzdefizite beim EE-Ausbau näher untersucht und auf dieser Grundlage nachhaltige Lösungswege diskutiert, insbesondere der Abbau von Informationsasymmetrien durch Labels und Zertifikate, die nachhaltige Strommengen entsprechend kennzeichnen, sowie unmittelbare Mitgestaltungsmaßnahmen durch energieintensive Unternehmen im Rahmen von Eigenversorgermodellen. Das Motto „Unsere Energie für unsere Region" könnte insbesondere in strukturschwachen Regionen mit finanzschwachen Kommunen durch das unternehmerische und finanzielle Engagement von Industrieunternehmen mit Leben gefüllt werden, die nicht nur ihre eigene, sondern auch die grüne Energieversorgung ihrer Umgebung mit in den Blick nehmen.

4.1.2.2 Neue Herausforderungen bei Infrastrukturprojekten

Anhand von internationalen Beispielen wurden Hürden, die Motivierung und die erfolgreiche Einbindung der Öffentlichkeit in groß angelegte Infrastrukturprojekte aufgezeigt. Eine derzeitige Herausforderung beim Aufbau grüner Stromnetze in Deutschland liegt in der getrennten Betrachtung von Netzen und Verbrauchssektoren. Auch gibt es derzeit keine Möglichkeit, dass erneuerbarer Strom seine „grüne Eigenschaft" beim Netzstrombezug beibehält. Für den Transport klimaneutraler Gase zeigt sich ein anderes Bild. Hier sieht der bestehende Rechtsrahmen für Gasnetze eine Opt-in-Option für den Aufbau und Betrieb von H_2-Netzen vor. Für Projekte im Übertragungsnetzausbau ist ein doppelter Dialog mit zum einen lokalen und regionalen Behörden und zum anderen der örtlichen Bevölkerung äußerst wichtig. Grundsätzlich muss das Dialogangebot an die Bevölkerung aber den lokalen Gegebenheiten angepasst werden. Positive Auswirkung auf die öffentliche Meinung kann auch die Darstellung der Gründe und Motivation von Projekten haben. Beispiele aus Norwegen, den Niederlanden und Großbritannien zeigen außerdem, wie kulturelle und sozialwirtschaftliche Interessen abgedeckt werden müssen. Sicherheitsbedenken bleiben aber wichtigster Akzeptanzfaktor und müssen durch Dialog und Einbezug der Bevölkerung sowie Transparenz im regulatorischen Rahmen adressiert werden.

4.1.2.3 Einblick in die chemische Industrie

Die deutsche Chemieindustrie hat eine lange Historie und Deutschland gehört neben China, den USA und Japan zu den vier größten Chemienationen der Welt. Auch wenn die lokal größten Chemiestandorte Teil der deutschen Chemieindustrie sind, ist der Sektor eher mittelständisch geprägt. Neben den weniger als 100 Großstandorten existieren mehrere Tausend Standorte kleiner und mittlerer Unternehmen, an denen die Chemieproduktion erfolgt. Dabei zeichnen sich vor allem die großen Verbundstandorte – heute meist als Chemieparks betrieben – durch hohe Material- und Energieeffizienz aus. Das Thema Akzeptanz der chemischen Industrie in der Gesellschaft spiegelt sich in vielen Facetten wider. Zum einen betreibt die chemische Industrie als Grundstoffindustrie wie alle anderen Grundstoffindustrien – beispielsweise die Stahlindustrie, die Baustoffindustrie, aber auch die Energiewirtschaft – weithin sichtbare Standorte und große Produktionsanlagen. Deren Daseinsberechtigung wird jedoch in der heutigen Gesellschaft oftmals grundsätzlich in Frage gestellt. Hier ziehen sich Genehmigung und Bau bei Neuinvestitionen vor allem durch fehlende Akzeptanz in der Bevölkerung vor Ort oft unzumutbar lang hin. Eine deutlich verstärkte und bessere Kommunikation der Unternehmen mit der Nachbarschaft hat zwar diesbezüglich einiges verbessert, trotzdem bleibt auch weiterhin eine deutliche Reserviertheit in der Gesellschaft. Eine in den vergangenen Jahren sich immer weiter verstärkende Facette der Akzeptanzdiskussion betrifft inzwischen auch die chemischen Produkte selbst. Und hier steht der mengenmäßig größte Output der Chemieindustrie – die Kunststoffe – im Fokus. Nicht zuletzt ist in jüngster Vergangenheit auch die Klimarelevanz der chemischen Industrie zu einem wichtigen Akzeptanzthema geworden. Unter anderem um in dieser Diskussion die Akzeptanz zu erhöhen, hat die chemische Industrie in Deutschland 2019 eine Roadmap vorgelegt, in der sie deutlich macht, dass auch eine vollständig treibhausgasneutrale Chemieproduktion möglich ist. Eine erfolgreiche Umsetzung wird jedoch auch von der gesellschaftlichen Akzeptanz sowohl der Produkte als auch der künftigen Produktion abhängen.

Die erfolgreiche Transformation der Chemieindustrie – insbesondere im Fall der energieintensiven Grundstoffchemie – beruht auf einer Elektrifizierung der Prozesse und Energieversorgung mit Strom aus erneuerbaren Quellen. Unternehmen können hierfür die nötigen Technologien und Investitionen voranbringen. Es braucht jedoch auch den gesellschaftlichen und politischen Willen, um förderliche Rahmenbedingungen zu schaffen. Dazu gehören Infrastrukturen wie Stromnetze, die Entlastung erneuerbarer Energien und Förderprogramme. Die Transformation beruht damit auf einem Deal. Um Akzeptanz für diesen Deal zu schaffen, braucht es den Dialog auf Augenhöhe, in dem offen und vollständig über die Maßnahmen der Emissionsreduktion einschließlich der bestehenden Hürden, Risiken und Voraussetzungen gesprochen wird. Entscheidend ist, dass mit den

Worten Taten einhergehen und relevante, ambitionierte sowie nachverfolgbare Maßnahmen ergriffen werden. Gemeinsame Werte und Ziele bilden die Grundlage für den Dialog mit der Öffentlichkeit; Transparenz ist eine unerlässliche Voraussetzung.

Erfolgsbeispiel: Als Betreiberin des CHEMPARK bündelt die CURRENTA-Gruppe die Aktivitäten rund um die Kommunikation mit der Bevölkerung und Stakeholder*innen für mehr als 70 Unternehmen an den drei nordrhein-westfälischen Standorten Leverkusen, Dormagen und Krefeld-Uerdingen. Akzeptanz bedeutet für die Unternehmensgruppe mehr als die Duldung des CHEMPARK, seiner Aktivitäten und der darin ansässigen Unternehmen. Es geht vielmehr um eine positive Einstellung zu den Industrieunternehmen sowie zu industrieller Produktion und nicht zuletzt um gute Nachbarschaft – an den Standorten, aber auch darüber hinaus. Akzeptanz – und damit die Wahrung der „License to operate" – dient der Zukunftssicherung eines Unternehmens.

4.1.2.4 Einblick in die Glasindustrie

Die Glasindustrie ist in Deutschland seit Jahrhunderten ansässig. Charakteristisch ist, dass sich viele Hütten im ländlichen Raum befinden. Sie tragen dazu bei, den Wohlstand in der Region zu sichern, sind Teil des gemeinschaftlichen Lebens und engagieren sich häufig vor Ort, zum Beispiel als Förderinnen lokaler Aktivitäten. Als Industrieunternehmen befinden sie sich dennoch in einem Spannungsfeld zwischen lokaler Einbindung (oft als große Arbeitgeberin) und der Rolle als Verursacherin von Lärm und Emissionen. Dekarbonisierungsmaßnahmen der Glasindustrie sind daher in der Regel positiv besetzt, da sie die Lebensqualität der Menschen vor Ort verbessern (Luftreinheit, Lärm et cetera) und zudem in der Durchführung häufig keinen direkten Einfluss auf die Menschen haben. Der (Um-)Bau von Glaswannen findet meistens am alten Standort statt, selten werden neue Werke „auf der grünen Wiese" gebaut. Es empfiehlt sich, Dekarbonisierungsmaßnahmen langfristig in eine eigene Klimastrategie einzubetten, die sowohl nach innen als auch nach außen kommuniziert wird. Hier ist der Dialog entscheidend. Das Fachwissen der Mitarbeitenden sollte aktiv genutzt werden, denn sie sind bei diesem komplexen Thema die besten Botschafter*innen. Akzeptanz zu schaffen, ist eine Aufgabe, der sich Unternehmen unabhängig von konkreten Projekten widmen sollten. Denn die Wahrnehmung des Unternehmens vor Ort und in der Region hat in späteren Genehmigungsverfahren mit Öffentlichkeitsbeteiligung einen großen Einfluss darauf, wie eventuell auftretende Konflikte gelöst werden können. Verständnis für das Produkt, das vor Ort im Glaswerk hergestellt wird, ist ein weiterer wichtiger Schritt hin zur Akzeptanz. Viele Produkte der Glasindustrie sind fest in den Alltag der Endverbraucher*innen integriert, was die Kommunikation vereinfacht. Etliche Produkte der Glasindustrie sind damit bereits Teil der Lösung zur Erreichung der Klimaziele, andere tragen zu einem gesunden Lebensstil bei. Die Nachfrage nach Produkten, die zu mehr Energieeffizienz beitragen, wird in Zukunft noch weiter steigen. Bei einer Umstellung des Herstellungsprozesses auf erneuerbare Energieträger wird der CO_2-Fußabdruck der Produkte verringert. Dies ist ein wichtiges Argument auch gegenüber den Kund*innen der Glasindustrie, die ihre eigenen Wertschöpfungsketten immer häufiger kritisch im Hinblick auf Nachhaltigkeit überprüfen. Kommunikative Maßnahmen zur Schaffung von Akzeptanz und allgemeine Öffentlichkeitsarbeit sind miteinander verflochten. Die Trennlinie scheint auf den ersten Blick unscharf. Während aber die allgemeine Öffentlichkeitsarbeit eher auf die Gegenwart gerichtet ist (Firmennews, neue Produkte, konkrete Projekte), zielen Maßnahmen zur Akzeptanz mehr auf die Zukunft und bereiten die Basis, wenn es – zum Beispiel im Rahmen von Dekarbonisierungsmaßnahmen – konkret wird.

4.1.2.5 Einblick in die Kalkindustrie

Kalk steht als natürlicher Grundstoff am Anfang vieler Wertschöpfungsketten. Die Kalkindustrie liefert einen bedeutenden Rohstoff des täglichen Bedarfs, dessen vielfältige Nutzung uns seit Jahrtausenden begleitet. Die Produktion von Kalk ist nicht nur energieintensiv, sondern weist in der Industrie zusätzlich eine wesentliche Besonderheit auf: nicht minderbare material- bzw. rohstoffbedingte Prozessemissionen. Das stellt die Kalkindustrie vor große Herausforderungen, bietet aber auch Chancen für eine nachhaltige Zukunft. Um auch zukünftig den unverzichtbaren Grundstoff Kalk, der beim Umweltschutz ebenfalls eine große Rolle einnimmt, in Deutschland produzieren zu können, hat der Bundesverband der Deutschen Kalkindustrie e. V. (BVK) zusammen mit seinen Mitgliedern die „Roadmap Kalkindustrie 2050: Über die klimaneutrale Produktion zur klimapositiven Industrie" erstellt. Die deutsche Kalkindustrie befindet sich im Zuge der Dekarbonisierung inmitten eines herausfordernden Transformationsprozesses. Dieser Prozess wird in der Bevölkerung vermehrt mit Skepsis, Kritik und Widerstand begleitet. Umso wichtiger ist es zum einen für Unternehmen, durch Transparenz, Offenheit und Ernsthaftigkeit Überzeugungsarbeit zu leisten, den Dialog zu suchen und Informationen für die Öffentlichkeit zur Verfügung zu stellen. Weiterhin ist es eine wesentliche Aufgabe, das Bewusstsein der Bevölkerung im Hinblick darauf zu schärfen, welche Möglichkeiten durch den Lebenszyklus von Rohstoffgewinnung in Bezug auf Biodiversität und Artenschutz gegeben sind und wie diese mit einem generationenübergreifenden Verantwortungsbewusstsein gesehen und umgesetzt werden. Die Praxis zeigt, dass eine konstruktive Abstimmung über den gesamten Projektzeitraum die Akzeptanz für das Konzept und den dahinterstehenden Rohstoffabbau bei den Kooperationspartner*innen bewahren konnte. Darüber hinaus begeistert ein „dynamisches Ergebnis" insbesondere auch die Nachbarschaft, Umweltorganisationen sowie die Politik und hilft dabei, den Rohstoffabbau in seiner ganzheitlichen Art und Weise wahrnehmbar zu machen. Insbesondere bei begleiteten Besuchen auf diesem Gebiet weitet sich das Bewusstsein für den industriespezifischen Einfluss, der zwar kein kurzfristiger, aber dennoch ein befristeter ist – und für die einzigartigen Lebensräume, die im Anschluss mit viel Aufwand und Pflege für Generationen erlebbar werden.

4.1.2.6 Einblick in die keramische Industrie

Die Keramikindustrie wird dem übergeordneten Wirtschaftszweig der Herstellung von Glas, Glaswaren und Keramik sowie der Verarbeitung von Steinen und Erden zugeordnet. Die Branche zeichnet sich durch große Unternehmen mit großen Produktionsmengen, aber auch durch einen hohen Anteil an kleinen und mittelständischen Unternehmen (KMU) aus. Die keramische Industrie hat als energieintensive Industrie im starken internationalen Wettbewerb stets mögliche Effizienzverbesserungen vorgenommen. Die mit dem Green Deal gesetzten Ziele in Bezug auf Klimaneutralität, Kreislaufwirtschaft und schadstofffreie Umwelt stellen die Unternehmen vor vollkommen neue Herausforderungen. Bisher ging es in erster Linie darum, mit dem vorhandenen Energieangebot, nämlich Erdgas, das Optimum herauszuholen und die Emissionen so weit wie möglich zu reduzieren. Nun ist die Branche gefordert, ihre Produktionsprozesse schnell auf klimaneutrale Energieträger umzustellen. Für die vielen neuen Herausforderungen in der Keramikindustrie müssen erst noch Lösungen gefunden werden. Voraussetzung für das Gelingen der Transformation in eine klimaneutrale industrielle Produktion ist freilich, neben der Klärung aller technologischen Herausforderungen, die Verfügbarkeit von erneuerbarer elektrischer Energie beziehungsweise grünem H_2 in den benötigten Mengen zu wettbewerbsfähigen Preisen. Ohne das Vertrauen darauf wird es schwer sein, Unternehmen zu überzeugen, erhebliche finanzielle Engagements einzugehen und in die Transformation zu investieren. Denn ohne sichere Rahmenbedingungen wären diese Investitionen vielleicht vergeblich. Um Neuerung in der Produktion zu ermöglichen, müssen auch die technischen wie genehmigungsrechtlichen Rahmenbedingungen für die Belieferung mit Energie und den notwendigen Umbau der Produktion geschaffen werden. Egal, ob strom- oder H_2-basiert, die bestehenden Öfen müssen ersetzt werden – ein Vorgang, der grundsätzlich und praktisch einer Neugenehmigung der Anlage entspricht, mit all seinen bekannten Implikationen. Neben der großen Zahl technischer und rechtlicher Themen spielt der ökonomische Aspekt der Transformation eine ebenso wichtige Rolle, denn er bestimmt aufseiten der Industrie über die Bereitschaft und das Vermögen und somit die Akzeptanz, in neue Technologien zu investieren, sowie über die preisliche Wettbewerbsfähigkeit der Produkte und, aufseiten der Kund*innen, über deren Bereitschaft, höhere Kosten beziehungsweise Preise zu akzeptieren. Wichtig ist, dass diese Lösungen bei Unternehmen, Beschäftigten, den Shareholder*innen, Anlieger*innen und der Kundschaft Akzeptanz finden. Viele Strategien zur Akzeptanz von Projekten werden, wie in diesem Buch angeführt, schon heute von Firmen erfolgreich eingesetzt und viele werden auch in Zukunft funktionieren. Bei der nun anstehenden umfassenden Umstrukturierung der Industrie bedarf es dennoch der Entwicklung weitergehender Akzeptanzstrategien.

4.1.2.7 Einblick in die Nichteisenmetallindustrie

Die Nichteisenmetallbranche (NE-Metall-Branche) gehört zu den Industrien, die bereits einen hohen Elektrifizierungsgrad vorweisen. Prozesse haben sich von emissions- zu stromintensiv gewandelt. Beispielsweise wird in der Zinkproduktion mit Strom im Elektrolyseverfahren gearbeitet, anstatt Koks zu verbrennen. Aspekte wie Energie- und Ressourceneffizienz haben inzwischen in den Unternehmensstrategien höchste Priorität erlangt. So leistet das zirkuläre Wirtschaften einen enormen Klimaschutzbeitrag, da NE-Metalle immer wieder ohne Qualitätsverlust dem Kreislauf zugeführt werden können und somit der Energiebedarf der Sekundärproduktion um ein Vielfaches geringer ist. Weil der Einsatz von Strom unmittelbar keine CO_2-Emissionen freisetzt, spielt dieser Energieträger in der NE-Metall-Industrie eine entscheidende Rolle. Um den positiven

Effekt der Elektrifizierung zu verstärken, muss perspektivisch der CO_2-Gehalt im deutschen Strommix weiter sinken, ohne dass dabei die Versorgungssicherheit gefährdet wird und die Strompreise steigen. In der NE-Metall-Industrie stellt dies den wichtigsten Hebel für die Dekarbonisierung der Branche dar, da die indirekten CO_2-Emissionen den Großteil der Gesamtemissionen der Branche ausmachen. Sowohl beim Zubau der Erneuerbare-Energien-Anlagen als auch beim Ausbau der damit verbundenen Infrastruktur braucht es ebenso die Akzeptanz der Bevölkerung wie bei der Ausgestaltung von Instrumenten zum Schutz vor Carbon Leakage. Um die selbstgesetzten Klimaziele zu erreichen, muss daher zusätzlich eine fortschreitende Elektrifizierung in vielen Bereichen unseres Lebens Einzug halten. Die Anreize hierfür sind derzeit noch sehr begrenzt, da in kaum einem anderen Industrieland der Welt Strom so teuer ist wie in Deutschland. Für die stromintensive Industrie ist zudem entscheidend, dass die Strompreise dauerhaft und damit planbar auf international wettbewerbsfähigem Niveau sind. Es bedarf eines Umdenkens in der Beihilfepolitik. Aus Sicht der NE-Metall-Industrie führen nicht weniger, sondern mehr Entlastungen und Unterstützungen zu mehr Klimaschutz in der energieintensiven Industrie. Andernfalls sind die Anreize für Investitionen in Ländern mit geringeren Klimaschutzanforderungen (Carbon Leakage) und damit die Verlagerung von Produktionsstätten vom In- ins Ausland weiterhin größer als der Anreiz, in Klimaschutzmaßnahmen am Standort Deutschland zu investieren.

4.1.2.8 Einblick in die Stahlindustrie

Die Stahlindustrie in Deutschland steht für rund 30 Prozent der industriellen CO_2-Emissionen und für sieben Prozent aller Emissionen in Deutschland. Entsprechend groß ist das Potenzial, durch eine Dekarbonisierung der Branche massiv CO_2-Emissionen einzusparen. Durch neue Verfahren auf Basis von H_2, welche die CO_2-intensive Primärstahlproduktion ersetzen sollen, und die emissionsarme Elektrostahlproduktion sind die technologischen Möglichkeiten bereits erschlossen. Auch haben die Stahlunternehmen in Deutschland Investitionsprojekte entwickelt, um zur Mitte des Jahrhunderts klimaneutral aufgestellt zu sein. Für ihre Umsetzung fehlen jedoch bisher verlässliche politische Rahmenbedingungen, die eine nachhaltige und zugleich wettbewerbsfähige Stahlproduktion in Deutschland sicherstellen können. Es wird deutlich, dass ein wirksamer Carbon-Leakage-Schutz eine Schlüsselvoraussetzung für eine erfolgreiche Transformation in der Stahlindustrie ist. Er wird eine entscheidende Rolle mit Blick auf die Akzeptanz in Wirtschaft und Gesellschaft spielen. Zudem braucht es ein gemeinsames Verständnis über die Größe der Herausforderung und den Zeitraum, den die Transformation hin zur Klimaneutralität erfordert. Denn nur wenn deutlich wird, dass die Umstellung auf CO_2-arme Technologien ohne weitreichende Verluste von Arbeitsplätzen und Wertschöpfung einhergeht, wird sie Akzeptanz finden. Gleichzeitig ist der Werkstoff Stahl mit seinen vielfältigen Produkten an deren Lebensende (EoL) mit Abstand der ideale Wegbereiter für den Eintritt in eine ressourcenschonende und klimaneutrale zirkuläre Kreislaufwirtschaft (Circular Economy), denn die anfallenden (elf) Schrottsorten können in einem unendlich geführten Kreislauf in hocheffizienten Elektrostahlöfen wieder zu vielfältigen Stahlprodukten werden – der unendliche Nährstoff für zukünftige Zyklen.

4.1.2.9 Einblick in die Zementindustrie

Die deutsche Zementindustrie spielt eine wichtige Rolle im breiten Spektrum der Baustoffindustrie und nimmt eine entscheidende Position in der gesamten Wertschöpfungskette Bau ein. Angesichts ihrer herausragenden Bedeutung für das Bauen trägt die Zementindustrie auch eine besondere Verantwortung für Klimaschutz und Ressourcenschonung. Dieser Verantwortung stellen sich die Zementhersteller*innen in Deutschland und arbeiten mit Hochdruck an der Dekarbonisierung ihrer Produkte und Prozesse. In den vergangenen Jahrzehnten haben sie bereits umfangreiche Klimaschutzmaßnahmen ergriffen. Seit 1990 konnten so die CO_2-Emissionen bereits um etwa ein Viertel reduziert werden. Bei der weiteren CO_2-Minderung stößt die Zementindustrie jedoch an Grenzen. Das liegt besonders an den prozessbedingten Emissionen der Klinkerherstellung, die mit heute verfügbarer Technik nicht minderbar sind. Mit der 2020 veröffentlichten CO_2-Roadmap „Dekarbonisierung von Zement und Beton – Minderungspfade und Handlungsstrategien" zeigt die deutsche Zementindustrie auf, mit welchen Maßnahmen entlang der Wertschöpfungskette von Zement und Beton Klimaneutralität erreicht werden kann. Mit konventionellen, heute verfügbaren Minderungsmaßnahmen würde es demnach bis 2050 gelingen, die CO_2-Emissionen um 36 Prozent gegenüber 2019 zu verringern (−50 Prozent gegenüber 1990). Für vollständige Klimaneutralität sind dagegen völlig neue Wege bei der Herstellung des Zements und seiner Anwendung im Beton zu gehen. Dabei spielen Breakthrough-Technologien eine entscheidende Rolle, wie etwa die Markteinführung von Zementen mit einem besonders niedrigen Klinkeranteil oder der Einsatz von H_2 als Energieträger. Zudem leistet die Abscheidung von CO_2 und dessen anschließende Nutzung und Speicherung (CCU/S) einen wichtigen Beitrag, um die anderweitig nicht minderbaren CO_2-Emissionen zu reduzieren.

Die Praxis zeigt, dass Öffentlichkeitsbeteiligungen, etwa bei Genehmigungsverfahren, Chancen und Risiken bergen. Neue gesetzliche Vorgaben sehen eine frühe Öffentlichkeitsbeteiligung vor. Bei Vorhaben, die die Durchführung einer Umweltverträglichkeitsprüfung oder eines Planfeststellungsverfahrens erfordern, soll demnach schon vor der Antragstellung eine Öffentlichkeitsbeteiligung stattfinden. Der/Die Vorhabenträger*in soll die Öffentlichkeit umfassend über das Vorhaben unterrichten und ihr Gelegenheit zur Äußerung und Erörterung geben. Dies ergibt ein grundsätzliches Dilemma: Ohne frühzeitige Einbindung und Mitsprache von Bürger*innen entstehen Frust und Misstrauen. Eine umfassende Mitsprache führt hingegen zu sehr komplexen und langwierigen Abstimmungsprozessen, die das Projekt verzögern oder gar gefährden können. Mit Blick auf die Transformation der Industrie hin zur Klimaneutralität und auf rasche Dekarbonisierungsfortschritte schon bis 2030 gilt es, dieses Spannungsverhältnis aufzulösen und Genehmigungsverfahren durch pragmatische Lösungen und Kompromisse zu beschleunigen. Das Zementindustrie-Kapitel stellt verschiedene Lösungsansätze diesbezüglich vor. Besonders wichtig ist dabei, eine frühe Beteiligung zu ermöglichen, gleichzeitig aber auch die Grenzen der Mitsprache klar zu kommunizieren.

4.1.2.10 Branchenübergreifende Einschätzung von Unternehmen

Verfahrensbedingte Treibhausgasemissionen entstehen hauptsächlich in kostenintensiven Großanlagen, die über viele Jahrzehnte betrieben werden. Derartige Anlagen können nicht einfach ausgetauscht werden. Aufgrund des nationalen und internationalen Wettbewerbs spielen betriebswirtschaftliche Kriterien bei Entscheidungen über Investitionen in neue Anlagen eine sehr wichtige Rolle. Ob zum Beispiel ein Wechsel von fossilen Brennstoffen auf elektrische Energie durchgeführt werden kann, hängt unter anderem davon ab, wie sich die Energieträger hinsichtlich ihres Preises und ihres CO_2-Faktors unterscheiden. Aufgrund der langen Nutzungsdauer der Produktionsanlagen ist es Voraussetzung, die zeitliche Entwicklung dieser Relationen zu kennen und dadurch Planungssicherheit zu gewinnen. Dabei kann die Politik für geeignete Rahmenbedingungen sorgen. Die Implementierung grundsätzlich neuer Fertigungstechnologien, die weniger Treibhausgasemissionen freisetzen, gelingt nur mit großem Ressourceneinsatz. Neben der technischen und wirtschaftlichen Machbarkeit muss auch sichergestellt werden, dass die Qualität der resultierenden Produkte nicht leidet.

4.1.3 EXKURS: ZUSAMMENFASSUNG DES „KEI PODIUMS"

Das Kompetenzzentrum Klimaschutz in energieintensiven Industrien (KEI) lud im Juni 2022 zur zweiten Ausgabe des Veranstaltungsformates „KEI Podium" ein. Unter dem Titel „Akzeptanzstrategien für die Transformation in der energieintensiven Industrie" bildete das Podium eine vorgeschaltete Begleitveranstaltung zur Veröffentlichung dieses Praxisbuches. Die Veranstaltung lieferte Präsentationen und Diskussionsstoff zur Akzeptanzthematik für Fachleute aus Wirtschaft, Wissenschaft und Forschung. Im abschließenden Podiumsgespräch diskutierten die geladenen Expert*innen verschiedene Akzeptanzstrategien, Lösungsansätze und Erfolgsfaktoren. Die Zusammenfassung der Diskussionsinhalte sowie das begleitende Graphic Recording zu deren Visualisierung sind hier schlaglichtartig festgehalten.

▸ Abb. 1
▸ Abb. 2

In der abschließenden Podiumsdiskussion wurde klar, dass der Gesetzgeber vorsieht, rechtliche Voraussetzungen für Genehmigungsprozesse anzupassen, damit Entscheidungen für einen Anlagenumbau oder -neubau schneller getroffen werden können. So kann die Umsetzung von Transformationsvorhaben beschleunigt werden. Ebenso wichtig ist aber, dafür auch eine Akzeptanz bei den Bürger*innen zu schaffen. Institutionen auf Bundes- und Länderebene führen entsprechende Bürgerdialoge, um Akzeptanz und Verständnis für die Industrietransformation zu schaffen, nicht nur für den Ausbau von Erneuerbare-Energie-Anlagen und -Infrastrukturen. Die Grundstoffindustrie wird in Deutschland weiterhin gebraucht. Es geht um mehr, als nur Carbon Leakage zu verhindern. Neben dem Klimaschutz geht es auch um die Bedeutung der Unternehmen für unsere Gesellschaft.

Aus Sicht der Bürger*innen ist zur Schaffung von Akzeptanz ein vertrauensvoller Dialog entscheidend. *„Wem kann ich meine Bedenken, Ängste und Ideen mitteilen? Kann ich den Pfad zur Klimaneutralität mitgestalten?"* sind die Leitfragen dazu. Zur erfolgreichen Umsetzung von Veränderungsprozessen gibt es eine Reihe wichtiger Faktoren, die berücksichtigt werden sollten: a) den regionalen Bezug beachten, b) kommunale Akteur*innen frühzeitig mit einbeziehen, c) Informationen zielgruppengerecht aufbereiten und transparent kommunizieren, d) Vertrauen aufbauen, e) Menschen befähigen und mitgestalten lassen (Partizipation ist der Schlüssel) sowie f) die Abwägung von Kosten und Nutzen für Energie- und Industrietransformation ehrlich erörtern. Letzteres bildet oftmals die Grundlage des Dialoges, basierend auf Kenntnissen der Wissenschaft, dass der Transformationsprozess alternativlos ist. Die Klimawandelfolgeschäden sind um ein Vielfaches teurer, aber dennoch ist die Transformation mit hohen Kosten verbunden, die auch von der Gesellschaft getragen werden müssen.

Die Industrie, besonders die energieintensive, wird oftmals von der Gesellschaft als das Problem (Verursacherin des Klimawandels) und nicht als Teil der Lösung verstanden. Die regulatorischen Rahmenbedingungen anzupassen, um Carbon Leakage zu verhindern, ist für die Unternehmen eine Grundvoraussetzung, um den Pfad der Transformation einzuschlagen. Von mindestens gleichwertiger Bedeutung ist aber auch das Verständnis der Gesellschaft für die nötigen Anpassungen der Industrie, um klimaneutral produzieren zu können. Viele Bürger*innen fragen sich: *„Was hat das mit mir zu tun?"* Hier ist es hilfreich, dass die synergetische Verknüpfung von Industrie und Gesellschaft anhand von Leuchtturmprojekten dargestellt wird. Neben den gesellschaftlichen Effekten im regionalen Bezug spielen auch die Mitarbeitenden der betroffenen Unternehmen eine entscheidende Rolle bei der Transformation. Wenn die Faktoren a–e (siehe oben) frühzeitig berücksichtigt und umgesetzt werden, dann profitieren Unternehmen zum einen intern von guten Ideen und Lösungsansätzen zur Umsetzung der Vorhaben. Zum anderen kann sich das mitwirkende Personal zu regelrechten Multiplikator*innen entwickeln, die als vertrauensvolle Kontaktpersonen in der jeweiligen Peergroup Verständnis und Akzeptanz aufbauen. Um dies zu unterstützen und zu verstärken, haben Arbeitgeber*innen und Unternehmen die Möglichkeit, durch Schulungen und proaktive Austauschplattformen das Interesse für Transformationsprozesse zu steigern.

4.2 Fazit und Schlussfolgerungen

Deutschland steht vor einer fundamentalen Transformation auf dem Weg zur Klimaneutralität bis 2045. Die Inhalte in diesem Praxishandbuch bieten einen vielseitigen Zugang zu grundlegenden Voraussetzungen und praktischen Erfahrungen bei der Akzeptanzförderung im Kontext des anstehenden Wandels.

Bedeutsam für eine gelingende Industrietransformation ist insbesondere das Vermeiden destruktiver Strukturbrüche, die industrielle Ökosysteme zerstören und ihr anderweitig weiternutzbares Potenzial verpuffen lassen. Der Schwerpunkt liegt auf der Defossilisierung und der Substitution CO_2-emittierender Prozesse durch treibhausgasneutrale Produktionsabläufe. Dafür wird ein koordiniertes Planen und Umsetzen von miteinander zusammenhängenden Lösungsstrategien benötigt. Obgleich die Industrie einen Teil der Gesellschaft darstellt, spielt sie innerhalb der Akzeptanz beeinflussenden Faktoren eine eigene Rolle und steht zusammen mit der Gesetzgebung sowie der Gesellschaft als Ganzes in einer direkten und wechselseitigen Beziehung.

▸ Abb. 1

Wichtig für die gesellschaftliche Wahrnehmung ist, die kritisch-konstruktive Perspektive zu stärken und vernehmbarer zu machen. Akzeptanz ist ein vielfältiger Begriff, der verschieden wahrgenommen beziehungsweise verstanden wird. Der Terminus ist mehrdeutig konnotiert und beinhaltet in gesellschaftlichen, politischen und unternehmerischen Gruppen jeweils unterschiedliche Aspekte und Bandbreiten. Hinzu kommt, dass einzelne Strategien, Technologien und Branchen hier ebenfalls sehr unterschiedlich wahrgenommen werden und so eine Trennschärfe sehr wichtig ist. Es gibt insofern – und auch in diesem Buch – keinen konsistenten Akzeptanzbegriff, auf den sich alle einigen können. Letztlich muss jede Strategie den unterschiedlichen Aspekten angemessen Genüge tun. Die Förderung von Akzeptanz darf gerade bei den Entscheidungen der Politik und auch in der Praxis nicht beim passiven Hinnehmen stehen bleiben. Für eine konstruktive Akzeptanz ist eine aktive Mitgestaltung und eine engagierte Dekade der Umsetzung von Transformationsmaßnahmen erforderlich. Eine Übersicht über Maßnahmen und Handlungsempfehlungen ist in Tabelle 1 aufgeführt.

▸ Tab. 1

1 Beteiligte (vereinfachte Darstellung) und deren wechselseitige Einflussmöglichkeiten zur Steigerung der Akzeptanz der Transformation hin zur klimaneutralen Grundstoffproduktion

1 Maßnahmen und Handlungsempfehlungen zur Akzeptanzsteigerung bei Gesellschaft, Industrie und Gesetzgeber*in aus der Perspektive von Akteur*in und Empfänger*in

	Gesellschaft als Empfängerin	Industrie als Empfängerin	Gesetzgeber*in als Empfänger*in
Gesellschaft als Akteurin		▪ Dialog mit Unternehmen und Verbänden suchen, um Bedenken anzusprechen und Ideen einzubringen ▪ Multiplikatorin für andere Beschäftigte ▪ Mitgestaltung	▪ Dialog mit Politik suchen, um Bedenken anzusprechen und Ideen einzubringen ▪ Kampagnen und Demonstrationen ▪ Einfluss auf Wahlergebnisse
Industrie als Akteurin	▪ Transparenz, Vertrauen und Mitgestaltung anbieten ▪ Zielgruppengerechte Informationsaufbereitung ▪ Besonders wichtig sind Mitarbeitende und Anwohner*innen		▪ Transparenz ▪ Zielgruppengerechte Informationsaufbereitung ▪ Perspektiven als Arbeitgeber*in und Teil der Wertschöpfung einbringen
Gesetzgeber*in als Akteur*in	▪ Bürgerdialoge durchführen ▪ Zielgruppengerechte Informationsaufbereitung ▪ Anreize schaffen ▪ Transparenz	▪ Dialoge mit Unternehmen und Verbänden suchen ▪ Förderung CapEx und OpEx, Anreize schaffen ▪ Vereinfachung und Beschleunigung von Genehmigungsverfahren ▪ Anpassung Beihilferecht, Schutz vor Carbon Leakage	

Von der EU-Kommission sind auf den Green Deal folgend bereits erste Änderungen im staatlichen Beihilferecht vorgenommen worden. So sind zum Beispiel die staatlichen Umweltschutz- und Energiebeihilfeleitlinien um den Klimaschutz erweitert worden. Diese und weitere Anpassungen ziehen eine Reihe von Veränderungen bei Zuwendungsmaßnahmen innerhalb der EU-Mitgliedstaaten nach sich. Um die anlaufende Transformation wirkungsvoll zu unterstützen, werden etwa Förderrichtlinien angepasst und in der jeweiligen nationalen Förderlandschaft neu miteinander verzahnt. Da die Industrietransformation auch mit einem hohen Elektrifizierungsgrad – genauer mit der Versorgung mit Strom aus erneuerbaren Energiequellen – umgesetzt werden wird, spielen bei der Entscheidung von Unternehmen in Bezug auf Investitionen in innovative Technologien die zu erwartenden Betriebskosten eine entscheidende Rolle. Das Bundeswirtschaftsministerium bereitet deshalb aktuell die Einführung von Klimaschutzverträgen (Carbon Contracts for Difference, kurz: CCfDs) vor, um besonders betroffene Industriezweige innerhalb der stromintensiven Industrie mit einer Betriebskostenförderung zu unterstützen.

Da über die Förderung die gesamte Gesellschaft inklusive der Industrie in die Pflicht zur finanziellen Hilfe (Strukturhilfen, Industrieförderung, Privatkapital) genommen wird, hat sie auch ein Recht darauf, dass die Transformation mit aller Kraft angegangen wird. Gewerkschaften, Verbände und KMUs unterstützende Organisationen sowie die Handelskammern können die Transformation ebenfalls unterstützen, für deren Umsetzung werben und Hindernisse zu überwinden helfen, beispielsweise durch das Konzipieren von Fortbildungen und Informationsveranstaltungen sowie über etablierte Kommunikationskanäle in Print- und Digitalformaten. Die erwähnten Beschäftigten sind zugleich auch Wählende und auf diesem Wege wieder in ein Konsensfindungssystem eingebunden.

Die Akzeptanz, auch von als kritisch oder gar riskant angesehenen Lösungsteilansätzen wie etwa Carbon Capture and Storage (CCS), erhöht sich deutlich, wenn Unternehmen sichtbare und bindende Schritte unternehmen, um zeitnah eine umfassende Klimaneutralität zu erreichen. Dies muss ambitioniert und unter Einhaltung ergänzender Nachhaltigkeitsaspekte erfolgen. Vertrauen beruht auf belastbarer Gegenseitigkeit. Brückentechnologien und Übergangsstrategien werden nur entlang dieses Weges Akzeptanz und Vertrauen finden können und erfordern deswegen bindende Roadmaps – unter anderem für den Umstieg auf grünen H_2. Das entsprechende Vertrauen wird nur durch gemachte Zusagen und eingehaltene Verpflichtungen entstehen können.

Dieses Praxisbuch ist mit der hoffungsvollen Erwartung verknüpft, dass die Vielfalt seiner Beiträge dazu beiträgt, dass Informationen und wohlabgewogene Argumente von außerhalb des jeweils gewohnten Horizontes aufgenommen und weiterentwickelt werden.

Anhang

LITERATURVERZEICHNIS

Monographien und Sammelbände

Adamczyk, Gregor (2018), Storytelling. Mit Geschichten überzeugen, 3. Aufl., Freiburg.

Agora Verkehrswende et al. (Hg.) (2019), Abgefahren! Die infografische Novelle zur Verkehrswende, 3. Aufl.

Albrecht, Eike (2019), Planned Obsolescence: A Case Under Torts Law as Intentional Damage Contrary to Public Policy (Art. 826 German Civil Code), in: Schmidt, Michael; Giovannucci, Daniele; Palekhov, Dmitry; Hansmann, Berthold (Hg.), Sustainable Global Value Chains, S. 689 ff.

Albrecht, Eike (2022), Kyoto Protocol, in: Albrecht, Eike; Egute, Terence Onang; Wanki, Emmanuel Ateghang; Ezeamama, Anayo Azubuike (Hg.), International Environmental Law (IEL) – Agreements and Introduction, 6. Aufl. 2022, S. 128 ff.

Albrecht, Eike (2022), Paris Agreement, in: Albrecht, Eike; Egute, Terence Onang; Wanki, Emmanuel Ateghang; Ezeamama, Anayo Azubuike (Hg.), International Environmental Law (IEL) – Agreements and Introduction, 6. Aufl. 2022, S. 141 ff.

Albrecht, Eike (2022), United Nations Framework Convention on Climate Change – UNFCCC, in: Albrecht, Eike; Egute, Terence Onang; Wanki, Emmanuel Ateghang; Ezeamama, Anayo Azubuike (Hg.), International Environmental Law (IEL) – Agreements and Introduction, 6. Aufl. 2022, S. 118 ff.

Albrecht, Eike; Küchenhoff, Benjamin (2015), Staatsrecht, 3. Aufl.

Ameseder, Christian et al. (2017), Die Wirkung von Storytelling in der Wissenschafts-PR, in: Christoph, Cathrin; Schach, Annika (Hg.) (2017), Handbuch Sprache in den Public Relations, Wiesbaden.

Blumenberg, Hans (2020), Realität und Realismus, Hg. Nicola Zambon, Suhrkamp.

Collingridge, David (1982), The social control of technology, New York.

Defila, Rico et al. (Hg.) (2018), Transdisziplinär und transformativ forschen: eine Methodensammlung, Wiesbaden.

Domegan, Christine et al. (2019), Co-creating a Sea Change Social Marketing Campaign for Ocean Literacy in Europe: A Digital Interactive Tool for Environmental Behaviour Change. In: Basil, Debra et al. (Hg.) (2019), Social Marketing in Action, DOI: 10.1007/978-3-030-13020-6

Dupuy, Jean-Pierre (2005), Aufgeklärte Unheilsprophezeiungen. Von der Ungewissheit zur Unbestimmbarkeit technischer Folgen, in: Gramm, Gerhard; Hetzel, Andreas (Hg.) (2005), Die Unbestimmtheitssignatur der Technik. Bielefeld, S. 81 ff.

Dörr, Oliver (2014), Die Anforderungen an ein zukunftsfähiges Infrastrukturrecht, in: VVDStRL, Bd. 73, S. 323 ff.

Endruweit, Günter; Trommsdorff, Gisela; Burzan, Nicole (Hg.) (2014), Wörterbuch der Soziologie, UTB, 3. Aufl.

Eurobarometer Spezial 340 (2010), Wissenschaft und Technik, Brüssel.

Eurobarometer Spezial 490 (2019), Climate Change, Brüssel.

Fraune, Cornelia et al. (2019), Politische Partizipation in der Mehrebenengovernance der Energiewende als institutionelles Beteiligungsparadox, in: Fraune, Cornelia et al. (Hg.) (2019), Akzeptanz und politische Partizipation in der Energietransformation: Gesellschaftliche Herausforderungen jenseits von Technik und Ressourcenausstattung, Wiesbaden.

Fraune, Cornelia u. a. (Hg.) (2019), Akzeptanz und politische Partizipation in der Energietransformation. Gesellschaftliche Herausforderungen jenseits von Technik und Ressourcenausstattung. Wiesbaden: Springer VS.

Gabler, Andreas (2019), EEG-Handkommentar, in: Baumann/Gabler/Günther, EEG, 1. Auflage 2019, §61 EEG.

Geres, R.; Lausen, J.; Weigert, S. (2021), Roadmap für eine treibhausgasneutrale Ziegelindustrie in Deutschland, Ein Weg zur Klimaneutralität der Branche bis 2050, Bundesverband der Deutschen Ziegelindustrie e. V.

Geßner, Laura et al. (2019), Akzeptanzfaktoren in der Energiewende und ihre Übertragbarkeit in das Recht, in: Akzeptanz und politische Partizipation in der Energietransformation. Gesellschaftliche Herausforderungen jenseits von Technik und Ressourcenausstattung. Wiesbaden: Springer VS.

Giesberts, Ludger; Reinhardt, Michael (Hg.) (2019), BeckOK Umweltrecht, 59. Ed.

Graebig, Markus et al. (Hg.) (2021), Strom, Netz, Fluss – Ein Atlas unserer Stromwelt und ihres Wandels, https://www.stromnetzfluss.de/#download (letzter Zugriff: 21. Oktober 2021).

Hamann, Alexandra et al. (Hg.) (2019), Die große Transformation. Klima – Kriegen wir die Kurve.

Hangartner, Urs et al. (2013), In Sachen Sachcomics, in: Hangartner, Urs et al. (Hg.) (2013), Wissen durch Bilder: Sachcomics als Medien von Bildung und Information.

Harari, Yuval Noah et al. (2020), Sapiens.

Hauff, Volker (2012), Akzeptanz von Industrie in unserer Gesellschaft, in: Priddat, Birger P.; West, Klaus-W. (Hg.) (2012), Die Modernität der Industrie. Metropolis Verlag, Marburg, S. 305–315.

Held, Christian (2022), Sektorintegration, in: Rodi, Michael (Hg.), Handbuch Klimaschutzrecht, C.H. Beck Verlag.

Hensel. A.; Poluchin, P. I. (1990), Technologie der Metallformung – Eisen- und Nichteisenmetalle, Deutscher Verlag für Grundstoffindustrie, Leipzig.

Hildebrand, Jan et al. (2018), Akzeptanz und Beteiligung – Ein ungleiches Paar. In: Holstenkamp, Lars et al. (Hg.) (2018), Handbuch Energiewende und Partizipation, Wiesbaden.

Hillmann, Karl-Heinz (2010), Akzeptanzkrise, in: Wörterbuch der Soziologie, Stuttgart.

Hilpert, Johannes (2018), Rechtliche Bewertung von Power-Purchase-Agreements (PPAs) mit erneuerbaren Energien, Würzburger Berichte zum Umweltenergierecht Nr. 12, Würzburg.

Holstenkamp, Lars (2018), Akzeptanz durch finanzielle Beteiligung?, in: Die Energiewende der Bürger stärken. Weimar bei Marburg: Metropolis-Verlag.

Hubig, Christoph (2007), Die Kunst des Möglichen II. Ethik der Technik als provisorische Moral, Bielefeld.

Hübner, T.; Guminski, A.; von Roon, Dr. S. (2019), Energiewende in der Industrie, Potenziale und Wechselwirkungen mit dem Energiesektor, Branchensteckbrief der Keramikindustrie, Bundesministerium für Wirtschaft und Energie, Vorhaben: I C 4 – 80 14 38/42; Projekt-Nr. 42/17, Projektnummer: SIS-DE17915 Ort.

IKEM et al. (Hg.) (2019), The Infographic Energy Transition Coloring Book, 3. Aufl.

Jakobs, Eva Maria (2019), Technikakzeptanz und -kommunikation – ein vielschichtiges Konstrukt, in: Fraune, Cornelia et al. (Hg.) (2019), Akzeptanz und politische Partizipation in der Energietransformation: Gesellschaftliche Herausforderungen jenseits von Technik und Ressourcenausstattung, Wiesbaden.

Jarass, Hans D. (2020), Bundes-Immissionsschutzgesetz, 13. Aufl.

Johlen, Heribert; Oerder, Michael (Hg.) (2017), Münchener Anwaltshandbuch (MAH) Verwaltungsrecht, 4. Auflage.

Kahl, Hartmut; Kahles, Markus (2020), Das Doppelvermarktungsverbot zwischen Verbraucherschutz und Grünstrombedarf der Industrie – Neue Rechtslage und Reformoptionen, Würzburger Berichte zum Umweltenergierecht Nr. 50, Würzburg.

Keller, Felix et al. (2013), Das Abenteuer der Synthetic Biology, in: Hangartner, Urs et al. (Hg.) (2013), Wissen durch Bilder: Sachcomics als Medien von Bildung und Information.

Klöpfer, Michael (2016), Umweltrecht, 4. Aufl.

Kment, Martin (2019), Energiewirtschaftsgesetz, 2. Aufl.

Knopp, Lothar; Epstein, Alicia A.; Hoffmann, Jan (2019), International and European Environmental Law with Reference to German Environmental Law, 2. Aufl.

Koch, Hans-Joachim; Hofmann, Ekkehard (2018), § 4 Immissionsschutzrecht, in: Koch, Hans-Joachim; Hofmann, Ekkehard; Reese, Moritz (Hg.), Handbuch Umweltrecht, 5. Aufl., S. 209 ff.

Koch, Hans-Joachim; Hofmann, Ekkehard; Reese, Moritz (Hg.) (2018), Umweltrecht, 5. Auflage.

Konrad Adenauer Stiftung (2021), Zukunftsmodell Bürgerrat? Potenziale und Grenzen losbasierter Bürgerbeteiligung.

Landmann, Robert; Rohmer, Ernst (Hg.) (2021), Umweltrecht, 95. EL.

Langer, B. E. (2011), Understanding Copper – Technologies, Markets, Business, Lüneburg: Offset Walter Wulf.

Leinfelder, Reinhold et al. (2016), Die Anthropozän-Küche.

Lucke, Doris (1995), Akzeptanz. Legitimität in der „Abstimmungsgesellschaft", Opladen: Leske+ Budrich.

Luhmann, Niklas (1996), Die Realität der Massenmedien, Wiesbaden.

Lyotard, Jean-Francois (1994), Das postmoderne Wissen, Wien.

Nanz, Patrizia et al. (2012), Handbuch Bürgerbeteiligung. Verfahren und Akteure, Chancen und Grenzen, Bonn.

Newig, Jens (2011), Partizipation und neue Formen der Governance; in: Groß, Matthias (Hg.) (2011), Handbuch Umweltsoziologie.

Oechslin, Dorothea (2013), Von Reflexion bis Persuasion – wenn der Sachcomic mehr will als informieren, in: Hangartner, Urs et al. (Hg.) (2013), Wissen durch Bilder: Sachcomics als Medien von Bildung und Information.

Pastushenko, Anastasiia; Albrecht, Eike (2021), NDC of Ukraine, their Conformity with the Paris Agreement and EU Targets, in: Albrecht, Eike; Palekhov, Dmitry; Kramm, Steven; Mileski, Toni (Hg.), Transposition of the Acquis Communautaire: Environment and Migration, S. 103 ff.

Pietzner, Katja et al. (Hg.) (2012), Akzeptanzforschung zu CCS in Deutschland. Aktuelle Ergebnisse, Praxisrelevanz, Perspektiven, München: oekom. Priddat, Birger P.; West, Klaus-W. (Hg.) (2012), Die Modernität der Industrie, Marburg.

Renn, Ortwin (2015), Aspekte der Energiewende aus sozialwissenschaftlicher Perspektive, München.

Renn, Ortwin; Zwick, Michael (1997), Risiko und Technikakzeptanz, Berlin.

Schneidewind, Uwe (2018), Die Große Transformation. Eine Einführung in die Kunst gesellschaftlichen Wandels.

Schrögel, Philipp et al. (2018), Comics als visueller Zugang zum transdisziplinären Diskurs über Technikzukünfte, in: Lettkemann, Eric (2018), Knowledge in Action, Wiesbaden.

Sellner, Dieter; Reidt, Olaf; Ohms, Martin (2006), Immissionsschutzrecht und Industrieanlagen, 3. Aufl. Vögler, Dodo (2021), Utopisches Denken in der Politikpraxis. Eine explorative Untersuchung.

Vögler, Dodo et al. (in Veröffentlichung), bio:fictions – Design Fiction als transdisziplinärer Ansatz der partizipativen Zukunftsgestaltung einer nachhaltigen Bioökonomie, in: Reinermann, Julia et al., Nachhaltige Bioökonomie? Diskurse, Kommunikation und Partizipation, transcript Verlag.

Weber, Max (1976), Wirtschaft und Gesellschaft, Studienausgabe, 5. Aufl., Tübingen.

Weinreich, Dirk (2021), Kommentierung des TEHG, in: Beckmann, Martin; Durner, Wolfgang; Mann, Thomas; Röckinghausen, Marc (Hg.), Landmann/Rohmer Band III – Umweltrecht, Losebl., Stand 97, EL Dezember 2021.

Weyer et al. (2012), Technikakzeptanz in Deutschland und Europa. Studie im Auftrag der Chemie-Stiftung Sozialpartner Akademie. Wiesbaden.

Wittmayer, Julia et al. (2017), Transformationsforschung. Definitionen, Ansätze, Methoden, Dessau.

Zoellner, Jan et al. (2012), Akzeptanz Erneuerbarer Energien, in: 20 Jahre Recht der Erneuerbaren Energien, Nomos Verlagsgesellschaft mbH & Co. KG.

Arbeitspapiere

acatech (2018), CCU und CCS – Bausteine für den Klimaschutz in der Industrie. Analyse, Handlungsoptionen und Empfehlungen, acatech Position, München.

Agora Energiewende und Wuppertal Institut (2019), Klimaneutrale Industrie – Schlüsseltechnologien und Politikoptionen für Stahl, Chemie und Zement. Berlin.

BaFin (2019), Merkblatt zum Umgang mit Nachhaltigkeitsrisiken, Frankfurt am Main.

BDI (2018), Klimapfade für Deutschland, Berlin.

BMU (2019), Klimaschutzprogramm 2030 der Bundesregierung zur Umsetzung des Klimaschutzplans 2050, Bonn.

BMU (2021), Eckpunkte für eine Förderrichtlinie Klimaschutzverträge zur Umsetzung des Pilotprogramms „Carbon Contracts for Difference", Bonn

Bons, Marian, Creutzburg, Philipp; Schlemme, Jannik (2020), Energiewende in der Industrie, https://www.bmwi.de/Redaktion/DE/Downloads/E/energiewende-in-der-industrie-ap2b-executive-summary.pdf?__blob=publicationFile&v=4 (Zugriff: 12. November 2021).

Brand-Schock, Ruth; Lob, Natalie (2021), Finanzierung und Marktintegration von Erneuerbare-Energien-Anlagen, https://www.bdew.de/media/documents/5016_PPA.pdf (Zugriff: 22. Juli 2021).

Bundesministerium für Wirtschaft und Energie (2020), Nationale Wasserstoffstrategie (NWS) der Bundesregierung, Berlin.

Bundesnetzagentur (2020), Regulierung von Wasserstoffnetzen, Ergebnisse der Marktkonsultation, abrufbar unter: https://www.bundesnetzagentur.de/SharedDocs/Downloads/DE/Sachgebiete/Energie/Unternehmen_Institutionen/NetzentwicklungUndSmartGrid/Wasserstoff/Konsultationsbericht.pdf?__blob=publicationFile&v=1 (letzter Zugriff: 24. September 2021).

Bundesnetzagentur (2020a), Regulierung von Wasserstoffnetzen, Bestandsaufnahme, abrufbar unter: https://www.bundesnetzagentur.de/SharedDocs/Downloads/DE/Sachgebiete/Energie/Unternehmen_Institutionen/NetzentwicklungUndSmartGrid/Wasserstoff/Wasserstoffpapier.pdf?__blob=publicationFile&v=2 (letzter Zugriff: 3. Oktober 2021).

Bundesregierung (2020), Die Nationale Wasserstoffstrategie, abrufbar unter: https://www.bmwi.de/Redaktion/DE/Publikationen/Energie/die-nationale-wasserstoffstrategie.html (letzter Zugriff: 23. September 2021).

Bundesregierung (2020a), Handlungskonzept Stahl, abrufbar unter: https://www.bmwi.de/Redaktion/DE/Publikationen/Wirtschaft/handlungskonzept-stahl.pdf?__blob=publicationFile&v=12 (letzter Zugriff: 19. Oktober 2021).

Bundestagsdrucksache 17/6072, abrufbar unter: https://dserver.bundestag.de/btd/17/060/1706072.pdf (letzter Zugriff: 23. September 2021).

Bundesverband der deutschen Ziegelindustrie e.V., BVBZ (2021), Roadmap für eine treibhausgasneutrale Ziegelindustrie in Deutschland – Ein Weg zur Klimaneutralität der Branche bis 2050, abrufbar unter: https://ziegel.de/sites/default/files/2021-03/Ziegel_24_110321_Web_200dpi_1.pdf (letzter Zugriff: 18. Oktober 2021).

Bundesverband Öffentlicher Banken Deutschland, VÖB (2021), Fördergeschäft in Deutschland 2012–2020.

Deutsche Energie-Agentur (2020), Corporate Green PPAs: Ökonomische Analyse. https://www.dena.de/fileadmin/dena/Publikationen/PDFs/2020/2020_02_24_dena_Marktmonitor_2030_Corporate_Green_PPAs.pdf (Zugriff: 22. Juli 2021).

Deutsche Energie-Agentur (2021), dena-ZWISCHENBERICHT: Der Systementwicklungsplan – Umsetzungsvorschlag für eine integrierte Infrastrukturplanung in Deutschland, abrufbar unter: https://www.dena.de/fileadmin/dena/Publikationen/PDFs/2020/dena-ZWISCHENBERICHT_Der_Systementwicklungsplan.pdf (letzter Zugriff: 6. Oktober 2021).

Deutscher Bundestag (2021), Entwurf eines Gesetzes zur Umsetzung unionsrechtlicher Vorgaben und zur Regelung reiner Wasserstoffnetze im Energiewirtschaftsrecht, Bundestagsdrucksache 19/27453, abrufbar unter: https://dserver.bundestag.de/btd/19/274/1927453.pdf (letzter Zugriff: 27. September 2021).

Deutscher Bundestag, Wissenschaftlicher Dienst (2019), Grenzwerte für Wasserstoff (H_2) in der ErdGasnetzinfrastruktur, abrufbar unter: https://www.bundestag.de/resource/blob/646488/a89bbd41acf3b90f8a5fbfbcb8616df4/WD-8-066-19-pdf-data.pdf (letzter Zugriff: 5. Oktober 2021).

Deutscher Bundestag, Wissenschaftlicher Dienst (2020), Sachstand – Die Berücksichtigung von Umwelt- und Klimaschutzbelangen im Anlagengenehmigungs- und Infrastrukturplanungsrecht, abrufbar unter: https://www.bundestag.de/resource/blob/710964/e21d4f5084d4b3462345af40377e1059/WD-8-124-19-pdf-data.pdf (letzter Zugriff: 18. März 2022).

Deutscher Verein des Gas- und Wasserfaches e. V. – DVGW, (2020), Regionale Energiewende mit Wasserstoff vor Ort. Die Gasverteilnetze – jetzt für Wasserstoff und klimaneutrale Gase fit machen, abrufbar unter: https://www.dvgw.de/medien/dvgw/leistungen/publikationen/h2vorort-wasserstoff-gasverteilnetz-dvgw-factsheet.pdf (letzter Zugriff: 24. September 2021).

Deutscher Wasserstoff- und Brennstoffzellenverband, DWV (2022), Planungs- und Genehmigungsverfahren-Beschleunigung für Elektrolyseure, Regulatorische Vorschläge zur Änderung der 4. BImSchV und des UVPG, abrufbar unter: https://www.dwv-info.de/wp-content/uploads/2015/06/20220331-DWV-GGSC-Vorschla%CC%88ge-Genehmigungsbeschleunigung-Elektrolyseure.pdf (letzter Zugriff: 29. April 2022).

Ehlers-Hofherr, Angela (2018): Mediation als Erfolgsfaktor in der Energiewende, https://www.netzwerk-buergerbeteiligung.de/fileadmin/Inhalte/PDF-Dokumente/newsletter_beitraege/2_2018/nbb_beitrag_ehlershofherr_180713.pdf (Zugriff: 29. Oktober 2021).

EIB (2019), EIB energy lending policy, Luxembourg.

Europäische Kommission (2020), Eine Wasserstoffstrategie für ein klimaneutrales Europa, COM, 301final, Brüssel.

FNB Gas (2021), Netzentwicklungsplan Gas 2020–2030, abrufbar unter: https://www.fnb-gas.de/netzentwicklungsplan/netzentwicklungsplaene/netzentwicklungsplan-2020/ (letzter Zugriff: 25. September 2021).

FNB Gas (2021a), Positionspapier zum Gesetzesentwurf zur Umsetzung unionsrechtlicher Vorgaben und zur Regelung reiner Wasserstoffnetze im Energiewirtschaftsrecht, abrufbar unter: http://www.fnb-gas.de/media/fnb_gas_positionspapier_gesetzesentwurf_enwg_zur_h2-regulierung_2.pdf (letzter Zugriff: 28. September 2021).

FNB Gas – Die Vereinigung der Fernleitungsnetzbetreiber Gas e. V.; BDI – Bundesverband der Deutschen Industrie e. V.; BDEW – Bundesverband der Energie- und Wasserwirtschaft; VIK -Verband der industriellen Energie- und Kraftwirtschaft e. V.; DIHK – Deutscher Industrie- und Handelskammertag (2020), Auf dem Weg zu einem wettbewerblichen Wasserstoffmarkt – Gemeinsamer Verbändevorschlag zur Anpassung des Rechtsrahmens für Wasserstoffnetze, abrufbar unter: https://fnb-gas.de/wp-content/uploads/2021/09/fnb_gas_bdi_bdew_vik_dihk_auf_dem_weg_zu_einem_wettbewerblichen_wasserstoffmarkt_april_2020_final-1.pdf (letzter Zugriff: 21. Februar 2023).

Forschungsgesellschaft für Energiewirtschaft mbH – FfE (2019), Studie zur Regionalisierung von PtG-Leistungen für den Szenariorahmen NEP Gas 2020 – 2030, abrufbar unter: https://fnb-gas.de/wp-content/uploads/2021/09/fnb_gas_ptg-studie_ffe_klein.pdf (letzter Zugriff: 22. März 2022).

Frontier Economics (2017), Der Wert der Gasinfrastruktur für die Energiewende in Deutschland. Eine modellbasierte Analyse.

Hessisches Ministerium für Umwelt, Klimaschutz, Landwirtschaft und Verbraucherschutz, Verfahrenshandbuch zum Vollzug des BImSchG, abrufbar unter: https://www.hlnug.de/fileadmin/downloads/

luft/genehmigungsformulare/VHB_Genehmigungsverfahren.pdf (letzter Zugriff: 23. September 2021).

Hirschl, Bernd; Heinbach, Katharina; Prahl, Andreas; Salecki, Steven; Schröder, André; Aretz, Astrid; Weiß, Julika (2015), Wertschöpfung durch Erneuerbare Energien. Ermittlung der Effekte auf Länder- und Bundesebene. Schriftenreihe des IÖW 210 (Dezember), https://www.ioew.de/fileadmin/user_upload/BILDER_und_Downloaddateien/Publikationen/Schriftenreihen/IOEW_SR_210_Wertschöpfung_durch_erneuerbare_Energien_auf_Landes-_und_Bundesebene.pdf.

Hübner, Gundula; Pohl, Johannes; Warode, Jan; Gotchev, Boris; Ohlhorst, Dörte; Krug, Michael; Salecki, Steven; Peters, Wolfgang (2020), Akzeptanzfördernde Faktoren Erneuerbarer Energien, BfN Skripten Nr. 551, https://www.bfn.de/fileadmin/BfN/service/Dokumente/skripten/Skript551.pdf (Zugriff: 5. Mai 2020).

Institut für Klimaschutz, Energie und Mobilität – IKEM (2022), Regulatory framework for a German-Australian hydrogen bridge, abrufbar unter: https://usercontent.one/wp/www.ikem.de/wp-content/uploads/2022/06/20220516_Hy-Supply_Legal-Study_German-Australian-Hydrogen-Brigde_IKEM.pdf?media=1654600944 (letzter Zugriff: 16. Juni 2022).

Landesverband Erneuerbare Energien Schleswig-Holstein, LEE SH (2019), Kurzstellungnahme zur genehmigungsrechtlichen Situation systemdienlicher Elektrolyseure, abrufbar unter: https://www.lee-sh.de/datei/de/lee%20sh%20genehmigung%20elektrolyseure%20nov%202019_11.pdf (letzter Zugriff: 23. September 2021).

Leisin, Matthias, Institut für Energiewirtschaft und rationelle Energieanwendung, Navigant Energy Germany GmbH (2020), Energiewende in der Industrie – Potenziale und Wechselwirkungen mit dem Energiesektor Branchensteckbrief der Glasindustrie – Bericht an Bundesministerium für Wirtschaft und Energie, abrufbar unter: https://www.bmwi.de/Redaktion/DE/Downloads/E/energiewende-in-der-industrie-ap2a-branchensteckbrief-glas.pdf?__blob=publicationFile&v=4 (letzter Zugriff: 18. Oktober 2021).

Lenk, Clara; Torliene, Lukas; Weiß, Julika; Wiesenthal, Jan (2022), Wie wirken Rebound-Effekte von Prosumern? Ökologische und ökonomische Bewertung auf Haushaltsebene, Arbeitsbericht des For-schungsprojekts EE-Rebound, https://www.ioew.de/fileadmin/user_upload/BILDER_und_Downloaddateien/News/2022/Lenk_et_al_2022_Wie_wirken_Rebound-Effekte_von_Prosumern_Haushaltsebene.pdf, (Zugriff: 25. April 2022).

Portal Green (2020), Power-to-Gas-Leitfaden zur Integration Erneuerbarer Energien, Genehmigungsrechtlicher Leitfaden für Power-to-Gas-Anlagen, Band 1, abrufbar unter: https://www.dvgw.de/themen/forschung-und-innovation/forschungsprojekte/dvgw-forschungsprojekt-portal-green (letzter Zugriff: 23. September 2021).

Sachverständigenrat für Umweltfragen – SRU (2021), Wasserstoff im Klimaschutz: Klasse statt Masse, Stellungnahme, abrufbar unter: https://www.umweltrat.de/SharedDocs/Downloads/DE/04_Stellungnahmen/2020_2024/2021_06_stellungnahme_wasserstoff_im_klimaschutz.pdf?__blob=publicationFile&v=4 (letzter Zugriff: 23. September 2021).

Umweltbundesamt, UBA (2019), Anwendungsbereich des Treibhausgas-Emissionshandelsgesetzes (THEG): Hinweise der Deutschen Emissionshandelsstelle (DEHSt), abrufbar unter: https://www.dehst.de/SharedDocs/downloads/DE/stationaere_anlagen/TEHG-Anwendungsbereich.pdf?__blob=publicationFile&v=11 (letzter Zugriff: 23. September 2021).

Umweltbundesamt, UBA (2020), Dekarbonisierung der Kalkindustrie, abrufbar unter: https://www.umweltbundesamt.de/sites/default/files/medien/376/dokumente/factsheet_kalkindustrie.pdf (letzter Zugriff: 15. Oktober 2021).

VDI-Norm 7001 „Kommunikation und Öffentlichkeitsbeteiligung bei Planung und Bau von Infrastrukturprojekten" (2014).

Verein Deutscher Zementwerke e. V., VDZ (2020), Dekarbonisierung von Zement und Beton – Minderungspfade und Handlungsstrategien, abrufbar unter: https://www.vdz-online.de/fileadmin/wissensportal/publikationen/zementindustrie/VDZ-Studie_Dekarbonisierung_von_Zement_und_Beton.pdf (letzter Zugriff: 13. Oktober 2021).

Wachsmuth; Michaelis; Neumann; Wietschel; Duscha; Degünther; Köppel; Zubair (2019), Roadmap Gas für die Energiewende – Nachhaltiger Klimabeitrag des Gassektors, abrufbar unter: https://www.umweltbundesamt.de/sites/default/files/medien/1410/publikationen/2019-04-15_cc_12-2019_roadmap-gas_2.pdf (letzter Zugriff: 25. September 2021).

Zeitschriften und wissenschaftliche Artikel/Berichte

Agora Energiewende, FutureCamp, Wuppertal Institut und Ecologic Institut (2021), Klimaschutzverträge für die Industrietransformation. Analyse zur Stahlbranche".

Albrecht, Juliane (2020), „Das Klimaschutzgesetz des Bundes – neue Ansätze für den Naturschutz?", Natur und Recht, 2020, S. 513 ff.

Antoni, Johannes; Kalis, Michael (2020), Grün vs. Grau – Begriff, Nachweis und Weitergabe der „grünen" Eigenschaft erneuerbaren Stroms, in: ZNER 2020, S. 382 ff.

Arnstein, Sherry (1969), „A Ladder of Citizen Participation", Journal of the American Institute of Planners, 2007, 35:4, S. 216 ff., DOI: 10.1080/01944366908977225.

Aurubis (2018a): CU+ Magazin der Unternehmensgruppe 4. Quartal 2018, S. 12 f.

Betensted, Josefine; Grandjot, René; Waskow, Siegfried (2013), „Die Umsetzung der Richtlinie 2010/75/EU über Industrieemissionen (IE-Richtlinie) im Immissionsschutzrecht", Zeitschrift für Umweltrecht, 2013, S. 395 ff.

BMWi, Berlin 2. Juni 2021; Antwort Dr. Ulrich Nußbaum auf schriftliche Frage an die Bundesregierung im Monat Mai 2021, Frage Nr. 293.

Bringewat, Jörn (2017), Rechtsfragen bei der Zulassung von Elektrolyseprojekten, Artikel, http://www.jurop.org/oeffbaurecht/aktuelle-rechtsfragen-bei-der-zulassung-von-elektrolyseurprojekten/ (letzter Zugriff am 9. September 2021).

Bringewat, Jörn (2022), Zulassung von Elektrolyseuren und Wasserstofftankstellen: Eine Bestandsaufnahme, Zeitschrift für Neues Energierecht, 2022, S. 21 ff.

Bundesministerium für Wirtschaft und Energie (2020), „Für eine starke Stahlindustrie in Deutschland und Europa".

Bundesministerium für Wirtschaft und Klimaschutz (2022), „Eröffnungsbilanz Klimaschutz".

Bundesverband Glasindustrie (2014), Glas – ein Werkstoff mit vielen Talenten, 1. Auflage, Düsseldorf.

Bundesverband Glasindustrie (2021a), Jahresbericht, 1. Auflage, Düsseldorf.

Bundesvereinigung Deutscher Stahlrecycling- und Entsorgungsunternehmen e. V., Europäische Schrottsortenliste, Brüssel, 2005.

Bundeverband Glasindustrie (2021b), Abbildung Glasherstellung, Düsseldorf.

BV Kalk (2020), Roadmap Kalkindustrie 2050 – Über die klimaneutrale Produktion zur klimapositiven Industrie, 1. Aufl., Köln.

Bäcker, M. (2011): Energy and superconductors – applications of high-temperature-superconductors, Z. Kristallogr. 226, S. 343 ff.

Calliess, Christian (2021), Das „Klimaurteil" des Bundesverfassungsgerichts: „Versubjektivierung" des Art. 20 a GG?, ZUR 2021, S. 355 ff.

CURRENTA (Hg.) (2015), Akzeptanzbericht, Leverkusen, online abrufbar unter: https://www.currenta.de/akzeptanzbericht-2017.html (letzter Zugriff 16. Juli 2021).

CURRENTA (Hg.) (2019), Akzeptanzbericht 2019, Leverkusen, online abrufbar unter: https://www.currenta.de/files/currenta/medien/currenta/unternehmen/akzeptanzbericht/CURRENTA_Akzeptanzbericht_2019.pdf (letzter Zugriff: 16. Juli 2021).

Deutsche Energie-Agentur (dena) (2021), Leitstudie Aufbruch Klimaneutralität, Berlin.

Deutscher Bundestag, Drucksache 19/28157, 19. Wahlperiode, 31. März 2021.

Die Zeit (2020), „Vorgaben für Literaturangaben", 10. Januar 2020.

Diehl, Andrea (2011), „Stärkung des europäischen Konzepts der ‚besten verfügbaren Techniken' durch die Richtlinie über Industrieemissionen?", Zeitschrift für Umweltrecht, 2011, S. 59 ff.

Dürrschnabel W.; Schwennike, M. (1968), Eisen und Phosphor in CuZn36, Z. Metallkde. 59, S. 894 ff.

Ecologic Institut (o. D.), Co-creation in Sustainability Science, https://www.ecologic.eu/de/15849 (letzter Zugriff: 28. Oktober 2021).

Eichenauer, Eva et al. (2021), P1.1 – Einstellungen zur Energiewende. Arbeitspaket: AP1 – Akzeptanz und räumliche Disparitäten. ESRa (Hg.), https://esra-projekt.de/synopsis-1-zur-akzeptanz (letzter Zugriff: 5. September 2021).

Ekardt, Felix; Heß, Franziska (2021), „Bundesverfassungsgericht, neues EU-Klimaschutzrecht und das Klima-Ziel des Paris-Abkommens", Neue Zeitschrift für Verwaltungsrecht, 2021, S. 1421 ff.

Ekardt, Felix; Heß, Franziska (2021), „Intertemporaler Freiheitsschutz, Existenzminimum und Gewaltenteilung nach dem BVerfG-Klima-Beschluss", Zeitschrift für Umweltrecht, 2021, S. 579 ff.

ERSTE WWF STOCK ENVIRONMENT, Miteigentumsfonds gemäß InvFG, Rechenschaftsbericht 2020/21.

EuLA, European Lime Association (2021), Lime as a natural carbon sink – Examples of mineral carbonation in lime applications, Brüssel.

Europäische Kommission, Benutzerleitfaden zur Definition von KMU, 2015.

Falke, Josef (2021), „Neue Entwicklungen im europäischen Umweltrecht", Zeitschrift für Umweltrecht, 2021, S. 57 ff.

Faßbender, Kurt (2021), „Der Klima-Beschluss des BVerfG – Inhalte, Folgen und offene Fragen", Neue Juristische Wochenschrift, 2021, S. 2085 ff.

Feldhaus, Gerhard (2001), „Beste verfügbare Techniken und Stand der Technik", Neue Zeitschrift für Verwaltungsrecht, 2001, S. 1 ff.

Fischer, Jörn et al. (2019), „A leverage points perspective on sustainability", People Nature, 2019, 1, S. 115 ff., DOI: 10.1002/pan3.13.

Frenz, Walter (2021), „Klimaschutz nach BVerfG-Beschluss und EU-Klimagesetz", Zeitschrift für das gesamte Recht der Energiewirtschaft, 2021, S. 201 ff.

Frohberg, Christian; Brahms, Florian (2020), Die Einbettung der nationalen Wasserstoffstrategie ins aktuelle Energierecht – eine Bestandsaufnahme, Zeitschrift des Instituts für Energie- und Wettbewerbsrecht in der kommunalen Wirtschaft e. V., S. 231 ff.

FutureCamp Climate GmbH (Hg.) (2019), Roadmap Chemie 2050, München.

Grosso M.; Biganzoli L.; Campo F. P.; Pantini S.; Tua C. (2020), Literature review on the assessment of the carbonation potential of lime in different markets and beyond. Report prepared by Assessment on Waste and Resources (AWARE) Research Group at Politecnico di Milano (PoliMI), for the European Lime Association (EuLA).

Hirschnitz-Garbers, Martin (2018), Co-creation in Sustainability Science. Challenges and potential ways forward in implementing co-creation in European research and innovation funding. RECREATE Project Policy Brief No. 9.

Hofmann, Ekkehard (2021), Der Klimaschutzbeschluss des BVerfG NVwZ 2021, S. 1587 ff.

Honneth, Axel (1984), Der Affekt gegen das Allgemeine, Merkur 430, S. 493 ff.

Huang, Christine; Poushter, Jacob (2020), Despite Pandemic, Many Europeans Still See Climate Change as Greatest Threat to Their Countries, Washington, D. C.

Huijts, Nicole M. A. et al. (2012), Psychological factors influencing sustainable energy technology acceptance: A review-based comprehensive framework. Renewable and Sustainable Energy Reviews 16(1), S. 525 ff.

Hydrogen Council (Hg.) (2021), Hydrogen Insights – A perspective on hydrogen investment, market development and cost competitiveness, Brüssel. Zeitschriften und wissenschaftliche Artikel.

Kahl, Hartmut (2021), Anmerkung zu BVerfG, Beschluss vom 24. März 2021, EnWZ 2021, S. 273 ff.

Kapferer, Stefan (2019), Sektorkopplung – tragender Pfeiler der Energiewende, in: EnWZ 2019, S. 241.

Kemfert, Claudia; Neyer, Ulrike; Kuhn, Britta; Greß, Stefan (2019), Klimaschutzgesetz ist nötig, Wirtschaftsdienst (99), S. 672 ff.

Kleimt, Bernd; Dettmer, Bernd; Haverkamp, Vico; Deinet, Thomas; Tassot, Patrick (2012), „Erhöhung der Energie- und Materialeffizienz der Stahlerzeugung im Lichtbogenofen", Chemie Ingenieur Technik 84(10).

Knopp, Lothar; Hoffmann, Jan (2004), „EU-Emissionsrechtehandel und deutsches Treibhausgas-Emissionshandelsgesetz", Europäisches Wirtschafts- und Steuerrecht, 2004, S. 201 ff.

Lang, Daniel et al. (2012), „Transdisciplinary research in sustainability science: practice, principles, and challenges", Sustainability Science, 7, S. 25 ff., DOI: 10.1007/s11625-011-0149-x.

Langstädtler, Sarah (2021), „Brauchen wir ein Wasserstoffinfrastrukturgesetz?", Zeitschrift für Umweltrecht, S. 203 ff.

Leinfelder, Reinhold (2014), Das WBGU-Transformations-Gutachten als Wissenschaftscomic: Ein Kommunikationsprojekt zu alternativen Wissenstransferansätzen für komplexe Zukunftsthemen, DOI: 10.13140/2.1.1973.0728.

Leisin, Matthias (2020), Energiewende in der Industrie – Branchensteckbrief Glasindustrie, 1. Auflage, Stuttgart.

Leitmarktagentur NRW (2020): Leitmarktwettbewerb Energie- und Umweltwirtschaft NRW, EFRE NRW 2014–2020, Ressourceneffiziente Stahlherstellung durch gesamthafte Optimierung von schrottverarbeitenden Recycling-Unternehmen und Stahlwerken, Jülich.

Lhoist Germany | Rheinkalk GmbH (2022a): Nachbarschaftsbüro der Lhoist in Menden, Wülfrath.

Lhoist Germany | Rheinkalk GmbH (2022b): Blick aus Richtung des Aussichtspunktes auf das Rekultivierungsgebiet, Wülfrath.

Lhoist Germany | Rheinkalk GmbH (2022c): Der Wanderweg lädt auf eine weitläufige Entdeckungstour ein, Wülfrath.

Lucke, Doris; Hasse, Michael (Hg.) (1998), Annahme verweigert. Beiträge zur soziologischen Akzeptanzforschung, Opladen.

Meadows, Donella (1999), Leverage Points. Places to intervene in a system, Hartland.

Muckel, Stefan (2021), Pflicht des Gesetzgebers zu effektivem Klimaschutz, Anmerkung zu BVerfG, Beschluss vom 24. März 2021, Juristische Arbeitsblätter, S. 610 ff.

Mussler, W. (2019, 17. Dezember), Atomkraft soll nur fast als grün gelten, Frankfurter Allgemeine Zeitung, https://www.faz.net/aktuell/finanzen/taxonomie-kompromiss-atomkraft-gilt-nur-fast-als-gruen-16540285.html (letzter Zugriff: 11. März 2022).

Nationaler Wasserstoffrat (2021), „Wasserstoff Aktionsplan Deutschland 2021–2025".

Prognos AG (2020), „Klimapolitische Herausforderungen der Stahlindustrie in Deutschland", Kurzfassung.

Prognos AG (2022), „Transformationspfade für die Stahlindustrie in Deutschland", Nicht-technische Fassung der Studie.

Renn, Ortwin (2005), Partizipation – ein schillernder Begriff.

Renn, Ortwin (2005), Technikakzeptanz: Lehren und Rückschlüsse der Akzeptanzforschung für die Bewältigung des technischen Wandels. Tech. Theor. Prax. 2005, 14, S. 29 ff.

Renn, Ortwin (2015), Aspekte der Energiewende aus sozialwissenschaftlicher Perspektive. ENERGIESYSTEME DER ZUKUNFT. acatech – Deutsche Akademie der Technikwissenschaften e. V., Deutsche Akademie der Naturforscher Leopoldina e. V. und Union der deutschen Akademien der Wissenschaften e. V.

Salecki, Steven; Hirschl, Bernd (2021): Ökonomische Beteiligung lokaler Akteure als Schlüssel für

Akzeptanz und stärkeren Ausbau erneuerbarer Energien, Zeitschrift für Neues Energierecht (ZNER) 25, Nr. 4: S. 329 ff.

Saurer, Johannes (2020), „Grundstrukturen des Bundes-Klimaschutzgesetzes", Natur und Recht, 2020, S. 433 ff.

SCHOTT AG (2021), Vials zur Impfstoffabfüllung, Mainz.

Schweizer-Ries, Petra et al. (2010), Aktivität und Teilhabe – Akzeptanz Erneuerbarer Energien durch Beteiligung steigern. Berlin: Bundesministerium für Umwelt, Naturschutz und Reaktorsicherheit (BMU).

Schäfer, Judith; Wilms, Susan (2021), „Wasserstoffherstellung: Aktuelle Rechtsfragen rund um die Genehmigung von Elektrolyseuren", Zeitschrift für Neues Energierecht, 2021, S. 131 ff.

Spyra, Simon; Albrecht, Eike (2013), „Aktuelle Entwicklungen und Hintergründe der Einbeziehung des Internationalen Luftverkehrs in das Europäische Emissionshandels-System (EU EHS)", Zeitschrift für Immissionsschutzrecht und Emissionshandel, 2013, S. 225 ff.

Wagner, Gerhard (2021), „Klimaschutz durch Gerichte", Neue Juristische Wochenschrift, 2021, S. 2256 ff.

Wefing, Heinrich (2021), Zeit Online, Daran kommt niemand mehr vorbei, 29. April, https://www.zeit.de/politik/deutschland/2021-04/bundesverfassungsgericht-klimaschutzgesetz-justiz-urteil-klimaklage-freiheitsrechte-einschraenkung (letzter Zugriff: 8. Juli 2022).

Wüstenhagen, Rolf et al. (2007), Social acceptance of renewable energy innovation: An introduction to the concept, Energy Policy, 2007, 5, S. 2683 ff.

VERORDNUNG (EU) Nr. 651/2014 DER KOMMISSION vom 17. Juni 2014 zur Feststellung der Vereinbarkeit bestimmter Gruppen von Beihilfen mit dem Binnenmarkt in Anwendung der Art. 107 und 108 des Vertrags über die Arbeitsweise der Europäischen Union.

Internetquellen

Agora Energiewende (2019), Klimaneutrale Industrie: Hauptstudie, online, verfügbar unter: https://www.agora-energiewende.de/veroeffentlichungen/klimaneutrale-industrie-hauptstudie/ (letzter Zugriff: 21. Juni 2022).

Agora Energiewende (2021), Wie erneuerbarer Wasserstoff wettbewerbsfähig wird [Pressemitteilung], 8. Juli, https://www.agora-energiewende.de/presse/pressemitteilungen/wie-erneuerbarer-wasserstoff-wettbewerbsfaehig-wird-1/ (letzter Zugriff: 11. März 2022).

ArcelorMittal Deutschland (2021), Vom Konzept zur Umsetzung: Dekarbonisierung der Flachstahlproduktion in Deutschland, 5. März, https://hamburg.arcelormittal.com/icc/arcelor-hamburg-de/broker.jsp?uMen=f0e10ffc-365a-0e51-a18f-7ff407d7b2f2&uCon=8ac40a49-e039-f771-f0f6-ded50099481d&uTem=aaaaaaaa-aaaa-aaaa-aaaa-000000000042 (letzter Zugriff: 11. März 2022).

Aurubis (2018b): Pressemitteilung Aurubis und enercity starten größte Industriewärmeversorgung Deutschlands, https://www.aurubis.com/medien/pressemitteilungen/pressemitteilungen-2018/Aurubis-und-enercity-starten-gr--te-Industriew-rmeversorgung-Deutschlands (letzter Zugriff: 7. Juni 2022).

Aurubis (2021a): Factsheet Industriewärme, https://www.aurubis.com/verantwortung/umwelt-energie-und-klima/projekt-spotlights/industriewaerme (letzter Zugriff: 7. Juni 2022).

Aurubis (2021b): Factsheet Wasserstoff, https://www.aurubis.com/en/responsibility/environment-energy-and-climate/energy-and-climate (letzter Zugriff: 7. Juni 2022).

Aurubis (2021c): Factsheet We are energy-intensive – but also extremely energy-efficient, https://www.aurubis.com/en/responsibility/environment-energy-and-climate/energy-and-climate (letzter Zugriff: 7. Juni 2022).

Aurubis (2021d): Nachhaltigkeitsbericht 2019/20, https://www.aurubis.com/verantwortung/kennzahlen-und-berichterstattung (letzter Zugriff: 7. Juni 2022).

Ausfelder, Florian et al. (2017), „Sektorkopplung" – Untersuchungen und Überlegungen zur Entwicklung eines integrierten Energiesystems, abrufbar unter: https://energiesysteme-zukunft.de/fileadmin/user_upload/Publikationen/PDFs/ESYS_Analyse_Sektorkopplung.pdf (letzter Zugriff: 13. September 2021).

BAFA Bundesamt für Wirtschaft und Ausfuhrkontrolle (2021), Informationsblatt CO_2-Faktoren, https://www.bafa.de/SharedDocs/Downloads/DE/Energie/eew_infoblatt_co2_faktoren_2021.html (letzter Zugriff: 29. April 2022).

BASF (2020), Geschäftsbericht, https://bericht.basf.com/2020/de/ (letzter Zugriff: 19. Dezember 2021).

BASF (2021a), Unser Klimaschutzziel, https://www.basf.com/global/de/who-we-are/sustainability/we-produce-safely-and-efficiently/energy-and-climate-protection/climate-protection-goal.htm/ (letzter Zugriff: 19. Dezember 2021).

BASF (2021b), Unsere Werte, https://www.basf.com/global/de/who-we-are/strategy/purpose-action-areas-values.html (letzter Zugriff: 19. Dezember 2021).

BASF (2021c), Capital Markest Day, https://www.basf.com/global/en/investors/calendar-and-publications/calendar/2021/capital-markets-day.html#text-846986676 (letzter Zugriff: 19. Dezember 2021).

BASF (2021d), Unser Carbon Management, https://www.basf.com/global/de/who-we-are/sustainability/we-produce-safely-and-efficiently/energy-and-climate-protection/carbon-management/innovations-for-a-climate-friendly-chemical-production.html (letzter Zugriff: 19. Dezember 2021).

BASF (2021e), Value to Society, https://www.basf.com/global/de/who-we-are/sustainability/we-drive-sustainable-solutions/quantifying-sustainability/value-to-society.html (letzter Zugriff: 19. Dezember 2021).

BASF (2021f), BASF Politische Kommunikation und Interessenvertretung, https://www.basf.com/global/de/who-we-are/politics.html (letzter Zugriff: 19. Dezember 2021).

BASF (2021g), Energie- und Klimapolitik, https://www.basf.com/global/de/who-we-are/sustainability/we-produce-safely-and-efficiently/energy-and-climate-protection/energy-and-climate-policies.html (letzter Zugriff: 19. Dezember 2021).

BASF SE (2022), Pressefoto-Datenbank der BASF, Die Methanpyrolyse-Testanlage am Standort Ludwigshafen, https://www.basf.com/global/de/media/multimedia/photos.fragment.html/overview_copy_copy_c$/global/press-photos/de/photos/2021/07/5819_The%20methane%20pyrolysis%20test%20facility%20at%20Ludwigshafen%20site.jpg.html (letzter Zugriff: 6. Juli 2022).

BDEW (2019), Marktregeln für eine erfolgreiche Sektorkopplung, online abrufbar unter: https://www.bdew.de/media/documents/Stn_20190528_Diskussionspapier-Marktregeln-Sektorkopplung.pdf (letzter Zugriff: 13. September 2021).

BEIS (2021), Carbon capture, usage and storage (CCUS): public dialogue, online, verfügbar unter: https://www.gov.uk/government/publications/carbon-capture-usage-and-storage-ccus-public-dialogue (letzter Zugriff: 21. Juni 2022).

Bloss, Michael (2022), Die Industrie modernisieren, https://michaelbloss.eu/de/ueber-mich/themen#climate-jobs (letzter Zugriff: 1. Juli 2022).

BMWi (2017): Richtlinie Beihilfen für indirekte CO_2-Kosten Richtlinie für Beihilfen für Unternehmen in Sektoren bzw. Teilsektoren, bei denen angenommen wird, dass angesichts der mit den EU-ETS-Zertifikaten verbundenen Kosten, die auf den Strompreis abgewälzt werden, ein erhebliches Risiko der Verlagerung von CO_2-Emissionen besteht, https://www.bmwi.de/Redaktion/DE/Downloads/A/aenderung-der-richtlinie-beihilfen-fuer-indirekte-co2-kosten.pdf?__blob=publicationFile&v=4 (letzter Zugriff: 5. November 2021).

BMWi (2021), Gesamtausgabe der Energiedaten – Datensammlung des BMWi, https://www.bmwi.de/Redaktion/DE/Binaer/Energiedaten/energiedaten-gesamt-xls.html (letzter Zugriff: 11. März 2022).

bmwi.de (2021), Erneuerbare Energien, (o. D.), https://www.bmwi.de/Redaktion/DE/Dossier/

erneuerbare-energien.html (letzter Zugriff: 16. September 2022).

BNetzA (2020), Regulierung von Wasserstoffnetzen, online abrufbar unter: https://www.bundesnetzagentur.de/SharedDocs/Downloads/DE/Sachgebiete/Energie/Unternehmen_Institutionen/NetzentwicklungUndSmartGrid/Wasserstoff/Wasserstoffpapier.pdf;jsessionid=ED4DE69AACBFF31EE05CC4402CC3F487?__blob=publicationFile&v=2 (letzter Zugriff: 13. September 2021).

Brandt-Bohne, Ulrike (2019), Die Energiewende mit einem Malbuch erklärt, 18. Oktober, https://www.wissenschaftskommunikation.de/die-energiewende-mit-einem-malbuch-erklaert-31473/, letzter Zugriff: 25. Oktober 2021).

Brennecke, Volker (2015), eNewsletter Netzwerk Bürgerbeteiligung, Wikipedia (2017), letzter Zugriff: 19. Juli 2022).

Bund/Länder-Arbeitsgemeinschaft Immissionsschutz, LAI (1989): Entwurf: Verwaltungsvorschriften zur 4. BImSchV. 1989, http://www.jurop.org/wp-content/uploads/2017/10/AuszugVV4BImSchV.pdf (letzter Zugriff: 09. September 2021).

Bundesministerium für Umwelt, Naturschutz und nukleare Sicherheit, BMU (2021), Bundesumweltministerium unterstützt Chemische Industrie auf dem Weg zur Treibhausgasneutralität, Pressemitteilung vom 3. Mai 2021, https://www.bmu.de/pressemitteilung/bundesumweltministerium-unterstuetzt-chemische-industrie-auf-dem-weg-zur-treibhausgasneutralitaet (letzter Zugriff: 18. Oktober 2021).

Bundesministerium für Umwelt, Naturschutz, nukleare Sicherheit und Verbraucherschutz (2014), „Klimapolitische Instrumente", https://www.bmuv.de/themen/klimaschutz-anpassung/klimaschutz/nationale-klimapolitik/klimapolitische-instrumente (letzter Zugriff: 8. Juli 2022).

Bundesministerium für Umwelt, Naturschutz, Bau und Reaktorsicherheit (2016), „Klimaschutzplan 2050", https://www.bmuv.de/fileadmin/Daten_BMU/Download_PDF/Klimaschutz/klimaschutzplan_2050_bf.pdf (letzter Zugriff: 8. Juli 2022).

Bundesministerium für Umwelt, Naturschutz, nukleare Sicherheit und Verbraucherschutz (2021), EU-Klimapolitik, https://www.bmuv.de/themen/klimaschutz-anpassung/klimaschutz/eu-klimapolitik (letzter Zugriff: 21. Februar 2023).

Bundesministerium für Wirtschaft und Energie, BMWi (2021), Grundstein für den Einstieg in die Transformation der Stahlindustrie gelegt, Pressemitteilung vom 3. Mai 2021, https://www.bmwi.de/Redaktion/DE/Pressemitteilungen/2021/04/20210503-grundstein-transformation-stahlindustrie.html (letzter Zugriff: 19. Oktober 2021).

Bundesministerium für Wirtschaft und Klimaschutz (2021): Pressemitteilung Norddeutsches Reallabor gestartet, https://www.bmwi.de/Redaktion/DE/Pressemitteilungen/2021/04/20210414-norddeutsches-reallabor-gestartet.html (letzter Zugriff: 7. Juni 2022).

Bundesregierung, Berlin, 2021, https://www.bundesregierung.de/breg-de/themen/klimaschutz/weniger-co2-emissionen-1790134 (letzter Zugriff: 22. April 2022).

Bundesverband Glasindustrie e. V., BVB Glas (2021), HyGlass – Wasserstoffeinsatz in der Glasindustrie, https://www.bvglas.de/dekarbonisierung/hyglass-wasserstoffeinsatz-in-der-glasindustrie/ (letzter Zugriff: 18. Oktober 2021).

CEMEX (2021), CEMEX startet mit der „Carbon Neutral Alliance" in Deutschland, https://www.cemex.de/documents/46167902/52155966/Carbon+Neutral+Alliance_DE_final.docx (letzter Zugriff: 16. Mai 2022).

Cerame-Unie (2021), Manufacturing Process, https://www.ceramicroadmap2050.eu/chapters/what-are-ceramics/, letzter Zugriff: 19. Juli 2022).

Circular Economy | Normen und Standards ebnen den Weg (o. D.), DIN, online: https://www.din.de/de/forschung-und-innovation/themen/circular-economy (letzter Zugriff: 6. Juli 2022).

DENA (2019), Urbane Energiewende, online abrufbar unter: https://www.dena.de/fileadmin/dena/Publikationen/PDFs/2019/dena_UrbWEW_Abschlussbericht_Gesamtversion.pdf (letzter Zugriff: 13. September 2022).

Deutsch-Norwegische Handelskammer (2020), Erneuerbare Energien, https://norwegen.ahk.de/kernbereiche/erneuerbare-energien (letzter Zugriff: 11. März 2022).

Deutsche Emissionshandelsstelle (2019), Anwendungsbereich des Treibhausgas-Emissionshandelsgesetzes (TEHG): Hinweise der Deutschen Emissionshandelsstelle (DEHSt), https://www.dehst.de/SharedDocs/downloads/DE/stationaere_anlagen/TEHG-Anwendungsbereich.pdf;jsessionid=97A8C934E87AB9F5AA9A93F6F480D35D.2_cid331?__blob=publicationFile&v=14 (letzter Zugriff: 8. Juli 2022).

Deutsche Flugsicherung (2020): DFS-Bewertungsmethode bringt Rückenwind für Windkraft, DFS Deutsche Flugsicherung, Website: https://www.dfs.de/dfs_homepage/de/Presse/Pressemitteilungen/2020/29.05.2020.-%20DFS-Bewertungsmethode%20bringt%20R%C3%BCckenwind%20f%C3%BCr%20Windkraft/ (letzter Zugriff: 1. Juli 2021).

Deutsche Windguard (2022): Status des Windenergieausbaus an Land in Deutschland, Jahr 2021, Website: https://www.wind-energie.de/fileadmin/redaktion/dokumente/publikationen-oeffentlich/themen/06-zahlen-und-fakten/Factsheet_Status_Windenergieausbau_an_Land_2021.pdf (letzter Zugriff: 25. April 2022).

Deutsches Aktieninstitut, https://www.dai.de/fileadmin/user_upload/211231_DAX-Rendite-Dreieck_50_Jahre_Web.pdf (letzter Zugriff: 21. April 2022).

Die Bank (2020), Die 100 größten deutschen Kreditinstitute, https://www.die-bank.de/fileadmin/images/top100/diebank_07-2020_Top-100.pdf (letzter Zugriff: 11. März 2022).

DNV GL (2009), CO_2 Transport Infrastructure in Germany – Necessity and Boundary Conditions up to 2050, Onlinepräsentation, verfügbar unter: https://silo.tips/download/co-2-transport-infrastructure-in-germany-necessity-and-boundary-conditions-up-to-4, letzter Zugriff: 21. Juni 2022).

DVGW (2017), Der Energie-Impuls – ein Debattenbeitrag für die nächste Phase der Energiewende, online abrufbar unter: https://www.dvgw.de/medien/dvgw/verein/energiewende/impuls/dvgw-energie-impuls-broschuere.pdf (letzter Zugriff: 13. September 2022).

EBL – Energiepark Bad Lauchstädt (2021), „Reger Austausch bei Bürgerinformationsveranstaltung im Oktober", Pressemitteilung, 22. Oktober 2021, https://energiepark-bad-lauchstaedt.de/wp-content/uploads/2021/10/211022_EBL_BI_Nachbericht.pdf (letzter Zugriff: 22. Dezember 2021).

EEX (2021): Spotmarkt EUA-Preis, https://www.eex.com/de/marktdaten/umweltprodukte/spotmarkt , (letzter Zugriff: 05. Oktober 2021).

Ellery Studio (2021a), Abgefahren! Die infografische Novelle zur Verkehrswende, https://myenergytransition.com/product/abgefahren-die-infografische-novelle-zur-verkehrswende/ (letzter Zugriff: 1. November 2021).

Ellery Studio (2021b), Ein digitales Reallabor zur Ermittlung von Visionen und Zukunftsbildern im Kontext der Energiewende, https://www.ellerystudio.com/futurebooth (letzter Zugriff: 1. November 2021).

Ellery Studio (2021c), Eine Website und Übersicht über die Mineralien-Lieferkette, die als leicht zugängliches und ansprechendes Instrument zur Bildung und Informationsdarbietung dient, https://www.ellerystudio.com/duediligenceguidance (letzter Zugriff: 1. November 2021).

Ellery Studio (2021d), My Energy Transition, https://myenergytransition.com/product/ietcb/ (letzter Zugriff: 1. November 2021).

Ellery Studio (2021e), Strom, Netz, Fluss – Ein Atlas unserer Stromwelt und ihres Wandels, https://www.stromnetzfluss.de/#download (letzter Zugriff: 21. Oktober 2021).

Ellery Studio (2021f), Was wäre, wenn wir durch Infografiken Menschen für die Energiewende begeistern?, https://www.ellerystudio.com/www-1 (letzter Zugriff: 21. Oktober 2021).

Erste Group Bank AG, https://www.erste-am.at/de/private-anleger/fonds/erste-wwf-stock-environment/AT0000705660 (letzter Zugriff: 22. April 2022).

Europäische Kommission (2021), Staatliche Beihilfen: Kommission bittet um Meinungen zu künftigen Leitlinien für Klima-, Umweltschutz- und Energiebeihilfen (Pressemitteilung) 7. Juli, https://ec.europa.eu/germany/news/20210607-konsultation-klima-umwelt-energie_de (letzter Zugriff: 11. März 2022).

Europäische Kommission (2020), Pressemitteilung, Lage der Union: Kommission fordert mehr Klimaschutz und schlägt Emissionssenkung bis 2030 um 55 % vor, https://ec.europa.eu/commission/presscorner/detail/de/ip_20_1599 (letzter Zugriff: 8. Juli 2022).

Europäische Kommission (2021), Transparency Register, o. D., https://ec.europa.eu/transparencyregister/public/homePage.do?redir=false&locale=en (letzter Zugriff: 11. März 2022).

Europäische Kommission (2021): Carbon Leakage. Europäische Kommission, Website: https://ec.europa.eu/clima/eu-action/eu-emissions-trading-system-eu-ets/free-allocation/carbon-leakage_de (letzter Zugriff: 12. November 2021).

Europäische Kommission (2022), Mitteilung der Kommission: Leitlinien für staatliche Klima-, Umweltschutz- und Energiebeihilfen 2022, https://eur-lex.europa.eu/legal-content/DE/TXT/PDF/?uri=CELEX:52022XC0218(03)&from=DE (letzter Zugriff: 1. Juli 2022).

Europäische Kommission – Pressemitteilung vom 6. Juli 2021, Brüssel, https://ec.europa.eu/commission/presscorner/detail/de/ip_21_3405 (letzter Zugriff: 22. April 2022).

Europäische Kommission, Pressemitteilung, 21. April 2021, Brüssel, https://ec.europa.eu/commission/presscorner/detail/de/ip_21_1804 (letzter Zugriff: 22. April 2022).

Europäische Kommission, Pressemitteilung, 9. März 2020, Brüssel, https://knowledge4policy.ec.europa.eu/publication/sustainable-finance-teg-final-report-eu-taxonomy_en (letzter Zugriff 21. April 2022).

Europäische Kommission: Frequently Asked Questions (FAQ) – Industrial Emissions Directive (IED) 2010/75/EU, https://ec.europa.eu/environment/industry/stationary/ied/faq.htm (letzter Zugriff: 24. April 2022).

Europäischer Rechnungshof (2020): Das Emissionshandelssystem der EU: kostenlose Zuteilung von Zertifikaten sollte gezielter erfolgen, Europäischer Rechnungshof, Website: https://op.europa.eu/webpub/eca/special-reports/emissions-trading-system-18-2020/de/ (letzterZugriff: 12. November 2021).

Europäisches Parlament, Pressemitteilung, 22. April 2021, https://www.europarl.europa.eu/news/de/press-room/20210419IPR02302/eu-klima neutralitat-bis-2050-europaisches-parlament-erzielt-einigung-mit-rat (letzter Zugriff: 22. April 2022).

Eurostat (2021), Strompreise nach Art des Benutzers, https://ec.europa.eu/eurostat/de/web/products-datasets/-/TEN00117 (letzter Zugriff: 11. März 2022).

Finke, B. (2021, 16. April), Wie grün sind Gas- und Kernkraftwerke?, Süddeutsche Zeitung, https://www.sueddeutsche.de/wirtschaft/taxonomie-eu-gaskraftwerke-atom-1.5267086 (letzter Zugriff: 11. März 2022).

FNB Gas – Vereinigung der Fernleitungsnetzbetreiber Gas e. V. (2021a), Wasserstoffnetz 2030: Aufbruch in ein klimaneutrales Deutschland, November 2021, https://fnb-gas.de/wasserstoffnetz/h2-netz2030/ (letzter Zugriff: 21. Dezember 2021).

FNB Gas – Vereinigung der Fernleitungsnetzbetreiber Gas e. V. (2021b), Wasserstoffnetz 2050: für ein klimaneutrales Deutschland, November 2021, https://fnb-gas.de/wasserstoffnetz/h2-netz-2050/ (letzter Zugriff: 21. Dezember 2021).

Futurium (2021), KLIMASCHUTZ. DIESELBEN ZIELE! DERSELBE WEG? EINE ZUKUNFTSDEBATTE ZWISCHEN WISSENSCHAFT UND INDUSTRIE, https://futurium.de/de/blog/klimaschutz-dieselben-ziele-derselbe-weg-1 (letzter Zugriff: 19. Dezember 2021).

GEODE (2020), The role of Sector Integration in Decarbonising Europe, online abrufbar unter: https://www.geode-eu.org/wp-content/uploads/2020/06/20200603-GEODE-PP-SECTOR-INTEGRATION.pdf (letzter Zugriff: 13. September 2022).

Gesamtverband der Aluminiumindustrie (GDA, 2021), Faktencheck Aluminiumgetränkedose, http://www.aluinfo.de/files/_media/dokumente/Downloads/Fact%20Sheets/Verpackungen/210408_GDA_Faktencheck_Getraenkedose_DIN_final.pdf (letzter Zugriff: 1. Juli 2022).

Harsch, Victoria; Kalis, Michael; Langenhorst, Tim (2021), Anrechenbarkeit, Zertifizierung und internationaler Handel von grünem Wasserstoff, online abrufbar unter: https://energiesysteme-zukunft.de/fileadmin/user_upload/Veranstaltungen/Verschiedene/20210712_IKEM-Gutachten_Wasserstoffregulatorik-1.pdf (letzter Zugriff: 13. September 2021).

Hydro (2022), Karmoy Technology Pilot, https://www.hydro.com/de-DE/medien/on-the-agenda/karmoy (letzter Zugriff: 1. Juli 2022).

HyNet (2022), What is HyNet, online, verfügbar unter: https://hynet.co.uk/about/ (letzter Zugriff: 21. Juni 2022).

IKEM (2018), Experimentierklauseln für verbesserte Rahmenbedingungen bei der Sektorenkopplung, online abrufbar unter: https://usercontent.one/wp/www.ikem.de/wp-content/uploads/2021/03/Experimentierklausel-fuer-verbesserte-Rahmenbedingungen-bei-der-Sektorenkopplung.pdf?media=1654600944 (letzter Zugriff: 13. September 2021).

IÖW, future (2021): CSR-Reporting in Deutschland – Ergebnisse im Ranking der Nachhaltigkeitsberichte und Trends in der Berichterstattung von Großunternehmen und KMU, Website, www.ranking-nachhaltigkeitsberichte.de/die-besten-berichte (letzter Zugriff: 21. Oktober 2021).

Kalis, Michael (2020): Rechtsrahmen für Wasserstoffnetze – Anpassungsvorschläge für die Kooperationsvereinbarung Gas, online abrufbar unter: https://old.ikem.de/wp-Pcontent/uploads/2020/11/20201104_IKEM_Rechtsrahmen_Wasserstoff_KoV.pdf (letzter Zugriff: 13. September 2021).

KfW-Bankengruppe, https://www.kfw.de/inlandsfoerderung/Unternehmen/Energie-Umwelt/F%C3%B6rderprodukte/F%C3%B6rderprodukte-(S3).html (letzter Zugriff: 22. April 2022).

Krause, Henning (2021), Wissenschaftskommunikation in Comic-Form – ein Werkstattbericht, 31. März, https://blogs.helmholtz.de/augenspiegel/2021/03/klar-soweit-danke/ (letzter Zugriff: 22. Oktober 2021).

Landesenergie- und Klimaschutzagentur Mecklenburg-Vorpommern, LEKA, (2020): Factsheet Erneuerbare Energien, online abrufbar unter: https://www.leka-mv.de/wp-content/uploads/2020/11/LEKA_Factsheet-erneuerbare-Energien_WEB1.pdf (letzter Zugriff: 13. September 2021).

LBW, Land Baden-Württemberg (2014), Gesetz zur Vereinheitlichung des Umweltverwaltungsrechts und zur Stärkung der Bürger- und Öffentlichkeitsbeteiligung im Umweltbereich (Umweltverwaltungsgesetz), https://www.landesrecht-bw.de (letzter Zugriff: 15. Oktober 2021).

Metalle pro Klima (2008), https://metalleproklima.de/themen/klimaschutz/ (letzter Zugriff: 1. Juli 2022).

N4climate.NRW (2020), Industriezukunft konsequent gestalten: Ausbau Erneuerbarer Energien bei wettbewerbsfähigen Strompreisen als wichtiger Faktor für Klimaneutralität, Positionspapier von IN4climate.NRW, https://www.in4climate.nrw/fileadmin/Downloads/Ergebnisse/IN4climate.NRW/AG-Papiere/2020/in4climatenrw-positionspapier-erneuerbare-energien.pdf (letzter Zugriff: 21. Oktober 2021).

Nachhaltiges Bauen (o. D.), Baunetz_Wissen, online: https://www.baunetzwissen.de/nachhaltig-bauen (letzter Zugriff: 6. Juli 2022).

Nader, Nima (2018), 10 Jahre Metalle pro Klima, in: Geschäftsbericht der Nichteisen-Metallindustrie 2017/18, https://www.wvmetalle.de/fileadmin/uploads/public/Publikationen/Geschaeftsberichte/2018_GB_17.18.pdf (letzter Zugriff: 1. Juli 2022).

Nader, Nima (2020), Mit Mundschutz zum Klimaziel, in Geschäftsbericht der Nichteisen-Metallindustrie

2019/20, https://www.wvmetalle.de/index.php?eID=dumpFile&t=f&f=151978&token=7574c896365974d5c1a4129f48c3be92cc52c8c1 (letzter Zugriff: 1. Juli 2022).

NOS (2021), Milieuorganisaties verontwaardigd over loslaten plafond CO_2-opslag, online, verfügbar unter: https://nos.nl/artikel/2398716-milieuorganisaties-verontwaardigd-over-loslaten-plafond-co2-opslag (letzter Zugriff: 21. Juni 2022).

OECD (o. D.), Due Diligence Guidance for Responsible Mineral Supply Chains, https://www.duediligence-guidance.org/ (letzter Zugriff: 01.11.2021).

ONTRAS Gastransport GmbH (2021), Zum 1. Bürgerinfo-Tag des Reallabors Energiepark Bad Lauchstädt, Twitter, 4. Oktober 2021, https://twitter.com/ONTRAS_Netz/status/1445010724053569540 (letzter Zugriff: 21. Dezember 2021).

Presseportal (2021), Pressemitteilung, Aurubis: Erste Kupferanoden mit Wasserstoff produziert, https://www.presseportal.de/pm/109932/4926149 (letzter Zugriff: 7. Juni 2022).

Ranganathan, Janet et al. (2004), The Greenhouse Gas Protocol – A Corporate Accounting and Reporting Standard, https://ghgprotocol.org/sites/default/files/standards/ghg-protocol-revised.pdf (letzter Zugriff: 4. Mai 2022).

Ranganathan, Janet et al. (2004), The Greenhouse Gas Protocol – A Corporate Accounting and Reporting Standard, https://ghgprotocol.org/sites/default/files/standards/ghg-protocol-revised.pdf (letzter Zugriff: 4. Mai 2022).

RETAKE (2022), RETAKE, https://retake.cdrmare.de/ (letzter Zugriff: 19. Juli 2022).

Rößler, Carolin (2017), VDI-Richtlinie 7001: Öffentlichkeitsbeteiligung als Standard, Blogbeitrag, Mai 2017, https://www.neulandquartier.de/blog/vdi-7001-oeffentlichkeitsbeteiligung-standard (letzter Zugriff: 22. Dezember 2021).

Schultz, Stefan (2019), Industrie spart acht Milliarden Euro an Stromkosten, https://www.spiegel.de/wirtschaft/soziales/energiewende-industrie-spart-acht-milliarden-euro-an-stromkosten-a-1252083.html (letzter Zugriff: 1. Juli 2022).

Sintef (2018), Industrial opportunities and employment prospects in large-scale CO_2 management in Norway, online, verfügbar unter: https://blog.sintef.com/sintefenergy/ccs/industrial-opportunities-and-employment-prospects-in-large-scale-co2-management-in-norway/ (letzter Zugriff: 21. Juni 2022).

Sonder-Umweltministerkonferenz (2020): Windenergie und Artenschutz: Erarbeitung eines Signifikanzrahmens, https://www.umweltministerkonferenz.de/documents/beschluss_soko_umk_signifikanzrahmen_final_1608198103.pdf (letzter Zugriff: 1. Juli 2021).

Stabstelle Kommunikation, Presse, Events und Alumni (o. D.), TU Berlin, online: https://www.pressestelle.tu-berlin.de (letzter Zugriff: 6. Juli 2022).

Stahlinstitut VDEh (o. D.), Verein Deutscher Eisenhüttenleute (VDEh), online: https://vdeh.de (letzter Zugriff: 6. Juli 2022).

Statista (2018), China baut auf Zement, USGS, https://de.statista.com/infografik/12772/wichtigste-laender-fuer-die-produktion-von-zement-weltweit/ (letzter Zugriff: 19. Juli 2022).

Statistisches Bundesamt (2020), Umweltökonomische Gesamtrechnung – Energiegesamtrechnung. https://www.destatis.de/DE/Themen/Gesellschaft-Umwelt/Umwelt/UGR/energiefluesse-emissionen/Publikationen/Downloads/umweltnutzung-und-wirtschaft-energie-xlsx-5850014.xlsx?__blob=publicationFile (letzter Zugriff: 15. November 2021).

Steuler (2019), Steuler investiert in Höhr-Grenzhausen in die Zukunft, https://www.steuler.de/de/medien/news/artikel/steuler-investiert-in-hoehr-grenzhausen-in-die-zukunft.html (letzter Zugriff: 19. Juli 2022).

Thüringer Energie- und GreenTech-Agentur (ThEGA) (2021): Servicestelle Windenergie. Thüringer Energie- und GreenTech-Agentur (ThEGA), Website: https://www.thega.de/themen/erneuerbare-energien/servicestelle-windenergie/ (letzter Zugriff: 29. Oktober 2021).

Umweltbundesamt (2021), BVT-Merkblätter und Durchführungsbeschlüsse zum Download, https://www.umweltbundesamt.de/themen/wirtschaft-konsum/beste-verfuegbare-techniken/sevilla-prozess/bvt-merkblaetter-durchfuehrungsbeschluesse (letzter Zugriff: 8. Juli 2022).

Umweltbundesamt (2021), Emissionsübersichten in den Sektoren des Bundesklimaschutzgesetzes, Dessau, https://www.umweltbundesamt.de/themen/klima-energie/treibhausgas-emissionen (letzter Zugriff: 3. Juni 2022).

Umweltbundesamt (2021), Energiebedingte Emissionen, abrufbar unter: https://www.umweltbundesamt.de/daten/energie/energiebedingte-emissionen#energiebedingte-treibhausgas-emissionen (letzter Zugriff: 26. April 2022).

Umweltbundesamt (2022), Stromverbrauch, verfügbar unter: https://www.umweltbundesamt.de/daten/energie/stromverbrauch (letzter Zugriff: 21. Juni 2022).

Umweltbundesamt (UBA, 2015), Batterierecycling in Deutschland, https://www.umweltbundesamt.de/themen/abfall-ressourcen/produktverantwortung-in-der-abfallwirtschaft/batterien/batterierecycling-in-deutschland#zuruckgenommene-gerate-altbatterien (letzter Zugriff: 1. Juli 2022).

Umweltbundesamt, Dessau, 2021, https://www.umweltbundesamt.de/daten/klima/der-europaeische-emissionshandel (letzter Zugriff: 22. April 2022).

Umweltbundesamt, Dessau, 2021, https://www.umweltbundesamt.de/themen/klima-energie/klimaschutz-energiepolitik-in-deutschland/treibhausgas-emissionen/die-treibhausgase (letzter Zugriff: 22. April 2022).

Umweltinnovationsprogramm (2021), Über uns, o. D., https://www.umweltinnovationsprogramm.de/ueber-uns (letzter Zugriff: 11. März 2022).

UVP-Portal des Bundes, https://www.uvp-portal.de/ (letzter Zugriff: 16. September 2021).

UVPG (2021), Gesetz über die Umweltverträglichkeitsprüfung (UVPG), https://www.gesetze-im-internet.de/uvpg/UVPG.pdf (letzter Zugriff: 16. Mai 2022).

Van Nuffel, Luc et al. (2018), Sector coupling: how can it be enhanced in the EU to foster grid stability and decarbonise?, online abrufbar unter: https://www.europarl.europa.eu/RegData/etudes/STUD/2018/626091/IPOL_STU(2018)626091_EN.pdf (letzter Zugriff: 13. September 2022).

Van Rossum, Rik; Jens, Jaro; La Guardia, Gemma; Wang, Anthony; Kühnen, Luis; Overgaag, Martijn (2022), European Hydrogen Backbone. A European Hydrogen Infrastructure Vision Covering 28 Countries, April 2022, S.13, https://gasforclimate2050.eu/wp-content/uploads/2022/04/EHB-A-European-hydrogen-infrastructure-vision-covering-28-countries.pdf (letzter Zugriff: 21.02.2023).

VCI (2019), Roadmap Chemie 2050, online, verfügbar unter: https://www.vci.de/services/publikationen/broschueren-faltblaetter/vci-dechema-futurecamp-studie-roadmap-2050-treibhausgasneutralitaet-chemieindustrie-deutschland-langfassung.jsp (letzter Zugriff: 21. Juni 2022).

VCI (2019a), Roadmap Chemie 2050, S. 67.

VCI (2019b), Dialogbericht zum Stakeholderdialog Dekarbonisierung, https://www.vci.de/services/publikationen/broschueren-faltblaetter/2019-04-30-stakeholder-dialog-dekarbonisierung-zwischenbericht.jsp (letzter Zugriff: 19. Dezember 2021).

VCI (2021), Klimaschutzplattform Chemistry4Climate, https://www.vci.de/themen/energie-klima/chemistry4climate/chemistry4climate.jsp (letzter Zugriff: 19. Dezember 2021).

VDZ (2021), Dekarbonisierung von Zement und Beton – Minderungspfade und Handlungsstrategien: Eine CO_2-Roadmap für die deutsche Zementindustrie, verfügbar unter: https://www.vdz-online.de/wissensportal/publikationen/dekarbonisierung-von-zement-und-beton-minderungspfade-und-handlungsstrategien (letzter Zugriff: 21. Juni 2022).

Vereinte Nationen (2015), Transforming our world: the 2030 Agenda for Sustainable Development A/

RES/70/1, https://www.un.org/ga/search/view_doc.asp?symbol=A/RES/70/1&Lang=E (letzter Zugriff: 8. Juli 2022).

Vereinte Nationen (2021), Treaty Collection – Depositary Notifications (CNs) by the Secretary-General, https://treaties.un.org/Pages/CNs.aspx?cnTab=tab1&clang=_en (letzter Zugriff: 8. Juli 2022).

WBGU (2019), #SustainableDigitalAge – Illustriertes Fact Sheet, https://www.wbgu.de/de/publikationen/publikation/transformation-unserer-welt-im-digitalen-zeitalter (letzter Zugriff: 01.11.2021).

Wirtschaftsvereinigung Stahl (2021), Wasserstoff als Basis für eine klimaneutrale Stahlproduktion, online, verfügbar unter: https://www.stahl-online.de/publikationen/wasserstoff-als-basis-fuer-eine-klimaneutrale-stahlproduktion (letzter Zugriff: 21. Juni 2022).

Wissenschaftlicher Beirat beim Bundesministerium der Finanzen, Gutachten 01/2021 vom 29. April 2021, veröffentlicht Bundesministerium der Finanzen, Berlin 19. Mai 2021, http://www.bundesfinanzministerium.de/mb/20210641 (letzter Zugriff: 22. April 2022).

XPLANE (o. D.), Activation Curve, https://xplane.com/worksheets/activation-curve/ (letzter Zugriff: 20. August 2021).

Dissertationen, Diplomarbeiten

Sousanis, Nick (2014), Comics – Expanding Narrative Possibilities: integrating into the classroom, Dissertation, Ohio.

Gesetzentwurf

Deutscher Bundestag, Gesetz zur Beschleunigung von Investitionen vom 3. Dezember 2020, BT-Drs. 19/22139, 19/22778.

Normen/Richtlinien

VDI, Verein Deutscher Ingenieure e. V. (2015), Frühe Öffentlichkeitsbeteiligung bei Industrie- und Infrastrukturprojekten, VDI-Richtlinien, Düsseldorf.

Rechtsprechung

BVerwG-Urteil vom 15. Dezember 1989 – 7 C 35/87 – NVwZ, 1990, 963.

OVG Lüneburg, 12. Senat, Beschluss vom 16. Januar 2018, 12 ME 230/17.

Pressemitteilungen

ONTRAS Gastransport GmbH (2015), „Erdgasversorgung im Lausitzer Revier zukunftsfest gestalten: Planfeststellungsverfahren für neue ONTRAS-Leitungen beginnt", Pressemitteilung, 9. Januar 2015.

AUTORENVERZEICHNIS

A

Oswald Abler
Leiter der Abteilung Umweltschutz
Wieland-Werke AG
Graf-Arco-Straße 36
89079 Ulm
www.wieland.com

Prof. Dr. iur. Eike Albrecht
Leiter des Lehrstuhls für Öffentliches Recht, insbesondere Umwelt- und Planungsrecht (mit FG Zivilrecht)
Brandenburgische Technische Universität Cottbus-Senftenberg (BTU)
Platz der Deutschen Einheit 1
03046 Cottbus
www.b-tu.de

Katharina Armbrecht
Abteilungsleiterin Umwelt / Energie
Bundesverband der Deutschen Ziegelindustrie e. V.
Reinhardtstraße 12–16
10117 Berlin
www.ziegel.de

Dr. Jan-Justus Andreas
Leitung der Bellona Aktivitäten in Großbritannien
Bellona Deutschland gGmbH
Kronenstraße 63
10117 Berlin
www.bellona.org

B

Andreas Bauer-Niermann
Teammitglied der Finanzierungsberatung
Effizienz-Agentur NRW
Dr.-Hammacher-Straße 49
47119 Duisburg
www.ressourceneffizienz.de

Dr. Erika Bellmann
ehem. Leiterin des Bellona Deutschlandprogramms
Bellona Deutschland gGmbH
Kronenstraße 63
10117 Berlin
www.bellona.org

Marvin Bender
Leiter Digitale Medien | Pressesprecher
Wirtschaftsvereinigung Stahl
Französische Straße 8
10117 Berlin
www.stahl-online.de

Marc Blum
Geschäftsführer
Initiative ZINKSTAHL gGmbH
Nordring 4
45894 Gelsenkirchen
www.zinkstahl.de

Dr. Kajsa Borgnäs
ehem. Geschäftsführerin / Managing Director
Stiftung Arbeit und Umwelt der IG BCE
Inselstraße 6
10179 Berlin
www.arbeit-umwelt.de

D

Dr. Indira Dupuis
Bereichsleiterin Transformation der Arbeit
Stiftung Arbeit und Umwelt der Industriegewerkschaft IGBCE
Inselstraße 6
10179 Berlin
www.arbeit-umwelt.de

F

Jens Fellhauer
Geschäftsführer
Bundesverband Keramischen Industrie e. V.
Luisenstraße 44
10117 Berlin
www.fliesenverband.de

David Frank
ehem. Referent für Stromnetzte und Klimapolitik
Germanwatch e. V.
Stresemannstraße 72
10963 Berlin
www.germanwatch.org

Dirk Franz Franzen
Referent Energie- und Umweltpolitik | Technik
Verband der Industriellen Energie- und Kraftwirtschaft e. V. (VIK)
Leipziger Platz 10
10117 Berlin
www.vik.de

Jürgen Fries
CO_2 Strategie
ArcelorMittal Bremen und Eisenhüttenstadt
Carl-Benz-Straße 30
28237 Bremen
bremen.arcelormittal.com

Jens Fröhlich
Leiter Fördermittel & Exportfinanzierung
IKB Deutsche Industriebank AG
Wilhelm-Bötzkes-Straße 1
40474 Düsseldorf
www.ikb.de

G

Lisa Gödde
Abteilung Umweltschutz und Genehmigungen
Lhoist Germany, Rheinkalk GmbH
Meiersberger Straße 91
42489 Wülfrath
www.lhoist.com

H

Martin Hartmann
Geschäftsführer FG Technische Keramik, Fachverband Sanitär-Keramische Industrie e. V., Referent Normung und Technik
Verband der Keramischen Industrie e.V.
Schillerstraße 17
95100 Selb
www.keramverbaende.de

Prof. Dr. Bernd Hirschl
Leiter des Forschungsfelds „Nachhaltige Energiewirtschaft und Klimaschutz"
Institut für ökologische Wirtschaftsforschung (IÖW)
Potsdamer Straße 105
10785 Berlin
www.ioew.de

Dr.-Ing. Uwe Hofmann
Fördermittelmanagement
Wieland-Werke AG
Graf-Arco-Straße 36
89079 Ulm
www.wieland.com

Lilly Höhn
ehem. Referentin
Bundesverband der Deutschen Industrie e. V. (BDI)
Breite Straße 29
10178 Berlin
www.bdi.eu

I

Jörg Iseke
Geschäftsführender Gesellschafter
Kalkwerke H. Oetelshofen GmbH & Co. KG
Hahnenfurth 5
42327 Wuppertal
www.oetelshofen.de

K

Dr. Hartmut Kahl
Leiter des Forschungsgebiets Recht der erneuerbaren Energien und Energiewirtschaft
Stiftung Umweltenergierecht
Friedrich-Ebert-Ring 9
97072 Würzburg
www.stiftung-umweltenergierecht.de

Michael Kalis
Wissenschaftlicher Referent
Institut für Klimaschutz, Energie und Mobilität e. V. (IKEM)
An-Institut der Universität Greifswald
Magazinstraße 15–16
10179 Berlin
www.ikem.de

L

Ines Lang
Head of Regional Development Rhein-Neckar Region
BASF SE
Carl-Bosch-Straße 38
67056 Ludwigshafen
www.basf.com

Marcus Lodde
Verantwortlicher des Geschäftsfeld Finanzierungsberatung
Effizienz-Agentur NRW
Dr.-Hammacher-Straße 49
47119 Duisburg
www.ressourceneffizienz.de

N

Nima Nader
Leiter Fachgebiete Klimapolitik und Verkehrspolitik
WirtschaftsVereinigung Metalle
Wallstraße 58
10179 Berlin
www.wvmetalle.de

Daniel Neugebauer
Verantwortlicher Public Affairs
Currenta GmbH & Co. OHG
Kaiser-Wilhelm-Allee 80
51373 Leverkusen
www.currenta.de

Philip Nuyken
Leiter politische Kommunikation sowie Energie-, Klima- und Wirtschaftspolitik
Bundesverband der Deutschen Kalkindustrie e. V. (BVK)
Kochstraße 6–7
10969 Berlin
www.kalk.de

O

Leony Ohle
Wissenschaftliche Mitarbeiterin
Institut für Klimaschutz, Energie und Mobilität e. V. (IKEM)
An-Institut der Universität Greifswald
Magazinstraße 15–16
10179 Berlin
www.ikem.de

Dr. Frank Ohnemüller
Referent
Bundesverband der Deutschen Kalkindustrie e. V. (BVK)
Annastraße 67–71
50968 Köln
www.kalk.de

P

Dr. Johannes Pohlkamp
Pressesprecher sowie Referent für Marketing und Kommunikation
Verein Deutscher Zementwerke e. V. (VDZ)
Toulouser Allee 71
40476 Düsseldorf
www.vdz-online.de

R

Andreas Renz
Referent im VIK Verband der Industriellen Energie und Kraftwirtschaft tätig und im Fachbereich 1 für die Themen Energiewirtschaft und Regulierung zuständig
Verband der Industriellen Energie- und Kraftwirtschaft e. V. (VIK)
Leipziger Platz 10
10117 Berlin
www.vik.de

Dorothée Richardt
Referentin für Presse- und Öffentlichkeitsarbeit
Bundesverband Glasindustrie e. V.
Hansaallee 203
40549 Düsseldorf
www.bvglas.de

Antonia Ricken
ehem. Zukunftsforschung, Design und Wissenschaftskommunikation
Ellery Studio
Glogauer Straße 19
10999 Berlin
www.ellerystudio.com

Dr. Claus-M. Rogall
Geschäftsführender Gesellschafter
MetatechGmbH
Lünener Straße 211/212
59174 Kamen
www.metatech.gmbh

Heiner Rohr
Syndikusrechtsanwalt bei HeidelbergCement
HeidelbergCement AG
Berliner Straße 6
69120 Heidelberg
www.heidelbergmaterials.de

Carolin Rößler
Hauptreferentin der Energiepolitik
ONTRAS Gastransport GmbH
Maximilianallee 4
04129 Leipzig
www.ontras.com

Dr. Jörg Rothermel
Leiter Energie-, Klimaschutz- und Rohstoffpolitik
Verband der Chemischen Industrie e. V. (VCI)
Mainzer Landstraße 55
60329 Frankfurt am Main
www.vci.de

S

Dr. Steven Salecki
Wissenschaftlicher Mitarbeiter im Forschungsfeld „Nachhaltige Energiewirtschaft und Klimaschutz"
Institut für ökologische Wirtschaftsforschung (IÖW)
Potsdamer Straße 105
10785 Berlin
www.ioew.de

Judith Schäfer
Wissenschaftliche Referentin
Institut für Klimaschutz, Energie und Mobilität e. V. (IKEM)
Magazinstraße 15–16
10179 Berlin
www.ikem.de

Dr. Simon Schäfer-Stradowsky
Jurist und Geschäftsführer
Institut für Klimaschutz, Energie und Mobilität e. V. (IKEM)
Magazinstraße 15–16
10179 Berlin
www.ikem.de

Markus Scheib
Senior Energy Manager
Wieland-Werke AG
Graf-Arco-Straße 36
89079 Ulm
www.wieland.com

Elke Schönig
Senior Communication Manager Deutschland
HeidelbergCement AG
Berliner Straße 6
69120 Heidelberg
www.heidelbergmaterials.de

Benjamin Schwarz
Manager Sustainability – Decarbonization
Wieland-Werke AG
Graf-Arco-Straße 36
89079 Ulm
www.wieland.com

Dr.-Ing. Christian Schwotzer
Leiter der Gruppe Erneuerbare Energien und CO_2-arme Prozesswärme
IOB RWTH Aachen University
Templergraben 55
52062 Aachen
www.iob.rwth-aachen.de

Lennart Seeger
Analyst in der Industriegruppe Energy & Utilities
IKB Deutsche Industriebank AG
Wilhelm-Bötzkes-Straße 1
40474 Düsseldorf
www.ikb.de

Dr. Elke Steinle
Referentin für Umweltschutz / Arbeitsschutz / Energie
Deutsche Feuerfest-Industrie e. V.
Rheinstraße 58
56203 Höhr-Grenzhausen
www.dffi.de

T

Ron Tauber
Mitverantwortlicher im Bereich Environment & Sustainability für vielfältige Genehmigungsprojekte
CEMEX Deutschland AG
Frankfurter Chaussee
15562 Rüdersdorf b. Berlin
www.cemex.de

Dr. Martin Theuringer
Geschäftsführer, Chefvolkswirt und Leiter des Bereichs Wirtschaft
Wirtschaftsvereinigung Stahl
Französische Straße 8
10117 Berlin
www.stahl-online.de

V

Franz X. Vogl
Fachbereichsleiter Umweltpolitik / Arbeitsschutz / Energie
Bundesverband Keramischen Industrie e. V.
Schillerstraße 17
95100 Selb
www.keramverbaende.de

Dodo Vögler
Gründerin des Ellery Studio
Ellery Studio
Glogauer Straße 19
10999 Berlin
www.ellerystudio.com

W

Dr. Michael Walther
Teamleiter Projektmanagement für den Bereich Industrie & Produktion
NRW.Energy4Climate GmbH
Munscheidstraße 14
45886 Gelsenkirchen
www.energy4climate.nrw

Roman Weidinger
Jurist und wissenschaftlicher Referent an der Forschungsakademie
Institut für Klimaschutz, Energie und Mobilität e. V. (IKEM)
Magazinstraße 15–16
10179 Berlin
www.ikem.de

Dr. Klaus West
Freiberuflicher wissenschaftlicher Berater u.a. der
Stiftung Arbeit und Umwelt der IG BCE
Inselstraße 6
10179 Berlin
www.arbeit-umwelt.de

Katja Witte
Stellvertretende Leiterin der Abteilung „Zukünftige Energie- und Industriestrukturen" und Co-Leiterin des Forschungsbereiches „Strukturwandel und Innovation"
Wuppertal Institut für Klima, Umwelt, Energie gGmbH
Döppersberg 19
42103 Wuppertal
wupperinst.org

Z

Christoph Zeiss
Senior Researcher
Wuppertal Institut für Klima, Umwelt, Energie gGmbH
Döppersberg 19
42103 Wuppertal
www.wupperinst.org

Christian Zöller
ehem. Public Affairs-Manager
Lhoist Germany, Rheinkalk GmbH
Meiersberger Straße 91
42489 Wülfrath
www.lhoist.com